线性代数

（第三版）

任功全　封建湖　薛宏智　编著

2009年本书第一版获陕西省普通高等学校优秀教材二等奖

科学出版社
北京

内 容 简 介

本书是根据多年的教学实践，按照新形势下教育改革的要求，在第二版的基础上修订而成的.这次修订吸取了使用本书的教师和读者所提出的宝贵意见，对文字叙述进行了全面修订和润色，保留了原版以矩阵为主线，同时也注意向量的作用和空间思想及代数与几何的相互渗透的体系和风格，以及内容丰富、结构严谨、概念深入浅出、过渡平滑自然、突出有关理论、方法的背景和应用的介绍、注重体现素质教育理念等特点，又在内容编排上增强了伸缩性，部分定理给出新的证明，课后习题作了适当调整并增加了一些较为综合的题目.全书共6章，内容包括行列式、矩阵、n维向量与向量空间、线性方程组、矩阵的特征值与特征向量、实二次型、线性空间与线性变换等.同时，书中适当安排了一些学生自学、章节小结、概念点评以及Matlab软件中与线性代数计算有关的命令简介等内容.各章节后均配有一定数量的习题，书后附有习题提示和答案.

本书便于教学和自学，可作为高等院校工科各专业的教材，也可供科技工作者参考.

图书在版编目(CIP)数据

线性代数/任功全，封建湖，薛宏智编著.—3版.—北京：科学出版社，2015.5
ISBN 978-7-03-044107-2

Ⅰ.①线… Ⅱ.①任…②封…③薛… Ⅲ.①线性代数-高等学校-教材
Ⅳ.①O151.2

中国版本图书馆CIP数据核字(2015)第078824号

责任编辑：王胡权／责任校对：张凤琴
责任印制：吴兆东／封面设计：陈 敬

科学出版社出版
北京东黄城根北街16号
邮政编码：100717
http://www.sciencep.com
北京中石油彩色印刷有限责任公司印刷
科学出版社发行 各地新华书店经销
*
2005年8月第 一 版 开本：720×1000 1/16
2012年2月第 二 版 印张：17
2015年5月第 三 版 字数：342 000
2025年9月第二十三次印刷

定价：39.00元

（如有印装质量问题，我社负责调换）

第三版前言

本书第三版在吸取当前教材改革中一些成功的改革举措的基础上，对书中一些内容作了修订和补充，如克拉默法则唯一性的证明、行列式的几何意义及一般线性方程组相容性证明的注释等，对第二版中存在的个别问题也作了修订. 同时，结合教学实践和互联网上部分读者对本书的评价及希望，我们对书中绝大部分习题作了提示或较完整的解答，有些是一题多解. 但必须指出，解题的思路和方法是多种多样的，不要因为我们的提示而束缚了思想，只有通过自己的刻苦钻研和独立思考，才能起到对内容加深理解和灵活运用的作用.

我们感谢十年来使用本书的教师和读者支持、关心和提出的宝贵意见. 对线性代数教学内容和教学方法的改革与创新永远在路上，本次再版远未臻于完美，鱼鲁之误，在所难免，希望继续对新版多加批评和帮助.

作　者

2015 年 1 月

第二版前言

本书第一版自2005年出版以来，得到许多高等工科院校数学教师和选修线性代数课程的学生的认同和厚爱而被选用，并于2009年获陕西省普通高等学校优秀教材二等奖. 随着教育改革的深入，为更好地适应当前的教学需要，我们根据在教学实践中积累的经验，并吸取使用本书的教师和读者所提出的宝贵意见，于2011年初开始对第一版进行修订. 第二版在保留第一版体系和风格的基础上，主要做了以下几个方面的修订：

(1) 对文字进行了全面修订和润色，力求简练、确切、规范、严谨.

(2) 考虑到工科院校教学的实际情况，内容编排在保证连贯的前提下，具有一定的弹性，采用不同字体和打星号方式排印，可兼顾不同层次、不同专业对本课程的不同要求，便于使用者取舍. 这样，对于学时较少、要求较低的专业和读者，可只学宋体字部分，用30学时左右就可以掌握线性代数的基本内容. 对于学时充裕、要求较高的专业，可方便地选择楷体部分及打星号内容.

(3) 对部分定理给出新的更简洁、清晰的证明.

(4) 对课后习题作了适当调整并增加了一些较为综合的题目，希望学生在掌握线性代数的基本理论的同时，受到抽象的理性思维的熏陶和锻炼，使教材能成为创造性思维的推动力.

在本次修订中，得到使用本书的同行和读者的关心与支持，我们在此表示诚挚的谢意. 同时，要特别感谢科学出版社的编辑多年来的鼎立支持和热情鼓励.

新版中存在的问题，敬请广大专家、同行和读者批评指正.

作　者

2011年11月

第一版前言

线性代数的主要内容是研究代数学中线性关系的经典理论.由于线性关系是变量之间比较简单的一种关系,而线性问题广泛存在于科学技术的各个领域,并且一些非线性问题在一定条件下,可以转化或近似转化为线性问题,因此线性代数所介绍的思想方法已成为从事科学研究和工程应用工作的必不可少的工具.尤其在计算机高速发展和日益普及的今天,线性代数作为高等学校工科本科各专业的一门重要的基础理论课,其地位和作用更显得重要.

本书是根据教育部工科数学课程教学指导委员会最新修订的《工科类本科数学基础课教学基本要求》(修订稿)的精神和原则,结合多年学习、研究和教学工作中的一些感悟与经验,面向工科类本科各专业大学生编写的《线性代数》教材.内容包括:行列式、矩阵、n 维向量与向量空间、线性方程组、矩阵的特征值与特征向量、实二次型、线性空间和线性变换等.在编写本书时,我们有以下考虑.

(1) 追求适用性、通用性、严谨性、简明性、先进性的统一;强调数学思想方法,考虑到工科院校教学的实际情况,兼顾不同层次、不同专业对本课程的不同要求,便于教师和学生使用;适当加强学生的数学基础,注重实际应用.

(2) 矩阵方法是工程技术中应用十分广泛的方法,而且具有表达具体和明显的特点.所以,用矩阵方法处理抽象性和逻辑性较强的线性代数内容,可使抽象化的结果转变为具体运算的结果,不仅可以分散本课程的难点,而且有利于学生掌握一些矩阵运算技巧,提高数学计算能力和应用数学思想方法的素质.基于上述考虑,在结构体系上,本书以矩阵为主线,同时也注意向量的作用和空间思想及代数与几何的相互渗透.

(3) 为提高本书的可读性和趣味性,力求书写简洁流畅,语言通俗易懂.采用学生易于接受的方式引入概念,突出有关理论、方法的背景和应用的介绍.同时,适当安排了一些学生自学、章节小结、概念点评及 Matlab 软件中与线性代数计算有关命令简介等内容.体现素质教育理念,激发学生潜能,培养学生创新意识.

本书由任功全任主编,全面负责总体方案设计、具体内容编排及统稿工作.各章的具体分工如下:第 1 章由薛宏智编写,第 2~5 章由任功全编写,第 6 章由封建湖编写,张全兴编写了附录.

在编写过程中,参阅了大量国内外同类教材,受到不少启发和教益,谨向有关作者表示诚挚的谢意!同时,长安大学理学院、教务处的有关领导及数学与信息科学系的各位同仁对本书的编写给予热情的支持和指导.冯复科副教授、侯莫社副教授、张全兴老师仔细阅读了书稿,提出了许多建设性意见.在此一并致谢!

与一些常见的教材相比，本书第 2 章、第 3 章的内容做了较大修改，这是改革教学内容与教学方法的一种探索和尝试. 虽然作者尽了最大努力，但一些改动和叙述未必臻于完善，甚或多有不妥之处. 同时，限于作者学识，加之时间仓促，书中缺点和错误在所难免，敬请读者批评指正.

作　者

2005 年 4 月

目　　录

第 1 章　行　列　式

行列式(determinant)的概念是人们在求解线性方程组的过程中产生的,是一个重要的数学工具,在数学本身及其他学科的研究中都有广泛的应用.本章主要介绍 n 阶行列式的概念、性质、计算方法及用行列式求解 n 元线性方程组的克拉默(Cramer)法则.

1.1　数域与排列

在学习 n 阶行列式之前,我们先引入数域与排列的概念.

1.1.1　数域

我们知道,数是数学的一个最基本的概念,一切计算最终都归结为数的代数运算.因此,要定量地研究一个问题,就必须考虑所研究对象的取值范围.例如,方程 $x^2+1=0$,不仅在有理数范围内无解,就在实数范围内也无解,而在复数范围内有解,且解为 $\pm \mathrm{i}$.由此可见,同一个问题在不同的数的取值范围内可以有不同的结论.为了对不同的数的范围统一地讨论一些问题,提取有理数集、实数集、复数集所共有的特征,便有以下数域的概念.

定义 1.1.1　设 P 是至少含有两个不同复数的数集,如果 P 中任意两个数(这两个数可以相同)的和、差、积、商(除数不为零)仍为 P 中的数,那么 P 就称为一个数域(field of numbers).

显然,有理数集 $\mathbf{Q}$、实数集 $\mathbf{R}$、复数集 $\mathbf{C}$ 都是数域,而整数集 $\mathbf{Z}$ 不是数域,因为任两个整数的商不一定是整数.

如果数集 P 中任意两个数作某一运算的结果都在 P 中,我们就说数集 P 对这一运算是封闭的.因此数域也可定义为:至少含有两个不同数的数集 P,如果对于加法、减法、乘法、除法(除数不为零)的运算是封闭的,则称 P 为一数域.

性质 1.1.1　任意一个数域 P 必含 0 和 1.

证　由数域的定义知,P 中必含有两个不同数 a,b,所以 a,b 至少有一个不为零,不妨设 $b\neq 0$,由于数域 P 对于减法、除法运算是封闭的,所以 $b-b\in P$,$\dfrac{b}{b}\in P$,即 $0\in P$,$1\in P$.　□

性质 1.1.2　任何数域 P 都包含有理数域 $\mathbf{Q}$.

证　P 为数域,则 P 中必含 0 和 1,再由 1 通过加法可得到一切正整数,而用 0

减去正整数可得到一切负整数，因而全体整数集 $\mathbf{Z}\subset P$，通过整数的除法可得一切有理数，即 $\mathbf{Q}\subset P$. □

如果所讨论问题中只涉及数的加、减、乘、除运算且对这些运算封闭，我们就可以认为该问题所涉及的数的取值范围属于某一数域.

1.1.2　排列

把 $n(n\geqslant 2)$ 个不同的元素按一定的顺序排成一列，称为这 n 个元素的一个排列(permutation). 若取 n 个不同的元素为 $1\sim n$ 这 n 个自然数，则有下面的定义.

定义 1.1.2　由自然数 $1,2,\cdots,n$ 组成的一个有序数组 $p_1p_2\cdots p_n$，称为一个 n 元排列.

例如，自然数 1,2,3 组成的 3 元排列共有六种：123,132,213,231,312,321. 通常由自然数 $1,2,\cdots,n$ 组成的所有 n 元排列的种数用 P_n 表示，容易计算得，$P_n=n(n-1)\cdots 2\times 1=n!$.

显然，$123\cdots n$ 是一个 n 元排列，它的特点是具有自然顺序，即从小到大递增的顺序，我们把这个排列称为自然排列或标准排列，而除此之外的其他的 n 元排列都或多或少地违反了这个顺序.

定义 1.1.3　在一个 n 元排列 $p_1\cdots p_k\cdots p_s\cdots p_n$ 中，按照排列中的顺序任取两个数 $p_k,p_s(1\leqslant k<s\leqslant n)$. 若 $p_k>p_s$，那么 p_k,p_s 就构成了一个逆序，一个排列中逆序的总数称为这个排列的逆序数，记作 $\tau(p_1p_2\cdots p_n)$.

例如，5 元排列 51423 中构成逆序的数对有 51,54,52,53,42,43，因此 $\tau(51423)=6$.

下面是计算 n 元排列的逆序数的方法.

设由自然数 $1,2,\cdots,n$ 组成的一个 n 元排列为 $p_1p_2\cdots p_n$，考虑元素 $p_i(i=1,2,\cdots,n)$，如果位于 p_i 后面且小于 p_i 的数有 t_i 个，则元素 p_i 的逆序数为 t_i，那么全体元素的逆序数之和就是这个排列的逆序数，即 $\tau(p_1p_2\cdots p_n)=\sum\limits_{i=1}^{n}t_i$.

例 1.1.1　求(1) $\tau(52413)$；　(2) $\tau(n(n-1)\cdots 21)$.

解　(1) 在排列 52413 中，

5 的后面比 5 小的数有四个(2,4,1,3)，故逆序数为 4；

2 的后面比 2 小的数有一个(1)，故逆序数为 1；

4 的后面比 4 小的数有两个(1,3)，故逆序数为 2；

1 为最小的数，故逆序数为 0；

3 排在最末位，故逆序数为 0.

于是排列的逆序数 $\tau(52413)=4+1+2+0+0=7$.

(2) 如同(1)中的分析，可得

$$\tau(n(n-1)\cdots 21)=(n-1)+(n-2)+\cdots+2+1+0=\frac{n(n-1)}{2}.$$

定义 1.1.4 逆序数为奇数的排列称为奇排列(odd permutation),逆序数为偶数的排列称为偶排列(even permutation).

把一个排列中某两个元素的位置互换,而其余元素的位置不动,就得到了一个新的排列,这种变换称为对换(interchange).例如,经过 1,2 对换,排列 51423 就变成了 52413,从前面的例子知:51423 为偶排列,52413 为奇排列,即施行一次对换改变了排列的奇偶性.事实上,这并不是偶然的.关于排列的奇偶性我们有以下的性质.

性质 1.1.3 排列中任意两个元素作对换,排列改变奇偶性.

证 先考虑相邻对换,即排列中对换的两个元素是相邻的,这时排列$\cdots ij\cdots$经 i,j 对换后变成新的排列$\cdots ji\cdots$.这里"$\cdots$"表示那些位置不变的数.在这两个排列中,不同的只是 i,j 的次序,其余元素的逆序数没有变化.

若 $i<j$,则对换后的排列中元素 j 的逆序数就增加了一个,即 $\tau(\cdots ji\cdots)=\tau(\cdots ij\cdots)+1$;若 $i>j$,则对换后的排列中元素 j 的逆序数就减少了一个,即 $\tau(\cdots ji\cdots)=\tau(\cdots ij\cdots)-1$.所以,相邻对换改变排列的奇偶性.

再考虑一般情形.设对换的两个元素 i 与 j 中间还有 s 个元素($s>0$),即排列

$$\cdots ik_1k_2\cdots k_sj\cdots. \tag{1.1.1}$$

这时,把元素 i 依次与右边的 $s+1$ 个元素 $k_1k_2\cdots k_sj$ 进行相邻对换,得

$$\cdots k_1k_2\cdots k_sji\cdots, \tag{1.1.2}$$

再把元素 j 依次与左边的 s 个元素 $k_sk_{s-1}\cdots k_1$ 进行相邻对换,于是经过 $2s+1$ 次相邻对换,完成了元素 i 与 j 的对换.而每作一次相邻对换排列的奇偶性改变一次,现经过奇数次相邻元素的对换,最终必改变排列的奇偶性. □

推论 1.1.1 奇、偶排列变成标准排列的对换次数依次为奇数和偶数.

证 显然任一排列都可通过若干次对换变成标准排列,由排列奇偶性的性质知,对换的次数就是排列奇偶性变换的次数,由于标准排列为偶排列(逆序数为 0),由此可知奇排列对换成标准排列的对换次数为奇数,偶排列对换成标准排列的对换次数为偶数. □

(**思考** 设 n 元排列$\cdots i\cdots j\cdots$的逆序数为 k,那么,n 元排列$\cdots j\cdots i\cdots$的逆序数为 $k+1$ 或 $k-1$ 吗?)

练 习 1.1

1. 判断下列数集是否是数域,并加以证明.

(1) $P_1=\{a+b\sqrt{2}\mid a,b\in\mathbf{Q}\}$;

(2) $P_2=\{a+b\mathrm{i}\mid a\in\mathbf{Q},b\in\mathbf{R},\mathrm{i}^2=-1\}$.

2. 求下列各排列的逆序数.

(1) 3 1 5 4 6 2;　　(2) 3 6 5 4 1 2;

(3) 7 6 5 4 3 2 1;　　(4) 6 7 4 5 3 1 2.

3. 选取 i 与 k，使

(1) 1 2 7 4 i 5 6 k 9 成为偶排列；

(2) 1 i 2 5 k 4 8 9 7 成为奇排列.

4. 讨论排列 1 3 5 ⋯ $(2n-1)$ 2 4 6 ⋯ $(2n)$的奇偶性.

1.2　行列式的定义

从这节开始，我们总是在某一固定的数域 P 上讨论问题，所谈到的数均指这个数域 P 中的数. 在给出 n 阶行列式的定义之前，首先让我们简单回顾一下二阶、三阶行列式的概念.

1.2.1　二阶和三阶行列式

在初等数学中，我们曾学过二元和三元线性方程组的求解方法. 例如，二元线性方程组

$$\begin{cases} a_{11}x_1 + a_{12}x_2 = b_1, \\ a_{21}x_1 + a_{22}x_2 = b_2. \end{cases} \tag{1.2.1}$$

当 $a_{11}a_{22}-a_{12}a_{21}\neq 0$ 时，用加减消元法可求得(1.2.1)的唯一解为

$$\begin{cases} x_1 = \dfrac{b_1a_{22}-a_{12}b_2}{a_{11}a_{22}-a_{12}a_{21}}, \\ x_2 = \dfrac{a_{11}b_2-b_1a_{21}}{a_{11}a_{22}-a_{12}a_{21}}. \end{cases} \tag{1.2.2}$$

为了方便记忆，引入记号

$$\begin{vmatrix} a_{11} & a_{12} \\ a_{21} & a_{22} \end{vmatrix} = a_{11}a_{22}-a_{12}a_{21}, \tag{1.2.3}$$

(1.2.3)称为二阶行列式，其中数 a_{ij} $(i=1,2;j=1,2)$称为行列式的元素. a_{ij} 的第一个下标 i 表示它所在行的序号，称为**行标**，第二个下标 j 表示它所在列的序号，称为**列标**. 例如，a_{21}就表示位于第 2 行、第 1 列处的元素.

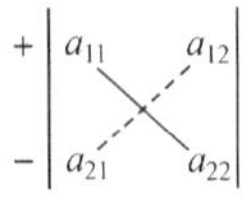

图 1.2.1

上述二阶行列式的定义，也可用对角线法则来定义，如图 1.2.1 中实线称为行列式的主对角线，虚线称为行列式的次对角线，即二阶行列式等于它的主对角线上两个元素的乘积减去次对角线上两个元素的乘积.

根据定义，(1.2.2)中分子也可写成二阶行列式，即

$$b_1a_{22}-a_{12}b_2 = \begin{vmatrix} b_1 & a_{12} \\ b_2 & a_{22} \end{vmatrix}, \qquad a_{11}b_2-b_1a_{21} = \begin{vmatrix} a_{11} & b_1 \\ a_{21} & b_2 \end{vmatrix}.$$

若记

$$D=\begin{vmatrix} a_{11} & a_{12} \\ a_{21} & a_{22} \end{vmatrix},\quad D_1=\begin{vmatrix} b_1 & a_{12} \\ b_2 & a_{22} \end{vmatrix},\quad D_2=\begin{vmatrix} a_{11} & b_1 \\ a_{21} & b_2 \end{vmatrix},$$

则当 $D\neq 0$ 时,方程组(1.2.1)的唯一解就可写为 $x_1=\dfrac{D_1}{D}, x_2=\dfrac{D_2}{D}$.

上述公式中的 D 称作方程组(1.2.1)的**系数行列式**(determinant of coefficient matrix),$D_j(j=1,2)$就是用方程组的常数列代替系数行列式的第 j 列所得的行列式.

同样地,对三元线性方程组也有类似的结论. 对三元线性方程组

$$\begin{cases} a_{11}x_1+a_{12}x_2+a_{13}x_3=b_1, \\ a_{21}x_1+a_{22}x_2+a_{23}x_3=b_2, \\ a_{31}x_1+a_{32}x_2+a_{33}x_3=b_3, \end{cases} \tag{1.2.4}$$

我们引入三阶行列式

$$\begin{vmatrix} a_{11} & a_{12} & a_{13} \\ a_{21} & a_{22} & a_{23} \\ a_{31} & a_{32} & a_{33} \end{vmatrix} = a_{11}a_{22}a_{33}+a_{12}a_{23}a_{31}+a_{13}a_{21}a_{32} - a_{11}a_{23}a_{32}-a_{12}a_{21}a_{33}-a_{13}a_{22}a_{31}. \tag{1.2.5}$$

显然,三阶行列式是由 9 个数排成 3 行 3 列构成的,它表示一个数,其值为 6 项代数和,其中正负项各半,每项均为取自行列式中位于不同行不同列的三个元素的乘积. 其计算规律遵循图 1.2.2 所示的**对角线法则**.

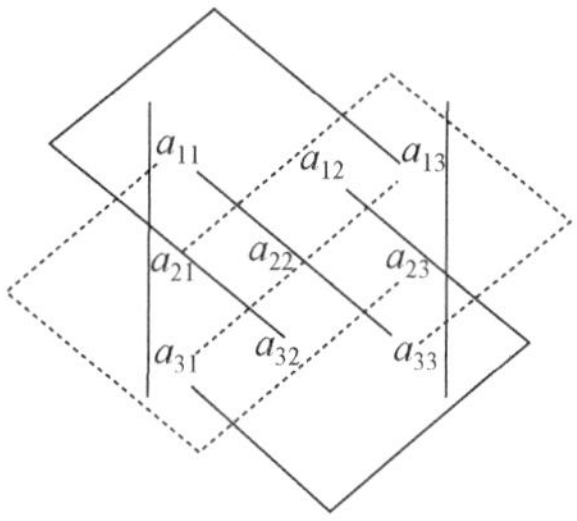

图 1.2.2

三条实线看作是平行于主对角线的连线,三条虚线看作是平行于次对角线的连线,实线上的三个元素的乘积赋予正号,虚线上的三个元素的乘积赋予负号.

注 平面直角坐标系中以向量 $\boldsymbol{\alpha}=(a_1,a_2)$,$\boldsymbol{\beta}=(b_1,b_2)$为邻边的平行四边形的面积是 $|\boldsymbol{\alpha}\times\boldsymbol{\beta}|=\left|\begin{vmatrix} a_1 & b_1 \\ a_2 & b_2 \end{vmatrix}\right|$(当 $\boldsymbol{\alpha},\boldsymbol{\beta}$ 与单位向量 $\boldsymbol{i},\boldsymbol{j}$ 定向一致时,$\begin{vmatrix} a_1 & b_1 \\ a_2 & b_2 \end{vmatrix}$ 为正,否则为负);在空间直角坐标系中以向量 $\boldsymbol{\alpha}=(a_1,a_2,a_3)$,$\boldsymbol{\beta}=(b_1,b_2,b_3)$,$\boldsymbol{\gamma}=(c_1,c_2,c_3)$为棱的平行六面体的体积是 $|(\boldsymbol{\alpha}\times\boldsymbol{\beta})\cdot\boldsymbol{\gamma}|=\left|\begin{vmatrix} a_1 & b_1 & c_1 \\ a_2 & b_2 & c_2 \\ a_3 & b_3 & c_3 \end{vmatrix}\right|$(当 $\boldsymbol{\alpha},\boldsymbol{\beta},\boldsymbol{\gamma}$ 与单位向量 $\boldsymbol{i},\boldsymbol{j},\boldsymbol{k}$ 定向一致,即它们组成右手系时,$(\boldsymbol{\alpha}\times\boldsymbol{\beta})\cdot\boldsymbol{\gamma}$ 为正;当 $\boldsymbol{\alpha},\boldsymbol{\beta},\boldsymbol{\gamma}$ 组成左手系时,$(\boldsymbol{\alpha}\times\boldsymbol{\beta})\cdot\boldsymbol{\gamma}$

为负). 因此，一个二阶行列式可以表示以它的第一、二列为坐标的两个向量为邻边的平行四边形的定向面积，一个三阶行列式可以表示以它的第一、二、三列为坐标的三个向量为棱的平行六面体的定向体积.

若记

$$D=\begin{vmatrix} a_{11} & a_{12} & a_{13} \\ a_{21} & a_{22} & a_{23} \\ a_{31} & a_{32} & a_{33} \end{vmatrix},\quad D_1=\begin{vmatrix} b_1 & a_{12} & a_{13} \\ b_2 & a_{22} & a_{23} \\ b_3 & a_{32} & a_{33} \end{vmatrix},$$

$$D_2=\begin{vmatrix} a_{11} & b_1 & a_{13} \\ a_{21} & b_2 & a_{23} \\ a_{31} & b_3 & a_{33} \end{vmatrix},\quad D_3=\begin{vmatrix} a_{11} & a_{12} & b_1 \\ a_{21} & a_{22} & b_2 \\ a_{31} & a_{32} & b_3 \end{vmatrix},$$

那么，当 $D\neq 0$ 时，方程组(1.2.4)的唯一解就可表示为

$$x_1=\frac{D_1}{D},\quad x_2=\frac{D_2}{D},\quad x_3=\frac{D_3}{D}.$$

例 1.2.1 求解方程组$\begin{cases} 2x-4y+z=1, \\ x-5y+3z=2, \\ x-y+z=-1. \end{cases}$

解 因为

$$D=\begin{vmatrix} 2 & -4 & 1 \\ 1 & -5 & 3 \\ 1 & -1 & 1 \end{vmatrix}=2\times(-5)\times 1+(-4)\times 3\times 1+1\times 1\times(-1)-1\times(-5)\times 1-1\times(-4)\times 1-2\times(-1)\times 3=-8\neq 0,$$

$$D_1=\begin{vmatrix} 1 & -4 & 1 \\ 2 & -5 & 3 \\ -1 & -1 & 1 \end{vmatrix}=-5+12-2-5+8+3=11,$$

$$D_2=\begin{vmatrix} 2 & 1 & 1 \\ 1 & 2 & 3 \\ 1 & -1 & 1 \end{vmatrix}=4+3-1-2-1+6=9,$$

$$D_3=\begin{vmatrix} 2 & -4 & 1 \\ 1 & -5 & 2 \\ 1 & -1 & -1 \end{vmatrix}=10-8-1+5-4+4=6,$$

所以

$$x=\frac{D_1}{D}=-\frac{11}{8},\quad y=\frac{D_2}{D}=-\frac{9}{8},\quad z=\frac{D_3}{D}=-\frac{3}{4}.$$

综上所述，在引入了二阶、三阶行列式的概念以后，二元、三元线性方程组的解可以公式化. 为了把这一思想推广到 n 元线性方程组，我们引入 n 阶行列式的概念.

1.2.2 n 阶行列式

在给出 n 阶行列式定义之前，让我们先分析一下三阶行列式的定义式(1.2.5)的结构. 不难看出：

(1) (1.2.5)中右边的每一项都是取自行列式中不同行不同列的三个元素的乘积，因此，右边的任一项除正负号外均可写为 $a_{1p_1}a_{2p_2}a_{3p_3}$ 的形式，其中 $p_1p_2p_3$ 为一个三元排列.

(2) (1.2.5)中右边每一项的三个元素的行标排成标准排列 123 时，列标都是 1，2，3 的某一排列，这样的排列共有 3！种，故三阶行列式共有 6 项.

(3) 容易算得，在(1.2.5)中，带正号的三项列标排列 123，231，312 全为偶排列；带负号的三项列标排列 132，213，321 全为奇排列.

因此，三阶行列式可写为

$$\begin{vmatrix} a_{11} & a_{12} & a_{13} \\ a_{21} & a_{22} & a_{23} \\ a_{31} & a_{32} & a_{33} \end{vmatrix} = \sum_{p_1p_2p_3} (-1)^{\tau(p_1p_2p_3)} a_{1p_1}a_{2p_2}a_{3p_3},$$

其中 $\sum\limits_{p_1p_2p_3}$ 表示对 1，2，3 三个数的所有排列 $p_1p_2p_3$ 的种数求和.

仿此，可以把行列式推广到一般情形.

定义 1.2.1 设有数域 P 中 n^2 个数 $a_{ij}(i,j=1,2,\cdots,n)$，排成一个 n 行 n 列的正方形阵列，在正方形阵列的两边用竖线段括起来成为

$$\begin{vmatrix} a_{11} & a_{12} & \cdots & a_{1n} \\ a_{21} & a_{22} & \cdots & a_{2n} \\ \vdots & \vdots & & \vdots \\ a_{n1} & a_{n2} & \cdots & a_{nn} \end{vmatrix}. \tag{1.2.6}$$

(1.2.6)称为 n 阶行列式，它表示一个数，其值为

$$\sum_{p_1p_2\cdots p_n} (-1)^{\tau(p_1p_2\cdots p_n)} a_{1p_1}a_{2p_2}\cdots a_{np_n},$$

其中 $\sum\limits_{p_1p_2\cdots p_n}$ 表示对 n 元排列 $p_1p_2\cdots p_n$ 的种数求和，即

$$\begin{vmatrix} a_{11} & a_{12} & \cdots & a_{1n} \\ a_{21} & a_{22} & \cdots & a_{2n} \\ \vdots & \vdots & & \vdots \\ a_{n1} & a_{n2} & \cdots & a_{nn} \end{vmatrix} = \sum_{p_1p_2\cdots p_n} (-1)^{\tau(p_1p_2\cdots p_n)} a_{1p_1}a_{2p_2}\cdots a_{np_n}.$$

n 阶行列式简记作 $\det(a_{ij})_{n\times n}$或 $\det(a_{ij})$，数 a_{ij} 称为行列式的元素.

由定义 1.2.1 知，n 阶行列式值等于所有取自不同行、不同列的 n 个元素乘积 $a_{1p_1}a_{2p_2}\cdots a_{np_n}$ 的代数和，这里 $p_1p_2\cdots p_n$ 是一 n 元排列，当 $p_1p_2\cdots p_n$ 为偶排列时，该项前面带正号；当 $p_1p_2\cdots p_n$ 为奇排列时，该项前面带负号.

当 $n=2,3$ 时，按此定义的二阶、三阶行列式与前面用对角线法则定义的二阶、三阶行列式显然是一致的. 但当 $n>3$ 时，已不再有相应的对角线法则. 一阶行列式 $|a_{11}|=a_{11}$，注意不要和绝对值记号相混淆.

例 1.2.2　(1) 计算 $D=\begin{vmatrix} 0 & 1 & 0 & \cdots & 0 \\ 0 & 0 & 2 & \cdots & 0 \\ \vdots & \vdots & \vdots & & \vdots \\ 0 & 0 & 0 & \cdots & n-1 \\ n & 0 & 0 & \cdots & 0 \end{vmatrix}$；

(2) 已知函数 $f(x)=\begin{vmatrix} 2x & x & 1 & 2 \\ 1 & x & 1 & -1 \\ 3 & 2 & x & 1 \\ 1 & 1 & 1 & x \end{vmatrix}$，求 x^3 和 x^4 的系数.

解　(1) 在行列式中只有 $1,2,\cdots,n$ 这 n 个元素不为零，且恰处于不同行不同列，所以行列式中不为零的项只有 $a_{12}a_{23}\cdots a_{n-1n}a_{n1}$，这时该项列下标排列的逆序数 $\tau(23\cdots n1)=n-1$，于是 $D=(-1)^{n-1}a_{12}a_{23}\cdots a_{n-1n}a_{n1}=(-1)^{n-1}n!$.

(2) 根据行列式的定义，仅当 $a_{12}a_{21}a_{33}a_{44}$ 四个元素相乘才能出现 x^3 项，这时该项列下标排列的逆序数为 $\tau(2134)=1$，故 x^3 的系数为 -1. 同理，x^4 的系数为 2.

例 1.2.3　证明 n 阶上三角行列式(其主对角线以下的元素都为零)

$$\begin{vmatrix} a_{11} & a_{12} & \cdots & a_{1n} \\ 0 & a_{22} & \cdots & a_{2n} \\ \vdots & \vdots & & \vdots \\ 0 & 0 & \cdots & a_{nn} \end{vmatrix}=a_{11}a_{22}\cdots a_{nn}.$$

证　由定义 1.2.1 知

$$\begin{vmatrix} a_{11} & a_{12} & \cdots & a_{1n} \\ 0 & a_{22} & \cdots & a_{2n} \\ \vdots & \vdots & & \vdots \\ 0 & 0 & \cdots & a_{nn} \end{vmatrix}=\sum_{p_1p_2\cdots p_n}(-1)^{\tau(p_1p_2\cdots p_n)}a_{1p_1}a_{2p_2}\cdots a_{np_n},$$

在此行列式中，当 $p_i<i$ 时，元素 $a_{ip_i}=0$，从而在定义式中，可能不为零的项中的任意因子 a_{ip_i} 的行标和列标必须满足 $p_i\geqslant i$，即 $p_1\geqslant 1$，$p_2\geqslant 2$，$\cdots$，$p_{n-1}\geqslant n-1$，$p_n\geqslant n$. 而能满足上述关系的列标排列只有一个标准排列 $12\cdots n$，且 $\tau(12\cdots n)=0$. 故有

$$\begin{vmatrix} a_{11} & a_{12} & \cdots & a_{1n} \\ 0 & a_{22} & \cdots & a_{2n} \\ \vdots & \vdots & & \vdots \\ 0 & 0 & \cdots & a_{nn} \end{vmatrix}=a_{11}a_{22}\cdots a_{nn}.$$

特别地，n 阶对角行列式

$$\begin{vmatrix} \lambda_1 & 0 & \cdots & 0 \\ 0 & \lambda_2 & \cdots & 0 \\ \vdots & \vdots & & \vdots \\ 0 & 0 & \cdots & \lambda_n \end{vmatrix} = \lambda_1\lambda_2\cdots\lambda_n.$$

例 1.2.4 计算 n 阶次下三角行列式(其次对角线以上的元素都为零)

$$D_n = \begin{vmatrix} 0 & \cdots & 0 & a_{1n} \\ 0 & \cdots & a_{2n-1} & a_{2n} \\ \vdots & & \vdots & \vdots \\ a_{n1} & \cdots & a_{nn-1} & a_{nn} \end{vmatrix}.$$

解 如同例 1.2.3 的分析,在 D_n 的 $n!$ 项中,仅剩下一项 $(-1)^{\tau}a_{1n}a_{2,n-1}\cdots a_{n-1,2}a_{n1}$ 有可能不为零,该项列标排列的逆序数

$$\tau(n(n-1)\cdots 21) = (n-1)+(n-2)+\cdots+2+1+0 = \frac{n(n-1)}{2},$$

故

$$D_n = (-1)^{\frac{n(n-1)}{2}} a_{1n}a_{2,n-1}\cdots a_{n-1,2}a_{n1}.$$

(**思考** 在一个 n 阶行列式 D 中等于零的元素如果比 n^2-n 还多,则这个行列式的值必为零,为什么?)

定义 1.2.1 表明,为了计算 n 阶行列式,首先作位于不同行、不同列的 n 个元素的乘积(显然,所有这样的乘积共有 $n!$ 项),并把构成这些乘积的各个元素的行标排成标准排列,然后由其列标构成的排列 $p_1p_2\cdots p_n$ 的逆序数确定每一项的符号,即

$$(-1)^{\tau(p_1p_2\cdots p_n)}a_{1p_1}a_{2p_2}\cdots a_{np_n},$$

最后求代数和. 由于数的乘法满足交换律,所以我们可以通过有限次元素的交换,把构成乘积的元素的列标排成标准排列,即

$$(-1)^{\tau(p_1p_2\cdots p_n)}a_{q_1 1}a_{q_2 2}\cdots a_{q_n n}.$$

因 n 元排列 $p_1p_2\cdots p_n$ 对换成标准排列与标准排列对换成 n 元排列 $q_1q_2\cdots q_n$ 的对换次数相同,故由 1.1 节的推论知,排列 $p_1p_2\cdots p_n$ 与排列 $q_1q_2\cdots q_n$ 有相同的奇偶性,即

$$(-1)^{\tau(p_1p_2\cdots p_n)} = (-1)^{\tau(q_1q_2\cdots q_n)},$$

于是有

$$(-1)^{\tau(p_1p_2\cdots p_n)}a_{1p_1}a_{2p_2}\cdots a_{np_n} = (-1)^{\tau(q_1q_2\cdots q_n)}a_{q_1 1}a_{q_2 2}\cdots a_{q_n n}.$$

又因为,若 $p_i=j$,则 $q_j=i(a_{ip_i}=a_{ij}=a_{q_j j})$,可见排列 $q_1q_2\cdots q_n$ 由排列 $p_1\ p_2\cdots p_n$ 唯一确定,反之亦然. 因此,也可如下定义 n 阶行列式.

定义 1.2.1′ n 阶行列式

$$\begin{vmatrix} a_{11} & a_{12} & \cdots & a_{1n} \\ a_{21} & a_{22} & \cdots & a_{2n} \\ \vdots & \vdots & & \vdots \\ a_{n1} & a_{n2} & \cdots & a_{nn} \end{vmatrix} = \sum_{q_1q_2\cdots q_n} (-1)^{\tau(q_1q_2\cdots q_n)}a_{q_1 1}a_{q_2 2}\cdots a_{q_n n},$$

其中 $\sum\limits_{q_1q_2\cdots q_n}$ 表示对 n 元排列 $q_1q_2\cdots q_n$ 的种数求和，即行列式的每一项的列标排成标准排列时，该项的符号由行标构成的排列的奇偶性决定.

练　习　1.2

1. 计算下列行列式：

(1) $\begin{vmatrix} a+b & b \\ a+c & c \end{vmatrix}$；　(2) $\begin{vmatrix} 1 & \mathrm{i} & 1+\mathrm{i} \\ -\mathrm{i} & 1 & 0 \\ 1-\mathrm{i} & 0 & 1 \end{vmatrix}$　$(\mathrm{i}^2=-1)$.

2. 设方程为 $\begin{vmatrix} 3 & 0 & x+1 \\ x & -3 & -1 \\ -1 & 1 & 0 \end{vmatrix}=0$，试求其根.

3. 在6阶行列式中，$a_{21}a_{33}a_{42}a_{56}a_{14}a_{65}$，$a_{32}a_{43}a_{14}a_{51}a_{66}a_{25}$ 这两项应带有什么符号？

4. 求解下列各题：

(1) 计算 $D=\begin{vmatrix} 0 & \cdots & 0 & 1 & 0 \\ 0 & \cdots & 2 & 0 & 0 \\ \vdots & & \vdots & \vdots & \vdots \\ n-1 & \cdots & 0 & 0 & 0 \\ 0 & \cdots & 0 & 0 & n \end{vmatrix}$；

(2) 已知函数 $f(x)=\begin{vmatrix} x & x & 1 & 0 \\ 1 & x & 2 & 3 \\ 2 & 3 & x & 2 \\ 1 & 1 & 2 & x \end{vmatrix}$，求 x^3 的系数.

1.3　行列式的性质

行列式的计算是一个重要的问题. 由定义知，一个 n 阶行列式共有 $n!$ 项代数和，每一项又是 n 个数的乘积，若按定义式计算它的值就需要做 $n!(n-1)$ 次乘法，当 n 较大时，$n!(n-1)$ 是一个相当大的数字，于是直接按定义计算行列式的值几乎成了不可能的事. 因此，我们下面介绍行列式的性质，利用这些性质来简化行列式的计算；另一方面，这些性质在行列式的理论研究中也发挥着重要的作用.

将行列式 D 的行和列互换后所得到的行列式，称为 D 的转置行列式(determinant of transpose matrix)，记作 D' 或 D^{T}，即若

$$D=\det(a_{ij})=\begin{vmatrix} a_{11} & a_{12} & \cdots & a_{1n} \\ a_{21} & a_{22} & \cdots & a_{2n} \\ \vdots & \vdots & & \vdots \\ a_{n1} & a_{n2} & \cdots & a_{nn} \end{vmatrix},$$

则

$$D'=\begin{vmatrix} a_{11} & a_{21} & \cdots & a_{n1} \\ a_{12} & a_{22} & \cdots & a_{n2} \\ \vdots & \vdots & & \vdots \\ a_{1n} & a_{2n} & \cdots & a_{nn} \end{vmatrix}.$$

性质 1.3.1 行列式与它的转置行列式相等.

证 记 $D=\det(a_{ij})$ 的转置行列式为

$$D'=\begin{vmatrix} b_{11} & b_{12} & \cdots & b_{1n} \\ b_{21} & b_{22} & \cdots & b_{2n} \\ \vdots & \vdots & & \vdots \\ b_{n1} & b_{n2} & \cdots & b_{nn} \end{vmatrix},$$

则 $b_{ij}=a_{ji}(i,j=1,2,\cdots,n)$. 由定义 1.2.1′知

$$\begin{aligned} D' &= \sum_{q_1q_2\cdots q_n}(-1)^{\tau(q_1q_2\cdots q_n)}b_{q_11}b_{q_22}\cdots b_{q_nn} \\ &= \sum_{q_1q_2\cdots q_n}(-1)^{\tau(q_1q_2\cdots q_n)}a_{1q_1}a_{2q_2}\cdots a_{nq_n}. \end{aligned}$$

又由定义 1.2.1 知

$$D=\sum_{q_1q_2\cdots q_n}(-1)^{\tau(q_1q_2\cdots q_n)}a_{1q_1}a_{2q_2}\cdots a_{nq_n},$$

所以 $D'=D$. □

例 1.3.1 计算 n 阶下三角行列式(其主对角线以上的元素都为零)

$$D=\begin{vmatrix} a_{11} & 0 & \cdots & 0 \\ a_{21} & a_{22} & \cdots & 0 \\ \vdots & \vdots & & \vdots \\ a_{n1} & a_{n2} & \cdots & a_{nn} \end{vmatrix}.$$

解 由性质 1.3.1 及例 1.2.3 的结果有

$$D=D'=\begin{vmatrix} a_{11} & a_{21} & \cdots & a_{n1} \\ 0 & a_{22} & \cdots & a_{n2} \\ \vdots & \vdots & & \vdots \\ 0 & 0 & \cdots & a_{nn} \end{vmatrix}=a_{11}a_{22}\cdots a_{nn}.$$

由此可以得到如下结论:**上三角行列式与下三角行列式的值都等于其各自主对角线上 n 个元素的乘积**. 性质 1.3.1 说明行列式中行与列具有同等的地位,凡是对行成立的性质,对列也成立,反之亦然. 因而下面讨论行列式性质时,只对行的性质加以证明.

性质 1.3.2 互换行列式两行(列),行列式变号.

证 设行列式

$$D_1 = \begin{vmatrix} b_{11} & b_{12} & \cdots & b_{1n} \\ b_{21} & b_{22} & \cdots & b_{2n} \\ \vdots & \vdots & & \vdots \\ b_{n1} & b_{n2} & \cdots & b_{nn} \end{vmatrix}$$

是由行列式 $D=\det(a_{ij})$ 交换 k，r ($k<r$) 两行所得到的，即当 $i\neq k,r$ 时，$b_{ij}=a_{ij}$；当 $i=k,r$ 时，$b_{kj}=a_{rj}$，$b_{rj}=a_{kj}$. 由定义 1.2.1 有

$$\begin{aligned} D_1 &= \sum (-1)^{\tau(p_1\cdots p_k\cdots p_r\cdots p_n)} b_{1p_1}\cdots b_{kp_k}\cdots b_{rp_r}\cdots b_{np_n} \\ &= \sum (-1)^{\tau(p_1\cdots p_k\cdots p_r\cdots p_n)} a_{1p_1}\cdots a_{rp_k}\cdots a_{kp_r}\cdots a_{np_n} \\ &= \sum (-1)^{\tau(p_1\cdots p_k\cdots p_r\cdots p_n)} a_{1p_1}\cdots a_{kp_r}\cdots a_{rp_k}\cdots a_{np_n}, \end{aligned}$$

其中 $1\cdots k\cdots r\cdots n$ 为标准排列，这里"…"表示位置不动的元素. 由对换改变排列的奇偶性知

$$(-1)^{\tau(p_1\cdots p_k\cdots p_r\cdots p_n)} = -(-1)^{\tau(p_1\cdots p_r\cdots p_k\cdots p_n)},$$

所以 $D_1 = -\sum (-1)^{\tau(p_1\cdots p_r\cdots p_k\cdots p_n)} a_{1p_1}\cdots a_{kp_r}\cdots a_{rp_k}\cdots a_{np_n} = -D.$ □

推论 1.3.1　如果行列式有两行(列)完全相同，则此行列式等于零. □

(**思考**　在 n 阶行列式中，把第 1 列移到最后一列，而其余各列保持原来的次序向左移动，问行列式的值如何变化?)

性质 1.3.3　行列式的某一行(列)中的所有元素都乘以同一数 k，等于用数 k 乘以此行列式. 也就是说，行列式的某一行(列)中的所有元素的公因子 k 可以提到行列式符号的外面，即

$$\begin{vmatrix} a_{11} & a_{12} & \cdots & a_{1n} \\ \vdots & \vdots & & \vdots \\ ka_{i1} & ka_{i2} & \cdots & ka_{in} \\ \vdots & \vdots & & \vdots \\ a_{n1} & a_{n2} & \cdots & a_{nn} \end{vmatrix} = k \begin{vmatrix} a_{11} & a_{12} & \cdots & a_{1n} \\ \vdots & \vdots & & \vdots \\ a_{i1} & a_{i2} & \cdots & a_{in} \\ \vdots & \vdots & & \vdots \\ a_{n1} & a_{n2} & \cdots & a_{nn} \end{vmatrix}.$$ □

性质 1.3.4　行列式中如果有两行(列)元素对应成比例，则此行列式值为零. □

性质 1.3.5　行列式中如果某一行(列)(如第 i 行)的元素都是两数之和，即

$$D = \begin{vmatrix} a_{11} & a_{12} & \cdots & a_{1n} \\ \vdots & \vdots & & \vdots \\ a_{i1}+a'_{i1} & a_{i2}+a'_{i2} & \cdots & a_{in}+a'_{in} \\ \vdots & \vdots & & \vdots \\ a_{n1} & a_{n2} & \cdots & a_{nn} \end{vmatrix},$$

则行列式 D 等于两个行列式之和，即

$$D=\begin{vmatrix} a_{11} & a_{12} & \cdots & a_{1n} \\ \vdots & \vdots & & \vdots \\ a_{i1} & a_{i2} & \cdots & a_{in} \\ \vdots & \vdots & & \vdots \\ a_{n1} & a_{n2} & \cdots & a_{nn} \end{vmatrix}+\begin{vmatrix} a_{11} & a_{12} & \cdots & a_{1n} \\ \vdots & \vdots & & \vdots \\ a'_{i1} & a'_{i2} & \cdots & a'_{in} \\ \vdots & \vdots & & \vdots \\ a_{n1} & a_{n2} & \cdots & a_{nn} \end{vmatrix}. \qquad \square$$

例 1.3.2 计算 $D=\begin{vmatrix} -2 & 3 & 1 \\ 503 & 201 & 298 \\ 5 & 2 & 3 \end{vmatrix}$.

解 由性质 1.3.5 得

$$D=\begin{vmatrix} -2 & 3 & 1 \\ 500+3 & 200+1 & 300-2 \\ 5 & 2 & 3 \end{vmatrix}=\begin{vmatrix} -2 & 3 & 1 \\ 500 & 200 & 300 \\ 5 & 2 & 3 \end{vmatrix}+\begin{vmatrix} -2 & 3 & 1 \\ 3 & 1 & -2 \\ 5 & 2 & 3 \end{vmatrix}$$

$$=0+\begin{vmatrix} -2 & 3 & 1 \\ 3 & 1 & -2 \\ 5 & 2 & 3 \end{vmatrix}=-70.$$

性质 1.3.6 把行列式的某一行(列)的各元素乘以同一数 k 后加到另一行(列)对应的元素上去,行列式的值不变. □

例如,以数 k 乘以第 j 行加到第 i 行上,有

$$D=\begin{vmatrix} a_{11} & a_{12} & \cdots & a_{1n} \\ \vdots & \vdots & & \vdots \\ a_{i1} & a_{i2} & \cdots & a_{in} \\ \vdots & \vdots & & \vdots \\ a_{j1} & a_{j2} & \cdots & a_{jn} \\ \vdots & \vdots & & \vdots \\ a_{n1} & a_{n2} & \cdots & a_{nn} \end{vmatrix}=\begin{vmatrix} a_{11} & a_{12} & \cdots & a_{1n} \\ \vdots & \vdots & & \vdots \\ a_{i1}+ka_{j1} & a_{i2}+ka_{j2} & \cdots & a_{in}+ka_{jn} \\ \vdots & \vdots & & \vdots \\ a_{j1} & a_{j2} & \cdots & a_{jn} \\ \vdots & \vdots & & \vdots \\ a_{n1} & a_{n2} & \cdots & a_{nn} \end{vmatrix}.$$

(**思考** *在 n 阶行列式中,如果从第 2 列开始,每列加上前一列,而第 1 列加上最后一列,问行列式的值如何变化?*)

性质 1.3.3～1.3.6 请读者自行证明.

利用行列式的性质可以简化行列式的计算,这是因为利用上述性质总可以将任意行列式化为上(下)三角行列式,从而使 n 阶行列式的计算变得既简便又程序化. 下面我们通过例子来说明如何利用这些性质计算行列式. 为了表述方便,我们用 $r_i(c_i)$ 表示行列式的第 i 行(列);交换 i,j 两行(列)记作 $r_i\leftrightarrow r_j(c_i\leftrightarrow c_j)$;第 i 行(列)乘以 k 记作 $k\times r_i(k\times c_i)$;第 i 行(列)提取公因子 k 记作 $r_i\div k(c_i\div k)$;把第 j 行(列)乘以 k 倍加到第 i 行(列)记作 $r_i+kr_j(c_i+kc_j)$.

例 1.3.3　计算 $D=\begin{vmatrix} -2 & 3 & -8 & 1 \\ 1 & -2 & 5 & 0 \\ 3 & 1 & -2 & 4 \\ \frac{1}{2} & 2 & 1 & -\frac{5}{2} \end{vmatrix}$.

解　$$D\xlongequal{r_4\div\frac{1}{2}}\frac{1}{2}\begin{vmatrix} -2 & 3 & -8 & 1 \\ 1 & -2 & 5 & 0 \\ 3 & 1 & -2 & 4 \\ 1 & 4 & 2 & -5 \end{vmatrix}$$

$$\xlongequal{r_1\leftrightarrow r_2}-\frac{1}{2}\begin{vmatrix} 1 & -2 & 5 & 0 \\ -2 & 3 & -8 & 1 \\ 3 & 1 & -2 & 4 \\ 1 & 4 & 2 & -5 \end{vmatrix}$$

$$\xlongequal[\substack{r_3-3r_1 \\ r_4-r_1}]{r_2+2r_1}-\frac{1}{2}\begin{vmatrix} 1 & -2 & 5 & 0 \\ 0 & -1 & 2 & 1 \\ 0 & 7 & -17 & 4 \\ 0 & 6 & -3 & -5 \end{vmatrix}$$

$$\xlongequal[r_4+6r_2]{r_3+7r_2}-\frac{1}{2}\begin{vmatrix} 1 & -2 & 5 & 0 \\ 0 & -1 & 2 & -1 \\ 0 & 0 & -3 & 11 \\ 0 & 0 & 9 & 1 \end{vmatrix}$$

$$\xlongequal{r_4+3r_3}-\frac{1}{2}\begin{vmatrix} 1 & -2 & 5 & 0 \\ 0 & -1 & 2 & -1 \\ 0 & 0 & -3 & 11 \\ 0 & 0 & 0 & 34 \end{vmatrix}$$

$$=\left(-\frac{1}{2}\right)\times1\times(-1)\times(-3)\times34=-51.$$

该题先从第 4 行提出公因子$\frac{1}{2}$,把 D 化为元素全为整数的行列式,避免了复杂的分数运算,然后利用行列式的性质将 D 化为上三角行列式.

例 1.3.4　计算 n 阶行列式

$$D_n=\begin{vmatrix} a & b & b & \cdots & b \\ b & a & b & \cdots & b \\ \vdots & \vdots & \vdots & & \vdots \\ b & b & b & \cdots & a \end{vmatrix}.$$

解 $D_n \xlongequal{c_1+\sum\limits_{i=2}^{n}c_i} \begin{vmatrix} a+(n-1)b & b & b & \cdots & b \\ a+(n-1)b & a & b & \cdots & b \\ \vdots & \vdots & \vdots & & \vdots \\ a+(n-1)b & b & b & \cdots & a \end{vmatrix}$

$$=[a+(n-1)b]\begin{vmatrix} 1 & b & b & \cdots & b \\ 1 & a & b & \cdots & b \\ \vdots & \vdots & \vdots & & \vdots \\ 1 & b & b & \cdots & a \end{vmatrix}$$

$$\xlongequal[i=2,3,\cdots,n]{r_i-r_1}[a+(n-1)b]\begin{vmatrix} 1 & b & b & \cdots & b \\ 0 & a-b & 0 & \cdots & 0 \\ \vdots & \vdots & \vdots & & \vdots \\ 0 & 0 & 0 & \cdots & a-b \end{vmatrix}$$

$$=[a+(n-1)b](a-b)^{n-1}.$$

对于每行(列)元素的和都相等的行列式,常用的方法是,把第 2,3,…,n 列(行)都加到第 1 列(行)上去,之后可以从第 1 列(行)提出公因子,然后再设法化成上(下)三角行列式.

例 1.3.5 计算下列行列式:

(1) $D_n=\begin{vmatrix} 1 & 1 & 1 & \cdots & 1 \\ 1 & 2 & 0 & \cdots & 0 \\ 1 & 0 & 3 & \cdots & 0 \\ \vdots & \vdots & \vdots & & \vdots \\ 1 & 0 & 0 & \cdots & n \end{vmatrix}$;

(2) $D=\begin{vmatrix} 1+a_1 & 1 & \cdots & 1 & 1 \\ 1 & 1+a_2 & \cdots & 1 & 1 \\ \vdots & \vdots & & \vdots & \vdots \\ 1 & 1 & \cdots & 1+a_{n-1} & 1 \\ 1 & 1 & \cdots & 1 & 1+a_n \end{vmatrix}$ $(a_i\neq 0, 1\leqslant i\leqslant n)$.

解 (1) $D_n \xlongequal[k=2,3,\cdots,n]{c_1-\frac{1}{k}c_k} \begin{vmatrix} 1-\sum\limits_{k=2}^{n}\frac{1}{k} & 1 & 1 & \cdots & 1 \\ 0 & 2 & 0 & \cdots & 0 \\ 0 & 0 & 3 & \cdots & 0 \\ \vdots & \vdots & \vdots & & \vdots \\ 0 & 0 & 0 & \cdots & n \end{vmatrix}$

$$=n!\left(1-\sum_{k=2}^{n}\frac{1}{k}\right).$$

此题中的行列式称为箭形行列式,可简单地用符号记为 $|\nwarrow|$. 其他的箭形行列式有 $|\nearrow|$, $|\searrow|$, $|\swarrow|$,它们均可以用类似的方法化为某种三角行列式.

(2) $$D \xlongequal[i=2,3,\cdots,n]{r_i - r_1} \begin{vmatrix} 1+a_1 & 1 & \cdots & 1 & 1 \\ -a_1 & a_2 & \cdots & 0 & 0 \\ \vdots & \vdots & & \vdots & \vdots \\ -a_1 & 0 & \cdots & a_{n-1} & 0 \\ -a_1 & 0 & \cdots & 0 & a_n \end{vmatrix}$$

$$\xlongequal[i=1,2,\cdots,n]{c_i \div a_i} a_1 a_2 \cdots a_n \begin{vmatrix} 1+\dfrac{1}{a_1} & \dfrac{1}{a_2} & \cdots & \dfrac{1}{a_{n-1}} & \dfrac{1}{a_n} \\ -1 & 1 & \cdots & 0 & 0 \\ \vdots & \vdots & & \vdots & \vdots \\ -1 & 0 & \cdots & 1 & 0 \\ -1 & 0 & \cdots & 0 & 1 \end{vmatrix}$$

$$\xlongequal[k=2,3,\cdots,n]{c_1 + c_k} a_1 a_2 \cdots a_n \begin{vmatrix} 1+\sum\limits_{k=1}^{n}\dfrac{1}{a_k} & \dfrac{1}{a_2} & \cdots & \dfrac{1}{a_{n-1}} & \dfrac{1}{a_n} \\ 0 & 1 & \cdots & 0 & 0 \\ \vdots & \vdots & & \vdots & \vdots \\ 0 & 0 & \cdots & 1 & 0 \\ 0 & 0 & \cdots & 0 & 1 \end{vmatrix}$$

$$= a_1 a_2 \cdots a_n \left(1 + \sum_{k=1}^{n} \frac{1}{a_k}\right).$$

该行列式中除主对角线上元素不同外,其余元素都是1,所以可用行相减的方法把行列式化为箭形行列式.

例 1.3.6　计算 $D = \begin{vmatrix} 0 & a_1 & a_2 & a_3 & a_4 \\ -a_1 & 0 & b_1 & b_2 & b_3 \\ -a_2 & -b_1 & 0 & c_1 & c_2 \\ -a_3 & -b_2 & -c_1 & 0 & d \\ -a_4 & -b_3 & -c_2 & -d & 0 \end{vmatrix}$.

解　$$D \xlongequal[i=1,2,\cdots,5]{r_i \div (-1)} (-1)^5 \begin{vmatrix} 0 & -a_1 & -a_2 & -a_3 & -a_4 \\ a_1 & 0 & -b_1 & -b_2 & -b_3 \\ a_2 & b_1 & 0 & -c_1 & -c_2 \\ a_3 & b_2 & c_1 & 0 & -d \\ a_4 & b_3 & c_2 & d & 0 \end{vmatrix}$$

$$=-D'=-D,$$

故 $D=0$.

在一个 n 阶行列式 $D=\det(a_{ij})$ 中,若满足 $a_{ij}=-a_{ji}(i,j=1,2,\cdots,n)$,则称 D 为反对称行列式. 本题中的 D 就是一个 5 阶反对称行列式(antisymmetric determinant). 用同样的方法可以证明:**奇数阶反对称行列式的值为零**.

练 习 1.3

1. 计算下列行列式:

(1) $\begin{vmatrix} 2 & 1 & 1 & 1 \\ 1 & 2 & 1 & 1 \\ 1 & 1 & 2 & 1 \\ 1 & 1 & 1 & 2 \end{vmatrix}$;　　(2) $\begin{vmatrix} 2 & 1 & -1 & 1 \\ -4 & 1 & 3 & -5 \\ -1 & 0 & 1 & 2 \\ -3 & -5 & 3 & 1 \end{vmatrix}$;

(3) $\begin{vmatrix} a & b & c & d \\ a & a+b & a+b+c & a+b+c+d \\ a & 2a+b & 3a+2b+c & 4a+3b+2c+d \\ a & 3a+b & 6a+3b+c & 10a+6b+3c+d \end{vmatrix}$;　　(4) $\begin{vmatrix} 246 & 427 & 327 \\ 1014 & 543 & 443 \\ -342 & 721 & 621 \end{vmatrix}$.

2. 若 n 阶行列式 $\det(a_{ij})=a$,则 n 阶行列式 $\det(-a_{ij})=$________.

3. 由 n $(n>1)$阶行列式

$$\begin{vmatrix} 1 & 1 & \cdots & 1 \\ 1 & 1 & \cdots & 1 \\ \vdots & \vdots & & \vdots \\ 1 & 1 & \cdots & 1 \end{vmatrix}=0,$$

说明 n 个数 $1,2,\cdots,n$ 的所有的 n 元排列中,奇偶排列各半.

1.4 行列式按行(列)展开

简化行列式计算的另一种途径是降阶,即把高阶行列式的计算化为低阶行列式的计算. 为此,先引入下面的概念.

定义 1.4.1 在 n 阶行列式 $D=\det(a_{ij})$ 中,划去元素 a_{ij} 所在的第 i 行与第 j 列,剩下的 $(n-1)^2$ 个元素按原来的位置排列构成的 $n-1$ 阶行列式,称为元素 a_{ij} 的**余子式**(cofactor),记作 M_{ij};把 $(-1)^{i+j}M_{ij}$ 称为元素 a_{ij} 的**代数余子式**(algebraic cofactor),记作 A_{ij}.

例如,在三阶行列式 $D=\begin{vmatrix} a_{11} & a_{12} & a_{13} \\ a_{21} & a_{22} & a_{23} \\ a_{31} & a_{32} & a_{33} \end{vmatrix}$ 中,元素 a_{21},a_{22},a_{23} 的余子式分别为

$$M_{21}=\begin{vmatrix} a_{12} & a_{13} \\ a_{32} & a_{33} \end{vmatrix},\quad M_{22}=\begin{vmatrix} a_{11} & a_{13} \\ a_{31} & a_{33} \end{vmatrix},\quad M_{23}=\begin{vmatrix} a_{11} & a_{12} \\ a_{31} & a_{32} \end{vmatrix};$$

而对应的代数余子式分别为

$$A_{21}=(-1)^{2+1}M_{21}=-M_{21},$$
$$A_{22}=(-1)^{2+2}M_{22}=M_{22},$$
$$A_{23}=(-1)^{2+3}M_{23}=-M_{23}.$$

容易验证:$D=a_{21}A_{21}+a_{22}A_{22}+a_{23}A_{23}$. 这个结果并不是偶然的. 为了把这个结果推广到 n 阶行列式,我们先证明一个引理.

引理 1.4.1　若 n 阶行列式 $D=\det(a_{ij})$ 的第 i 行中元素满足 $a_{ij}\neq 0$,$a_{ik}=0$ $(k\neq j)$,则 n 阶行列式 $D=a_{ij}A_{ij}$.

证　(1) 当 $i=j=1$ 时,即

$$D=\begin{vmatrix} a_{11} & 0 & \cdots & 0 \\ a_{21} & a_{22} & \cdots & a_{2n} \\ \vdots & \vdots & & \vdots \\ a_{n1} & a_{n2} & \cdots & a_{nn} \end{vmatrix}=\sum (-1)^{\tau(p_1p_2\cdots p_n)}a_{1p_1}a_{2p_2}\cdots a_{np_n}.$$

若 $p_1\neq 1$,则 $a_{1p_1}a_{2p_2}\cdots a_{np_n}=0$. 于是

$$\begin{aligned} D&=\sum (-1)^{\tau(1p_2\cdots p_n)}a_{11}a_{2p_2}\cdots a_{np_n} \\ &=a_{11}\sum (-1)^{\tau(p_2\cdots p_n)}a_{2p_2}\cdots a_{np_n} \\ &=a_{11}\begin{vmatrix} a_{22} & a_{23} & \cdots & a_{2n} \\ a_{32} & a_{33} & \cdots & a_{3n} \\ \vdots & \vdots & & \vdots \\ a_{n2} & a_{n3} & \cdots & a_{nn} \end{vmatrix} \\ &=a_{11}M_{11}=a_{11}A_{11}. \end{aligned}$$

(2) 当 $i\neq 1$(或 $j\neq 1$)时,即

$$D=\begin{vmatrix} a_{11} & \cdots & a_{1,j-1} & a_{1j} & a_{1,j+1} & \cdots & a_{1n} \\ \vdots & & \vdots & \vdots & \vdots & & \vdots \\ a_{i-1,1} & \cdots & a_{i-1,j-1} & a_{i-1,j} & a_{i-1,j+1} & \cdots & a_{i-1,n} \\ 0 & \cdots & 0 & a_{i,j} & 0 & \cdots & 0 \\ a_{i+1,1} & \cdots & a_{i+1,j-1} & a_{i+1,j} & a_{i+1,j+1} & \cdots & a_{i+1,n} \\ \vdots & & \vdots & \vdots & \vdots & & \vdots \\ a_{n1} & \cdots & a_{n,j-1} & a_{nj} & a_{n,j+1} & \cdots & a_{nn} \end{vmatrix}.$$

先将行列式 D 第 i 行依次与第 $i-1$ 行、第 $i-2$ 行、…、第 1 行交换,交换次数为 $i-1$ 次;再将新行列式第 j 列依次与第 $j-1$ 列、第 $j-2$ 列、…、第 1 列交换,交换次数为 $j-1$ 次. 于是由行列式的性质 1.3.2 有

$$D=(-1)^{i-1}(-1)^{j-1}\begin{vmatrix} a_{ij} & 0 & \cdots & 0 & 0 & \cdots & 0 \\ a_{1j} & a_{11} & \cdots & a_{1,j-1} & a_{1,j+1} & \cdots & a_{1n} \\ \vdots & \vdots & & \vdots & \vdots & & \vdots \\ a_{i-1,j} & a_{i-1,1} & \cdots & a_{i-1,j-1} & a_{i-1,j+1} & \cdots & a_{i-1,n} \\ a_{i+1,j} & a_{i+1,1} & \cdots & a_{i+1,j-1} & a_{i+1,j+1} & \cdots & a_{i+1,n} \\ \vdots & \vdots & & \vdots & \vdots & & \vdots \\ a_{nj} & a_{n1} & \cdots & a_{n,j-1} & a_{n,j+1} & \cdots & a_{nn} \end{vmatrix}$$

$$=(-1)^{i+j-2}a_{ij}M_{ij}=a_{ij}(-1)^{i+j}M_{ij}=a_{ij}A_{ij}.$$ □

定理 1.4.1 n 阶行列式 $D=\det(a_{ij})$ 等于它的任一行(列)的各元素与其对应的代数余子式乘积之和,即

$$D=a_{i1}A_{i1}+a_{i2}A_{i2}+\cdots+a_{in}A_{in}=\sum_{k=1}^{n}a_{ik}A_{ik}\qquad(i=1,2,\cdots,n),$$

或

$$D=a_{1j}A_{1j}+a_{2j}A_{2j}+\cdots+a_{nj}A_{nj}=\sum_{k=1}^{n}a_{kj}A_{kj}\qquad(j=1,2,\cdots,n).$$

证 由行列式的性质知

$$D=\begin{vmatrix} a_{11} & a_{12} & \cdots & a_{1n} \\ \vdots & \vdots & & \vdots \\ a_{i1}+0+\cdots+0 & 0+a_{i2}+0+\cdots+0 & \cdots & 0+\cdots+0+a_{in} \\ \vdots & \vdots & & \vdots \\ a_{n1} & a_{n2} & \cdots & a_{nn} \end{vmatrix}$$

$$=\begin{vmatrix} a_{11} & a_{12} & \cdots & a_{1n} \\ \vdots & \vdots & & \vdots \\ a_{i1} & 0 & \cdots & 0 \\ \vdots & \vdots & & \vdots \\ a_{n1} & a_{n2} & \cdots & a_{nn} \end{vmatrix}+\begin{vmatrix} a_{11} & a_{12} & \cdots & a_{1n} \\ \vdots & \vdots & & \vdots \\ 0 & a_{i2} & \cdots & 0 \\ \vdots & \vdots & & \vdots \\ a_{n1} & a_{n2} & \cdots & a_{nn} \end{vmatrix}+\cdots+\begin{vmatrix} a_{11} & a_{12} & \cdots & a_{1n} \\ \vdots & \vdots & & \vdots \\ 0 & 0 & \cdots & a_{in} \\ \vdots & \vdots & & \vdots \\ a_{n1} & a_{n2} & \cdots & a_{nn} \end{vmatrix}.$$

根据上述引理,即得

$$D=a_{i1}A_{i1}+a_{i2}A_{i2}+\cdots+a_{in}A_{in}=\sum_{k=1}^{n}a_{ik}A_{ik}\qquad(i=1,2,\cdots,n).$$

类似可证

$$D=a_{1j}A_{1j}+a_{2j}A_{2j}+\cdots+a_{nj}A_{nj}=\sum_{k=1}^{n}a_{kj}A_{kj}\qquad(j=1,2,\cdots,n).$$ □

这个定理称为行列式按行(列)展开法则,利用此定理,并结合行列式的性质,可以简化行列式的计算.但要指出的是,只有在行列式的某行(列)中含有较多的零时,按此行(列)将行列式展开,才可以达到简化的目的.为行文方便,按第 i 行(列)展开记为(r_i)((c_i)).

例 1.4.1　计算 $D=\begin{vmatrix} 3 & 4 & -1 & 2 & 0 \\ 7 & 5 & 2 & 5 & 2 \\ -2 & 0 & 3 & 1 & 0 \\ -4 & 0 & 7 & 4 & 0 \\ 2 & 0 & 3 & 5 & 0 \end{vmatrix}$.

解　$D \overset{(c_5)}{=\!=} 2\times(-1)^{2+5}\begin{vmatrix} 3 & 4 & -1 & 2 \\ -2 & 0 & 3 & 1 \\ -4 & 0 & 7 & 4 \\ 2 & 0 & 3 & 5 \end{vmatrix}$

$$\overset{(c_2)}{=\!=}(-2)\times 4\times(-1)^{1+2}\begin{vmatrix} -2 & 3 & 1 \\ -4 & 7 & 4 \\ 2 & 3 & 5 \end{vmatrix}$$

$$\overset{r_2-2r_1}{\underset{r_3+r_1}{=\!=\!=}} 8\times\begin{vmatrix} -2 & 3 & 1 \\ 0 & 1 & 2 \\ 0 & 6 & 6 \end{vmatrix}$$

$$\overset{(c_1)}{=\!=} 8\times(-2)\times(-1)^{1+1}\begin{vmatrix} 1 & 2 \\ 6 & 6 \end{vmatrix}=96.$$

例 1.4.2　证明范德蒙德(Vandermonde)行列式

$$D_n=\begin{vmatrix} 1 & 1 & \cdots & 1 \\ x_1 & x_2 & \cdots & x_n \\ x_1^2 & x_2^2 & \cdots & x_n^2 \\ \vdots & \vdots & & \vdots \\ x_1^{n-1} & x_2^{n-1} & \cdots & x_n^{n-1} \end{vmatrix}=\prod_{1\leqslant i<j\leqslant n}(x_j-x_i).$$

注　$\prod$ 是连乘的记号. $\prod\limits_{1\leqslant i<j\leqslant n}(x_j-x_i)$ 就表示满足条件 $1\leqslant i<j\leqslant n$ 的所有因子 (x_j-x_i) 相乘. 如

$$\prod_{1\leqslant i<j\leqslant 4}(x_j-x_i)=(x_4-x_1)(x_4-x_2)(x_4-x_3)\cdot(x_3-x_1)(x_3-x_2)(x_2-x_1).$$

证　我们对行列式的阶数 n 用数学归纳法.

当 $n=2$ 时，$D_2=\begin{vmatrix} 1 & 1 \\ x_1 & x_2 \end{vmatrix}=x_2-x_1$，结论成立. 假设对 $n-1$ 阶行列式结论也成立，即 $D_{n-1}=\prod\limits_{1\leqslant i<j\leqslant n-1}(x_j-x_i)$.

对于 n 阶行列式 D_n，我们有

$$D_n \xlongequal[k=n,n-1,\cdots,2]{r_k - x_n r_{k-1}} \begin{vmatrix} 1 & 1 & \cdots & 1 & 1 \\ x_1 - x_n & x_2 - x_n & \cdots & x_{n-1} - x_n & 0 \\ x_1(x_1 - x_n) & x_2(x_2 - x_n) & \cdots & x_{n-1}(x_{n-1} - x_n) & 0 \\ \vdots & \vdots & & \vdots & \vdots \\ x_1^{n-2}(x_1 - x_n) & x_2^{n-2}(x_2 - x_n) & \cdots & x_{n-1}^{n-2}(x_{n-1} - x_n) & 0 \end{vmatrix}$$

$$= (-1)^{1+n}(x_1 - x_n)(x_2 - x_n)\cdots(x_{n-1} - x_n)\begin{vmatrix} 1 & 1 & \cdots & 1 \\ x_1 & x_2 & \cdots & x_{n-1} \\ \vdots & \vdots & & \vdots \\ x_1^{n-2} & x_2^{n-2} & \cdots & x_{n-1}^{n-2} \end{vmatrix}$$

$$= (-1)^{1+n}(x_1 - x_n)(x_2 - x_n)\cdots(x_{n-1} - x_n)D_{n-1}$$

$$= (x_n - x_1)(x_n - x_2)\cdots(x_n - x_{n-1})D_{n-1}.$$

由假设知

$$D = (x_n - x_1)(x_n - x_2)\cdots(x_n - x_{n-1}) \prod_{1 \leqslant i < j \leqslant n-1} (x_j - x_i)$$

$$= \prod_{1 \leqslant i < j \leqslant n} (x_j - x_i).$$

例 1.4.3 设

$$D = \begin{vmatrix} a_{11} & \cdots & a_{1k} & 0 & \cdots & 0 \\ \vdots & & \vdots & \vdots & & \vdots \\ a_{k1} & \cdots & a_{kk} & 0 & \cdots & 0 \\ c_{11} & \cdots & c_{1k} & b_{11} & \cdots & b_{1r} \\ \vdots & & \vdots & \vdots & & \vdots \\ c_{r1} & \cdots & c_{rk} & b_{r1} & \cdots & b_{rr} \end{vmatrix},$$

$$D_1 = \begin{vmatrix} a_{11} & \cdots & a_{1k} \\ \vdots & & \vdots \\ a_{k1} & \cdots & a_{kk} \end{vmatrix}, \quad D_2 = \begin{vmatrix} b_{11} & \cdots & b_{1r} \\ \vdots & & \vdots \\ b_{r1} & \cdots & b_{rr} \end{vmatrix}.$$

证明 $D = D_1 \cdot D_2$,其中 k 为任意正整数.

证 对行列式 D_1 的阶数 k 用数学归纳法.

当 $k=1$ 时,$D = \begin{vmatrix} a_{11} & 0 & \cdots & 0 \\ c_{11} & b_{11} & \cdots & b_{1r} \\ \vdots & \vdots & & \vdots \\ c_{r1} & b_{r1} & \cdots & b_{rr} \end{vmatrix} \xlongequal{(r_1)} a_{11} D_2 = D_1 \cdot D_2$,命题成立. 假设 $k = n-1$ 时,命题成立. 现证明命题对 $k=n$ 也成立. 将行列式 D 按第 1 行展开得

$$D \xlongequal{(r_1)} a_{11}\begin{vmatrix} a_{22} & \cdots & a_{2n} & 0 & \cdots & 0 \\ \vdots & & \vdots & \vdots & & \vdots \\ a_{n2} & \cdots & a_{nn} & 0 & \cdots & 0 \\ c_{12} & \cdots & c_{1n} & b_{11} & \cdots & b_{1r} \\ \vdots & & \vdots & \vdots & & \vdots \\ c_{r2} & \cdots & c_{rn} & b_{r1} & \cdots & b_{rr} \end{vmatrix}$$

$$+\cdots+(-1)^{1+i}a_{1i}\begin{vmatrix} a_{21} & \cdots & a_{2,i-1} & a_{2,i+1} & \cdots & a_{2n} & 0 & \cdots & 0 \\ \vdots & & \vdots & \vdots & & \vdots & \vdots & & \vdots \\ a_{n1} & \cdots & a_{n,i-1} & a_{n,i+1} & \cdots & a_{nn} & 0 & \cdots & 0 \\ c_{11} & \cdots & c_{1,i-1} & c_{1,i+1} & \cdots & c_{1n} & b_{11} & \cdots & b_{1r} \\ \vdots & & \vdots & \vdots & & \vdots & \vdots & & \vdots \\ c_{r1} & \cdots & c_{r,i-1} & c_{r,i+1} & \cdots & c_{rn} & b_{r1} & \cdots & b_{rr} \end{vmatrix}$$

$$+\cdots+(-1)^{1+n}a_{1n}\begin{vmatrix} a_{21} & \cdots & a_{2,n-1} & 0 & \cdots & 0 \\ \vdots & & \vdots & \vdots & & \vdots \\ a_{n1} & \cdots & a_{n,n-1} & 0 & \cdots & 0 \\ c_{11} & \cdots & c_{1,n-1} & b_{11} & \cdots & b_{1r} \\ \vdots & & \vdots & \vdots & & \vdots \\ c_{r1} & \cdots & c_{r,n-1} & b_{r1} & \cdots & b_{rr} \end{vmatrix}.$$

由假设知命题对 $k=n-1$ 成立,所以

$$D = a_{11}\begin{vmatrix} a_{22} & \cdots & a_{2n} \\ \vdots & & \vdots \\ a_{n2} & \cdots & a_{nn} \end{vmatrix}\cdot D_2$$

$$+\cdots+(-1)^{1+i}a_{1i}\begin{vmatrix} a_{21} & \cdots & a_{2,i-1} & a_{2,i+1} & \cdots & a_{2n} \\ \vdots & & \vdots & \vdots & & \vdots \\ a_{n1} & \cdots & a_{n,i-1} & a_{n,i+1} & \cdots & a_{nn} \end{vmatrix}\cdot D_2$$

$$+\cdots+(-1)^{1+n}a_{1n}\begin{vmatrix} a_{21} & \cdots & a_{2,n-1} \\ \vdots & & \vdots \\ a_{n1} & \cdots & a_{n,n-1} \end{vmatrix}\cdot D_2$$

$$=\begin{vmatrix} a_{11} & \cdots & a_{1n} \\ \vdots & & \vdots \\ a_{n1} & \cdots & a_{nn} \end{vmatrix}\cdot D_2 = D_1\cdot D_2.$$

(思考

$$\begin{vmatrix} 0 & \cdots & 0 & a_{11} & \cdots & a_{1k} \\ \vdots & & \vdots & \vdots & & \vdots \\ 0 & \cdots & 0 & a_{k1} & \cdots & a_{kk} \\ b_{11} & \cdots & b_{1r} & c_{11} & \cdots & c_{1k} \\ \vdots & & \vdots & \vdots & & \vdots \\ b_{r1} & \cdots & b_{rr} & c_{r1} & \cdots & c_{rk} \end{vmatrix} = (-1)^{kr} \begin{vmatrix} a_{11} & \cdots & a_{1k} \\ \vdots & & \vdots \\ a_{k1} & \cdots & a_{kk} \end{vmatrix} \cdot \begin{vmatrix} b_{11} & \cdots & b_{1r} \\ \vdots & & \vdots \\ b_{r1} & \cdots & b_{rr} \end{vmatrix},$$

为什么?)

定理 1.4.2 n 阶行列式 $D=\det(a_{ij})$ 的某一行(列)的各元素与另一行(列)对应元素的代数余子式的乘积之和等于零,即

$$a_{i1}A_{j1}+a_{i2}A_{j2}+\cdots+a_{in}A_{jn}=\sum_{k=1}^{n}a_{ik}A_{jk}=0 \qquad (i\neq j)$$

或

$$a_{1i}A_{1j}+a_{2i}A_{2j}+\cdots+a_{ni}A_{nj}=\sum_{k=1}^{n}a_{ki}A_{kj}=0 \qquad (i\neq j).$$

证 因为

$$D=\begin{vmatrix} a_{11} & a_{12} & \cdots & a_{1n} \\ \vdots & \vdots & & \vdots \\ a_{i1} & a_{i2} & \cdots & a_{in} \\ \vdots & \vdots & & \vdots \\ a_{j1} & a_{j2} & \cdots & a_{jn} \\ \vdots & \vdots & & \vdots \\ a_{n1} & a_{n2} & \cdots & a_{nn} \end{vmatrix} \xlongequal{r_j+r_i} \begin{vmatrix} a_{11} & a_{12} & \cdots & a_{1n} \\ \vdots & \vdots & & \vdots \\ a_{i1} & a_{i2} & \cdots & a_{in} \\ \vdots & \vdots & & \vdots \\ a_{j1}+a_{i1} & a_{j2}+a_{i2} & \cdots & a_{jn}+a_{in} \\ \vdots & \vdots & & \vdots \\ a_{n1} & a_{n2} & \cdots & a_{nn} \end{vmatrix}$$

$$\xlongequal{(r_j)} \sum_{k=1}^{n}(a_{jk}+a_{ik})A_{jk}=\sum_{k=1}^{n}a_{jk}A_{jk}+\sum_{k=1}^{n}a_{ik}A_{jk}=D+\sum_{k=1}^{n}a_{ik}A_{jk},$$

所以 $\sum_{k=1}^{n}a_{ik}A_{jk}=0$.

类似地可证另一式. □

综合定理 1.4.1 和定理 1.4.2,便可得到关于代数余子式的重要性质:

$$\sum_{k=1}^{n}a_{ik}A_{jk}=D\delta_{ij}, \qquad \sum_{k=1}^{n}a_{ki}A_{kj}=D\delta_{ij},$$

其中 $\delta_{ij}=\begin{cases}1, & i=j,\\ 0, & i\neq j\end{cases}$ 为克罗内克(Kronecker)函数.

例 1.4.4　已知行列式 $D=\begin{vmatrix}1&2&3&4&5\\2&2&2&1&1\\3&1&2&4&5\\1&1&1&2&2\\4&3&1&5&0\end{vmatrix}=27$，求 $A_{41}+A_{42}+A_{43}$ 及 $A_{44}+A_{45}$.

解　由代数余子式的性质可得

$$\sum_{k=1}^{5}a_{4k}A_{4k}=A_{41}+A_{42}+A_{43}+2A_{44}+2A_{45}=D=27,$$

$$\sum_{k=1}^{5}a_{2k}A_{4k}=2A_{41}+2A_{42}+2A_{43}+A_{44}+A_{45}=0,$$

所以 $A_{41}+A_{42}+A_{43}=-9$, $A_{44}+A_{45}=18$.

例 1.4.5　设 $D=\begin{vmatrix}1&2&1&4\\0&-1&2&1\\1&0&1&3\\0&1&3&1\end{vmatrix}$，求 $A_{11}+A_{12}+A_{13}+A_{14}$ 及 $M_{11}+M_{21}+M_{31}+M_{41}$.

解　由定理 1.4.1 可知

$$A_{11}+A_{12}+A_{13}+A_{14}=\begin{vmatrix}1&1&1&1\\0&-1&2&1\\1&0&1&3\\0&1&3&1\end{vmatrix}\overset{r_3-r_1}{=\!=\!=}\begin{vmatrix}1&1&1&1\\0&-1&2&1\\0&-1&0&2\\0&1&3&1\end{vmatrix}$$

$$\overset{(c_1)}{=\!=\!=}\begin{vmatrix}-1&2&1\\-1&0&2\\1&3&1\end{vmatrix}\underset{r_3+r_1}{\overset{r_2-r_1}{=\!=\!=}}\begin{vmatrix}-1&2&1\\0&-2&1\\0&5&2\end{vmatrix}=9.$$

$$M_{11}+M_{21}+M_{31}+M_{41}=A_{11}-A_{21}+A_{31}-A_{41}$$

$$=\begin{vmatrix}1&2&1&4\\-1&-1&2&1\\1&0&1&3\\-1&1&3&1\end{vmatrix}\underset{r_4+r_1}{\overset{\substack{r_2+r_1\\r_3-r_1}}{=\!=\!=}}\begin{vmatrix}1&2&1&4\\0&1&3&5\\0&-2&0&-1\\0&3&4&5\end{vmatrix}$$

$$\overset{(c_1)}{=\!=\!=}\begin{vmatrix}1&3&5\\-2&0&-1\\3&4&5\end{vmatrix}\underset{r_3-3r_1}{\overset{r_2+2r_1}{=\!=\!=}}\begin{vmatrix}1&3&5\\0&6&9\\0&-5&-10\end{vmatrix}=-15.$$

练 习 1.4

1. 计算下列行列式：

(1) $\begin{vmatrix} 5 & 3 & -1 & 2 & 0 \\ 1 & 7 & 2 & 5 & 2 \\ 0 & -2 & 3 & 1 & 0 \\ 0 & -4 & -1 & 4 & 0 \\ 0 & 2 & 3 & 5 & 0 \end{vmatrix}$； (2) $\begin{vmatrix} -1 & 1 & -1 & 2 \\ 1 & 0 & 1 & -1 \\ 2 & 3 & 4 & 1 \\ -1 & 1 & 2 & -2 \end{vmatrix}$； (3) $\begin{vmatrix} 0 & 0 & 1 & 2 \\ 0 & 0 & 3 & 4 \\ -1 & 3 & 0 & 1 \\ 2 & -7 & 2 & -2 \end{vmatrix}$.

2. 证明

$$D_n=\begin{vmatrix} x & 0 & 0 & \cdots & 0 & a_0 \\ -1 & x & 0 & \cdots & 0 & a_1 \\ 0 & -1 & x & \cdots & 0 & a_2 \\ \vdots & \vdots & \vdots & & \vdots & \vdots \\ 0 & 0 & 0 & \cdots & x & a_{n-2} \\ 0 & 0 & 0 & \cdots & -1 & x+a_{n-1} \end{vmatrix}=x^n+a_{n-1}x^{n-1}+\cdots+a_1x+a_0 \qquad (n\geqslant 2).$$

3. 已知四阶行列式

$$D_4=\begin{vmatrix} 1 & 1 & -1 & 7 \\ 3 & 1 & 0 & 4 \\ -1 & 1 & 0 & 1 \\ 2 & 1 & 2 & -2 \end{vmatrix},$$

求 $A_{14}+A_{24}+A_{34}+A_{44}$ 的值，其中 A_{ij} 为 D_4 中元素 a_{ij} 的代数余子式.

*1.5 拉普拉斯定理

前面介绍了将行列式按一行(列)展开法则，把它推广到按多行(列)展开，这就是著名的拉普拉斯(Laplace)定理. 首先我们把余子式与代数余子式的概念推广如下.

定义 1.5.1 在 n 阶行列式 $D=\det(a_{ij})$ 中任意选取 k 行 k 列 $(1\leqslant k<n)$，位于这些行和列的交叉处的 k^2 个元素按原来的相对位置构成的一个 k 阶行列式 N，称为行列式 D 的一个 k **阶子式**. 在 D 中划去这 k 行 k 列后余下的元素按原来的相对位置构成的一个 $n-k$ 阶行列式 M，称为 k 阶子式 N 的**余子式**. 如果 N 位于行列式 D 的 i_1，$i_2,\cdots,i_k$ 行和 $j_1,j_2,\cdots,j_k$ 列，令 $A=(-1)^{(i_1+i_2+\cdots+i_k)+(j_1+j_2+\cdots+j_k)}M$，则称 A 为 k 阶子式 N 的代数余子式.

例如，在五阶行列式 $D=\det(a_{ij})$ 中选定第一、三行和第三、四列便可得到一个二阶子式.

二阶子式 N 为

$$N=\begin{vmatrix} a_{13} & a_{14} \\ a_{33} & a_{34} \end{vmatrix}.$$

N 的余子式 M 为

$$M=\begin{vmatrix} a_{21} & a_{22} & a_{25} \\ a_{41} & a_{42} & a_{45} \\ a_{51} & a_{52} & a_{55} \end{vmatrix}.$$

N 的代数余子式 A 为

$$A=(-1)^{(1+3)+(3+4)}M=-M.$$

定理 1.5.1(拉普拉斯定理) 在 n 阶行列式 D 中任意选定 $k(1\leqslant k<n)$ 行,由这 k 行元素构成的一切 k 阶子式 $N_1,N_2,\cdots,N_m$ 与它们所对应的代数余子式 A_1, $A_2,\cdots,A_m$ 的乘积之和等于行列式 D,即

$$D=N_1A_1+N_2A_2+\cdots+N_mA_m=\sum_{t=1}^{m}N_tA_t,\quad 其中\ m=C_n^k.$$

定理 1.5.1 与定理 1.4.1 的证明类似,限于篇幅,证明从略. 如例 1.4.3 直接应用定理 1.5.1 便可得到证明(请读者自行验证).

例 1.5.1 计算行列式

$$D_5=\begin{vmatrix} 0 & 2 & 1 & 1 & 0 \\ 1 & 2 & 0 & 0 & 1 \\ 1 & 3 & 0 & 0 & 0 \\ 0 & 2 & 2 & 1 & 0 \\ 6 & 3 & 4 & 1 & 2 \end{vmatrix}.$$

解 在行列式 D_5 的第 2,3 行中,只有三个不为零的二阶子式,分别为

$$N_1=\begin{vmatrix} 1 & 2 \\ 1 & 3 \end{vmatrix}=1,\quad N_2=\begin{vmatrix} 1 & 1 \\ 1 & 0 \end{vmatrix}=-1,\quad N_3=\begin{vmatrix} 2 & 1 \\ 3 & 0 \end{vmatrix}=-3.$$

它们对应的代数余子式分别为

$$A_1=(-1)^{(2+3)+(1+2)}\begin{vmatrix} 1 & 1 & 0 \\ 2 & 1 & 0 \\ 4 & 1 & 2 \end{vmatrix}=-2,$$

$$A_2=(-1)^{(2+3)+(1+5)}\begin{vmatrix} 2 & 1 & 1 \\ 2 & 2 & 1 \\ 3 & 4 & 1 \end{vmatrix}=1,$$

$$A_3=(-1)^{(2+3)+(2+5)}\begin{vmatrix} 0 & 1 & 1 \\ 0 & 2 & 1 \\ 6 & 4 & 1 \end{vmatrix}=-6,$$

所以

$$D_5=N_1A_1+N_2A_2+N_3A_3=15.$$

例 1.5.2 计算 $2n$ 阶行列式

$$D_{2n}=\begin{vmatrix} a & & & & & b \\ & \ddots & & & \iddots & \\ & & a & b & & \\ & & c & d & & \\ & \iddots & & & \ddots & \\ c & & & & & d \end{vmatrix},$$

其中未写出的元素均为零.

解 当选定行列式 D_{2n} 的第 1 行与第 $2n$ 行时,只有一个有可能不为零的二阶子式 $\begin{vmatrix} a & b \\ c & d \end{vmatrix}$,应用定理 1.5.1 展开行列式得

$$D_{2n}=\begin{vmatrix} a & b \\ c & d \end{vmatrix}\cdot(-1)^{(1+2n)+(1+2n)}D_{2(n-1)}=(ad-bc)D_{2(n-1)},$$

利用递推关系知

$$\begin{aligned} D_{2n}&=(ad-bc)^2D_{2(n-2)}=\cdots=(ad-bc)^{n-1}D_2 \\ &=(ad-bc)^{n-1}\begin{vmatrix} a & b \\ c & d \end{vmatrix}=(ad-bc)^n. \end{aligned}$$

例 1.5.3 设 n 阶行列式 $D_1=\det(a_{ij})$, $D_2=\det(b_{ij})$, $C=\det(c_{ij})$,若 $c_{ij}=a_{i1}b_{1j}+a_{i2}b_{2j}+\cdots+a_{in}b_{nj}=\sum_{k=1}^{n}a_{ik}b_{kj}\quad(i,j=1,2,\cdots,n)$,证明 $D_1\cdot D_2=C$.

证 作 $2n$ 阶行列式

$$D=\begin{vmatrix} a_{11} & a_{12} & \cdots & a_{1n} & 0 & \cdots & 0 \\ \vdots & \vdots & & \vdots & \vdots & & \vdots \\ a_{n1} & a_{n2} & \cdots & a_{nn} & 0 & \cdots & 0 \\ -1 & 0 & \cdots & 0 & b_{11} & \cdots & b_{1n} \\ 0 & -1 & \cdots & 0 & b_{21} & \cdots & b_{2n} \\ \vdots & \vdots & & \vdots & \vdots & & \vdots \\ 0 & 0 & \cdots & -1 & b_{n1} & \cdots & b_{nn} \end{vmatrix}.$$

根据例 1.4.3 的结果知

$$D=\begin{vmatrix} a_{11} & \cdots & a_{1n} \\ \vdots & & \vdots \\ a_{n1} & \cdots & a_{nn} \end{vmatrix}\begin{vmatrix} b_{11} & \cdots & b_{1n} \\ \vdots & & \vdots \\ b_{n1} & \cdots & b_{nn} \end{vmatrix}=D_1\cdot D_2.$$

另外,将行列式 D 的第 $n+1$ 行的 a_{i1} 倍、第 $n+2$ 行的 a_{i2} 倍、…、第 $2n$ 行的 a_{in} 倍都加到第 i $(i=1,2,\cdots,n)$ 行,则行列式 D 化为

$$D=\begin{vmatrix} 0 & 0 & \cdots & 0 & c_{11} & \cdots & c_{1n} \\ \vdots & \vdots & & \vdots & \vdots & & \vdots \\ 0 & 0 & \cdots & 0 & c_{n1} & \cdots & c_{nn} \\ -1 & 0 & \cdots & 0 & b_{11} & \cdots & b_{1n} \\ 0 & -1 & \cdots & 0 & b_{21} & \cdots & b_{2n} \\ \vdots & \vdots & & \vdots & \vdots & & \vdots \\ 0 & 0 & \cdots & -1 & b_{n1} & \cdots & b_{nn} \end{vmatrix},$$

其中 $c_{ij}=a_{i1}b_{1j}+a_{i2}b_{2j}+\cdots+a_{in}b_{nj}=\sum\limits_{k=1}^{n}a_{ik}b_{kj}(i,j=1,2,\cdots,n)$．然后选定行列式的第 $1,2,\cdots,n$ 行，应用定理1.5.1展开得

$$D=\begin{vmatrix} c_{11} & \cdots & c_{1n} \\ \vdots & & \vdots \\ c_{n1} & \cdots & c_{nn} \end{vmatrix}\cdot(-1)^{(1+2+\cdots+n)+(n+1)+\cdots+2n}\begin{vmatrix} -1 & 0 & \cdots & 0 \\ 0 & -1 & \cdots & 0 \\ \vdots & \vdots & & \vdots \\ 0 & 0 & \cdots & -1 \end{vmatrix}$$

$$=(-1)^{2n^2+n}\cdot(-1)^n\begin{vmatrix} c_{11} & \cdots & c_{1n} \\ \vdots & & \vdots \\ c_{n1} & \cdots & c_{nn} \end{vmatrix}=C,$$

所以 $D_1\cdot D_2=C$.

该例题给出了行列式的乘法法则，即乘积行列式的第 i 行第 j 列处的元素等于第一个行列式的第 i 行元素与第二个行列式第 j 列对应元素乘积之和.

例1.5.4 设 $D_1=\begin{vmatrix} 1 & 2 \\ 3 & 4 \end{vmatrix}$，$D_2=\begin{vmatrix} -2 & 1 \\ 1 & 0 \end{vmatrix}$，求 $D_1\cdot D_2$.

解 应用行列式的乘法法则得

$$D_1\cdot D_2=\begin{vmatrix} 1\times(-2)+2\times1 & 1\times1+2\times0 \\ 3\times(-2)+4\times1 & 3\times1+4\times0 \end{vmatrix}=\begin{vmatrix} 0 & 1 \\ -2 & 3 \end{vmatrix}=2.$$

当然，该题也可以直接计算出 $D_1=-2$，$D_2=-1$，得出 $D_1\cdot D_2=2$.

例1.5.5 设 $D_1=\begin{vmatrix} a & b & c & d \\ b & a & d & c \\ c & d & a & b \\ d & c & b & a \end{vmatrix}$，$D_2=\begin{vmatrix} 1 & 1 & 1 & 1 \\ 1 & 1 & -1 & -1 \\ 1 & -1 & 1 & -1 \\ 1 & -1 & -1 & 1 \end{vmatrix}$，利用 D_1 与 D_2 的乘积证明等式：

$$D_1=(a+b+c+d)(a+b-c-d)(a-b+c-d)(a-b-c+d).$$

证 易知 $D_2\neq0$，而

$$D_1D_2=\begin{vmatrix} a & b & c & d \\ b & a & d & c \\ c & d & a & b \\ d & c & b & a \end{vmatrix}\begin{vmatrix} 1 & 1 & 1 & 1 \\ 1 & 1 & -1 & -1 \\ 1 & -1 & 1 & -1 \\ 1 & -1 & -1 & 1 \end{vmatrix}$$

$$=\begin{vmatrix} a+b+c+d & a+b-c-d & a-b+c-d & a-b-c+d \\ a+b+c+d & a+b-c-d & b-a+d-c & b-a-d+c \\ a+b+c+d & c+d-a-b & c-d+a-b & c-d-a+b \\ a+b+c+d & c+d-a-b & d-c+b-a & d-c-b+a \end{vmatrix}$$

$$=(a+b+c+d)(a+b-c-d)(a-b+c-d)(a-b-c+d)D_2,$$

所以

$$D_1=(a+b+c+d)(a+b-c-d)(a-b+c-d)(a-b-c+d).$$

*练 习 1.5

1. 计算 n 阶行列式

$$D_n=\begin{vmatrix} a & a+b & a+b & \cdots & a+b \\ a-b & a & a+b & \cdots & a+b \\ a-b & a-b & a & \cdots & a+b \\ \vdots & \vdots & \vdots & & \vdots \\ a-b & a-b & a-b & \cdots & a \end{vmatrix}.$$

2. 计算 $2n$ 阶行列式

$$D_{2n}=\begin{vmatrix} n & & & & & & & n+2 \\ & n-1 & & & & & n+1 & \\ & & \ddots & & & \iddots & & \\ & & & 1 & 3 & & & \\ & & & 2 & 4 & & & \\ & & \iddots & & & \ddots & & \\ & n & & & & & n+2 & \\ n+1 & & & & & & & n+3 \end{vmatrix},$$

其中未写出的元素为零.

1.6 克拉默法则

现在我们介绍行列式在求解线性方程组中的应用,这里只讨论方程的个数与未知数的个数相等的情形.

设有 n 个方程构成的 n 元线性方程组

$$\begin{cases} a_{11}x_1+a_{12}x_2+\cdots+a_{1n}x_n=b_1, \\ a_{21}x_1+a_{22}x_2+\cdots+a_{2n}x_n=b_2, \\ \cdots\cdots \\ a_{n1}x_1+a_{n2}x_2+\cdots+a_{nn}x_n=b_n, \end{cases} \tag{1.6.1}$$

与二元、三元线性方程组相似,当它有唯一解时,其解可用 n 阶行列式简单表示,即有如下定理.

定理 1.6.1(克拉默(Cramer)法则)　如果线性方程组(1.6.1)的系数行列式不等于零,即

$$D=\begin{vmatrix} a_{11} & a_{12} & \cdots & a_{1n} \\ a_{21} & a_{22} & \cdots & a_{2n} \\ \vdots & \vdots & & \vdots \\ a_{n1} & a_{n2} & \cdots & a_{nn} \end{vmatrix}\neq 0,$$

那么方程组(1.6.1)有唯一解:

$$x_1=\frac{D_1}{D},\cdots,x_j=\frac{D_j}{D},\cdots,x_n=\frac{D_n}{D}, \tag{1.6.2}$$

其中 $D_j(j=1,2,\cdots,n)$ 是将 D 中的第 j 列各元素替换成方程组(1.6.1)右端的常数列对应的元素后所得到的 n 阶行列式,即

$$D_j=\begin{vmatrix} a_{11} & \cdots & a_{1,j-1} & b_1 & a_{1,j+1} & \cdots & a_{1n} \\ a_{21} & \cdots & a_{2,j-1} & b_2 & a_{2,j+1} & \cdots & a_{2n} \\ \vdots & & \vdots & \vdots & \vdots & & \vdots \\ a_{n1} & \cdots & a_{n,j-1} & b_n & a_{n,j+1} & \cdots & a_{nn} \end{vmatrix}.$$

证　为书写简便,方程组(1.6.1)可简写为

$$\sum_{j=1}^{n} a_{ij}x_j=b_i \qquad (i=1,2,\cdots,n).$$

(1) 首先证明(1.6.2)是方程组(1.6.1)的解. 将行列式 D_j 按第 j 列展开得

$$D_j=b_1A_{1j}+b_2A_{2j}+\cdots+b_nA_{nj}=\sum_{k=1}^{n} b_kA_{kj},$$

其中 $A_{ij}(i=1,2,\cdots,n)$ 是方程组(1.6.1)系数行列式 D 中第 j 列元素的代数余子式. 故

$$\begin{aligned} \sum_{j=1}^{n} a_{ij}\frac{D_j}{D} &= \frac{1}{D}\sum_{j=1}^{n} a_{ij}D_j=\frac{1}{D}\sum_{j=1}^{n} a_{ij}\Big(\sum_{k=1}^{n} b_kA_{kj}\Big) \\ &= \frac{1}{D}\sum_{j=1}^{n}\sum_{k=1}^{n} a_{ij}b_kA_{kj}=\frac{1}{D}\sum_{k=1}^{n} b_k\Big(\sum_{j=1}^{n} a_{ij}A_{kj}\Big). \end{aligned}$$

根据代数余子式的性质知

$$\sum_{j=1}^{n} a_{ij}A_{kj} = D\delta_{ik}.$$

所以 $\sum_{j=1}^{n} a_{ij}\dfrac{D_j}{D} = \dfrac{1}{D}b_i \cdot D = b_i$，即(1.6.2)是方程组(1.6.1)的解.

(2) 然后证明(1.6.2)是方程组(1.6.1)的唯一解.

用反证法.假设 $x_1=\xi_1, x_2=\xi_2, \cdots, x_n=\xi_n$ 是方程组(1.6.1)的另一组解.即

$$\sum_{j=1}^{n} a_{ij}\xi_j = b_i \quad (i=1,2,\cdots,n). \tag{1.6.3}$$

于是有

$$\xi_1 D = \begin{vmatrix} a_{11}\xi_1 & a_{12} & \cdots & a_{1n} \\ a_{21}\xi_1 & a_{22} & \cdots & a_{2n} \\ \vdots & \vdots & & \vdots \\ a_{n1}\xi_1 & a_{n2} & \cdots & a_{nn} \end{vmatrix} \xrightarrow[k=2,3,\cdots,n]{c_1+\xi_k c_k} \begin{vmatrix} \sum_{j=1}^{n} a_{1j}\xi_j & a_{12} & \cdots & a_{1n} \\ \sum_{j=1}^{n} a_{2j}\xi_j & a_{22} & \cdots & a_{2n} \\ \vdots & \vdots & & \vdots \\ \sum_{j=1}^{n} a_{nj}\xi_j & a_{n2} & \cdots & a_{nn} \end{vmatrix}$$

$$= \begin{vmatrix} b_1 & a_{12} & \cdots & a_{1n} \\ b_2 & a_{22} & \cdots & a_{2n} \\ \vdots & \vdots & & \vdots \\ b_n & a_{n2} & \cdots & a_{nn} \end{vmatrix} = D_1.$$

因为 $D\neq 0$，所以 $\xi_1=\dfrac{D_1}{D}$，同理可得，$\xi_i=\dfrac{D_i}{D}$ $(i=2,3,\cdots,n)$.这就证明了(1.6.2)是方程组(1.6.1)的唯一解. □

克拉默法则包含着两个结论：一是方程组有解且解是唯一的；二是方程组的解可用求解公式(1.6.2)给出.

例 1.6.1　解线性方程组

$$\begin{cases} x_1+x_2+x_3+x_4=1, \\ 2x_1+3x_2+4x_3+5x_4=0, \\ 4x_1+9x_2+16x_3+25x_4=0, \\ 8x_1+27x_2+64x_3+125x_4=0. \end{cases}$$

解　方程组的系数行列式

$$D = \begin{vmatrix} 1 & 1 & 1 & 1 \\ 2 & 3 & 4 & 5 \\ 4 & 9 & 16 & 25 \\ 8 & 27 & 64 & 125 \end{vmatrix}$$

是一个四阶的范德蒙德行列式，从而得

$$D=(5-2)(5-3)(5-4)(4-2)(4-3)(3-2)=12\neq 0,$$

而

$$D_1=\begin{vmatrix}1&1&1&1\\0&3&4&5\\0&9&16&25\\0&27&64&125\end{vmatrix}\xlongequal{(c_1)}\begin{vmatrix}3&4&5\\9&16&25\\27&64&125\end{vmatrix}=3\times4\times5\begin{vmatrix}1&1&1\\3&4&5\\9&16&25\end{vmatrix}$$

$$=60\times(5-3)(5-4)(4-3)=120,$$

$$D_2=\begin{vmatrix}1&1&1&1\\2&0&4&5\\4&0&16&25\\8&0&64&125\end{vmatrix}=-240,$$

$$D_3=\begin{vmatrix}1&1&1&1\\2&3&0&5\\4&9&0&25\\8&27&0&125\end{vmatrix}=180,$$

$$D_4=\begin{vmatrix}1&1&1&1\\2&3&4&0\\4&9&16&0\\8&27&64&0\end{vmatrix}=-48.$$

所以 $x_1=\dfrac{D_1}{D}=10$，$x_2=\dfrac{D_2}{D}=-20$，$x_3=\dfrac{D_3}{D}=15$，$x_4=\dfrac{D_4}{D}=-4$.

由定理 1.6.1 知,用克拉默法则解线性方程组时必须同时满足两个条件:一是方程的个数与未知数的个数相等;二是方程组系数行列式不等于零. 另外,用克拉默法则解 n 元线性方程组时,需要计算 $n+1$ 个 n 阶行列式,计算量相当大,所以在实际求解线性方程组时,很少使用克拉默法则. 尽管如此,克拉默法则仍具有很重要的理论价值,它不仅给出了线性方程组有唯一解的条件,揭示了线性方程组的解与方程组的系数和常数项的关系,而且对一般线性方程组的理论研究也起着重要的作用.

作为克拉默法则在理论上的一个应用,考察形如

$$\begin{cases}a_{11}x_1+a_{12}x_2+\cdots+a_{1n}x_n=0,\\a_{21}x_1+a_{22}x_2+\cdots+a_{2n}x_n=0,\\\cdots\cdots\\a_{n1}x_1+a_{n2}x_2+\cdots+a_{nn}x_n=0\end{cases}\tag{1.6.4}$$

的线性方程组. 显然,这是方程组(1.6.1)中常数项 $b_1,b_2,\cdots,b_n$ 全为零时的情形. 当 $b_1,b_2,\cdots,b_n$ 不全为零时,方程组(1.6.1)称为**非齐次线性方程组**,而方程组(1.6.4)则称为**齐次线性方程组**. 不难看出,$x_1=x_2=\cdots=x_n=0$ 总是齐次线性方程

组(1.6.4)的解，称为零解(或平凡解). 然而，对于齐次线性方程组而言，我们更关心的是它除零解外是否还有其他解. 由定理 1.6.1 可得到齐次线性方程组(1.6.4)有非零解的一个必要条件，即有如下定理.

定理 1.6.2 如果齐次线性方程组(1.6.4)有非零解，则它的系数行列式 $D=0$.

证 反证法. 假设齐次线性方程组(1.6.4)的系数行列式 $D\neq 0$，由定理 1.6.1 知，方程组(1.6.4)有唯一解，即只有零解. 这与方程组(1.6.4)有非零解矛盾. 所以 $D=0$. □

在第 2 章中我们还将看到 $D=0$ 也是齐次线性方程组(1.6.4)有非零解的充分条件，即若 $D=0$，则方程组(1.6.4)必有非零解.

例 1.6.2 问 λ 取何值时，齐次线性方程组

$$\begin{cases}(1-\lambda)x_1-2x_2+4x_3=0,\\ 2x_1+(3-\lambda)x_2+x_3=0,\\ x_1+x_2+(1-\lambda)x_3=0\end{cases}$$

有非零解?

解 由定理 1.6.2 知，要使齐次线性方程组有非零解，则它的系数行列式等于零，即

$$\begin{aligned}D&=\begin{vmatrix}1-\lambda & -2 & 4\\ 2 & 3-\lambda & 1\\ 1 & 1 & 1-\lambda\end{vmatrix}\\ &=(1-\lambda)^2(3-\lambda)-2+8-4(3-\lambda)+4(1-\lambda)-(1-\lambda)\\ &=(1-\lambda)^2(3-\lambda)-(3-\lambda)=-\lambda(2-\lambda)(3-\lambda).\end{aligned}$$

所以，当 $\lambda=0,\lambda=2$ 或 $\lambda=3$ 时，方程组有非零解.

例 1.6.3 求通过三点 $(1,1,1),(2,3,-1),(3,-1,-1)$ 的平面方程.

解 设平面方程为

$$Ax+By+Cz+D=0.$$

代入平面上三点 $(1,1,1),(2,3,-1),(3,-1,-1)$ 和平面上任一点 (x,y,z) 得

$$\begin{cases}A+B+C+D=0,\\ 2A+3B-C+D=0,\\ 3A-B-C+D=0,\\ xA+yB+zC+D=0.\end{cases}$$

于是上述问题就转化为讨论关于未知数 A,B,C,D 的四元齐次线性方程组有非零解的问题. 根据齐次线性方程组有非零解的充要条件知，其系数行列式等于零，即

$$\begin{vmatrix}1 & 1 & 1 & 1\\ 2 & 3 & -1 & 1\\ 3 & -1 & -1 & 1\\ x & y & z & 1\end{vmatrix}=2(4x+y+3z-8)=0.$$

所以，所求的平面方程为 $4x+y+3z-8=0$.

练 习 1.6

1. 用克拉默法则解方程组

$$\begin{cases} 2x_1+x_2-5x_3+x_4=8, \\ x_1-3x_2-6x_4=9, \\ 2x_2-x_3+2x_4=-5, \\ x_1+4x_2-7x_3+6x_4=0. \end{cases}$$

2. 问 λ 取何值时，齐次方程组

$$\begin{cases} (5-\lambda)x+2y+2z=0, \\ 2x+(6-\lambda)y=0, \\ 2x+(4-\lambda)z=0 \end{cases}$$

有非零解？

小结与点注

行列式是研究线性方程组、矩阵、特征多项式等问题的重要工具，是线性代数的一个重要组成部分. 掌握行列式的概念与性质是本章的基本要求；如何灵活运用行列式的性质及其展开定理，提高计算行列式的能力是本章的重点和难点.

1. 对初学者而言，行列式的定义是一个难点，要掌握 n 阶行列式的定义就必须理解其包含的三层意思：

(1) 它是 $n!$ 项的代数和；

(2) 它的每一项都是取自不同行、不同列的 n 个元素的乘积；

(3) 它中每一项的符号与其行标、列标排列的逆序数有关，当其元素的行标按自然顺序排列后，如果列标排列为偶排列，则取正号；如果列标排列为奇排列，则取负号. 这时 n 阶行列式 $\det(a_{ij})$ 的一般项可写为 $(-1)^{\tau(q_1q_2\cdots q_n)}a_{1q_1}a_{2q_2}\cdots a_{nq_n}$.

除了用 $\det(a_{ij})=\sum\limits_{p_1p_2\cdots p_n}(-1)^{\tau(p_1p_2\cdots p_n)}a_{1p_1}a_{2p_2}\cdots a_{np_n}$ 定义 n 阶行列式外，还可采用按某一行(列)展开来递归定义 n 阶行列式. 可以证明，这两种定义是等价的.

2. 行列式的计算是本章的重要内容之一. 行列式计算的方法比较多，技巧性较强. 掌握计算行列式的方法和技巧是本章乃至整个线性代数部分的难点、重点. 要准确、快捷地计算出一个行列式的值，首先必须具体地分析所求行列式的特点及其元素的规律性，针对其特征采用适当的方法；其次是要不断总结、积累经验，且应不断提高自己的运算能力.

以下列出计算行列式的几种常用的公式和方法.

(1) 对于一些特殊的行列式，直接计算.

① $$\begin{vmatrix} \lambda_1 & & & \\ & \lambda_2 & & \\ & & \ddots & \\ & & & \lambda_n \end{vmatrix} = \begin{vmatrix} \lambda_1 & & & \\ & \lambda_2 & * & \\ & & \ddots & \\ & & & \lambda_n \end{vmatrix} = \begin{vmatrix} \lambda_1 & & & \\ & \lambda_2 & & \\ & & \ddots & \\ & * & & \lambda_n \end{vmatrix}$$

$$=\lambda_1\lambda_2\cdots\lambda_n,$$

其中三个行列式依次为对角行列式 、上三角行列式和下三角行列式.

② $$\begin{vmatrix} & & & \lambda_1 \\ & & \lambda_2 & \\ & \iddots & & \\ \lambda_n & & & \end{vmatrix}=\begin{vmatrix} & & & \lambda_1 \\ & * & \lambda_2 & \\ & \iddots & & \\ \lambda_n & & & \end{vmatrix}=\begin{vmatrix} & & & \lambda_1 \\ & & \lambda_2 & \\ & \iddots & * & \\ \lambda_n & & & \end{vmatrix}$$

$$=(-1)^{\frac{n(n-1)}{2}}\lambda_1\lambda_2\cdots\lambda_n,$$

其中三个行列式依次为次对角行列式、次上三角行列式和次下三角行列式.

③ $$\begin{vmatrix} a_{11} & \cdots & a_{1m} & 0 & \cdots & 0 \\ \vdots & & \vdots & \vdots & & \vdots \\ a_{m1} & \cdots & a_{mm} & 0 & \cdots & 0 \\ * & \cdots & * & b_{11} & \cdots & b_{1n} \\ \vdots & & \vdots & \vdots & & \vdots \\ * & \cdots & * & b_{n1} & \cdots & b_{nn} \end{vmatrix}=\begin{vmatrix} a_{11} & \cdots & a_{1m} & * & \cdots & * \\ \vdots & & \vdots & \vdots & & \vdots \\ a_{m1} & \cdots & a_{mm} & * & \cdots & * \\ 0 & \cdots & 0 & b_{11} & \cdots & b_{1n} \\ \vdots & & \vdots & \vdots & & \vdots \\ 0 & \cdots & 0 & b_{n1} & \cdots & b_{nn} \end{vmatrix}$$

$$=\begin{vmatrix} a_{11} & \cdots & a_{1m} \\ \vdots & & \vdots \\ a_{m1} & \cdots & a_{mm} \end{vmatrix}\cdot\begin{vmatrix} b_{11} & \cdots & b_{1n} \\ \vdots & & \vdots \\ b_{n1} & \cdots & b_{nn} \end{vmatrix}.$$

④ $$\begin{vmatrix} * & \cdots & * & b_{11} & \cdots & b_{1n} \\ \vdots & & \vdots & \vdots & & \vdots \\ * & \cdots & * & b_{n1} & \cdots & b_{nn} \\ a_{11} & \cdots & a_{1m} & 0 & \cdots & 0 \\ \vdots & & \vdots & \vdots & & \vdots \\ a_{m1} & \cdots & a_{mm} & 0 & \cdots & 0 \end{vmatrix}=\begin{vmatrix} 0 & \cdots & 0 & b_{11} & \cdots & b_{1n} \\ \vdots & & \vdots & \vdots & & \vdots \\ 0 & \cdots & 0 & b_{n1} & \cdots & b_{nn} \\ a_{11} & \cdots & a_{1m} & * & \cdots & * \\ \vdots & & \vdots & \vdots & & \vdots \\ a_{m1} & \cdots & a_{mm} & * & \cdots & * \end{vmatrix}$$

$$=(-1)^{mn}\begin{vmatrix} a_{11} & \cdots & a_{1m} \\ \vdots & & \vdots \\ a_{m1} & \cdots & a_{mm} \end{vmatrix}\cdot\begin{vmatrix} b_{11} & \cdots & b_{1n} \\ \vdots & & \vdots \\ b_{n1} & \cdots & b_{nn} \end{vmatrix}.$$

⑤ 范德蒙德行列式

$$D_n=\begin{vmatrix} 1 & 1 & \cdots & 1 \\ x_1 & x_2 & \cdots & x_n \\ x_1^2 & x_2^2 & \cdots & x_n^2 \\ \vdots & \vdots & & \vdots \\ x_1^{n-1} & x_2^{n-1} & \cdots & x_n^{n-1} \end{vmatrix}=\prod_{1\leqslant i<j\leqslant n}(x_j-x_i).$$

(2) 如果不能直接利用一些特殊的行列式的结果,我们就必须对行列式进行化简,因为任一个行列式都可利用行列式的性质化为上(下)三角形行列式,直接利用上(下)三角形行列式等于其主对角线上元素的乘积,得出结果;或用行列式的性质,使某行

(列)出现尽可能多的零,再按这行(列)展开降阶,如此重复,最终可将行列式化为若干个二、三阶行列式的和.这是计算行列式的两种基本方法.在实际计算中这两种方法是交叉进行的,如果行列式的各行(列)大部分元素相同,应首先考虑使用行列式性质化简;如果行列式中零元素较多,则应考虑使用按行(列)展开的方法.另外,在化简的过程中,又要随时注意新的行列式的特点,看是否能利用特殊的行列式.

(3) 对于某些 n 阶行列式,如果利用行列式的性质或行列式按行(列)展开公式可以将给定的 n 阶行列式 D_n 变换成用同样形式的 $n-1$ 阶(或更低阶)行列式表示出来,然后根据递推关系式求出 D_n.

3. 作为行列式在解线性方程组中的应用,克拉默法则给出在特定条件下线性方程组的求解公式.这个特定条件是指克拉默法则只适用于方程的个数与未知数的个数相等的情形,且方程组的系数行列式不等于零.克拉默法则的意义在于它给出了解与系数的显式关系,这对后面的一般类型的线性方程组的理论研究起着十分重要的作用.

习　题　1

1. 填空:

(1) 排列 217986354 的逆序数为________;

(2) 五阶行列式的项 $a_{21}a_{32}a_{45}a_{13}a_{54}$ 的符号为________;

(3) $-a_{1i}a_{32}a_{54}a_{2j}a_{45}$ 为五阶行列式展开中的一项,则 $i=$____,$j=$____;

(4) 若 x_1,x_2,x_3 是方程 $x^3+px+q=0$ 的三个根,则行列式

$$\begin{vmatrix} x_1 & x_2 & x_3 \\ x_3 & x_1 & x_2 \\ x_2 & x_3 & x_1 \end{vmatrix} = \_\_\_\_\_\_;$$

(5) 四阶行列式 $\begin{vmatrix} a_1 & 0 & 0 & b_1 \\ 0 & a_2 & b_2 & 0 \\ 0 & b_3 & a_3 & 0 \\ b_4 & 0 & 0 & a_4 \end{vmatrix} = \_\_\_\_\_\_;$

(6) 五阶行列式 $\begin{vmatrix} 0 & 0 & 0 & 4 & 0 \\ 0 & 0 & 3 & 15 & 0 \\ 0 & 2 & 13 & 14 & 0 \\ 1 & 10 & 11 & 12 & 0 \\ 9 & 8 & 7 & 6 & 5 \end{vmatrix} = \_\_\_\_\_\_;$

(7) $D_1=\begin{vmatrix} a_{11} & a_{12} & \cdots & a_{1n} \\ a_{21} & a_{22} & \cdots & a_{2n} \\ \vdots & \vdots & & \vdots \\ a_{n1} & a_{n2} & \cdots & a_{nn} \end{vmatrix}$，　$D_2=\begin{vmatrix} a_{n1} & a_{n-1,1} & \cdots & a_{11} \\ a_{n2} & a_{n-1,2} & \cdots & a_{12} \\ \vdots & \vdots & & \vdots \\ a_{nn} & a_{n-1,n} & \cdots & a_{1n} \end{vmatrix}$，

则 D_1 与 D_2 的关系为________；

(8) 设 $f(x)=\begin{vmatrix} x & 1 & 2 & 1 \\ 1 & 1 & -1 & x \\ 3 & x & 1 & 2 \\ 1 & 2x & 1 & -1 \end{vmatrix}$，则 x^3 项的系数为________.

2. 计算下列各行列式：

(1) $\begin{vmatrix} -ab & ac & ae \\ bd & -cd & de \\ bf & cf & -ef \end{vmatrix}$；　(2) $\begin{vmatrix} -2 & 503 & 5 \\ 1 & 201 & 2 \\ 1 & 298 & 3 \end{vmatrix}$；

(3) $\begin{vmatrix} 1 & 2 & 1 & 4 \\ 0 & -1 & 2 & 1 \\ 1 & 0 & 1 & 3 \\ 0 & 1 & 3 & 1 \end{vmatrix}$；　(4) $\begin{vmatrix} a & b & b & b \\ a & b & a & b \\ a & a & b & a \\ b & b & b & a \end{vmatrix}$；

(5) $\begin{vmatrix} 1 & 1 & 1 & 1 \\ 16 & 9 & 49 & 25 \\ 4 & 3 & 7 & -5 \\ 64 & 27 & 343 & -125 \end{vmatrix}$；　(6) $\begin{vmatrix} 1 & \frac{1}{2} & 0 & 1 \\ -\frac{1}{3} & 0 & 2 & 1 \\ \frac{1}{3} & 0 & \frac{1}{3} & \frac{1}{2} \\ -1 & -1 & 0 & \frac{1}{2} \end{vmatrix}$；

(7) $\begin{vmatrix} x_1 & a_2 & a_3 & a_4 \\ a_1 & x_2 & a_3 & a_4 \\ a_1 & a_2 & x_3 & a_4 \\ a_1 & a_2 & a_3 & x_4 \end{vmatrix}$，其中 $a_i\neq x_i(i=1,2,3,4)$；　(8) $\begin{vmatrix} a & b & b \\ b & a & b \\ b & b & a \end{vmatrix}$；

(9) $\begin{vmatrix} 1+x & 1 & 1 & 1 \\ 1 & 1-x & 1 & 1 \\ 1 & 1 & 1+y & 1 \\ 1 & 1 & 1 & 1-y \end{vmatrix}$；　(10) $\begin{vmatrix} 1-a & a & 0 & 0 & 0 \\ -1 & 1-a & a & 0 & 0 \\ 0 & -1 & 1-a & a & 0 \\ 0 & 0 & -1 & 1-a & a \\ 0 & 0 & 0 & -1 & 1-a \end{vmatrix}$.

3. 证明下列各题：

(1) 若 $abcd=1$，则

$$D=\begin{vmatrix} a^2+\frac{1}{a^2} & a & \frac{1}{a} & 1 \\ b^2+\frac{1}{b^2} & b & \frac{1}{b} & 1 \\ c^2+\frac{1}{c^2} & c & \frac{1}{c} & 1 \\ d^2+\frac{1}{d^2} & d & \frac{1}{d} & 1 \end{vmatrix}=0;$$

(2) 设 $f(x)=\begin{vmatrix} 1 & x-1 & 2x-1 \\ 1 & x-2 & 3x-2 \\ 1 & x-3 & 4x-3 \end{vmatrix}$，证明：必存在 $\xi\in(0,1)$，使 $f'(\xi)=0$；

(3) 设 α,β,γ 为互不相等的实数，证明 $\begin{vmatrix} 1 & 1 & 1 \\ \alpha & \beta & \gamma \\ \alpha^3 & \beta^3 & \gamma^3 \end{vmatrix}=0$ 的充要条件是 $\alpha+\beta+\gamma=0$；

(4) 若 n 次多项式 $f(x)=C_0+C_1x+\cdots+C_nx^n$ 对于 $n+1$ 个不同的 x 值都等于 0，则 $f(x)\equiv 0$；

(5) $\begin{vmatrix} 1 & 1 & 1 & 1 \\ a & b & c & d \\ a^2 & b^2 & c^2 & d^2 \\ a^4 & b^4 & c^4 & d^4 \end{vmatrix}=(a-b)(a-c)(a-d)(b-c)(b-d)(c-d)(a+b+c+d)$.

4. 计算下列各行列式(其中 D_k 为 k 阶行列式)：

(1) $D_n=\begin{vmatrix} x & y & 0 & \cdots & 0 & 0 \\ 0 & x & y & \cdots & 0 & 0 \\ \vdots & \vdots & \vdots & & \vdots & \vdots \\ 0 & 0 & 0 & \cdots & x & y \\ y & 0 & 0 & \cdots & 0 & x \end{vmatrix}$；

(2) $D=\begin{vmatrix} x_1 & x & \cdots & x \\ x & x_2 & \cdots & x \\ \vdots & \vdots & & \vdots \\ x & x & \cdots & x_n \end{vmatrix}$，其中 $x\neq x_i(i=1,2,\cdots,n)$；

(3) $D_{2n}=\begin{vmatrix} a_n & & & & & b_n \\ & \ddots & & & \iddots & \\ & & a_1 & b_1 & & \\ & & c_1 & d_1 & & \\ & \iddots & & & \ddots & \\ c_n & & & & & d_n \end{vmatrix}$，其中未写出的元素都是 0；

(4) $D_n=\begin{vmatrix} a+b & ab & & & & \\ 1 & a+b & ab & & & \\ & 1 & a+b & \ddots & & \\ & & \ddots & \ddots & & \\ & & & & a+b & ab \\ & & & & 1 & a+b \end{vmatrix}$，且其中未写出的元素为 0；

(5) $D_{n+1}=\begin{vmatrix} a^n & (a-1)^n & \cdots & (a-n)^n \\ a^{n-1} & (a-1)^{n-1} & \cdots & (a-n)^{n-1} \\ \vdots & \vdots & & \vdots \\ a & a-1 & \cdots & a-n \\ 1 & 1 & \cdots & 1 \end{vmatrix}$；

(6) $D_n=\det(a_{ij})$，其中 $a_{ij}=\max\{i,j\}$；

(7) $D_n=\det(a_{ij})$，其中 $a_{ij}=\begin{cases}1, & i=1,1\leqslant j\leqslant n,\\ x_j^{i-1}(x_j-1), & 1\leqslant i,j\leqslant n \text{ 且 } i\neq 1.\end{cases}$

5. 解方程

$$\begin{vmatrix} x & a & b & c \\ a & x & c & b \\ b & c & x & a \\ c & b & a & x \end{vmatrix}=0.$$

6. 求解下列各题：

(1) 设齐次线性方程组 $\begin{cases} x_1+\lambda x_3=0, \\ 2x_1-x_4=0, \\ \lambda x_1+x_2=0, \\ x_3+2x_4=0 \end{cases}$ 有非零解，求 λ 的值；

(2) 问 λ,μ 取何值时，齐次线性方程组 $\begin{cases} \lambda x_1+x_2+x_3=0, \\ x_1+\mu x_2+x_3=0, \\ x_1+2\mu x_2+x_3=0 \end{cases}$ 有非零解？

(3) 求一个二次多项式 $f(x)$，使得 $f(1)=0, f(2)=3, f(-3)=28$.

7. 用克拉默法则求解下列方程组：

(1) $\begin{cases} x_1+x_2+2x_3+3x_4=1, \\ 2x_1+x_2+2x_3+x_4=0, \\ 2x_1+3x_2+2x_3+x_4=2, \\ x_1+3x_3+2x_4=3; \end{cases}$　　(2) $\begin{cases} x_1+x_2+x_3+x_4=5, \\ x_1+2x_2-x_3+4x_4=-2, \\ 2x_1-3x_2-x_3-5x_4=-2, \\ 3x_1+x_2+2x_3+11x_4=0. \end{cases}$

第 2 章　矩阵及其运算

矩阵是研究和处理线性问题的重要工具，是线性代数的一个主要研究对象．由于线性问题广泛存在于科学技术的各个领域，而某些非线性问题在一定条件下可以转化或近似转化为线性问题，因此，矩阵方法具有十分广泛的应用．另一方面，矩阵是一种新的运算对象，读者应充分注意矩阵运算的一些特殊规律，并熟练掌握矩阵的各种基本运算方法，这对学好线性代数及运用线性代数理论解决一些实际问题是非常重要的．

本章从矩阵的实际背景入手，引出矩阵的概念，进而介绍矩阵的基本运算、逆矩阵、矩阵的分块和分块矩阵的运算、矩阵的初等变换和矩阵的秩．在此基础上，以矩阵为工具，介绍线性方程组的消元法．

2.1　矩阵的引入

2.1.1　矩阵问题的实例

为使读者对矩阵概念的实际背景有一些了解，我们先介绍两个有关矩阵问题的实例．

例 2.1.1　设某地区有 A_1, A_2, A_3 三种不同矿产，为一个工厂提供原材料，那么，矿物单价 P_1 和营运单价 P_2 可用下列数表：

$$\begin{array}{c} \\ P_1 \\ P_2 \end{array} \begin{array}{c} \begin{matrix} A_1 & A_2 & A_3 \end{matrix} \\ \begin{pmatrix} a_{11} & a_{12} & a_{13} \\ a_{21} & a_{22} & a_{23} \end{pmatrix} \end{array}$$

表示，其中 a_{1j} 表示矿物 A_j 的单价，a_{2j} 表示矿物 A_j 的营运单价．

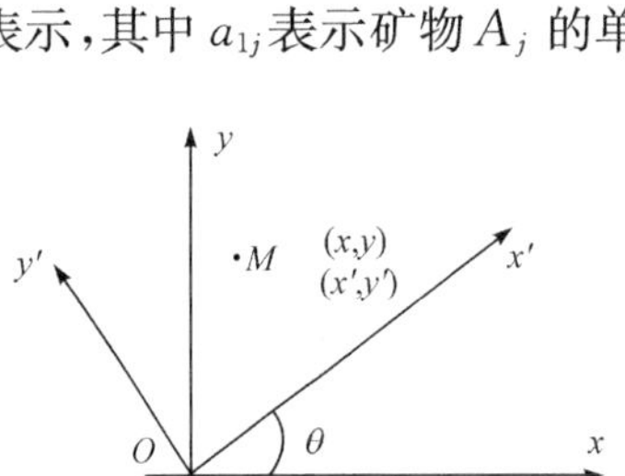

图 2.1.1

例 2.1.2　在平面解析几何中，如果坐标系 xOy 绕坐标原点按逆时针方向旋转 θ 角后成为 $x'Oy'$（图 2.1.1）．设平面上点 M 在这两个坐标系中的坐标分别为 (x, y) 和 (x', y')，则易知它们之间有如下关系：

$$\begin{cases} x = x'\cos\theta - y'\sin\theta, \\ y = x'\sin\theta + y'\cos\theta. \end{cases} \tag{2.1.1}$$

显然，新旧坐标的关系 (2.1.1) 可用下面的数表

$$\begin{pmatrix} \cos\theta & -\sin\theta \\ \sin\theta & \cos\theta \end{pmatrix}$$

表示.

如果在平面同一个坐标系内,考察模为 r、倾角为 φ 的向量 $\boldsymbol{\alpha}$ 按逆时针方向转过角 θ 后成为 $\boldsymbol{\alpha}'$,它们的坐标分别为 (x,y),(x',y'). 那么,因为是旋转,所以 $\boldsymbol{\alpha}'$ 的模也为 r,而倾角为 $\theta+\varphi$,于是

$$\begin{aligned} x' &= r\cos(\theta+\varphi) = r\cos\varphi\cos\theta - r\sin\varphi\sin\theta \\ &= x\cos\theta - y\sin\theta, \\ y' &= r\sin(\theta+\varphi) = x\sin\theta + y\cos\theta, \end{aligned}$$

即

$$\begin{cases} x' = x\cos\theta - y\sin\theta, \\ y' = x\sin\theta + y\cos\theta. \end{cases} \tag{2.1.2}$$

尽管(2.1.1)与(2.1.2)的表达式相仿,但意义不同,(2.1.1)是同一点在不同坐标系下新旧坐标的联系式,而(2.1.2)是在同一坐标系下新旧向量之间坐标的联系式.

一般地,n 个变量 $x_1,x_2,\cdots,x_n$ 与 m 个变量 $y_1,y_2,\cdots,y_m$ 之间的关系式

$$\begin{cases} y_1 = a_{11}x_1 + a_{12}x_2 + \cdots + a_{1n}x_n, \\ y_2 = a_{21}x_1 + a_{22}x_2 + \cdots + a_{2n}x_n, \\ \qquad\cdots\cdots \\ y_m = a_{m1}x_1 + a_{m2}x_2 + \cdots + a_{mn}x_n \end{cases} \tag{2.1.3}$$

表示一个从变量 $x_1,x_2,\cdots,x_n$ 到变量 $y_1,y_2,\cdots,y_m$ 的**线性变换**,其中系数 a_{ij} $(i=1,2,\cdots,m;j=1,2,\cdots,n)$ 均为常数. 线性变换(2.1.3)的系数也可以用下面的数表

$$\begin{pmatrix} a_{11} & a_{12} & \cdots & a_{1n} \\ a_{21} & a_{22} & \cdots & a_{2n} \\ \vdots & \vdots & & \vdots \\ a_{m1} & a_{m2} & \cdots & a_{mn} \end{pmatrix}$$

表示.

以上问题虽然有不同的背景,但都可以用一张“数表”刻画. 在科学技术的其他领域,还有大量的类似问题,而这些问题的解决,往往归结为对这种“数表”某些方面的研究. 于是,我们引入以下概念.

定义 2.1.1 数域 P 上 $m\times n$ 个数 a_{ij} $(i=1,2,\cdots,m;j=1,2,\cdots,n)$ 排成 m 行 n 列,并括以方括号(或圆括号)的数表

$$\begin{pmatrix} a_{11} & a_{12} & \cdots & a_{1n} \\ a_{21} & a_{22} & \cdots & a_{2n} \\ \vdots & \vdots & & \vdots \\ a_{m1} & a_{m2} & \cdots & a_{mn} \end{pmatrix}$$

称为数域 P 上的 $m\times n$ 型**矩阵**,常用大写字母 $\boldsymbol{A},\boldsymbol{B},\cdots$ 记之. 有时也简记为 $\boldsymbol{A}_{m\times n}$ 或 $\boldsymbol{A}=(a_{ij})_{m\times n}$ 或 $\boldsymbol{A}=(a_{ij})$ 等,其中 a_{ij} 称为矩阵的第 i 行第 j 列元素. 当 $P=\mathbf{R}$ 时,称其

为**实矩阵**，当 $P=\mathbf{C}$ 时，称其为**复矩阵**.

今后，为叙述方便，我们用 $P^{m\times n}$ 表示数域 P 上的全体 $m\times n$ 型矩阵所组成的集合，即

$$P^{m\times n}=\{\boldsymbol{A}\,|\,\boldsymbol{A}\text{ 是 }P\text{ 上的 }m\times n\text{ 型矩阵}\}.$$

本书主要讨论实数域上的矩阵，所以，除特别声明外，涉及的一般都是实矩阵，即 $\boldsymbol{A}\in\mathbf{R}^{m\times n}$.

如果两个矩阵 $\boldsymbol{A}$ 与 $\boldsymbol{B}$ 的行数相同，列数也相同，且位于同样位置的元素对应相等，则称这两个矩阵相等，记为

$$\boldsymbol{A}=\boldsymbol{B},$$

即若 $\boldsymbol{A}=(a_{ij})\in P^{m\times n}$，$\boldsymbol{B}=(b_{ij})\in P^{m\times n}$，且 $a_{ij}=b_{ij}\,(i=1,2,\cdots,m;j=1,2,\cdots,n)$，则 $\boldsymbol{A}=\boldsymbol{B}$. 如由

$$\begin{pmatrix} x & 5 & -3 \\ 1 & 4 & y \end{pmatrix}=\begin{pmatrix} 8 & 5 & z \\ 1 & 4 & -1 \end{pmatrix}$$

立即可得 $x=8,y=-1,z=-3$.

2.1.2　一些特殊的矩阵

1. 行矩阵(row matrix). 只有一行的矩阵

$$\boldsymbol{A}=(a_1\quad a_2\quad \cdots\quad a_n)$$

称为**行矩阵**(也称行向量)，为避免元素间的混淆，行矩阵也记作

$$\boldsymbol{A}=(a_1,a_2,\cdots,a_n).$$

2. 列矩阵(column matrix). 只有一列的矩阵

$$\boldsymbol{B}=\begin{pmatrix} b_1 \\ b_2 \\ \vdots \\ b_n \end{pmatrix}$$

称为**列矩阵**(也称列向量).

3. 方阵(square matrix). 行数与列数相同的矩阵 $\boldsymbol{A}$ 称为方阵，其行数称为 $\boldsymbol{A}$ 的阶，即若 $\boldsymbol{A}\in P^{n\times n}$，则 $\boldsymbol{A}$ 为 n 阶**方阵**.

4. 零矩阵(zero matrix). 元素都是零的矩阵称为**零矩阵**，记为 $\boldsymbol{O}$. 应该注意，不同型的零矩阵是不同的，这一点可结合上下文加以区别，或直接标明它的类型，如 $\boldsymbol{O}_{m\times n}$ 或 $\boldsymbol{O}\in P^{m\times n}$.

5. 上(下)三角矩阵. 形如

$$\begin{pmatrix} a_{11} & a_{12} & \cdots & a_{1n} \\ & a_{22} & \cdots & a_{2n} \\ & & \ddots & \vdots \\ & & & a_{nn} \end{pmatrix}$$

的方阵称为 n 阶**上三角矩阵**(upper triangular matrix),而形如

$$\begin{pmatrix} a_{11} & & & \\ a_{21} & a_{22} & & \\ \vdots & \vdots & \ddots & \\ a_{n1} & a_{n2} & \cdots & a_{nn} \end{pmatrix}$$

的方阵称为 n 阶**下三角矩阵**(lower triangular matrix),其中未写出的元素均为 0.

6. 对角阵(diagonal matrix). 形如

$$\begin{pmatrix} \lambda_1 & & & \\ & \lambda_2 & & \\ & & \ddots & \\ & & & \lambda_n \end{pmatrix}$$

的方阵称为 n 阶**对角阵**,记为 $\mathrm{diag}(\lambda_1,\lambda_2,\cdots,\lambda_n)$. 对角线上的元素均为 1 的 n 阶对角阵称为 n 阶单位矩阵(identity matrix),记为 $\boldsymbol{E}$ 或 $\boldsymbol{E}_n$,即

$$\boldsymbol{E}=(\delta_{ij})_{n\times n}=\begin{pmatrix} 1 & & & \\ & 1 & & \\ & & \ddots & \\ & & & 1 \end{pmatrix},$$

其中 $\delta_{ij}=\begin{cases}1, i=j,\\ 0, i\neq j.\end{cases}$

从线性变换(2.1.3)中可以看出,给定一个线性变换,它的系数矩阵也就确定;反之,如果给出一个矩阵,则以此矩阵作为系数矩阵也可以得到一个线性变换. 在这个意义上,线性变换与矩阵之间存在着一一对应关系. 因此,可以利用矩阵来研究线性变换,也可以利用线性变换对矩阵的背景及运算作出解释,如

$$\begin{pmatrix} \cos\theta & -\sin\theta \\ \sin\theta & \cos\theta \end{pmatrix}$$

表示坐标系的旋转变换或向量的旋转变换,单位矩阵 $\boldsymbol{E}$ 表示恒等变换等.

练 习 2.1

1. 三个城市间的单向航线如图 2.1.2. 若令

$$a_{ij}=\begin{cases}1, & \text{从 } i \text{ 市到 } j \text{ 市有 1 条单向航线},\\ 0, & \text{从 } i \text{ 市到 } j \text{ 市没有单向航线}.\end{cases}$$

试用矩阵表示这三个城市的单向航线状况.

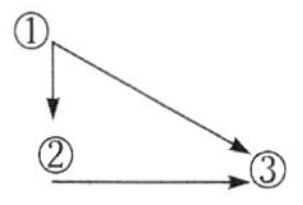

图 2.1.2

2. 试解释矩阵

$$\boldsymbol{A}=\begin{pmatrix} \cos\theta & \sin\theta \\ -\sin\theta & \cos\theta \end{pmatrix}$$

所对应的线性变换的几何意义.

3. 写出下列线性变换

$$\begin{cases} y_1=x_1+a_1x_2, \\ y_2=x_2+a_2x_3, \\ \quad\cdots\cdots \\ y_n=x_n+a_nx_1 \end{cases}$$

所对应的矩阵.

2.2　矩阵的运算

2.2.1　矩阵的加法

定义 2.2.1　设 $\boldsymbol{A}=(a_{ij}),\boldsymbol{B}=(b_{ij})\in P^{m\times n}$，令

$$\boldsymbol{C}=(c_{ij})=(a_{ij}+b_{ij}),$$

则称矩阵 $\boldsymbol{C}$ 为矩阵 $\boldsymbol{A}$ 与 $\boldsymbol{B}$ 的和，记为

$$\boldsymbol{C}=\boldsymbol{A}+\boldsymbol{B},$$

即

$$\begin{pmatrix} a_{11} & a_{12} & \cdots & a_{1n} \\ a_{21} & a_{22} & \cdots & a_{2n} \\ \vdots & \vdots & & \vdots \\ a_{m1} & a_{m2} & \cdots & a_{mn} \end{pmatrix}+\begin{pmatrix} b_{11} & b_{12} & \cdots & b_{1n} \\ b_{21} & b_{22} & \cdots & b_{2n} \\ \vdots & \vdots & & \vdots \\ b_{m1} & b_{m2} & \cdots & b_{mn} \end{pmatrix}$$

$$=\begin{pmatrix} a_{11}+b_{11} & a_{12}+b_{12} & \cdots & a_{1n}+b_{1n} \\ a_{21}+b_{21} & a_{22}+b_{22} & \cdots & a_{2n}+b_{2n} \\ \vdots & \vdots & & \vdots \\ a_{m1}+b_{m1} & a_{m2}+b_{m2} & \cdots & a_{mn}+b_{mn} \end{pmatrix}.$$

应该注意，只有同型的两个矩阵才能相加. 由于矩阵的加法归结为它们对应元素相加，所以，不难验证矩阵的加法满足下列运算规律(设 $\boldsymbol{A},\boldsymbol{B},\boldsymbol{C}\in P^{m\times n}$)：

(1) $\boldsymbol{A}+\boldsymbol{B}=\boldsymbol{B}+\boldsymbol{A}$(交换律)；

(2) $(\boldsymbol{A}+\boldsymbol{B})+\boldsymbol{C}=\boldsymbol{A}+(\boldsymbol{B}+\boldsymbol{C})$(结合律)；

(3) 设 $\boldsymbol{O}_{m\times n}$ 为零矩阵，则

$$\boldsymbol{A}+\boldsymbol{O}=\boldsymbol{A};$$

设 $\boldsymbol{A}=(a_{ij})_{m\times n}$，矩阵

$$(-a_{ij})=\begin{pmatrix} -a_{11} & -a_{12} & \cdots & -a_{1n} \\ -a_{21} & -a_{22} & \cdots & -a_{2n} \\ \vdots & \vdots & & \vdots \\ -a_{m1} & -a_{m2} & \cdots & -a_{mn} \end{pmatrix}$$

称为 $\boldsymbol{A}$ 的负矩阵，记为 $-\boldsymbol{A}$. 于是，显然有

(4) $\boldsymbol{A}+(-\boldsymbol{A})=\boldsymbol{O}$.

从而矩阵的减法定义为

$$\boldsymbol{A}-\boldsymbol{B}=\boldsymbol{A}+(-\boldsymbol{B}).$$

2.2.2 数与矩阵相乘

定义 2.2.2 设$\boldsymbol{A}=(a_{ij})\in P^{m\times n}$,$\lambda\in P$,则称矩阵$(\lambda a_{ij})_{m\times n}$为数$\lambda$与矩阵$\boldsymbol{A}$的数量乘积,记为$\lambda\boldsymbol{A}$,即

$$\lambda\boldsymbol{A}=\begin{pmatrix}\lambda a_{11} & \lambda a_{12} & \cdots & \lambda a_{1n}\\ \lambda a_{21} & \lambda a_{22} & \cdots & \lambda a_{2n}\\ \vdots & \vdots & & \vdots\\ \lambda a_{m1} & \lambda a_{m2} & \cdots & \lambda a_{mn}\end{pmatrix}.$$

由定义知,用数λ乘矩阵$\boldsymbol{A}$就是用数λ去乘矩阵$\boldsymbol{A}$中的每一个元素. 因此,数量与矩阵相乘满足下列运算规律(设$\boldsymbol{A},\boldsymbol{B}\in P^{m\times n}$,$\lambda,\mu\in P$):

(5) $1\boldsymbol{A}=\boldsymbol{A}$;

(6) $(\lambda\mu)\boldsymbol{A}=\lambda(\mu\boldsymbol{A})=\mu(\lambda\boldsymbol{A})$;

(7) $(\lambda+\mu)\boldsymbol{A}=\lambda\boldsymbol{A}+\mu\boldsymbol{A}$;

(8) $\lambda(\boldsymbol{A}+\boldsymbol{B})=\lambda\boldsymbol{A}+\lambda\boldsymbol{B}$.

矩阵的加法运算与数乘矩阵运算结合起来,统称为矩阵的线性运算. 由以上讨论知,矩阵的线性运算满足上述8条运算规律. 需要指出的是,除矩阵外,还有许多数学对象,可以定义不同的加法与数乘运算,同样满足上述8条运算规律,抓住这些不同对象的共性,便可抽象出线性空间的概念,我们将在第6章详细讨论.

2.2.3 矩阵的乘法

矩阵乘法的定义,不像矩阵加法和数乘那么简单自然,是一种独特的乘法运算,具有特殊的运算规律,因而这种乘法的定义初看似乎显得有些不自然,不易接受. 鉴于此,在给出矩阵乘法定义之前,我们先考察两个例子.

例 2.2.1 在例2.1.1中,如果该厂对三种矿物两个月的需求量为

$$\begin{array}{c} \\ A_1\\ A_2\\ A_3\end{array}\begin{array}{c} \begin{array}{cc}M_1 & M_2\end{array}\\ \begin{pmatrix}b_{11} & b_{12}\\ b_{21} & b_{22}\\ b_{31} & b_{32}\end{pmatrix}\end{array},$$

其中两个月分别用M_1,M_2表示,b_{ij}表示矿物A_i第M_j月的需求量(单位:吨),则工厂的原材料成本可用矩阵

$$\begin{pmatrix}a_{11}b_{11}+a_{12}b_{21}+a_{13}b_{31} & a_{11}b_{12}+a_{12}b_{22}+a_{13}b_{32}\\ a_{21}b_{11}+a_{22}b_{21}+a_{23}b_{31} & a_{21}b_{12}+a_{22}b_{22}+a_{23}b_{32}\end{pmatrix}=\boldsymbol{C}=(c_{ij})$$

表示. 这里矩阵$\boldsymbol{C}$中的元素c_{1j}是矩阵$\boldsymbol{A}=(a_{ij})$的第1行元素与矩阵$\boldsymbol{B}=(b_{ij})$第j列

对应元素乘积之和,表示工厂第 M_j 月所需支付的矿物成本,而 c_{2j} 表示工厂第 M_j 月所需支付的营运成本. 如果把 $\boldsymbol{A}=(a_{ij})$ 叫做单价矩阵,$\boldsymbol{B}=(b_{ij})$ 叫做需求量矩阵,$\boldsymbol{C}=(c_{ij})$ 叫做成本矩阵,则自然可以将 $\boldsymbol{C}$ 定义为 $\boldsymbol{A}$ 与 $\boldsymbol{B}$ 的乘积.

例 2.2.2 设有两个线性变换

$$\begin{cases} t_1 = a_{11}y_1 + a_{12}y_2 + a_{13}y_3, \\ t_2 = a_{21}y_1 + a_{22}y_2 + a_{23}y_3, \end{cases} \tag{2.2.1}$$

$$\begin{cases} y_1 = b_{11}x_1 + b_{12}x_2, \\ y_2 = b_{21}x_1 + b_{22}x_2, \\ y_3 = b_{31}x_1 + b_{32}x_2. \end{cases} \tag{2.2.2}$$

为求出从 x_1, x_2 到 t_1, t_2 的线性变换,可将(2.2.2)代入(2.2.1),整理后便得

$$\begin{cases} t_1 = (a_{11}b_{11} + a_{12}b_{21} + a_{13}b_{31})x_1 + (a_{11}b_{12} + a_{12}b_{22} + a_{13}b_{32})x_2, \\ t_2 = (a_{21}b_{11} + a_{22}b_{21} + a_{23}b_{31})x_1 + (a_{21}b_{12} + a_{22}b_{22} + a_{23}b_{32})x_2. \end{cases} \tag{2.2.3}$$

线性变换(2.2.3)实际上是先作线性变换(2.2.2),再作线性变换(2.2.1)的结果. 我们把线性变换(2.2.3)称为线性变换(2.2.1)与(2.2.2)的复合,相应地把(2.2.3)所对应的矩阵称为线性变换(2.2.1)与(2.2.2)所对应的矩阵的乘积,即矩阵的乘积与线性变换的复合相对应. 见图 2.2.1. 一般地,我们有如下定义.

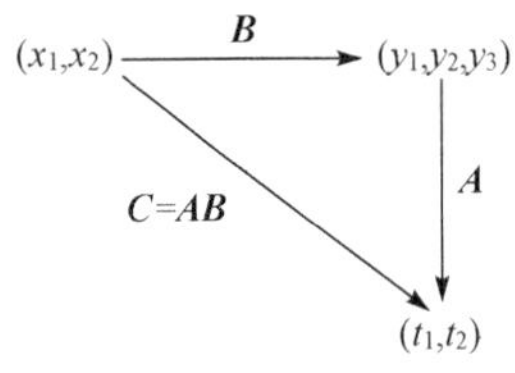

图 2.2.1

定义 2.2.3 设 $\boldsymbol{A}=(a_{ij})_{m\times s}$,$\boldsymbol{B}=(b_{ij})_{s\times n}$,那么,矩阵

$$\boldsymbol{C}=(c_{ij})_{m\times n}$$

称为矩阵 $\boldsymbol{A}$ 与 $\boldsymbol{B}$ 的乘积,记为

$$\boldsymbol{C}=\boldsymbol{AB},$$

其中 c_{ij} 是 $\boldsymbol{A}$ 的第 i 行元素与 $\boldsymbol{B}$ 的第 j 列对应元素的乘积之和,即

$$c_{ij} = a_{i1}b_{1j} + a_{i2}b_{2j} + \cdots + a_{is}b_{sj} = \sum_{k=1}^{s} a_{ik}b_{kj}.$$

由矩阵乘法的定义可知,只有当左边矩阵 $\boldsymbol{A}$ 的列数与右边矩阵 $\boldsymbol{B}$ 的行数相等时,$\boldsymbol{A}$ 与 $\boldsymbol{B}$ 才能相乘. 这时,乘积矩阵 $\boldsymbol{AB}$ 的行数等于左矩阵 $\boldsymbol{A}$ 的行数,$\boldsymbol{AB}$ 的列数等于右矩阵 $\boldsymbol{B}$ 的列数. 图 2.2.2 是矩阵相乘的直观示意图.

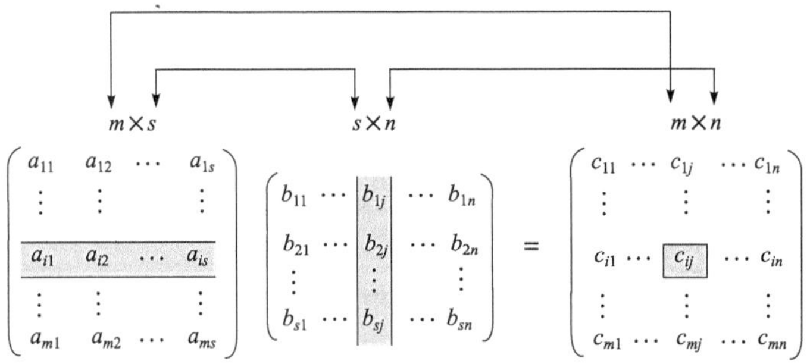

图 2.2.2

例 2.2.3 设

$$A=\begin{pmatrix}1&0&-1&2\\-1&1&3&0\\0&5&-1&4\end{pmatrix},\quad B=\begin{pmatrix}0&3\\1&2\\3&1\\-1&2\end{pmatrix},$$

求 $\boldsymbol{AB}$.

解 因为 $\boldsymbol{A}$ 是 3×4 型矩阵,$\boldsymbol{B}$ 是 4×2 型矩阵,$\boldsymbol{A}$ 的列数等于 $\boldsymbol{B}$ 的行数,所以 $\boldsymbol{A}$ 与 $\boldsymbol{B}$ 可以相乘,其积是一个 3×2 型矩阵,由定义 2.2.3 有

$$AB=\begin{pmatrix}1\times0+0\times1+(-1)\times3+2\times(-1) & 1\times3+0\times2+(-1)\times1+2\times2\\(-1)\times0+1\times1+3\times3+0\times(-1) & (-1)\times3+1\times2+3\times1+0\times2\\0\times0+5\times1+(-1)\times3+4\times(-1) & 0\times3+5\times2+(-1)\times1+4\times2\end{pmatrix}$$

$$=\begin{pmatrix}-5&6\\10&2\\-2&17\end{pmatrix}.$$

例 2.2.4 设

$$A=\begin{pmatrix}a_1\\a_2\\\vdots\\a_n\end{pmatrix}_{n\times1},\quad B=(b_1,b_2,\cdots,b_n)_{1\times n},$$

求 $\boldsymbol{AB}$ 及 $\boldsymbol{BA}$.

解

$$AB=\begin{pmatrix}a_1b_1&a_1b_2&\cdots&a_1b_n\\a_2b_1&a_2b_2&\cdots&a_2b_n\\\vdots&\vdots&&\vdots\\a_nb_1&a_nb_2&\cdots&a_nb_n\end{pmatrix}_{n\times n}.$$

按定义,一个 $1\times n$ 型矩阵与一个 $n\times1$ 型矩阵的乘积是一个 1 阶方阵(运算的最后结果为 1 阶方阵时,可以把它与数同等看待,但在矩阵运算过程中,一般不能把 1 阶方阵看成数),所以

$$BA=(b_1a_1+b_2a_2+\cdots+b_na_n)_{1\times1}=\sum_{i=1}^{n}a_ib_i.$$

例 2.2.5 设

$$A=\begin{pmatrix}1&1\\-1&-1\end{pmatrix},\quad B=\begin{pmatrix}1&-1\\-1&1\end{pmatrix},\quad C=\begin{pmatrix}-2&2\\2&-2\end{pmatrix}.$$

求 $\boldsymbol{AB}$,$\boldsymbol{BA}$ 及 $\boldsymbol{AC}$.

解

$$\boldsymbol{AB}=\begin{pmatrix}1&1\\-1&-1\end{pmatrix}\begin{pmatrix}1&-1\\-1&1\end{pmatrix}=\begin{pmatrix}0&0\\0&0\end{pmatrix}.$$

$$\boldsymbol{BA}=\begin{pmatrix}1&-1\\-1&1\end{pmatrix}\begin{pmatrix}1&1\\-1&-1\end{pmatrix}=\begin{pmatrix}2&2\\-2&-2\end{pmatrix}=2\boldsymbol{A}.$$

$$\boldsymbol{AC}=\begin{pmatrix}1&1\\-1&-1\end{pmatrix}\begin{pmatrix}-2&2\\2&-2\end{pmatrix}=\begin{pmatrix}0&0\\0&0\end{pmatrix}.$$

从上面的例子中可以看出，矩阵的乘法与我们熟悉的数的乘法的运算规则有以下明显区别：

(1) 矩阵乘法不满足交换律，即在一般情况下，$\boldsymbol{AB}\neq\boldsymbol{BA}$. 例 2.2.3 的情况是 $\boldsymbol{AB}$ 有意义，而 $\boldsymbol{BA}$ 无意义，当然无法谈论二者相等；例 2.2.4 的情况是虽然 $\boldsymbol{AB}$ 与 $\boldsymbol{BA}$ 都有意义，但二者不是同型矩阵，所以它们也不能相等；例 2.2.5 的情况是虽然 $\boldsymbol{AB}$ 与 $\boldsymbol{BA}$ 都有意义，且为同型矩阵，但二者仍不相等. 由此可见，在矩阵的乘法中必须注意矩阵相乘的顺序. 但同时应该指出，矩阵的乘法不满足交换律是就一般情况而言的，并不是说任意给定两个矩阵 $\boldsymbol{A}$ 和 $\boldsymbol{B}$，就一定有 $\boldsymbol{AB}\neq\boldsymbol{BA}$，如

$$\boldsymbol{A}=\begin{pmatrix}1&2\\2&4\end{pmatrix},\qquad \boldsymbol{B}=\begin{pmatrix}-2&2\\2&1\end{pmatrix},$$

则

$$\boldsymbol{AB}=\boldsymbol{BA}=\begin{pmatrix}2&4\\4&8\end{pmatrix}.$$

所以，当 $\boldsymbol{AB}\neq\boldsymbol{BA}$ 时，称 $\boldsymbol{AB}$ 不可交换(或 $\boldsymbol{A}$ 与 $\boldsymbol{B}$ 不可交换)；当 $\boldsymbol{AB}=\boldsymbol{BA}$ 时，称 $\boldsymbol{AB}$ 可交换(或 $\boldsymbol{A}$ 与 $\boldsymbol{B}$ 可交换).

(2) 一个零矩阵与任一矩阵相乘，只要乘积有意义，结果一定是零矩阵. 另一方面，两个非零矩阵的乘积也可以是零矩阵(如例 2.2.5). 换句话说，对矩阵乘法而言，乘积等于零矩阵，并不意味着因子中至少有一个是零矩阵(这种现象在数的乘法中是不可能出现的!). 如果 $\boldsymbol{A}\neq\boldsymbol{O},\boldsymbol{B}\neq\boldsymbol{O}$，而 $\boldsymbol{AB}=\boldsymbol{O}$，则称 $\boldsymbol{A}$ 是 $\boldsymbol{B}$ 的左零因子，$\boldsymbol{B}$ 是 $\boldsymbol{A}$ 的右零因子. 因为矩阵中存在零因子，所以矩阵乘法也不满足消去律，即由 $\boldsymbol{AB}=\boldsymbol{AC}$ 一般不能得出 $\boldsymbol{B}=\boldsymbol{C}$ 的结论(如例 2.2.5).

尽管矩阵乘法不满足交换律和消去律，但也有许多与数的乘法相似的运算规律(假定下列运算都可行)：

(1) 结合律：$(\boldsymbol{AB})\boldsymbol{C}=\boldsymbol{A}(\boldsymbol{BC})$；

(2) 数乘结合律：$k(\boldsymbol{AB})=(k\boldsymbol{A})\boldsymbol{B}=\boldsymbol{A}(k\boldsymbol{B})$，其中 k 为数；

(3) 分配律：$\boldsymbol{A}(\boldsymbol{B}+\boldsymbol{C})=\boldsymbol{AB}+\boldsymbol{AC}$，

$(\boldsymbol{B}+\boldsymbol{C})\boldsymbol{A}=\boldsymbol{BA}+\boldsymbol{CA}$.

对于单位矩阵 $\boldsymbol{E}$，容易验证

$$\boldsymbol{E}_m\boldsymbol{A}_{m\times n}=\boldsymbol{A}_{m\times n}\boldsymbol{E}_n=\boldsymbol{A}_{m\times n}.$$

可见单位矩阵 $\boldsymbol{E}$ 在矩阵乘法中的作用类似于数 1 在数的乘法中的作用，所以称 $\boldsymbol{E}$ 为单位矩阵是很自然的.

矩阵

$$\lambda\boldsymbol{E}=\begin{pmatrix}\lambda & & & \\ & \lambda & & \\ & & \ddots & \\ & & & \lambda\end{pmatrix}$$

称为**数量矩阵**. 由 $(\lambda\boldsymbol{E}_m)\boldsymbol{A}_{m\times n}=\lambda\boldsymbol{A}_{m\times n}$，$\boldsymbol{A}_{m\times n}(\lambda\boldsymbol{E}_n)=\lambda\boldsymbol{A}_{m\times n}$，可知数量矩阵与矩阵 $\boldsymbol{A}$ 的乘积等于数与 $\boldsymbol{A}$ 的乘积，并且由 $(\lambda\boldsymbol{E}_n)\boldsymbol{A}_{n\times n}=\boldsymbol{A}_{n\times n}(\lambda\boldsymbol{E}_n)=\lambda\boldsymbol{A}_{n\times n}$ 知，数量矩阵与任何同阶方阵都是可交换的. 此外还可以证明（留给读者作为练习）：与任意 n 阶方阵可交换的矩阵必是 n 阶数量矩阵.

因为矩阵的乘法满足结合律，所以可以定义矩阵的幂. 设 $\boldsymbol{A}$ 是 n 阶方阵，用 $\boldsymbol{A}^k$（k 为正整数）表示 k 个 $\boldsymbol{A}$ 的连乘积，称为 $\boldsymbol{A}$ 的 k 次**幂**，即

$$\boldsymbol{A}^k=\underbrace{\boldsymbol{A}\boldsymbol{A}\cdots\boldsymbol{A}}_{k\text{个}}.$$

显然，只有方阵，它的幂才有意义. 另外，容易看出，方阵的幂满足下列运算规律：

$$\boldsymbol{A}^k\boldsymbol{A}^l=\boldsymbol{A}^{k+l},$$

$$(\boldsymbol{A}^k)^l=\boldsymbol{A}^{kl}.$$

这里，k，l 为正整数. 由于矩阵的乘法不满足交换律，所以，当 $\boldsymbol{AB}$ 不可交换时，

$$(\boldsymbol{AB})^k\neq\boldsymbol{A}^k\boldsymbol{B}^k.$$

于是，诸如下列等式

$$(\boldsymbol{A}+\boldsymbol{B})^2=\boldsymbol{A}^2+2\boldsymbol{AB}+\boldsymbol{B}^2,$$

$$(\boldsymbol{A}+\boldsymbol{B})(\boldsymbol{A}-\boldsymbol{B})=\boldsymbol{A}^2-\boldsymbol{B}^2,$$

也只有当 $\boldsymbol{AB}$ 可交换时才成立. 为了今后方便，我们约定 $\boldsymbol{A}^0=\boldsymbol{E}$.

有了方阵的幂，就可以定义方阵的多项式. 设

$$f(x)=a_mx^m+a_{m-1}x^{m-1}+\cdots+a_1x+a_0$$

是 x 的 m 次多项式，$\boldsymbol{A}$ 为 n 阶方阵，则

$$f(\boldsymbol{A})=a_m\boldsymbol{A}^m+a_{m-1}\boldsymbol{A}^{m-1}+\cdots+a_1\boldsymbol{A}+a_0\boldsymbol{E}$$

称为矩阵 $\boldsymbol{A}$ 的 m 次多项式（注意常数项应变为 $a_0\boldsymbol{E}$）.

因为 $\boldsymbol{A}^k$，$\boldsymbol{A}^l$ 和 $\boldsymbol{E}$ 都是可交换的，所以矩阵 $\boldsymbol{A}$ 的两个多项式 $f(\boldsymbol{A})$ 和 $g(\boldsymbol{A})$ 也总是可交换的，即

$$f(\boldsymbol{A})g(\boldsymbol{A})=g(\boldsymbol{A})f(\boldsymbol{A}),$$

从而 $\boldsymbol{A}$ 的几个多项式可以像数 x 的多项式一样相乘或分解因式. 如

$$(\boldsymbol{A}+3\boldsymbol{E})(2\boldsymbol{A}-\boldsymbol{E})=(2\boldsymbol{A}-\boldsymbol{E})(\boldsymbol{A}+3\boldsymbol{E})=2\boldsymbol{A}^2+5\boldsymbol{A}-3\boldsymbol{E},$$

$$(\boldsymbol{A}+\lambda\boldsymbol{E})^k=\boldsymbol{A}^k+C_k^1\lambda\boldsymbol{A}^{k-1}+C_k^2\lambda^2\boldsymbol{A}^{k-2}+\cdots+C_k^{k-1}\lambda^{k-1}\boldsymbol{A}+\lambda^k\boldsymbol{E},$$

其中 λ 为常数. 当然，如前所述，在 $\boldsymbol{AB}$ 不可交换的情况下，

$$f(\boldsymbol{A})g(\boldsymbol{B})\neq g(\boldsymbol{B})f(\boldsymbol{A}).$$

例 2.2.6　设

$$\boldsymbol{A}=\begin{pmatrix}1&0&0\\1&1&0\\0&1&1\end{pmatrix},$$

求所有与 $\boldsymbol{A}$ 可交换的矩阵.

解法 1　由题意,设

$$\boldsymbol{B}=\begin{pmatrix}b_{11}&b_{12}&b_{13}\\b_{21}&b_{22}&b_{23}\\b_{31}&b_{32}&b_{33}\end{pmatrix}.$$

由于

$$\boldsymbol{AB}=\begin{pmatrix}b_{11}&b_{12}&b_{13}\\b_{11}+b_{21}&b_{12}+b_{22}&b_{13}+b_{23}\\b_{21}+b_{31}&b_{22}+b_{32}&b_{23}+b_{33}\end{pmatrix},$$

$$\boldsymbol{BA}=\begin{pmatrix}b_{11}+b_{12}&b_{12}+b_{13}&b_{13}\\b_{21}+b_{22}&b_{22}+b_{23}&b_{23}\\b_{31}+b_{32}&b_{32}+b_{33}&b_{33}\end{pmatrix},$$

根据要求 $\boldsymbol{AB}=\boldsymbol{BA}$,可以得出

$$b_{12}=0,\quad b_{13}=0,\quad b_{13}=b_{13},$$
$$b_{11}=b_{22},\quad b_{12}=b_{23}=0,\quad b_{13}=0,$$
$$b_{21}=b_{32},\quad b_{22}=b_{33},\quad b_{23}=0.$$

若令

$$\beta_1=b_{11}=b_{22}=b_{33},\quad \beta_2=b_{21}=b_{32},\quad \beta_3=b_{31},$$

则与 $\boldsymbol{A}$ 可交换的矩阵形如

$$\boldsymbol{B}=\begin{pmatrix}\beta_1&0&0\\\beta_2&\beta_1&0\\\beta_3&\beta_2&\beta_1\end{pmatrix},$$

其中 β_1,β_2,β_3 为任意常数.

解法 2　$\boldsymbol{B}$ 如上所设. 由于

$$\boldsymbol{A}=\begin{pmatrix}1&0&0\\1&1&0\\0&1&1\end{pmatrix}=\begin{pmatrix}1&0&0\\0&1&0\\0&0&1\end{pmatrix}+\begin{pmatrix}0&0&0\\1&0&0\\0&1&0\end{pmatrix},$$

令

$$\boldsymbol{H}=\begin{pmatrix}0&0&0\\1&0&0\\0&1&0\end{pmatrix},$$

则 $\boldsymbol{A}=\boldsymbol{E}+\boldsymbol{H}$ 且

$$\boldsymbol{AB}=(\boldsymbol{E}+\boldsymbol{H})\boldsymbol{B}=\boldsymbol{B}+\boldsymbol{HB},$$
$$\boldsymbol{BA}=\boldsymbol{B}(\boldsymbol{E}+\boldsymbol{H})=\boldsymbol{B}+\boldsymbol{BH}.$$

显然,只要 $\boldsymbol{HB}=\boldsymbol{BH}$,就有 $\boldsymbol{AB}=\boldsymbol{BA}$. 而

$$\boldsymbol{HB}=\begin{pmatrix}0&0&0\\1&0&0\\0&1&0\end{pmatrix}\begin{pmatrix}b_{11}&b_{12}&b_{13}\\b_{21}&b_{22}&b_{23}\\b_{31}&b_{32}&b_{33}\end{pmatrix}=\begin{pmatrix}0&0&0\\b_{11}&b_{12}&b_{13}\\b_{21}&b_{22}&b_{23}\end{pmatrix},$$

$$\boldsymbol{BH}=\begin{pmatrix}b_{11}&b_{12}&b_{13}\\b_{21}&b_{22}&b_{23}\\b_{31}&b_{32}&b_{33}\end{pmatrix}\begin{pmatrix}0&0&0\\1&0&0\\0&1&0\end{pmatrix}=\begin{pmatrix}b_{12}&b_{13}&0\\b_{22}&b_{23}&0\\b_{32}&b_{33}&0\end{pmatrix}.$$

所以,由 $\boldsymbol{HB}=\boldsymbol{BH}$ 得

$$b_{12}=0,\quad b_{13}=0,\quad b_{23}=0,$$
$$b_{11}=b_{22}=b_{33},\quad b_{21}=b_{32}.$$

令

$$\beta_1=b_{11}=b_{22}=b_{33},\quad \beta_2=b_{21}=b_{32},\quad \beta_3=b_{31},$$

便得

$$\boldsymbol{B}=\begin{pmatrix}\beta_1&0&0\\\beta_2&\beta_1&0\\\beta_3&\beta_2&\beta_1\end{pmatrix},$$

其中 β_1,β_2,β_3 为任意常数.

例 2.2.7 设

$$\boldsymbol{A}=\begin{pmatrix}\cos\theta&-\sin\theta\\\sin\theta&\cos\theta\end{pmatrix},$$

求证

$$\boldsymbol{A}^n=\begin{pmatrix}\cos n\theta&-\sin n\theta\\\sin n\theta&\cos n\theta\end{pmatrix}.$$

证 用数学归纳法. 当 $n=1$ 时,等式显然成立. 设 $n=k$ 时等式成立,即

$$\boldsymbol{A}^k=\begin{pmatrix}\cos k\theta&-\sin k\theta\\\sin k\theta&\cos k\theta\end{pmatrix}.$$

下面证明 $n=k+1$ 时等式也成立.

$$\begin{aligned}\boldsymbol{A}^{k+1}=\boldsymbol{A}^k\boldsymbol{A}&=\begin{pmatrix}\cos k\theta&-\sin k\theta\\\sin k\theta&\cos k\theta\end{pmatrix}\begin{pmatrix}\cos\theta&-\sin\theta\\\sin\theta&\cos\theta\end{pmatrix}\\&=\begin{pmatrix}\cos k\theta\cos\theta-\sin k\theta\sin\theta&-\cos k\theta\sin\theta-\sin k\theta\cos\theta\\\sin k\theta\cos\theta+\cos k\theta\sin\theta&-\sin k\theta\sin\theta+\cos k\theta\cos\theta\end{pmatrix}\\&=\begin{pmatrix}\cos(k+1)\theta&-\sin(k+1)\theta\\\sin(k+1)\theta&\cos(k+1)\theta\end{pmatrix}.\end{aligned}$$

根据数学归纳法原理,对任何自然数 n,

$$\boldsymbol{A}^n=\begin{pmatrix}\cos n\theta & -\sin n\theta\\ \sin n\theta & \cos n\theta\end{pmatrix}.$$

利用矩阵的乘法,从变量 $x_1,x_2,\cdots,x_n$ 到变量 $y_1,y_2,\cdots,y_m$ 的线性变换

$$\begin{cases}y_1=a_{11}x_1+a_{12}x_2+\cdots+a_{1n}x_n,\\ y_2=a_{21}x_1+a_{22}x_2+\cdots+a_{2n}x_n,\\ \cdots\cdots\\ y_m=a_{m1}x_1+a_{m2}x_2+\cdots+a_{mn}x_n.\end{cases}$$

可以记作

$$\boldsymbol{Y}=\boldsymbol{AX},$$

其中

$$\boldsymbol{A}=(a_{ij})_{m\times n},\quad \boldsymbol{X}=\begin{pmatrix}x_1\\ x_2\\ \vdots\\ x_n\end{pmatrix},\quad \boldsymbol{Y}=\begin{pmatrix}y_1\\ y_2\\ \vdots\\ y_m\end{pmatrix}.$$

于是,例 2.2.7 有下面的几何解释:既然矩阵

$$\begin{pmatrix}\cos\theta & -\sin\theta\\ \sin\theta & \cos\theta\end{pmatrix}$$

表示将一个给定向量按逆时针方向旋转 θ 角的线性变换,那么,由矩阵相乘的意义,矩阵

$$\begin{pmatrix}\cos\theta & -\sin\theta\\ \sin\theta & \cos\theta\end{pmatrix}^n$$

就表示将一个给定向量按逆时针方向连续旋转 n 次(每次旋转均为一个 θ 角)的线性变换,其对应的矩阵自然应是

$$\begin{pmatrix}\cos n\theta & -\sin n\theta\\ \sin n\theta & \cos n\theta\end{pmatrix}.$$

例 2.2.8 设

$$\boldsymbol{B}=\begin{pmatrix}\lambda & 1 & 0\\ 0 & \lambda & 1\\ 0 & 0 & \lambda\end{pmatrix},$$

求 $\boldsymbol{B}^n$.

解 为求 $\boldsymbol{B}^n$ 的一般表达式,可先分别计算 $\boldsymbol{B}^2,\boldsymbol{B}^3$ 等,然后总结规律,并用数学归纳法证明其正确性. 细节部分留给读者. 下面给出本题的另一种解法. 像例 2.2.6 解法 2,将 $\boldsymbol{B}$ 分为两个矩阵之和:

$$\boldsymbol{B}=\begin{pmatrix}\lambda & 0 & 0\\ 0 & \lambda & 0\\ 0 & 0 & \lambda\end{pmatrix}+\begin{pmatrix}0 & 1 & 0\\ 0 & 0 & 1\\ 0 & 0 & 0\end{pmatrix}=\lambda\boldsymbol{E}+\boldsymbol{A},$$

其中

$$\boldsymbol{A}=\begin{pmatrix}0&1&0\\0&0&1\\0&0&0\end{pmatrix}.$$

于是

$$\boldsymbol{B}^n=(\lambda\boldsymbol{E}+\boldsymbol{A})^n=\lambda^n\boldsymbol{E}+\mathrm{C}_n^1\lambda^{n-1}\boldsymbol{A}+\mathrm{C}_n^2\lambda^{n-2}\boldsymbol{A}^2+\cdots+\boldsymbol{A}^n.$$

由于

$$\boldsymbol{A}^2=\begin{pmatrix}0&1&0\\0&0&1\\0&0&0\end{pmatrix}\begin{pmatrix}0&1&0\\0&0&1\\0&0&0\end{pmatrix}=\begin{pmatrix}0&0&1\\0&0&0\\0&0&0\end{pmatrix},$$

$$\boldsymbol{A}^3=\boldsymbol{A}^2\boldsymbol{A}=\begin{pmatrix}0&0&0\\0&0&0\\0&0&0\end{pmatrix},$$

所以 $\boldsymbol{A}^k=\boldsymbol{O}(k\geqslant 3)$，从而

$$\begin{aligned}\boldsymbol{B}^n&=\lambda^n\boldsymbol{E}+\mathrm{C}_n^1\lambda^{n-1}\boldsymbol{A}+\mathrm{C}_n^2\lambda^{n-2}\boldsymbol{A}^2+\boldsymbol{O}+\cdots+\boldsymbol{O}\\&=\lambda^n\boldsymbol{E}+n\lambda^{n-1}\boldsymbol{A}+\frac{n(n-1)}{2}\lambda^{n-2}\boldsymbol{A}^2\\&=\lambda^n\begin{pmatrix}1&0&0\\0&1&0\\0&0&1\end{pmatrix}+n\lambda^{n-1}\begin{pmatrix}0&1&0\\0&0&1\\0&0&0\end{pmatrix}+\frac{n(n-1)}{2}\lambda^{n-2}\begin{pmatrix}0&0&1\\0&0&0\\0&0&0\end{pmatrix}\\&=\begin{pmatrix}\lambda^n&n\lambda^{n-1}&\frac{n(n-1)}{2}\lambda^{n-2}\\0&\lambda^n&n\lambda^{n-1}\\0&0&\lambda^n\end{pmatrix}.\end{aligned}$$

例 2.2.9 某公司为促进技术进步，对其职工进行分批脱产轮训，每年从在岗人员中抽调 30% 的人参加培训，而参加培训的职工中有 60% 的人员结业返岗．假设现有在岗职工 800 人，参加培训人员 200 人，若职工总人数不变，试问一年后在岗职工与脱产培训职工各有多少人？两年后又怎样？

解 用 x_0,y_0 表示目前在岗与脱产职工人数，x_i,y_i 为 i 年后在岗与脱产职工人数，则按题意有

$$\begin{cases}x_i=0.7x_{i-1}+0.6y_{i-1},\\y_i=0.3x_{i-1}+0.4y_{i-1}.\end{cases}$$

用矩阵表示，则

$$\boldsymbol{X}_i=\boldsymbol{A}\boldsymbol{X}_{i-1},$$

其中

$$\boldsymbol{X}_i=\begin{pmatrix}x_i\\y_i\end{pmatrix}\quad(i=0,1,2),\qquad \boldsymbol{A}=\begin{pmatrix}0.7&0.6\\0.3&0.4\end{pmatrix}.$$

因此，一年后在岗与脱产职工人数为

$$\boldsymbol{X}_1=\boldsymbol{A}\boldsymbol{X}_0=\begin{pmatrix}0.7&0.6\\0.3&0.4\end{pmatrix}\begin{pmatrix}800\\200\end{pmatrix}=\begin{pmatrix}680\\320\end{pmatrix}.$$

两年后在岗与脱产职工人数为

$$\boldsymbol{X}_2=\boldsymbol{A}\boldsymbol{X}_1=\boldsymbol{A}^2\boldsymbol{X}_0=\begin{pmatrix}0.7&0.6\\0.3&0.4\end{pmatrix}\begin{pmatrix}680\\320\end{pmatrix}=\begin{pmatrix}668\\332\end{pmatrix}.$$

例 2.2.10　设 $\boldsymbol{A}=(a_{ij})$ 与 $\boldsymbol{B}=(b_{ij})$ 是两个 n 阶上三角矩阵，证明 $\boldsymbol{AB}$ 也是 n 阶上三角矩阵，且 $\boldsymbol{AB}$ 的主对角元素等于 $\boldsymbol{A}$ 与 $\boldsymbol{B}$ 相应主对角元素的乘积.

证　设 $\boldsymbol{C}=\boldsymbol{AB}=(c_{ij})$，则

$$c_{ij}=\sum_{k=1}^{n}a_{ik}b_{kj}=\sum_{k=1}^{j}a_{ik}b_{kj}+\sum_{k=j+1}^{n}a_{ik}b_{kj}.$$

为证 $\boldsymbol{C}$ 是 n 阶上三角矩阵，只需证明当 $i>j$ 时，$c_{ij}=0$. 事实上，当 $i>j$ 时，在上式右端第一部分和中，k 满足 $1\leqslant k\leqslant j$，由于 $\boldsymbol{A}$ 是上三角矩阵，所以 $a_{ik}=0$，于是上式右端第一部分和为 0；在上式右端第二部分和中，k 满足 $j<k\leqslant n$，由于 $\boldsymbol{B}$ 是上三角矩阵，所以 $b_{kj}=0$，于是上式右端第二部分和为 0. 这就证明了 $\boldsymbol{C}$ 是 n 阶上三角矩阵. 同理可得

$$\begin{aligned}c_{ii}&=\sum_{k=1}^{n}a_{ik}b_{ki}=\sum_{k=1}^{i-1}a_{ik}b_{ki}+\sum_{k=i+1}^{n}a_{ik}b_{ki}+a_{ii}b_{ii}\\&=\sum_{k=1}^{i-1}0b_{ki}+\sum_{k=i+1}^{n}a_{ik}0+a_{ii}b_{ii}=a_{ii}b_{ii}\quad(i=1,2,\cdots,n).\end{aligned}$$

2.2.4　矩阵的转置

定义 2.2.4　把矩阵 $\boldsymbol{A}$ 的行换成同序数的列得到一个新矩阵，叫做 $\boldsymbol{A}$ 的**转置**，记作 $\boldsymbol{A}'$ 或 $\boldsymbol{A}^{\mathrm{T}}$. 即若 $\boldsymbol{A}=(a_{ij})_{m\times n}$，$\boldsymbol{A}^{\mathrm{T}}=(a'_{ij})_{n\times m}$，则 $a_{ij}=a'_{ji}$ $(i=1,2,\cdots,m;j=1,2,\cdots,n)$.

对矩阵作转置，也是矩阵的一种运算. 这种运算满足下列运算规律(假定运算都是可行的)：

(1) $(\boldsymbol{A}^{\mathrm{T}})^{\mathrm{T}}=\boldsymbol{A}$；

(2) $(\boldsymbol{A}+\boldsymbol{B})^{\mathrm{T}}=\boldsymbol{A}^{\mathrm{T}}+\boldsymbol{B}^{\mathrm{T}}$；

(3) $(\lambda\boldsymbol{A})^{\mathrm{T}}=\lambda\boldsymbol{A}^{\mathrm{T}}$($\lambda$ 为数)；

(4) $(\boldsymbol{AB})^{\mathrm{T}}=\boldsymbol{B}^{\mathrm{T}}\boldsymbol{A}^{\mathrm{T}}$(反序原则).

证　(1)～(3)是容易验证的，这里仅证明(4). 设 $\boldsymbol{A}=(a_{ij})_{m\times s}$，$\boldsymbol{B}=(b_{ij})_{s\times n}$，则 $\boldsymbol{A}^{\mathrm{T}}=(a'_{ij})_{s\times m}$，$\boldsymbol{B}^{\mathrm{T}}=(b'_{ij})_{n\times s}$，于是 $(\boldsymbol{AB})^{\mathrm{T}}=(c'_{ij})_{n\times m}$，$\boldsymbol{B}^{\mathrm{T}}\boldsymbol{A}^{\mathrm{T}}=(d_{ij})_{n\times m}$，即 $(\boldsymbol{AB})^{\mathrm{T}}$ 与 $\boldsymbol{B}^{\mathrm{T}}\boldsymbol{A}^{\mathrm{T}}$ 为同型矩阵. 再根据

$$a_{ij}=a'_{ji},\quad b_{ij}=b'_{ji}\quad(i=1,2,\cdots,m;j=1,2,\cdots,n),$$

得

$$\begin{aligned} d_{ij} &= \sum_{k=1}^{s} b'_{ik}a'_{kj} = \sum_{k=1}^{s} b_{ki}a_{jk} = \sum_{k=1}^{s} a_{jk}b_{ki} \\ &= c_{ji} = c'_{ij} \quad (i=1,2,\cdots,n; j=1,2,\cdots,m), \end{aligned}$$

所以$(\boldsymbol{AB})^{\mathrm{T}}=\boldsymbol{B}^{\mathrm{T}}\boldsymbol{A}^{\mathrm{T}}$. □

性质(2)、(4)可以推广到有限个矩阵的情形：

$$(\boldsymbol{A}_1+\boldsymbol{A}_2+\cdots+\boldsymbol{A}_k)^{\mathrm{T}}=\boldsymbol{A}_1^{\mathrm{T}}+\boldsymbol{A}_2^{\mathrm{T}}+\cdots+\boldsymbol{A}_k^{\mathrm{T}};$$

$$(\boldsymbol{A}_1\boldsymbol{A}_2\cdots\boldsymbol{A}_k)^{\mathrm{T}}=\boldsymbol{A}_k^{\mathrm{T}}\boldsymbol{A}_{k-1}^{\mathrm{T}}\cdots\boldsymbol{A}_2^{\mathrm{T}}\boldsymbol{A}_1^{\mathrm{T}}.$$

例 2.2.11 已知 $\boldsymbol{X}=\left(\frac{1}{2},0,\cdots,0,\frac{1}{2}\right)_{1\times n}$，$\boldsymbol{A}=\boldsymbol{E}_n-4\boldsymbol{X}^{\mathrm{T}}\boldsymbol{X}$. 证明：$\boldsymbol{A}^{\mathrm{T}}=\boldsymbol{A}$ 且 $\boldsymbol{A}\boldsymbol{A}^{\mathrm{T}}=\boldsymbol{E}_n$.

证

$$\begin{aligned} \boldsymbol{A}^{\mathrm{T}} &= (\boldsymbol{E}_n-4\boldsymbol{X}^{\mathrm{T}}\boldsymbol{X})^{\mathrm{T}}=\boldsymbol{E}_n^{\mathrm{T}}-4(\boldsymbol{X}^{\mathrm{T}}\boldsymbol{X})^{\mathrm{T}}=\boldsymbol{E}_n-4\boldsymbol{X}^{\mathrm{T}}(\boldsymbol{X}^{\mathrm{T}})^{\mathrm{T}} \\ &= \boldsymbol{E}_n-4\boldsymbol{X}^{\mathrm{T}}\boldsymbol{X}=\boldsymbol{A}. \end{aligned}$$

$$\begin{aligned} \boldsymbol{A}\boldsymbol{A}^{\mathrm{T}} &= \boldsymbol{A}^2=(\boldsymbol{E}_n-4\boldsymbol{X}^{\mathrm{T}}\boldsymbol{X})^2=\boldsymbol{E}_n^2-8\boldsymbol{X}^{\mathrm{T}}\boldsymbol{X}+16(\boldsymbol{X}^{\mathrm{T}}\boldsymbol{X})(\boldsymbol{X}^{\mathrm{T}}\boldsymbol{X}) \\ &= \boldsymbol{E}_n-8\boldsymbol{X}^{\mathrm{T}}\boldsymbol{X}+16\boldsymbol{X}^{\mathrm{T}}(\boldsymbol{X}\boldsymbol{X}^{\mathrm{T}})\boldsymbol{X}=\boldsymbol{E}_n-8\boldsymbol{X}^{\mathrm{T}}\boldsymbol{X}+16\boldsymbol{X}^{\mathrm{T}}\left(\frac{1}{2}\right)\boldsymbol{X}=\boldsymbol{E}_n. \end{aligned}$$

这里利用了 $\boldsymbol{X}^{\mathrm{T}}(\boldsymbol{X}\boldsymbol{X}^{\mathrm{T}})\boldsymbol{X}=\boldsymbol{X}^{\mathrm{T}}\left(\frac{1}{4}+0+\cdots+0+\frac{1}{4}\right)\boldsymbol{X}=\boldsymbol{X}^{\mathrm{T}}\left(\frac{1}{2}\right)\boldsymbol{X}=\frac{1}{2}\boldsymbol{X}^{\mathrm{T}}\boldsymbol{X}$.

在例 2.2.11 中我们看到矩阵 $\boldsymbol{A}$ 满足 $\boldsymbol{A}^{\mathrm{T}}=\boldsymbol{A}$，具有这种性质的矩阵称为**对称矩阵**，而满足 $\boldsymbol{A}^{\mathrm{T}}=-\boldsymbol{A}$ 的矩阵称为**反对称矩阵**. 显然，对称矩阵和反对称矩阵均为方阵且有以下性质：

(1) n 阶方阵 $\boldsymbol{A}=(a_{ij})$ 为对称矩阵当且仅当 $a_{ij}=a_{ji}(1\leqslant i,j\leqslant n)$，$n$ 阶方阵 $\boldsymbol{A}=(a_{ij})$ 为反对称矩阵当且仅当 $a_{ij}=-a_{ji}(1\leqslant i,j\leqslant n)$. 由此知，反对称矩阵主对角元素全为零.

(2) 对称矩阵的和、数量乘积、方幂仍为对称矩阵，反对称矩阵的和、数量乘积仍为反对称矩阵，反对称矩阵的奇次幂仍为反对称矩阵，反对称矩阵的偶次幂为对称矩阵.

应用矩阵转置运算的性质，由例 2.2.10，我们可以得出关于下三角矩阵的相应结论：两个下三角矩阵 $\boldsymbol{A}$ 与 $\boldsymbol{B}$ 的乘积仍为下三角矩阵，且 $\boldsymbol{AB}$ 的主对角元素等于 $\boldsymbol{A}$ 与 $\boldsymbol{B}$ 相应主对角元素的乘积. 由此可以进一步推出，两个对角矩阵的乘积仍为对角矩阵，且其主对角元素就是两个对角矩阵对应的主对角元素的乘积，即

$$\begin{pmatrix} a_1 & & & \\ & a_2 & & \\ & & \ddots & \\ & & & a_n \end{pmatrix}\begin{pmatrix} b_1 & & & \\ & b_2 & & \\ & & \ddots & \\ & & & b_n \end{pmatrix}=\begin{pmatrix} a_1b_1 & & & \\ & a_2b_2 & & \\ & & \ddots & \\ & & & a_nb_n \end{pmatrix}.$$

于是有以下结果：如果 $\boldsymbol{\Lambda}=\mathrm{diag}(\lambda_1,\lambda_2,\cdots,\lambda_n)$ 为 n 阶对角阵，则 $\boldsymbol{\Lambda}^k=\mathrm{diag}(\lambda_1^k,\lambda_2^k,\cdots,$

$\lambda_n^k)$，且

$$
\begin{aligned}
f(\boldsymbol{\Lambda})&=a_m\boldsymbol{\Lambda}^m+\cdots+a_1\boldsymbol{\Lambda}+a_0\boldsymbol{E}\\
&=a_m\begin{pmatrix}\lambda_1^m&&&\\&\lambda_2^m&&\\&&\ddots&\\&&&\lambda_n^m\end{pmatrix}+\cdots+a_1\begin{pmatrix}\lambda_1&&&\\&\lambda_2&&\\&&\ddots&\\&&&\lambda_n\end{pmatrix}+a_0\begin{pmatrix}1&&&\\&1&&\\&&\ddots&\\&&&1\end{pmatrix}\\
&=\begin{pmatrix}f(\lambda_1)&&&\\&f(\lambda_2)&&\\&&\ddots&\\&&&f(\lambda_n)\end{pmatrix}=\mathrm{diag}(f(\lambda_1),f(\lambda_2),\cdots,f(\lambda_n)).
\end{aligned}
$$

2.2.5　方阵的行列式

定义 2.2.5　设 $\boldsymbol{A}=(a_{ij})\in P^{n\times n}$，由 $\boldsymbol{A}$ 的元素按照它们在 $\boldsymbol{A}$ 中的排列次序构成的 n 阶行列式

$$
\begin{vmatrix}a_{11}&a_{12}&\cdots&a_{1n}\\a_{21}&a_{22}&\cdots&a_{2n}\\\vdots&\vdots&&\vdots\\a_{n1}&a_{n2}&\cdots&a_{nn}\end{vmatrix}
$$

叫做方阵 $\boldsymbol{A}$ 的行列式，记作 $|\boldsymbol{A}|$ 或 $\det\boldsymbol{A}$.

当 $|\boldsymbol{A}|=0$ 时，称 $\boldsymbol{A}$ 为**奇异矩阵(或退化矩阵)**，否则称为**非奇异矩阵(或非退化矩阵)**.

方阵的行列式具有以下性质：

(1) $|\boldsymbol{A}^{\mathrm{T}}|=|\boldsymbol{A}|$；

(2) $|k\boldsymbol{A}|=k^n|\boldsymbol{A}|$；

(3) $|\boldsymbol{AB}|=|\boldsymbol{A}||\boldsymbol{B}|$.

证　由行列式的性质，(1)、(2)显然成立. 以下只证(3).

设 $\boldsymbol{A}=(a_{ij})_{n\times n}$，$\boldsymbol{B}=(b_{ij})_{n\times n}$，$\boldsymbol{AB}=\boldsymbol{D}=(d_{ij})_{n\times n}$，则由例 1.4.3 得

$$
|\boldsymbol{A}||\boldsymbol{B}|=\begin{vmatrix}a_{11}&a_{12}&\cdots&a_{1n}&0&0&\cdots&0\\a_{21}&a_{22}&\cdots&a_{2n}&0&0&\cdots&0\\\vdots&\vdots&&\vdots&\vdots&\vdots&&\vdots\\a_{n1}&a_{n2}&\cdots&a_{nn}&0&0&\cdots&0\\-1&0&\cdots&0&b_{11}&b_{12}&\cdots&b_{1n}\\0&-1&\cdots&0&b_{21}&b_{22}&\cdots&b_{2n}\\\vdots&\vdots&&\vdots&\vdots&\vdots&&\vdots\\0&0&\cdots&-1&b_{n1}&b_{n2}&\cdots&b_{nn}\end{vmatrix}
$$

$$\xlongequal[j=1,2,\cdots,n]{c_{n+j}+\sum_{i=1}^{n}b_{ij}\times c_i}\begin{vmatrix} a_{11} & a_{12} & \cdots & a_{1n} & \sum_{k=1}^{n}a_{1k}b_{k1} & \sum_{k=1}^{n}a_{1k}b_{k2} & \cdots & \sum_{k=1}^{n}a_{1k}b_{kn} \\ a_{21} & a_{22} & \cdots & a_{2n} & \sum_{k=1}^{n}a_{2k}b_{k1} & \sum_{k=1}^{n}a_{2k}b_{k2} & \cdots & \sum_{k=1}^{n}a_{2k}b_{kn} \\ \vdots & \vdots & & \vdots & \vdots & \vdots & & \vdots \\ a_{n1} & a_{n2} & \cdots & a_{nn} & \sum_{k=1}^{n}a_{nk}b_{k1} & \sum_{k=1}^{n}a_{nk}b_{k2} & \cdots & \sum_{k=1}^{n}a_{nk}b_{kn} \\ -1 & 0 & \cdots & 0 & 0 & 0 & \cdots & 0 \\ 0 & -1 & \cdots & 0 & 0 & 0 & \cdots & 0 \\ \vdots & \vdots & & \vdots & \vdots & \vdots & & \vdots \\ 0 & 0 & \cdots & -1 & 0 & 0 & \cdots & 0 \end{vmatrix}$$

$$=\begin{vmatrix} a_{11} & a_{12} & \cdots & a_{1n} & d_{11} & d_{12} & \cdots & d_{1n} \\ a_{21} & a_{22} & \cdots & a_{2n} & d_{21} & d_{22} & \cdots & d_{2n} \\ \vdots & \vdots & & \vdots & \vdots & \vdots & & \vdots \\ a_{n1} & a_{n2} & \cdots & a_{nn} & d_{n1} & d_{n2} & \cdots & d_{nn} \\ -1 & 0 & \cdots & 0 & 0 & 0 & \cdots & 0 \\ 0 & -1 & \cdots & 0 & 0 & 0 & \cdots & 0 \\ \vdots & \vdots & & \vdots & \vdots & \vdots & & \vdots \\ 0 & 0 & \cdots & -1 & 0 & 0 & \cdots & 0 \end{vmatrix}$$

$$\xlongequal[j=1,2,\cdots,n]{r_j\leftrightarrow r_{j+n}}(-1)^n\begin{vmatrix} -1 & 0 & \cdots & 0 & 0 & 0 & \cdots & 0 \\ 0 & -1 & \cdots & 0 & 0 & 0 & \cdots & 0 \\ \vdots & \vdots & & \vdots & \vdots & \vdots & & \vdots \\ 0 & 0 & \cdots & -1 & 0 & 0 & \cdots & 0 \\ a_{11} & a_{12} & \cdots & a_{1n} & d_{11} & d_{12} & \cdots & d_{1n} \\ a_{21} & a_{22} & \cdots & a_{2n} & d_{21} & d_{22} & \cdots & d_{2n} \\ \vdots & \vdots & & \vdots & \vdots & \vdots & & \vdots \\ a_{n1} & a_{n2} & \cdots & a_{nn} & d_{n1} & d_{n2} & \cdots & d_{nn} \end{vmatrix}$$

$$=(-1)^n|\boldsymbol{D}|\,|-\boldsymbol{E}|=(-1)^n|\boldsymbol{D}|(-1)^n$$

$$=|\boldsymbol{D}|=|\boldsymbol{AB}|.$$ □

由(3)可知，对 n 阶方阵 $\boldsymbol{A}$ 与 $\boldsymbol{B}$，一般来说，$\boldsymbol{AB}\neq\boldsymbol{BA}$，但总有

$$|\boldsymbol{AB}|=|\boldsymbol{BA}|.$$

此外，(3)可以推广到多个方阵相乘的情形，即如果 $\boldsymbol{A}_1,\boldsymbol{A}_2,\cdots,\boldsymbol{A}_s$ 均为 n 阶方阵，则

$$|\boldsymbol{A}_1\boldsymbol{A}_2\cdots\boldsymbol{A}_s|=|\boldsymbol{A}_1|\,|\boldsymbol{A}_2|\cdots|\boldsymbol{A}_s|.$$

特别地，如果 $\boldsymbol{A}$ 为 n 阶方阵，则

$$|\boldsymbol{A}^k|=|\boldsymbol{A}|^k=|\boldsymbol{A}^{\mathrm{T}}|^k.$$

例 2.2.12 设

$$A=\begin{pmatrix} a & -b & -c & -d \\ b & a & -d & c \\ c & d & a & -b \\ d & -c & b & a \end{pmatrix},$$

求$|A|$及$|A^n|$.

解　因为

$$|A|^2=|A|\ |A^T|=|AA^T|$$

$$=\left|\begin{pmatrix} a^2+b^2+c^2+d^2 & 0 & 0 & 0 \\ 0 & a^2+b^2+c^2+d^2 & 0 & 0 \\ 0 & 0 & a^2+b^2+c^2+d^2 & 0 \\ 0 & 0 & 0 & a^2+b^2+c^2+d^2 \end{pmatrix}\right|$$

$$=(a^2+b^2+c^2+d^2)^4,$$

所以

$$|A|=\pm(a^2+b^2+c^2+d^2)^2.$$

但A的主对角元全是a,行列式$|A|$中的a^4项的符号为正,故

$$|A|=(a^2+b^2+c^2+d^2)^2.$$

于是

$$|A^n|=|A|^n=(a^2+b^2+c^2+d^2)^{2n}.$$

练　习　2.2

1. 设$A=\begin{pmatrix} 1 & -1 & 2 \\ 3 & 0 & 2 \end{pmatrix}$,$B=\begin{pmatrix} 4 & 3 & 0 \\ 2 & -1 & 1 \end{pmatrix}$,$C=\begin{pmatrix} -1 & 2 & -1 \\ 0 & -5 & 1 \end{pmatrix}$,求$A-2B+3C$,$AB^T$,及$B^TC$.

2. 计算下列乘积:

(1) $\begin{pmatrix} 4 & 3 & 1 \\ 1 & -2 & 3 \\ 5 & 7 & 0 \end{pmatrix}\begin{pmatrix} 7 \\ 2 \\ 1 \end{pmatrix}$;　　(2) $(1\ \ 2\ \ 3)\begin{pmatrix} 3 \\ 2 \\ 1 \end{pmatrix}$;

(3) $\begin{pmatrix} 2 \\ 1 \\ 3 \end{pmatrix}(-1,2)$;　　(4) $(x_1\ \ x_2\ \ x_3)\begin{pmatrix} a_{11} & a_{12} & a_{13} \\ a_{21} & a_{22} & a_{23} \\ a_{31} & a_{32} & a_{33} \end{pmatrix}\begin{pmatrix} x_1 \\ x_2 \\ x_3 \end{pmatrix}$.

3. 设$A=\begin{pmatrix} 1 & 2 \\ 1 & 3 \end{pmatrix}$,$B=\begin{pmatrix} 1 & 0 \\ 1 & 2 \end{pmatrix}$问下列各等式是否成立?

(1) $AB=BA$;

(2) $(A+B)^2=A^2+2AB+B^2$;

(3) $(A+B)(A-B)=A^2+B^2$.

4. 求矩阵X,使得

$$\begin{pmatrix}3&-6&2&0\\1&5&-1&8\\4&3&1&7\end{pmatrix}+2\boldsymbol{X}=\begin{pmatrix}5&4&-4&2\\-7&1&9&4\\6&-1&3&9\end{pmatrix}.$$

5. 若方阵 $\boldsymbol{P}$ 满足 $\boldsymbol{P}^2=\boldsymbol{P}$，且 $\boldsymbol{A}=2\boldsymbol{P}-\boldsymbol{E}$，证明：$\boldsymbol{A}^2=\boldsymbol{E}$.

6. 设 $\boldsymbol{A}=\begin{pmatrix}1&0\\\lambda&1\end{pmatrix}$，求 $\boldsymbol{A}^2,\boldsymbol{A}^3,\cdots,\boldsymbol{A}^k$.

7. 已知 $\boldsymbol{A}$ 为三阶方阵，$|\boldsymbol{A}|=2$，求 $||\boldsymbol{A}|\boldsymbol{A}|$.

2.3 逆 矩 阵

在矩阵的加法、减法和乘法运算中，与数的运算相仿，矩阵的减法可以看成加法的逆运算，那么矩阵的乘法是否也可以定义相应的逆运算呢？我们知道，数的乘法所以有逆运算，是因为每个非零数 a 都有与之对应的"逆"$a^{-1}=\dfrac{1}{a}$，使得$a\cdot a^{-1}=1$. 注意到单位矩阵 $\boldsymbol{E}$ 在矩阵乘法运算中的作用类似于数 1 在数的乘法运算中的作用，自然要问，是否存在类似于非零数 a 和 a^{-1}那样满足 $\boldsymbol{AB}=\boldsymbol{BA}=\boldsymbol{E}$ 的矩阵呢？答案是肯定的. 例如，

$$\boldsymbol{A}=\begin{pmatrix}\cos\theta&-\sin\theta\\\sin\theta&\cos\theta\end{pmatrix},\qquad \boldsymbol{B}=\begin{pmatrix}\cos(-\theta)&-\sin(-\theta)\\\sin(-\theta)&\cos(-\theta)\end{pmatrix}$$

就具有上述性质，并有明显的几何意义：因为 $\boldsymbol{A}$ 表示将平面上给定向量 $\boldsymbol{\alpha}=\begin{pmatrix}x\\y\end{pmatrix}$绕坐标原点按逆时针方向旋转 θ 角的线性变换，$\boldsymbol{B}$ 表示将向量 $\boldsymbol{\alpha}$ 绕坐标原点按顺时针方向旋转 θ 角的线性变换. 所以，接连做上述两个旋转，不论哪个在先，$\boldsymbol{\alpha}$ 都会回到原来的位置. 用矩阵表示就是

$$(\boldsymbol{AB})\boldsymbol{\alpha}=(\boldsymbol{BA})\boldsymbol{\alpha}=\boldsymbol{E\alpha}=\boldsymbol{\alpha}.$$

一般地，设给定一个线性变换

$$\boldsymbol{Y}=\boldsymbol{AX}, \tag{2.3.1}$$

其中

$$\boldsymbol{A}=(a_{ij})_{n\times n},\quad \boldsymbol{X}=\begin{pmatrix}x_1\\x_2\\\vdots\\x_n\end{pmatrix},\quad \boldsymbol{Y}=\begin{pmatrix}y_1\\y_2\\\vdots\\y_n\end{pmatrix}.$$

如果$|\boldsymbol{A}|\neq0$，则由克拉默法则，可以将变量 $x_1,x_2,\cdots,x_n$ 解出而得到一个从 $y_1,y_2,\cdots,y_n$ 到 $x_1,x_2,\cdots,x_n$ 的线性变换，记为

$$\boldsymbol{X}=\boldsymbol{BY}, \tag{2.3.2}$$

并称(2.3.2)为(2.3.1)的逆变换. 于是

$$(\boldsymbol{AB})\boldsymbol{Y}=\boldsymbol{A}(\boldsymbol{BY})=\boldsymbol{Y}=\boldsymbol{EY},$$
$$(\boldsymbol{BA})\boldsymbol{X}=\boldsymbol{B}(\boldsymbol{AX})=\boldsymbol{X}=\boldsymbol{EX}.$$

可见 $\boldsymbol{AB}$ 与 $\boldsymbol{BA}$ 均为恒等变换所对应的矩阵，故

$$\boldsymbol{AB}=\boldsymbol{BA}=\boldsymbol{E}. \tag{2.3.3}$$

综合上述讨论，我们给出逆矩阵的定义.

定义 2.3.1　设 $\boldsymbol{A}$ 为 n 阶方阵，如果存在 n 阶方阵 $\boldsymbol{B}$，使得

$$\boldsymbol{AB}=\boldsymbol{BA}=\boldsymbol{E},$$

则称矩阵 $\boldsymbol{A}$ 是可逆的，并称 $\boldsymbol{B}$ 为 $\boldsymbol{A}$ 的**逆矩阵**，记为 $\boldsymbol{A}^{-1}$.

由定义可知，可逆矩阵和它的逆矩阵是同阶方阵，即只有方阵才有逆矩阵的概念. 同时，在(2.3.3)中，$\boldsymbol{A}$ 与 $\boldsymbol{B}$ 的地位是平等的，所以也可以称 $\boldsymbol{A}$ 是 $\boldsymbol{B}$ 的逆矩阵，即 $\boldsymbol{B}^{-1}=(\boldsymbol{A}^{-1})^{-1}=\boldsymbol{A}$. 此外，如果矩阵 $\boldsymbol{A}$ 可逆，那么 $\boldsymbol{A}$ 的逆矩阵是唯一的. 事实上，设 $\boldsymbol{B}$ 与 $\boldsymbol{C}$ 都是 $\boldsymbol{A}$ 的逆矩阵，则

$$\boldsymbol{B}=\boldsymbol{BE}=\boldsymbol{B}(\boldsymbol{AC})=(\boldsymbol{BA})\boldsymbol{C}=\boldsymbol{EC}=\boldsymbol{C}.$$

下面讨论矩阵可逆的条件及逆矩阵的求法.

定义 2.3.2　设 n 阶方阵 $\boldsymbol{A}=(a_{ij})_{n\times n}$，$A_{ij}$ 是行列式 $|\boldsymbol{A}|$ 中元素 a_{ij} 的代数余子式，称矩阵

$$\boldsymbol{B}=(A_{ij})_{n\times n}$$

的转置矩阵 $\boldsymbol{B}^{\mathrm{T}}$ 为矩阵 $\boldsymbol{A}$ 的**伴随矩阵**(adjoint matrix)记作 $\boldsymbol{A}^*$，即

$$\boldsymbol{A}^*=\boldsymbol{B}^{\mathrm{T}}=\begin{pmatrix} A_{11} & A_{21} & \cdots & A_{n1} \\ A_{12} & A_{22} & \cdots & A_{n2} \\ \vdots & \vdots & & \vdots \\ A_{1n} & A_{2n} & \cdots & A_{nn} \end{pmatrix}.$$

定理 2.3.1　n 阶方阵 $\boldsymbol{A}=(a_{ij})_{n\times n}$ 可逆的充分必要条件是 $|\boldsymbol{A}|\neq 0$. 当 $\boldsymbol{A}$ 可逆时

$$\boldsymbol{A}^{-1}=\frac{1}{|\boldsymbol{A}|}\boldsymbol{A}^*. \tag{2.3.4}$$

证　必要性. 因为 $\boldsymbol{A}$ 可逆，由(2.3.3)式得 $|\boldsymbol{A}|\,|\boldsymbol{B}|=|\boldsymbol{E}|=1$，所以 $|\boldsymbol{A}|\neq 0$.

充分性. 记 $\boldsymbol{AA}^*=(b_{ij})$，则

$$b_{ij}=a_{i1}A_{j1}+a_{i2}A_{j2}+\cdots+a_{in}A_{jn}=|\boldsymbol{A}|\delta_{ij}.$$

故

$$\boldsymbol{AA}^*=(|\boldsymbol{A}|\delta_{ij})=|\boldsymbol{A}|(\delta_{ij})=|\boldsymbol{A}|\boldsymbol{E}.$$

类似有

$$\boldsymbol{A}^*\boldsymbol{A}=|\boldsymbol{A}|\boldsymbol{E}.$$

因为 $|\boldsymbol{A}|\neq 0$，所以

$$\boldsymbol{A}\frac{1}{|\boldsymbol{A}|}\boldsymbol{A}^*=\frac{1}{|\boldsymbol{A}|}\boldsymbol{A}^*\boldsymbol{A}=\boldsymbol{E}.$$

由逆矩阵的定义，即知 $\boldsymbol{A}$ 可逆，且

$$A^{-1}=\frac{1}{|A|}A^*.$$ □

推论 2.3.1 设 $\boldsymbol{A},\boldsymbol{B}$ 都是 n 阶方阵,若 $\boldsymbol{AB}=\boldsymbol{E}$,则 $\boldsymbol{A},\boldsymbol{B}$ 均可逆,且 $\boldsymbol{A}^{-1}=\boldsymbol{B},\boldsymbol{B}^{-1}=\boldsymbol{A}$.

证 由 $\boldsymbol{AB}=\boldsymbol{E}$,得 $|\boldsymbol{A}||\boldsymbol{B}|=1$,故 $|\boldsymbol{A}|\neq 0,|\boldsymbol{B}|\neq 0$,根据定理 2.3.1,$\boldsymbol{A},\boldsymbol{B}$ 均可逆,即 $\boldsymbol{A}^{-1},\boldsymbol{B}^{-1}$ 均存在. 在等式 $\boldsymbol{AB}=\boldsymbol{E}$ 两端分别左乘 $\boldsymbol{A}^{-1}$,右乘 $\boldsymbol{B}^{-1}$,立即可得 $\boldsymbol{A}^{-1}=\boldsymbol{B}$ 及 $\boldsymbol{B}^{-1}=\boldsymbol{A}$. □

推论 2.3.2 设 $\boldsymbol{A}$ 为可逆矩阵,则

(1) 若 $\boldsymbol{AB}=\boldsymbol{O}$,则 $\boldsymbol{B}=\boldsymbol{O}$;

(2) 若 $\boldsymbol{AB}=\boldsymbol{AC}$,则 $\boldsymbol{B}=\boldsymbol{C}$. □

推论 2.3.2 的证明留给读者作为练习.

定理 2.3.1 不仅给出了矩阵可逆的充要条件,而且提供了求逆矩阵的一种方法,具有重要的理论价值. 另一方面,若用公式(2.3.4)求一个矩阵的逆矩阵时,对 2 阶矩阵而言,方法十分简单,但随着矩阵阶数的增大,计算量会迅速增加. 为解决一般矩阵的求逆问题,以后我们还将介绍另一种常用的求逆矩阵方法. 定理 2.3.1 的推论告诉我们,判断方阵 $\boldsymbol{B}$ 是否为方阵 $\boldsymbol{A}$ 的逆矩阵,只需验证 $\boldsymbol{AB}=\boldsymbol{E}$ 或 $\boldsymbol{BA}=\boldsymbol{E}$ 一个等式成立即可. 同时,可逆矩阵不是零因子且适合乘法消去律.

例 2.3.1 设

$$\boldsymbol{A}=\begin{pmatrix} a & b \\ c & d \end{pmatrix},$$

试确定 $\boldsymbol{A}$ 可逆的条件,当 $\boldsymbol{A}$ 可逆时,求 $\boldsymbol{A}^{-1}$.

解 $\boldsymbol{A}$ 可逆的充分必要条件是

$$|\boldsymbol{A}|=ad-bc\neq 0.$$

又

$$\boldsymbol{A}^*=\begin{pmatrix} A_{11} & A_{21} \\ A_{12} & A_{22} \end{pmatrix}=\begin{pmatrix} d & -b \\ -c & a \end{pmatrix}$$

(将 $\boldsymbol{A}$ 的对角元对调,次对角元反号便得 $\boldsymbol{A}^*$). 所以,当 $ad-bc\neq 0$ 时,

$$\boldsymbol{A}^{-1}=\frac{1}{|\boldsymbol{A}|}\boldsymbol{A}^*=\frac{1}{ad-bc}\begin{pmatrix} d & -b \\ -c & a \end{pmatrix}.$$

例 2.3.2 求方阵

$$\boldsymbol{A}=\begin{pmatrix} 1 & 2 & 3 \\ 0 & 1 & 2 \\ 0 & 0 & 3 \end{pmatrix}$$

的逆矩阵.

解 由 $|\boldsymbol{A}|=3\neq 0$ 知 $\boldsymbol{A}$ 可逆. 计算 $|\boldsymbol{A}|$ 中各元素的代数余子式如下:

$$A_{11}=3,A_{12}=0,A_{13}=0,$$
$$A_{21}=-6,A_{22}=3,A_{23}=0,$$

$$A_{31}=1, A_{32}=-2, A_{33}=1,$$

于是

$$\boldsymbol{A}^*=\begin{pmatrix}3 & -6 & 1\\0 & 3 & -2\\0 & 0 & 1\end{pmatrix},$$

所以

$$\boldsymbol{A}^{-1}=\frac{1}{|\boldsymbol{A}|}\boldsymbol{A}^*=\begin{pmatrix}1 & -2 & \frac{1}{3}\\0 & 1 & -\frac{2}{3}\\0 & 0 & \frac{1}{3}\end{pmatrix}.$$

本例中的矩阵及伴随矩阵都是 3 阶上三角矩阵. 一般地,设 $\boldsymbol{A}=(a_{ij})_{n\times n}$ 为上三角矩阵,则 $a_{ij}(i<j)$ 的代数余子式 A_{ij} 是上三角行列式,且对角线上至少有一个零,故当 $i<j$ 时,$A_{ij}=0$,即 $\boldsymbol{A}^*$ 为上三角矩阵. 下三角矩阵也有相应结果. 于是有以下结论:

(1) n 阶上(下)三角矩阵 $\boldsymbol{A}$ 可逆的充分必要条件是 $\boldsymbol{A}$ 的主对角元均不为零. 当 $\boldsymbol{A}$ 可逆时,$\boldsymbol{A}^{-1}$ 仍是上(下)三角矩阵,且 $\boldsymbol{A}^{-1}$ 的主对角元是 $\boldsymbol{A}$ 对应的主对角元的倒数;

(2) n 阶对角矩阵 $\boldsymbol{\Lambda}=\mathrm{diag}(a_1,a_2,\cdots,a_n)$ 可逆的充分必要条件是 $a_i\neq0(i=1,2,\cdots,n)$,且当 $a_i\neq0(i=1,2,\cdots,n)$ 时,$\boldsymbol{\Lambda}^{-1}=\mathrm{diag}\left(\frac{1}{a_1},\frac{1}{a_2},\cdots,\frac{1}{a_n}\right)$.

例 2.3.3　设

$$\boldsymbol{A}=\begin{pmatrix}1 & 2 & 3\\0 & 1 & 2\\0 & 0 & 3\end{pmatrix},\quad \boldsymbol{B}=\begin{pmatrix}1 & 3\\1 & 4\end{pmatrix},\quad \boldsymbol{C}=\begin{pmatrix}1 & 5\\2 & 0\\3 & 6\end{pmatrix},$$

求 $\boldsymbol{X}$,使其满足 $\boldsymbol{AXB}=\boldsymbol{C}$.

解　由例 2.3.2 知 $\boldsymbol{A}$ 可逆,而

$$\boldsymbol{B}^{-1}=\begin{pmatrix}4 & -3\\-1 & 1\end{pmatrix},$$

分别用 $\boldsymbol{A}^{-1}$左乘、$\boldsymbol{B}^{-1}$右乘等式 $\boldsymbol{AXB}=\boldsymbol{C}$ 两端,得

$$\boldsymbol{A}^{-1}(\boldsymbol{AXB})\boldsymbol{B}^{-1}=\boldsymbol{A}^{-1}\boldsymbol{C}\boldsymbol{B}^{-1},$$

即

$$\boldsymbol{X}=\boldsymbol{A}^{-1}\boldsymbol{C}\boldsymbol{B}^{-1}=\begin{pmatrix}1 & -2 & \frac{1}{3}\\0 & 1 & -\frac{2}{3}\\0 & 0 & \frac{1}{3}\end{pmatrix}\begin{pmatrix}1 & 5\\2 & 0\\3 & 6\end{pmatrix}\begin{pmatrix}4 & -3\\-1 & 1\end{pmatrix}$$

$$=\begin{pmatrix}-2 & 7\\ 0 & -4\\ 1 & 2\end{pmatrix}\begin{pmatrix}4 & -3\\ -1 & 1\end{pmatrix}=\begin{pmatrix}-15 & 13\\ 4 & -4\\ 2 & -1\end{pmatrix}.$$

含有未知矩阵的等式称为**矩阵方程**，例 2.3.3 就是一个矩阵方程. 如果矩阵方程经过恒等变形能化成

$$\boldsymbol{AX}=\boldsymbol{C},\quad \boldsymbol{XB}=\boldsymbol{C},\quad \boldsymbol{AXB}=\boldsymbol{C}$$

这三种基本形式，且 $\boldsymbol{A},\boldsymbol{B}$ 都可逆，则由逆矩阵的唯一性知，它们都有唯一解，依次为

$$\boldsymbol{X}=\boldsymbol{A}^{-1}\boldsymbol{C},\quad \boldsymbol{X}=\boldsymbol{CB}^{-1},\quad \boldsymbol{X}=\boldsymbol{A}^{-1}\boldsymbol{CB}^{-1}.$$

n 个未知数 n 个方程的非齐次线性方程组

$$\begin{cases}a_{11}x_1+a_{12}x_2+\cdots+a_{1n}x_n=b_1,\\ a_{21}x_1+a_{22}x_2+\cdots+a_{2n}x_n=b_2,\\ \quad\cdots\cdots\\ a_{n1}x_1+a_{n2}x_2+\cdots+a_{nn}x_n=b_n.\end{cases}$$

写成矩阵形式就是

$$\boldsymbol{AX}=\boldsymbol{b},$$

其中

$$\boldsymbol{A}=(a_{ij})_{n\times n},\quad \boldsymbol{X}=\begin{pmatrix}x_1\\ x_2\\ \vdots\\ x_n\end{pmatrix},\quad \boldsymbol{b}=\begin{pmatrix}b_1\\ b_2\\ \vdots\\ b_n\end{pmatrix}.$$

利用上面介绍的方法，当方程组的系数行列式 $D=|\boldsymbol{A}|\neq 0$ 时，有

$$\boldsymbol{X}=\boldsymbol{A}^{-1}\boldsymbol{b}=\frac{1}{|\boldsymbol{A}|}\boldsymbol{A}^{*}\boldsymbol{b},$$

即

$$\begin{pmatrix}x_1\\ x_2\\ \vdots\\ x_n\end{pmatrix}=\frac{1}{D}\begin{pmatrix}A_{11} & A_{21} & \cdots & A_{n1}\\ A_{12} & A_{22} & \cdots & A_{n2}\\ \vdots & \vdots & & \vdots\\ A_{1n} & A_{2n} & \cdots & A_{nn}\end{pmatrix}\begin{pmatrix}b_1\\ b_2\\ \vdots\\ b_n\end{pmatrix}.$$

比较等式两端，得

$$x_j=\frac{1}{D}(A_{1j}b_1+A_{2j}b_2+\cdots+A_{nj}b_n)=\frac{D_j}{D}\qquad (j=1,2,\cdots,n),$$

这就是克拉默法则.

可逆矩阵有以下性质：

(1) 若 $\boldsymbol{A}$ 可逆，则 $\boldsymbol{A}^{-1}$ 也可逆，且 $(\boldsymbol{A}^{-1})^{-1}=\boldsymbol{A}$；

(2) 若 $\boldsymbol{A}$ 可逆，数 $\lambda\neq 0$，则 $\lambda\boldsymbol{A}$ 也可逆，且 $(\lambda\boldsymbol{A})^{-1}=\dfrac{1}{\lambda}\boldsymbol{A}^{-1}$；

(3) 若 $\boldsymbol{A},\boldsymbol{B}$ 为同阶可逆方阵,则 $\boldsymbol{AB}$ 也可逆,且 $(\boldsymbol{AB})^{-1}=\boldsymbol{B}^{-1}\boldsymbol{A}^{-1}$(反序原则);

(4) 若 $\boldsymbol{A}$ 可逆,则 $\boldsymbol{A}^{\mathrm{T}}$ 也可逆,且 $(\boldsymbol{A}^{\mathrm{T}})^{-1}=(\boldsymbol{A}^{-1})^{\mathrm{T}}$;

(5) 若 $\boldsymbol{A}$ 可逆,则 $|\boldsymbol{A}^{-1}|=\dfrac{1}{|\boldsymbol{A}|}$,即 $|\boldsymbol{A}^{-1}|=|\boldsymbol{A}|^{-1}$.

证　我们仅证明(3)和(4),其余的验证请读者完成.

因为 $(\boldsymbol{AB})(\boldsymbol{B}^{-1}\boldsymbol{A}^{-1})=\boldsymbol{A}(\boldsymbol{BB}^{-1})\boldsymbol{A}^{-1}=\boldsymbol{AEA}^{-1}=\boldsymbol{E}$,由推论 2.3.1,即得 $(\boldsymbol{AB})^{-1}=\boldsymbol{B}^{-1}\boldsymbol{A}^{-1}$. 又由 $\boldsymbol{A}^{\mathrm{T}}(\boldsymbol{A}^{-1})^{\mathrm{T}}=(\boldsymbol{A}^{-1}\boldsymbol{A})^{\mathrm{T}}=\boldsymbol{E}^{\mathrm{T}}=\boldsymbol{E}$ 知,$(\boldsymbol{A}^{\mathrm{T}})^{-1}=(\boldsymbol{A}^{-1})^{\mathrm{T}}$. □

性质(3)可推广到多个可逆矩阵相乘的情形:若 $\boldsymbol{A}_1,\boldsymbol{A}_2,\cdots,\boldsymbol{A}_m$ 均为 n 阶可逆方阵,则它们的乘积 $\boldsymbol{A}_1\boldsymbol{A}_2\cdots\boldsymbol{A}_m$ 也可逆,且有 $(\boldsymbol{A}_1\boldsymbol{A}_2\cdots\boldsymbol{A}_m)^{-1}=\boldsymbol{A}_m^{-1}\cdots\boldsymbol{A}_2^{-1}\boldsymbol{A}_1^{-1}$.

当 $|\boldsymbol{A}|\neq 0$ 时,还可定义

$$\boldsymbol{A}^{-k}=(\boldsymbol{A}^{-1})^k,$$

其中 k 为正整数. 这样,当 $|\boldsymbol{A}|\neq 0$,m,l 为整数时,等式

$$\boldsymbol{A}^m\boldsymbol{A}^l=\boldsymbol{A}^{m+l}\quad 和\quad (\boldsymbol{A}^m)^l=\boldsymbol{A}^{ml}$$

都成立.

例 2.3.4　设 n 阶方阵 $\boldsymbol{A}$ 满足

$$\boldsymbol{A}^3-2\boldsymbol{A}^2+3\boldsymbol{A}-\boldsymbol{E}=\boldsymbol{O}.$$

证明 $\boldsymbol{A}$ 与 $\boldsymbol{A}-2\boldsymbol{E}$ 可逆,并用 $\boldsymbol{A}$ 的多项式表示 $\boldsymbol{A}^{-1}$ 及 $(\boldsymbol{A}-2\boldsymbol{E})^{-1}$.

证　由 $\boldsymbol{A}^3-2\boldsymbol{A}^2+3\boldsymbol{A}=\boldsymbol{E}$ 得

$$\boldsymbol{A}(\boldsymbol{A}^2-2\boldsymbol{A}+3\boldsymbol{E})=\boldsymbol{E},$$

所以 $\boldsymbol{A}$ 可逆,且

$$\boldsymbol{A}^{-1}=\boldsymbol{A}^2-2\boldsymbol{A}+3\boldsymbol{E}.$$

用 $x-2$ 除代数多项式 x^3-2x^2+3x-1 得商式和余式分别为 x^2+3 和 5,即

$$x^3-2x^2+3x-1=(x-2)(x^2+3)+5,$$

因而

$$(x-2)(x^2+3)=(x^3-2x^2+3x-1)-5.$$

用 $\boldsymbol{A}$ 代替 x 并利用已知条件便得

$$(\boldsymbol{A}-2\boldsymbol{E})(\boldsymbol{A}^2+3\boldsymbol{E})=-5\boldsymbol{E}.$$

所以 $\boldsymbol{A}-2\boldsymbol{E}$ 可逆,且

$$(\boldsymbol{A}-2\boldsymbol{E})^{-1}=-\frac{1}{5}(\boldsymbol{A}^2+3\boldsymbol{E}).$$

例 2.3.5　已知 $\boldsymbol{A},\boldsymbol{B}$ 及 $\boldsymbol{A}+\boldsymbol{B}$ 均可逆,证明 $\boldsymbol{A}^{-1}+\boldsymbol{B}^{-1}$ 也可逆,并求其逆矩阵.

解　因为

$$\begin{aligned}\boldsymbol{A}^{-1}+\boldsymbol{B}^{-1}&=\boldsymbol{A}^{-1}\boldsymbol{E}+\boldsymbol{EB}^{-1}=\boldsymbol{A}^{-1}(\boldsymbol{E}+\boldsymbol{AB}^{-1})\\&=\boldsymbol{A}^{-1}(\boldsymbol{B}+\boldsymbol{A})\boldsymbol{B}^{-1}=\boldsymbol{A}^{-1}(\boldsymbol{A}+\boldsymbol{B})\boldsymbol{B}^{-1},\end{aligned}$$

而等式右边是三个可逆矩阵的乘积,故 $\boldsymbol{A}^{-1}+\boldsymbol{B}^{-1}$ 是可逆矩阵,且

$$(\boldsymbol{A}^{-1}+\boldsymbol{B}^{-1})^{-1}=[\boldsymbol{A}^{-1}(\boldsymbol{A}+\boldsymbol{B})\boldsymbol{B}^{-1}]^{-1}=\boldsymbol{B}(\boldsymbol{A}+\boldsymbol{B})^{-1}\boldsymbol{A}.$$

在定理 2.3.1 的证明过程中我们看到,每个方阵 $\boldsymbol{A}$ 不论其是否可逆都有伴随矩阵 $\boldsymbol{A}^*$,而且等式 $\boldsymbol{A}\boldsymbol{A}^*=\boldsymbol{A}^*\boldsymbol{A}=|\boldsymbol{A}|\boldsymbol{E}$ 不论 $\boldsymbol{A}$ 是否可逆均成立,只是当 $\boldsymbol{A}$ 不可逆时,$\boldsymbol{A}\boldsymbol{A}^*=\boldsymbol{A}^*\boldsymbol{A}=|\boldsymbol{A}|\boldsymbol{E}=\boldsymbol{O}$. 这些结果在矩阵运算的推导中十分有用.

例 2.3.6 设 $\boldsymbol{A}$ 是 n 阶可逆方阵,证明:当 $n\geqslant 2$ 时,

(1) $|\boldsymbol{A}^*|=|\boldsymbol{A}|^{n-1}$;

(2) $(\boldsymbol{A}^*)^*=|\boldsymbol{A}|^{n-2}\boldsymbol{A}$.

证 (1) 由 $\boldsymbol{A}^*\boldsymbol{A}=|\boldsymbol{A}|\boldsymbol{E}$ 得

$$|\boldsymbol{A}^*||\boldsymbol{A}|=|\boldsymbol{A}^*\boldsymbol{A}|=||\boldsymbol{A}|\boldsymbol{E}|=|\boldsymbol{A}|^n.$$

又由 $\boldsymbol{A}$ 可逆知,$|\boldsymbol{A}|\neq 0$,所以 $|\boldsymbol{A}^*|=|\boldsymbol{A}|^{n-1}$.

(2) 由(1)知,当 $\boldsymbol{A}$ 可逆时,$\boldsymbol{A}^*$ 也可逆,于是

$$(\boldsymbol{A}^*)^*=|\boldsymbol{A}^*|(\boldsymbol{A}^*)^{-1}=|\boldsymbol{A}|^{n-1}\frac{1}{|\boldsymbol{A}|}\boldsymbol{A}=|\boldsymbol{A}|^{n-2}\boldsymbol{A}.$$

注 例 2.3.6 中假定了 $|\boldsymbol{A}|\neq 0$. 当 $|\boldsymbol{A}|=0$ 时,(1)仍然成立,而(2)为

$$(\boldsymbol{A}^*)^*=\begin{cases}\boldsymbol{O}, & n>2\\ \boldsymbol{A}, & n=2\end{cases}$$
$$=\begin{cases}|\boldsymbol{A}|^{n-2}\boldsymbol{A}, & n>2,\\ \boldsymbol{A}, & n=2.\end{cases}$$

事实上,对于(1),当 $|\boldsymbol{A}|=0$ 时,若 $|\boldsymbol{A}^*|\neq 0$,则 $\boldsymbol{A}^*$ 可逆. 由 $\boldsymbol{A}^*\boldsymbol{A}=|\boldsymbol{A}|\boldsymbol{E}=\boldsymbol{O}$ 得 $\boldsymbol{A}=\boldsymbol{O}$,所以 $\boldsymbol{A}^*=\boldsymbol{O}$,与 $|\boldsymbol{A}^*|\neq 0$ 矛盾. 所以 $|\boldsymbol{A}^*|=0=|\boldsymbol{A}|^{n-1}$. 对于(2),当 $n=2$ 时,设

$$\boldsymbol{A}=\begin{pmatrix}a & b\\ c & d\end{pmatrix},$$

则

$$\boldsymbol{A}^*=\begin{pmatrix}d & -b\\ -c & a\end{pmatrix},$$

故

$$(\boldsymbol{A}^*)^*=\begin{pmatrix}a & b\\ c & d\end{pmatrix}=\boldsymbol{A}.$$

$n>2$ 的情况见习题 2 的 18 题.

练 习 2.3

1. 求下列矩阵的逆矩阵:

(1) $\begin{pmatrix}1 & 2\\ 3 & 4\end{pmatrix}$; (2) $\begin{pmatrix}1 & 2 & 3\\ 0 & 1 & -1\\ 1 & 0 & 2\end{pmatrix}$; (3) $\begin{pmatrix}1 & 0 & 0 & 0\\ 1 & 2 & 0 & 0\\ 2 & -4 & 3 & 0\\ 1 & 2 & 6 & 4\end{pmatrix}$.

2. 已知 $\boldsymbol{A}^{-1}=\begin{pmatrix}3 & 5\\ -2 & -4\end{pmatrix}$,求 $\boldsymbol{A}$.

3. 求解下列矩阵方程：

(1) $\begin{pmatrix} 1 & 2 \\ 3 & 4 \end{pmatrix}\boldsymbol{X}=\begin{pmatrix} 1 & -1 & 3 \\ 4 & 3 & 2 \end{pmatrix}$；　　(2) $\boldsymbol{X}\begin{pmatrix} 1 & 1 & -1 \\ 2 & 1 & 0 \\ 1 & -1 & 1 \end{pmatrix}=\begin{pmatrix} 1 & -1 & 3 \\ 4 & 3 & 2 \\ -1 & -2 & 5 \end{pmatrix}$；

(3) $\begin{pmatrix} 1 & 4 \\ -1 & 2 \end{pmatrix}\boldsymbol{X}=\begin{pmatrix} 2 & 0 \\ -1 & 1 \end{pmatrix}\begin{pmatrix} 3 & 1 \\ 0 & -1 \end{pmatrix}$.

4. 利用逆矩阵解方程组

$$\begin{cases} x_1+2x_2+3x_3=1, \\ 2x_1+2x_2+5x_3=2, \\ 3x_1+5x_2+x_3=3. \end{cases}$$

5. 设 $\boldsymbol{A}$ 为 n 阶方阵，若 $\boldsymbol{A}^2=\boldsymbol{A}$，且 $\boldsymbol{A}\neq\boldsymbol{E}$，证明：$\boldsymbol{A}$ 不可逆.

6. 设矩阵 $\boldsymbol{A}$ 可逆，证明 $\boldsymbol{A}^*$ 也可逆，且 $(\boldsymbol{A}^*)^{-1}=(\boldsymbol{A}^{-1})^*$.

7. 设 $\boldsymbol{A}$ 为 n 阶方阵，$|\boldsymbol{E}-\boldsymbol{A}|\neq 0$，证明：$\boldsymbol{A}(\boldsymbol{E}-\boldsymbol{A})^{-1}=(\boldsymbol{E}-\boldsymbol{A})^{-1}\boldsymbol{A}$.

8. 已知 $\boldsymbol{A}=(a_{ij})_{n\times n}$ 为 $n\ (n>2)$ 阶可逆矩阵，将 $\boldsymbol{A}$ 的伴随矩阵 $\boldsymbol{A}^*$ 去掉最后一行和最后一列后形成矩阵 $\boldsymbol{B}$ ，试求 $|\boldsymbol{B}|$.

2.4　矩阵的分块运算

前面介绍了矩阵的基本运算，我们看到，当矩阵的阶数较高时，常因运算繁复而不易处理，特别是矩阵的乘法运算和求逆运算. 这一节我们介绍一种在处理阶数较高的矩阵时常用的方法——矩阵的分块法. 这种方法的基本思想是，把一个较大的矩阵 $\boldsymbol{A}$ 用若干条纵线和横线将它划分为一些小矩阵，并在运算中把这些小矩阵类似于数一样来处理，以简化矩阵运算. $\boldsymbol{A}$ 中的每个小矩阵称为 $\boldsymbol{A}$ 的子块或子矩阵，以子块为元素的矩阵称为分块矩阵.

例如，

$$\boldsymbol{A}=\left(\begin{array}{cc:cc} 1 & 0 & -1 & 2 \\ 0 & 1 & 1 & 1 \\ \hdashline 0 & 0 & 1 & 2 \\ 0 & 0 & 2 & 1 \end{array}\right)=\begin{pmatrix} \boldsymbol{E}_2 & \boldsymbol{A}_1 \\ \boldsymbol{O} & \boldsymbol{A}_2 \end{pmatrix}, \tag{2.4.1}$$

其中 $\boldsymbol{E}_2$ 表示 2 阶单位矩阵，$\boldsymbol{O}$ 表示 2 阶零矩阵，而

$$\boldsymbol{A}_1=\begin{pmatrix} -1 & 2 \\ 1 & 1 \end{pmatrix},\qquad \boldsymbol{A}_2=\begin{pmatrix} 1 & 2 \\ 2 & 1 \end{pmatrix}.$$

这样，矩阵 $\boldsymbol{A}$ 就是一个由四个子块组成的分块矩阵，在参与分块矩阵的运算时，可以按二阶矩阵对待. 对于一个较大矩阵来说，划分成子块的方法很多，但目的是为了简化矩阵运算. 在具体问题中，分块的基本原则是：既要考虑矩阵本身的特点和运算的需要，还要注意分块后的矩阵在运算中是否有意义及子块间的运算应遵循矩阵的运算规则.

下面分别讨论分块矩阵常见的几种运算.

2.4.1 分块矩阵的加法

设 $\boldsymbol{A},\boldsymbol{B}$ 为同型矩阵,且采用相同的分块法,即

$$\boldsymbol{A}=\begin{pmatrix}\boldsymbol{A}_{11} & \cdots & \boldsymbol{A}_{1t}\\ \vdots & & \vdots\\ \boldsymbol{A}_{s1} & \cdots & \boldsymbol{A}_{st}\end{pmatrix},\quad \boldsymbol{B}=\begin{pmatrix}\boldsymbol{B}_{11} & \cdots & \boldsymbol{B}_{1t}\\ \vdots & & \vdots\\ \boldsymbol{B}_{s1} & \cdots & \boldsymbol{B}_{st}\end{pmatrix},$$

其中 $\boldsymbol{A}_{ij}$ 与 $\boldsymbol{B}_{ij}$ 都是同型矩阵($i=1,2,\cdots,s;j=1,2,\cdots,t$),则

$$\boldsymbol{A}+\boldsymbol{B}=\begin{pmatrix}\boldsymbol{A}_{11}+\boldsymbol{B}_{11} & \cdots & \boldsymbol{A}_{1t}+\boldsymbol{B}_{1t}\\ \vdots & & \vdots\\ \boldsymbol{A}_{s1}+\boldsymbol{B}_{s1} & \cdots & \boldsymbol{A}_{st}+\boldsymbol{B}_{st}\end{pmatrix}.$$

2.4.2 分块矩阵的数量乘法

设 λ 为数,分块矩阵

$$\boldsymbol{A}=\begin{pmatrix}\boldsymbol{A}_{11} & \cdots & \boldsymbol{A}_{1t}\\ \vdots & & \vdots\\ \boldsymbol{A}_{s1} & \cdots & \boldsymbol{A}_{st}\end{pmatrix},$$

则

$$\lambda\boldsymbol{A}=\begin{pmatrix}\lambda\boldsymbol{A}_{11} & \cdots & \lambda\boldsymbol{A}_{1t}\\ \vdots & & \vdots\\ \lambda\boldsymbol{A}_{s1} & \cdots & \lambda\boldsymbol{A}_{st}\end{pmatrix}.$$

2.4.3 分块矩阵的乘法

设 $\boldsymbol{A}\in P^{m\times l},\boldsymbol{B}\in P^{l\times n}$,将 $\boldsymbol{A},\boldsymbol{B}$ 分块成

$$\boldsymbol{A}=\begin{matrix} & l_1\text{列} & l_2\text{列} & \cdots & l_s\text{列} & \\ & \left(\begin{matrix}\boldsymbol{A}_{11}\\ \boldsymbol{A}_{21}\\ \vdots\\ \boldsymbol{A}_{t1}\end{matrix}\right. & \begin{matrix}\boldsymbol{A}_{12}\\ \boldsymbol{A}_{22}\\ \vdots\\ \boldsymbol{A}_{t2}\end{matrix} & \begin{matrix}\cdots\\ \cdots\\ \\ \cdots\end{matrix} & \left.\begin{matrix}\boldsymbol{A}_{1s}\\ \boldsymbol{A}_{2s}\\ \vdots\\ \boldsymbol{A}_{ts}\end{matrix}\right) & \begin{matrix}m_1\text{行}\\ m_2\text{行}\\ \vdots\\ m_t\text{行}\end{matrix}\end{matrix},\quad \boldsymbol{B}=\begin{matrix} & n_1\text{列} & n_2\text{列} & \cdots & n_r\text{列} & \\ & \left(\begin{matrix}\boldsymbol{B}_{11}\\ \boldsymbol{B}_{21}\\ \vdots\\ \boldsymbol{B}_{s1}\end{matrix}\right. & \begin{matrix}\boldsymbol{B}_{12}\\ \boldsymbol{B}_{22}\\ \vdots\\ \boldsymbol{B}_{s2}\end{matrix} & \begin{matrix}\cdots\\ \cdots\\ \\ \cdots\end{matrix} & \left.\begin{matrix}\boldsymbol{B}_{1r}\\ \boldsymbol{B}_{2r}\\ \vdots\\ \boldsymbol{B}_{sr}\end{matrix}\right) & \begin{matrix}l_1\text{行}\\ l_2\text{行}\\ \vdots\\ l_s\text{行}\end{matrix}\end{matrix},$$

其中 $\boldsymbol{A}_{i1},\boldsymbol{A}_{i2},\cdots,\boldsymbol{A}_{is}$ 的列数分别等于 $\boldsymbol{B}_{1j},\boldsymbol{B}_{2j},\boldsymbol{B}_{sj}$ 的行数,即矩阵 $\boldsymbol{A}$ 的列分法与矩阵 $\boldsymbol{B}$ 的行分法相同,那么

$$\boldsymbol{AB}=\begin{pmatrix}\boldsymbol{C}_{11} & \boldsymbol{C}_{12} & \cdots & \boldsymbol{C}_{1r}\\ \boldsymbol{C}_{21} & \boldsymbol{C}_{22} & \cdots & \boldsymbol{C}_{2r}\\ \vdots & \vdots & & \vdots\\ \boldsymbol{C}_{t1} & \boldsymbol{C}_{t2} & \cdots & \boldsymbol{C}_{tr}\end{pmatrix},$$

其中 $\boldsymbol{C}_{ij}=\sum\limits_{k=1}^{s}\boldsymbol{A}_{ik}\boldsymbol{B}_{kj}\,(i=1,2,\cdots,t;j=1,2,\cdots,r)$.

以上结果表明,分块矩阵 $\boldsymbol{A},\boldsymbol{B}$ 之间的乘法规则形式上与普通矩阵的乘法一样,只是要注意子块间的乘法 $\boldsymbol{A}_{ik}\boldsymbol{B}_{kj}$ 是矩阵的乘法,一般不能交换次序,还要注意左矩阵 $\boldsymbol{A}$ 的列分法与右矩阵 $\boldsymbol{B}$ 的行分法一致.

例 2.4.1　对(2.4.1)所给的矩阵 $\boldsymbol{A}$,用分块乘法求 $\boldsymbol{A}^2$.

解　因为 $\boldsymbol{A}$ 分块后每个子块都是 2 阶方阵,所以子块间的乘法有意义. 于是

$$\boldsymbol{A}^2=\begin{pmatrix}\boldsymbol{E}_2 & \boldsymbol{A}_1\\ \boldsymbol{O} & \boldsymbol{A}_2\end{pmatrix}\begin{pmatrix}\boldsymbol{E}_2 & \boldsymbol{A}_1\\ \boldsymbol{O} & \boldsymbol{A}_2\end{pmatrix}=\begin{pmatrix}\boldsymbol{E}_2 & \boldsymbol{A}_1+\boldsymbol{A}_1\boldsymbol{A}_2\\ \boldsymbol{O} & \boldsymbol{A}_2^2\end{pmatrix},$$

而

$$\boldsymbol{A}_1+\boldsymbol{A}_1\boldsymbol{A}_2=\begin{pmatrix}-1 & 2\\ 1 & 1\end{pmatrix}+\begin{pmatrix}-1 & 2\\ 1 & 1\end{pmatrix}\begin{pmatrix}1 & 2\\ 2 & 1\end{pmatrix}=\begin{pmatrix}-1 & 2\\ 1 & 1\end{pmatrix}+\begin{pmatrix}3 & 0\\ 3 & 3\end{pmatrix}=\begin{pmatrix}2 & 2\\ 4 & 4\end{pmatrix},$$

$$\boldsymbol{A}_2^2=\begin{pmatrix}1 & 2\\ 2 & 1\end{pmatrix}\begin{pmatrix}1 & 2\\ 2 & 1\end{pmatrix}=\begin{pmatrix}5 & 4\\ 4 & 5\end{pmatrix},$$

所以

$$\boldsymbol{A}^2=\begin{pmatrix}1 & 0 & 2 & 2\\ 0 & 1 & 4 & 4\\ 0 & 0 & 5 & 4\\ 0 & 0 & 4 & 5\end{pmatrix}.$$

2.4.4　分块矩阵的转置

设分块矩阵

$$\boldsymbol{A}=\begin{pmatrix}\boldsymbol{A}_{11} & \cdots & \boldsymbol{A}_{1t}\\ \vdots & & \vdots\\ \boldsymbol{A}_{s1} & \cdots & \boldsymbol{A}_{st}\end{pmatrix},$$

则 $\boldsymbol{A}$ 的转置矩阵为

$$\boldsymbol{A}^{\mathrm{T}}=\begin{pmatrix}\boldsymbol{A}_{11}^{\mathrm{T}} & \cdots & \boldsymbol{A}_{s1}^{\mathrm{T}}\\ \vdots & & \vdots\\ \boldsymbol{A}_{1t}^{\mathrm{T}} & \cdots & \boldsymbol{A}_{st}^{\mathrm{T}}\end{pmatrix}.$$

注　分块矩阵的转置不仅要把分块矩阵的行变成同序数的列,而且每一个子块都要取转置.

2.4.5　分块对角矩阵

形如

$$\boldsymbol{A}=\begin{pmatrix}\boldsymbol{A}_1 & & & \\ & \boldsymbol{A}_2 & & \\ & & \ddots & \\ & & & \boldsymbol{A}_s\end{pmatrix}$$

的矩阵称为分块对角矩阵或准对角矩阵，其中 $\boldsymbol{A}_1,\boldsymbol{A}_2,\cdots,\boldsymbol{A}_s$ 都是方阵，未写出的子块都是零矩阵. 用一般对角矩阵的记号，分块对角矩阵也可简记为

$$\boldsymbol{A}=\mathrm{diag}(\boldsymbol{A}_1,\boldsymbol{A}_2,\cdots,\boldsymbol{A}_s).$$

根据分块矩阵的运算法，可以得到分块对角矩阵的以下性质.

设 $\boldsymbol{A}=\mathrm{diag}(\boldsymbol{A}_1,\boldsymbol{A}_2,\cdots,\boldsymbol{A}_s)$，$\boldsymbol{B}=\mathrm{diag}(\boldsymbol{B}_1,\boldsymbol{B}_2,\cdots,\boldsymbol{B}_s)$，其中 $\boldsymbol{A}_i$ 和 $\boldsymbol{B}_i$ 都是 n_i 阶方阵($i=1,2,\cdots,s$)，则

(1) $\boldsymbol{A}+\boldsymbol{B}=\mathrm{diag}(\boldsymbol{A}_1+\boldsymbol{B}_1,\boldsymbol{A}_2+\boldsymbol{B}_2,\cdots,\boldsymbol{A}_s+\boldsymbol{B}_s)$；

(2) $\lambda\boldsymbol{A}=\mathrm{diag}(\lambda\boldsymbol{A}_1,\lambda\boldsymbol{A}_2,\cdots,\lambda\boldsymbol{A}_s)$；

(3) $\boldsymbol{AB}=\mathrm{diag}(\boldsymbol{A}_1\boldsymbol{B}_1,\boldsymbol{A}_2\boldsymbol{B}_2,\cdots,\boldsymbol{A}_s\boldsymbol{B}_s)$；

(4) $|\boldsymbol{A}|=|\boldsymbol{A}_1||\boldsymbol{A}_2|\cdots|\boldsymbol{A}_s|=\prod\limits_{i=1}^{s}|\boldsymbol{A}_i|$；

(5) $\boldsymbol{A}$ 可逆的充分必要条件是 $\boldsymbol{A}_1,\boldsymbol{A}_2,\cdots,\boldsymbol{A}_s$ 都可逆，当 $\boldsymbol{A}$ 可逆时有

$$\boldsymbol{A}^{-1}=\mathrm{diag}(\boldsymbol{A}_1^{-1},\boldsymbol{A}_2^{-1},\cdots,\boldsymbol{A}_s^{-1}).$$

例 2.4.2 设

$$\boldsymbol{A}=\begin{pmatrix}5&0&0&0\\0&3&2&0\\0&4&3&0\\0&0&0&6\end{pmatrix},$$

证明 $\boldsymbol{A}$ 可逆并求出 $\boldsymbol{A}^{-1}$.

解 将 $\boldsymbol{A}$ 分块为 $\boldsymbol{A}=\mathrm{diag}(\boldsymbol{A}_1,\boldsymbol{A}_2,\boldsymbol{A}_3)$，其中

$$\boldsymbol{A}_1=(5),\quad \boldsymbol{A}_2=\begin{pmatrix}3&2\\4&3\end{pmatrix},\quad \boldsymbol{A}_3=(6).$$

因为 $|\boldsymbol{A}|=|\boldsymbol{A}_1||\boldsymbol{A}_2||\boldsymbol{A}_3|=5\times1\times6=30\neq0$，所以 $\boldsymbol{A}$ 可逆. 又

$$\boldsymbol{A}_1^{-1}=\left(\frac{1}{5}\right),\quad \boldsymbol{A}_2^{-1}=\begin{pmatrix}3&-2\\-4&3\end{pmatrix},\quad \boldsymbol{A}_3^{-1}=\left(\frac{1}{6}\right),$$

因而

$$\boldsymbol{A}^{-1}=\mathrm{diag}(\boldsymbol{A}_1^{-1},\boldsymbol{A}_2^{-1},\boldsymbol{A}_3^{-1})=\begin{pmatrix}\frac{1}{5}&0&0&0\\0&3&-2&0\\0&-4&3&0\\0&0&0&\frac{1}{6}\end{pmatrix}.$$

例 2.4.3 设

$$\boldsymbol{P}=\begin{pmatrix}\boldsymbol{C}&\boldsymbol{A}\\\boldsymbol{B}&\boldsymbol{O}\end{pmatrix},$$

其中 $\boldsymbol{A},\boldsymbol{B}$ 分别为 r 阶、s 阶可逆矩阵，证明矩阵 $\boldsymbol{P}$ 可逆并求出 $\boldsymbol{P}^{-1}$.

解　因为

$$|\boldsymbol{P}|=\begin{vmatrix}\boldsymbol{C} & \boldsymbol{A}\\ \boldsymbol{B} & \boldsymbol{O}\end{vmatrix}\xlongequal[j=1,2,\cdots,s]{r_{r+j}\leftrightarrow r_{k+j-1}(k=r,r-1,\cdots,1)}(-1)^{rs}\begin{vmatrix}\boldsymbol{B} & \boldsymbol{O}\\ \boldsymbol{C} & \boldsymbol{A}\end{vmatrix}=(-1)^{rs}|\boldsymbol{B}||\boldsymbol{A}|\neq 0$$

$$(\text{或由 }\boldsymbol{P}=\begin{bmatrix}\boldsymbol{O} & \boldsymbol{E}_r\\ \boldsymbol{E}_s & \boldsymbol{O}\end{bmatrix}\begin{pmatrix}\boldsymbol{B} & \boldsymbol{O}\\ \boldsymbol{C} & \boldsymbol{A}\end{pmatrix},\text{知 }|\boldsymbol{P}|\neq 0),$$

所以 $\boldsymbol{P}$ 可逆. 设

$$\boldsymbol{P}^{-1}=\begin{pmatrix}\boldsymbol{X} & \boldsymbol{Y}\\ \boldsymbol{Z} & \boldsymbol{T}\end{pmatrix},$$

其中 $\boldsymbol{Y},\boldsymbol{Z}$ 分别为 s 阶、r 阶方阵. 由 $\boldsymbol{P}\boldsymbol{P}^{-1}=\boldsymbol{E}$ 得

$$\begin{pmatrix}\boldsymbol{C} & \boldsymbol{A}\\ \boldsymbol{B} & \boldsymbol{O}\end{pmatrix}\begin{pmatrix}\boldsymbol{X} & \boldsymbol{Y}\\ \boldsymbol{Z} & \boldsymbol{T}\end{pmatrix}=\begin{bmatrix}\boldsymbol{E}_r & \boldsymbol{O}\\ \boldsymbol{O} & \boldsymbol{E}_s\end{bmatrix},$$

即

$$\begin{pmatrix}\boldsymbol{CX}+\boldsymbol{AZ} & \boldsymbol{CY}+\boldsymbol{AT}\\ \boldsymbol{BX} & \boldsymbol{BY}\end{pmatrix}=\begin{bmatrix}\boldsymbol{E}_r & \boldsymbol{O}\\ \boldsymbol{O} & \boldsymbol{E}_s\end{bmatrix}.$$

比较等式两边,得

$$\begin{cases}\boldsymbol{CX}+\boldsymbol{AZ}=\boldsymbol{E}_r,\\ \boldsymbol{CY}+\boldsymbol{AT}=\boldsymbol{O},\\ \boldsymbol{BX}=\boldsymbol{O},\\ \boldsymbol{BY}=\boldsymbol{E}_s.\end{cases}$$

因为 $\boldsymbol{A},\boldsymbol{B}$ 都可逆,所以由第三、四式得 $\boldsymbol{X}=\boldsymbol{O},\boldsymbol{Y}=\boldsymbol{B}^{-1}$,将它们分别代入第一、二式得

$$\boldsymbol{Z}=\boldsymbol{A}^{-1},\qquad \boldsymbol{T}=-\boldsymbol{A}^{-1}\boldsymbol{C}\boldsymbol{B}^{-1},$$

因此

$$\boldsymbol{P}^{-1}=\begin{bmatrix}\boldsymbol{O} & \boldsymbol{B}^{-1}\\ \boldsymbol{A}^{-1} & -\boldsymbol{A}^{-1}\boldsymbol{C}\boldsymbol{B}^{-1}\end{bmatrix}.$$

在例 2.4.3 中,当 $\boldsymbol{C}=\boldsymbol{O}$ 时有

$$\begin{pmatrix}\boldsymbol{O} & \boldsymbol{A}\\ \boldsymbol{B} & \boldsymbol{O}\end{pmatrix}^{-1}=\begin{bmatrix}\boldsymbol{O} & \boldsymbol{B}^{-1}\\ \boldsymbol{A}^{-1} & \boldsymbol{O}\end{bmatrix}.$$

一般地,如果矩阵

$$\boldsymbol{P}=\begin{bmatrix} & & & \boldsymbol{A}_1\\ & & \boldsymbol{A}_2 & \\ & \iddots & & \\ \boldsymbol{A}_n & & & \end{bmatrix},\quad \text{其中 }\boldsymbol{A}_i\,(i=1,2,\cdots,n)\text{ 均为方阵},$$

则 $\boldsymbol{P}$ 可逆的充分必要条件是 $\boldsymbol{A}_1,\boldsymbol{A}_2,\cdots,\boldsymbol{A}_n$ 都可逆,当 $\boldsymbol{P}$ 可逆时

$$\boldsymbol{P}^{-1}=\begin{pmatrix} & & & \boldsymbol{A}_n^{-1} \\ & & \iddots & \\ & \boldsymbol{A}_2^{-1} & & \\ \boldsymbol{A}_1^{-1} & & & \end{pmatrix}.$$

在矩阵的分块法中，按行分块和按列分块是两种简单而有用的分块法，应予以特别重视.

设 $\boldsymbol{A}=(a_{ij})_{m\times s}$，则 $\boldsymbol{A}$ 可按行分块为

$$\boldsymbol{A}=\begin{pmatrix} \boldsymbol{a}_1 \\ \boldsymbol{a}_2 \\ \vdots \\ \boldsymbol{a}_m \end{pmatrix},$$

其中 $\boldsymbol{a}_i=(a_{i1},a_{i2},\cdots,a_{is})(i=1,2,\cdots,m)$，称为 $\boldsymbol{A}$ 的 m 个行向量(行矩阵). $\boldsymbol{A}$ 也可按列分块为

$$\boldsymbol{A}=(\boldsymbol{\alpha}_1,\boldsymbol{\alpha}_2,\cdots,\boldsymbol{\alpha}_s),$$

其中

$$\boldsymbol{\alpha}_j=\begin{pmatrix} a_{1j} \\ a_{2j} \\ \vdots \\ a_{mj} \end{pmatrix} \qquad (j=1,2,\cdots,s)$$

称为 $\boldsymbol{A}$ 的 s 个列向量(列矩阵). 为方便今后应用，现列举矩阵 $\boldsymbol{A},\boldsymbol{B}$ 按行分块和按列分块时相乘的几种基本形式. 设

$$\boldsymbol{A}=(a_{ij})_{m\times s}=\begin{pmatrix} \boldsymbol{a}_1 \\ \boldsymbol{a}_2 \\ \vdots \\ \boldsymbol{a}_m \end{pmatrix}=(\boldsymbol{\alpha}_1,\boldsymbol{\alpha}_2,\cdots,\boldsymbol{\alpha}_s),$$

$$\boldsymbol{B}=(b_{ij})_{s\times n}=\begin{pmatrix} \boldsymbol{b}_1 \\ \boldsymbol{b}_2 \\ \vdots \\ \boldsymbol{b}_s \end{pmatrix}=(\boldsymbol{\beta}_1,\boldsymbol{\beta}_2,\cdots,\boldsymbol{\beta}_n),$$

则 $\boldsymbol{A}$ 与 $\boldsymbol{B}$ 的乘积可表示为

$$\boldsymbol{AB}=\boldsymbol{A}(\boldsymbol{\beta}_1,\boldsymbol{\beta}_2,\cdots,\boldsymbol{\beta}_n)=(\boldsymbol{A\beta}_1,\boldsymbol{A\beta}_2,\cdots,\boldsymbol{A\beta}_n),$$

其中

$$\boldsymbol{A\beta}_j=(\boldsymbol{\alpha}_1,\boldsymbol{\alpha}_2,\cdots,\boldsymbol{\alpha}_s)\begin{pmatrix} b_{1j} \\ b_{2j} \\ \vdots \\ b_{sj} \end{pmatrix}=b_{1j}\boldsymbol{\alpha}_1+b_{2j}\boldsymbol{\alpha}_2+\cdots+b_{sj}\boldsymbol{\alpha}_s \qquad (j=1,2,\cdots,n), \tag{2.4.2}$$

或

$$\boldsymbol{AB}=\begin{pmatrix}\boldsymbol{a}_1\\ \boldsymbol{a}_2\\ \vdots\\ \boldsymbol{a}_m\end{pmatrix}\boldsymbol{B}=\begin{pmatrix}\boldsymbol{a}_1\boldsymbol{B}\\ \boldsymbol{a}_2\boldsymbol{B}\\ \vdots\\ \boldsymbol{a}_m\boldsymbol{B}\end{pmatrix},$$

其中

$$\begin{aligned}\boldsymbol{a}_i\boldsymbol{B} &= (a_{i1},\quad a_{i2},\quad \cdots,\quad a_{is})\begin{pmatrix}\boldsymbol{b}_1\\ \boldsymbol{b}_2\\ \vdots\\ \boldsymbol{b}_s\end{pmatrix}\\ &= a_{i1}\boldsymbol{b}_1+a_{i2}\boldsymbol{b}_2+\cdots+a_{is}\boldsymbol{b}_s \qquad (i=1,2,\cdots,m),\end{aligned} \tag{2.4.3}$$

或

$$\boldsymbol{AB}=\begin{pmatrix}\boldsymbol{a}_1\\ \boldsymbol{a}_2\\ \vdots\\ \boldsymbol{a}_m\end{pmatrix}(\boldsymbol{\beta}_1,\boldsymbol{\beta}_2,\cdots,\boldsymbol{\beta}_s)=(\boldsymbol{a}_i\boldsymbol{\beta}_j)_{m\times n},$$

其中

$$\begin{aligned}\boldsymbol{a}_i\boldsymbol{\beta}_j &= (a_{i1},\quad a_{i2},\quad \cdots,\quad a_{is})\begin{pmatrix}b_{1j}\\ b_{2j}\\ \vdots\\ b_{sj}\end{pmatrix}\\ &= \sum_{k=1}^{s} a_{ik}b_{kj} \qquad (i=1,2,\cdots,m;j=1,2,\cdots,n).\end{aligned}$$

例 2.4.4　设 n 阶实方阵 $\boldsymbol{A}$ 满足 $\boldsymbol{AA}^{\mathrm{T}}=\boldsymbol{O}$，证明 $\boldsymbol{A}=\boldsymbol{O}$.

证　将 $\boldsymbol{A}$ 按行分块为

$$\boldsymbol{A}=\begin{pmatrix}\boldsymbol{a}_1\\ \boldsymbol{a}_2\\ \vdots\\ \boldsymbol{a}_n\end{pmatrix},$$

则

$$\boldsymbol{A}^{\mathrm{T}}=(\boldsymbol{a}_1^{\mathrm{T}},\boldsymbol{a}_2^{\mathrm{T}},\cdots,\boldsymbol{a}_n^{\mathrm{T}}),$$

于是

$$\boldsymbol{AA}^{\mathrm{T}}=\begin{pmatrix}\boldsymbol{a}_1\\ \boldsymbol{a}_2\\ \vdots\\ \boldsymbol{a}_n\end{pmatrix}(\boldsymbol{a}_1^{\mathrm{T}},\boldsymbol{a}_2^{\mathrm{T}},\cdots,\boldsymbol{a}_n^{\mathrm{T}})=(\boldsymbol{a}_i\boldsymbol{a}_j^{\mathrm{T}})_{n\times n},$$

因为 $\boldsymbol{A}\boldsymbol{A}^{\mathrm{T}}=\boldsymbol{O}$,所以

$$\boldsymbol{a}_i\boldsymbol{a}_j^{\mathrm{T}}=0 \qquad (i,j=1,2,\cdots,n).$$

特别地,有

$$\boldsymbol{a}_j\boldsymbol{a}_j^{\mathrm{T}}=0 \qquad (j=1,2,\cdots,n),$$

即

$$\boldsymbol{a}_j\boldsymbol{a}_j^{\mathrm{T}}=(a_{j1},\quad a_{j2},\quad \cdots,\quad a_{jn})\begin{pmatrix}a_{j1}\\a_{j2}\\\vdots\\a_{jn}\end{pmatrix}=\sum_{k=1}^{n}a_{jk}^2=0 \qquad (j=1,2,\cdots,n).$$

又因为 $a_{ij}\in\mathbf{R}$,所以

$$a_{j1}=a_{j2}=\cdots=a_{jn}=0 \qquad (j=1,2,\cdots,n),$$

即

$$\boldsymbol{A}=\boldsymbol{O}.$$

例 2.4.5 设 $\boldsymbol{A}\in P^{m\times n}$,证明:$m$ 阶对角矩阵 $\boldsymbol{\Lambda}_m=\mathrm{diag}(\lambda_1,\lambda_2,\cdots,\lambda_m)$ 左乘 $\boldsymbol{A}$ 就是用 $\boldsymbol{\Lambda}_m$ 的诸对角元素乘 $\boldsymbol{A}$ 的各行;n 阶对角矩阵 $\boldsymbol{\Lambda}_n=\mathrm{diag}(\lambda_1,\lambda_2,\cdots,\lambda_n)$ 右乘 $\boldsymbol{A}$ 就是用 $\boldsymbol{\Lambda}_n$ 的诸对角元素乘 $\boldsymbol{A}$ 的各列.

证 将 $\boldsymbol{A}$ 按行、列分块为

$$\boldsymbol{A}=\begin{pmatrix}\boldsymbol{a}_1\\\boldsymbol{a}_2\\\vdots\\\boldsymbol{a}_m\end{pmatrix}=(\boldsymbol{\alpha}_1,\boldsymbol{\alpha}_2,\cdots,\boldsymbol{\alpha}_n),$$

则

$$\boldsymbol{\Lambda}_m\boldsymbol{A}=\begin{pmatrix}\lambda_1&&&\\&\lambda_2&&\\&&\ddots&\\&&&\lambda_m\end{pmatrix}\begin{pmatrix}\boldsymbol{a}_1\\\boldsymbol{a}_2\\\vdots\\\boldsymbol{a}_m\end{pmatrix}=\begin{pmatrix}\lambda_1\boldsymbol{a}_1\\\lambda_2\boldsymbol{a}_2\\\vdots\\\lambda_m\boldsymbol{a}_m\end{pmatrix},$$

$$\boldsymbol{A}\boldsymbol{\Lambda}_n=(\boldsymbol{\alpha}_1,\boldsymbol{\alpha}_2,\cdots,\boldsymbol{\alpha}_n)\begin{pmatrix}\lambda_1&&&\\&\lambda_2&&\\&&\ddots&\\&&&\lambda_n\end{pmatrix}=(\lambda_1\boldsymbol{\alpha}_1,\lambda_2\boldsymbol{\alpha}_2,\cdots,\lambda_n\boldsymbol{\alpha}_n).$$

在 2.3 节中我们曾指出上(下)三角矩阵的伴随矩阵仍为上(下)三角矩阵,因而可逆上(下)三角矩阵的逆矩阵仍为上(下)三角矩阵. 现在我们用分块矩阵的方法对这一结论重新予以证明:

设 $\boldsymbol{A}$ 为 n 阶可逆上三角矩阵,对 n 作数学归纳法. 当 $n=1$ 时,$(a_{11})^{-1}=(a_{11}^{-1})$,结论成立. 假设结论对 $n-1$ 阶可逆上三角矩阵成立. 对 n 阶可逆上三角矩阵 $\boldsymbol{A}$,设 $\boldsymbol{A}$ 的逆矩阵为 $\boldsymbol{B}=(b_{ij})$,将 $\boldsymbol{A},\boldsymbol{B}$ 按相同的形式分块为

$$A=\begin{pmatrix} a_{11} & \boldsymbol{\alpha} \\ \boldsymbol{0} & A_1 \end{pmatrix},\qquad B=\begin{pmatrix} b_{11} & \boldsymbol{\beta} \\ \boldsymbol{\gamma} & B_1 \end{pmatrix},$$

其中 A_1 是 $n-1$ 阶可逆上三角矩阵，B_1 是 $n-1$ 阶方阵，于是

$$AB=\begin{pmatrix} a_{11}b_{11}+\boldsymbol{\alpha}\boldsymbol{\gamma} & a_{11}\boldsymbol{\beta}+\boldsymbol{\alpha}B_1 \\ A_1\boldsymbol{\gamma} & A_1B_1 \end{pmatrix}=\begin{pmatrix} 1 & \boldsymbol{0} \\ \boldsymbol{0} & E_{n-1} \end{pmatrix},$$

由 $A_1\boldsymbol{\gamma}=\boldsymbol{0}$ 得 $\boldsymbol{\gamma}=\boldsymbol{0}$，由 $A_1B_1=E_{n-1}$ 得 $B_1=A_1^{-1}$，根据归纳法假设 $B_1=A_1^{-1}$ 是上三角矩阵，所以 B 是上三角矩阵.

练　习　2.4

1. 将矩阵适当分块后计算下列乘积：

(1) $\begin{pmatrix} -1 & 2 & 0 & 0 \\ 3 & 1 & 0 & 0 \\ 0 & 0 & 1 & 2 \\ 0 & 0 & -2 & 1 \end{pmatrix}\begin{pmatrix} 1 & 3 & 0 & 0 \\ 4 & -1 & 0 & 0 \\ 0 & 0 & 2 & 1 \\ 0 & 0 & 3 & 4 \end{pmatrix}$；　(2) $\begin{pmatrix} 2 & 0 & 0 & 1 & 0 \\ 0 & 2 & 0 & 0 & 1 \\ 0 & 0 & 2 & 2 & -1 \\ 0 & 0 & 0 & 1 & 4 \\ 0 & 0 & 0 & 0 & 1 \end{pmatrix}\begin{pmatrix} 1 & 1 & 1 \\ 1 & 1 & 1 \\ 1 & 1 & 1 \\ 0 & 1 & 0 \\ 0 & 0 & 1 \end{pmatrix}$.

2. 设 $A=\begin{pmatrix} -2 & 0 & 0 & 0 \\ 0 & 6 & 1 & 0 \\ 0 & -10 & -2 & 0 \\ 0 & 0 & 0 & 3 \end{pmatrix}$，证明 A 是可逆矩阵并求 A^{-1}.

3. 求矩阵 $M=\begin{pmatrix} A & O \\ C & B \end{pmatrix}$ 的逆矩阵，其中 A,B 分别是 m 阶和 n 阶可逆矩阵.

4. 设 $\Lambda=\mathrm{diag}(\lambda_1E_r,\lambda_2E_s)$，其中 λ_1,λ_2 是不相等的数，E_r,E_s 分别是 r,s 阶单位矩阵. 证明：与 Λ 可交换的矩阵一定是分块对角矩阵 $\mathrm{diag}(B_1,B_2)$，其中 B_1,B_2 分别是 r,s 阶方阵.

2.5　矩阵的初等变换与初等矩阵

矩阵的初等变换起源于对线性方程组求解问题的研究，是处理矩阵问题常用的一种基本方法. 作为线性方程组消元法及进一步探讨矩阵的一些内在性质的基础，本节介绍矩阵的初等变换及与此相关的初等矩阵.

2.5.1　矩阵的初等变换

定义 2.5.1　下面三种变换称为矩阵的初等行变换：

(1) 对换矩阵某两行位置(对换 i,j 两行，记作 $r_i\leftrightarrow r_j$)；

(2) 以非零数 k 乘矩阵的某一行各元素(第 i 行乘 k，记作 $k\times r_i$)；

(3) 把矩阵的某一行各元素的 k 倍加到另一行对应的元素上去(第 j 行的 k 倍加到第 i 行上，记作 r_i+kr_j).

上述三种变换依次简称为**对换**、**倍乘**和**倍加**. 把定义中的“行”换成“列”，即得矩阵的初等列变换的定义(所用记号是把“r” 换成 “c”). 矩阵的初等行变换与初等列变

换,统称为初等变换(下面用箭头"→"表示一次或几次初等变换,如$\boldsymbol{A}\xrightarrow{r_i+kr_j}\boldsymbol{B}$表示对矩阵$\boldsymbol{A}$施行倍加行变换而得到矩阵$\boldsymbol{B}$).

显然,如果对矩阵$\boldsymbol{A}$施行某种初等变换得到矩阵$\boldsymbol{B}$,则对$\boldsymbol{B}$施行同类型的初等变换也可以回到矩阵$\boldsymbol{A}$,即每种初等变换都是可逆的且其逆变换是同一类型的初等变换.具体地说,$r_i\leftrightarrow r_j(c_i\leftrightarrow c_j)$的逆变换就是其本身,$k\times r_i(k\times c_i)$的逆变换为$\frac{1}{k}\times r_i\left(\frac{1}{k}\times c_i\right)$,$r_i+kr_j(c_i+kc_j)$的逆变换为$r_i+(-k)r_j(c_i+(-k)c_j)$.

定义 2.5.2 如果矩阵$\boldsymbol{A}$经有限次初等变换变成矩阵$\boldsymbol{B}$,就称矩阵$\boldsymbol{A}$与$\boldsymbol{B}$等价(或称相抵),记作$\boldsymbol{A}\sim\boldsymbol{B}$.

由定义,矩阵之间的等价关系具有下列性质:

(1) 反身性:$\boldsymbol{A}\sim\boldsymbol{A}$;

(2) 对称性:若$\boldsymbol{A}\sim\boldsymbol{B}$,则$\boldsymbol{B}\sim\boldsymbol{A}$;

(3) 传递性:若$\boldsymbol{A}\sim\boldsymbol{B}$且$\boldsymbol{B}\sim\boldsymbol{C}$,则$\boldsymbol{A}\sim\boldsymbol{C}$.

在数学中,把具有上述性质的关系称为等价关系,所有与$\boldsymbol{A}$等价的矩阵组成的集合称为一个等价类.那么,在一个等价类中,是否存在一个最简单的矩阵?它的形状又是怎样呢?下面我们讨论这些问题.

定义 2.5.3 矩阵$\boldsymbol{A}$的每个非零行(即该行至少有一个元素不为零)从左到右的第一个不为零的元素称为$\boldsymbol{A}$的主元.如果$\boldsymbol{A}$下一行主元只出现在上一行主元的右边,且零行(即该行的元素全为零)只出现在非零行的下方,则称$\boldsymbol{A}$为**行阶梯形矩阵**,简称**阶梯矩阵**.例如

$$\begin{pmatrix}0&2&1&0\\0&0&0&1\\0&0&0&0\end{pmatrix},\quad\begin{pmatrix}1&2&1&-1&3\\0&0&1&0&1\\0&0&0&3&4\end{pmatrix},\quad\begin{pmatrix}1&0&-1\\0&2&1\\0&0&1\end{pmatrix}$$

都是阶梯矩阵.

定理 2.5.1 任意矩阵$\boldsymbol{A}=(a_{ij})_{m\times n}$经有限次初等行变换都可化为一个阶梯矩阵.

证 若$\boldsymbol{A}=\boldsymbol{O}$,则$\boldsymbol{A}$本身就是阶梯矩阵.若$\boldsymbol{A}\neq\boldsymbol{O}$,设$\boldsymbol{A}$的第$j$列是它的第一个非零列,那么,对$\boldsymbol{A}$施行互换两行的变换就可使第$j$列中的非零元变到第一行的位置.所以,不妨设$a_{1j}\neq 0$,于是

$$\boldsymbol{A}=\begin{pmatrix}0&\cdots&0&a_{1j}&\cdots&a_{1n}\\0&\cdots&0&a_{2j}&\cdots&a_{2n}\\\vdots&&\vdots&\vdots&&\vdots\\0&\cdots&0&a_{mj}&\cdots&a_{mn}\end{pmatrix}\xrightarrow[i=2,3,\cdots,m]{r_i+\left(-\frac{a_{ij}}{a_{1j}}\right)r_1}\begin{pmatrix}0&\cdots&0&a_{1j}&\cdots&a_{1n}\\0&\cdots&0&0&&\\\vdots&&\vdots&\vdots&\boldsymbol{A}_1&\\0&&0&0&&\end{pmatrix},$$

其中 $\boldsymbol{A}_1$ 是 $(m-1)\times(n-j-1)$ 型矩阵，对 $\boldsymbol{A}_1$ 重复上述做法，则经有限次初等行变换就可以把 $\boldsymbol{A}$ 变为阶梯矩阵. □

对一个阶梯矩阵继续施行初等行变换，还可以将其变为**行最简形矩阵**(或称**行既约形矩阵**)，其特点是：阶梯矩阵中各主元均为 1，且每个主元所在的列的其他元素都为 0，如

$$\begin{pmatrix} 0 & 1 & * & 0 & 0 & * & * & 0 & * \\ 0 & 0 & 0 & 1 & 0 & * & * & 0 & * \\ 0 & 0 & 0 & 0 & 1 & * & * & 0 & * \\ 0 & 0 & 0 & 0 & 0 & 0 & 0 & 1 & * \\ 0 & 0 & 0 & 0 & 0 & 0 & 0 & 0 & 0 \\ 0 & 0 & 0 & 0 & 0 & 0 & 0 & 0 & 0 \end{pmatrix}$$

是一个 6×9 型矩阵的行最简形，其中 * 号处的元素是 0 或非 0 数字. 对行最简形矩阵再施以初等列变换，还可变成一种更简单的矩阵：

$$\boldsymbol{I}=\begin{pmatrix} \boldsymbol{E}_r & \boldsymbol{O} \\ \boldsymbol{O} & \boldsymbol{O} \end{pmatrix},$$

称为矩阵的**等价标准形**，其中 $\boldsymbol{E}_r$ 为 r 阶单位矩阵. 以后我们将证明，矩阵的等价标准形就是一个矩阵 $\boldsymbol{A}=(a_{ij})_{m\times n}$ 在它所在的等价类中形状最简单的矩阵，且 $\boldsymbol{A}$ 的标准形由 m,n,r 三个数完全确定.

综上所述，我们有如下推论.

推论 2.5.1　任意矩阵 $\boldsymbol{A}=(a_{ij})_{m\times n}$ 总可经有限次初等变换把它化为等价标准形：

$$\boldsymbol{I}=\begin{pmatrix} \boldsymbol{E}_r & \boldsymbol{O} \\ \boldsymbol{O} & \boldsymbol{O} \end{pmatrix}.$$ □

例 2.5.1　设

$$\boldsymbol{A}=\begin{pmatrix} 2 & -1 & -1 & 1 & 2 \\ 1 & 1 & -2 & 1 & 4 \\ 4 & -6 & 2 & -2 & 4 \\ 3 & 6 & -9 & 7 & 9 \end{pmatrix},$$

试用初等变换把 $\boldsymbol{A}$ 变为阶梯形、行最简形及标准形.

解

$$\boldsymbol{A}\xrightarrow[r_3\times\frac{1}{2}]{r_1\leftrightarrow r_2}\begin{pmatrix} 1 & 1 & -2 & 1 & 4 \\ 2 & -1 & -1 & 1 & 2 \\ 2 & -3 & 1 & -1 & 2 \\ 3 & 6 & -9 & 7 & 9 \end{pmatrix}\xrightarrow[r_4-3r_1]{\substack{r_2-r_3\\ r_3-2r_1}}\begin{pmatrix} 1 & 1 & -2 & 1 & 4 \\ 0 & 2 & -2 & 2 & 0 \\ 0 & -5 & 5 & -3 & -6 \\ 0 & 3 & -3 & 4 & -3 \end{pmatrix}$$

$$\xrightarrow[r_4-3r_2]{\substack{r_2\times\frac{1}{2}\\ r_3+5r_2}}\begin{pmatrix}1&1&-2&1&4\\0&1&-1&1&0\\0&0&0&2&-6\\0&0&0&1&-3\end{pmatrix}\xrightarrow[r_4-r_3]{r_3\times\frac{1}{2}}\begin{pmatrix}1&1&-2&1&4\\0&1&-1&1&0\\0&0&0&1&-3\\0&0&0&0&0\end{pmatrix}$$

$$\xrightarrow[r_2-r_3]{r_1-r_2}\begin{pmatrix}1&0&-1&0&4\\0&1&-1&0&3\\0&0&0&1&-3\\0&0&0&0&0\end{pmatrix}\xrightarrow[c_5-4c_1-3c_2+3c_3]{\substack{c_3\leftrightarrow c_4\\ c_4+(c_1+c_2)}}\begin{pmatrix}1&0&0&0&0\\0&1&0&0&0\\0&0&1&0&0\\0&0&0&0&0\end{pmatrix},$$

所以 $\boldsymbol{A}$ 的阶梯形、行最简形及标准形依次为

$$\begin{pmatrix}1&1&-2&1&4\\0&1&-1&1&0\\0&0&0&1&-3\\0&0&0&0&0\end{pmatrix},\quad\begin{pmatrix}1&0&-1&0&4\\0&1&-1&0&3\\0&0&0&1&-3\\0&0&0&0&0\end{pmatrix},\quad\begin{pmatrix}1&0&0&0&0\\0&1&0&0&0\\0&0&1&0&0\\0&0&0&0&0\end{pmatrix}.$$

2.5.2 初等矩阵

矩阵的初等变换不只是可用语言表述，还可用矩阵的乘法加以刻画. 为此，我们引入初等矩阵的概念.

定义 2.5.4 由单位矩阵经过一次初等变换得到的矩阵称为初等矩阵.

对应于三种初等行(列)变换，有三种初等矩阵：

(1) 对换矩阵.

$$\boldsymbol{E}_n\xrightarrow[(c_i\leftrightarrow c_j)]{r_i\leftrightarrow r_j}\begin{pmatrix}1&&&&&&&&\\&\ddots&&&&&&&\\&&1&&&&&&\\&&&0&\cdots&1&&&\\&&&&1&&&&\\&&&\vdots&\ddots&\vdots&&&\\&&&&&1&&&\\&&&1&\cdots&0&&&\\&&&&&&1&&\\&&&&&&&\ddots&\\&&&&&&&&1\end{pmatrix}\begin{matrix}\\\\\\i\\\\\\\\j\\\\\\\\\end{matrix}\xlongequal{\text{记为}}\boldsymbol{E}(i,j).$$

（列标：第 i 列、第 j 列）

(2) 倍乘矩阵.

$$\boldsymbol{E}_n \xrightarrow[(kc_i)]{kr_i} \begin{array}{c} \qquad\qquad i \\ \begin{pmatrix} 1 & & & & & & \\ & \ddots & & & & & \\ & & 1 & & & & \\ & & & k & & & \\ & & & & 1 & & \\ & & & & & \ddots & \\ & & & & & & 1 \end{pmatrix} \end{array} \begin{array}{l} \\ \\ \\ \\ i \\ \\ \\ \\ \end{array} \overset{\text{记为}}{=\!=\!=} \boldsymbol{E}(i(k)) \quad (k \neq 0).$$

(3) 倍加矩阵.

$$\boldsymbol{E}_n \xrightarrow[(c_j+kc_i)]{r_i+kr_j} \begin{array}{c} \qquad i \qquad\quad j \qquad\quad \\ \begin{pmatrix} 1 & & & & & & \\ & \ddots & & & & & \\ & & 1 & \cdots & k & & \\ & & & \ddots & \vdots & & \\ & & & & 1 & & \\ & & & & & \ddots & \\ & & & & & & 1 \end{pmatrix} \end{array} \begin{array}{l} \\ \\ \\ i \\ \\ j \\ \\ \\ \end{array} \overset{\text{记为}}{=\!=\!=} \boldsymbol{E}(i,j(k)).$$

因为每一种初等变换都是可逆变换,且其逆变换是同类型的初等变换,所以每一种初等矩阵自然也是可逆矩阵,且它们的逆矩阵是同类型的初等矩阵:

$$\boldsymbol{E}(i,j)^{-1}=\boldsymbol{E}(i,j), \quad \boldsymbol{E}(i(k))^{-1}=\boldsymbol{E}\left(i\left(\frac{1}{k}\right)\right),$$

$$\boldsymbol{E}(i,j(k))^{-1}=\boldsymbol{E}(i,j(-k)).$$

于是

$$\boldsymbol{E}(i,j)\boldsymbol{E}(i,j)=\boldsymbol{E}, \quad \boldsymbol{E}(i(k))\boldsymbol{E}\left(i\left(\frac{1}{k}\right)\right)=\boldsymbol{E},$$

$$\boldsymbol{E}(i,j(k))\boldsymbol{E}(i,j(-k))=\boldsymbol{E}.$$

上述等式说明,给初等矩阵左(右)乘一个同类型的初等矩阵,相当于对其作一次初等行(列)变换. 一般地,我们有以下定理.

定理 2.5.2　对矩阵 $\boldsymbol{A}=(a_{ij})_{m\times n}$施行一次初等行变换相当于在 $\boldsymbol{A}$ 的左边乘一个相应的初等矩阵;对矩阵 $\boldsymbol{A}$ 施行一次初等列变换相当于在 $\boldsymbol{A}$ 的右边乘一个相应的初等矩阵.

证　将 $\boldsymbol{A}=(a_{ij})_{m\times n}$按行分块,且记 $\boldsymbol{A}$ 的第 i 行为

$$\boldsymbol{a}_i=(a_{i1},a_{i2},\cdots,a_{in}) \qquad (i=1,2,\cdots,m),$$

则

$$\boldsymbol{A}=\begin{pmatrix}\boldsymbol{a}_1\\\boldsymbol{a}_2\\\vdots\\\boldsymbol{a}_m\end{pmatrix}.$$

(1) 给 $\boldsymbol{A}$ 左乘一个 m 阶初等矩阵 $\boldsymbol{E}(i,j)$ 得

$$\boldsymbol{E}(i,j)\boldsymbol{A}=\begin{pmatrix}1&&&&&&&&&\\&\ddots&&&&&&&&\\&&1&&&&&&&\\&&&0&\cdots&&1&&&\\&&&&1&&&&&\\&&&\vdots&&\ddots&\vdots&&&\\&&&&&1&&&&\\&&&1&\cdots&&0&&&\\&&&&&&&1&&\\&&&&&&&&\ddots&\\&&&&&&&&&1\end{pmatrix}\begin{pmatrix}\boldsymbol{a}_1\\\vdots\\\boldsymbol{a}_i\\\vdots\\\boldsymbol{a}_j\\\vdots\\\boldsymbol{a}_m\end{pmatrix}=\begin{pmatrix}\boldsymbol{a}_1\\\vdots\\\boldsymbol{a}_j\\\vdots\\\boldsymbol{a}_i\\\vdots\\\boldsymbol{a}_m\end{pmatrix},$$

(其中 0 所在的两列分别标为第 i 列与第 j 列.)

这相当于对矩阵 $\boldsymbol{A}$ 施行交换两行的初等行对换.

(2) 给 $\boldsymbol{A}$ 左乘一个 m 阶初等矩阵 $\boldsymbol{E}(i(k))$ 得

$$\boldsymbol{E}(i(k))\boldsymbol{A}=\begin{pmatrix}1&&&&&&\\&\ddots&&&&&\\&&1&&&&\\&&&k&&&\\&&&&1&&\\&&&&&\ddots&\\&&&&&&1\end{pmatrix}\begin{pmatrix}\boldsymbol{a}_1\\\vdots\\\boldsymbol{a}_i\\\vdots\\\boldsymbol{a}_m\end{pmatrix}=\begin{pmatrix}\boldsymbol{a}_1\\\vdots\\k\boldsymbol{a}_i\\\vdots\\\boldsymbol{a}_m\end{pmatrix},$$

(其中 k 位于第 i 列.)

这相当于对矩阵 $\boldsymbol{A}$ 的第 i 行施行初等行倍乘.

(3) 给 $\boldsymbol{A}$ 左乘一个 m 阶初等矩阵 $\boldsymbol{E}(i,j(k))$ 得

$$\boldsymbol{E}(i,j(k))\boldsymbol{A}=\begin{pmatrix}1 & & \overset{i}{} & & \overset{j}{} & & \\ & \ddots & & & & & \\ & & 1 & \cdots & k & & \\ & & & \ddots & \vdots & & \\ & & & & 1 & & \\ & & & & & \ddots & \\ & & & & & & 1\end{pmatrix}\begin{pmatrix}\boldsymbol{a}_1\\ \vdots\\ \boldsymbol{a}_i\\ \vdots\\ \boldsymbol{a}_j\\ \vdots\\ \boldsymbol{a}_m\end{pmatrix}=\begin{pmatrix}\boldsymbol{a}_1\\ \vdots\\ \boldsymbol{a}_i+k\boldsymbol{a}_j\\ \vdots\\ \boldsymbol{a}_j\\ \vdots\\ \boldsymbol{a}_m\end{pmatrix},$$

这相当于对矩阵 $\boldsymbol{A}$ 施行初等行倍加.

类似地，若将 $\boldsymbol{A}$ 按列分块，可证得有关初等列变换的结论，细节留给读者作为练习. □

现在我们讨论初等矩阵与可逆矩阵之间的关系，并由此导出求可逆矩阵的逆矩阵的常用方法——初等变换法.

定理 2.5.3　n 阶方阵 $\boldsymbol{A}$ 可逆的充分必要条件是存在有限个初等矩阵 $\boldsymbol{P}_1,\boldsymbol{P}_2,\cdots,\boldsymbol{P}_l$，使

$$\boldsymbol{A}=\boldsymbol{P}_1\boldsymbol{P}_2\cdots\boldsymbol{P}_l.$$

证　充分性. 设 $\boldsymbol{A}=\boldsymbol{P}_1\boldsymbol{P}_2\cdots\boldsymbol{P}_l$，因为初等矩阵 $\boldsymbol{P}_1,\boldsymbol{P}_2,\cdots,\boldsymbol{P}_l$ 都可逆，所以它们的乘积也可逆，故 $\boldsymbol{A}$ 可逆.

必要性. 设 $\boldsymbol{A}$ 的标准形为

$$\boldsymbol{I}=\begin{pmatrix}\boldsymbol{E}_r & \boldsymbol{O}\\ \boldsymbol{O} & \boldsymbol{O}\end{pmatrix}_{n\times n},$$

因为 $\boldsymbol{I}\sim\boldsymbol{A}$，所以 $\boldsymbol{I}$ 经有限次初等变换可变为 $\boldsymbol{A}$，即存在初等矩阵 $\boldsymbol{P}_1,\boldsymbol{P}_2,\cdots,\boldsymbol{P}_l$，使

$$\boldsymbol{A}=\boldsymbol{P}_1\cdots\boldsymbol{P}_t\boldsymbol{I}\boldsymbol{P}_{t+1}\cdots\boldsymbol{P}_l.$$

又因为 $\boldsymbol{A}$ 可逆，$\boldsymbol{P}_1,\boldsymbol{P}_2,\cdots,\boldsymbol{P}_l$ 都可逆，故 $\boldsymbol{I}$ 可逆，从而标准形中的 $r=n$，即 $\boldsymbol{I}=\boldsymbol{E}$，于是

$$\boldsymbol{A}=\boldsymbol{P}_1\boldsymbol{P}_2\cdots\boldsymbol{P}_l.$$ □

推论 2.5.2　设 $\boldsymbol{A},\boldsymbol{B}\in\boldsymbol{P}^{m\times n}$，则 $\boldsymbol{A}\sim\boldsymbol{B}$ 的充分必要条件是存在 m 阶可逆矩阵 $\boldsymbol{P}$ 及 n 阶可逆矩阵 $\boldsymbol{Q}$，使得 $\boldsymbol{PAQ}=\boldsymbol{B}$.

此推论的证明留给读者作为练习. □

推论 2.5.3　对可逆矩阵 $\boldsymbol{A}$ 仅施行初等行(列)变换即可化为单位矩阵.

证　由定理 2.5.3 有 $\boldsymbol{A}=\boldsymbol{P}_1\boldsymbol{P}_2\cdots\boldsymbol{P}_l$，其中 $\boldsymbol{P}_1,\boldsymbol{P}_2,\cdots,\boldsymbol{P}_l$ 均为初等矩阵，所以

$$\boldsymbol{P}_l^{-1}\cdots\boldsymbol{P}_2^{-1}\boldsymbol{P}_1^{-1}\boldsymbol{A}=\boldsymbol{E}\qquad(\boldsymbol{A}\boldsymbol{P}_l^{-1}\cdots\boldsymbol{P}_2^{-1}\boldsymbol{P}_1^{-1}=\boldsymbol{E}).$$

而 $\boldsymbol{P}_i^{-1}(i=1,2,\cdots,l)$ 也是初等矩阵，故对 $\boldsymbol{A}$ 仅施行初等行(列)变换，即可化为单位矩阵. □

由推论 2.5.3 可以得到求逆矩阵的常用方法——初等变换法，具体说明如下.

由等式

$$\boldsymbol{P}_l^{-1}\cdots\boldsymbol{P}_2^{-1}\boldsymbol{P}_1^{-1}\boldsymbol{A}=\boldsymbol{E},$$

得

$$\boldsymbol{A}^{-1}=\boldsymbol{P}_l^{-1}\cdots\boldsymbol{P}_2^{-1}\boldsymbol{P}_1^{-1}\boldsymbol{E}.$$

上述两式表明:若经过若干次初等行变换把可逆矩阵$\boldsymbol{A}$化为单位矩阵$\boldsymbol{E}$,那么用同样的初等变换施行在单位矩阵上,便可把单位矩阵$\boldsymbol{E}$化为$\boldsymbol{A}$的逆矩阵$\boldsymbol{A}^{-1}$. 于是,为求出$\boldsymbol{A}^{-1}$,可构造$n\times 2n$型矩阵$(\boldsymbol{A}\vdots\boldsymbol{E})$,则

$$\begin{aligned}\boldsymbol{P}_l^{-1}\cdots\boldsymbol{P}_2^{-1}\boldsymbol{P}_1^{-1}(\boldsymbol{A}\vdots\boldsymbol{E})&=(\boldsymbol{P}_l^{-1}\cdots\boldsymbol{P}_2^{-1}\boldsymbol{P}_1^{-1}\boldsymbol{A}\vdots\boldsymbol{P}_l^{-1}\cdots\boldsymbol{P}_2^{-1}\boldsymbol{P}_1^{-1})\\&=(\boldsymbol{E}\vdots\boldsymbol{A}^{-1}),\end{aligned}$$

即对$(\boldsymbol{A}\vdots\boldsymbol{E})$施行初等行变换. 当将它的左半部分矩阵$\boldsymbol{A}$化为单位矩阵$\boldsymbol{E}$时,它的右半部分的单位矩阵$\boldsymbol{E}$同时化为$\boldsymbol{A}$的逆矩阵$\boldsymbol{A}^{-1}$,即

$$(\boldsymbol{A}\vdots\boldsymbol{E})\xrightarrow{\text{初等行变换}}(\boldsymbol{E}\vdots\boldsymbol{A}^{-1}).$$

类似地可导出

$$\begin{pmatrix}\boldsymbol{A}\\\boldsymbol{E}\end{pmatrix}\xrightarrow{\text{初等列变换}}\begin{pmatrix}\boldsymbol{E}\\\boldsymbol{A}^{-1}\end{pmatrix}.$$

例 2.5.2 求可逆矩阵

$$\boldsymbol{A}=\begin{pmatrix}0&1&2\\1&1&4\\2&-1&0\end{pmatrix}$$

的逆矩阵.

解

$$(\boldsymbol{A}\vdots\boldsymbol{E})=\begin{pmatrix}0&1&2&1&0&0\\1&1&4&0&1&0\\2&-1&0&0&0&1\end{pmatrix}\xrightarrow{r_1\leftrightarrow r_2}\begin{pmatrix}1&1&4&0&1&0\\0&1&2&1&0&0\\2&-1&0&0&0&1\end{pmatrix}$$

$$\xrightarrow{r_3-2r_1}\begin{pmatrix}1&1&4&0&1&0\\0&1&2&1&0&0\\0&-3&-8&0&-2&1\end{pmatrix}\xrightarrow[r_1-r_2]{r_3+3r_2}\begin{pmatrix}1&0&2&-1&1&0\\0&1&2&1&0&0\\0&0&-2&3&-2&1\end{pmatrix}$$

$$\xrightarrow[r_1+r_3]{r_2+r_3}\begin{pmatrix}1&0&0&2&-1&1\\0&1&0&4&-2&1\\0&0&-2&3&-2&1\end{pmatrix}\xrightarrow{\left(-\frac{1}{2}\right)r_3}\begin{pmatrix}1&0&0&2&-1&1\\0&1&0&4&-2&1\\0&0&1&-\dfrac{3}{2}&1&-\dfrac{1}{2}\end{pmatrix},$$

所以

$$\boldsymbol{A}^{-1}=\begin{pmatrix}2&-1&1\\4&-2&1\\-\dfrac{3}{2}&1&-\dfrac{1}{2}\end{pmatrix}.$$

在 2.3 节中，我们讨论过三种典型矩阵方程的求解问题. 在那里，主要是用求逆矩阵的方法，现在我们可用初等变换直接求解.

对矩阵方程 $\boldsymbol{AX}=\boldsymbol{B}$，若 $\boldsymbol{A}$ 可逆，则方程有唯一解 $\boldsymbol{X}=\boldsymbol{A}^{-1}\boldsymbol{B}$. 因为

$$\boldsymbol{A}^{-1}(\boldsymbol{A},\boldsymbol{B})=(\boldsymbol{E},\boldsymbol{A}^{-1}\boldsymbol{B}),$$

所以，按照初等变换求逆矩阵相同的思想，我们有

$$(\boldsymbol{A}\vdots\boldsymbol{B})\xrightarrow{\text{初等行变换}}(\boldsymbol{E}\vdots\boldsymbol{A}^{-1}\boldsymbol{B}),$$

即当把矩阵 $(\boldsymbol{A}\vdots\boldsymbol{B})$ 经初等行变换使其左半部分的矩阵 $\boldsymbol{A}$ 化为单位矩阵 $\boldsymbol{E}$ 时，右半部分便化为 $\boldsymbol{A}^{-1}\boldsymbol{B}$，这就是方程 $\boldsymbol{AX}=\boldsymbol{B}$ 的解.

同样，当 $\boldsymbol{A}$ 可逆时可用初等列变换求出矩阵方程 $\boldsymbol{XA}=\boldsymbol{B}$ 的唯一解 $\boldsymbol{X}=\boldsymbol{BA}^{-1}$：

$$\begin{pmatrix}\boldsymbol{A}\\ \boldsymbol{B}\end{pmatrix}\xrightarrow{\text{初等列变换}}\begin{pmatrix}\boldsymbol{E}\\ \boldsymbol{BA}^{-1}\end{pmatrix}.$$

当 $\boldsymbol{A},\boldsymbol{B}$ 都可逆时，可用初等变换求出矩阵方程 $\boldsymbol{AXB}=\boldsymbol{C}$ 的唯一解 $\boldsymbol{X}=\boldsymbol{A}^{-1}\boldsymbol{CB}^{-1}$：

$$(\boldsymbol{A}\vdots\boldsymbol{C})\xrightarrow{\text{初等行变换}}(\boldsymbol{E}\vdots\boldsymbol{A}^{-1}\boldsymbol{C}),$$

$$\begin{pmatrix}\boldsymbol{B}\\ \boldsymbol{A}^{-1}\boldsymbol{C}\end{pmatrix}\xrightarrow{\text{初等列变换}}\begin{pmatrix}\boldsymbol{E}\\ \boldsymbol{A}^{-1}\boldsymbol{CB}^{-1}\end{pmatrix}.$$

例 2.5.3　设有空间两组对应平行的平面：

$$(1)\begin{cases}2x+y-3z=1,\\ x+2y-2z=2,\\ -x+3y+2z=-2;\end{cases}\qquad (2)\begin{cases}2x+y-3z=-1,\\ x+2y-2z=0,\\ -x+3y+2z=5.\end{cases}$$

试分别求出这两组平面的交点坐标.

解　设

$$\boldsymbol{A}=\begin{pmatrix}2&1&-3\\1&2&-2\\-1&3&2\end{pmatrix},\quad \boldsymbol{b}_1=\begin{pmatrix}1\\2\\-2\end{pmatrix},\quad \boldsymbol{b}_2=\begin{pmatrix}-1\\0\\5\end{pmatrix},$$

则问题归结为求解线性方程组

$$\boldsymbol{AX}_1=\boldsymbol{b}_1\quad\text{及}\quad\boldsymbol{AX}_2=\boldsymbol{b}_2$$

的解，其中

$$\boldsymbol{X}_i=\begin{pmatrix}x_i\\y_i\\z_i\end{pmatrix}\qquad(i=1,2),$$

记 $\boldsymbol{X}=(\boldsymbol{X}_1,\boldsymbol{X}_2)$，$\boldsymbol{B}=(\boldsymbol{b}_1,\boldsymbol{b}_2)$，则两个方程组可合成一个矩阵方程 $\boldsymbol{AX}=\boldsymbol{B}$. 下面用初等变换法解之.

$$(\boldsymbol{A}\vdots\boldsymbol{B})=\begin{pmatrix}2&1&-3&1&-1\\1&2&-2&2&0\\-1&3&2&-2&5\end{pmatrix}\xrightarrow[r_3+r_1]{\substack{r_1\leftrightarrow r_2\\ r_2-2r_1}}\begin{pmatrix}1&2&-2&2&0\\0&-3&1&-3&-1\\0&5&0&0&5\end{pmatrix}$$

$$\xrightarrow[\substack{r_2\times\frac{1}{5}\\ r_3+3r_2}]{r_3\leftrightarrow r_2}\begin{pmatrix}1&2&-2&2&0\\0&1&0&0&1\\0&0&1&-3&2\end{pmatrix}\xrightarrow{r_1-2r_2+2r_3}\begin{pmatrix}1&0&0&-4&2\\0&1&0&0&1\\0&0&1&-3&2\end{pmatrix}.$$

故

$$\boldsymbol{X}=\begin{pmatrix}-4&2\\0&1\\-3&2\end{pmatrix},$$

即两组平面的交点坐标依次为(−4,0,−3)和(2,1,2).

例 2.5.4 试用初等变换求解矩阵方程 $\boldsymbol{AXB}=\boldsymbol{C}$,其中

$$\boldsymbol{A}=\begin{pmatrix}2&-3&1\\4&-5&2\\5&-7&3\end{pmatrix},\quad \boldsymbol{B}=\begin{pmatrix}1&1\\2&3\end{pmatrix},\quad \boldsymbol{C}=\begin{pmatrix}2&0\\18&12\\23&15\end{pmatrix}.$$

解 因为 $|\boldsymbol{A}|=1\neq0$, $|\boldsymbol{B}|=1\neq0$,所以 $\boldsymbol{A},\boldsymbol{B}$ 可逆.

$$(\boldsymbol{A}\vdots\boldsymbol{C})=\begin{pmatrix}2&-3&1&2&0\\4&-5&2&18&12\\5&-7&3&23&15\end{pmatrix}\xrightarrow[2r_3]{r_2-2r_1}\begin{pmatrix}2&-3&1&2&0\\0&1&0&14&12\\10&-14&6&46&30\end{pmatrix}$$

$$\xrightarrow[r_1+3r_2]{r_3-5r_1}\begin{pmatrix}2&0&1&44&36\\0&1&0&14&12\\0&1&1&36&30\end{pmatrix}\xrightarrow{r_3-r_2}\begin{pmatrix}2&0&1&44&36\\0&1&0&14&12\\0&0&1&22&18\end{pmatrix}$$

$$\xrightarrow[r_1\times\frac{1}{2}]{r_1-r_3}\begin{pmatrix}1&0&0&11&9\\0&1&0&14&12\\0&0&1&22&18\end{pmatrix}.$$

所以

$$\boldsymbol{A}^{-1}\boldsymbol{C}=\begin{pmatrix}11&9\\14&12\\22&18\end{pmatrix}.$$

又

$$\begin{pmatrix}\boldsymbol{B}\\ \boldsymbol{A}^{-1}\boldsymbol{C}\end{pmatrix}=\begin{pmatrix}1&1\\2&3\\11&9\\14&12\\22&18\end{pmatrix}\xrightarrow{c_2-c_1}\begin{pmatrix}1&0\\2&1\\11&-2\\14&-2\\22&-4\end{pmatrix}\xrightarrow{c_1-2c_2}\begin{pmatrix}1&0\\0&1\\15&-2\\18&-2\\30&-4\end{pmatrix},$$

故

$$\boldsymbol{X}=\boldsymbol{A}^{-1}\boldsymbol{C}\boldsymbol{B}^{-1}=\begin{pmatrix}15&-2\\18&-2\\30&-4\end{pmatrix}.$$

练　习　2.5

1. 把下列矩阵化为行最简形矩阵：

(1) $\begin{pmatrix} 1 & 0 & 2 & -1 \\ 2 & 0 & 3 & 1 \\ 3 & 0 & 4 & 3 \end{pmatrix}$；　(2) $\begin{pmatrix} 1 & -1 & 3 & -4 & 3 \\ 3 & -3 & 5 & -4 & 1 \\ 2 & -2 & 3 & -2 & 0 \\ 3 & -3 & 4 & -2 & -1 \end{pmatrix}$.

2. 设矩阵

$$\boldsymbol{A}=\begin{pmatrix} 0 & 1 & 2 \\ 1 & 1 & 4 \\ 2 & -1 & 0 \end{pmatrix},\quad \boldsymbol{B}=\begin{pmatrix} 1 & 0 & 0 \\ 0 & 1 & 0 \\ -3 & 2 & 1 \end{pmatrix},$$

试证：$\boldsymbol{A}\sim\boldsymbol{B}$.

3. 证明推论 2.5.2.

4. 试用矩阵的初等变换求下列方阵的逆矩阵：

(1) $\begin{pmatrix} 1 & 4 & 3 \\ -1 & -2 & 0 \\ 2 & 2 & 3 \end{pmatrix}$；　(2) $\begin{pmatrix} 3 & -2 & 0 & -1 \\ 0 & 2 & 2 & 1 \\ 1 & -2 & -3 & -2 \\ 0 & 1 & 2 & 1 \end{pmatrix}$.

5. 设

$$\begin{pmatrix} 0 & 1 & 0 \\ 1 & 0 & 0 \\ 0 & 0 & 1 \end{pmatrix}\boldsymbol{A}\begin{pmatrix} 1 & 0 & 1 \\ 0 & 1 & 0 \\ 0 & 0 & 1 \end{pmatrix}=\begin{pmatrix} 1 & 2 & 3 \\ 4 & 5 & 6 \\ 7 & 8 & 9 \end{pmatrix},$$

求矩阵 $\boldsymbol{A}$.

2.6　矩阵的秩

矩阵的秩是刻画矩阵内在性质的一个重要数量特征，是矩阵在初等变换下的一个不变量. 它使我们可以进一步深化对矩阵本身的认识，建立一般线性方程组的理论基础. 第 3 章中我们还要利用矩阵秩的概念讨论向量间的线性相关性或线性无关性等问题. 在这里，顺便可以回答 2.5 节中有关矩阵的等价标准形的唯一性问题.

2.6.1　矩阵的秩

定义 2.6.1　在 $m\times n$ 矩阵 $\boldsymbol{A}$ 中，任取 k 行 k 列（$k\leqslant\min\{m,n\}$），位于这些行和列的交叉处的 k^2 个元素按原来位置次序构成的 k 阶行列式称为矩阵 $\boldsymbol{A}$ 的一个 k 阶子式.

显然，$m\times n$ 矩阵 $\boldsymbol{A}$ 的 k 阶子式共有 $\mathrm{C}_m^k\mathrm{C}_n^k$ 个，n 阶方阵 $\boldsymbol{B}$ 的 n 阶子式就是 $|\boldsymbol{B}|$.

定义 2.6.2　矩阵 $\boldsymbol{A}$ 的所有不等于零的子式的最高阶数称为 $\boldsymbol{A}$ 的**秩**（rank），记作 $R(\boldsymbol{A})$，并规定零矩阵的秩等于 0.

由定义,任何矩阵都有唯一的秩,且如果 $\boldsymbol{A}\in P^{m\times n}$,则 $0\leqslant R(\boldsymbol{A})\leqslant \min\{m,n\}$.

对 n 阶方阵 $\boldsymbol{A}$ 而言,由于 $\boldsymbol{A}$ 的 n 阶子式只有一个 $|\boldsymbol{A}|$,所以当 $|\boldsymbol{A}|\neq 0$ 时,$R(\boldsymbol{A})=n$;当 $|\boldsymbol{A}|=0$ 时,$R(\boldsymbol{A})<n$. 可见可逆矩阵的秩等于矩阵的阶数,所以可逆矩阵又称为**满秩矩阵**,而不可逆矩阵又称为**降秩矩阵**. 又若 $R(\boldsymbol{A}_{m\times n})=m$ 或 $R(\boldsymbol{A}_{m\times n})=n$,则称 $\boldsymbol{A}$ 为**行满秩矩阵**或**列满秩矩阵**.

根据行列式按一行展开的公式可知,如果矩阵 $\boldsymbol{A}$ 的所有 $r+1$ 阶子式全为零,则 $\boldsymbol{A}$ 的 $r+2$ 阶子式(如果存在)也一定全为零,从而 $\boldsymbol{A}$ 的所有高于 $r+1$ 阶子式全为零. 由此我们可以得到矩阵秩的另一等价定义.

定义 2.6.2′ 若矩阵 $\boldsymbol{A}$ 中有一个不等于零的 r 阶子式,且所有 $r+1$ 阶子式(如果存在)全为零,则 $R(\boldsymbol{A})=r$.

由此又可以得到以下常用的结论:

(1) $R(\boldsymbol{A})\geqslant r$ 的充分必要条件是 $\boldsymbol{A}$ 中有一个不等于零的 r 阶子式;

(2) $R(\boldsymbol{A})\leqslant r$ 的充分必要条件是 $\boldsymbol{A}$ 的所有 $r+1$ 阶子式全为零.

例 2.6.1 对任意矩阵 $\boldsymbol{A}$,总有

$$R(\boldsymbol{A})=R(\boldsymbol{A}^{\mathrm{T}})=R(k\boldsymbol{A})\qquad (k\neq 0).$$

证 由于行列式与其转置行列式相等,所以 $\boldsymbol{A}^{\mathrm{T}}$ 的子式与 $\boldsymbol{A}$ 的子式对应相等,从而 $R(\boldsymbol{A})=R(\boldsymbol{A}^{\mathrm{T}})$. 又由定义,$R(\boldsymbol{A})=R(k\boldsymbol{A})(k\neq 0)$ 显然成立.

例 2.6.2 设 $\boldsymbol{A},\boldsymbol{B}$ 是任意两个列数相同的矩阵,证明

$$\max\{R(\boldsymbol{A}),R(\boldsymbol{B})\}\leqslant R\left(\begin{pmatrix}\boldsymbol{A}\\ \boldsymbol{B}\end{pmatrix}\right).$$

证 设 $R(\boldsymbol{A})=r$,则 $\boldsymbol{A}$ 中有一个不等于零的 r 阶子式,而这个子式也是分块矩阵 $\begin{pmatrix}\boldsymbol{A}\\ \boldsymbol{B}\end{pmatrix}$ 中的一个 r 阶子式,于是 $R\left(\begin{pmatrix}\boldsymbol{A}\\ \boldsymbol{B}\end{pmatrix}\right)\geqslant r$,即 $R(\boldsymbol{A})\leqslant R\left(\begin{pmatrix}\boldsymbol{A}\\ \boldsymbol{B}\end{pmatrix}\right)$. 同理可得 $R(\boldsymbol{B})\leqslant R\left(\begin{pmatrix}\boldsymbol{A}\\ \boldsymbol{B}\end{pmatrix}\right)$,故

$$\max\{R(\boldsymbol{A}),R(\boldsymbol{B})\}\leqslant R\left(\begin{pmatrix}\boldsymbol{A}\\ \boldsymbol{B}\end{pmatrix}\right).$$

类似地有:设 $\boldsymbol{A},\boldsymbol{B}$ 是任意两个行数相同的矩阵,则 $\max\{R(\boldsymbol{A}),R(\boldsymbol{B})\}\leqslant R((\boldsymbol{A},\boldsymbol{B}))$. 例 2.6.2 的结论可简述为:矩阵增行(列)不减秩,减行(列)不增秩.

定理 2.6.1 初等变换不改变矩阵的秩.

证 因为若经一次初等变换矩阵的秩不变,即知经有限次初等变换矩阵的秩仍不变. 又因为 $R(\boldsymbol{A})=R(\boldsymbol{A}^{\mathrm{T}})$,而对 $\boldsymbol{A}$ 施行初等列变换相当于对 $\boldsymbol{A}^{\mathrm{T}}$ 施行初等行变换,所以只需证明经一次初等行变换矩阵的秩不改变即可.

设 $R(\boldsymbol{A}_{m\times n})=r<\min\{m,n\}$,则 $\boldsymbol{A}$ 的所有 $r+1$ 阶子式全为零.

(1) 当 $\boldsymbol{A}\xrightarrow{r_i\leftrightarrow r_j}\boldsymbol{B}$ 时,对 $\boldsymbol{B}$ 中任何 $r+1$ 阶子式 D_1,在 $\boldsymbol{A}$ 中总能找到相应的 $r+1$

阶子式 D,使得 $D_1=\pm D=0$,从而 $R(\boldsymbol{B})\leqslant r$.

(2) 当 $\boldsymbol{A}\xrightarrow{kr_i(k\neq 0)}\boldsymbol{B}$ 时,$D_1=D$ 或 $D_1=kD$,此时也有 $D_1=0$,从而 $R(\boldsymbol{B})\leqslant r$.

(3) 当 $\boldsymbol{A}\xrightarrow{r_i+kr_j}\boldsymbol{B}$ 时,由于经两行对换总有 $R(\boldsymbol{B})\leqslant r$,所以只需考虑 $\boldsymbol{A}\xrightarrow{r_1+kr_2}\boldsymbol{B}$ 这一特殊情形. 当 $\boldsymbol{B}$ 中的 $r+1$ 阶子式 D_1 不含 $\boldsymbol{B}$ 的第一行元素时,D_1 就是 $\boldsymbol{A}$ 中的一个 $r+1$ 阶子式,从而 $D_1=0$;当 D_1 同时含有 $\boldsymbol{B}$ 的第一行和第二行元素时,由行列式的性质知 $D_1=0$;当 D_1 含有 $\boldsymbol{B}$ 的第一行元素而不含 $\boldsymbol{B}$ 的第二行元素时,D_1 可表示为 $\boldsymbol{A}$ 的一个 $r+1$ 阶子式与另一个 $r+1$ 阶子式的 k 倍之和,从而 $D_1=0$. 故对 $\boldsymbol{A}$ 施行初等行倍加变换化为 $\boldsymbol{B}$ 时,总有 $R(\boldsymbol{B})\leqslant r$.

如果 $\boldsymbol{A}$ 为行满秩矩阵或列满秩矩阵,即 $R(\boldsymbol{A}_{m\times n})=\min\{m,n\}$ 时,因为 $\boldsymbol{B}$ 仍为 $m\times n$ 型矩阵,所以 $R(\boldsymbol{B})\leqslant\min\{m,n\}$,即 $R(\boldsymbol{B})\leqslant R(\boldsymbol{A})$.

综上所述,若 $\boldsymbol{A}$ 经初等行变换变为 $\boldsymbol{B}$,则 $R(\boldsymbol{B})\leqslant R(\boldsymbol{A})$. 根据初等变换的可逆性知,$\boldsymbol{A}$ 亦可视为由 $\boldsymbol{B}$ 经初等行变换而得,从而也有 $R(\boldsymbol{A})\leqslant R(\boldsymbol{B})$,所以 $R(\boldsymbol{B})=R(\boldsymbol{A})$. □

定理 2.6.1 与矩阵等价的条件结合起来便可得到以下结论.

推论 2.6.1　设 $\boldsymbol{A},\boldsymbol{B}\in P^{m\times n}$,则下列四种提法等价:

(1) $\boldsymbol{A}\sim\boldsymbol{B}$;

(2) 存在 m 阶可逆矩阵 $\boldsymbol{P}$ 及 n 阶可逆矩阵 $\boldsymbol{Q}$,使得 $\boldsymbol{PAQ}=\boldsymbol{B}$;

(3) $R(\boldsymbol{A})=R(\boldsymbol{B})$;

(4) $\boldsymbol{A},\boldsymbol{B}$ 有相同的标准形. □

定理 2.6.1 表明矩阵的秩是矩阵在初等变换下的不变量,因而对一个给定矩阵 $\boldsymbol{A}_{m\times n}$ 而言,若 $R(\boldsymbol{A})=r$,则它的等价标准形为

$$\begin{pmatrix}\boldsymbol{E}_r & \boldsymbol{O}\\ \boldsymbol{O} & \boldsymbol{O}\end{pmatrix},$$

且此标准形由 m,n,r 唯一确定,而 $\boldsymbol{A}$ 所在的等价类中的其他矩阵可表示为

$$\boldsymbol{P}\begin{pmatrix}\boldsymbol{E}_r & \boldsymbol{O}\\ \boldsymbol{O} & \boldsymbol{O}\end{pmatrix}\boldsymbol{Q},$$

其中 $\boldsymbol{P},\boldsymbol{Q}$ 分别为 m 阶可逆矩阵和 n 阶可逆矩阵. 此外,若 $\boldsymbol{B},\boldsymbol{C}$ 分别为 m,n 阶可逆矩阵,则 $R(\boldsymbol{A}_{m\times n})=R(\boldsymbol{BA})=R(\boldsymbol{AC})$.

对阶数较高的矩阵,如用定义求其秩,需计算矩阵的许多子式,显然是很麻烦的. 但是,对行阶梯形矩阵或矩阵的等价标准形,它的秩就等于非零行的行数. 我们知道,任何一个矩阵总可以通过初等变换把它变为阶梯矩阵或等价标准形,而初等变换不改变矩阵的秩. 因此,定理 2.6.1 提供了一种求矩阵秩的简单有效的方法.

例 2.6.3　求矩阵

$$A=\begin{pmatrix}1&-1&5&-1\\1&1&-2&3\\3&-1&8&1\\1&3&-9&7\end{pmatrix}$$

的秩.

解

$$A\xrightarrow[r_4-r_1]{\substack{r_2-r_1\\r_3-3r_1}}\begin{pmatrix}1&-1&5&-1\\0&2&-7&4\\0&2&-7&4\\0&4&-14&8\end{pmatrix}\xrightarrow[r_4-2r_2]{r_3-r_2}\begin{pmatrix}1&-1&5&-1\\0&2&-7&4\\0&0&0&0\\0&0&0&0\end{pmatrix},$$

所以 $R(A)=2$.

例 2.6.4 设

$$A=\begin{pmatrix}1&-1&1&2\\3&a&-1&2\\5&3&b&6\end{pmatrix},$$

已知 $R(A)=2$,求 a 与 b 的值.

解

$$A\xrightarrow[r_3-5r_1]{r_2-3r_1}\begin{pmatrix}1&-1&1&2\\0&a+3&-4&-4\\0&8&b-5&-4\end{pmatrix}\xrightarrow{r_3-r_2}\begin{pmatrix}1&-1&1&2\\0&a+3&-4&-4\\0&5-a&b-1&0\end{pmatrix},$$

因为 $R(A)=2$,故

$$\begin{cases}5-a=0,\\b-1=0,\end{cases}\quad\text{即}\begin{cases}a=5,\\b=1.\end{cases}$$

例 2.6.5 设 $C=\begin{pmatrix}A&O\\O&B\end{pmatrix}$,且 $R(A)=r,R(B)=s$,求 $R(C)$.

解 因为 $R(A)=r,R(B)=s$,所以存在可逆矩阵 P_1,P_2,Q_1,Q_2,使得

$$P_1AQ_1=\begin{pmatrix}E_r&O\\O&O\end{pmatrix},\qquad P_2BQ_2=\begin{pmatrix}E_s&O\\O&O\end{pmatrix},$$

于是

$$\begin{pmatrix}P_1&O\\O&P_2\end{pmatrix}\begin{pmatrix}A&O\\O&B\end{pmatrix}\begin{pmatrix}Q_1&O\\O&Q_2\end{pmatrix}=\begin{pmatrix}P_1AQ_1&O\\O&P_2BQ_2\end{pmatrix}$$

$$=\begin{pmatrix}E_r&O&O&O\\O&O&O&O\\O&O&E_s&O\\O&O&O&O\end{pmatrix}\xlongequal{\text{记为}}G.$$

由于$\begin{pmatrix} \boldsymbol{P}_1 & \boldsymbol{O} \\ \boldsymbol{O} & \boldsymbol{P}_2 \end{pmatrix}$与$\begin{pmatrix} \boldsymbol{Q}_1 & \boldsymbol{O} \\ \boldsymbol{O} & \boldsymbol{Q}_2 \end{pmatrix}$均为可逆矩阵,故

$$R(\boldsymbol{C})=R(\boldsymbol{G})=r+s.$$

2.6.2 矩阵经运算后秩的变化

上面我们介绍了矩阵秩的概念和计算矩阵秩的方法,并且得到等式 $R(\boldsymbol{A})=R(\boldsymbol{A}^{\mathrm{T}})=R(k\boldsymbol{A})(k\neq 0)$,下面我们通过例子讨论矩阵经加法和乘法运算后秩的变化.

例 2.6.6 证明下列不等式:

(1) $R(\boldsymbol{A}+\boldsymbol{B})\leqslant R(\boldsymbol{A})+R(\boldsymbol{B})(\boldsymbol{A},\boldsymbol{B}\in P^{m\times n})$;

(2) $R(\boldsymbol{AB})\leqslant \min\{R(\boldsymbol{A}),R(\boldsymbol{B})\}(\boldsymbol{A}\in P^{m\times n},\boldsymbol{B}\in P^{n\times s})$.

证* (1) 因为

$$(\boldsymbol{A}+\boldsymbol{B},\boldsymbol{B})\xrightarrow[i=1,2,\cdots,n]{c_i-c_{i+n}}(\boldsymbol{A},\boldsymbol{B})\left(\text{或}(\boldsymbol{A}+\boldsymbol{B},\boldsymbol{B})\begin{pmatrix} \boldsymbol{E}_n & \boldsymbol{O} \\ -\boldsymbol{E}_n & \boldsymbol{E}_n \end{pmatrix}=(\boldsymbol{A},\boldsymbol{B})\right),$$

$$\begin{pmatrix} \boldsymbol{A} & \boldsymbol{B} \\ \boldsymbol{O} & \boldsymbol{B} \end{pmatrix}\xrightarrow[i=1,2,\cdots,m]{r_i-r_{i+m}}\begin{pmatrix} \boldsymbol{A} & \boldsymbol{O} \\ \boldsymbol{O} & \boldsymbol{B} \end{pmatrix}\left(\text{或}\begin{pmatrix} \boldsymbol{E}_m & -\boldsymbol{E}_m \\ \boldsymbol{O} & \boldsymbol{E}_m \end{pmatrix}\begin{pmatrix} \boldsymbol{A} & \boldsymbol{B} \\ \boldsymbol{O} & \boldsymbol{B} \end{pmatrix}=\begin{pmatrix} \boldsymbol{A} & \boldsymbol{O} \\ \boldsymbol{O} & \boldsymbol{B} \end{pmatrix}\right),$$

所以

$$R((\boldsymbol{A}+\boldsymbol{B},\boldsymbol{B}))=R((\boldsymbol{A},\boldsymbol{B})),$$

$$R\left(\begin{pmatrix} \boldsymbol{A} & \boldsymbol{B} \\ \boldsymbol{O} & \boldsymbol{B} \end{pmatrix}\right)=R\left(\begin{pmatrix} \boldsymbol{A} & \boldsymbol{O} \\ \boldsymbol{O} & \boldsymbol{B} \end{pmatrix}\right),$$

于是由例 2.6.2 及例 2.6.5 知

$$\begin{aligned} R(\boldsymbol{A}+\boldsymbol{B})&\leqslant R((\boldsymbol{A}+\boldsymbol{B},\boldsymbol{B}))=R((\boldsymbol{A},\boldsymbol{B}))\\ &\leqslant R\left(\begin{pmatrix} \boldsymbol{A} & \boldsymbol{B} \\ \boldsymbol{O} & \boldsymbol{B} \end{pmatrix}\right)=R\left(\begin{pmatrix} \boldsymbol{A} & \boldsymbol{O} \\ \boldsymbol{O} & \boldsymbol{B} \end{pmatrix}\right)\\ &=R(\boldsymbol{A})+R(\boldsymbol{B}). \end{aligned}$$

(2) 设 $R(\boldsymbol{A})=r$,则存在可逆矩阵 $\boldsymbol{P},\boldsymbol{Q}$,使得

$$\boldsymbol{A}=\boldsymbol{P}\begin{pmatrix} \boldsymbol{E}_r & \boldsymbol{O} \\ \boldsymbol{O} & \boldsymbol{O} \end{pmatrix}\boldsymbol{Q},$$

从而

$$\boldsymbol{AB}=\boldsymbol{P}\begin{pmatrix} \boldsymbol{E}_r & \boldsymbol{O} \\ \boldsymbol{O} & \boldsymbol{O} \end{pmatrix}\boldsymbol{QB},$$

记

$$\boldsymbol{QB}=\begin{pmatrix} \boldsymbol{B}_{11} & \boldsymbol{B}_{12} \\ \boldsymbol{B}_{21} & \boldsymbol{B}_{22} \end{pmatrix},$$

其中 $\boldsymbol{B}_{11},\boldsymbol{B}_{12},\boldsymbol{B}_{21},\boldsymbol{B}_{22}$ 依次为 $r\times r,r\times(s-r),(n-r)\times r,(n-r)\times(s-r)$ 型矩阵,则

$$\begin{pmatrix} E_r & O \\ O & O \end{pmatrix} QB = \begin{pmatrix} E_r & O \\ O & O \end{pmatrix} \begin{bmatrix} B_{11} & B_{12} \\ B_{21} & B_{22} \end{bmatrix} = \begin{pmatrix} B_{11} & B_{12} \\ O & O \end{pmatrix},$$

故

$$R(AB) = R\left(P\begin{pmatrix} B_{11} & B_{12} \\ O & O \end{pmatrix}\right) = R\left(\begin{pmatrix} B_{11} & B_{12} \\ O & O \end{pmatrix}\right) \leqslant r = R(A).$$

类似地有 $R(AB) \leqslant R(B)$，因此

$$R(AB) \leqslant \min\{R(A), R(B)\}.$$

注 作为例 2.6.6 的特例，我们有以下结论：

① $R(C+E) + R(C-E) \geqslant n$，其中 C 为 n 阶方阵；

② 如果 $A_{m\times n}B_{n\times s} = O$，则 $R(A) + R(B) \leqslant n$.

事实上，在(1)中取 $A = C+E$，$B = C-E$，则因为

$$(C+E) + (E-C) = 2E,$$

所以

$$R(C+E) + R(E-C) \geqslant R(2E) = n,$$

而

$$R(E-C) = R(-(C-E)) = R(C-E),$$

故

$$R(C+E) + R(C-E) \geqslant R(2E) = n.$$

在(2)中，如果 $A_{m\times n}B_{n\times s} = O$，则由

$$P\begin{pmatrix} E_r & O \\ O & O \end{pmatrix} QB = O,$$

得

$$\begin{pmatrix} E_r & O \\ O & O \end{pmatrix} QB = \begin{pmatrix} B_{11} & B_{12} \\ O & O \end{pmatrix},$$

从而 $B_{11} = O_{r\times r}$，$B_{12} = O_{r\times(s-r)}$，所以

$$QB = \begin{pmatrix} O & O \\ B_{21} & B_{22} \end{pmatrix},$$

于是

$$R(B) = R(QB) \leqslant n - r,$$

故有

$$R(A) + R(B) \leqslant r + (n-r) = n.$$

练 习 2.6

1. 设 $R(A) = r$，问 A 中是否一定存在不等于零的 $r-1$ 阶子式？是否存在等于零的 r 阶子式？是否存在不等于零的 $r+1$ 阶子式？

2. 证明矩阵添加一行(列)，则其秩或不变，或增加 1.

3. 求下列矩阵的秩:

(1) $\begin{pmatrix} 2 & 0 & 3 & 1 & 4 \\ 3 & -5 & 4 & 2 & 7 \\ 1 & 5 & 2 & 0 & 1 \end{pmatrix}$;　　(2) $\begin{pmatrix} 1 & -1 & 2 & 1 & 0 \\ 2 & -2 & 4 & -1 & 0 \\ 3 & 0 & 6 & -2 & 1 \\ 0 & 3 & 0 & 0 & 1 \end{pmatrix}$.

4. 设 $\boldsymbol{A}=(a_{ij})_{n\times n}$,其中 $a_{ij}=\begin{cases} a, & i=j, \\ 1, & i\neq j. \end{cases}$ 求 $R(\boldsymbol{A})$.

2.7　线性方程组的消元法

线性方程组的求解问题是线性代数的基本内容之一. 在第 1 章,我们介绍了克拉默法则,它适用于未知数个数等于方程个数的线性方程组,在方程组系数行列式不为零的情况下,给出一个精确的求解公式. 克拉默法则的结论是漂亮的,在理论上有重大意义. 但也有明显的局限性,如当未知数个数与方程个数不相同或方程组系数行列式等于零时,它无法求解;即使方程组满足克拉默法则的条件,当系数行列式的阶数较高时,由于计算量太大也不被认为是一种实用的求解方法. 因此,对于一般的线性方程组 ,我们要研究以下几个方面的问题:①方程组在什么情况下有解? 什么情况下无解? ②若方程组有解,则有多少解? 如何求解? ③在有许多解的情况下,解与解之间存在什么关系? 本节我们以矩阵为工具,利用消元法(亦称高斯(Gauss)消元法)系统地解决前两个问题,关于③我们将在第 3 章中讨论.

2.7.1　线性方程组的消元法

设有 n 个未知数 m 个方程的线性方程组

$$\begin{cases} a_{11}x_1+a_{12}x_2+\cdots+a_{1n}x_n=b_1, \\ a_{21}x_1+a_{22}x_2+\cdots+a_{2n}x_n=b_2, \\ \qquad\cdots\cdots \\ a_{m1}x_1+a_{m2}x_2+\cdots+a_{mn}x_n=b_m. \end{cases} \tag{2.7.1}$$

写成矩阵形式为

$$\boldsymbol{Ax}=\boldsymbol{b},$$

其中

$$\boldsymbol{A}=(a_{ij})_{m\times n},\quad \boldsymbol{x}=\begin{pmatrix} x_1 \\ x_2 \\ \vdots \\ x_n \end{pmatrix},\quad \boldsymbol{b}=\begin{pmatrix} b_1 \\ b_2 \\ \vdots \\ b_m \end{pmatrix}$$

分别称为方程组(2.7.1)的**系数矩阵**、**未知数列向量**和**常数项列向量**. 当 $\boldsymbol{b}=\boldsymbol{0}=(0,0,\cdots,0)^{\mathrm{T}}$ 时,称 $\boldsymbol{Ax}=\boldsymbol{0}$ 为**齐次线性方程组**;当 $\boldsymbol{b}\neq(0,0,\cdots,0)^{\mathrm{T}}$ 时,称 $\boldsymbol{Ax}=\boldsymbol{b}$ 为

非齐次线性方程组.

如果用 $x_1=\xi_1, x_2=\xi_2, \cdots, x_n=\xi_n$ 代入(2.7.1)后,使得(2.7.1)中的每个方程都成为恒等式,则称列向量 $\boldsymbol{x}=(\xi_1,\xi_2,\cdots,\xi_n)^{\mathrm{T}}$ 为(2.7.1)的**解向量**,简称**解**,这时,称方程组(2.7.1)是相容的;如果方程组无解,就称它是不相容或矛盾的.

设 $\boldsymbol{A}_1\boldsymbol{x}=\boldsymbol{b}_1$ 和 $\boldsymbol{A}_2\boldsymbol{x}=\boldsymbol{b}_2$ 是两个 n 元线性方程组,如果 $\boldsymbol{A}_1\boldsymbol{x}=\boldsymbol{b}_1$ 的解都是 $\boldsymbol{A}_2\boldsymbol{x}=\boldsymbol{b}_2$ 的解,$\boldsymbol{A}_2\boldsymbol{x}=\boldsymbol{b}_2$ 的解也都是 $\boldsymbol{A}_1\boldsymbol{x}=\boldsymbol{b}_1$ 的解,即两个方程组有相同的解集合,则称它们为**同解方程组**.

记

$$\bar{\boldsymbol{A}}=(\boldsymbol{A}\ \vdots\ \boldsymbol{b})=\begin{pmatrix} a_{11} & a_{12} & \cdots & a_{1n} & b_1 \\ a_{21} & a_{22} & \cdots & a_{2n} & b_2 \\ \vdots & \vdots & & \vdots & \vdots \\ a_{m1} & a_{m2} & \cdots & a_{mn} & b_m \end{pmatrix},$$

称 $\bar{\boldsymbol{A}}$ 为线性方程组(2.7.1)的**增广矩阵**(augmented matrix),有时 $\bar{\boldsymbol{A}}$ 也记作 $\bar{\boldsymbol{A}}=(\boldsymbol{A},\boldsymbol{b})$. 因为一个线性方程组由它的全部系数和常数项完全确定,所以线性方程组与它的增广矩阵是一一对应的.

在中学代数里,我们学过用加减消元法和代入消元法求解二元、三元线性方程组,其基本思想是通过一系列消元变形,把方程组中一部分方程变成未知数较少的方程而得到一个容易求解的方程组,并利用新旧方程组的同解性求出其解. 现在把这种方法理论化、规范化,并与矩阵的初等变换结合起来,使它适用于一般的线性方程组. 为此,先看一个例子.

例 2.7.1 解线性方程组

$$\begin{cases} 2x_1+2x_2-x_3=4, & ① \\ x_1-2x_2+4x_3=2, & ② \\ 5x_1+7x_2+x_3=23. & ③ \end{cases}$$

解 ①$-2\times$②,③$-5\times$②,消去①,③中的未知量 x_1 后,将①与②位置互换,得

$$\begin{cases} x_1-2x_2+4x_3=2, & ④ \\ 6x_2-9x_3=0, & ⑤ \\ 17x_2-19x_3=13. & ⑥ \end{cases}$$

$\dfrac{1}{6}\times$⑤得

$$\begin{cases} x_1-2x_2+4x_3=2, & ⑦ \\ x_2-\dfrac{3}{2}x_3=0, & ⑧ \\ 17x_2-19x_3=13. & ⑨ \end{cases}$$

⑨$-17\times$⑧,消去⑨中的未知量 x_2,得

$$\begin{cases} x_1-2x_2+4x_3=2, \\ x_2-\dfrac{3}{2}x_3=0, \\ \dfrac{13}{2}x_3=13. \end{cases}$$

由于上面最后一个方程组所对应的增广矩阵显然是阶梯矩阵，因此，把这样的方程组称为**阶梯形方程组**. 由阶梯形方程组中的最后一个方程得 $x_3=2$. 将 $x_3=2$ 回代到第一、第二个方程便可求得 $x_2=3, x_1=0$. 这里需要强调指出，消元过程得到的一串方程组都是同解的，所以原方程组的解是 $x_1=0, x_2=3, x_3=2$.

从例 2.7.1 的解题过程可以看出对方程组进行消元时，始终把方程组看作一个整体，而运算只对未知数的系数和常数项进行，所以消元过程实质上就是用初等行变换把 $\overline{\boldsymbol{A}}$ 变成阶梯矩阵的过程，而回代过程则相当于把阶梯矩阵进一步变成行最简形矩阵的过程. 于是，可以把例 2.7.1 的解题过程用矩阵重新写为

$$\overline{\boldsymbol{A}}=\begin{pmatrix} 2 & 2 & -1 & 4 \\ 1 & -2 & 4 & 2 \\ 5 & 7 & 1 & 23 \end{pmatrix} \xrightarrow[\substack{r_3-5r_2 \\ r_1\leftrightarrow r_2}]{r_1-2r_2} \begin{pmatrix} 1 & -2 & 4 & 2 \\ 0 & 6 & -9 & 0 \\ 0 & 17 & -19 & 13 \end{pmatrix}$$

$$\xrightarrow{r_2\times\frac{1}{6}} \begin{pmatrix} 1 & -2 & 4 & 2 \\ 0 & 1 & -\dfrac{3}{2} & 0 \\ 0 & 17 & -19 & 13 \end{pmatrix} \xrightarrow{r_3-17r_2} \begin{pmatrix} 1 & -2 & 4 & 2 \\ 0 & 1 & -\dfrac{1}{2} & 0 \\ 0 & 0 & \dfrac{13}{2} & 13 \end{pmatrix}$$

$$\xrightarrow{r_3\times\frac{2}{13}} \begin{pmatrix} 1 & -2 & 4 & 2 \\ 0 & 1 & -\dfrac{3}{2} & 0 \\ 0 & 0 & 1 & 2 \end{pmatrix} \xrightarrow[r_2+\frac{3}{2}r_3]{r_1-4r_3} \begin{pmatrix} 1 & -2 & 0 & -6 \\ 0 & 1 & 0 & 3 \\ 0 & 0 & 1 & 2 \end{pmatrix}$$

$$\xrightarrow{r_1+2r_2} \begin{pmatrix} 1 & 0 & 0 & 0 \\ 0 & 1 & 0 & 3 \\ 0 & 0 & 1 & 2 \end{pmatrix}.$$

所以原方程组的解为

$$\begin{cases} x_1=0, \\ x_2=3, \\ x_3=2. \end{cases}$$

上面的简单例子代表了用消元法求解线性方程组的一般方法和计算格式，其理论基础是对方程组施行初等行变换（或对线性方程组的增广矩阵施行初等行变换）不改变方程组的解. 但这一结论对一般的线性方程组是否成立呢？下面的定理肯定地回答了这个问题.

定理 2.7.1 如果线性方程组 $\boldsymbol{A}_1\boldsymbol{x}=\boldsymbol{b}_1$ 的增广矩阵 $\overline{\boldsymbol{A}}_1=(\boldsymbol{A}_1,\boldsymbol{b}_1)$经有限次初等行变换变成矩阵 $\overline{\boldsymbol{A}}_2=(\boldsymbol{A}_2,\boldsymbol{b}_2)$，那么，以 $\overline{\boldsymbol{A}}_2$ 为增广矩阵的线性方程组$\boldsymbol{A}_2\boldsymbol{x}=\boldsymbol{b}_2$ 与 $\boldsymbol{A}_1\boldsymbol{x}=\boldsymbol{b}_1$ 同解.

证 因为 $\overline{\boldsymbol{A}}_2$ 是由 $\overline{\boldsymbol{A}}_1$ 经有限次初等行变换而得，所以存在可逆矩阵 $\boldsymbol{P}$，使得$\overline{\boldsymbol{A}}_2=\boldsymbol{P}\overline{\boldsymbol{A}}_1$，即

$$\overline{\boldsymbol{A}}_2=(\boldsymbol{A}_2,\boldsymbol{b}_2)=\boldsymbol{P}\overline{\boldsymbol{A}}_1=\boldsymbol{P}(\boldsymbol{A}_1,\boldsymbol{b}_1)=(\boldsymbol{P}\boldsymbol{A}_1,\boldsymbol{P}\boldsymbol{b}_1),$$

于是

$$\boldsymbol{A}_2=\boldsymbol{P}\boldsymbol{A}_1,\qquad \boldsymbol{b}_2=\boldsymbol{P}\boldsymbol{b}_1.$$

设 $\boldsymbol{x}_0$ 是方程组 $\boldsymbol{A}_1\boldsymbol{x}=\boldsymbol{b}_1$ 的任一解，即 $\boldsymbol{A}_1\boldsymbol{x}_0=\boldsymbol{b}_1$，在此等式两边同时左乘矩阵 $\boldsymbol{P}$，得 $\boldsymbol{P}\boldsymbol{A}_1\boldsymbol{x}_0=\boldsymbol{P}\boldsymbol{b}_1$，即 $\boldsymbol{A}_2\boldsymbol{x}_0=\boldsymbol{b}_2$，所以 $\boldsymbol{x}_0$ 也是方程组 $\boldsymbol{A}_2\boldsymbol{x}=\boldsymbol{b}_2$ 的解. 反过来，若 $\boldsymbol{x}_0$ 是方程组 $\boldsymbol{A}_2\boldsymbol{x}=\boldsymbol{b}_2$ 的任一解，则由 $\boldsymbol{A}_1=\boldsymbol{P}^{-1}\boldsymbol{A}_2$，$\boldsymbol{b}_1=\boldsymbol{P}^{-1}\boldsymbol{b}_2$，同理可证 $\boldsymbol{x}_0$ 也是方程组 $\boldsymbol{A}_1\boldsymbol{x}=\boldsymbol{b}_1$ 的解. □

2.7.2 线性方程组有解的条件

消元法不仅提供了行之有效的、规范化的求解线性方程组的方法，而且可以通过对线性方程组系数矩阵的秩与增广矩阵的秩的关系的讨论，方便地解决线性方程组的相容性及解的唯一性的问题.

对于方程组(2.7.1)，先考虑 x_1 的系数 $a_{11},a_{21},\cdots,a_{n1}$，如果它们全为零，显然 x_1 可取任意值，这时，方程组可以看作只含 $n-1$ 个未知数 $x_2,x_3,\cdots,x_n$ 的线性方程组；如果 x_1 的系数不全为零，总可以通过交换方程组中方程的位置，使第一个方程的 x_1 的系数不为零. 于是，若(2.7.1)的系数矩阵 $\boldsymbol{A}$ 的秩$R(\boldsymbol{A})=r$，则不妨设 $\overline{\boldsymbol{A}}=(\boldsymbol{A},\boldsymbol{b})$通过初等行变换可化为

$$\begin{pmatrix} 1 & 0 & \cdots & 0 & b_{11} & \cdots & b_{1n-r} & d_1 \\ 0 & 1 & \cdots & 0 & b_{21} & \cdots & b_{2n-r} & d_2 \\ \vdots & \vdots & & \vdots & \vdots & & \vdots & \vdots \\ 0 & 0 & \cdots & 1 & b_{r1} & \cdots & b_{rn-r} & d_r \\ 0 & 0 & \cdots & 0 & 0 & \cdots & 0 & d_{r+1} \\ 0 & 0 & \cdots & 0 & 0 & \cdots & 0 & 0 \\ \vdots & \vdots & & \vdots & \vdots & & \vdots & \vdots \\ 0 & 0 & \cdots & 0 & 0 & \cdots & 0 & 0 \end{pmatrix},$$

于是方程组(2.7.1)与下列方程组同解：

$$\begin{cases} x_1+b_{11}x_{r+1}+\cdots+b_{1n-r}x_n=d_1, \\ x_2+b_{21}x_{r+1}+\cdots+b_{2n-r}x_n=d_2, \\ \qquad\cdots\cdots \\ x_r+b_{r1}x_{r+1}+\cdots+b_{rn-r}x_n=d_r, \\ 0x_1+0x_2+\cdots+0x_n=d_{r+1}. \end{cases} \tag{2.7.2}$$

分三种情况：

(1) 若 $R(\mathbf{A})<R(\bar{\mathbf{A}})$，则 $d_{r+1}\neq 0$，方程组(2.7.2)的最后一个方程是矛盾方程 $0=d_{r+1}$，由此得方程组(2.7.1)无解.

(2) 若 $R(\mathbf{A})=R(\bar{\mathbf{A}})=r=n$，则 $d_{r+1}=0$(或 d_{r+1}不出现)，且 b_{ij} 都不出现，于是方程组(2.7.2)成为

$$\begin{cases} x_1=d_1, \\ x_2=d_2, \\ \cdots\cdots \\ x_n=d_n. \end{cases}$$

这表明方程组(2.7.1)有唯一解；

(3) 若 $R(\mathbf{A})=R(\bar{\mathbf{A}})=r<n$，则 $d_{r+1}=0$(或 d_{r+1}不出现)，方程组(2.7.2)可写为

$$\begin{cases} x_1=-b_{11}x_{r+1}-\cdots-b_{1n-r}x_n+d_1, \\ x_2=-b_{21}x_{r+1}-\cdots-b_{2n-r}x_n+d_2, \\ \qquad\qquad\cdots\cdots \\ x_r=-b_{r1}x_{r+1}-\cdots-b_{rn-r}x_n+d_r, \end{cases}$$

其中 $x_{r+1},x_{r+2},\cdots,x_n$ 在相应数域上可任意取值，称为**自由未知量**，而 $x_1,x_2,\cdots,x_r$ 称为**主未知量**. 以下我们总在实数域上讨论，所以 $x_i\in\mathbf{R}(i=r+1,r+2,\cdots,n)$. 令 $x_{r+1}=c_1,x_{r+2}=c_2,\cdots,x_n=c_{n-r}$，即得(2.7.1)的含 $n-r$ 个参数的解

$$\begin{cases} x_1=-b_{11}c_1-\cdots-b_{1n-r}c_{n-r}+d_1, \\ \qquad\qquad\cdots\cdots \\ x_r=-b_{r1}c_1-\cdots-b_{rn-r}c_{n-r}+d_r, \\ x_{r+1}=c_1, \\ \qquad\cdots\cdots \\ x_n=c_{n-r}. \end{cases}$$

写成向量形式

$$\begin{pmatrix} x_1 \\ \vdots \\ x_r \\ x_{r+1} \\ \vdots \\ x_n \end{pmatrix}=\begin{pmatrix} -b_{11}c_1-\cdots-b_{1n-r}c_{n-r}+d_1 \\ \vdots \\ -b_{r1}c_1-\cdots-b_{rn-r}c_{n-r}+d_r \\ c_1 \\ \vdots \\ c_{n-r} \end{pmatrix},$$

即

$$\begin{pmatrix} x_1 \\ \vdots \\ x_r \\ x_{r+1} \\ \vdots \\ x_n \end{pmatrix} = c_1 \begin{pmatrix} -b_{11} \\ \vdots \\ -b_{r1} \\ 1 \\ \vdots \\ 0 \end{pmatrix} + \cdots + c_{n-r} \begin{pmatrix} -b_{1n-r} \\ \vdots \\ -b_{m-r} \\ 0 \\ \vdots \\ 1 \end{pmatrix} + \begin{pmatrix} d_1 \\ \vdots \\ d_r \\ 0 \\ \vdots \\ 0 \end{pmatrix}. \qquad (2.7.3)$$

由于参数 $c_1, c_2, \cdots, c_{n-r}$ 可任意取值，所以方程组(2.7.1)有无穷多解，且(2.7.3)可表示其中任一解，因此称(2.7.3)为方程组(2.7.1)的**通解**(general solution).

综上所述，我们有以下定理.

定理 2.7.2 设 $\boldsymbol{Ax}=\boldsymbol{b}$ 为 n 元线性方程组，则

(1) $\boldsymbol{Ax}=\boldsymbol{b}$ 无解的充分必要条件是 $R(\boldsymbol{A})<R(\overline{\boldsymbol{A}})$；

(2) $\boldsymbol{Ax}=\boldsymbol{b}$ 有解的充分必要条件是 $R(\boldsymbol{A})=R(\overline{\boldsymbol{A}})$，且当 $R(\boldsymbol{A})=R(\overline{\boldsymbol{A}})=n$ 时，有唯一解；当 $R(\boldsymbol{A})=R(\overline{\boldsymbol{A}})<n$ 时，有无穷多解. □

推论 2.7.1 n 元齐次线性方程组 $\boldsymbol{Ax}=\boldsymbol{0}$ 有非零解的充分必要条件是 $R(\boldsymbol{A})<n$. 特别地，当 $\boldsymbol{A}$ 为 n 阶方阵时，$\boldsymbol{Ax}=\boldsymbol{0}$ 有非零解的充分必要条件是 $|\boldsymbol{A}|=0$. □

由以上讨论，可以将用消元法求解线性方程组的步骤归纳如下：

1) n 元非齐次线性方程组 $\boldsymbol{Ax}=\boldsymbol{b}$

(1) 用初等行变换把方程组的增广矩阵 $\overline{\boldsymbol{A}}$ 变成阶梯矩阵，若 $R(\boldsymbol{A})<R(\overline{\boldsymbol{A}})$，方程组无解；

(2) 若 $R(\boldsymbol{A})=R(\overline{\boldsymbol{A}})$，继续用初等行变换把 $\overline{\boldsymbol{A}}$ 变成行最简形，写出方程组的唯一解或含 $n-R(\boldsymbol{A})$ 个参数的通解；也可以写出与阶梯矩阵对应的阶梯形方程组，用回代的方法求解.

2) n 元齐次线性方程组 $\boldsymbol{Ax}=\boldsymbol{0}$

(1) 用初等行变换把方程组的系数矩阵 A 变成阶梯矩阵，若 $R(\boldsymbol{A})=n$，则方程组只有零解；若 $R(\boldsymbol{A})<n$，则方程组有非零解；

(2) 当 $R(\boldsymbol{A})<n$ 时，化 $\boldsymbol{A}$ 为行最简形或用回代的方法求出含 $n-R(\boldsymbol{A})$ 个参数的通解.

注 1 在定理 2.7.2 的论证过程中，为了叙述方便，我们假定了方程组(2.7.1)的系数矩阵的行最简形具有形式 $\begin{pmatrix} \boldsymbol{E}_r & \boldsymbol{B} \\ \boldsymbol{O} & \boldsymbol{O} \end{pmatrix}$. 但在一般情况下，只有通过初等行变换和适当列交换，才能化为这种形式. 对系数矩阵施行列交换，相当于把未知数 $x_1, x_2, \cdots, x_n$ 换一个次序重排为 $x_{i_1}, x_{i_2}, \cdots, x_{i_n}$，这样得到的方程组与原方程组的解至多只有未知数编号次序上的差别，它们的通解可以互相求出. 所以，这样的假定并没有失去一般性.

注 2 为了求出 $R(\boldsymbol{A})$ 和 $R(\overline{\boldsymbol{A}})$，通常是对 $\overline{\boldsymbol{A}}$ 施行初等行变换化为阶梯形. 当 $R(\boldsymbol{A})=R(\overline{\boldsymbol{A}})=r<n$ 时，$\overline{\boldsymbol{A}}$ 的阶梯形矩阵中 r 阶非零子式可能不止一个或不位于左

上角，从理论上讲，只要阶梯形方程组中 $x_{i_1},x_{i_2},\cdots,x_{i_r}$ 的系数能构成相应阶梯矩阵的一个 r 阶非零子式，就可选择未知元，$x_{i_1},x_{i_2},\cdots,x_{i_r}$ 作为主未知量，而其余未知量作为自由未知量. 在实际计算中，若在 $\overline{\mathbf{A}}$ 的行阶梯形中，各非零行的主元分别出现在 $i_1,i_2,\cdots,i_r$ 列，则选择 $x_{i_1},x_{i_2},\cdots,x_{i_r}$ 作为主未知量，其余 $n-r$ 个未知量移到右端作为自由未知量，即可方便地求得方程组的通解. 此外，采用不同的消元步骤会化 $\overline{\mathbf{A}}$ 为不同形式的阶梯矩阵，但阶梯形矩阵中非零行的行数是唯一确定的. 所以，采用不同的消元步骤或选择不同的自由未知量会使解的形式有所不同，但通解中都包含 $n-r$ 个参数，且通解所表示的集合也是相同的.

例 2.7.2　求解非齐次线性方程组

$$\begin{cases}x_1+2x_2+x_3-x_4=1,\\2x_1+x_2-x_3+4x_4=4,\\x_1-x_2-2x_3+5x_4=3.\end{cases}$$

解　对方程组的增广矩阵 $\overline{\mathbf{A}}$ 作初等行变换：

$$\overline{\mathbf{A}}=\begin{pmatrix}1&2&1&-1&1\\2&1&-1&4&4\\1&-1&-2&5&3\end{pmatrix}\xrightarrow[r_3-r_1]{r_2-2r_1}\begin{pmatrix}1&2&1&-1&1\\0&-3&-3&6&2\\0&-3&-3&6&2\end{pmatrix}$$

$$\xrightarrow[r_2\times\left(-\frac{1}{3}\right)]{r_3-r_2}\begin{pmatrix}1&2&1&-1&1\\0&1&1&-2&-\dfrac{2}{3}\\0&0&0&0&0\end{pmatrix},$$

可见 $R(\mathbf{A})=R(\overline{\mathbf{A}})=2<4$，故方程组有无穷多解. 继续作初等行变换，把增广矩阵化为行最简形：

$$\overline{\mathbf{A}}\sim\begin{pmatrix}1&2&1&-1&1\\0&1&1&-2&-\dfrac{2}{3}\\0&0&0&0&0\end{pmatrix}\xrightarrow{r_1-2r_2}\begin{pmatrix}1&0&-1&3&\dfrac{7}{3}\\0&1&1&-2&-\dfrac{2}{3}\\0&0&0&0&0\end{pmatrix},$$

即得与原方程组同解的方程组

$$\begin{cases}x_1-x_3+3x_4=\dfrac{7}{3},\\x_2+x_3-2x_4=-\dfrac{2}{3}.\end{cases}$$

选 x_1,x_2 为主未知量，则

$$\begin{cases}x_1=x_3-3x_4+\dfrac{7}{3},\\x_2=-x_3+2x_4-\dfrac{2}{3}\end{cases}\quad(x_3,x_4\text{ 可任意取值}).$$

令 $x_3=c_1, x_4=c_2$，把它写成参数形式

$$\begin{cases} x_1=c_1-3c_2+\dfrac{7}{3}, \\ x_2=-c_1+2c_2-\dfrac{1}{3}, \\ x_3=c_1, \\ x_4=c_2, \end{cases}$$

其中 c_1, c_2 可任意取值. 也可写成向量形式

$$\begin{pmatrix} x_1 \\ x_2 \\ x_3 \\ x_4 \end{pmatrix}=c_1\begin{pmatrix} 1 \\ -1 \\ 1 \\ 0 \end{pmatrix}+c_2\begin{pmatrix} -3 \\ 2 \\ 0 \\ 1 \end{pmatrix}+\begin{pmatrix} \dfrac{7}{3} \\ -\dfrac{2}{3} \\ 0 \\ 0 \end{pmatrix} \quad (c_1, c_2 \in \mathbf{R}).$$

例 2.7.3 求解非齐次线性方程组

$$\begin{cases} x_1+3x_2-x_3+x_4=1, \\ 3x_1+2x_2-2x_3+2x_4=2, \\ 2x_1-x_2-x_3+x_4=-1. \end{cases}$$

解 对方程组的增广矩阵 $\overline{\mathbf{A}}$ 作初等行变换：

$$\overline{\mathbf{A}}=\begin{pmatrix} 1 & 3 & -1 & 1 & 1 \\ 3 & 2 & -2 & 2 & 2 \\ 2 & -1 & -1 & 1 & -1 \end{pmatrix} \xrightarrow[r_3-2r_1]{r_2-3r_1} \begin{pmatrix} 1 & 3 & -1 & 1 & 1 \\ 0 & -7 & 1 & -1 & -1 \\ 0 & -7 & 1 & -1 & -3 \end{pmatrix}$$

$$\xrightarrow{r_3-r_2} \begin{pmatrix} 1 & 3 & -1 & 1 & 1 \\ 0 & -7 & 1 & -1 & -1 \\ 0 & 0 & 0 & 0 & -2 \end{pmatrix},$$

可见 $R(\mathbf{A})=2 \neq R(\overline{\mathbf{A}})=3$，所以方程组无解.

例 2.7.4 求解非齐次线性方程组

$$\begin{cases} x_1-x_2-x_3+x_4=0, \\ x_1-x_2+x_3-3x_4=1, \\ x_1-x_2-2x_3+3x_4=-\dfrac{1}{2}. \end{cases}$$

解 对 $\overline{\mathbf{A}}$ 作初等行变换：

$$\overline{\mathbf{A}}=\begin{pmatrix} 1 & -1 & -1 & 1 & 0 \\ 1 & -1 & 1 & -3 & 1 \\ 1 & -1 & -2 & 3 & -\dfrac{1}{2} \end{pmatrix} \xrightarrow[r_3-r_1]{r_2-r_1} \begin{pmatrix} 1 & -1 & -1 & 1 & 0 \\ 0 & 0 & 2 & -4 & 1 \\ 0 & 0 & -1 & 2 & -\dfrac{1}{2} \end{pmatrix}$$

$$\xrightarrow[\substack{r_1+r_2\\ r_3+r_2}]{r_2\times\frac{1}{2}}\begin{pmatrix}1 & -1 & 0 & -1 & \frac{1}{2}\\ 0 & 0 & 1 & -2 & \frac{1}{2}\\ 0 & 0 & 0 & 0 & 0\end{pmatrix},$$

可见 $R(\mathbf{A})=R(\bar{\mathbf{A}})=2<4$,故方程组有无穷多解. 根据阶梯形矩阵的特点,选 x_1,x_3 为主未知量,得

$$\begin{cases}x_1=x_2+x_4+\dfrac{1}{2},\\ x_2=x_2,\\ x_3=2x_4+\dfrac{1}{2},\\ x_4=x_4\end{cases}\quad (x_2,x_4 \text{ 可任意取值}).$$

令 $x_2=c_1,x_4=c_2$,通解的向量形式为

$$\begin{pmatrix}x_1\\ x_2\\ x_3\\ x_4\end{pmatrix}=c_1\begin{pmatrix}1\\ 1\\ 0\\ 0\end{pmatrix}+c_2\begin{pmatrix}1\\ 0\\ 2\\ 1\end{pmatrix}+\begin{pmatrix}\frac{1}{2}\\ 0\\ \frac{1}{2}\\ 0\end{pmatrix}\quad (c_1,c_2\in\mathbf{R}).$$

例 2.7.5 求解齐次线性方程组

$$\begin{cases}x_1+2x_2+x_3-x_4=0,\\ 2x_1+x_2-x_3+4x_4=0,\\ x_1-x_2-2x_3+5x_4=0.\end{cases}$$

解 对方程组系数矩阵作初等行变换,使其变为行最简形矩阵:

$$\mathbf{A}=\begin{pmatrix}1 & 2 & 1 & -1\\ 2 & 1 & -1 & 4\\ 1 & -1 & -2 & 5\end{pmatrix}\xrightarrow[r_3-r_1]{r_2-2r_1}\begin{pmatrix}1 & 2 & 1 & -1\\ 0 & -3 & -3 & 6\\ 0 & -3 & -3 & 6\end{pmatrix}$$

$$\xrightarrow[r_2\times\left(-\frac{1}{3}\right)]{r_3-r_2}\begin{pmatrix}1 & 2 & 1 & -1\\ 0 & 1 & 1 & -2\\ 0 & 0 & 0 & 0\end{pmatrix}\xrightarrow{r_1-2r_2}\begin{pmatrix}1 & 0 & -1 & 3\\ 0 & 1 & 1 & -2\\ 0 & 0 & 0 & 0\end{pmatrix},$$

由此得与原方程组的同解方程组

$$\begin{cases}x_1-x_3+3x_4=0,\\ x_2+x_3-2x_4=0,\end{cases}$$

即

$$\begin{cases} x_1 = x_3 - 3x_4, \\ x_2 = -x_3 + 2x_4, \\ x_3 = x_3, \\ x_4 = x_4 \end{cases} \quad (x_3, x_4 \text{ 可任意取值}).$$

令 $x_3 = c_1, x_4 = c_2$，则通解的向量形式为

$$\begin{pmatrix} x_1 \\ x_2 \\ x_3 \\ x_4 \end{pmatrix} = c_1 \begin{pmatrix} 1 \\ -1 \\ 1 \\ 0 \end{pmatrix} + c_2 \begin{pmatrix} -3 \\ 2 \\ 0 \\ 1 \end{pmatrix} \qquad (c_1, c_2 \in \mathbf{R}).$$

例 2.7.6 设有线性方程组

$$\begin{cases} x_1 + 3x_2 + x_3 = 0, \\ 3x_1 + 2x_2 + 3x_3 = -1, \\ -x_1 + 4x_2 + mx_3 = k. \end{cases}$$

问 m, k 为何值时，方程组有唯一解？无解？有无穷多解？在有无穷多解时求其通解.

解法 1 对方程组的增广矩阵 $\bar{\mathbf{A}}$ 作初等行变换：

$$\bar{\mathbf{A}} = \begin{pmatrix} 1 & 3 & 1 & 0 \\ 3 & 2 & 3 & -1 \\ -1 & 4 & m & k \end{pmatrix} \xrightarrow[r_3 + r_1]{r_2 - 3r_1} \begin{pmatrix} 1 & 3 & 1 & 0 \\ 0 & -7 & 0 & -1 \\ 0 & 7 & m+1 & k \end{pmatrix}$$

$$\xrightarrow{r_3 + r_2} \begin{pmatrix} 1 & 3 & 1 & 0 \\ 0 & -7 & 0 & -1 \\ 0 & 0 & m+1 & k-1 \end{pmatrix}.$$

(1) 当 $m \neq -1$ 时，$R(\mathbf{A}) = R(\bar{\mathbf{A}}) = 3$，方程组有唯一解；

(2) 当 $m = -1$，且 $k \neq 1$ 时，$R(\mathbf{A}) = 2, R(\bar{\mathbf{A}}) = 3$，方程组无解；

(3) 当 $m = -1$，且 $k = 1$ 时，$R(\mathbf{A}) = R(\bar{\mathbf{A}}) = 2 < 3$，方程组有无穷多解. 这时，将 $m = -1, k = 1$ 代入 $\bar{\mathbf{A}}$，并继续施行初等行变换化 $\bar{\mathbf{A}}$ 为行最简形

$$\bar{\mathbf{A}} \sim \begin{pmatrix} 1 & 3 & 1 & 0 \\ 0 & -7 & 0 & -1 \\ 0 & 0 & 0 & 0 \end{pmatrix} \xrightarrow[r_1 - 3r_2]{r_2 \times \left(-\frac{1}{7}\right)} \begin{pmatrix} 1 & 0 & 1 & -\dfrac{3}{7} \\ 0 & 1 & 0 & \dfrac{1}{7} \\ 0 & 0 & 0 & 0 \end{pmatrix},$$

由此便得通解

$$\begin{cases} x_1 = -x_3 - \dfrac{3}{7}, \\ x_2 = \dfrac{1}{7}, \\ x_3 = x_3 \end{cases} \qquad (x_3 \text{ 可任意取值}),$$

即

$$\begin{pmatrix} x_1 \\ x_2 \\ x_3 \end{pmatrix} = c\begin{pmatrix} -1 \\ 0 \\ 1 \end{pmatrix} + \begin{pmatrix} -\frac{3}{7} \\ \frac{1}{7} \\ 0 \end{pmatrix} \quad (c \in \mathbf{R}).$$

解法 2　因为方程组的系数矩阵 $\boldsymbol{A}$ 为方阵，故由克拉默法则，当 $|\boldsymbol{A}| \neq 0$ 时，方程组有唯一解. 而

$$|\boldsymbol{A}| = \begin{vmatrix} 1 & 3 & 1 \\ 3 & 2 & 3 \\ -1 & 4 & m \end{vmatrix} = -7(m+1),$$

因此，当 $m \neq -1$ 时，方程组有唯一解.

当 $m=-1$ 时，因为

$$\overline{\boldsymbol{A}} = \begin{pmatrix} 1 & 3 & 1 & 0 \\ 3 & 2 & 3 & -1 \\ -1 & 4 & -1 & k \end{pmatrix} \xrightarrow[r_3+r_1]{r_2-3r_1} \begin{pmatrix} 1 & 3 & 1 & 0 \\ 0 & -7 & 0 & -1 \\ 0 & 7 & 0 & k \end{pmatrix}$$

$$\xrightarrow[r_2\times\left(-\frac{1}{7}\right)]{r_3+r_2} \begin{pmatrix} 1 & 3 & 1 & 0 \\ 0 & 1 & 0 & \frac{1}{7} \\ 0 & 0 & 0 & k-1 \end{pmatrix} \xrightarrow{r_1-3r_2} \begin{pmatrix} 1 & 0 & 1 & -\frac{3}{7} \\ 0 & 1 & 0 & \frac{1}{7} \\ 0 & 0 & 0 & k-1 \end{pmatrix},$$

所以，当 $m=-1$，且 $k \neq 1$ 时，$R(\boldsymbol{A})=2<R(\overline{\boldsymbol{A}})=3$，方程组无解；当 $m=-1$，且 $k=1$ 时，$R(\boldsymbol{A})=R(\overline{\boldsymbol{A}})=2<3$，方程组有无穷多解，且通解为

$$\begin{pmatrix} x_1 \\ x_2 \\ x_3 \end{pmatrix} = c\begin{pmatrix} -1 \\ 0 \\ 1 \end{pmatrix} + \begin{pmatrix} -\frac{3}{7} \\ \frac{1}{7} \\ 0 \end{pmatrix} \quad (c \in \mathbf{R}).$$

作为本节的结束，我们将定理 2.7.2 推广到矩阵方程.

定理 2.7.3　矩阵方程 $\boldsymbol{AX}=\boldsymbol{B}$ 有解的充分必要条件是 $R(\boldsymbol{A})=R((\boldsymbol{A},\boldsymbol{B}))$，其中 $\boldsymbol{A} \in P^{m\times n}$，$\boldsymbol{B} \in P^{m\times s}$.

证　充分性. 由定理的条件知，$\boldsymbol{X}$ 为 $n\times s$ 型矩阵. 将 $\boldsymbol{X}$，$\boldsymbol{B}$ 按列分块：

$$\boldsymbol{X}=(\boldsymbol{x}_1,\boldsymbol{x}_2,\cdots,\boldsymbol{x}_s), \quad \boldsymbol{B}=(\boldsymbol{b}_1,\boldsymbol{b}_2,\cdots,\boldsymbol{b}_s).$$

因为 $R(\boldsymbol{A})=R((\boldsymbol{A},\boldsymbol{B}))$，所以

$$R(\boldsymbol{A}) \leqslant R((\boldsymbol{A},\boldsymbol{b}_i)) \leqslant R((\boldsymbol{A},\boldsymbol{B}))=R(\boldsymbol{A}),$$

由此得

$$R(\boldsymbol{A})=R((\boldsymbol{A},\boldsymbol{b}_i))\quad(i=1,2,\cdots,s),$$

于是对任意 $i=1,2,\cdots,s$，方程组 $\boldsymbol{A}\boldsymbol{x}_i=\boldsymbol{b}_i$ 都有解 $\boldsymbol{c}_i$，令 $\boldsymbol{C}=(\boldsymbol{c}_1,\boldsymbol{c}_2,\cdots,\boldsymbol{c}_s)$，则矩阵 $\boldsymbol{C}$ 即为 $\boldsymbol{AX}=\boldsymbol{B}$ 的解.

必要性. 因为 $\boldsymbol{AX}=\boldsymbol{B}$ 有解，所以存在 $n\times s$ 型矩阵 $\boldsymbol{C}$，使得 $\boldsymbol{AC}=\boldsymbol{B}$. 于是

$$R(\boldsymbol{A})\leqslant R((\boldsymbol{A},\boldsymbol{B}))=R((\boldsymbol{A},\boldsymbol{AC}))=R((\boldsymbol{A}(\boldsymbol{E},\boldsymbol{C})))\leqslant R(\boldsymbol{A}),$$

故 $R(\boldsymbol{A})=R((\boldsymbol{A},\boldsymbol{B}))$. □

与方程组解的情况类似，对矩阵方程 $\boldsymbol{A}_{m\times n}\boldsymbol{X}_{n\times s}=\boldsymbol{B}_{m\times s}$ 来说，当 $R(\boldsymbol{A})=R((\boldsymbol{A},\boldsymbol{B}))=n$ 时，有唯一解；当 $R(\boldsymbol{A})=R((\boldsymbol{A},\boldsymbol{B}))<n$ 时，有无穷多解. 特别地，当 $\boldsymbol{B}=\boldsymbol{O}$ 时，$\boldsymbol{A}_{m\times n}\boldsymbol{X}_{n\times s}=\boldsymbol{O}$ 只有零解的充分必要条件是 $R(\boldsymbol{A})=n$. 因此，当 $\boldsymbol{AB}=\boldsymbol{O}$ 时，$\boldsymbol{A}$ 不是零因子的充分必要条件是 $\boldsymbol{A}$ 为列满秩矩阵；$\boldsymbol{B}$ 不是零因子的充分必要条件是 $\boldsymbol{B}$ 为行满秩矩阵.

练　习　2.7

1. 求解下列齐次方程组：

(1) $\begin{cases}x_1-x_2-x_3+x_4=0,\\ x_1-x_2+x_3-3x_4=0,\\ x_1-x_2-2x_3+3x_4=0;\end{cases}$　　(2) $\begin{cases}x_1-2x_2+3x_3-4x_4=0,\\ x_2-x_3+x_4=0,\\ x_1-4x_2+3x_3-2x_4=0.\end{cases}$

2. 求解下列非齐次方程组：

(1) $\begin{cases}2x_1-3x_2+x_3=-5,\\ x_1-2x_2-x_3=-2,\\ 4x_1-2x_2+7x_3=-7,\\ x_1-x_2+2x_3=-3;\end{cases}$　　(2) $\begin{cases}x_1-2x_2+3x_3-x_4=1,\\ 3x_1-x_2+5x_3-3x_4=2,\\ 2x_1+x_2+2x_3-2x_4=3;\end{cases}$

(3) $\begin{cases}x_1+x_3-x_4-3x_5=-2,\\ x_1+2x_2-x_3-x_5=1,\\ 4x_1+6x_2-2x_3-4x_4+3x_5=7,\\ 2x_1-2x_2+4x_3-7x_4+4x_5=1.\end{cases}$

3. 方程个数少于未知数个数的齐次线性方程组必有无穷多解，对不对？为什么？

4. 设有线性方程组

$$\begin{cases}(1+\lambda)x_1+x_2+x_3=0,\\ x_1+(1+\lambda)x_2+x_3=3,\\ x_1+x_2+(1+\lambda)x_3=\lambda,\end{cases}$$

问 λ 取何值时方程组有唯一解？无解？有无穷多解？在有无穷多解时，求其通解.

小结与点注

1. 矩阵作为某些线性问题简约或速记表示，是一张简单的“数表”，而矩阵与线

性变换、线性方程组及其他一些实际问题相联系，使它的内容丰富起来，其运算反映了它所代表的线性问题的运算规律，是研究和处理线性问题的有力工具. 矩阵的线性运算（包括加法与数乘运算）都归结为对矩阵中数的运算，与坐标形式的几何、物理向量的线性运算有相同的模式，且遵循相同的八条运算规律. 所以，矩阵的线性运算也可以看成几何、物理向量线性运算的自然而有意义的推广. 了解这种共性，不仅有益于本章的学习，而且可以为学习线性空间（第 6 章）提供一个简单背景与具体实例.

2. 矩阵的乘法运算与数的乘法运算有某些相似性，如矩阵相乘满足结合律、（左右）分配律，更有自己的新特点：

（1）有严格的可乘条件：左矩阵因子的列数必须等于右矩阵因子的行数，两个矩阵相乘才有意义；

（2）交换律不成立；

（3）存在零因子，消去律不成立.

3. 逆矩阵的概念是类比非零数的倒数引进的，希望在某些方阵中可做“除法”，结果是方阵 $\boldsymbol{A}$ 可逆$\Leftrightarrow|\boldsymbol{A}|\neq 0$（数中 a 有倒数$\Leftrightarrow a\neq 0$）. 逆矩阵对应着一个可逆线性变换的逆变换，可视为矩阵乘法运算的逆运算. 因此可逆矩阵在矩阵的运算中具有非零数在数的运算中的一些类似性质：可逆矩阵不是零因子、适合乘法消去律、含可逆矩阵的三类典型矩阵方程有唯一解，等等.

4. 矩阵间的等价概念反映了线性方程组间的同解，而矩阵的初等变换则源于求解线性方程组的消元法. 矩阵的秩是等价矩阵共有的数量特征，是矩阵在初等变换下的不变量，矩阵的等价标准形是矩阵等价类中的最简形式，由矩阵的秩唯一确定. 此外，还可以证明，任何 $m\times n$ 型矩阵 $\boldsymbol{A}$ 与一个且仅与一个行最简形矩阵行等价[14]. 以上思想既是一般线性方程组矩阵消元法的理论基础，也为我们利用矩阵研究向量间的线性关系提供了有意义的思想方法. 由此可知，线性方程组理论与矩阵理论是十分和谐的. 通过对方程组系数矩阵的秩与增广矩阵秩的关系的讨论，可以解决方程组解的相容性和唯一性问题，直至具体求出其解，还可以体会方程组中方程的独立性问题（独立性问题的严格理论论证需要向量的线性相关性的理论，我们在第 3 章中讨论）：若线性方程组 $\boldsymbol{A}_{m\times n}\boldsymbol{x}=\boldsymbol{b}$ 的系数矩阵的秩 $R(\boldsymbol{A})=r(\leqslant m)$，则该方程组中只有 r 个方程是独立的，而其余 $m-r$ 个方程是多余的. 消元法既可以消去方程组中一些方程的未知数的个数，又可以去掉方程组中的多余方程. 因此，通过对方程组的增广矩阵作初等行变换得到的阶梯形方程组是没有多余方程且与原方程组同解的方程组；反过来，我们也可以利用线性方程组的理论研究矩阵的性质，例如，可以利用定理 2.7.3 的结论重新证明例 2.6.6(2).

设 $\boldsymbol{C}=\boldsymbol{AB}$，则矩阵方程 $\boldsymbol{AX}=\boldsymbol{C}$ 有解，于是由定理 2.7.3 知

$$R(\boldsymbol{A})=R((\boldsymbol{A},\boldsymbol{C}))\geqslant R(\boldsymbol{C})=R(\boldsymbol{AB}).$$

又

$$R(\boldsymbol{C})=R(\boldsymbol{C}^{\mathrm{T}})=R(\boldsymbol{B}^{\mathrm{T}}\boldsymbol{A}^{\mathrm{T}})\leqslant R(\boldsymbol{B}^{\mathrm{T}})=R(\boldsymbol{B}),$$

所以

$$R(\boldsymbol{C})\leqslant\min\{R(\boldsymbol{A}),R(\boldsymbol{B})\}.$$

5. 矩阵的分块法和矩阵的初等变换是研究矩阵的两种常用方法. ①对矩阵进行分块的目的是为了简化运算. 在实际问题中,没有统一的分块格式,只有综合考虑矩阵的特点、问题的要求及分块后运算的可行性等因素,才能恰当、灵活地运用分块法技巧. ②利用矩阵的初等变换不但可以讨论和求解线性方程组,计算行列式的值,还可以求可逆矩阵的逆矩阵,解某些矩阵方程,求矩阵的秩和它的等价标准形,以后还可以用初等变换求由有限个向量组成的向量组的最大线性无关组. 与初等变换密切相关的是初等矩阵,它把矩阵的初等变换与矩阵的乘法联系起来,使初等变换的作用得到更好的发挥,尤其在理论问题的讨论中应予以特别重视. 作为例子,我们给出等式 $|\boldsymbol{AB}|=|\boldsymbol{A}||\boldsymbol{B}|$ ($\boldsymbol{A},\boldsymbol{B}$ 为 n 阶方阵)的另一证法.

当 $|\boldsymbol{A}|=0$,即 $R(\boldsymbol{A})<n$ 时,因为 $R(\boldsymbol{AB})\leqslant R(\boldsymbol{A})<n$,所以 $|\boldsymbol{AB}|=0=|\boldsymbol{A}||\boldsymbol{B}|$.

若 $|\boldsymbol{A}|\neq0$,首先证明当 $\boldsymbol{A}$ 为初等矩阵时结论成立. 这时,因为

$$|\boldsymbol{A}|=\begin{cases}-1, & \boldsymbol{A}=\boldsymbol{E}(i,j),\\ k, & \boldsymbol{A}=\boldsymbol{E}(i(k)),\\ 1, & \boldsymbol{A}=\boldsymbol{E}(i,j(k)),\end{cases}$$

而当 $\boldsymbol{A}$ 为初等矩阵时,用 $\boldsymbol{A}$ 左乘 $\boldsymbol{B}$ 相当于对 $\boldsymbol{B}$ 作一次初等行变换,所以

$$|\boldsymbol{AB}|=\begin{cases}-|\boldsymbol{B}|, & \boldsymbol{A}=\boldsymbol{E}(i,j),\\ k|\boldsymbol{B}|, & \boldsymbol{A}=\boldsymbol{E}(i(k)),\\ |\boldsymbol{B}|, & \boldsymbol{A}=\boldsymbol{E}(i,j(k)),\end{cases}$$

从而有 $|\boldsymbol{AB}|=|\boldsymbol{A}||\boldsymbol{B}|$.

其次,证明一般情形. 因为 $|\boldsymbol{A}|\neq0$,所以存在初等矩阵 $\boldsymbol{P}_1,\boldsymbol{P}_2,\cdots,\boldsymbol{P}_s$,使得

$$\boldsymbol{A}=\boldsymbol{P}_1\boldsymbol{P}_2\cdots\boldsymbol{P}_s,$$

于是

$$\begin{aligned}|\boldsymbol{AB}|&=|\boldsymbol{P}_1\boldsymbol{P}_2\cdots\boldsymbol{P}_s\boldsymbol{B}|=|\boldsymbol{P}_1||\boldsymbol{P}_2\cdots\boldsymbol{P}_s\boldsymbol{B}|\\&=\cdots=|\boldsymbol{P}_1||\boldsymbol{P}_2|\cdots|\boldsymbol{P}_r||\boldsymbol{B}|=|\boldsymbol{A}||\boldsymbol{B}|.\end{aligned}$$

6*. 分块矩阵的初等变换. 在例 2.4.3 中等式

$$\begin{pmatrix}\boldsymbol{O} & \boldsymbol{E}_r\\ \boldsymbol{E}_s & \boldsymbol{O}\end{pmatrix}\begin{pmatrix}\boldsymbol{B} & \boldsymbol{O}\\ \boldsymbol{C} & \boldsymbol{A}\end{pmatrix}=\begin{pmatrix}\boldsymbol{C} & \boldsymbol{A}\\ \boldsymbol{B} & \boldsymbol{O}\end{pmatrix}$$

的作用实质上是交换分块矩阵 $\begin{pmatrix}\boldsymbol{B} & \boldsymbol{O}\\ \boldsymbol{C} & \boldsymbol{A}\end{pmatrix}$ 两行,而在例 2.6.6 中等式

$$\begin{pmatrix}\boldsymbol{E}_m & -\boldsymbol{E}_m\\ \boldsymbol{O} & \boldsymbol{E}_m\end{pmatrix}\begin{pmatrix}\boldsymbol{A} & \boldsymbol{B}\\ \boldsymbol{O} & \boldsymbol{B}\end{pmatrix}=\begin{pmatrix}\boldsymbol{A} & \boldsymbol{O}\\ \boldsymbol{O} & \boldsymbol{B}\end{pmatrix}$$

的作用实质上是分块矩阵 $\begin{pmatrix}\boldsymbol{A} & \boldsymbol{B}\\ \boldsymbol{O} & \boldsymbol{B}\end{pmatrix}$ 的第一行减去第二行左乘 m 阶单位矩阵 $\boldsymbol{E}_m$. 这种对分块矩阵施行的初等变换称为分块矩阵的初等变换. 这里我们仅就 2×2 型分块矩阵的情况对分块矩阵的初等变换作一简单介绍. 将单位矩阵作如下分块:

$$\begin{pmatrix} \boldsymbol{E}_m & \boldsymbol{O} \\ \boldsymbol{O} & \boldsymbol{E}_n \end{pmatrix},$$

对它进行两行(列)对换、某一行(列)左(右)乘一个矩阵、一行(列)加上另一行(列)乘一矩阵就可以得到如下矩阵:

(1) 分块对换矩阵

$$\begin{pmatrix} \boldsymbol{O} & \boldsymbol{E}_n \\ \boldsymbol{E}_m & \boldsymbol{O} \end{pmatrix};$$

(2) 分块倍乘矩阵

$$\begin{pmatrix} \boldsymbol{C}_1 & \boldsymbol{O} \\ \boldsymbol{O} & \boldsymbol{E}_n \end{pmatrix} \text{或} \begin{pmatrix} \boldsymbol{E}_m & \boldsymbol{O} \\ \boldsymbol{O} & \boldsymbol{C}_2 \end{pmatrix};$$

(3) 分块倍加矩阵

$$\begin{pmatrix} \boldsymbol{E}_m & \boldsymbol{O} \\ \boldsymbol{C}_3 & \boldsymbol{E}_n \end{pmatrix} \text{或} \begin{pmatrix} \boldsymbol{E}_m & \boldsymbol{C}_4 \\ \boldsymbol{O} & \boldsymbol{E}_n \end{pmatrix},$$

其中 $\boldsymbol{C}_1$ 为 m 阶可逆方阵,$\boldsymbol{C}_2$ 为 n 阶可逆方阵,$\boldsymbol{C}_3$,$\boldsymbol{C}_4$ 分别为 $n\times m$ 和 $m\times n$ 型矩阵. 上述三类矩阵统称为分块初等矩阵. 分块初等矩阵虽然不是初等矩阵,但与初等矩阵有类似的性质和作用:

① 分块初等矩阵均可逆,且其逆矩阵为同类型的分块初等矩阵:

$$\begin{pmatrix} \boldsymbol{O} & \boldsymbol{E}_n \\ \boldsymbol{E}_m & \boldsymbol{O} \end{pmatrix}^{-1} = \begin{pmatrix} \boldsymbol{O} & \boldsymbol{E}_m \\ \boldsymbol{E}_n & \boldsymbol{O} \end{pmatrix}, \qquad \begin{pmatrix} \boldsymbol{C}_1 & \boldsymbol{O} \\ \boldsymbol{O} & \boldsymbol{E}_n \end{pmatrix}^{-1} = \begin{pmatrix} \boldsymbol{C}_1^{-1} & \boldsymbol{O} \\ \boldsymbol{O} & \boldsymbol{E}_n \end{pmatrix},$$

$$\begin{pmatrix} \boldsymbol{E}_m & \boldsymbol{O} \\ \boldsymbol{O} & \boldsymbol{C}_2 \end{pmatrix}^{-1} = \begin{pmatrix} \boldsymbol{E}_m & \boldsymbol{O} \\ \boldsymbol{O} & \boldsymbol{C}_2^{-1} \end{pmatrix}, \qquad \begin{pmatrix} \boldsymbol{E}_m & \boldsymbol{O} \\ \boldsymbol{C}_3 & \boldsymbol{E}_n \end{pmatrix}^{-1} = \begin{pmatrix} \boldsymbol{E}_m & \boldsymbol{O} \\ -\boldsymbol{C}_3 & \boldsymbol{E}_n \end{pmatrix},$$

$$\begin{pmatrix} \boldsymbol{E}_m & \boldsymbol{C}_4 \\ \boldsymbol{O} & \boldsymbol{E}_n \end{pmatrix}^{-1} = \begin{pmatrix} \boldsymbol{E}_m & -\boldsymbol{C}_4 \\ \boldsymbol{O} & \boldsymbol{E}_n \end{pmatrix}.$$

② 在保证可乘的条件下,一个分块矩阵

$$\boldsymbol{A} = \begin{pmatrix} \boldsymbol{A}_{11} & \boldsymbol{A}_{12} \\ \boldsymbol{A}_{21} & \boldsymbol{A}_{22} \end{pmatrix}$$

左乘一个分块初等矩阵,相当于对 $\boldsymbol{A}$ 作一次(分块)初等行变换;右乘一个分块矩阵,相当于对 $\boldsymbol{A}$ 作一次(分块)初等列变换. 由于分块初等矩阵都是可逆矩阵,所以,分块初等矩阵在可乘的条件下与矩阵相乘不改变矩阵的秩.

作为分块矩阵初等变换的应用,我们再看一个例子.

*__例__　证明:(1) $|\lambda\boldsymbol{E}_n-\boldsymbol{AB}|=\lambda^{n-m}|\lambda\boldsymbol{E}_m-\boldsymbol{BA}|$,其中 $\boldsymbol{A}\in P^{n\times m}$,$\boldsymbol{B}\in P^{m\times n}$,数 $\lambda\neq 0$;

(2) (西尔维斯特(Sylvester)不等式)$R(\boldsymbol{AB})\geqslant R(\boldsymbol{A})+R(\boldsymbol{B})-n$,其中 $\boldsymbol{A}\in P^{m\times n}$,$\boldsymbol{B}\in P^{n\times s}$.

证　(1) 首先证明 $|\boldsymbol{E}_n-\boldsymbol{AB}|=|\boldsymbol{E}_m-\boldsymbol{BA}|$. 对分块矩阵

$$\begin{pmatrix} \boldsymbol{E}_n & \boldsymbol{A} \\ \boldsymbol{B} & \boldsymbol{E}_m \end{pmatrix}$$

作初等变换：

$$\begin{pmatrix} \boldsymbol{E}_n & \boldsymbol{A} \\ \boldsymbol{B} & \boldsymbol{E}_m \end{pmatrix} \xrightarrow{r_1 - \boldsymbol{A} r_2} \begin{pmatrix} \boldsymbol{E}_n - \boldsymbol{AB} & \boldsymbol{O} \\ \boldsymbol{B} & \boldsymbol{E}_m \end{pmatrix},$$

$$\begin{pmatrix} \boldsymbol{E}_n & \boldsymbol{A} \\ \boldsymbol{B} & \boldsymbol{E}_m \end{pmatrix} \xrightarrow{c_2 - c_1 \boldsymbol{A}} \begin{pmatrix} \boldsymbol{E}_n & \boldsymbol{O} \\ \boldsymbol{B} & \boldsymbol{E}_m - \boldsymbol{BA} \end{pmatrix}.$$

上述过程用分块初等矩阵与分块矩阵的乘积可表示为

$$\begin{pmatrix} \boldsymbol{E}_n & -\boldsymbol{A} \\ \boldsymbol{O} & \boldsymbol{E}_m \end{pmatrix} \begin{pmatrix} \boldsymbol{E}_n & \boldsymbol{A} \\ \boldsymbol{B} & \boldsymbol{E}_m \end{pmatrix} = \begin{pmatrix} \boldsymbol{E}_n - \boldsymbol{AB} & \boldsymbol{O} \\ \boldsymbol{B} & \boldsymbol{E}_m \end{pmatrix},$$

$$\begin{pmatrix} \boldsymbol{E}_n & \boldsymbol{A} \\ \boldsymbol{B} & \boldsymbol{E}_m \end{pmatrix} \begin{pmatrix} \boldsymbol{E}_n & -\boldsymbol{A} \\ \boldsymbol{O} & \boldsymbol{E}_m \end{pmatrix} = \begin{pmatrix} \boldsymbol{E}_n & \boldsymbol{O} \\ \boldsymbol{B} & \boldsymbol{E}_m - \boldsymbol{BA} \end{pmatrix},$$

所以

$$\begin{vmatrix} \boldsymbol{E}_n & -\boldsymbol{A} \\ \boldsymbol{O} & \boldsymbol{E}_m \end{vmatrix} \begin{vmatrix} \boldsymbol{E}_n & \boldsymbol{A} \\ \boldsymbol{B} & \boldsymbol{E}_m \end{vmatrix} = \begin{vmatrix} \boldsymbol{E}_n - \boldsymbol{AB} & \boldsymbol{O} \\ \boldsymbol{B} & \boldsymbol{E}_m \end{vmatrix} = |\boldsymbol{E}_n - \boldsymbol{AB}|,$$

$$\begin{vmatrix} \boldsymbol{E}_n & \boldsymbol{A} \\ \boldsymbol{B} & \boldsymbol{E}_m \end{vmatrix} \begin{vmatrix} \boldsymbol{E}_n & -\boldsymbol{A} \\ \boldsymbol{O} & \boldsymbol{E}_m \end{vmatrix} = \begin{vmatrix} \boldsymbol{E}_n & \boldsymbol{O} \\ \boldsymbol{B} & \boldsymbol{E}_m - \boldsymbol{BA} \end{vmatrix} = |\boldsymbol{E}_m - \boldsymbol{BA}|,$$

显然

$$\begin{vmatrix} \boldsymbol{E}_n & -\boldsymbol{A} \\ \boldsymbol{O} & \boldsymbol{E}_m \end{vmatrix} = 1,$$

所以 $|\boldsymbol{E}_n - \boldsymbol{AB}| = |\boldsymbol{E}_m - \boldsymbol{BA}|$. 其次，因为 $\lambda \neq 0$，所以

$$|\lambda \boldsymbol{E}_n - \boldsymbol{AB}| = \lambda^n \left| \boldsymbol{E}_n - \frac{1}{\lambda} \boldsymbol{AB} \right| = \lambda^n \left| \boldsymbol{E}_m - \frac{1}{\lambda} \boldsymbol{BA} \right| = \lambda^{n-m} |\lambda \boldsymbol{E}_m - \boldsymbol{BA}|.$$

(2) 令

$$\boldsymbol{G} = \begin{pmatrix} \boldsymbol{E}_n & \boldsymbol{O} \\ \boldsymbol{O} & \boldsymbol{AB} \end{pmatrix},$$

则 $R(\boldsymbol{G}) = R(\boldsymbol{E}_n) + R(\boldsymbol{AB}) = n + R(\boldsymbol{AB})$. 另外，对分块矩阵 $\boldsymbol{G}$ 作初等变换：

$$\begin{pmatrix} \boldsymbol{O} & \boldsymbol{E}_m \\ \boldsymbol{E}_n & \boldsymbol{O} \end{pmatrix} \begin{pmatrix} \boldsymbol{E}_n & \boldsymbol{O} \\ \boldsymbol{A} & \boldsymbol{E}_m \end{pmatrix} \begin{pmatrix} \boldsymbol{E}_n & \boldsymbol{O} \\ \boldsymbol{O} & \boldsymbol{AB} \end{pmatrix} \begin{pmatrix} \boldsymbol{E}_n & -\boldsymbol{B} \\ \boldsymbol{O} & \boldsymbol{E}_s \end{pmatrix} = \begin{pmatrix} \boldsymbol{A} & \boldsymbol{O} \\ \boldsymbol{E}_n & -\boldsymbol{B} \end{pmatrix},$$

容易看出，在分块矩阵 $\begin{pmatrix} \boldsymbol{A} & \boldsymbol{O} \\ \boldsymbol{E}_n & -\boldsymbol{B} \end{pmatrix}$ 中，矩阵 $\boldsymbol{A}$ 的 $R(\boldsymbol{A})$ 阶非零子式和矩阵 $-\boldsymbol{B}$ 的 $R(-\boldsymbol{B})$ 阶非零子式所在的位置行和列合起来，就组成 $\begin{pmatrix} \boldsymbol{A} & \boldsymbol{O} \\ \boldsymbol{E}_n & -\boldsymbol{B} \end{pmatrix}$ 的一个不为零的 $R(\boldsymbol{A}) + R(\boldsymbol{B})$ 阶子式，故

$$R\left(\begin{pmatrix} \boldsymbol{A} & \boldsymbol{O} \\ \boldsymbol{E}_n & -\boldsymbol{B} \end{pmatrix}\right) \geqslant R(\boldsymbol{A}) + R(\boldsymbol{B}).$$

又因为

$$\begin{pmatrix} E_n & O \\ A & E_m \end{pmatrix},\quad \begin{pmatrix} E_n & -B \\ O & E_s \end{pmatrix},\quad \begin{pmatrix} O & E_m \\ E_n & O \end{pmatrix}$$

都可逆，所以

$$R(G)=R\left(\begin{pmatrix} A & O \\ E_n & -B \end{pmatrix}\right)=n+R(AB)\geqslant R(A)+R(B),$$

即 $R(AB)\geqslant R(A)+R(B)-n$.

习　题　2

1. 判断下列命题是否正确.

(1) 设 A,B 是 n 阶方阵，则 $(A+B)^2=A^2+2AB+B^2$.　(　　)

(2) 设 A,B 是 n 阶方阵，且 $R(A)=n$. 由 $AB=O$，必可得 $B=O$.　(　　)

(3) 设 A,B 是 n 阶可逆方阵，且 $AB=BA$，则 $(AB)^{-1}=A^{-1}B^{-1}$.　(　　)

(4) 设 A 是可逆方阵，则 $|A^*|\leqslant 1$，其中 A^* 是 A 的伴随矩阵.　(　　)

(5) 设 a 是一个数，E 是 n 阶单位矩阵，则 $|aE|=a|E|$.　(　　)

(6) 设 A 是 n 阶方阵，则 $R(A)=R(A^*)$，其中 A^* 是 A 的伴随矩阵.　(　　)

(7) 含有 m 个方程，n 个未知数的齐次方程组，当 $m<n$ 时，必有非零解.　(　　)

(8) 含有 m 个方程，n 个未知数的线性方程组，当 $m<n$ 时，必有解.　(　　)

(9) 两个初等矩阵的乘积必为初等矩阵.　(　　)

(10) 设 n 阶方阵 A,B 满足 $A^2+AB+B^2=O$，则必有 $(A+B)^2=BA$.　(　　)

2. 选择题.

(1) 设 A,B,C 均为 n 阶方阵，则下列结论成立的是　(　　)

(A) 当 $AB=AC$ 且 $A\neq O$，则 $B=C$；　(B) 若 $AB=O$，则 $A=O$ 或 $B=O$；

(C) $(AB)^n=A^nB^n$；　(D) 若 $ABC=E$，则 $BCA=E$.

(2) 设 n 阶方阵 A 满足 $A^2=O$，E 是 n 阶单位矩阵，则　(　　)

(A) $|E-A|\neq 0$，但 $|E+A|=0$；　(B) $|E-A|=0$，但 $|E+A|\neq 0$；

(C) $|E-A|=|E+A|=0$；　(D) $|E-A|\neq 0$，且 $|E+A|\neq 0$.

(3) 设 n 阶方阵 A 与 B 等价，则必有　(　　)

(A) 当 $|A|=a(a\neq 0)$ 时，$|B|=a$；　(B) 当 $|A|=a(a\neq 0)$ 时，$|B|=-a$；

(C) 当 $|A|\neq 0$ 时，$|B|=0$；　(D) 当 $|A|=0$ 时，$|B|=0$.

(4) 下列结论正确的是　(　　)

(A) 若 A,B 均可逆，则 $A+B$ 一定可逆；

(B) 若 A,B 均不可逆，则 $A+B$ 一定不可逆；

(C) 若 A,B 均可逆，则 A^*B^* 一定可逆；

(D) 若 A 或 B 可逆，则 AB 一定可逆.

(5) 设 A 是 5 阶方阵，$R(A)=3$，则 A 的伴随矩阵的秩为　(　　)

(A) 0；　(B) 1；　(C) 2；　(D) 3.

(6) 若 $\boldsymbol{A},\boldsymbol{B}$ 是 n 阶方阵，且 $(\boldsymbol{AB})^2=\boldsymbol{E}$，则下列等式中错误的是　　(　　)

(A) $(\boldsymbol{BA})^2=\boldsymbol{E}$；　　(B) $\boldsymbol{A}^{-1}=\boldsymbol{B}$；

(C) $R(\boldsymbol{A})=R(\boldsymbol{B})$；　　(D) $\boldsymbol{A}^{-1}=\boldsymbol{BAB}$.

(7) 若方程组 $\boldsymbol{A}_{m\times n}\boldsymbol{X}=\boldsymbol{b}(m\leqslant n)$ 对于任意列向量 $\boldsymbol{b}=(b_1,b_2,\cdots,b_m)^{\mathrm{T}}$ 都有解，则　　(　　)

(A) $R(\boldsymbol{A})=n$；　　(B) $R(\boldsymbol{A})=m$；　　(C) $R(\boldsymbol{A})>n$；　　(D) $R(\boldsymbol{A})<m$.

(8) 设 $\boldsymbol{A}=(a_{ij})_{3\times3}$，$\boldsymbol{B}=\begin{pmatrix}a_{21} & a_{22}+a_{23} & a_{23}\\ a_{31} & a_{32}+a_{33} & a_{33}\\ a_{11} & a_{12}+a_{13} & a_{13}\end{pmatrix}$，$\boldsymbol{P}=\begin{pmatrix}0&1&0\\0&0&1\\1&0&0\end{pmatrix}$，$\boldsymbol{Q}=\begin{pmatrix}1&0&0\\0&1&0\\0&1&1\end{pmatrix}$，则 $\boldsymbol{B}=$(　　)

(A) $\boldsymbol{APQ}$；　　(B) $\boldsymbol{PAQ}$；　　(C) $\boldsymbol{QAP}$；　　(D) $\boldsymbol{AQP}$.

(9) 设 $\boldsymbol{A}$ 为 $m\times n$ 型矩阵，$\boldsymbol{B}$ 是 $\boldsymbol{A}$ 中划去最后一列所得的 $m\times(n-1)$ 型矩阵，则 $R(\boldsymbol{A})$ 和 $R(\boldsymbol{B})$ 的关系是　　(　　)

(A) $R(\boldsymbol{A})>R(\boldsymbol{B})$；　　(B) $R(\boldsymbol{A})\geqslant R(\boldsymbol{B})$；

(C) $R(\boldsymbol{A})<R(\boldsymbol{B})$；　　(D) $R(\boldsymbol{A})\leqslant R(\boldsymbol{B})$.

(10) 下列命题错误的是　　(　　)

(A) 若矩阵 $\boldsymbol{A}$ 和矩阵 $\boldsymbol{B}$ 可交换，则矩阵 $\boldsymbol{AB}^{10}$ 和矩阵 $\boldsymbol{BA}^{10}$ 也可交换；

(B) 若矩阵 $\boldsymbol{A}-\boldsymbol{B}$ 和矩阵 $\boldsymbol{A}+\boldsymbol{B}$ 可交换，则矩阵 $\boldsymbol{A}$ 和矩阵 $\boldsymbol{B}$ 也可交换；

(C) 若矩阵 $\boldsymbol{A}$ 和矩阵 $\boldsymbol{B}$ 可交换，则矩阵 $\boldsymbol{A}^{\mathrm{T}}$ 和矩阵 $\boldsymbol{B}^{\mathrm{T}}$ 也可交换；

(D) 若矩阵 $\boldsymbol{AB}$ 和矩阵 $\boldsymbol{BA}$ 可交换，则矩阵 $\boldsymbol{A}$ 和矩阵 $\boldsymbol{B}$ 也可交换.

3. 填空题.

(1) 设 $f(x)=x^2-2x+1$，$\boldsymbol{A}=\begin{pmatrix}1&0&0\\0&1&2\\1&1&2\end{pmatrix}$，则 $f(\boldsymbol{A})=$________.

(2) 设 $\boldsymbol{A},\boldsymbol{B}$ 是同阶对称矩阵，则 $\boldsymbol{AB}$ 仍为对称矩阵的条件是________.

(3) 设 $\boldsymbol{A}$ 为 3 阶方阵，$\boldsymbol{P}$ 为 3 阶可逆方阵，若 $\boldsymbol{PAP}^{-1}=\begin{pmatrix}2&0&0\\0&-2&0\\0&0&2\end{pmatrix}$，则 $\boldsymbol{A}^{2004}=$________.

(4) 若 $\boldsymbol{A}$ 为 $m\times n$ 型矩阵，$\boldsymbol{P},\boldsymbol{Q}$ 分别是 m 阶、n 阶可逆方阵，则 $R(\boldsymbol{A})$，$R(\boldsymbol{PA})$，$R(\boldsymbol{AQ})$ 及 $R(\boldsymbol{PAQ})$ 的关系是________.

(5) 设 $\boldsymbol{A}$ 为 4×3 型矩阵，且 $R(\boldsymbol{A})=2$，而 $\boldsymbol{B}=\begin{pmatrix}1&0&2\\0&2&0\\-1&0&3\end{pmatrix}$，则 $R(\boldsymbol{AB})=$________.

(6) 设 $\boldsymbol{A}=\begin{pmatrix}1&2&-2\\4&t&3\\3&-1&1\end{pmatrix}$，$\boldsymbol{B}$ 为三阶非零方阵，且 $\boldsymbol{AB}=0$，则 $t=$________.

(7) 设 $\boldsymbol{A}=\begin{pmatrix}1&0&1\\0&2&0\\1&0&1\end{pmatrix}$，而 $n\geqslant2$ 为正整数，则 $\boldsymbol{A}^n-2\boldsymbol{A}^{n-1}=$________.

(8) 设 $\boldsymbol{A}$ 为 3 阶方阵，且 $|\boldsymbol{A}|=2$，则 $\left|\left(\frac{1}{12}\boldsymbol{A}\right)^{-1}+3\boldsymbol{A}^*\right|=$________.

(9) 设矩阵 $\boldsymbol{A}=\begin{pmatrix}2&1&0\\1&2&0\\0&0&1\end{pmatrix}$，矩阵 $\boldsymbol{B}$ 满足 $\boldsymbol{ABA}^*=2\boldsymbol{BA}^*+\boldsymbol{E}$，其中 $\boldsymbol{A}^*$ 是 $\boldsymbol{A}$ 的伴随矩阵，$\boldsymbol{E}$ 是单位矩阵，则 $|\boldsymbol{B}|=$________.

(10) 已知方程组 $\begin{pmatrix}1&2&1\\2&3&a+2\\1&a&-2\end{pmatrix}\begin{pmatrix}x_1\\x_2\\x_3\end{pmatrix}=\begin{pmatrix}1\\3\\0\end{pmatrix}$ 无解，则 $a=$________.

4. 战国时代齐王与其大将田忌赛马，双方约定各出上、中、下 3 个等级的马各一匹进行比赛，这样共赛马三次，每次比赛败者付给胜者一百金. 已知在同一等级马的比赛中，齐王之马可稳操胜券，但田忌的上、中等级的马分别可胜齐王的中、下等级的马. 齐王与田忌在排列赛马出场顺序时，各可取下列六种策略之一(依次编号为 1,2,…,6)：

(上、中、下)，(中、上、下)，(下、中、上)，(上、下、中)，(中、下、上)，(下、上、中).

令 a_{ij} 表示当齐王采用第 i 种策略，田忌采用第 j 种策略时，齐王赢得的钱数(单位：百金)$(i,j=1,2,\cdots,6)$，试写出齐王赢得矩阵 $\boldsymbol{A}=(a_{ij})$.

5. 计算下列各题：

(1) 设 $\boldsymbol{A}=\begin{pmatrix}2&-3&5\\1&6&4\end{pmatrix}$，$\boldsymbol{B}=\begin{pmatrix}3&5&-1\\4&0&2\end{pmatrix}$，求 $2\boldsymbol{A}+\boldsymbol{B}$，$\boldsymbol{AB}^{\mathrm{T}}$；

(2) 设 $\boldsymbol{A}=\dfrac{1}{2}\begin{pmatrix}1&-\sqrt{3}\\\sqrt{3}&1\end{pmatrix}$，求 $\boldsymbol{A}^{2003}$；

(3) 设 $\boldsymbol{A}=\begin{pmatrix}1&1\\0&1\end{pmatrix}$，求所有与 $\boldsymbol{A}$ 可交换的矩阵；

(4) 设 $\boldsymbol{A}=\begin{pmatrix}3&0&2\\1&2&0\\0&4&2\end{pmatrix}$，$\boldsymbol{A}^*$ 是 $\boldsymbol{A}$ 的伴随矩阵，求 $(\boldsymbol{A}^*)^{-1}$；

(5) 计算乘积 $\begin{pmatrix}1&2&1&0\\0&1&0&1\\0&0&2&1\\0&0&0&3\end{pmatrix}\begin{pmatrix}1&0&3&1\\0&1&2&-1\\0&0&-2&3\\0&0&0&-3\end{pmatrix}$.

6. 求下列矩阵的逆矩阵：

(1) $\begin{pmatrix}3&2\\8&5\end{pmatrix}$；　(2) $\begin{pmatrix}\cos\theta&-\sin\theta\\\sin\theta&\cos\theta\end{pmatrix}$；

(3) $\begin{pmatrix}2&1&1\\3&1&2\\1&-1&0\end{pmatrix}$；　(4) $\begin{pmatrix}1&2&3&4\\0&1&2&3\\0&0&1&2\\0&0&0&1\end{pmatrix}$；

(5) $\begin{pmatrix}5&2&0&0\\2&1&0&0\\0&0&8&3\\0&0&5&2\end{pmatrix}$；　(6) $\begin{pmatrix}0&a_1&0&\cdots&0\\0&0&a_2&\cdots&0\\\vdots&\vdots&\vdots&&\vdots\\0&0&0&\cdots&a_{n-1}\\a_n&0&0&\cdots&0\end{pmatrix}$.

7. 解下列矩阵方程：

(1) $\begin{pmatrix}2&5\\1&3\end{pmatrix}X=\begin{pmatrix}4&-6\\2&1\end{pmatrix}$；

(2) $XA-X=B$，其中 $A=\begin{pmatrix}5&-2&-2\\4&-3&-2\\-2&2&3\end{pmatrix}$，$B=\begin{pmatrix}10&-4&-4\\8&-6&-4\\-4&4&6\end{pmatrix}$；

(3) $\begin{pmatrix}1&2&3\\2&1&2\\1&3&4\end{pmatrix}X\begin{pmatrix}7&9\\4&5\end{pmatrix}=\begin{pmatrix}1&2\\1&0\\2&3\end{pmatrix}$.

8. 已知 $ABC=D$，求矩阵 B 的伴随矩阵 B^*，其中

$$A=\begin{pmatrix}1&0&0\\0&1&-1\\0&0&1\end{pmatrix},\quad C=\begin{pmatrix}0&0&1\\0&1&0\\1&0&0\end{pmatrix},\quad D=\begin{pmatrix}1&1&1\\0&2&2\\0&0&3\end{pmatrix}.$$

9. 设矩阵 A,B 满足 $A^*BA=2BA-8E$，求 B，其中 $A=\operatorname{diag}(1,-2,1)$.

10. 设 A 为 $n(n\geqslant2)$ 阶方阵，λ 为数.

(1) 证明 $(\lambda A)^*=\lambda^{n-1}A^*$，其中 A^* 是 A 的伴随矩阵；

(2) 若已知 $A=\begin{pmatrix}1&2&0&0\\1&3&0&0\\0&0&0&2\\0&0&-1&0\end{pmatrix}$，且 $\left[\left(\frac{1}{2}A\right)^*\right]^{-1}BA^{-1}=2AB+12E$，求矩阵 B.

11. 设 $P=\begin{pmatrix}1\\2\\3\\4\end{pmatrix}$，$A=\begin{pmatrix}2&1&3&4\\2&5&5&8\\3&6&10&11\\4&8&12&17\end{pmatrix}-\frac{1}{30^{2004}}(PP^{\mathrm{T}})^{2005}$，$B=\begin{pmatrix}2&1&3&4\\0&2&1&3\\0&0&2&1\\0&0&0&2\end{pmatrix}$.

(1) 求矩阵 A；

(2) 若矩阵 X 满足 $X(E-B^{-1}A)^{\mathrm{T}}B^{\mathrm{T}}=E$，求 X.

12. 证明：任一 n 阶方阵都可以表示为一个对称矩阵和一个反对称矩阵之和，且表示法唯一.

13. 设 E_{ij} 表示第 i 行与第 j 列交叉处的元素为 1，而其余元素全为零的 n 阶方阵. 又 $A=(a_{ij})_{n\times n}$，试证：

(1) 如果 $AE_{ij}=E_{ij}A$，则当 $k\neq i$ 时有 $a_{ki}=0$，当 $k\neq j$ 时有 $a_{jk}=0$，且 $a_{ii}=a_{jj}$；

(2) 如果 A 与所有的 n 阶方阵可交换，则 A 必为数量矩阵.

14. 设 A,B 是 n 阶方阵，证明：

(1) AB 的主对角线元素之和等于 BA 主对角线元素之和；

(2) $AB-BA\neq E$.

15. 设 $P=\begin{pmatrix}-1&-4\\1&1\end{pmatrix}$，$B=\begin{pmatrix}-1&0\\0&2\end{pmatrix}$，且已知矩阵 A 满足关系 $AP=PB$，求 A^{11} 及 A^{-12}.

16. 设 $A^k=0$（k 为正整数），证明：

$$(E-A)^{-1}=E+A+A^2+\cdots+A^{k-1}.$$

17. 求下列矩阵的秩：

(1) $\begin{pmatrix} 3 & 1 & 0 & 2 \\ 1 & -1 & 2 & -1 \\ 1 & 3 & -4 & 4 \end{pmatrix}$；　(2) $\begin{pmatrix} 3 & 2 & -1 & -3 & -1 \\ 2 & -1 & 3 & 1 & -3 \\ 7 & 0 & 5 & -1 & -8 \end{pmatrix}$；

(3) $\begin{pmatrix} 1 & -2 & 3 & 4 \\ 0 & 1 & -1 & -1 \\ 1 & 3 & 0 & -3 \\ 0 & -7 & 3 & 2 \end{pmatrix}$；　(4) $\begin{pmatrix} a & b & b & \cdots & b \\ b & a & b & \cdots & b \\ \vdots & \vdots & \vdots & & \vdots \\ b & b & b & \cdots & a \end{pmatrix}$；

(5) $\begin{pmatrix} a_1b_1 & a_1b_2 & \cdots & a_1b_n \\ a_2b_1 & a_2b_2 & \cdots & a_2b_n \\ \vdots & \vdots & & \vdots \\ a_mb_1 & a_mb_1 & \cdots & a_mb_n \end{pmatrix}$，其中 $a_i(i=1,2,\cdots,m)$不全为零，$b_j(j=1,2,\cdots,n)$不全为零.

18. 设 $\boldsymbol{A}$ 为 n 阶方阵，$\boldsymbol{A}^*$ 是 $\boldsymbol{A}$ 的伴随矩阵，证明：

(1) $R(\boldsymbol{A}^*)=\begin{cases} n, & R(\boldsymbol{A})=n, \\ 1, & R(\boldsymbol{A})=n-1, \\ 0, & R(\boldsymbol{A})<n-1; \end{cases}$

(2) 当 $n>2$ 时，$(\boldsymbol{A}^*)^*=|\boldsymbol{A}|^{n-2}\boldsymbol{A}$.

19. 证明 $R(\boldsymbol{A})=1$ 的充分必要条件是存在非零列向量 $\boldsymbol{\alpha}$ 及非零行向量 $\boldsymbol{\beta}$，使 $\boldsymbol{A}=\boldsymbol{\alpha\beta}$.

20. 求解下列方程组：

(1) $\begin{cases} x_1+x_2+2x_3-x_4=0, \\ 2x_1+x_2+x_3-x_4=0, \\ 2x_1+2x_2+x_3-2x_4=0; \end{cases}$　(2) $\begin{cases} 3x_1+4x_2-5x_3+7x_4=0, \\ 2x_1-3x_2+3x_3-2x_4=0, \\ 4x_1+11x_2-13x_3+16x_4=0, \\ 7x_1-2x_2+x_3+3x_4=0; \end{cases}$

(3) $\begin{cases} x_1+2x_2-x_3+4x_4=0, \\ x_1+3x_2-x_3+4x_4=0, \\ x_1+2x_2-x_3+ax_4=0; \end{cases}$　(4) $\begin{cases} 2x_1+3x_2+x_3=4, \\ x_1-2x_2+4x_3=-5, \\ 3x_1+8x_2-2x_3=13, \\ 4x_1-x_2+9x_3=-6; \end{cases}$

(5) $\begin{cases} 2x_1+x_2-x_3+x_4=1. \\ 3x_1-2x_2+x_3-3x_4=4, \\ x_1+4x_2-3x_3+5x_4=-2. \end{cases}$

21. 下列方程组中 λ,μ 取何值时，方程组有唯一解？无解？有无穷多解？在有无穷多解的情况下求所有的解.

(1) $\begin{cases} \lambda x_1+x_2+x_3=1, \\ x_1+\lambda x_2+x_3=\lambda, \\ x_1+x_2+\lambda x_3=\lambda^2; \end{cases}$　(2) $\begin{cases} x_1-x_2-2x_3+3x_4=0, \\ x_1-3x_2-6x_3+2x_4=-1, \\ x_1+5x_2+10x_3-x_4=\mu, \\ 3x_1+x_2+\lambda x_3+4x_4=1; \end{cases}$

(3) $\begin{cases} x_1-3x_2+4x_3-x_4=0, \\ -x_1+4x_2-5x_3+(\lambda+2)x_4=\mu, \\ 2x_1-x_2+3x_3+3x_4=5, \\ -x_1+2x_2-3x_3=-1. \end{cases}$

22. 设 $\boldsymbol{A},\boldsymbol{B}$ 都是 n 阶方阵，且 $\boldsymbol{E}-\boldsymbol{AB}$ 可逆，证明：$\boldsymbol{E}-\boldsymbol{BA}$ 也可逆.

23. 设 $\boldsymbol{A}$ 为 $m\times n$ 型矩阵，证明：

(1) 方程 $\boldsymbol{AX}=\boldsymbol{E}_m$ 有解的充分必要条件是 $R(\boldsymbol{A})=m$；

(2) 方程 $\boldsymbol{YA}=\boldsymbol{E}_n$ 有解的充分必要条件是 $R(\boldsymbol{A})=n$.

24. 设 $\boldsymbol{A}$ 为 $m\times n$ 型矩阵，证明：若 $\boldsymbol{AX}=\boldsymbol{AY}$ 且 $R(\boldsymbol{A})=n$，则 $\boldsymbol{X}=\boldsymbol{Y}$.

25. 设 n 阶方阵 $\boldsymbol{A}$ 满足 $\boldsymbol{A}^2=\boldsymbol{A}$，$\boldsymbol{E}$ 是 n 阶单位矩阵，证明：$R(\boldsymbol{A})+R(\boldsymbol{A}-\boldsymbol{E})=n$.

26. 设 $\boldsymbol{A}=(a_{ij})$ 是 3 阶非零矩阵，A_{ij} 是 a_{ij} 的代数余子式（$i,j=1,2,3$），满足 $A_{ij}+a_{ij}=0$. 证明：$|\boldsymbol{A}|=-1$.

第 3 章　向量组的线性相关性

第 2 章中，我们以矩阵为工具，介绍了求解一般线性方程组的消元法. 对具体地解线性方程组而言，消元法是一个基本的和有效的方法. 但是，有时候需要直接从原方程组来判断它是否有多余方程，即方程组中的各个方程是否是独立的？在方程组有无穷多解的情况下，解与解之间的关系又如何？为解决上述问题，本章我们引入 n 维向量及其线性运算，给出 n 维向量空间的定义，研究向量组的线性相关性，讨论向量组的秩、向量空间的基以及线性方程组解的结构. 本章作为抽象空间的引论，主要对具体的 n 维向量空间 $\mathbf{R}^n$ 及其子空间介绍一些基本概念和结果. 正是利用这种特殊性，一方面，使我们可以利用矩阵作为工具展开讨论；另一方面，可以使我们认识向量空间是几何学特别是解析几何学的推广与升华，同时为一般的线性空间提供一个具体、生动的模型.

3.1　向量空间

3.1.1　向量组及其线性运算

在物理学和解析几何学中，把既有大小又有方向的量称为向量，以有向线段作为向量的几何形象，用平行四边形法则确定两个向量的加法运算，而数 k 与向量 $\boldsymbol{\alpha}$ 的乘积 $k\boldsymbol{\alpha}$ 则定义为：当 $k>0$ 时，$\boldsymbol{\alpha}$ 的长度伸缩 k 倍，$k\boldsymbol{\alpha}$ 与 $\boldsymbol{\alpha}$ 同向；当 $k<0$ 时，$\boldsymbol{\alpha}$ 的长度伸缩 $|k|$ 倍，$k\boldsymbol{\alpha}$ 与 $\boldsymbol{\alpha}$ 反向；当 $k=0$ 时，$k\boldsymbol{\alpha}$ 为零向量. 向量的加法运算与数乘运算统称为向量的线性运算，满足以下 8 条运算规律（$\boldsymbol{\alpha},\boldsymbol{\beta},\boldsymbol{\gamma}$ 为向量，k,l 为数）：

(1) $\boldsymbol{\alpha}+\boldsymbol{\beta}=\boldsymbol{\beta}+\boldsymbol{\alpha}$；

(2) $(\boldsymbol{\alpha}+\boldsymbol{\beta})+\boldsymbol{\gamma}=\boldsymbol{\alpha}+(\boldsymbol{\beta}+\boldsymbol{\gamma})$；

(3) $\boldsymbol{\alpha}+\mathbf{0}=\boldsymbol{\alpha}$；

(4) $\boldsymbol{\alpha}+(-\boldsymbol{\alpha})=\mathbf{0}$；

(5) $1\cdot\boldsymbol{\alpha}=\boldsymbol{\alpha}$；

(6) $k(l\boldsymbol{\alpha})=(kl)\boldsymbol{\alpha}$；

(7) $(k+l)\boldsymbol{\alpha}=k\boldsymbol{\alpha}+l\boldsymbol{\alpha}$；

(8) $k(\boldsymbol{\alpha}+\boldsymbol{\beta})=k\boldsymbol{\alpha}+k\boldsymbol{\beta}$.

在引入空间坐标系后，向量就可用它的坐标——3 个有序数刻画，并且向量的加法和数乘运算也可归结为它们坐标的运算，即若 $\boldsymbol{\alpha}=(a_1,a_2,a_3)$，$\boldsymbol{\beta}=(b_1,b_2,b_3)$，$k$ 为数，则

$$\boldsymbol{\alpha}+\boldsymbol{\beta}=(a_1+b_1,a_2+b_2,a_3+b_3),$$

$$k\boldsymbol{\alpha}=(ka_1,ka_2,ka_3).$$

同时，在空间中取定坐标系后，空间中的点 $M(x,y,z)$ 与其向径

$$\overrightarrow{OM}=\boldsymbol{r}=x\boldsymbol{i}+y\boldsymbol{j}+z\boldsymbol{k}=(x,y,z)$$

之间有一一对应关系，其中 $\boldsymbol{i},\boldsymbol{j},\boldsymbol{k}$ 分别为三个坐标轴方向上的单位向量. 因此，若令

$$\mathbf{R}^3=\{M=(x,y,z)\,|\,x,y,z\in\mathbf{R}\},$$

则 $\mathbf{R}^3$ 表示由全体空间点组成的集合，称为三维点空间. $\mathbf{R}^3$ 又可写为

$$\mathbf{R}^3=\{\boldsymbol{r}=(x,y,z)\,|\,x,y,z\in\mathbf{R}\},$$

即 $\mathbf{R}^3$ 表示由全体向量组成的集合，称为三维向量空间. 于是，三维向量空间可以类比为取定了坐标系的点空间.

由于现实世界中的许多问题需要用一般数域 P 上的多个数来刻画，如含 n 个未知数 $x_1,x_2,\cdots,x_n$ 的 n 元一次方程

$$a_1x_1+a_2x_2+\cdots+a_nx_n=b,$$

可以用其系数 $a_1,a_2,\cdots,a_n$ 及常数 b 排成的有序数组 $(a_1,a_2,\cdots,a_n,b)$ 表示；在电路理论和电磁学中还会遇到由复数组成的向量. 因此，我们将上述几何向量推广如下.

定义 3.1.1 数域 P 上的 n 个有序数 $a_1,a_2,\cdots,a_n$ 所组成的数组称为 n 维**向量**(vector)，记作

$$\boldsymbol{\alpha}=(a_1,a_2,\cdots,a_n). \tag{3.1.1}$$

数 $a_1,a_2,\cdots,a_n$ 称为向量 $\boldsymbol{\alpha}$ 的分量，a_j 称为 $\boldsymbol{\alpha}$ 的第 j 个分量. 分量是实数的向量称为**实向量**，分量是复数的向量称为**复向量**. 由数域 P 上的全体 n 维向量所组成的集合记作 P^n.

本书中用黑体小写字母 $\boldsymbol{a},\boldsymbol{b},\boldsymbol{\alpha},\boldsymbol{\beta}$ 等表示向量. 如不特别声明，我们仅限于讨论实向量，即 $\mathbf{R}^n$(全体 n 维实向量构成的集合)中的向量.

向量写作(3.1.1)的形式，称为行向量；向量写作列的形式

$$\boldsymbol{\alpha}=\begin{pmatrix}a_1\\a_2\\\vdots\\a_n\end{pmatrix}$$

称为列向量，列向量也可用矩阵的转置记号表示，即

$$\boldsymbol{\alpha}=(a_1,a_2,\cdots,a_n)^{\mathrm{T}}.$$

定义 3.1.2 设 $\boldsymbol{\alpha}=(a_1,a_2,\cdots,a_n)$，$\boldsymbol{\beta}=(b_1,b_2,\cdots,b_n)$，$k\in\mathbf{R}$，定义：

(1) 向量的相等为

$$\boldsymbol{\alpha}=\boldsymbol{\beta},\text{当且仅当 } a_i=b_i\ (i=1,2,\cdots,n);$$

(2) 向量的加法为

$$\boldsymbol{\alpha}+\boldsymbol{\beta}=(a_1+b_1,a_2+b_2,\cdots,a_n+b_n);$$

(3) 数量与向量的乘法(简称数乘)为

$$k\boldsymbol{\alpha}=(ka_1,ka_2,\cdots,ka_n).$$

在定义 3.1.2(3)中,取 $k=-1$ 得

$$(-1)\boldsymbol{\alpha}=(-a_1,-a_2,\cdots,-a_n).$$

称上式右端的向量为 $\boldsymbol{\alpha}$ 的负向量,记作 $-\boldsymbol{\alpha}$. 由此,向量的减法定义为

$$\boldsymbol{\alpha}-\boldsymbol{\beta}=\boldsymbol{\alpha}+(-\boldsymbol{\beta}).$$

分量全为零的 n 维向量 $(0,0,\cdots,0)$ 称为 n 维零向量,记作 $\mathbf{0}_n$ 或简记为 $\mathbf{0}$.

虽然 n 维向量当 $n>3$ 时不再有直观的几何形象,但由定义 3.1.2 可以看出,n 维向量的加法和数乘运算(统称为线性运算)与 $\mathbf{R}^3$ 中三维向量的加法和数乘运算有完全相同的模式. 因此,n 维向量的线性运算也满足相应的 8 条运算规律,只是运算增加了若干分量. 此外,按第 2 章的规定,n 维行向量和 n 维列向量可分别视为行矩阵和列矩阵,所以它们可按矩阵的运算规则参与矩阵运算,但作为向量,它们的区别只是写法上的不同.

3.1.2　向量组的线性组合

在第 2 章中我们知道,一个线性方程组中各方程之间的关系决定了方程组解的情况,如方程组

$$\begin{cases}x_1-2x_2+3x_3=1,\\4x_1-x_2+5x_3=2,\\-x_1-5x_2+4x_3=1,\end{cases}\tag{3.1.2}$$

经过对其增广矩阵进行初等变换后可化为与它同解的方程组

$$\begin{cases}x_1-2x_2+3x_3=1,\\4x_1-x_2+5x_3=2.\end{cases}$$

这里,显然 $-x_1-5x_2+4x_3=1$ 是可以从原方程组中去掉而不影响方程组解的多余方程. 若方程组的三个方程依次用 4 维向量记为

$$\boldsymbol{\alpha}_1=(1,-2,3,1),$$
$$\boldsymbol{\alpha}_2=(4,-1,5,2),$$
$$\boldsymbol{\alpha}_3=(-1,-5,4,1),$$

则有

$$\boldsymbol{\alpha}_3=3\boldsymbol{\alpha}_1-\boldsymbol{\alpha}_2.$$

我们把由若干个维数相同的向量构成的集合称为向量组. 于是,可以认为初等变换是揭示方程组中各方程之间关系的一种方法,而这种关系也可以通过研究相应向量组中各向量的线性关系来实现,并且效果更直接,应用更广泛. 因此,对 n 维向量的研究,不仅要把一个向量作为一个整体看待,更应注重向量之间关系的研究. 我们引入以下定义.

定义 3.1.3　设 $\boldsymbol{\beta},\boldsymbol{\alpha}_i\in\mathbf{R}^n$,若存在 $k_i\in\mathbf{R}(i=1,2,\cdots,m)$ 使

$$\boldsymbol{\beta}=\sum_{i=1}^{m}k_i\boldsymbol{\alpha}_i=k_1\boldsymbol{\alpha}_1+k_2\boldsymbol{\alpha}_2+\cdots+k_m\boldsymbol{\alpha}_m,$$

则称向量 $\boldsymbol{\beta}$ 为向量组 $\boldsymbol{\alpha}_1,\boldsymbol{\alpha}_2,\cdots,\boldsymbol{\alpha}_m$ 的**线性组合**(linear combination),或称 $\boldsymbol{\beta}$ 可由 $\boldsymbol{\alpha}_1,\boldsymbol{\alpha}_2,\cdots,\boldsymbol{\alpha}_m$ **线性表示**(linear representation),$k_1,k_2,\cdots,k_m$ 称为**组合系数**.

由定义 3.1.3,我们有

(1) 零向量是与其维数相同的任意向量组的线性组合(只要取组合系数全为零即可);

(2) 设 $\boldsymbol{\alpha}=(a_1,a_2,\cdots,a_n)\in\mathbf{R}^n$,则 $\boldsymbol{\alpha}$ 可由向量组

$$\begin{aligned}\boldsymbol{\varepsilon}_1&=(1,0,\cdots,0),\\ \boldsymbol{\varepsilon}_2&=(0,1,\cdots,0),\\ &\cdots\cdots\cdots\cdots\\ \boldsymbol{\varepsilon}_n&=(0,0,\cdots,1)\end{aligned}$$

线性表示,且组合系数依次为 $\boldsymbol{\alpha}$ 的 n 个分量,即

$$\boldsymbol{\alpha}=a_1\boldsymbol{\varepsilon}_1+a_2\boldsymbol{\varepsilon}_2+\cdots+a_n\boldsymbol{\varepsilon}_n,$$

称 $\boldsymbol{\varepsilon}_1,\boldsymbol{\varepsilon}_2,\cdots,\boldsymbol{\varepsilon}_n$ 为 n **维单位坐标向量**;

(3) 设 $\boldsymbol{b},\boldsymbol{a}_1,\boldsymbol{a}_2,\cdots,\boldsymbol{a}_n\in\mathbf{R}^m$,列向量 $\boldsymbol{b}$ 可由列向量组 $\boldsymbol{a}_1,\boldsymbol{a}_2,\cdots,\boldsymbol{a}_n$ 线性表示的充分必要条件是线性方程组

$$x_1\boldsymbol{a}+x_2\boldsymbol{a}_2+\cdots+x_n\boldsymbol{a}_n=\boldsymbol{b} \tag{3.1.3}$$

有解.

利用矩阵的乘法运算,(3.1.3)式也可写为

$$x_1\boldsymbol{a}_1+x_2\boldsymbol{a}_2+\cdots+x_n\boldsymbol{a}_n=(\boldsymbol{a}_1,\boldsymbol{a}_2,\cdots,\boldsymbol{a}_n)\begin{pmatrix}x_1\\x_2\\\vdots\\x_n\end{pmatrix}=\boldsymbol{A}\boldsymbol{x}=\boldsymbol{b},$$

(若 $\boldsymbol{b},\boldsymbol{a}_1,\boldsymbol{a}_2,\cdots,\boldsymbol{a}_n$ 为行向量,则

$$x_1\boldsymbol{a}_1+x_2\boldsymbol{a}_2+\cdots+x_n\boldsymbol{a}_n=(x_1,x_2,\cdots,x_n)\begin{pmatrix}\boldsymbol{a}_1\\\boldsymbol{a}_2\\\vdots\\\boldsymbol{a}_n\end{pmatrix}=\boldsymbol{b})$$

其中 $\boldsymbol{A}=(\boldsymbol{a}_1,\boldsymbol{a}_2,\cdots,\boldsymbol{a}_n)_{m\times n}$ 为列向量 $\boldsymbol{a}_1,\boldsymbol{a}_2,\cdots,\boldsymbol{a}_n$ 组成的矩阵,$\boldsymbol{x}=(x_1,x_2,\cdots,x_n)^{\mathrm{T}}$. 由线性方程组理论知,向量 $\boldsymbol{b}$ 可由向量组 $\boldsymbol{a}_1,\boldsymbol{a}_2,\cdots,\boldsymbol{a}_n$ 线性表示的充分必要条件是 $R(\boldsymbol{A})=R(\boldsymbol{A},\boldsymbol{b})$,且当 $R(\boldsymbol{A})=R(\boldsymbol{A},\boldsymbol{b})=n$ 时,表示法唯一;当 $R(\boldsymbol{A})=R(\boldsymbol{A},\boldsymbol{b})<n$ 时,表示法不唯一.

例 3.1.1 已知向量组 $\boldsymbol{\alpha}_1=\begin{pmatrix}1\\0\\2\\1\end{pmatrix},\boldsymbol{\alpha}_2=\begin{pmatrix}1\\2\\0\\1\end{pmatrix},\boldsymbol{\alpha}_3=\begin{pmatrix}2\\1\\3\\0\end{pmatrix},\boldsymbol{\alpha}_4=\begin{pmatrix}2\\5\\-1\\3\end{pmatrix}$. (1)试用 $\boldsymbol{\alpha}_1$,

$\boldsymbol{\alpha}_2,\boldsymbol{\alpha}_3$ 线性表示 $\boldsymbol{\alpha}_4$；(2)$\boldsymbol{\alpha}_3$ 是否可由 $\boldsymbol{\alpha}_1,\boldsymbol{\alpha}_2$ 线性表示？

解 (1)设有 x_1,x_2,x_3,使

$$x_1\boldsymbol{\alpha}_1+x_2\boldsymbol{\alpha}_2+x_3\boldsymbol{\alpha}_3=\boldsymbol{\alpha}_4,$$

即

$$x_1\begin{pmatrix}1\\0\\2\\1\end{pmatrix}+x_2\begin{pmatrix}1\\2\\0\\1\end{pmatrix}+x_3\begin{pmatrix}2\\1\\3\\0\end{pmatrix}=\begin{pmatrix}2\\5\\-1\\3\end{pmatrix},$$

得方程组

$$\begin{pmatrix}1&1&2\\0&2&1\\2&0&3\\1&1&0\end{pmatrix}\begin{pmatrix}x_1\\x_2\\x_3\end{pmatrix}=\begin{pmatrix}2\\5\\-1\\3\end{pmatrix},$$

解此方程组

$$\begin{pmatrix}1&1&2&2\\0&2&1&5\\2&0&3&-1\\1&1&0&3\end{pmatrix}\xrightarrow{\text{若干次初等行变换}}\begin{pmatrix}1&0&0&\frac{1}{4}\\0&1&0&\frac{11}{4}\\0&0&1&-\frac{1}{2}\\0&0&0&0\end{pmatrix},$$

得$\begin{cases}x_1=\dfrac{1}{4},\\x_2=\dfrac{11}{4},\\x_3=-\dfrac{1}{2}.\end{cases}$ 因此 $\boldsymbol{\alpha}_4=\dfrac{1}{4}\boldsymbol{\alpha}_1+\dfrac{11}{4}\boldsymbol{\alpha}_2-\dfrac{1}{2}\boldsymbol{\alpha}_3$.

(2) 由(1)知,方程组

$$y_1\begin{pmatrix}1\\0\\2\\1\end{pmatrix}+y_2\begin{pmatrix}1\\2\\0\\1\end{pmatrix}=\begin{pmatrix}2\\1\\3\\0\end{pmatrix}$$

的增广矩阵可化为

$$\begin{pmatrix}1&0&0\\0&1&0\\0&0&1\\0&0&0\end{pmatrix},$$

所以方程组无解,即 $\boldsymbol{\alpha}_3$ 不能由 $\boldsymbol{\alpha}_1,\boldsymbol{\alpha}_2$ 线性表示.

现在,我们讨论两个向量组之间的线性表示问题.

定义 3.1.4 设有两个向量组 $\mathscr{A}:\boldsymbol{\alpha}_1,\boldsymbol{\alpha}_2,\cdots,\boldsymbol{\alpha}_m$ 及 $\mathscr{B}:\boldsymbol{\beta}_1,\boldsymbol{\beta}_2,\cdots,\boldsymbol{\beta}_s$,如果 $\mathscr{A}$ 中的每一个向量都可由向量组 $\mathscr{B}$ 线性表示,则称向量组 $\mathscr{A}$ 可由向量组 $\mathscr{B}$ 线性表示;如果向量组 $\mathscr{A}$ 与 $\mathscr{B}$ 可相互线性表示,则称这两个向量组等价.

由定义 3.1.4 不难看出,每个向量组都可以由它自身线性表示. 如果向量组 $\mathscr{A}$:$\boldsymbol{\alpha}_1,\boldsymbol{\alpha}_2,\cdots,\boldsymbol{\alpha}_m$ 可由向量组 $\mathscr{B}:\boldsymbol{\beta}_1,\boldsymbol{\beta}_2,\cdots,\boldsymbol{\beta}_s$ 线性表示,而向量组 $\mathscr{B}:\boldsymbol{\beta}_1,\boldsymbol{\beta}_2,\cdots,\boldsymbol{\beta}_s$ 又可由向量组 $\mathscr{C}:\boldsymbol{\gamma}_1,\boldsymbol{\gamma}_2,\cdots,\boldsymbol{\gamma}_n$ 线性表示,那么 $\mathscr{A}$ 也可由 $\mathscr{C}$ 线性表示. 这一点说明如下.

如果

$$\boldsymbol{\alpha}_i=\sum_{j=1}^{s}k_{ij}\boldsymbol{\beta}_j\quad(i=1,2,\cdots,m),\qquad \boldsymbol{\beta}_j=\sum_{t=1}^{n}l_{jt}\boldsymbol{\gamma}_t\quad(j=1,2,\cdots,s),$$

那么

$$\boldsymbol{\alpha}_i=\sum_{j=1}^{s}k_{ij}\sum_{t=1}^{n}l_{jt}\boldsymbol{\gamma}_t=\sum_{t=1}^{n}\Big(\sum_{j=1}^{s}k_{ij}l_{jt}\Big)\boldsymbol{\gamma}_t\qquad(i=1,2,\cdots,m).\tag{3.1.4}$$

因此,向量组的等价关系具有反身性,对称性和传递性.

在定义 3.1.4 中,若向量组 $\mathscr{A}$ 和 $\mathscr{B}$ 均为列向量组,且 $\mathscr{A}$ 组可由 $\mathscr{B}$ 组线性表示,则

$$\boldsymbol{\alpha}_j=k_{1j}\boldsymbol{\beta}_1+k_{2j}\boldsymbol{\beta}_2+\cdots+k_{sj}\boldsymbol{\beta}_s=(\boldsymbol{\beta}_1,\boldsymbol{\beta}_2,\cdots,\boldsymbol{\beta}_s)\begin{pmatrix}k_{1j}\\k_{2j}\\\vdots\\k_{sj}\end{pmatrix}\qquad(j=1,2,\cdots,m),$$

将上述线性表示写成矩阵形式,即

$$(\boldsymbol{\alpha}_1,\boldsymbol{\alpha}_2,\cdots,\boldsymbol{\alpha}_m)=(\boldsymbol{\beta}_1,\boldsymbol{\beta}_2,\cdots,\boldsymbol{\beta}_s)\begin{pmatrix}k_{11}&k_{12}&\cdots&k_{1m}\\k_{21}&k_{22}&\cdots&k_{2m}\\\vdots&\vdots&&\vdots\\k_{s1}&k_{s2}&\cdots&k_{sm}\end{pmatrix},\tag{3.1.5}$$

其中矩阵 $\boldsymbol{K}=(k_{ij})_{s\times m}$ 称为这一线性表示的系数矩阵. 由 2.4 节中(2.4.2)和(2.4.3)知,若 $\boldsymbol{C}_{m\times n}=\boldsymbol{A}_{m\times s}\boldsymbol{B}_{s\times n}$,则矩阵 $\boldsymbol{C}$ 的列向量组可由矩阵 $\boldsymbol{A}$ 的列向量组线性表示,其系数矩阵为 $\boldsymbol{B}$;$\boldsymbol{C}$ 的行向量组可由矩阵 $\boldsymbol{B}$ 的行向量组线性表示,其系数矩阵为 $\boldsymbol{A}$. 一般地,若记 $\boldsymbol{A}=(\boldsymbol{\alpha}_1,\boldsymbol{\alpha}_2,\cdots,\boldsymbol{\alpha}_m)$,$\boldsymbol{B}=(\boldsymbol{\beta}_1,\boldsymbol{\beta}_2,\cdots,\boldsymbol{\beta}_s)$,则列(行)向量组 $\mathscr{B}:\boldsymbol{\beta}_1,\boldsymbol{\beta}_2,\cdots,\boldsymbol{\beta}_s$ 可由 $\mathscr{A}:\boldsymbol{\alpha}_1,\boldsymbol{\alpha}_2,\cdots,\boldsymbol{\alpha}_m$ 线性表示就是矩阵方程 $\boldsymbol{B}=\boldsymbol{A}\boldsymbol{X}$($\boldsymbol{B}^{\mathrm{T}}=\boldsymbol{X}^{\mathrm{T}}\boldsymbol{A}^{\mathrm{T}}$)有解. 于是,由定理 2.7.3,我们有以下定理.

定理 3.1.1 设 $\mathscr{A}:\boldsymbol{\alpha}_1,\boldsymbol{\alpha}_2,\cdots,\boldsymbol{\alpha}_m$,$\mathscr{B}:\boldsymbol{\beta}_1,\boldsymbol{\beta}_2,\cdots,\boldsymbol{\beta}_s$ 为两个向量组,则 $\mathscr{B}$ 组可由 $\mathscr{A}$ 组线性表示的充分必要条件是 $R(\boldsymbol{A})=R(\boldsymbol{A},\boldsymbol{B})$,其中 $\boldsymbol{A},\boldsymbol{B}$ 分别是以向量组 $\mathscr{A}$ 和 $\mathscr{B}$ 为列向量构成的矩阵. □

推论 3.1.1 若向量组 $\mathscr{B}$ 可由向量组 $\mathscr{A}$ 线性表示,则 $R(\boldsymbol{B})\leqslant R(\boldsymbol{A})$.

证 因为向量组 $\mathscr{B}$ 可由向量组 $\mathscr{A}$ 线性表示,由定理 3.1.1,$R(\boldsymbol{A})=R(\boldsymbol{A},\boldsymbol{B})$,而

$R(\boldsymbol{B})\leqslant R(\boldsymbol{A},\boldsymbol{B})$，所以 $R(\boldsymbol{B})\leqslant R(\boldsymbol{A})$. □

利用推论 3.1.1，易知 $R(\boldsymbol{AB})\leqslant\min\{R(\boldsymbol{A}),R(\boldsymbol{B})\}$（见例 2.6.6）.

推论 3.1.2　向量组 $\mathscr{A}$ 和 $\mathscr{B}$ 等价的充分必要条件是 $R(\boldsymbol{A})=R(\boldsymbol{B})=R(\boldsymbol{A},\boldsymbol{B})$.

证　$\mathscr{A}$ 和 $\mathscr{B}$ 等价的充分必要条件是它们可以相互线性表示，所以，等式 $R(\boldsymbol{B})=R(\boldsymbol{B},\boldsymbol{A})$ 及 $R(\boldsymbol{A})=R(\boldsymbol{A},\boldsymbol{B})$ 同时成立. 由推论 3.1.1 可知，$R(\boldsymbol{A})=R(\boldsymbol{B})$，所以 $R(\boldsymbol{A})=R(\boldsymbol{B})=R(\boldsymbol{A},\boldsymbol{B})$. □

推论 3.1.3　n 维单位向量组 $\boldsymbol{\varepsilon}_1,\boldsymbol{\varepsilon}_2,\cdots,\boldsymbol{\varepsilon}_n$ 可由 n 维向量组 $\mathscr{A}$：$\boldsymbol{\alpha}_1,\boldsymbol{\alpha}_2,\cdots,\boldsymbol{\alpha}_m$ 线性表示的充分必要条件是 $R(\boldsymbol{A})=n$.

证　因为由向量组 $\boldsymbol{\varepsilon}_1,\boldsymbol{\varepsilon}_2,\cdots,\boldsymbol{\varepsilon}_n$ 组成的矩阵是 n 阶单位矩阵 $\boldsymbol{E}$，所以 $\boldsymbol{\varepsilon}_1,\boldsymbol{\varepsilon}_2,\cdots,\boldsymbol{\varepsilon}_n$ 可由向量组 $\mathscr{A}$：$\boldsymbol{\alpha}_1,\boldsymbol{\alpha}_2,\cdots,\boldsymbol{\alpha}_m$ 线性表示的充分必要条件是 $R(\boldsymbol{A})=R(\boldsymbol{A},\boldsymbol{E})$，而 $R(\boldsymbol{A},\boldsymbol{E})\leqslant n$. 另外，$R(\boldsymbol{A},\boldsymbol{E})\geqslant R(\boldsymbol{E})=n$，故 $R(\boldsymbol{A})=n$. □

推论 3.1.4　如果矩阵 $\boldsymbol{A}_{m\times n}$ 经有限次初等行（列）变换变成矩阵 $\boldsymbol{B}_{m\times n}$，则它们的行（列）向量组等价.

证　因为 $\boldsymbol{A}_{m\times n}$ 经有限次初等行变换变成矩阵 $\boldsymbol{B}_{m\times n}$，所以存在可逆矩阵 $\boldsymbol{P}$，使得 $\boldsymbol{B}=\boldsymbol{PA}$，即 $\boldsymbol{B}$ 的行向量组可由 $\boldsymbol{A}$ 的行向量组线性表示. 反过来，由 $\boldsymbol{P}^{-1}\boldsymbol{B}=\boldsymbol{A}$ 知，$\boldsymbol{A}$ 的行向量组可由 $\boldsymbol{B}$ 的行向量组线性表示，这就证明了 $\boldsymbol{A}$ 的行向量组与 $\boldsymbol{B}$ 的行向量组等价. 同理可证，若 $\boldsymbol{A}_{m\times n}$ 经有限次初等列变换变成矩阵 $\boldsymbol{B}_{m\times n}$，则 $\boldsymbol{B}$ 的列向量组与 $\boldsymbol{A}$ 的列向量组等价. □

如前所述，线性方程组可用一组向量表示，于是对方程组 $\boldsymbol{Ax}=\boldsymbol{b}$ 的增广矩阵作初等行变换相当于对方程组 $\boldsymbol{Ax}=\boldsymbol{b}$ 的各个方程作线性运算. 因此，将上述概念用于线性方程组，便可以得到以下说法：对方程组 $\boldsymbol{Ax}=\boldsymbol{b}$ 的各个方程作线性运算所得到的一个方程称为方程组 $\boldsymbol{Ax}=\boldsymbol{b}$ 的一个线性组合；如果方程组 $\boldsymbol{A}_2\boldsymbol{x}=\boldsymbol{b}_2$ 的每个方程都是方程组 $\boldsymbol{A}_1\boldsymbol{x}=\boldsymbol{b}_1$ 的线性组合，则称方程组 $\boldsymbol{A}_2\boldsymbol{x}=\boldsymbol{b}_2$ 可由方程组 $\boldsymbol{A}_1\boldsymbol{x}=\boldsymbol{b}_1$ 线性表示，这时方程组 $\boldsymbol{A}_1\boldsymbol{x}=\boldsymbol{b}_1$ 的解一定是方程组 $\boldsymbol{A}_2\boldsymbol{x}=\boldsymbol{b}_2$ 的解；如果方程组 $\boldsymbol{A}_1\boldsymbol{x}=\boldsymbol{b}_1$ 与方程组 $\boldsymbol{A}_2\boldsymbol{x}=\boldsymbol{b}_2$ 可相互线性表示，则称它们为等价方程组，这时它们一定同解.

3.1.3　向量空间

以上的讨论实际上只限于由有限个向量所组成的向量组，但在大量的问题中，更多的是由无穷多个向量所组成的向量组. 例如，在一个线性方程组有无穷多解的情况下，所有解向量组成的集合就含有无穷多个向量. 又如由有限个向量的各种不同线性组合也可以产生出一个包含无穷多向量的向量组. 为了更深入地研究一般向量组，我们引入向量空间的概念.

定义 3.1.5　设 V 是数域 P 上 n 维向量组成的非空集合，如果 V 对向量的加法运算和数乘运算封闭，即

(1) 如果 $\boldsymbol{\alpha}\in V,\boldsymbol{\beta}\in V$，那么 $\boldsymbol{\alpha}+\boldsymbol{\beta}\in V$；

(2) 如果 $\boldsymbol{\alpha}\in V,k\in P$,那么 $k\boldsymbol{\alpha}\in V$,

则称 V 为数域 P 上的**向量空间**. 若向量空间 V 的非空子集 V_1 按 V 的线性运算也构成数域 P 上的向量空间,则称 V_1 是 V 的**子空间**.

由定义 3.1.5,数域 P 上的向量空间 V,总有两个平凡子空间:V 自身和仅由零向量组成的集合 $V_0=\{\mathbf{0}\}$,V_0 称为**零子空间**. 此外,实数域上的全体 n 维向量组成的集合 $\mathbf{R}^n$ 是实数域上的向量空间,且任何由实数域上的 n 维向量组成的向量空间 V,总有 $V\subset\mathbf{R}^n$,即这样的向量空间总是 $\mathbf{R}^n$ 的子空间. 以下我们只讨论实数域上的向量空间.

例 3.1.2 集合

$$V=\{\boldsymbol{x}=(0,x_2,\cdots,x_n)\mid x_2,\cdots,x_n\in\mathbf{R}\}$$

是一个向量空间.

因为若 $\boldsymbol{\alpha}=(0,a_2,\cdots,a_n)\in V,\boldsymbol{\beta}=(0,b_2,\cdots,b_n)\in V,k\in\mathbf{R}$,则

$$\boldsymbol{\alpha}+\boldsymbol{\beta}=(0,a_2+b_2,\cdots,a_n+b_n)\in V,\qquad k\boldsymbol{\alpha}=(0,ka_2,\cdots,ka_n)\in V.$$

例 3.1.3 集合

$$V=\{\boldsymbol{x}=(x_1,x_2,\cdots,x_n)\mid x_1,x_2,\cdots,x_n\in\mathbf{R},x_1+x_2+\cdots+x_n=1\}$$

不是向量空间.

因为若 $\boldsymbol{\alpha}=(a_1,a_2,\cdots,a_n)\in V$,则 $2\boldsymbol{\alpha}=(2a_1,2a_2,\cdots,2a_n)$,而 $2(a_1+a_2+\cdots+a_n)=2$,所以 $2\boldsymbol{\alpha}\notin V$.

例 3.1.4 n 元齐次线性方程组的解集

$$S=\{\boldsymbol{x}\mid A\boldsymbol{x}=\mathbf{0}\}$$

是一个向量空间.

事实上,因为 $\mathbf{0}\in S$,所以 S 非空. 另外,若 $\boldsymbol{x}_1,\boldsymbol{x}_2\in S,k\in\mathbf{R}$,则 $\boldsymbol{A}\boldsymbol{x}_1=\mathbf{0},\boldsymbol{A}\boldsymbol{x}_2=\mathbf{0}$,而

$$\boldsymbol{A}(\boldsymbol{x}_1+\boldsymbol{x}_2)=\boldsymbol{A}\boldsymbol{x}_1+\boldsymbol{A}\boldsymbol{x}_2=\mathbf{0}+\mathbf{0}=\mathbf{0},$$

$$\boldsymbol{A}(k\boldsymbol{x}_1)=k\boldsymbol{A}\boldsymbol{x}_1=\mathbf{0},$$

所以 $\boldsymbol{x}_1+\boldsymbol{x}_2\in S,k\boldsymbol{x}_1\in S$,即 S 是一个向量空间. 通常称 S 为齐次线性方程组 $\boldsymbol{A}\boldsymbol{x}=\mathbf{0}$ 的**解空间**.

例 3.1.5 设 $\boldsymbol{\alpha}_i\in\mathbf{R}^n(i=1,2,\cdots,m)$,试证由这 m 个向量的一切线性组合形成的集合 V 是 $\mathbf{R}^n$ 的子空间.

证 因为

$$V=\{\boldsymbol{x}\mid\boldsymbol{x}=\sum_{i=1}^{m}\lambda_i\boldsymbol{\alpha}_i,\lambda_i\in\mathbf{R}(i=1,2,\cdots,m)\},$$

所以,若 $\boldsymbol{x},\boldsymbol{y}\in V,k\in\mathbf{R}$,则有实数 $\lambda_1,\cdots,\lambda_m$ 及 $\mu_1,\cdots,\mu_m$,使

$$\boldsymbol{x}=\lambda_1\boldsymbol{\alpha}_1+\cdots+\lambda_m\boldsymbol{\alpha}_m,$$

$$\boldsymbol{y}=\mu_1\boldsymbol{\alpha}_1+\cdots+\mu_m\boldsymbol{\alpha}_m,$$

于是

$$\boldsymbol{x}+\boldsymbol{y}=(\lambda_1+\mu_1)\boldsymbol{\alpha}_1+\cdots+(\lambda_m+\mu_m)\boldsymbol{\alpha}_m,$$

$$k\boldsymbol{x}=(k\lambda_1)\boldsymbol{\alpha}_1+\cdots+(k\lambda_m)\boldsymbol{\alpha}_m,$$

即 $\boldsymbol{x}+\boldsymbol{y},k\boldsymbol{x}$ 均为 $\boldsymbol{\alpha}_1,\cdots,\boldsymbol{\alpha}_m$ 的线性组合,从而 $\boldsymbol{x}+\boldsymbol{y}\in V,k\boldsymbol{x}\in V$,故 V 是 $\mathbf{R}^n$ 的子空间.

这种由向量组 $\boldsymbol{\alpha}_1,\cdots,\boldsymbol{\alpha}_m$ 的线性组合所形成的向量空间称为由 $\boldsymbol{\alpha}_1,\cdots,\boldsymbol{\alpha}_m$ 生成的向量空间,记作 $\text{span}(\boldsymbol{\alpha}_1,\cdots,\boldsymbol{\alpha}_m)$.

例 3.1.6　证明:若向量组 $\boldsymbol{\alpha}_1,\boldsymbol{\alpha}_2,\cdots,\boldsymbol{\alpha}_m$ 与向量组 $\boldsymbol{\beta}_1,\boldsymbol{\beta}_2,\cdots,\boldsymbol{\beta}_s$ 等价,则

$$\text{span}(\boldsymbol{\alpha}_1,\cdots,\boldsymbol{\alpha}_m)=\text{span}(\boldsymbol{\beta}_1,\boldsymbol{\beta}_2,\cdots,\boldsymbol{\beta}_s).$$

证　记 $V_1=\text{span}(\boldsymbol{\alpha}_1,\cdots,\boldsymbol{\alpha}_m),V_2=\text{span}(\boldsymbol{\beta}_1,\boldsymbol{\beta}_2,\cdots,\boldsymbol{\beta}_s)$. 若 $\boldsymbol{x}\in V_1$,则 $\boldsymbol{x}$ 可由 $\boldsymbol{\alpha}_1,\cdots,\boldsymbol{\alpha}_m$ 线性表示. 因为 $\boldsymbol{\alpha}_1,\cdots,\boldsymbol{\alpha}_m$ 可由 $\boldsymbol{\beta}_1,\boldsymbol{\beta}_2,\cdots,\boldsymbol{\beta}_s$ 线性表示,所以 $\boldsymbol{x}$ 可由 $\boldsymbol{\beta}_1,\boldsymbol{\beta}_2,\cdots,\boldsymbol{\beta}_s$ 线性表示,故 $\boldsymbol{x}\in V_2$,即 $V_1\subset V_2$. 同理, $V_2\subset V_1$. 所以 $V_1=V_2$.

练　习　3.1

1. 设 $\boldsymbol{\alpha}_1=(1,-2,5,3),\boldsymbol{\alpha}_2=(4,7,-2,6),\boldsymbol{\alpha}_3=(-10,-2,3,7)$,求 $-2\boldsymbol{\alpha}_1+3\boldsymbol{\alpha}_2+\boldsymbol{\alpha}_3$.

2. 已知 $\boldsymbol{\alpha}$ 满足 $3(\boldsymbol{\alpha}_1-\boldsymbol{\alpha})+2(\boldsymbol{\alpha}_2+\boldsymbol{\alpha})=5(\boldsymbol{\alpha}_3+\boldsymbol{\alpha})$,其中 $\boldsymbol{\alpha}_1=(2,5,1,3),\boldsymbol{\alpha}_2=(10,1,5,10)$, $\boldsymbol{\alpha}_3=(4,1,-1,1)$,求 $\boldsymbol{\alpha}$.

3. 设 $\boldsymbol{\alpha}_1=\begin{pmatrix}1\\1\\2\\2\end{pmatrix},\boldsymbol{\alpha}_2=\begin{pmatrix}1\\2\\1\\3\end{pmatrix},\boldsymbol{\alpha}_3=\begin{pmatrix}1\\-1\\4\\0\end{pmatrix},\boldsymbol{\beta}=\begin{pmatrix}1\\0\\3\\1\end{pmatrix}$,证明向量 $\boldsymbol{\beta}$ 可由向量组 $\boldsymbol{\alpha}_1,\boldsymbol{\alpha}_2,\boldsymbol{\alpha}_3$ 线性表示,并求出表示式.

4. 设 $\boldsymbol{\alpha}_1=\begin{pmatrix}1\\-1\\1\\-1\end{pmatrix},\boldsymbol{\alpha}_2=\begin{pmatrix}3\\1\\1\\3\end{pmatrix},\boldsymbol{\beta}_1=\begin{pmatrix}2\\0\\1\\1\end{pmatrix},\boldsymbol{\beta}_2=\begin{pmatrix}1\\1\\0\\2\end{pmatrix},\boldsymbol{\beta}_3=\begin{pmatrix}3\\-1\\2\\0\end{pmatrix}$,证明向量组 $\boldsymbol{\alpha}_1,\boldsymbol{\alpha}_2$ 与向量组 $\boldsymbol{\beta}_1,\boldsymbol{\beta}_2,\boldsymbol{\beta}_3$ 等价.

5. 设

$$V_1=\{\boldsymbol{x}=(1,x_2,\cdots,x_n)\mid x_2,\cdots,x_n\in\mathbf{R}\},$$
$$V_2=\{\boldsymbol{x}=(x_1,x_2,\cdots,x_n)\mid x_1,x_2,\cdots,x_n\in\mathbf{R},x_1+x_2+\cdots+x_n=0\},$$
$$V_3=\{\boldsymbol{x}=(x_1,x_2,\cdots,x_n)\mid x_1,x_2,\cdots,x_n\in\mathbf{R},x_1=x_2=\cdots=x_n\},$$

问 V_1,V_2,V_3 是否成为向量空间?

3.2　向量组的线性相关性

向量组的线性相关性是向量在线性运算下的一种性质,在研究向量空间的结构与分类中起着极为重要的作用,也是进一步研究线性方程组理论的基础. 这一概念的几何背景是向量的共线、共面.

我们知道,在几何空间 $\mathbf{R}^3$ 中,如果 $\boldsymbol{\alpha}$ 与 $\boldsymbol{\beta}$ 共线,则一个是另一个的若干倍,即存在实数 k,l,使得 $\boldsymbol{\alpha}=k\boldsymbol{\beta}$ 或 $\boldsymbol{\beta}=l\boldsymbol{\alpha}$,这相当于说,存在不全为零的数 k_1,k_2,使得 $k_1\boldsymbol{\alpha}+k_2\boldsymbol{\beta}=\boldsymbol{0}$;反之,如果 $\boldsymbol{\alpha}$ 与 $\boldsymbol{\beta}$ 不共线,则对任何数 k,都有 $\boldsymbol{\alpha}\neq k\boldsymbol{\beta}$,即若 $k_1\boldsymbol{\alpha}+k_2\boldsymbol{\beta}=\boldsymbol{0}$,则必有 $k_1=k_2=0$. 类似地,如果三个向量 $\boldsymbol{\alpha},\boldsymbol{\beta},\boldsymbol{\gamma}$ 共面,则它们的混合积 $(\boldsymbol{\alpha}\times\boldsymbol{\beta})\cdot\boldsymbol{\gamma}=$

$|\boldsymbol{\alpha},\boldsymbol{\beta},\boldsymbol{\gamma}|=0$,其中$|\boldsymbol{\alpha},\boldsymbol{\beta},\boldsymbol{\gamma}|$为以 $\boldsymbol{\alpha},\boldsymbol{\beta},\boldsymbol{\gamma}$ 为列向量构成的三阶方阵的行列式. 于是,齐次线性方程组

$$x_1\boldsymbol{\alpha}+x_2\boldsymbol{\beta}+x_3\boldsymbol{\gamma}=\mathbf{0}$$

有非零解,即存在不全为零的数 x_1,x_2,x_3,使得 $x_1\boldsymbol{\alpha}+x_2\boldsymbol{\beta}+x_3\boldsymbol{\gamma}=\mathbf{0}$. 反之,如果 $\boldsymbol{\alpha},\boldsymbol{\beta},\boldsymbol{\gamma}$ 不共面,则只有当 $x_1=x_2=x_3=0$ 时,才有 $x_1\boldsymbol{\alpha}+x_2\boldsymbol{\beta}+x_3\boldsymbol{\gamma}=\mathbf{0}$.

对于一般的 n 维向量组,我们给出以下定义.

定义 3.2.1 设 $\boldsymbol{\alpha}_i\in\mathbf{R}^n(i=1,2,\cdots,m)$,如果存在不全为零的数 $k_i\in\mathbf{R}(i=1,2,\cdots,m)$,使

$$k_1\boldsymbol{\alpha}_1+k_2\boldsymbol{\alpha}_2+\cdots+k_m\boldsymbol{\alpha}_m=\mathbf{0},\tag{3.2.1}$$

则称 $\boldsymbol{\alpha}_1,\boldsymbol{\alpha}_2,\cdots,\boldsymbol{\alpha}_m$(在实数域 $\mathbf{R}$ 上)线性相关,否则,称 $\boldsymbol{\alpha}_1,\boldsymbol{\alpha}_2,\cdots,\boldsymbol{\alpha}_m$ 线性无关.

在定义 3.2.1 中,完全可以将 $\boldsymbol{\alpha}_i,k_i$ 取为 $\boldsymbol{\alpha}_i\in P^n,k_i\in P(i=1,2,\cdots,m)$而得到一般数域 P 上向量组的线性相关、线性无关的定义,关于这一点,在以后的讨论中不再一一声明.

由定义 3.2.1,几何空间 $\mathbf{R}^3$ 中的两个向量共线、三个向量共面的充分必要条件是它们线性相关. 例 3.1.1 中的向量组 $\boldsymbol{\alpha}_1,\boldsymbol{\alpha}_2,\boldsymbol{\alpha}_3,\boldsymbol{\alpha}_4$ 是线性相关的,因为 $\frac{1}{4}\boldsymbol{\alpha}_1+\frac{11}{4}\boldsymbol{\alpha}_2-\frac{1}{2}\boldsymbol{\alpha}_3-\boldsymbol{\alpha}_4=\mathbf{0}$,其中$\frac{1}{4},\frac{11}{4},-\frac{1}{2},-1$ 不全为零.

一个向量组要么线性相关,要么线性无关,二者必居其一,且仅居其一. 因此,向量组 $\boldsymbol{\alpha}_1,\boldsymbol{\alpha}_2,\cdots,\boldsymbol{\alpha}_m$ 线性无关的含义是:没有不全为零的数 $k_1,k_2,\cdots,k_m$ 使(3.2.1)式成立. 也就是只有当 $k_1,k_2,\cdots,k_m$ 全为零时,才使(3.2.1)式成立,即若(3.2.1)成立,则 $k_1=k_2=\cdots=k_m=0$. 此外,关于向量组线性相关命题的逆否命题就是关于向量组线性无关的命题,反之亦然.

向量组 $\boldsymbol{\alpha}_1,\boldsymbol{\alpha}_2,\cdots,\boldsymbol{\alpha}_m$ 的线性相关性通常是指 $m\geqslant 2$ 的情形,但定义(3.2.1)也适用于只含一个向量 $\boldsymbol{\alpha}$ 的向量组,这时,我们可以说,$\boldsymbol{\alpha}$ 线性相关的充分必要条件是$\boldsymbol{\alpha}=\mathbf{0}$,$\boldsymbol{\alpha}$ 线性无关的充分必要条件是 $\boldsymbol{\alpha}\neq\mathbf{0}$.

设向量组 $\mathscr{A}$ 是向量组 $\mathscr{B}$ 的一部分,则称 $\mathscr{A}$ 为 $\mathscr{B}$ 的部分组. 由此,我们有以下定理.

定理 3.2.1 若向量组有线性相关的部分组,则该向量组线性相关.

证 不妨设向量组 $\boldsymbol{\alpha}_1,\boldsymbol{\alpha}_2,\cdots,\boldsymbol{\alpha}_m$ 的前 r 个向量 $\boldsymbol{\alpha}_1,\boldsymbol{\alpha}_2,\cdots,\boldsymbol{\alpha}_r$ 线性相关,则存在不全为零的数 $k_1,k_2,\cdots,k_r$,使

$$k_1\boldsymbol{\alpha}_1+k_2\boldsymbol{\alpha}_2+\cdots+k_r\boldsymbol{\alpha}_r=\mathbf{0},$$

于是

$$k_1\boldsymbol{\alpha}_1+k_2\boldsymbol{\alpha}_2+\cdots+k_r\boldsymbol{\alpha}_r+0\boldsymbol{\alpha}_{r+1}+\cdots+0\boldsymbol{\alpha}_m=\mathbf{0}.$$

由于 m 个数 $k_1,k_2,\cdots,k_r,0,\cdots,0$ 不全为零,所以 $\boldsymbol{\alpha}_1,\boldsymbol{\alpha}_2,\cdots,\boldsymbol{\alpha}_m$ 线性相关. □

定理 3.2.1 用线性无关的语言来说,就是:线性无关向量组的任何非空部分组都线性无关.

因为零向量是线性相关的，所以，含零向量的向量组一定线性相关，而一个线性无关向量组一定不能包含零向量.

受几何空间 $\mathbf{R}^3$ 中的向量共线、共面及例 3.1.1 的启发，我们也可以从另一角度看向量组线性相关的特征：

定理 3.2.2 向量组 $\boldsymbol{\alpha}_1,\boldsymbol{\alpha}_2,\cdots,\boldsymbol{\alpha}_m(m\geqslant 2)$线性相关的充分必要条件是其中至少有一个向量可由其余 $m-1$ 个向量线性表示.

证 设 $\boldsymbol{\alpha}_1,\boldsymbol{\alpha}_2,\cdots,\boldsymbol{\alpha}_m$ 线性相关，则有不全为零的数 $k_1,k_2,\cdots,k_m$，使得

$$k_1\boldsymbol{\alpha}_1+k_2\boldsymbol{\alpha}_2+\cdots+k_m\boldsymbol{\alpha}_m=\mathbf{0},$$

不妨设 $k_1\neq 0$，于是便有

$$\boldsymbol{\alpha}_1=-\frac{1}{k_1}(k_2\boldsymbol{\alpha}_2+\cdots+k_m\boldsymbol{\alpha}_m),$$

即 $\boldsymbol{\alpha}_1$ 可由 $\boldsymbol{\alpha}_2,\cdots,\boldsymbol{\alpha}_m$ 线性表示.

反过来，如果 $\boldsymbol{\alpha}_1,\boldsymbol{\alpha}_2,\cdots,\boldsymbol{\alpha}_m$ 中有某个向量可由其余 $m-1$ 个向量线性表示，不妨设 $\boldsymbol{\alpha}_m$ 可由 $\boldsymbol{\alpha}_1,\cdots,\boldsymbol{\alpha}_{m-1}$线性表示，即有 $l_1,\cdots,l_{m-1}$，使得

$$\boldsymbol{\alpha}_m=l_1\boldsymbol{\alpha}_1+\cdots+l_{m-1}\boldsymbol{\alpha}_{m-1},$$

于是

$$l_1\boldsymbol{\alpha}_1+\cdots+l_{m-1}\boldsymbol{\alpha}_{m-1}+(-1)\boldsymbol{\alpha}_m=\mathbf{0}.$$

因为 $l_1,\cdots,l_{m-1},-1$ 不全为零，所以 $\boldsymbol{\alpha}_1,\boldsymbol{\alpha}_2,\cdots,\boldsymbol{\alpha}_m$ 线性相关. □

推论 3.2.1 向量组 $\boldsymbol{\alpha}_1,\boldsymbol{\alpha}_2,\cdots,\boldsymbol{\alpha}_m(m\geqslant 2)$线性无关的充分必要条件是其中任意一个向量都不能由其余向量线性表示. □

若 $\boldsymbol{\alpha}_1,\boldsymbol{\alpha}_2,\cdots,\boldsymbol{\alpha}_m$ 为列(行)向量，则(3.2.1)式可写为矩阵形式

$$\boldsymbol{Ax}=\mathbf{0}\qquad(\boldsymbol{x}^{\mathrm{T}}\boldsymbol{A}=\mathbf{0}),$$

其中 $\boldsymbol{A}$ 是由 $\boldsymbol{\alpha}_1,\boldsymbol{\alpha}_2,\cdots,\boldsymbol{\alpha}_m$ 为列(行)向量构成的矩阵，$\boldsymbol{x}=(k_1,k_2,\cdots,k_m)^{\mathrm{T}}$. 因此，向量组 $\boldsymbol{\alpha}_1,\boldsymbol{\alpha}_2,\cdots,\boldsymbol{\alpha}_m$ 线性相关的充分必要条件是齐次方程组 $\boldsymbol{Ax}=\mathbf{0}(\boldsymbol{x}^{\mathrm{T}}\boldsymbol{A}=\mathbf{0})$有非零解；线性无关的充分必要条件是齐次方程组 $\boldsymbol{Ax}=\mathbf{0}(\boldsymbol{x}^{\mathrm{T}}\boldsymbol{A}=\mathbf{0})$只有零解. 应用推论 2.7.1，即可得以下定理(为方便起见，在下面的定理和推论中所提到的向量均为列向量).

定理 3.2.3 向量组 $\boldsymbol{\alpha}_1,\boldsymbol{\alpha}_2,\cdots,\boldsymbol{\alpha}_m$ 线性相关的充分必要条件是矩阵 $\boldsymbol{A}=(\boldsymbol{\alpha}_1,\boldsymbol{\alpha}_2,\cdots,\boldsymbol{\alpha}_m)$的秩小于向量个数 m，即 $R(\boldsymbol{A})<m$；向量组 $\boldsymbol{\alpha}_1,\boldsymbol{\alpha}_2,\cdots,\boldsymbol{\alpha}_m$ 线性无关的充分必要条件是 $R(\boldsymbol{A})=m$. □

推论 3.2.2 设 $\boldsymbol{A}_{m\times n}=(\boldsymbol{\alpha}_1,\boldsymbol{\alpha}_2,\cdots,\boldsymbol{\alpha}_n)$，$\boldsymbol{B}_{m\times n}=(\boldsymbol{\beta}_1,\boldsymbol{\beta}_2,\cdots,\boldsymbol{\beta}_n)$，且 $R(\boldsymbol{A})=R(\boldsymbol{B})$，则向量组 $\boldsymbol{\alpha}_1,\boldsymbol{\alpha}_2,\cdots,\boldsymbol{\alpha}_n$ 与向量组$\boldsymbol{\beta}_1,\boldsymbol{\beta}_2,\cdots,\boldsymbol{\beta}_n$ 具有相同的线性相关性. □

由推论 3.2.2，我们可以进一步得到：若矩阵 $\boldsymbol{A}$ 经有限次初等行(列)变换化为 $\boldsymbol{B}$，则 $\boldsymbol{A}$ 和 $\boldsymbol{B}$ 中任何对应的列(行)向量组都有相同的线性相关性. 事实上，这时，存在 m 阶可逆矩阵 $\boldsymbol{P}$，使得 $\boldsymbol{B}=\boldsymbol{PA}$，即

$$(\boldsymbol{\beta}_1,\boldsymbol{\beta}_2,\cdots,\boldsymbol{\beta}_n)=\boldsymbol{P}(\boldsymbol{\alpha}_1,\boldsymbol{\alpha}_2,\cdots,\boldsymbol{\alpha}_n)=(\boldsymbol{P\alpha}_1,\boldsymbol{P\alpha}_2,\cdots,\boldsymbol{P\alpha}_n),$$

从而

$$\boldsymbol{\beta}_i=\boldsymbol{P}\boldsymbol{\alpha}_i \qquad (i=1,2,\cdots,n).$$

又设 $\boldsymbol{A}_1=(\boldsymbol{\alpha}_{i_1},\boldsymbol{\alpha}_{i_2},\cdots,\boldsymbol{\alpha}_{i_r})$，$\boldsymbol{B}_1=(\boldsymbol{\beta}_{i_1},\boldsymbol{\beta}_{i_2},\cdots,\boldsymbol{\beta}_{i_r})$，其中 $\boldsymbol{\alpha}_{i_1},\boldsymbol{\alpha}_{i_2},\cdots,\boldsymbol{\alpha}_{i_r}$ 与 $\boldsymbol{\beta}_{i_1},\boldsymbol{\beta}_{i_2},\cdots,\boldsymbol{\beta}_{i_r}$ $(1\leqslant i_1<i_2<\cdots<i_r\leqslant n)$分别为 $\boldsymbol{A},\boldsymbol{B}$ 中任意 r 个对应的列向量. 于是

$$\boldsymbol{B}_1=(\boldsymbol{\beta}_{i_1},\boldsymbol{\beta}_{i_2},\cdots,\boldsymbol{\beta}_{i_r})=(\boldsymbol{P}\boldsymbol{\alpha}_{i_1},\boldsymbol{P}\boldsymbol{\alpha}_{i_2},\cdots,\boldsymbol{P}\boldsymbol{\alpha}_{i_r})=\boldsymbol{P}\boldsymbol{A}_1,$$

故 $R(\boldsymbol{A}_1)=R(\boldsymbol{B}_1)$，即 $\boldsymbol{\alpha}_{i_1},\boldsymbol{\alpha}_{i_2},\cdots,\boldsymbol{\alpha}_{i_r}$ 与 $\boldsymbol{\beta}_{i_1},\boldsymbol{\beta}_{i_2},\cdots,\boldsymbol{\beta}_{i_r}$ 有相同的线性相关性.

推论 3.2.3 设 $\boldsymbol{\alpha}_i\in\mathbf{R}^n(i=1,2,\cdots,n)$，$\boldsymbol{A}=(\boldsymbol{\alpha}_1,\boldsymbol{\alpha}_2,\cdots,\boldsymbol{\alpha}_n)$，则 $\boldsymbol{\alpha}_1,\boldsymbol{\alpha}_2,\cdots,\boldsymbol{\alpha}_n$ 线性相关的充分必要条件是 $|\boldsymbol{A}|=0$；$\boldsymbol{\alpha}_1,\boldsymbol{\alpha}_2,\cdots,\boldsymbol{\alpha}_n$ 线性无关的充分必要条件是 $|\boldsymbol{A}|\neq 0$. □

推论 3.2.4 当 $m>n$ 时，m 个 n 维向量必线性相关. 特别 $n+1$ 个 n 维向量一定线性相关. □

推论 3.2.5 设有两个向量组：

$$\mathscr{A}:\boldsymbol{\alpha}_i=(a_{i1},a_{i2},\cdots,a_{ir})^{\mathrm{T}} \qquad (i=1,2,\cdots,m),$$

$$\mathscr{B}:\boldsymbol{\beta}_i=(a_{i1},a_{i2},\cdots,a_{ir},a_{ir+1})^{\mathrm{T}} \qquad (i=1,2,\cdots,m).$$

如果向量组 $\mathscr{A}$ 线性无关，则向量组 $\mathscr{B}$ 也线性无关. □

推论 3.2.5 可以进一步推广为对线性无关向量组 $\mathscr{A}$ 的每一个向量都添加、插入若干同序号的分量而形成的一组“加长”的向量组 $\mathscr{B}$ 也线性无关，对线性相关向量组 $\mathscr{A}$ 的每一个向量都删去若干同序号的分量而形成的一组“截短”的向量组 $\mathscr{B}$ 也线性相关.

推论 3.2.6 设 $\mathscr{A}:\boldsymbol{\alpha}_1,\boldsymbol{\alpha}_2,\cdots,\boldsymbol{\alpha}_r$，$\mathscr{B}:\boldsymbol{\beta}_1,\boldsymbol{\beta}_2,\cdots,\boldsymbol{\beta}_s$ 是两个向量组，若向量组 $\mathscr{A}$ 可由 $\mathscr{B}$ 线性表示且 $r>s$，则向量组 $\mathscr{A}$ 线性相关.

证 记由 $\boldsymbol{\alpha}_1,\boldsymbol{\alpha}_2,\cdots,\boldsymbol{\alpha}_r$ 为列向量构成的矩阵为 $\boldsymbol{A}$，由 $\boldsymbol{\beta}_1,\boldsymbol{\beta}_2,\cdots,\boldsymbol{\beta}_s$ 为列向量构成的矩阵为 $\boldsymbol{B}$. 若 $\mathscr{A}$ 可由 $\mathscr{B}$ 线性表示，由推论 3.1.1 知，$R(\boldsymbol{A})\leqslant R(\boldsymbol{B})\leqslant s<r$，所以向量组 $\mathscr{A}$ 线性相关. □

据推论 3.2.6，若向量组 $\mathscr{A}:\boldsymbol{\alpha}_1,\boldsymbol{\alpha}_2,\cdots,\boldsymbol{\alpha}_r$ 线性无关，且可由向量组 $\mathscr{B}:\boldsymbol{\beta}_1,\boldsymbol{\beta}_2,\cdots,\boldsymbol{\beta}_s$ 线性表示，则必有 $r\leqslant s$. 由此进一步可得：任意两个等价的线性无关向量组所含的向量个数相同.

例 3.2.1 证明：n 维单位坐标向量 $\boldsymbol{\varepsilon}_1,\boldsymbol{\varepsilon}_2,\cdots,\boldsymbol{\varepsilon}_n$ 线性无关.

证 设有一组数 $k_1,k_2,\cdots,k_n$，使得

$$k_1\boldsymbol{\varepsilon}_1+k_2\boldsymbol{\varepsilon}_2+\cdots+k_n\boldsymbol{\varepsilon}_n=\mathbf{0},$$

即

$$(k_1,k_2,\cdots,k_n)=(0,0,\cdots,0).$$

故 $k_i=0(i=1,2,\cdots,n)$，从而 $\boldsymbol{\varepsilon}_1,\boldsymbol{\varepsilon}_2,\cdots,\boldsymbol{\varepsilon}_n$ 线性无关.

例 3.2.1 也可以由 n 维单位坐标向量 $\boldsymbol{\varepsilon}_1,\boldsymbol{\varepsilon}_2,\cdots,\boldsymbol{\varepsilon}_n$ 构成的 n 阶单位矩阵 $\boldsymbol{E}$，且 $R(\boldsymbol{E})=n$ 直接得到.

例 3.2.2 证明向量组 $\boldsymbol{\alpha}_1,\boldsymbol{\alpha}_2,\boldsymbol{\alpha}_3$ 线性无关的充分必要条件是 $\boldsymbol{\beta}_1=\boldsymbol{\alpha}_1+\boldsymbol{\alpha}_2$，$\boldsymbol{\beta}_2=$

$\boldsymbol{\alpha}_2+\boldsymbol{\alpha}_3, \boldsymbol{\beta}_3=\boldsymbol{\alpha}_3+\boldsymbol{\alpha}_1$ 线性无关.

证法 1　必要性.

设有数 x_1, x_2, x_3，使

$$x_1\boldsymbol{\beta}_1+x_2\boldsymbol{\beta}_2+x_3\boldsymbol{\beta}_3=\mathbf{0},$$

即

$$(x_1+x_3)\boldsymbol{\alpha}_1+(x_1+x_2)\boldsymbol{\alpha}_2+(x_2+x_3)\boldsymbol{\alpha}_3=\mathbf{0}.$$

因为 $\boldsymbol{\alpha}_1, \boldsymbol{\alpha}_2, \boldsymbol{\alpha}_3$ 线性无关，所以

$$\begin{cases} x_1+x_3=0, \\ x_1+x_2=0, \\ x_2+x_3=0. \end{cases}$$

由于此齐次线性方程组的系数行列式

$$\begin{vmatrix} 1 & 0 & 1 \\ 1 & 1 & 0 \\ 0 & 1 & 1 \end{vmatrix}=2\neq 0,$$

故方程组只有零解，即 $x_1=x_2=x_3=0$，所以 $\boldsymbol{\beta}_1, \boldsymbol{\beta}_2, \boldsymbol{\beta}_3$ 线性无关.

充分性.

以 $\boldsymbol{\alpha}_1, \boldsymbol{\alpha}_2, \boldsymbol{\alpha}_3$ 和 $\boldsymbol{\beta}_1, \boldsymbol{\beta}_2, \boldsymbol{\beta}_3$ 为列向量构成的矩阵分别记为 $\boldsymbol{A}$ 和 $\boldsymbol{B}$，即 $\boldsymbol{A}=(\boldsymbol{\alpha}_1, \boldsymbol{\alpha}_2, \boldsymbol{\alpha}_3)$，$\boldsymbol{B}=(\boldsymbol{\beta}_1, \boldsymbol{\beta}_2, \boldsymbol{\beta}_3)$，因为 $\boldsymbol{\beta}_1, \boldsymbol{\beta}_2, \boldsymbol{\beta}_3$ 线性无关，所以 $R(\boldsymbol{B})=3$. 若 $\boldsymbol{\alpha}_1, \boldsymbol{\alpha}_2, \boldsymbol{\alpha}_3$ 线性相关，则因为 $\boldsymbol{\beta}_1, \boldsymbol{\beta}_2, \boldsymbol{\beta}_3$ 可由 $\boldsymbol{\alpha}_1, \boldsymbol{\alpha}_2, \boldsymbol{\alpha}_3$ 线性表示，所以 $R(\boldsymbol{B})\leqslant R(\boldsymbol{A})<3$，与 $R(\boldsymbol{B})=3$ 矛盾，故 $\boldsymbol{\alpha}_1, \boldsymbol{\alpha}_2, \boldsymbol{\alpha}_3$ 线性无关.

证法 2　因为

$$(\boldsymbol{\beta}_1, \boldsymbol{\beta}_2, \boldsymbol{\beta}_3)=(\boldsymbol{\alpha}_1, \boldsymbol{\alpha}_2, \boldsymbol{\alpha}_3)\begin{pmatrix} 1 & 0 & 1 \\ 1 & 1 & 0 \\ 0 & 1 & 1 \end{pmatrix},$$

即 $\boldsymbol{B}=\boldsymbol{A}\boldsymbol{K}$，其中 $\boldsymbol{K}=\begin{pmatrix} 1 & 0 & 1 \\ 1 & 1 & 0 \\ 0 & 1 & 1 \end{pmatrix}$. 又因为 $|\boldsymbol{K}|=2\neq 0$，所以 $R(\boldsymbol{B})=R(\boldsymbol{A})$，于是 $\boldsymbol{\alpha}_1, \boldsymbol{\alpha}_2, \boldsymbol{\alpha}_3$ 与 $\boldsymbol{\beta}_1, \boldsymbol{\beta}_2, \boldsymbol{\beta}_3$ 具有相同的线性相关性，故 $\boldsymbol{\alpha}_1, \boldsymbol{\alpha}_2, \boldsymbol{\alpha}_3$ 线性无关的充分必要条件是 $\boldsymbol{\beta}_1, \boldsymbol{\beta}_2, \boldsymbol{\beta}_3$ 线性无关.

例 3.2.3　已知 $\boldsymbol{\alpha}_1=(1,0,2,1)^{\mathrm{T}}, \boldsymbol{\alpha}_2=(1,2,0,1)^{\mathrm{T}}, \boldsymbol{\alpha}_3=(2,1,3,2)^{\mathrm{T}}, \boldsymbol{\alpha}_4=(2,5,-1,4)^{\mathrm{T}}$，讨论向量组 $\boldsymbol{\alpha}_1, \boldsymbol{\alpha}_2, \boldsymbol{\alpha}_3$、向量组 $\boldsymbol{\alpha}_1, \boldsymbol{\alpha}_2, \boldsymbol{\alpha}_4$ 及向量组 $\boldsymbol{\alpha}_1, \boldsymbol{\alpha}_2, \boldsymbol{\alpha}_3, \boldsymbol{\alpha}_4$ 的线性相关性.

解　用初等行变换把矩阵 $\boldsymbol{A}=(\boldsymbol{\alpha}_1, \boldsymbol{\alpha}_2, \boldsymbol{\alpha}_3, \boldsymbol{\alpha}_4)$ 化为阶梯形：

$$\boldsymbol{A}=\begin{pmatrix} 1 & 1 & 2 & 2 \\ 0 & 2 & 1 & 5 \\ 2 & 0 & 3 & -1 \\ 1 & 1 & 2 & 4 \end{pmatrix}\xrightarrow[r_4-r_1]{r_3-2r_1}\begin{pmatrix} 1 & 1 & 2 & 2 \\ 0 & 2 & 1 & 5 \\ 0 & -2 & -1 & -5 \\ 0 & 0 & 0 & 2 \end{pmatrix}\xrightarrow[r_3\leftrightarrow r_4]{r_3+r_2}\begin{pmatrix} 1 & 1 & 2 & 2 \\ 0 & 2 & 1 & 5 \\ 0 & 0 & 0 & 2 \\ 0 & 0 & 0 & 0 \end{pmatrix}$$

$$\overset{\text{记为}}{=\!=\!=}(\boldsymbol{\beta}_1,\boldsymbol{\beta}_2,\boldsymbol{\beta}_3,\boldsymbol{\beta}_4)=\boldsymbol{B}.$$

因仅作初等行变换，所以，根据推论 3.2.2，$\boldsymbol{A}$ 和 $\boldsymbol{B}$ 中对应的列向量组都有相同的线性相关性，从而由等式

$$R(\boldsymbol{\alpha}_1,\boldsymbol{\alpha}_2,\boldsymbol{\alpha}_3)=R(\boldsymbol{\beta}_1,\boldsymbol{\beta}_2,\boldsymbol{\beta}_3)=2,$$
$$R(\boldsymbol{\alpha}_1,\boldsymbol{\alpha}_2,\boldsymbol{\alpha}_4)=R(\boldsymbol{\beta}_1,\boldsymbol{\beta}_2,\boldsymbol{\beta}_4)=3,$$
$$R(\boldsymbol{\alpha}_1,\boldsymbol{\alpha}_2,\boldsymbol{\alpha}_3,\boldsymbol{\alpha}_4)=R(\boldsymbol{\beta}_1,\boldsymbol{\beta}_2,\boldsymbol{\beta}_3,\boldsymbol{\beta}_4)=3,$$

推得向量组 $\boldsymbol{\alpha}_1,\boldsymbol{\alpha}_2,\boldsymbol{\alpha}_3$ 和 $\boldsymbol{\alpha}_1,\boldsymbol{\alpha}_2,\boldsymbol{\alpha}_3,\boldsymbol{\alpha}_4$ 线性相关，而向量组 $\boldsymbol{\alpha}_1,\boldsymbol{\alpha}_2,\boldsymbol{\alpha}_4$ 线性无关.

例 3.2.4 设 $\boldsymbol{\alpha}_1,\boldsymbol{\alpha}_2,\cdots,\boldsymbol{\alpha}_m$ 线性无关，而 $\boldsymbol{\alpha}_1,\boldsymbol{\alpha}_2,\cdots,\boldsymbol{\alpha}_m,\boldsymbol{\beta}$ 线性相关，证明 $\boldsymbol{\beta}$ 可由 $\boldsymbol{\alpha}_1,\boldsymbol{\alpha}_2,\cdots,\boldsymbol{\alpha}_m$ 唯一地线性表示.

证法 1 因为 $\boldsymbol{\alpha}_1,\boldsymbol{\alpha}_2,\cdots,\boldsymbol{\alpha}_m,\boldsymbol{\beta}$ 线性相关，所以存在不全为零的数 $l_1,\cdots,l_m,l$，使得

$$l_1\boldsymbol{\alpha}_1+l_2\boldsymbol{\alpha}_2+\cdots+l_m\boldsymbol{\alpha}_m+l\boldsymbol{\beta}=\boldsymbol{0}. \tag{3.2.2}$$

若 $l=0$，则 $l_1,\cdots,l_m$ 不全为零，这时(3.2.2)式变为

$$l_1\boldsymbol{\alpha}_1+l_2\boldsymbol{\alpha}_2+\cdots+l_m\boldsymbol{\alpha}_m=\boldsymbol{0},$$

从而得出 $\boldsymbol{\alpha}_1,\boldsymbol{\alpha}_2,\cdots,\boldsymbol{\alpha}_m$ 线性相关，与已知条件矛盾. 所以 $l\neq0$，于是

$$\boldsymbol{\beta}=-\frac{1}{l}(l_1\boldsymbol{\alpha}_1+l_2\boldsymbol{\alpha}_2+\cdots+l_m\boldsymbol{\alpha}_m),$$

即 $\boldsymbol{\beta}$ 可由 $\boldsymbol{\alpha}_1,\boldsymbol{\alpha}_2,\cdots,\boldsymbol{\alpha}_m$ 线性表示.

设

$$\boldsymbol{\beta}=p_1\boldsymbol{\alpha}_1+p_2\boldsymbol{\alpha}_2+\cdots+p_m\boldsymbol{\alpha}_m$$

与

$$\boldsymbol{\beta}=q_1\boldsymbol{\alpha}_1+q_2\boldsymbol{\alpha}_2+\cdots+q_m\boldsymbol{\alpha}_m$$

是 $\boldsymbol{\beta}$ 由 $\boldsymbol{\alpha}_1,\boldsymbol{\alpha}_2,\cdots,\boldsymbol{\alpha}_m$ 线性表示的两种表示式，两式相减，得

$$(p_1-q_1)\boldsymbol{\alpha}_1+(p_2-q_2)\boldsymbol{\alpha}_2+\cdots+(p_m-q_m)\boldsymbol{\alpha}_m=\boldsymbol{0}.$$

由于 $\boldsymbol{\alpha}_1,\boldsymbol{\alpha}_2,\cdots,\boldsymbol{\alpha}_m$ 线性无关，因此，必有 $p_i-q_i=0$，即 $p_i=q_i(i=1,2,\cdots,m)$，也就是说，表示法唯一.

证法 2 记 $\boldsymbol{A}=(\boldsymbol{\alpha}_1,\boldsymbol{\alpha}_2,\cdots,\boldsymbol{\alpha}_m)$，$\boldsymbol{B}=(\boldsymbol{\alpha}_1,\boldsymbol{\alpha}_2,\cdots,\boldsymbol{\alpha}_m,\boldsymbol{\beta})$，则 $R(\boldsymbol{A})\leqslant R(\boldsymbol{B})$. 因为 $\boldsymbol{\alpha}_1,\boldsymbol{\alpha}_2,\cdots,\boldsymbol{\alpha}_m$ 线性无关，所以 $R(\boldsymbol{A})=m$. 又因为 $\boldsymbol{\alpha}_1,\boldsymbol{\alpha}_2,\cdots,\boldsymbol{\alpha}_m,\boldsymbol{\beta}$ 线性相关，所以 $R(\boldsymbol{B})<m+1$，从而 $m=R(\boldsymbol{A})\leqslant R(\boldsymbol{B})<m+1$，即有 $R(\boldsymbol{A})=R(\boldsymbol{B})=m$，故方程组 $\boldsymbol{Ax}=\boldsymbol{\beta}$ 有唯一解，即 $\boldsymbol{\beta}$ 可由 $\boldsymbol{\alpha}_1,\boldsymbol{\alpha}_2,\cdots,\boldsymbol{\alpha}_m$ 唯一地线性表示.

由例 3.2.4 知，若 $\boldsymbol{\alpha}_1,\boldsymbol{\alpha}_2,\cdots,\boldsymbol{\alpha}_m$ 线性无关，且 $\boldsymbol{\beta}$ 不能由 $\boldsymbol{\alpha}_1,\boldsymbol{\alpha}_2,\cdots,\boldsymbol{\alpha}_m$ 线性表示，则 $\boldsymbol{\beta},\boldsymbol{\alpha}_1,\boldsymbol{\alpha}_2,\cdots,\boldsymbol{\alpha}_m$ 线性无关；若 $\boldsymbol{\beta}$ 可由 $\boldsymbol{\alpha}_1,\boldsymbol{\alpha}_2,\cdots,\boldsymbol{\alpha}_m$ 线性表示，且 $\boldsymbol{\alpha}_1,\boldsymbol{\alpha}_2,\cdots,\boldsymbol{\alpha}_m$ 线性相关，则 $\boldsymbol{\beta}$ 可由 $\boldsymbol{\alpha}_1,\boldsymbol{\alpha}_2,\cdots,\boldsymbol{\alpha}_m$ 线性表示的表示方式不唯一.

例 3.2.5 设 $\boldsymbol{\alpha}_i\in\mathbf{R}^n(i=1,2,\cdots,r)$，且 $r<n$，证明：若 $\boldsymbol{\alpha}_1,\cdots,\boldsymbol{\alpha}_r$ 线性无关，则存在 $\boldsymbol{\alpha}\in\mathbf{R}^n$ 使 $\boldsymbol{\alpha}_1,\cdots,\boldsymbol{\alpha}_r,\boldsymbol{\alpha}$ 线性无关.

证法 1　(反证法)　记 $\mathbf{A}=(\boldsymbol{\alpha}_1,\cdots,\boldsymbol{\alpha}_r)$,则 $R(\mathbf{A})=r$. 若对任意向量 $\boldsymbol{\alpha}\in\mathbf{R}^n$,都有 $\boldsymbol{\alpha}_1,\cdots,\boldsymbol{\alpha}_r,\boldsymbol{\alpha}$ 线性相关,由例 3.2.4 知,$\boldsymbol{\alpha}$ 可由 $\boldsymbol{\alpha}_1,\cdots,\boldsymbol{\alpha}_r$ 线性表示. 特别 n 维单位坐标向量 $\boldsymbol{\varepsilon}_1,\boldsymbol{\varepsilon}_2,\cdots,\boldsymbol{\varepsilon}_n$ 也可由 $\boldsymbol{\alpha}_1,\cdots,\boldsymbol{\alpha}_r$ 线性表示,于是由推论 3.1.3,有 $R(\mathbf{A})=n$,与 $R(\mathbf{A})=r<n$ 矛盾,所以,满足条件的 $\boldsymbol{\alpha}$ 一定存在. □

证法 2　记 $\mathbf{A}=(\boldsymbol{\alpha}_1,\cdots,\boldsymbol{\alpha}_r)=(a_{ij})_{n\times r}$,因为 $R(\mathbf{A})=r$,不妨设位于 $\mathbf{A}$ 左上角的 r 阶子式

$$\begin{vmatrix} a_{11} & \cdots & a_{1r} \\ \vdots & & \vdots \\ a_{r1} & \cdots & a_{rr} \end{vmatrix}\neq 0,$$

这时取 $\boldsymbol{\alpha}=\boldsymbol{\varepsilon}_{r+1}=(0,\cdots,1,\cdots,0)^{\mathrm{T}}$(第 $r+1$ 个分量为 1,其余分量为零的 n 维单位坐标向量),则可证 $\boldsymbol{\alpha}_1,\cdots,\boldsymbol{\alpha}_r,\boldsymbol{\alpha}$ 线性无关. 细节留作练习. □

练　习　3.2

1. 判断下列命题是否正确:

(1) 如果向量组 $\boldsymbol{\alpha}_1,\boldsymbol{\alpha}_2,\cdots,\boldsymbol{\alpha}_s$ 线性相关,则它的任一部分组也线性相关.

(2) 如果向量组 $\boldsymbol{\alpha}_1,\boldsymbol{\alpha}_2,\cdots,\boldsymbol{\alpha}_s$ 线性相关,则它的任一向量都可以由其余向量线性表示.

(3) 如果当 $k_1=k_2=\cdots=k_m=0$ 时,$k_1\boldsymbol{\alpha}_1+k_2\boldsymbol{\alpha}_2+\cdots+k_m\boldsymbol{\alpha}_m=\mathbf{0}$,则 $\boldsymbol{\alpha}_1,\boldsymbol{\alpha}_2,\cdots,\boldsymbol{\alpha}_s$ 线性无关.

(4) 如果矩阵 $\mathbf{A}$ 经有限次初等行变换化为 $\boldsymbol{B}$,则 $\mathbf{A}$ 和 $\boldsymbol{B}$ 中任何对应的行向量组都有相同的线性相关性.

2. 设 $\boldsymbol{\alpha}_1=(1,2,3)^{\mathrm{T}},\boldsymbol{\alpha}_2=(2,1,6)^{\mathrm{T}},\boldsymbol{\alpha}_3=(3,4,a)^{\mathrm{T}}$. 问 a 为何值时 $\boldsymbol{\alpha}_1,\boldsymbol{\alpha}_2,\boldsymbol{\alpha}_3$ 线性相关? a 为何值时,$\boldsymbol{\alpha}_1,\boldsymbol{\alpha}_2,\boldsymbol{\alpha}_3$ 线性无关?

3. 判断下列向量组的线性相关性:

(1) $\boldsymbol{\alpha}_1=(2,2,7,-1)^{\mathrm{T}},\boldsymbol{\alpha}_2=(3,-1,2,4)^{\mathrm{T}},\boldsymbol{\alpha}_3=(1,1,3,1)^{\mathrm{T}}$;

(2) $\boldsymbol{\alpha}_1=(4,3,-1,1,-1)^{\mathrm{T}},\boldsymbol{\alpha}_2=(2,1,-3,2,-5)^{\mathrm{T}},\boldsymbol{\alpha}_3=(1,-3,0,1-2)^{\mathrm{T}},\boldsymbol{\alpha}_4=(1,5,2,-2,6)^{\mathrm{T}}$.

3.3　向量组的秩

3.3.1　最大无关组

将向量组的线性相关与线性无关概念应用于线性方程组,我们有:当方程组中的某个方程是其余方程的线性组合时,这个方程就是多余的,如本章 3.1.2 节中方程组(3.1.2)的第三个方程. 这时称方程组的各个方程是线性相关的;当方程组中没有多余方程,则称方程组的各个方程是线性无关或线性独立的. 因此,一个方程组有多余方程的充分必要条件是方程组所对应的向量组线性相关;没有多余方程的充分必要条件是方程组所对应的向量组线性无关. 如果方程组有多余方程,那么把所有的多余方程去掉而得到的方程组(称为保留方程组)自然应该是线性独立的,而且与原方程组等价. 因此,保留方程组所对应的向量组应该是线性无关的,且与原方程组所对应的向量组等价. 这样,对一个方程组的研究,只需研究保留方程组就可以了. 将保留方

程组这种特征一般化,就可以得到向量组的最大线性无关组概念.

定义 3.3.1 设 $\mathscr{A}$ 为一向量组,如果 $\mathscr{A}$ 中存在 r 个向量 $\boldsymbol{\alpha}_1,\cdots,\boldsymbol{\alpha}_r$,满足

(1) $\boldsymbol{\alpha}_1,\cdots,\boldsymbol{\alpha}_r$ 线性无关;

(2) $\mathscr{A}$ 中任意 $r+1$ 个向量(如果有的话)都线性相关,

则称 $\boldsymbol{\alpha}_1,\cdots,\boldsymbol{\alpha}_r$ 是 $\mathscr{A}$ 的一个**最大线性无关组**,简称**最大无关组**. 数 r 称为向量组 $\mathscr{A}$ 的秩,记作 $R(\mathscr{A})$,并规定只含零向量的向量组的秩为 0.

据例 3.2.4 知,在条件(1)下,条件(2)与下述条件等价:

(2)$'$ $\mathscr{A}$ 中任一向量都可由 $\boldsymbol{\alpha}_1,\cdots,\boldsymbol{\alpha}_r$ 线性表示.

因而(1),(2)与(1),(2)$'$均可作为最大无关组的定义. 于是由(2)$'$知向量组 $\mathscr{A}$ 可由它的最大无关组线性表示;反过来最大无关组作为 $\mathscr{A}$ 的部分组,当然也可以由 $\mathscr{A}$ 线性表示. 所以,向量组的最大无关组与向量组本身等价.

我们知道,n 维单位坐标向量 $\boldsymbol{\varepsilon}_1,\boldsymbol{\varepsilon}_2,\cdots,\boldsymbol{\varepsilon}_n$ 线性无关,且 $\mathbf{R}^n$ 中任一向量都可由 $\boldsymbol{\varepsilon}_1,\boldsymbol{\varepsilon}_2,\cdots,\boldsymbol{\varepsilon}_n$ 线性表示,所以,$\boldsymbol{\varepsilon}_1,\boldsymbol{\varepsilon}_2,\cdots,\boldsymbol{\varepsilon}_n$ 是 $\mathbf{R}^n$ 的一个最大无关组,且 $\mathbf{R}^n$ 的秩为 n. 此外,根据推论 3.2.4,$\mathbf{R}^n$ 中任意 $n+1$ 个向量都线性相关,所以,任意 n 个 n 维向量 $\boldsymbol{\alpha}_1,\boldsymbol{\alpha}_2,\cdots,\boldsymbol{\alpha}_n$,只要是线性无关的,它们就是 $\mathbf{R}^n$ 的最大无关组. 由此可见,向量组的最大无关组未必唯一,但由于向量组的最大无关组与向量组本身等价,利用向量组等价关系的传递性,即知向量组的任意两个最大无关组都是等价的,因而它们所含的向量个数相同,也就是说,向量组的秩是唯一确定的. 进一步,我们有以下结论:

(1) 等价向量组有相同的秩;

(2) 若向量组 $\mathscr{A}$ 的秩为 r,则 $\mathscr{A}$ 中任意 r 个线性无关向量组都是 $\mathscr{A}$ 的最大无关组.

在前两节的讨论中,矩阵的秩起了十分重要的作用. 现在,为了进一步利用矩阵讨论由有限个向量构成的向量组的秩,我们介绍以下定理.

定理 3.3.1 矩阵的秩等于它的列向量组的秩,也等于它的行向量组的秩.

证 设 $\mathbf{A}=(\boldsymbol{\alpha}_1,\boldsymbol{\alpha}_2,\cdots,\boldsymbol{\alpha}_n)_{m\times n}$,$R(\mathbf{A})=r$,并设 $\mathbf{A}$ 的 r 阶子式 $D_r\neq 0$,其中 $\boldsymbol{\alpha}_1,\boldsymbol{\alpha}_2,\cdots,\boldsymbol{\alpha}_n$ 是 n 个 m 维列向量. 根据定理 3.2.3,D_r 所在的 r 个列向量线性无关. 又由 $\mathbf{A}$ 中所有 $r+1$ 阶子式全为零,知 $\mathbf{A}$ 中任意 $r+1$ 个列向量都线性相关,因此 D_r 所在的 r 个列向量就是向量组 $\boldsymbol{\alpha}_1,\boldsymbol{\alpha}_2,\cdots,\boldsymbol{\alpha}_n$ 的一个最大无关组,即 $\mathbf{A}$ 的列向量组的秩等于 r.

类似可证 $\mathbf{A}$ 的行向量组的秩也等于 $R(\mathbf{A})$. □

结合定理 3.3.1 和推论 3.2.2,我们将如何求一个向量组 $\boldsymbol{\alpha}_1,\boldsymbol{\alpha}_2,\cdots,\boldsymbol{\alpha}_n$ 的最大无关组的方法归纳如下:

(1) 以向量组 $\boldsymbol{\alpha}_1,\boldsymbol{\alpha}_2,\cdots,\boldsymbol{\alpha}_n$ 为列(行)向量构作矩阵 $\mathbf{A}$;

(2) 对 $\mathbf{A}$ 作初等行(列)变换,把 $\mathbf{A}$ 化为阶梯形矩阵 $\boldsymbol{B}$,这时矩阵 $\boldsymbol{B}$ 的秩就是向量组 $\boldsymbol{\alpha}_1,\boldsymbol{\alpha}_2,\cdots,\boldsymbol{\alpha}_n$ 的秩,而与 $\boldsymbol{B}$ 的最高阶非零子式所在的列(行)向量 $\boldsymbol{\beta}_{i_1},\boldsymbol{\beta}_{i_2},\cdots,\boldsymbol{\beta}_{i_r}$ 对应的向量组 $\boldsymbol{\alpha}_{i_1},\boldsymbol{\alpha}_{i_2},\cdots,\boldsymbol{\alpha}_{i_r}$ 就是 $\boldsymbol{\alpha}_1,\boldsymbol{\alpha}_2,\cdots,\boldsymbol{\alpha}_n$ 的最大无关组.

例 3.3.1　求例 3.2.3 中的向量组 $\boldsymbol{\alpha}_1,\boldsymbol{\alpha}_2,\boldsymbol{\alpha}_3,\boldsymbol{\alpha}_4$ 的一个最大无关组，并把其余向量用最大无关组线性表示.

解　由例 3.2.3，以 $\boldsymbol{\alpha}_1,\boldsymbol{\alpha}_2,\boldsymbol{\alpha}_3,\boldsymbol{\alpha}_4$ 为列向量构成的矩阵 $\boldsymbol{A}$ 经初等行变换化为

$$\boldsymbol{B}=\begin{pmatrix}1&1&2&2\\0&2&1&5\\0&0&0&2\\0&0&0&0\end{pmatrix}=(\boldsymbol{\beta}_1,\boldsymbol{\beta}_2,\boldsymbol{\beta}_3,\boldsymbol{\beta}_4),$$

且

$$R(\boldsymbol{\alpha}_1,\boldsymbol{\alpha}_2,\boldsymbol{\alpha}_3,\boldsymbol{\alpha}_4)=R(\boldsymbol{\beta}_1,\boldsymbol{\beta}_2,\boldsymbol{\beta}_3,\boldsymbol{\beta}_4)=3,$$
$$R(\boldsymbol{\alpha}_1,\boldsymbol{\alpha}_2,\boldsymbol{\alpha}_4)=R(\boldsymbol{\beta}_1,\boldsymbol{\beta}_2,\boldsymbol{\beta}_4)=3,$$

所以 $\boldsymbol{\alpha}_1,\boldsymbol{\alpha}_2,\boldsymbol{\alpha}_4$ 是向量组 $\boldsymbol{\alpha}_1,\boldsymbol{\alpha}_2,\boldsymbol{\alpha}_3,\boldsymbol{\alpha}_4$ 的一个最大无关组. 同时，由矩阵 $\boldsymbol{B}$ 还可以看出 $\boldsymbol{\alpha}_1,\boldsymbol{\alpha}_3,\boldsymbol{\alpha}_4$ 与 $\boldsymbol{\alpha}_2,\boldsymbol{\alpha}_3,\boldsymbol{\alpha}_4$ 也是 $\boldsymbol{\alpha}_1,\boldsymbol{\alpha}_2,\boldsymbol{\alpha}_3,\boldsymbol{\alpha}_4$ 的最大无关组.

为了用 $\boldsymbol{\alpha}_1,\boldsymbol{\alpha}_2,\boldsymbol{\alpha}_4$ 线性表示 $\boldsymbol{\alpha}_3$，我们继续用初等行变换把矩阵 $\boldsymbol{B}$ 化为行最简形：

$$\boldsymbol{B}=\begin{pmatrix}1&1&2&2\\0&2&1&5\\0&0&0&2\\0&0&0&0\end{pmatrix}\xrightarrow[r_3\times\frac{1}{2}]{\substack{r_1-r_3\\ r_2\times\frac{1}{2}}}\begin{pmatrix}1&1&2&0\\0&1&\frac{1}{2}&\frac{5}{2}\\0&0&0&1\\0&0&0&0\end{pmatrix}\xrightarrow[r_1-r_2]{r_2-r_3\times\frac{5}{2}}\begin{pmatrix}1&0&\frac{3}{2}&0\\0&1&\frac{1}{2}&0\\0&0&0&1\\0&0&0&0\end{pmatrix}.$$

因为矩阵 $\boldsymbol{A}$ 中的列向量与行最简形矩阵中的列向量有相同的线性相关性，而

$$\left(\frac{3}{2},\frac{1}{2},0,0\right)^{\mathrm{T}}=\frac{3}{2}(1,0,0,0)^{\mathrm{T}}+\frac{1}{2}(0,1,0,0)^{\mathrm{T}}+0(0,0,1,0)^{\mathrm{T}},$$

所以

$$\boldsymbol{\alpha}_3=\frac{3}{2}\boldsymbol{\alpha}_1+\frac{1}{2}\boldsymbol{\alpha}_2+0\boldsymbol{\alpha}_4=\frac{3}{2}\boldsymbol{\alpha}_1+\frac{1}{2}\boldsymbol{\alpha}_2.$$

3.3.2　向量空间的基

向量空间可以看作对向量的线性运算封闭的向量组，将向量组秩的概念移用于向量空间，便得以下定义.

定义 3.3.2　设 V 为向量空间，如果 V 中的 r 个向量 $\boldsymbol{\alpha}_1,\boldsymbol{\alpha}_2,\cdots,\boldsymbol{\alpha}_r$ 满足：

(1) $\boldsymbol{\alpha}_1,\boldsymbol{\alpha}_2,\cdots,\boldsymbol{\alpha}_r$ 线性无关；

(2) V 中任一向量都可由 $\boldsymbol{\alpha}_1,\boldsymbol{\alpha}_2,\cdots,\boldsymbol{\alpha}_r$ 线性表示，

则称 $\boldsymbol{\alpha}_1,\boldsymbol{\alpha}_2,\cdots,\boldsymbol{\alpha}_r$ 是向量空间 V 的一个**基**(basis)，r 称为向量空间 V 的维数(dimension)，记为 $\dim V$，并称 V 是 r 维向量空间. 规定只含零向量的向量空间的维数为 0.

如果把向量空间 V 看作向量组，那么 V 的基就是向量组的最大无关组，V 的维数就是向量组的秩. 将有关向量组的最大无关组的结论应用于向量空间，便可得到向

量空间的下列性质：

(1) 一个向量空间可以有不同的基，但向量空间的维数是唯一确定的. 如任何 n 个线性无关的 n 维实向量都可作为向量空间 $\mathbf{R}^n$ 的基，所以 $\mathbf{R}^n$ 是 n 维向量空间. 若在 r 维向量空间 V 中取定一个基 $\boldsymbol{\alpha}_1,\boldsymbol{\alpha}_2,\cdots,\boldsymbol{\alpha}_r$，那么 V 中任何向量 $\boldsymbol{\alpha}$ 都可由 $\boldsymbol{\alpha}_1,\boldsymbol{\alpha}_2,\cdots,\boldsymbol{\alpha}_r$ 唯一地线性表示为

$$\boldsymbol{\alpha}=p_1\boldsymbol{\alpha}_1+p_2\boldsymbol{\alpha}_2+\cdots+p_r\boldsymbol{\alpha}_r,$$

数组 $p_1,p_2,\cdots,p_r$ 称为向量 $\boldsymbol{\alpha}$ 在基 $\boldsymbol{\alpha}_1,\boldsymbol{\alpha}_2,\cdots,\boldsymbol{\alpha}_r$ 中的坐标. 因此，基在向量空间中的作用，正像解析几何中坐标系的作用. 在向量空间 $\mathbf{R}^n$ 中，如果取 n 维单位坐标向量 $\boldsymbol{\varepsilon}_1,\boldsymbol{\varepsilon}_2,\cdots,\boldsymbol{\varepsilon}_n$ 为基，则向量 $\boldsymbol{\alpha}=(a_1,a_2,\cdots,a_n)$ 在这个基中的坐标就是该向量的分量. 因此，$\boldsymbol{\varepsilon}_1,\boldsymbol{\varepsilon}_2,\cdots,\boldsymbol{\varepsilon}_n$ 叫做向量空间 $\mathbf{R}^n$ 的**自然基**.

(2) 设 $V=\mathrm{span}(\boldsymbol{\alpha}_1,\cdots,\boldsymbol{\alpha}_m)$ 是由向量组 $\boldsymbol{\alpha}_1,\boldsymbol{\alpha}_2,\cdots,\boldsymbol{\alpha}_m$ 生成的向量空间，$\boldsymbol{\alpha}_1,\boldsymbol{\alpha}_2,\cdots,\boldsymbol{\alpha}_r$ 是 $\boldsymbol{\alpha}_1,\boldsymbol{\alpha}_2,\cdots,\boldsymbol{\alpha}_m$ 的一个最大无关组，则因为最大无关组与向量组本身等价，由例 3.1.6 知

$$\mathrm{span}(\boldsymbol{\alpha}_1,\cdots,\boldsymbol{\alpha}_m)=\mathrm{span}(\boldsymbol{\alpha}_1,\cdots,\boldsymbol{\alpha}_r),$$

于是，$\boldsymbol{\alpha}_1,\boldsymbol{\alpha}_2,\cdots,\boldsymbol{\alpha}_r$ 就是 $\mathrm{span}(\boldsymbol{\alpha}_1,\cdots,\boldsymbol{\alpha}_m)$ 的一个基，且 $\dim V=r$. 一般地，若 $\boldsymbol{\alpha}_1,\boldsymbol{\alpha}_2,\cdots,\boldsymbol{\alpha}_r$ 是向量空间 V 的一个基，则 V 可表示为

$$\begin{aligned}V&=\{\boldsymbol{x}=p_1\boldsymbol{\alpha}_1+p_2\boldsymbol{\alpha}_2+\cdots+p_r\boldsymbol{\alpha}_r\mid p_1,p_2,\cdots,p_r\in\mathbf{R}\}\\&=\mathrm{span}(\boldsymbol{\alpha}_1,\cdots,\boldsymbol{\alpha}_r),\end{aligned}$$

即 V 是由基所生成的向量空间，这就清楚地显示出向量空间 V 的结构.

(3) 若 V_1 是 V_2 的子空间，则 $\dim V_1\leqslant\dim V_2$. 特别地，当向量空间 $V\subset\mathbf{R}^n$ 且 $\dim V=n$ 时，$V=\mathbf{R}^n$. 又设 n 维向量组 $\boldsymbol{\alpha}_1,\boldsymbol{\alpha}_2,\cdots,\boldsymbol{\alpha}_r(r\leqslant n)$ 线性无关，则由例 3.2.5 知，$\boldsymbol{\alpha}_1,\boldsymbol{\alpha}_2,\cdots,\boldsymbol{\alpha}_r$ 可以扩充成 $\mathbf{R}^n$ 的一个基，即存在 $n-r$ 个向量 $\boldsymbol{\alpha}_{r+1},\boldsymbol{\alpha}_{r+2},\cdots,\boldsymbol{\alpha}_n$，使得向量组 $\boldsymbol{\alpha}_1,\boldsymbol{\alpha}_2,\cdots,\boldsymbol{\alpha}_r,\boldsymbol{\alpha}_{r+1},\boldsymbol{\alpha}_{r+2},\cdots,\boldsymbol{\alpha}_n$ 线性无关. 这里需要特别指出，向量空间的维数与向量的维数是两个不同的概念，如向量空间

$$V=\{\boldsymbol{x}=(0,x_2,\cdots,x_n)\mid x_2,\cdots,x_n\in\mathbf{R}\}$$

有一个明显的基：$\boldsymbol{\varepsilon}_2,\boldsymbol{\varepsilon}_3,\cdots,\boldsymbol{\varepsilon}_n$，所以这个向量空间的维数是 $n-1$，但 V 中的向量都是 n 维向量.

例 3.3.2 设 $\boldsymbol{\alpha}_1=(2,1,-1)^{\mathrm{T}},\boldsymbol{\alpha}_2=(1,2,3)^{\mathrm{T}},\boldsymbol{\alpha}_3=(-3,-2,2)^{\mathrm{T}}$，验证 $\boldsymbol{\alpha}_1,\boldsymbol{\alpha}_2,\boldsymbol{\alpha}_3$ 是 $\mathbf{R}^3$ 的一个基，并求 $\boldsymbol{\beta}_1=(1,2,-2)^{\mathrm{T}},\boldsymbol{\beta}_2=(-1,0,5)^{\mathrm{T}}$ 在这个基中的坐标.

解 因为

$$|\boldsymbol{\alpha}_1,\boldsymbol{\alpha}_2,\boldsymbol{\alpha}_3|=\begin{vmatrix}2&1&-3\\1&2&-2\\-1&3&2\end{vmatrix}=5\neq0,$$

所以 $\boldsymbol{\alpha}_1,\boldsymbol{\alpha}_2,\boldsymbol{\alpha}_3$ 线性无关，即 $\boldsymbol{\alpha}_1,\boldsymbol{\alpha}_2,\boldsymbol{\alpha}_3$ 是 $\mathbf{R}^3$ 的一个基.

设

$$\boldsymbol{\beta}_1=x_{11}\boldsymbol{\alpha}_1+x_{21}\boldsymbol{\alpha}_2+x_{31}\boldsymbol{\alpha}_3,$$

$$\boldsymbol{\beta}_2 = x_{12}\boldsymbol{\alpha}_1 + x_{22}\boldsymbol{\alpha}_2 + x_{32}\boldsymbol{\alpha}_3,$$

即

$$(\boldsymbol{\beta}_1,\boldsymbol{\beta}_2) = (\boldsymbol{\alpha}_1,\boldsymbol{\alpha}_2,\boldsymbol{\alpha}_3)\begin{pmatrix} x_{11} & x_{12} \\ x_{21} & x_{22} \\ x_{31} & x_{32} \end{pmatrix},\text{记为 } \boldsymbol{B}=\boldsymbol{AX},$$

此矩阵方程就是例 2.5.3 中得到的矩阵方程,在那里我们用初等变换法解得

$$\boldsymbol{X} = \begin{pmatrix} -4 & 2 \\ 0 & 1 \\ -3 & 2 \end{pmatrix},$$

所以 $\boldsymbol{\beta}_1,\boldsymbol{\beta}_2$ 在基 $\boldsymbol{\alpha}_1,\boldsymbol{\alpha}_2,\boldsymbol{\alpha}_3$ 中的坐标依次为 $-4,0,-3$ 和 $2,1,2$.

例 3.3.2 说明,在一个向量空间中,同一向量在不同基中有不同的坐标,那么自然要问,随着基的改变,向量的坐标是如何变化的呢? 下面我们讨论这个问题.

设 $\boldsymbol{\alpha}_1,\boldsymbol{\alpha}_2,\cdots,\boldsymbol{\alpha}_r$ 与 $\boldsymbol{\beta}_1,\boldsymbol{\beta}_2,\cdots,\boldsymbol{\beta}_r$ 是向量空间 V 的两个基,由于 $\boldsymbol{\beta}_1,\boldsymbol{\beta}_2,\cdots,\boldsymbol{\beta}_r$ 可由 $\boldsymbol{\alpha}_1,\boldsymbol{\alpha}_2,\cdots,\boldsymbol{\alpha}_r$ 线性表示,所以有

$$(\boldsymbol{\beta}_1,\boldsymbol{\beta}_2,\cdots,\boldsymbol{\beta}_r) = (\boldsymbol{\alpha}_1,\boldsymbol{\alpha}_2,\cdots,\boldsymbol{\alpha}_r)\boldsymbol{P}, \tag{3.3.1}$$

(3.3.1)式称为从基 $\boldsymbol{\alpha}_1,\boldsymbol{\alpha}_2,\cdots,\boldsymbol{\alpha}_r$ 到基 $\boldsymbol{\beta}_1,\boldsymbol{\beta}_2,\cdots,\boldsymbol{\beta}_r$ 的**基变换公式**,其中线性表示的系数矩阵 $\boldsymbol{P}=(p_{ij})_{r\times r}$ 称为从基 $\boldsymbol{\alpha}_1,\boldsymbol{\alpha}_2,\cdots,\boldsymbol{\alpha}_r$ 到基 $\boldsymbol{\beta}_1,\boldsymbol{\beta}_2,\cdots,\boldsymbol{\beta}_r$ 的**过渡矩阵**.

因为 $\boldsymbol{\beta}_1,\boldsymbol{\beta}_2,\cdots,\boldsymbol{\beta}_r$ 线性无关,所以过渡矩阵可逆. 事实上,若 $|\boldsymbol{P}|=0$,则存在 r 维非零向量 $\boldsymbol{x}=(x_1,x_2,\cdots,x_r)^{\mathrm{T}}$,使得 $\boldsymbol{Px}=\boldsymbol{0}$. 于是

$$x_1\boldsymbol{\beta}_1 + x_2\boldsymbol{\beta}_2 + \cdots + x_r\boldsymbol{\beta}_r = (\boldsymbol{\beta}_1,\boldsymbol{\beta}_2,\cdots,\boldsymbol{\beta}_r)\boldsymbol{x} = (\boldsymbol{\alpha}_1,\boldsymbol{\alpha}_2,\cdots,\boldsymbol{\alpha}_r)\boldsymbol{Px} = \boldsymbol{0},$$

与 $\boldsymbol{\beta}_1,\boldsymbol{\beta}_2,\cdots,\boldsymbol{\beta}_r$ 线性无关矛盾,故 $|\boldsymbol{P}|\neq 0$. 由此可得从基 $\boldsymbol{\beta}_1,\boldsymbol{\beta}_2,\cdots,\boldsymbol{\beta}_r$ 到基 $\boldsymbol{\alpha}_1,\boldsymbol{\alpha}_2,\cdots,\boldsymbol{\alpha}_r$ 的基变换公式为

$$(\boldsymbol{\alpha}_1,\boldsymbol{\alpha}_2,\cdots,\boldsymbol{\alpha}_r) = (\boldsymbol{\beta}_1,\boldsymbol{\beta}_2,\cdots,\boldsymbol{\beta}_r)\boldsymbol{P}^{-1}.$$

设 V 中向量 $\boldsymbol{\alpha}$ 在基 $\boldsymbol{\alpha}_1,\boldsymbol{\alpha}_2,\cdots,\boldsymbol{\alpha}_r$ 与 $\boldsymbol{\beta}_1,\boldsymbol{\beta}_2,\cdots,\boldsymbol{\beta}_r$ 中的坐标分别为 $(x_1,x_2,\cdots,x_r)^{\mathrm{T}}$ 与 $(y_1,y_2,\cdots,y_r)^{\mathrm{T}}$,则有

$$\boldsymbol{\alpha} = x_1\boldsymbol{\alpha}_1 + x_2\boldsymbol{\alpha}_2 + \cdots + x_r\boldsymbol{\alpha}_r = (\boldsymbol{\alpha}_1,\boldsymbol{\alpha}_2,\cdots,\boldsymbol{\alpha}_r)\begin{pmatrix} x_1 \\ x_2 \\ \vdots \\ x_r \end{pmatrix},$$

$$\boldsymbol{\alpha} = y_1\boldsymbol{\beta}_1 + y_2\boldsymbol{\beta}_2 + \cdots + y_r\boldsymbol{\beta}_r = (\boldsymbol{\beta}_1,\boldsymbol{\beta}_2,\cdots,\boldsymbol{\beta}_r)\begin{pmatrix} y_1 \\ y_2 \\ \vdots \\ y_r \end{pmatrix} = (\boldsymbol{\alpha}_1,\boldsymbol{\alpha}_2,\cdots,\boldsymbol{\alpha}_r)\boldsymbol{P}\begin{pmatrix} y_1 \\ y_2 \\ \vdots \\ y_r \end{pmatrix}.$$

由于 $\boldsymbol{\alpha}$ 在基 $\boldsymbol{\alpha}_1,\boldsymbol{\alpha}_2,\cdots,\boldsymbol{\alpha}_r$ 中的坐标唯一,所以

$$\begin{pmatrix} x_1 \\ x_2 \\ \vdots \\ x_r \end{pmatrix} = \boldsymbol{P}\begin{pmatrix} y_1 \\ y_2 \\ \vdots \\ y_r \end{pmatrix}, \quad \text{或} \quad \begin{pmatrix} y_1 \\ y_2 \\ \vdots \\ y_r \end{pmatrix} = \boldsymbol{P}^{-1}\begin{pmatrix} x_1 \\ x_2 \\ \vdots \\ x_r \end{pmatrix}, \tag{3.3.2}$$

称(3.3.2)为向量 $\boldsymbol{\alpha}$ 在基 $\boldsymbol{\alpha}_1,\boldsymbol{\alpha}_2,\cdots,\boldsymbol{\alpha}_r$ 与 $\boldsymbol{\beta}_1,\boldsymbol{\beta}_2,\cdots,\boldsymbol{\beta}_r$ 中的**坐标变换公式**.

当 $V=\mathbf{R}^n$ 时,设以 $\boldsymbol{\alpha}_j$ 和 $\boldsymbol{\beta}_j$ 在自然基中的坐标为列向量构成的矩阵分别为 $\boldsymbol{A}=(a_{ij})_{n\times n}$ 和 $\boldsymbol{B}=(b_{ij})_{n\times n}$,则我们可以通过自然基作为中介基求出从基 $\boldsymbol{\alpha}_1,\boldsymbol{\alpha}_2,\cdots,\boldsymbol{\alpha}_n$ 到基 $\boldsymbol{\beta}_1,\boldsymbol{\beta}_2,\cdots,\boldsymbol{\beta}_n$ 的过渡矩阵.

因为 $(\boldsymbol{\alpha}_1,\boldsymbol{\alpha}_2,\cdots,\boldsymbol{\alpha}_n)=(\boldsymbol{\varepsilon}_1,\boldsymbol{\varepsilon}_2,\cdots,\boldsymbol{\varepsilon}_n)\boldsymbol{A}$, $(\boldsymbol{\varepsilon}_1,\boldsymbol{\varepsilon}_2,\cdots,\boldsymbol{\varepsilon}_n)=(\boldsymbol{\alpha}_1,\boldsymbol{\alpha}_2,\cdots,\boldsymbol{\alpha}_n)\boldsymbol{A}^{-1}$,所以 $(\boldsymbol{\beta}_1,\boldsymbol{\beta}_2,\cdots,\boldsymbol{\beta}_n)=(\boldsymbol{\varepsilon}_1,\boldsymbol{\varepsilon}_2,\cdots,\boldsymbol{\varepsilon}_n)\boldsymbol{B}=(\boldsymbol{\alpha}_1,\boldsymbol{\alpha}_2,\cdots,\boldsymbol{\alpha}_n)\boldsymbol{A}^{-1}\boldsymbol{B}$,即从基 $\boldsymbol{\alpha}_1,\boldsymbol{\alpha}_2,\cdots,\boldsymbol{\alpha}_n$ 到基 $\boldsymbol{\beta}_1,\boldsymbol{\beta}_2,\cdots,\boldsymbol{\beta}_n$ 的过渡矩阵为 $\boldsymbol{P}=\boldsymbol{A}^{-1}\boldsymbol{B}$. 当然,也可以通过解矩阵方程 $\boldsymbol{B}=\boldsymbol{A}\boldsymbol{X}$ 得到 $\boldsymbol{P}=\boldsymbol{A}^{-1}\boldsymbol{B}$.

练　习　3.3

1. 求下列向量组的秩及一个最大无关组:

(1) $\boldsymbol{\alpha}_1=(2,1,3,-1)$,$\boldsymbol{\alpha}_2=(3,-1,2,0)$,$\boldsymbol{\alpha}_3=(1,3,4,-2)$,$\boldsymbol{\alpha}_4=(4,-3,1,1)$;

(2) $\boldsymbol{\alpha}_1=(1,-1,2,4)$,$\boldsymbol{\alpha}_2=(0,3,1,2)$,$\boldsymbol{\alpha}_3=(3,0,7,14)$,$\boldsymbol{\alpha}_4=(1,-1,2,0)$,$\boldsymbol{\alpha}_5=(2,1,5,6)$.

2. 证明:向量组

$$\boldsymbol{\alpha}_1=(1,2,-1-2)^{\mathrm{T}},\quad \boldsymbol{\alpha}_2=(2,3,0,1)^{\mathrm{T}},\quad \boldsymbol{\alpha}_3=(1,3,-1,1)^{\mathrm{T}},\quad \boldsymbol{\alpha}_4=(1,2,1,3)^{\mathrm{T}}$$

是 $\mathbf{R}^4$ 的一个基,并求向量 $\boldsymbol{\alpha}=(7,14,-1.-2)^{\mathrm{T}}$ 在该基中的坐标.

3. 设向量组 $\mathscr{A}$:$\boldsymbol{\alpha}_1,\boldsymbol{\alpha}_2,\cdots,\boldsymbol{\alpha}_m$ 的秩为 r,证明:$\mathscr{A}$ 中任意 r 个向量 $\boldsymbol{\alpha}_{i_1},\boldsymbol{\alpha}_{i_2},\cdots,\boldsymbol{\alpha}_{i_r}$,只要满足下列条件之一,即为 $\mathscr{A}$ 的一个最大无关组.

(1) $\boldsymbol{\alpha}_{i_1},\boldsymbol{\alpha}_{i_2},\cdots,\boldsymbol{\alpha}_{i_r}$ 线性无关;

(2) $\mathscr{A}$ 中任意向量可由 $\boldsymbol{\alpha}_{i_1},\boldsymbol{\alpha}_{i_2},\cdots,\boldsymbol{\alpha}_{i_r}$ 线性表示;

(3) $\mathscr{A}$ 中某一向量可由 $\boldsymbol{\alpha}_{i_1},\boldsymbol{\alpha}_{i_2},\cdots,\boldsymbol{\alpha}_{i_r}$ 唯一地线性表示.

4. 设 $\boldsymbol{\alpha}_1=(1,1,0,0)$,$\boldsymbol{\alpha}_2=(1,0,1,1)$,$\boldsymbol{\beta}_1=(2,-1,3,3)$,$\boldsymbol{\beta}_2=(0,1,-1,-1)$,证明:由 $\boldsymbol{\alpha}_1,\boldsymbol{\alpha}_2$ 所生成的向量空间与由 $\boldsymbol{\beta}_1,\boldsymbol{\beta}_2$ 所生成的向量空间相同.

5. 设 V_1 是向量空间 V_2 的子空间,且 $\dim V_1=\dim V_2$,证明:$V_1=V_2$.

3.4　线性方程组解的结构

在第 2 章中,我们介绍了用矩阵的初等变换求解线性方程组的消元法,现在我们运用向量空间理论讨论线性方程组解与解之间的内在联系,建立线性方程组解的结构. 先讨论齐次线性方程组.

设 $\boldsymbol{A}\boldsymbol{x}=\boldsymbol{0}$ 为 n 元齐次线性方程组,其中 $\boldsymbol{A}=(a_{ij})_{m\times n}$,$\boldsymbol{x}=(x_1,x_2,\cdots,x_n)^{\mathrm{T}}$. 由例 3.1.4 知,方程组 $\boldsymbol{A}\boldsymbol{x}=\boldsymbol{0}$ 的全体解向量构成的集合 $S=\{\boldsymbol{x}\mid\boldsymbol{A}\boldsymbol{x}=\boldsymbol{0}\}$ 是一向量空间,即 $\boldsymbol{A}\boldsymbol{x}=\boldsymbol{0}$ 的解空间,解空间的基称为方程组 $\boldsymbol{A}\boldsymbol{x}=\boldsymbol{0}$ 的**基础解系**. 于是,若 $\boldsymbol{\xi}_1,\boldsymbol{\xi}_2,\cdots,\boldsymbol{\xi}_t$ 是 $\boldsymbol{A}\boldsymbol{x}=\boldsymbol{0}$ 的一个基础解系,则 $\boldsymbol{A}\boldsymbol{x}=\boldsymbol{0}$ 的解空间是由它的基础解系所生成的向量空

间，即

$$S=\text{span}(\boldsymbol{\xi}_1,\boldsymbol{\xi}_2,\cdots,\boldsymbol{\xi}_t)=\{\boldsymbol{x}=c_1\boldsymbol{\xi}_1+c_2\boldsymbol{\xi}_2+\cdots+c_t\boldsymbol{\xi}_t\mid c_1,c_2,\cdots,c_t\in\mathbf{R}\}.$$

我们知道，当 $R(\boldsymbol{A})=n$ 时，n 元齐次线性方程组 $\boldsymbol{Ax}=\boldsymbol{0}$ 只有零解，这时解空间没有基，因而 $\dim S=0$；当 $R(\boldsymbol{A})<n$ 时，n 元齐次线性方程组 $\boldsymbol{Ax}=\boldsymbol{0}$ 有非零解，因而 $\dim S>0$. 下面来求 n 元齐次线性方程组 $\boldsymbol{Ax}=\boldsymbol{0}$ 的一个基础解系.

设 $R(\boldsymbol{A}_{m\times n})=r<n$，且不妨设 $\boldsymbol{A}=(\boldsymbol{a}_1,\boldsymbol{a}_2,\cdots,\boldsymbol{a}_n)$ 的前 r 个列向量 $\boldsymbol{a}_1,\boldsymbol{a}_2,\cdots,\boldsymbol{a}_r$ 线性无关（若不然，可对矩阵作适当列交换，而这相当于方程组中未知数重新编号，对方程组的解没有实质影响），则由 2.7 节中的(2.7.3)式，$\boldsymbol{Ax}=\boldsymbol{0}$ 的通解为

$$\begin{pmatrix}x_1\\ \vdots\\ x_r\\ x_{r+1}\\ \vdots\\ x_n\end{pmatrix}=c_1\begin{pmatrix}-b_{11}\\ \vdots\\ -b_{r1}\\ 1\\ \vdots\\ 0\end{pmatrix}+c_2\begin{pmatrix}-b_{12}\\ \vdots\\ -b_{r2}\\ 0\\ \vdots\\ 0\end{pmatrix}+\cdots+c_{n-r}\begin{pmatrix}-b_{1n-r}\\ \vdots\\ -b_{rn-r}\\ 0\\ \vdots\\ 1\end{pmatrix}.$$

把上式记作

$$\boldsymbol{x}=c_1\boldsymbol{\xi}_1+c_2\boldsymbol{\xi}_2+\cdots+c_{n-r}\boldsymbol{\xi}_{n-r}.$$

显然，由 $\boldsymbol{\xi}_1,\boldsymbol{\xi}_2,\cdots,\boldsymbol{\xi}_{n-r}$ 的后 $n-r$ 个分量组成的 $n-r$ 维向量组线性无关，所以，$\boldsymbol{\xi}_1,\boldsymbol{\xi}_2,\cdots,\boldsymbol{\xi}_{n-r}$ 也线性无关. 又设 $\boldsymbol{x}=(p_1,\cdots,p_r,p_{r+1},\cdots,p_n)^{\mathrm{T}}$ 是 $\boldsymbol{Ax}=\boldsymbol{0}$ 的任一解向量，记

$$\boldsymbol{x}-p_{r+1}\boldsymbol{\xi}_1-p_{r+2}\boldsymbol{\xi}_2-\cdots-p_n\boldsymbol{\xi}_{n-r}=(d_1,\cdots,d_r,0,\cdots,0)^{\mathrm{T}},$$

则由向量空间的定义，向量 $(d_1,\cdots,d_r,0,\cdots,0)^{\mathrm{T}}$ 也是 $\boldsymbol{Ax}=\boldsymbol{0}$ 的解向量，即

$$\begin{aligned}\boldsymbol{A}(d_1,\cdots,d_r,0,\cdots,0)^{\mathrm{T}}&=(\boldsymbol{a}_1,\boldsymbol{a}_2,\cdots,\boldsymbol{a}_n)(d_1,\cdots,d_r,0,\cdots,0)^{\mathrm{T}}\\&=d_1\boldsymbol{a}_1+\cdots+d_r\boldsymbol{a}_r+0\boldsymbol{a}_{r+1}+\cdots+0\boldsymbol{a}_n=\boldsymbol{0},\end{aligned}$$

因为 $\boldsymbol{a}_1,\boldsymbol{a}_2,\cdots,\boldsymbol{a}_r$ 线性无关，所以 $d_1=d_2=\cdots=d_r=0$，从而有

$$\boldsymbol{x}=p_{r+1}\boldsymbol{\xi}_1+p_{r+2}\boldsymbol{\xi}_2+\cdots+p_n\boldsymbol{\xi}_{n-r},$$

这就证明了 $\boldsymbol{Ax}=\boldsymbol{0}$ 的任一解都可由 $\boldsymbol{\xi}_1,\boldsymbol{\xi}_2,\cdots,\boldsymbol{\xi}_{n-r}$ 线性表示，即 $\boldsymbol{\xi}_1,\boldsymbol{\xi}_2,\cdots,\boldsymbol{\xi}_{n-r}$ 是方程组 $\boldsymbol{Ax}=\boldsymbol{0}$ 的基础解系. 由以上讨论，我们得到以下定理.

定理 3.4.1　设 n 元齐次线性方程组 $\boldsymbol{Ax}=\boldsymbol{0}$ 的系数矩阵的秩 $R(\boldsymbol{A}_{m\times n})=r<n$，则它必有基础解系，并且基础解系所含线性无关解向量的个数等于 $n-r$，即解空间 S 的维数 $\dim S=n-r$. □

设 $\boldsymbol{\xi}_1,\boldsymbol{\xi}_2,\cdots,\boldsymbol{\xi}_{n-r}$ 为 $\boldsymbol{Ax}=\boldsymbol{0}$ 的基础解系，则 $\boldsymbol{Ax}=\boldsymbol{0}$ 的任一解都可由 $\boldsymbol{\xi}_1,\boldsymbol{\xi}_2,\cdots,\boldsymbol{\xi}_{n-r}$ 唯一地线性表示，即 $\forall\,\boldsymbol{x}\in S$，

$$\boldsymbol{x}=c_1\boldsymbol{\xi}_1+c_2\boldsymbol{\xi}_2+\cdots+c_{n-r}\boldsymbol{\xi}_{n-r},\quad c_1,c_2,\cdots,c_{n-r}\in\mathbf{R}.$$

上式称为 $\boldsymbol{Ax}=\boldsymbol{0}$ 的通解. 显然，由基础解系的线性组合所表示的通解与用初等变换求出的通解是一致的. 所以我们可以用消元法先求出齐次线性方程组的通解，再从通解求得基础解系；也可以先求基础解系，再写出通解. 这只需在得到增广矩阵的行最简

形矩阵所对应的同解方程组以后,适当选取 $n-r$ 个自由未知量并选 $n-r$ 个线性无关的 $n-r$ 维向量作为它们的 $n-r$ 组取值(通常取 $n-r$ 维单位坐标向量),代入同解方程组求得主未知量的 $n-r$ 组数值,然后将它们按未知量次序对应合并便得基础解系. 由于向量空间的基不唯一,所以,当$R(\boldsymbol{A}_{m\times n})=r<n$ 时,方程组 $\boldsymbol{Ax}=\boldsymbol{0}$ 的任何 $n-r$ 个线性无关的解向量都可构成它的基础解系,因而它的通解形式不是唯一的.

例 3.4.1 求齐次线性方程组

$$\begin{cases}x_1-x_2-x_3+x_4=0,\\x_1-x_2+x_3-3x_4=0,\\x_1-x_2-2x_3+3x_4=0\end{cases}$$

的基础解系与通解.

解 对方程组的系数矩阵作初等行变换使其变为行最简形矩阵:

$$\begin{pmatrix}1&-1&-1&1\\1&-1&1&-3\\1&-1&-2&3\end{pmatrix}\xrightarrow[r_3-r_1]{r_2-r_1}\begin{pmatrix}1&-1&-1&1\\0&0&2&-4\\0&0&-1&2\end{pmatrix}$$

$$\xrightarrow[\substack{r_1-r_3\\r_3+r_2}]{\frac{1}{2}\times r_2}\begin{pmatrix}1&-1&0&-1\\0&0&1&-2\\0&0&0&0\end{pmatrix},$$

根据行最简形矩阵的特点,选 x_1,x_3 为主未知量,得

$$\begin{cases}x_1=x_2+x_4,\\x_2=x_2,\\x_3=2x_4,\\x_4=x_4.\end{cases}$$

令 $x_2=c_1,x_4=c_2$,则通解为

$$\begin{pmatrix}x_1\\x_2\\x_3\\x_4\end{pmatrix}=c_1\begin{pmatrix}1\\1\\0\\0\end{pmatrix}+c_2\begin{pmatrix}1\\0\\2\\1\end{pmatrix}\qquad(c_1,c_2\in\mathbf{R})$$

由此即得基础解系

$$\boldsymbol{\xi}_1=\begin{pmatrix}1\\1\\0\\0\end{pmatrix},\qquad\boldsymbol{\xi}_2=\begin{pmatrix}1\\0\\2\\1\end{pmatrix}.$$

上述基础解系可以看作是取 $\begin{pmatrix}x_2\\x_4\end{pmatrix}=\begin{pmatrix}1\\0\end{pmatrix}$及$\begin{pmatrix}0\\1\end{pmatrix}$,则对应有 $\begin{pmatrix}x_1\\x_3\end{pmatrix}=\begin{pmatrix}1\\0\end{pmatrix}$及$\begin{pmatrix}1\\2\end{pmatrix}$,将它们按未知量次序对应合并而得到的. 我们也可以另取线性无关的 2 维向量 $\begin{pmatrix}x_2\\x_4\end{pmatrix}=$

$\begin{pmatrix}1\\1\end{pmatrix}$及$\begin{pmatrix}7\\-3\end{pmatrix}$，则对应有$\begin{pmatrix}x_1\\x_3\end{pmatrix}=\begin{pmatrix}2\\2\end{pmatrix}$及$\begin{pmatrix}4\\-6\end{pmatrix}$，由此得基础解系

$$\boldsymbol{\eta}_1=\begin{pmatrix}2\\1\\2\\1\end{pmatrix},\qquad \boldsymbol{\eta}_2=\begin{pmatrix}4\\7\\-6\\-3\end{pmatrix}.$$

所以方程组的通解为

$$\begin{pmatrix}x_1\\x_2\\x_3\\x_4\end{pmatrix}=c_1\begin{pmatrix}2\\1\\2\\1\end{pmatrix}+c_2\begin{pmatrix}4\\7\\-6\\-3\end{pmatrix}\qquad (c_1,c_2\in\mathbf{R}).$$

例 3.4.2　设齐次方程组 $\boldsymbol{A}_{m\times n}\boldsymbol{x}=\mathbf{0}$ 的解都是 $\boldsymbol{B}_{s\times n}\boldsymbol{x}=\mathbf{0}$ 的解，证明 $R(\boldsymbol{A})\geqslant R(\boldsymbol{B})$.

证　设 $\boldsymbol{A}_{m\times n}\boldsymbol{x}=\mathbf{0}$ 与 $\boldsymbol{B}_{s\times n}\boldsymbol{x}=\mathbf{0}$ 的解空间分别为 S_1,S_2，因为 $\boldsymbol{A}_{m\times n}\boldsymbol{x}=\mathbf{0}$ 的解都是 $\boldsymbol{B}_{s\times n}\boldsymbol{x}=\mathbf{0}$ 的解，所以 $S_1\subset S_2$，从而 $\dim S_1\leqslant\dim S_2$，即 $n-R(\boldsymbol{A})\leqslant n-R(\boldsymbol{B})$，于是 $R(\boldsymbol{A})\geqslant R(\boldsymbol{B})$.

下面讨论非齐次线性方程组解的结构.

设 $\boldsymbol{Ax}=\boldsymbol{b}$ 为 n 元非齐次线性方程组，其中 $\boldsymbol{A}=(a_{ij})_{m\times n}$，$\boldsymbol{x}=(x_1,x_2,\cdots,x_n)^{\mathrm{T}}$，$\boldsymbol{b}=(b_1,b_2,\cdots,b_m)^{\mathrm{T}}$. 非齐次线性方程组 $\boldsymbol{Ax}=\boldsymbol{b}$ 的解向量具有下列性质：

性质 3.4.1　设 $\boldsymbol{x}=\boldsymbol{\eta}_1$，$\boldsymbol{x}=\boldsymbol{\eta}_2$ 都是 $\boldsymbol{Ax}=\boldsymbol{b}$ 的解，则 $\boldsymbol{x}=\boldsymbol{\eta}_1-\boldsymbol{\eta}_2$ 是对应的齐次方程组 $\boldsymbol{Ax}=\mathbf{0}$ 的解.

证　$\boldsymbol{A}(\boldsymbol{\eta}_1-\boldsymbol{\eta}_2)=\boldsymbol{A\eta}_1-\boldsymbol{A\eta}_2=\boldsymbol{b}-\boldsymbol{b}=\mathbf{0}$，即 $\boldsymbol{x}=\boldsymbol{\eta}_1-\boldsymbol{\eta}_2$ 满足 $\boldsymbol{Ax}=\mathbf{0}$.　□

性质 3.4.2　设 $\boldsymbol{x}=\boldsymbol{\eta}$ 是 $\boldsymbol{Ax}=\boldsymbol{b}$ 的解，$\boldsymbol{x}=\boldsymbol{\xi}$ 是 $\boldsymbol{Ax}=\mathbf{0}$ 的解，则 $\boldsymbol{x}=\boldsymbol{\xi}+\boldsymbol{\eta}$ 仍是 $\boldsymbol{Ax}=\boldsymbol{b}$ 的解.

证　$\boldsymbol{A}(\boldsymbol{\xi}+\boldsymbol{\eta})=\boldsymbol{A\xi}+\boldsymbol{A\eta}=\mathbf{0}+\boldsymbol{b}=\boldsymbol{b}$，即 $\boldsymbol{x}=\boldsymbol{\xi}+\boldsymbol{\eta}$ 满足 $\boldsymbol{Ax}=\boldsymbol{b}$.　□

由以上性质可知，若求得方程组 $\boldsymbol{Ax}=\boldsymbol{b}$ 的一个解 $\boldsymbol{\eta}^*$，则 $\boldsymbol{Ax}=\boldsymbol{b}$ 的任一解可以表示为

$$\boldsymbol{x}=\boldsymbol{\xi}+\boldsymbol{\eta}^*,$$

其中 $\boldsymbol{\xi}$ 是对应的齐次方程组 $\boldsymbol{Ax}=\mathbf{0}$ 的解. 事实上，$\boldsymbol{x}=(\boldsymbol{x}-\boldsymbol{\eta}^*)+\boldsymbol{\eta}^*=\boldsymbol{\xi}+\boldsymbol{\eta}^*$. 于是，若 $\boldsymbol{Ax}=\mathbf{0}$ 的通解为 $\boldsymbol{x}=c_1\boldsymbol{\xi}_1+c_2\boldsymbol{\xi}_2+\cdots+c_{n-r}\boldsymbol{\xi}_{n-r}$，则 $\boldsymbol{Ax}=\boldsymbol{b}$ 的任一解都可以表示为

$$\boldsymbol{x}=c_1\boldsymbol{\xi}_1+c_2\boldsymbol{\xi}_2+\cdots+c_{n-r}\boldsymbol{\xi}_{n-r}+\boldsymbol{\eta}^*,$$

而由性质 3.4.2 可知，对任何实数 $c_1,c_2,\cdots,c_{n-r}$，上式总是方程组 $\boldsymbol{Ax}=\boldsymbol{b}$ 的解. 所以 $\boldsymbol{Ax}=\boldsymbol{b}$ 的通解为

$$\boldsymbol{x}=c_1\boldsymbol{\xi}_1+c_2\boldsymbol{\xi}_2+\cdots+c_{n-r}\boldsymbol{\xi}_{n-r}+\boldsymbol{\eta}^*,\qquad c_1,c_2,\cdots,c_{n-r}\in\mathbf{R},$$

其中 $\boldsymbol{\xi}_1,\boldsymbol{\xi}_2,\cdots,\boldsymbol{\xi}_{n-r}$ 为 $\boldsymbol{Ax}=\mathbf{0}$ 的基础解系. 对应于通解，称 $\boldsymbol{\eta}^*$ 为 $\boldsymbol{Ax}=\boldsymbol{b}$ 的**特解**.

显然，上述通解与用消元法得到的通解是一致的.

例 3.4.3　求解方程组

$$\begin{cases}x_1+2x_2+4x_3-3x_4=1,\\3x_1+5x_2+6x_3-4x_4=0,\\4x_1+5x_2-2x_3+3x_4=-5.\end{cases}$$

解 对方程组的增广矩阵作初等行变换使其变为行最简形矩阵：

$$\bar{\boldsymbol{A}}=\begin{pmatrix}1&2&4&-3&1\\3&5&6&-4&0\\4&5&-2&3&-5\end{pmatrix}\longrightarrow\begin{pmatrix}1&0&-8&7&-5\\0&1&6&-5&3\\0&0&0&0&0\end{pmatrix},$$

可见 $R(\bar{\boldsymbol{A}})=R(\boldsymbol{A})=2<4$，所以方程组有无穷多解. 由此得同解方程组为

$$\begin{cases}x_1=8x_3-7x_4-5,\\x_2=-6x_3+5x_4+3,\end{cases}$$

通解为

$$\begin{pmatrix}x_1\\x_2\\x_3\\x_4\end{pmatrix}=c_1\begin{pmatrix}8\\-6\\1\\0\end{pmatrix}+c_2\begin{pmatrix}-7\\5\\0\\1\end{pmatrix}+\begin{pmatrix}-5\\3\\0\\0\end{pmatrix}\quad(c_1,c_2\in\mathbf{R}).$$

也可以在同解方程组中令 $x_3=x_4=0$，得方程组一个特解为

$$\boldsymbol{\eta}^*=(-5,3,0,0)^{\mathrm{T}}.$$

在对应的齐次方程组 $\begin{cases}x_1=8x_3-7x_4,\\x_2=-6x_3+5x_4\end{cases}$ 中取 $\begin{pmatrix}x_3\\x_4\end{pmatrix}=\begin{pmatrix}1\\0\end{pmatrix}$ 及 $\begin{pmatrix}0\\1\end{pmatrix}$，则 $\begin{pmatrix}x_1\\x_2\end{pmatrix}=\begin{pmatrix}8\\-6\end{pmatrix}$ 及 $\begin{pmatrix}-7\\5\end{pmatrix}$，得对应的齐次方程组的基础解系为

$$\boldsymbol{\xi}_1=(8,-6,1,0)^{\mathrm{T}},\qquad\boldsymbol{\xi}_2=(-7,5,0,1)^{\mathrm{T}},$$

所以，方程组的通解为

$$\boldsymbol{x}=c_1\boldsymbol{\xi}_1+c_2\boldsymbol{\xi}_2+\boldsymbol{\eta}^*\quad(c_1,c_2\in\mathbf{R}).$$

例 3.4.4 已知 $\boldsymbol{\eta}_1=(1,2,3,4)^{\mathrm{T}}$，$\boldsymbol{\eta}_2=(-2,1,5,3)^{\mathrm{T}}$，$\boldsymbol{\eta}_3=(3,-2,1,6)^{\mathrm{T}}$ 是方程组

$$\begin{cases}x_1+\lambda_1x_2+2x_3+x_4=1,\\\lambda_2x_1+x_2+3x_3+5x_4=0,\\\mu_1x_1+\mu_2x_2+\mu_3x_3+\mu_4x_4=\mu_5\end{cases}$$

的 3 个解向量，求方程组的通解.

解 因为 $\boldsymbol{\eta}_1,\boldsymbol{\eta}_2,\boldsymbol{\eta}_3$ 是方程组的 3 个解向量，所以

$$\boldsymbol{\eta}_1-\boldsymbol{\eta}_2=(3,1,-2,1)^{\mathrm{T}},$$
$$\boldsymbol{\eta}_2-\boldsymbol{\eta}_3=(-5,3,4,-3)^{\mathrm{T}}$$

是对应齐次方程组的解，且线性无关，于是方程组的系数矩阵 $\boldsymbol{A}$ 的秩 $R(\boldsymbol{A})\leqslant4-2=2$. 但 $\boldsymbol{A}$ 中有二阶行列式 $\begin{vmatrix}2&1\\3&5\end{vmatrix}\neq0$，$R(\boldsymbol{A})\geqslant2$. 故 $R(\boldsymbol{A})=2$，从而向量 $\boldsymbol{\eta}_1-\boldsymbol{\eta}_2$ 及 $\boldsymbol{\eta}_2-\boldsymbol{\eta}_3$ 是

对应齐次方程组的基础解系，因此，方程组的通解为

$$\boldsymbol{x}=c_1(\boldsymbol{\eta}_1-\boldsymbol{\eta}_2)+c_2(\boldsymbol{\eta}_2-\boldsymbol{\eta}_3)+\boldsymbol{\eta}_1 \qquad (c_1,c_2\in\mathbf{R}).$$

练　习　3.4

1. 求齐次线性方程组

$$\begin{cases}x_1+x_2-x_3-x_4=0,\\2x_1-5x_2+3x_3+2x_4=0,\\7x_1-7x_2+3x_3+x_4=0\end{cases}$$

的基础解系与通解.

2. 设齐次方程组 $\boldsymbol{A}_{m\times n}\boldsymbol{x}=\boldsymbol{0}$ 的解都是 $\boldsymbol{B}_{s\times n}\boldsymbol{x}=\boldsymbol{0}$ 的解，且 $R(\boldsymbol{A})=R(\boldsymbol{B})$，证明：$\boldsymbol{A}_{m\times n}\boldsymbol{x}=\boldsymbol{0}$ 与 $\boldsymbol{B}_{s\times n}\boldsymbol{x}=\boldsymbol{0}$ 同解. 又若 $R(\boldsymbol{A})=R(\boldsymbol{B})$，则 $\boldsymbol{A}_{m\times n}\boldsymbol{x}=\boldsymbol{0}$ 与 $\boldsymbol{B}_{s\times n}\boldsymbol{x}=\boldsymbol{0}$ 是否同解？

小结与点注

1. 在本章和第 2 章中，我们主要研究了三种对象：矩阵、方程组和向量. 这三种对象的理论是密切相关的，大部分问题在这三种理论中都有等价说法. 因此，熟练地从一种理论的叙述转移到另一种去，是学习线性代数时应养成的一种重要习惯和素质. 如果说与实际计算结合最多的是矩阵的观点，那么向量的观点则着眼于从整体性和结构性考虑问题，因而可以更深刻、更透彻地揭示线性代数中各种问题的内在联系和本质属性，使向量空间成为线性代数乃至数学中最基本的概念之一. 由于向量的理论较为抽象，所以，本章的讨论是以矩阵为主线并结合方程组理论展开的，但也注意了向量的作用，这对理性思维的培养是十分有益的. 如例 3.2.2，我们给出了两种常用的证法. 证法 1 的思路是把证明向量组线性无关转化为齐次方程组没有非零解；证法 2 则采用了矩阵形式，应用推论 3.2.2，从而可以不涉及线性方程组而直接证得结论. 又如例 3.2.4，我们也采用了两种证法. 证法 1 完全基于向量组线性相关、线性无关的定义；证法 2 则用了矩阵秩的有关知识和方程组理论. 由此可见，只要掌握矩阵、方程组和向量的内在联系，遇到问题就能左右逢源，举一反三，化难为易.

2. 关于一个向量组 $\mathscr{A}:\boldsymbol{\alpha}_1,\boldsymbol{\alpha}_2,\cdots,\boldsymbol{\alpha}_m$ 的线性相关性有以下等价说法：

(1) 存在不全为零的数 $k_i\in\mathbf{R}(i=1,2,\cdots,m)$，使

$$k_1\boldsymbol{\alpha}_1+k_2\boldsymbol{\alpha}_2+\cdots+k_m\boldsymbol{\alpha}_m=\boldsymbol{0};$$

(2) 当 $m\geqslant 2$ 时，$\mathscr{A}$ 中有一个向量可由其余 $m-1$ 个向量线性表示；

(3) 齐次线性方程组

$$(\boldsymbol{a}_1,\boldsymbol{a}_2,\cdots,\boldsymbol{a}_m)\begin{pmatrix}x_1\\x_2\\\vdots\\x_m\end{pmatrix}=\boldsymbol{0}$$

有非零解.

在这三种等价说法中,因为(1)中完全没有涉及向量的分量,且适用于 $m=1$ 的情形,所以比(2)、(3)更具普遍性,容易将此概念推广到一般的线性空间中去;(2)从"线性依赖"的角度说明了向量组线性相关性的特征;(3)沟通了向量组的线性相关性与齐次线性方程组之间的联系,可将向量组的线性相关性问题归结为线性方程组理论来解决. 这里需要指出的是,在应用结论(2)时应特别注意结论只说存在一个向量可由其余向量线性表示,并没有指定具体哪一个向量可由其余向量线性表示. 如命题"若向量组 $\boldsymbol{\alpha}_1,\boldsymbol{\alpha}_2,\cdots,\boldsymbol{\alpha}_m$ 线性相关,则 $\boldsymbol{\alpha}_1$ 可由 $\boldsymbol{\alpha}_2,\cdots,\boldsymbol{\alpha}_m$ 线性表示"是错误的. 事实上,取 $\boldsymbol{\alpha}_i=\boldsymbol{\varepsilon}_i(i=1,2,\cdots,m-1,\boldsymbol{\varepsilon}_i$ 为 n 维单位坐标向量$)$,$\boldsymbol{\alpha}_m=\mathbf{0}$,则 $\boldsymbol{\alpha}_1,\boldsymbol{\alpha}_2,\cdots,\boldsymbol{\alpha}_m$ 线性相关,但 $\boldsymbol{\alpha}_1$ 不能由 $\boldsymbol{\alpha}_2,\cdots,\boldsymbol{\alpha}_m$ 线性表示.

3. 向量组 $\boldsymbol{\alpha}_1,\boldsymbol{\alpha}_2,\cdots,\boldsymbol{\alpha}_m$ 线性无关的充分必要条件是,只有当 $k_i=0(i=1,2,\cdots,m)$时才有

$$k_1\boldsymbol{\alpha}_1+k_2\boldsymbol{\alpha}_2+\cdots+k_m\boldsymbol{\alpha}_m=\mathbf{0}.$$

这里有两点:第一,必须是一组向量;第二,对任一组不全为零的数 $k_i(i=1,2,\cdots,m)$,上述等式均不成立. 请看下列错误命题.

只有当 $k_1,k_2,\cdots,k_m$ 全为零时,等式

$$k_1\boldsymbol{\alpha}_1+k_2\boldsymbol{\alpha}_2+\cdots+k_m\boldsymbol{\alpha}_m+k_1\boldsymbol{\beta}_1+k_2\boldsymbol{\beta}_2+\cdots+k_m\boldsymbol{\beta}_m=\mathbf{0}$$

才成立,则 $\boldsymbol{\alpha}_1,\boldsymbol{\alpha}_2,\cdots,\boldsymbol{\alpha}_m$ 线性无关,$\boldsymbol{\beta}_1,\boldsymbol{\beta}_2,\cdots,\boldsymbol{\beta}_m$ 也线性无关.

反例 1

$$\boldsymbol{\alpha}_i=\boldsymbol{\varepsilon}_i \qquad (i=1,2,\cdots,m),$$
$$\boldsymbol{\beta}_i=\mathbf{0} \qquad (i=2,3,\cdots,m).$$

反例 2

$$\boldsymbol{\alpha}_1=\mathbf{0},\quad \boldsymbol{\alpha}_i=\boldsymbol{\varepsilon}_i \quad (i=2,3,\cdots,m),$$
$$\boldsymbol{\beta}_1=\boldsymbol{\varepsilon}_1,\quad \boldsymbol{\beta}_i=\mathbf{0} \quad (i=2,3,\cdots,m).$$

再如关于例 3.2.2 充分性的证明,下列做法是错误的.

因为 $\boldsymbol{\beta}_1=\boldsymbol{\alpha}_1+\boldsymbol{\alpha}_2,\boldsymbol{\beta}_2=\boldsymbol{\alpha}_2+\boldsymbol{\alpha}_3,\boldsymbol{\beta}_3=\boldsymbol{\alpha}_3+\boldsymbol{\alpha}_1$ 线性无关,所以,只有当 $x_i=0$ $(i=1,2,3)$时,才有

$$x_1\boldsymbol{\beta}_1+x_2\boldsymbol{\beta}_2+x_3\boldsymbol{\beta}_3=\mathbf{0},$$

即

$$(x_1+x_3)\boldsymbol{\alpha}_1+(x_1+x_2)\boldsymbol{\alpha}_2+(x_2+x_3)\boldsymbol{\alpha}_3=\mathbf{0}.$$

由 $x_i=0(i=1,2,3)$推知 $x_1+x_3=x_1+x_2=x_2+x_3=0$,故 $\boldsymbol{\alpha}_1,\boldsymbol{\alpha}_2,\boldsymbol{\alpha}_3$ 线性无关.

上面的证明只说有三个数 $x_1+x_3=0,x_1+x_2=0,x_2+x_3=0$,使

$$(x_1+x_3)\boldsymbol{\alpha}_1+(x_1+x_2)\boldsymbol{\alpha}_2+(x_2+x_3)\boldsymbol{\alpha}_3=\mathbf{0}$$

成立,即

$$0\boldsymbol{\alpha}_1+0\boldsymbol{\alpha}_2+0\boldsymbol{\alpha}_3=\mathbf{0},$$

这是显然的,没有解决对任何一组不全为零的数 k_1,k_2,k_3,都有

$$k_1\boldsymbol{\alpha}_1+k_2\boldsymbol{\alpha}_2+k_3\boldsymbol{\alpha}_3\neq\mathbf{0},$$

即证明只解决了有一组零解，而没有解决只有一组零解的问题，而后者才是证明的关键.

4. 一个向量组的最大无关组的实质是：从向量组中挑选出一部分线性无关的向量组成新向量组，使新向量组与原向量组等价，从而在一定意义下可用新向量组来代表原向量组；另一方面新向量组线性无关，即其中没有“多余”的向量(因为这时其中任一向量都不能由其余向量线性表示，所以这些向量之间没有线性依赖关系，是相互“独立”的). 因此向量组的最大无关组也可叙述为“与原向量组等价的部分无关组”. 由此可见，只要抓住向量组的最大无关组，就可以把握整个向量组了. 与向量组的最大无关组密切相关的是向量组秩的概念. 因为向量组的任一最大无关组所含向量个数相同，而这个不变非负整数就是向量组的秩，所以，它是刻画向量组本质特征的一个数量指标. 对两个向量组而言，等价必等秩，但等秩未必等价. 容易证明，若两个向量组等秩且其中一个可由另一个线性表示，则它们一定等价. 向量空间是一类关于向量加法及数乘运算封闭的向量组，向量空间的基和维数分别具有同向量组的最大无关组和秩类似的作用. 如果说基是构建向量空间的基本框架，那么维数就是决定向量空间“大小”的数量指标. 向量空间可以选取不同的基，但向量空间的维数是唯一确定的，向量空间可由它的任一个基所生成. 所以，只要知道了向量空间的基和维数，就等于掌握了向量空间的结构.

5. 在研究由有限个向量构成的向量组的线性相关性时，矩阵的秩起到了十分重要的作用，而定理 3.3.1 不仅使我们对矩阵的秩有了新的认识，而且为我们提供了处理矩阵、方程组和向量问题的新的思想、方法与技巧. 现将有关结论综述如下.

设矩阵 $\mathbf{A}=(a_{ij})_{m\times n}$的行、列向量组为

$$\mathscr{A}:\boldsymbol{\alpha}_1,\boldsymbol{\alpha}_2,\cdots,\boldsymbol{\alpha}_m;$$

$$\mathscr{B}:\boldsymbol{\beta}_1,\boldsymbol{\beta}_2,\cdots,\boldsymbol{\beta}_n,$$

其中 $\boldsymbol{\alpha}_i=(a_{i1},a_{i2},\cdots,a_{in})\in\mathbf{R}^n$，$\boldsymbol{\beta}_j=(a_{1j},a_{2j},\cdots,a_{mj})^{\mathrm{T}}\in\mathbf{R}^m$ $(i=1,2,\cdots,m;j=1,2,\cdots,n)$.

矩阵观点：$R(\mathbf{A})=r\Leftrightarrow$存在 $\mathbf{A}$ 的 r 阶非零子式 $D_r\neq0$，$\mathbf{A}$ 的所有 $r+1$ 阶子式(若存在)全为零，存在可逆矩阵 $\boldsymbol{P}_{m\times m}$，$\boldsymbol{Q}_{n\times n}$，使得 $\boldsymbol{PAQ}=\begin{pmatrix}\boldsymbol{E}_r & \boldsymbol{O}\\ \boldsymbol{O} & \boldsymbol{O}\end{pmatrix}$；

方程组观点：首先考虑 $\mathbf{A}$ 的列向量组. 方程组 $\mathbf{A}\boldsymbol{x}=\boldsymbol{b}$ 有解的充分必要条件是向量 $\boldsymbol{b}$ 可由 $\mathbf{A}$ 的列向量组 $\boldsymbol{\beta}_1,\boldsymbol{\beta}_2,\cdots,\boldsymbol{\beta}_n$ 线性表示，于是，向量组 $\boldsymbol{\beta}_1,\boldsymbol{\beta}_2,\cdots,\boldsymbol{\beta}_n$ 与向量组 $\boldsymbol{\beta}_1,\boldsymbol{\beta}_2,\cdots,\boldsymbol{\beta}_n,\boldsymbol{b}$ 等价，因此 $R(\boldsymbol{\beta}_1,\boldsymbol{\beta}_2,\cdots,\boldsymbol{\beta}_n)=R(\boldsymbol{\beta}_1,\boldsymbol{\beta}_2,\cdots,\boldsymbol{\beta}_n,\boldsymbol{b})$，又因为 $R(\mathbf{A})=R(\boldsymbol{\beta}_1,\boldsymbol{\beta}_2,\cdots,\boldsymbol{\beta}_n)=R(\boldsymbol{\alpha}_1,\boldsymbol{\alpha}_2,\cdots,\boldsymbol{\alpha}_m)$，所以，方程组 $\mathbf{A}\boldsymbol{x}=\boldsymbol{b}$ 有解的充分必要条件是 $R(\mathbf{A})=R((\mathbf{A},\boldsymbol{b}))$. 对齐次方程组 $\mathbf{A}\boldsymbol{x}=\mathbf{0}$ 而言，方程组有非零解的充分必要条件是向量组 $\boldsymbol{\beta}_1,\boldsymbol{\beta}_2,\cdots,\boldsymbol{\beta}_n$ 线性相关，即 $R(\boldsymbol{\beta}_1,\boldsymbol{\beta}_2,\cdots,\boldsymbol{\beta}_n)=R(\mathbf{A})<n$. 其次考虑 $\mathbf{A}$ 的行向量组. $\mathbf{A}\boldsymbol{x}=\mathbf{0}$ 相当于

$$\boldsymbol{\alpha}_i\boldsymbol{x}=a_{i1}x_1+a_{i2}x_2+\cdots+a_{in}x_n=0\qquad(i=1,2,\cdots,m).$$

(向量 $\boldsymbol{\alpha}_i$ 与向量 $\boldsymbol{x}$ 正交,见第 4 章)不妨设 $\boldsymbol{\alpha}_1,\boldsymbol{\alpha}_2,\cdots,\boldsymbol{\alpha}_r$ 是 $\boldsymbol{\alpha}_1,\boldsymbol{\alpha}_2,\cdots,\boldsymbol{\alpha}_m$ 的一个最大无关组,则方程组 $\mathbf{A}\boldsymbol{x}=\mathbf{0}$ 的前 $\boldsymbol{r}$ 个方程独立,而这 $\boldsymbol{r}$ 个方程与原方程组同解. 记 $\mathbf{A}_1$ 为由向量组 $\boldsymbol{\alpha}_1,\boldsymbol{\alpha}_2,\cdots,\boldsymbol{\alpha}_r$ 构成的矩阵,由于 $R(\mathbf{A}_1)=r$,所以,在方程组 $\mathbf{A}_1\boldsymbol{x}=\mathbf{0}$ 中存在 r 个未知量,使得以它们的系数所构成的行列式不为零,选这些未知数为主未知量,其余 $n-r$ 个未知数为自由未知量,即可求得原方程组的含有 $n-r$ 个自由未知数的通解,于是解空间的维数为 $n-r=n-R(\mathbf{A})$. 由此可以进一步得到以下结论:设 $\mathscr{A}$:$\boldsymbol{\alpha}_1,\boldsymbol{\alpha}_2,\cdots,\boldsymbol{\alpha}_r$ 是线性无关的 n 维向量组,则与 $\mathscr{A}$ 中每一个向量都正交的所有向量构成的向量空间的维数等于 $n-r$.

向量组观点:$R(\mathscr{A})=R(\mathscr{B})=R(\mathbf{A})$,且 $\mathbf{A}$ 行(列)满秩$\Leftrightarrow\boldsymbol{\alpha}_1,\boldsymbol{\alpha}_2,\cdots,\boldsymbol{\alpha}_m(\boldsymbol{\beta}_1,\boldsymbol{\beta}_2,\cdots,\boldsymbol{\beta}_n)$线性无关;

向量空间观点:$\dim(\mathrm{span}(\boldsymbol{\alpha}_1,\cdots,\boldsymbol{\alpha}_m))=\dim(\mathrm{span}(\boldsymbol{\beta}_1,\cdots,\boldsymbol{\beta}_n))=R(\mathbf{A})$,$\dim S=n-R(\mathbf{A})$,其中 S 为方程组 $\mathbf{A}\boldsymbol{x}=\mathbf{0}$ 的解空间.

请再看两个例子.

例 1 证明矩阵 $\mathbf{A}_{m\times n}$ 与 $\boldsymbol{B}_{s\times n}$ 的行向量组等价的充分必要条件是齐次方程组 $\mathbf{A}\boldsymbol{x}=\mathbf{0}$与 $\boldsymbol{B}\boldsymbol{x}=\mathbf{0}$ 同解.

证 条件的必要性是显然的. 下面证明条件的充分性.

因为 $\mathbf{A}\boldsymbol{x}=\mathbf{0}$ 与 $\boldsymbol{B}\boldsymbol{x}=\mathbf{0}$ 同解,所以方程组 $\mathbf{A}\boldsymbol{x}=\mathbf{0}$,$\boldsymbol{B}\boldsymbol{x}=\mathbf{0}$ 及 $\begin{pmatrix}\mathbf{A}\\ \boldsymbol{B}\end{pmatrix}\boldsymbol{x}=\mathbf{0}$ 同解,即这三个方程组有相同的解空间 S. 设 $\dim S=n-r$,则 $R(\mathbf{A})=R(\boldsymbol{B})=R(\begin{pmatrix}\mathbf{A}\\ \boldsymbol{B}\end{pmatrix})=r$,所以 $R(\mathbf{A}^{\mathrm{T}})=R(\boldsymbol{B}^{\mathrm{T}})=R((\mathbf{A}^{\mathrm{T}},\boldsymbol{B}^{\mathrm{T}}))=r$,由推论 3.1.2 知,$\mathbf{A}^{\mathrm{T}}$ 与 $\boldsymbol{B}^{\mathrm{T}}$ 的列向量组等价,即 $\mathbf{A}$ 与 $\boldsymbol{B}$ 的行向量组等价.

例 2 设 $\mathbf{A}_{m\times n}$为实矩阵,证明 $R(\mathbf{A})=R(\mathbf{A}^{\mathrm{T}}\mathbf{A})=R(\mathbf{A}\mathbf{A}^{\mathrm{T}})$.

证法 1 因为 $R(\mathbf{A})=R(\mathbf{A}^{\mathrm{T}})$,所以只需证明 $R(\mathbf{A})=R(\mathbf{A}^{\mathrm{T}}\mathbf{A})$.

由于 $\mathbf{A}\boldsymbol{x}=\mathbf{0}$ 的解显然是$(\mathbf{A}^{\mathrm{T}}\mathbf{A})\boldsymbol{x}=\mathbf{0}$ 的解,所以由例 3.3.4 知,$R(\mathbf{A})\geqslant R(\mathbf{A}^{\mathrm{T}}\mathbf{A})$(或由例 2.6.6(2)直接可得). 反之,设 $\boldsymbol{x}_0$ 是$(\mathbf{A}^{\mathrm{T}}\mathbf{A})\boldsymbol{x}=\mathbf{0}$ 的解,则

$$0=\boldsymbol{x}_0^{\mathrm{T}}\mathbf{A}^{\mathrm{T}}\mathbf{A}\boldsymbol{x}_0=(\mathbf{A}\boldsymbol{x}_0)^{\mathrm{T}}(\mathbf{A}\boldsymbol{x}_0)$$

$$\xlongequal{\text{记为}}(b_1,b_2,\cdots,b_m)\begin{pmatrix}b_1\\ b_2\\ \vdots\\ b_m\end{pmatrix}=\sum_{i=1}^{m}b_i^2.$$

因为 $b_1,b_2,\cdots,b_m$ 均为实数,所以 $b_1=b_2=\cdots=b_m=0$,即 $\mathbf{A}\boldsymbol{x}_0=\mathbf{0}$,从而 $R(\mathbf{A})\leqslant R(\mathbf{A}^{\mathrm{T}}\mathbf{A})$,故 $R(\mathbf{A})=R(\mathbf{A}^{\mathrm{T}}\mathbf{A})$.

证法 2 设 $R(\mathbf{A})=r$,则存在可逆矩阵 $\boldsymbol{P}$,使得

$$\boldsymbol{P}\mathbf{A}=\begin{pmatrix}\boldsymbol{B}_{r\times n}\\ \boldsymbol{O}\end{pmatrix},\qquad \text{且 } R(\boldsymbol{B})=r,$$

于是,矩阵 $\boldsymbol{B}$ 的 r 个行向量 $\boldsymbol{\beta}_1,\boldsymbol{\beta}_2,\cdots,\boldsymbol{\beta}_r$ 线性无关,由第4章小结与点注例1知,向量组 $\boldsymbol{\beta}_1,\boldsymbol{\beta}_2,\cdots,\boldsymbol{\beta}_r$ 的格拉姆行列式

$$|\boldsymbol{B}\boldsymbol{B}^{\mathrm{T}}|=G(\boldsymbol{\beta}_1,\boldsymbol{\beta}_2,\cdots,\boldsymbol{\beta}_r)\neq 0,$$

即 $R(\boldsymbol{B}\boldsymbol{B}^{\mathrm{T}})=r$.

另外,由

$$\boldsymbol{P}(\boldsymbol{A}\boldsymbol{A}^{\mathrm{T}})\boldsymbol{P}^{\mathrm{T}}=\boldsymbol{P}\boldsymbol{A}(\boldsymbol{P}\boldsymbol{A})^{\mathrm{T}}=\begin{pmatrix}\boldsymbol{B}\\ \boldsymbol{O}\end{pmatrix}(\boldsymbol{B}^{\mathrm{T}}\quad \boldsymbol{O})=\begin{pmatrix}\boldsymbol{B}\boldsymbol{B}^{\mathrm{T}} & \boldsymbol{O}\\ \boldsymbol{O} & \boldsymbol{O}\end{pmatrix},$$

得

$$R(\boldsymbol{A}\boldsymbol{A}^{\mathrm{T}})=R(\boldsymbol{P}(\boldsymbol{A}\boldsymbol{A}^{\mathrm{T}})\boldsymbol{P}^{\mathrm{T}})=R\left(\begin{pmatrix}\boldsymbol{B}\boldsymbol{B}^{\mathrm{T}} & \boldsymbol{O}\\ \boldsymbol{O} & \boldsymbol{O}\end{pmatrix}\right)=R(\boldsymbol{B}\boldsymbol{B}^{\mathrm{T}})=r,$$

所以 $R(\boldsymbol{A})=R(\boldsymbol{A}^{\mathrm{T}}\boldsymbol{A})$.

注　此例中当 $\boldsymbol{A}$ 为复矩阵时,结论不一定成立. 如 $\boldsymbol{A}=\begin{pmatrix}1 & \mathrm{i}\\ \mathrm{i} & -1\end{pmatrix}$,其中 $\mathrm{i}=\sqrt{-1}$,则 $\boldsymbol{A}^{\mathrm{T}}\boldsymbol{A}=\boldsymbol{O}$,故 $R(\boldsymbol{A}^{\mathrm{T}}\boldsymbol{A})=0$,但 $R(\boldsymbol{A})=1$. 容易证明,当 $\boldsymbol{A}$ 为复矩阵时,有

$$R(\boldsymbol{A})=R(\overline{\boldsymbol{A}^{\mathrm{T}}}\boldsymbol{A})=R(\boldsymbol{A}\overline{\boldsymbol{A}^{\mathrm{T}}}),$$

其中 $\overline{\boldsymbol{A}^{\mathrm{T}}}$ 为 $\boldsymbol{A}^{\mathrm{T}}$ 的共轭矩阵.

习　题　3

1. 判断下列命题是否正确.

(1) 如果有一组不全为零的数 $k_1,k_2,\cdots,k_m$,使得 $k_1\boldsymbol{\alpha}_1+k_2\boldsymbol{\alpha}_2+\cdots+k_m\boldsymbol{\alpha}_m\neq\boldsymbol{0}$,则 $\boldsymbol{\alpha}_1,\boldsymbol{\alpha}_2,\cdots,\boldsymbol{\alpha}_m$ 线性无关.　(　　)

(2) 如果有一组全为零的数 $k_1,k_2,\cdots,k_m$,使得 $k_1\boldsymbol{\alpha}_1+k_2\boldsymbol{\alpha}_2+\cdots+k_m\boldsymbol{\alpha}_m=\boldsymbol{0}$,则 $\boldsymbol{\alpha}_1,\boldsymbol{\alpha}_2,\cdots,\boldsymbol{\alpha}_m$ 线性无关.　(　　)

(3) 向量 $\boldsymbol{\alpha},\boldsymbol{\beta}$ 线性相关的充分必要条件是 $\boldsymbol{\alpha}=k\boldsymbol{\beta}$($k$ 为常数).　(　　)

(4) 设向量组 $\boldsymbol{\alpha}_1,\boldsymbol{\alpha}_2,\boldsymbol{\alpha}_3$ 线性无关,则向量组 $\boldsymbol{\alpha}_1+\boldsymbol{\alpha}_2,\boldsymbol{\alpha}_1-\boldsymbol{\alpha}_2,3\boldsymbol{\alpha}_1-4\boldsymbol{\alpha}_2$ 与 $\boldsymbol{\alpha}_1,\boldsymbol{\alpha}_2,\boldsymbol{\alpha}_3$ 等价.　(　　)

(5) 设 $\boldsymbol{\xi}_1,\boldsymbol{\xi}_2,\boldsymbol{\xi}_3$ 是齐次线性方程组 $\boldsymbol{A}\boldsymbol{x}=\boldsymbol{0}$ 的基础解系,则 $\boldsymbol{\xi}_1+\boldsymbol{\xi}_2,\boldsymbol{\xi}_2+\boldsymbol{\xi}_3,\boldsymbol{\xi}_3+\boldsymbol{\xi}_1$ 也是它的基础解系.　(　　)

(6) 若齐次线性方程组 $\boldsymbol{A}\boldsymbol{x}=\boldsymbol{0}$ 只有零解,则非齐次线性方程组 $\boldsymbol{A}\boldsymbol{x}=\boldsymbol{b}$ 必有唯一解.　(　　)

(7) 设 $\boldsymbol{\alpha},\boldsymbol{\beta},\boldsymbol{\gamma},\boldsymbol{\xi}$ 为同维向量,且 $\boldsymbol{\xi}$ 不能由 $\boldsymbol{\alpha},\boldsymbol{\beta},\boldsymbol{\gamma}$ 线性表示,则 $\boldsymbol{\alpha},\boldsymbol{\beta},\boldsymbol{\gamma},\boldsymbol{\xi}$ 线性无关.　(　　)

(8) 两个等价的向量组含有相同个数的向量.　(　　)

(9) 向量组 $\boldsymbol{\alpha}_1,\boldsymbol{\alpha}_2,\cdots,\boldsymbol{\alpha}_m$ 线性无关,向量组 $\boldsymbol{\alpha}_1,\boldsymbol{\alpha}_2,\cdots,\boldsymbol{\alpha}_m,\boldsymbol{\beta},\boldsymbol{\gamma}$ 线性相关,则向量组 $\boldsymbol{\alpha}_1,\boldsymbol{\alpha}_2,\cdots,\boldsymbol{\alpha}_m,\boldsymbol{\beta}$ 与 $\boldsymbol{\alpha}_1,\boldsymbol{\alpha}_2,\cdots,\boldsymbol{\alpha}_m,\boldsymbol{\gamma}$ 必等价.　(　　)

(10) 若向量组 $\boldsymbol{\alpha}_1,\boldsymbol{\alpha}_2,\cdots,\boldsymbol{\alpha}_m$($m>2$)中任意两个向量都线性无关,则该向量组必线性无关.　(　　)

(11) 设 $\boldsymbol{\xi}_1,\boldsymbol{\xi}_2,\cdots,\boldsymbol{\xi}_n$ 是 n 元线性方程组 $\boldsymbol{A}\boldsymbol{x}=\boldsymbol{0}$ 的互不相同的非零解向量,则由 $\boldsymbol{\xi}_1,\boldsymbol{\xi}_2,\cdots,\boldsymbol{\xi}_n$ 生

成的向量空间的维数必为 $n-R(\boldsymbol{A})$. ( )

2. 选择题.

(1) 设向量组 $\boldsymbol{\alpha}_1,\boldsymbol{\alpha}_2,\boldsymbol{\alpha}_3,\boldsymbol{\alpha}_4$ 线性无关,则 ( )

(A) $\boldsymbol{\alpha}_1+\boldsymbol{\alpha}_2,\boldsymbol{\alpha}_2+\boldsymbol{\alpha}_3,\boldsymbol{\alpha}_3+\boldsymbol{\alpha}_4,\boldsymbol{\alpha}_4+\boldsymbol{\alpha}_1$ 线性无关;

(B) $\boldsymbol{\alpha}_1+\boldsymbol{\alpha}_2,\boldsymbol{\alpha}_2+\boldsymbol{\alpha}_3,\boldsymbol{\alpha}_3-\boldsymbol{\alpha}_4,\boldsymbol{\alpha}_4-\boldsymbol{\alpha}_1$ 线性无关;

(C) $\boldsymbol{\alpha}_1+\boldsymbol{\alpha}_2,\boldsymbol{\alpha}_2-\boldsymbol{\alpha}_3,\boldsymbol{\alpha}_3-\boldsymbol{\alpha}_4,\boldsymbol{\alpha}_4-\boldsymbol{\alpha}_1$ 线性无关;

(D) $\boldsymbol{\alpha}_1-\boldsymbol{\alpha}_2,\boldsymbol{\alpha}_2-\boldsymbol{\alpha}_3,\boldsymbol{\alpha}_3-\boldsymbol{\alpha}_4,\boldsymbol{\alpha}_4-\boldsymbol{\alpha}_1$ 线性无关.

(2) 设矩阵 $\boldsymbol{A}_{m\times n}$ 秩为 m,且 $m<n$,$\boldsymbol{E}_m$ 为 m 阶单位矩阵,则下列结论正确的是 ( )

(A) $\boldsymbol{A}$ 的任意 m 个列向量必线性无关;

(B) $\boldsymbol{A}$ 的任意一个 m 阶子式不等于 0;

(C) 若矩阵 $\boldsymbol{B}$ 满足 $\boldsymbol{BA}=\boldsymbol{O}$,则 $\boldsymbol{B}=\boldsymbol{O}$;

(D) $\boldsymbol{A}$ 通过初等行变换,必可化为 $(\boldsymbol{E}_m,\boldsymbol{O})$ 的形式.

(3) 设向量 $\boldsymbol{\beta}$ 可由向量组 $\boldsymbol{\alpha}_1,\boldsymbol{\alpha}_2,\cdots,\boldsymbol{\alpha}_m$ 线性表示,但不能由向量组 $\mathscr{A}$:$\boldsymbol{\alpha}_1,\boldsymbol{\alpha}_2,\cdots,\boldsymbol{\alpha}_{m-1}$ 线性表示,记向量组 $\mathscr{B}$:$\boldsymbol{\alpha}_1,\boldsymbol{\alpha}_2,\cdots,\boldsymbol{\alpha}_{m-1},\boldsymbol{\beta}$ 则必有 ( )

(A) $\boldsymbol{\alpha}_m$ 不能由 $\mathscr{A}$ 线性表示,也不能由 $\mathscr{B}$ 线性表示;

(B) $\boldsymbol{\alpha}_m$ 不能由 $\mathscr{A}$ 线性表示,但可由 $\mathscr{B}$ 线性表示;

(C) $\boldsymbol{\alpha}_m$ 可由 $\mathscr{A}$ 线性表示,也可由 $\mathscr{B}$ 线性表示;

(D) $\boldsymbol{\alpha}_m$ 可由 $\mathscr{A}$ 线性表示,但不可由 $\mathscr{B}$ 线性表示.

(4) 设 n 维列向量组 $\mathscr{A}$:$\boldsymbol{\alpha}_1,\boldsymbol{\alpha}_2,\cdots,\boldsymbol{\alpha}_m(m<n)$ 线性无关,则 n 维列向量组 $\mathscr{B}$:$\boldsymbol{\beta}_1,\boldsymbol{\beta}_2,\cdots,\boldsymbol{\beta}_m$ 线性无关的充分必要条件是 ( )

(A) 向量组 $\mathscr{A}$ 可由向量组 $\mathscr{B}$ 线性表示;

(B) 向量组 $\mathscr{B}$ 可由向量组 $\mathscr{A}$ 线性表示;

(C) 向量组 $\mathscr{A}$ 与 $\mathscr{B}$ 等价;

(D) 矩阵 $\boldsymbol{A}=(\boldsymbol{\alpha}_1,\boldsymbol{\alpha}_2,\cdots,\boldsymbol{\alpha}_m)$ 与矩阵 $\boldsymbol{B}=(\boldsymbol{\beta}_1,\boldsymbol{\beta}_2,\cdots,\boldsymbol{\beta}_m)$ 等价.

(5) 设 $\boldsymbol{\alpha}_1,\boldsymbol{\alpha}_2,\cdots,\boldsymbol{\alpha}_s,\boldsymbol{\beta}_1,\boldsymbol{\beta}_2,\cdots,\boldsymbol{\beta}_t$ 为同维向量组,且 $R(\boldsymbol{\alpha}_1,\boldsymbol{\alpha}_2,\cdots,\boldsymbol{\alpha}_s)=a$,$R(\boldsymbol{\beta}_1,\boldsymbol{\beta}_2,\cdots,\boldsymbol{\beta}_t)=b$,$R(\boldsymbol{\alpha}_1,\boldsymbol{\alpha}_2,\cdots,\boldsymbol{\alpha}_s,\boldsymbol{\beta}_1,\boldsymbol{\beta}_2,\cdots,\boldsymbol{\beta}_t)=c$,则下列关系式成立的是 ( )

(A) $c\leqslant a+b$; (B) $c\geqslant a+b$;

(C) $c\leqslant\max\{a,b\}$; (D) $c<\min\{a,b\}$.

(6) 设有向量组 $\mathscr{A}$:$\boldsymbol{\alpha}_1,\boldsymbol{\alpha}_2,\cdots,\boldsymbol{\alpha}_m$,则下列命题正确的是 ( )

(A) 若向量组 $\mathscr{A}$ 线性相关,则 $\boldsymbol{\alpha}_1$ 可由 $\boldsymbol{\alpha}_1,\boldsymbol{\alpha}_2,\cdots,\boldsymbol{\alpha}_m$ 线性表示;

(B) 若向量组 $\mathscr{A}$ 线性相关,则其任一部分组也线性相关;

(C) 若向量组 $\mathscr{A}$ 线性相关,则存在全不为零的数 $k_1,k_2,\cdots,k_m$,使得 $\sum\limits_{i=1}^{m}k_i\boldsymbol{\alpha}_i=\boldsymbol{0}$;

(D) 若向量组 $\mathscr{A}$ 线性无关,则其任一部分组也线性无关.

(7) 设有两个 n 维列向量组 $\mathscr{A}$:$\boldsymbol{\alpha}_1,\boldsymbol{\alpha}_2,\cdots,\boldsymbol{\alpha}_m$ 与 $\mathscr{B}$:$\boldsymbol{\beta}_1,\boldsymbol{\beta}_2,\cdots,\boldsymbol{\beta}_m$,如存在两组不全为零的数 $l_1,l_2,\cdots,l_m$ 与 $k_1,k_2,\cdots,k_m$ 使

$(l_1+k_1)\boldsymbol{\alpha}_1+\cdots+(l_m+k_m)\boldsymbol{\alpha}_m+(l_1-k_1)\boldsymbol{\beta}_1+\cdots+(l_m-k_m)\boldsymbol{\beta}_m=0$,则 ( )

(A) $\mathscr{A}$ 与 $\mathscr{B}$ 都线性相关;

(B) $\mathscr{A}$ 与 $\mathscr{B}$ 都线性无关;

(C) $\boldsymbol{\alpha}_1+\boldsymbol{\beta}_1,\cdots,\boldsymbol{\alpha}_m+\boldsymbol{\beta}_m,\boldsymbol{\alpha}_1-\boldsymbol{\beta}_1,\cdots,\boldsymbol{\alpha}_m-\boldsymbol{\beta}_m$ 线性无关;

(D) $\boldsymbol{\alpha}_1+\boldsymbol{\beta}_1,\cdots,\boldsymbol{\alpha}_m+\boldsymbol{\beta}_m,\boldsymbol{\alpha}_1-\boldsymbol{\beta}_1,\cdots,\boldsymbol{\alpha}_m-\boldsymbol{\beta}_m$ 线性相关.

(8) 设 $\mathscr{A}:\boldsymbol{\alpha}_1,\boldsymbol{\alpha}_2,\cdots,\boldsymbol{\alpha}_s,\mathscr{B}:\boldsymbol{\beta}_1,\boldsymbol{\beta}_2,\cdots,\boldsymbol{\beta}_t$ 为两个向量组,若 $R(\mathscr{A})=R(\mathscr{B})$,则 (　　)

(A) $s=t$;　　(B) $\mathscr{A}$ 与 $\mathscr{B}$ 等价;

(C) $\mathrm{span}(\mathscr{A})=\mathrm{span}(\mathscr{B})$;　　(D) $\dim(\mathrm{span}(\mathscr{A}))=\dim(\mathrm{span}(\mathscr{B}))$.

(9) 要使 $\xi_1=(1,0,2)^{\mathrm{T}},\xi_2=(0,1,-1)^{\mathrm{T}}$ 都是线性方程组$\boldsymbol{Ax}=\mathbf{0}$ 的解,只要系数矩阵 $\boldsymbol{A}$ 为 (　　)

(A) $(-2,1,1)$;　　(B) $\begin{pmatrix}2&0&-1\\0&1&1\end{pmatrix}$;

(C) $\begin{pmatrix}-1&0&2\\0&1&-1\end{pmatrix}$;　　(D) $\begin{pmatrix}0&1&-1\\3&2&5\\0&1&1\end{pmatrix}$.

(10) 已知 $\boldsymbol{\eta}_1,\boldsymbol{\eta}_2$ 是方程组 $\boldsymbol{Ax}=\boldsymbol{b}$ 的两个特解,而 $\boldsymbol{\xi}_1,\boldsymbol{\xi}_2$ 是对应的齐次方程组$\boldsymbol{Ax}=\mathbf{0}$ 的基础解系,c_1,c_2 是任意常数,则 $\boldsymbol{Ax}=\boldsymbol{b}$ 的通解可写为 (　　)

(A) $c_1(\boldsymbol{\xi}_1+\boldsymbol{\xi}_2)+c_2(\boldsymbol{\xi}_1-\boldsymbol{\xi}_2)+\dfrac{1}{2}(\boldsymbol{\eta}_1-\boldsymbol{\eta}_2)$;

(B) $c_1(\boldsymbol{\xi}_1+\boldsymbol{\xi}_2)+c_2(\boldsymbol{\xi}_1-\boldsymbol{\xi}_2)+\dfrac{1}{2}(\boldsymbol{\eta}_1+\boldsymbol{\eta}_2)$;

(C) $c_1(\boldsymbol{\xi}_1+\boldsymbol{\xi}_2)+c_2(\boldsymbol{\eta}_1+\boldsymbol{\eta}_2)+\dfrac{1}{2}(\boldsymbol{\xi}_1-\boldsymbol{\xi}_2)$;

(D) $c_1(\boldsymbol{\xi}_1+\boldsymbol{\xi}_2)+c_2(\boldsymbol{\eta}_1-\boldsymbol{\eta}_2)+\dfrac{1}{2}(\boldsymbol{\xi}_1+\boldsymbol{\xi}_2)$.

3. 填空题.

(1) 若 $\boldsymbol{\beta}=(1,2,t)$ 可由 $\boldsymbol{\alpha}_1=(2,1,1),\boldsymbol{\alpha}_2=(-1,2,7),\boldsymbol{\alpha}_3=(1,-1,-4)$ 线性表示,则 $t=$________.

(2) 设 $\boldsymbol{\xi}_1,\boldsymbol{\xi}_2,\cdots,\boldsymbol{\xi}_r$ 是 $\boldsymbol{A}\,\boldsymbol{x}=\mathbf{0}$ 的基础解系,$\boldsymbol{\alpha}_1,\boldsymbol{\alpha}_2,\cdots,\boldsymbol{\alpha}_n$ 为矩阵 $\boldsymbol{A}$ 的 n 个列向量,若 $\boldsymbol{b}=\boldsymbol{\alpha}_1+\boldsymbol{\alpha}_2+\cdots+\boldsymbol{\alpha}_n$,则方程组 $\boldsymbol{Ax}=\boldsymbol{b}$ 的通解为________.

(3) 设 $\boldsymbol{A}=(\boldsymbol{\alpha},\boldsymbol{\gamma}_1,\boldsymbol{\gamma}_2),\boldsymbol{B}=(\boldsymbol{\beta},m\boldsymbol{\gamma}_1,n\boldsymbol{\gamma}_2)$,其中 $\boldsymbol{\alpha},\boldsymbol{\beta},\boldsymbol{\gamma}_1,\boldsymbol{\gamma}_2$ 均为三维列向量,m,n 是两个不为零的实数,若 $|\boldsymbol{A}|=a$,$|\boldsymbol{B}|=b$,则 $|\boldsymbol{A}+\boldsymbol{B}|=$________.

(4) 已知 $\boldsymbol{\alpha}_1=(1,0,1)^{\mathrm{T}},\boldsymbol{\alpha}_2=(1,-1,0)^{\mathrm{T}},\boldsymbol{\alpha}_3=(2,1,1)^{\mathrm{T}}$ 是 R^3 的一个基,则向量 $\boldsymbol{\beta}=(3,2,1)^{\mathrm{T}}$ 在这个基中的坐标是________.

(5) 设向量组 $\mathscr{A}:\boldsymbol{\alpha}_1,\boldsymbol{\alpha}_2$;$\mathscr{B}:\boldsymbol{\alpha}_1,\boldsymbol{\alpha}_2,\boldsymbol{\alpha}_3$;$\mathscr{C}:\boldsymbol{\alpha}_1,\boldsymbol{\alpha}_2,\boldsymbol{\alpha}_4$;$\mathscr{D}:\boldsymbol{\alpha}_1,\boldsymbol{\alpha}_2,\boldsymbol{\alpha}_3-\boldsymbol{\alpha}_4$,若 $R(\mathscr{A})=R(\mathscr{B})=2$,$R(\mathscr{C})=3$,则 $R(\mathscr{D})=$________.

(6) 设由 $\mathbf{R}^5$ 中向量 $\boldsymbol{\alpha}_1,\boldsymbol{\alpha}_2,\cdots,\boldsymbol{\alpha}_6$ 生成的向量空间 $V=\mathrm{span}(\boldsymbol{\alpha}_1,\boldsymbol{\alpha}_2,\cdots,\boldsymbol{\alpha}_6)$,则 $\dim V=$________.

(7) 已知向量组 $\boldsymbol{\alpha}_1=(a,a,-b)^{\mathrm{T}},\boldsymbol{\alpha}_2=(-a,b,a)^{\mathrm{T}},\boldsymbol{\alpha}_3=(b,-a,b)^{\mathrm{T}}$ 线性相关,则 a,b 满足的条件是________.

(8) 设矩阵 $\begin{pmatrix}a_1&b_1&c_1\\a_2&b_2&c_2\\a_3&b_3&c_3\end{pmatrix}$ 满秩,则两直线 $\dfrac{x-a_3}{a_1-a_2}=\dfrac{y-b_3}{b_1-b_2}=\dfrac{z-c_3}{c_1-c_2}$ 与 $\dfrac{x-a_1}{a_2-a_3}=\dfrac{y-b_1}{b_2-b_3}=\dfrac{z-c_1}{c_2-c_3}$ 的关系是________.

(9) 当 $n=$______时,向量组 $\boldsymbol{\alpha}_i=(1,\lambda_i,\lambda_i^2,\lambda_i^3)$, $i=1,2,\cdots,n$ 线性相关? 其中 $\lambda_1,\lambda_2,\cdots,\lambda_n$ 是互不相同的数.

(10) 设 $\boldsymbol{\alpha}_1=(a_1,a_2,a_3)^{\mathrm{T}}$, $\boldsymbol{\alpha}_2=(b_1,b_2,b_3)^{\mathrm{T}}$, $\boldsymbol{\alpha}_3=(c_1,c_2,c_3)^{\mathrm{T}}$,则三条直线 $a_ix+b_iy+c_i=0$ $(i=1,2,3)$,其中 $a_i^2+b_i^2\neq 0$, $i=1,2,3$ 交于一点的充分必要条件是______.

4. 设 $\boldsymbol{\alpha}_1=(1,1,2,2)^{\mathrm{T}}$, $\boldsymbol{\alpha}_2=(1,2,1,3)^{\mathrm{T}}$, $\boldsymbol{\alpha}_3=(1,-1,4,0)^{\mathrm{T}}$, $\boldsymbol{\beta}=(1,0,3,1)^{\mathrm{T}}$,证明向量 $\boldsymbol{\beta}$ 可由向量组 $\boldsymbol{\alpha}_1,\boldsymbol{\alpha}_2,\boldsymbol{\alpha}_3$ 线性表示,并求出表示式.

5. 设 $\boldsymbol{\alpha}_1=(1,-1,1,-1)^{\mathrm{T}}$, $\boldsymbol{\alpha}_2=(3,1,1,3)^{\mathrm{T}}$, $\boldsymbol{\beta}_1=(2,0,1,1)^{\mathrm{T}}$, $\boldsymbol{\beta}_2=(1,1,0,2)^{\mathrm{T}}$, $\boldsymbol{\beta}_3=(3,-1,2,0)^{\mathrm{T}}$,证明向量组 $\boldsymbol{\alpha}_1,\boldsymbol{\alpha}_2$ 与向量组 $\boldsymbol{\beta}_1,\boldsymbol{\beta}_2,\boldsymbol{\beta}_3$ 等价.

6. 举例说明下列命题是错误的:

(1) 若向量组 $\boldsymbol{\alpha}_1,\boldsymbol{\alpha}_2,\cdots,\boldsymbol{\alpha}_m$ 是线性相关的,则 $\boldsymbol{\alpha}_1$ 可由 $\boldsymbol{\alpha}_2,\cdots,\boldsymbol{\alpha}_m$ 线性表示.

(2) 若有不全为 0 的数 $\lambda_1,\lambda_2,\cdots,\lambda_m$,使

$$\lambda_1\boldsymbol{\alpha}_1+\cdots+\lambda_m\boldsymbol{\alpha}_m+\lambda_1\boldsymbol{\beta}_1+\cdots+\lambda_m\boldsymbol{\beta}_m=\mathbf{0}$$

成立,则 $\boldsymbol{\alpha}_1,\boldsymbol{\alpha}_2,\cdots,\boldsymbol{\alpha}_m$ 线性相关, $\boldsymbol{\beta}_1,\boldsymbol{\beta}_2,\cdots,\boldsymbol{\beta}_m$ 亦线性相关.

(3) 若只有当 $\lambda_1,\lambda_2,\cdots,\lambda_m$ 全为 0 时,等式

$$\lambda_1\boldsymbol{\alpha}_1+\cdots+\lambda_m\boldsymbol{\alpha}_m+\lambda_1\boldsymbol{\beta}_1+\cdots+\lambda_m\boldsymbol{\beta}_m=\mathbf{0}$$

才能成立,则 $\boldsymbol{\alpha}_1,\boldsymbol{\alpha}_2,\cdots,\boldsymbol{\alpha}_m$ 线性无关, $\boldsymbol{\beta}_1,\boldsymbol{\beta}_2,\cdots,\boldsymbol{\beta}_m$ 亦线性无关.

(4) 若 $\boldsymbol{\alpha}_1,\boldsymbol{\alpha}_2,\cdots,\boldsymbol{\alpha}_m$ 线性相关, $\boldsymbol{\beta}_1,\boldsymbol{\beta}_2,\cdots,\boldsymbol{\beta}_m$ 亦线性相关,则有不全为零的数 $\lambda_1,\lambda_2,\cdots,\lambda_m$ 使

$$\lambda_1\boldsymbol{\alpha}_1+\cdots+\lambda_m\boldsymbol{\alpha}_m=\mathbf{0},\qquad \lambda_1\boldsymbol{\beta}_1+\cdots+\lambda_m\boldsymbol{\beta}_m=\mathbf{0}$$

同时成立.

7. 下列命题是否正确? 如正确,证明之,如不正确,举出反例.

(1) 若 n 维向量组 $\mathscr{A}:\boldsymbol{\alpha}_1,\boldsymbol{\alpha}_2,\cdots,\boldsymbol{\alpha}_s$ 与 $\mathscr{B}:\boldsymbol{\beta}_1,\boldsymbol{\beta}_2,\cdots,\boldsymbol{\beta}_t$ 的秩相同,则 $\mathscr{A}$ 与 $\mathscr{B}$ 等价.

(2) 若向量组 $\mathscr{A}:\boldsymbol{\alpha}_1,\boldsymbol{\alpha}_2,\cdots,\boldsymbol{\alpha}_s$ 与 $\mathscr{B}:\boldsymbol{\beta}_1,\boldsymbol{\beta}_2,\cdots,\boldsymbol{\beta}_t$ 都线性无关,且 $\mathscr{A}$ 中每个向量都不能由 $\mathscr{B}$ 线性表示, $\mathscr{B}$ 中每个向量也不能由 $\mathscr{A}$ 线性表示,则向量组 $\boldsymbol{\alpha}_1,\boldsymbol{\alpha}_2,\cdots,\boldsymbol{\alpha}_s,\boldsymbol{\beta}_1,\boldsymbol{\beta}_2,\cdots,\boldsymbol{\beta}_t$ 线性无关.

(3) 设 $\boldsymbol{\beta}_1=\boldsymbol{\alpha}_1+\boldsymbol{\alpha}_2$, $\boldsymbol{\beta}_2=\boldsymbol{\alpha}_2+\boldsymbol{\alpha}_3$, $\boldsymbol{\beta}_3=\boldsymbol{\alpha}_3+\boldsymbol{\alpha}_4$, $\boldsymbol{\beta}_4=\boldsymbol{\alpha}_4+\boldsymbol{\alpha}_1$,则 $\boldsymbol{\beta}_1,\boldsymbol{\beta}_2,\boldsymbol{\beta}_3,\boldsymbol{\beta}_4$ 线性相关.

8. 设 $\boldsymbol{\beta}_1=\boldsymbol{\alpha}_1$, $\boldsymbol{\beta}_2=\boldsymbol{\alpha}_1+\boldsymbol{\alpha}_2$, $\cdots$, $\boldsymbol{\beta}_r=\boldsymbol{\alpha}_1+\boldsymbol{\alpha}_2+\cdots+\boldsymbol{\alpha}_r$,且向量组 $\boldsymbol{\alpha}_1,\boldsymbol{\alpha}_2,\cdots,\boldsymbol{\alpha}_r$ 线性无关,证明向量组 $\boldsymbol{\beta}_1,\boldsymbol{\beta}_2,\cdots,\boldsymbol{\beta}_r$ 也线性无关.

9. 已知向量组 $\boldsymbol{\alpha}_1,\boldsymbol{\alpha}_2,\boldsymbol{\alpha}_3$ 线性相关,向量组 $\boldsymbol{\alpha}_2,\boldsymbol{\alpha}_3,\boldsymbol{\alpha}_4$ 线性无关,试讨论:

(1) $\boldsymbol{\alpha}_1$ 能否由 $\boldsymbol{\alpha}_2,\boldsymbol{\alpha}_3$ 线性表示? 并证明你的结论.

(2) $\boldsymbol{\alpha}_4$ 能否由 $\boldsymbol{\alpha}_1,\boldsymbol{\alpha}_2,\boldsymbol{\alpha}_3$ 线性表示? 并证明你的结论.

10. 求下列向量组的秩,并求一个最大无关组:

(1) $\boldsymbol{\alpha}_1=(1,2,3,-1)$, $\boldsymbol{\alpha}_2=(3,-1,2,0)$, $\boldsymbol{\alpha}_3=(1,3,4,-2)$, $\boldsymbol{\alpha}_4=(4,-3,1,1)$;

(2) $\boldsymbol{\alpha}_1=(1,2,-1,4)$, $\boldsymbol{\alpha}_2=(9,100,10,4)$, $\boldsymbol{\alpha}_3=(-2,-4,2,-8)$.

11. 设 $\boldsymbol{\alpha}_1=(1,-2,3,-1,2)^{\mathrm{T}}$, $\boldsymbol{\alpha}_2=(3,-1,5,-3,-1)^{\mathrm{T}}$, $\boldsymbol{\alpha}_3=(5,0,7,-5,-4)^{\mathrm{T}}$, $\boldsymbol{\alpha}_4=(2,1,2,-2,-3)^{\mathrm{T}}$,求向量组 $\boldsymbol{\alpha}_1,\boldsymbol{\alpha}_2,\boldsymbol{\alpha}_3,\boldsymbol{\alpha}_4$ 的一个最大无关组,并把其余向量用最大无关组线性表示.

12. 设向量组 $\boldsymbol{\alpha}_1=(a,3,1)$, $\boldsymbol{\alpha}_2=(2,b,3)$, $\boldsymbol{\alpha}_3(1,2,1)$, $\boldsymbol{\alpha}_4=(2,3,1)$的秩为 2,求 a,b.

13. 设 $\boldsymbol{\alpha}_1$ 是任意一个非零的 4 维向量, $\boldsymbol{\alpha}_2=(2,1,0,0)$, $\boldsymbol{\alpha}_3=(4,1,4,0)$, $\boldsymbol{\alpha}_4=(1,0,2,0)$. 若向量组 $\boldsymbol{\beta}_1,\boldsymbol{\beta}_2,\boldsymbol{\beta}_3,\boldsymbol{\beta}_4$ 可由 $\boldsymbol{\alpha}_1,\boldsymbol{\alpha}_2,\boldsymbol{\alpha}_3,\boldsymbol{\alpha}_4$ 线性表示,证明向量组 $\boldsymbol{\beta}_1,\boldsymbol{\beta}_2,\boldsymbol{\beta}_3,\boldsymbol{\beta}_4$ 线性相关.

14. 证明 n 个 n 维向量 $\boldsymbol{\alpha}_1,\boldsymbol{\alpha}_2,\cdots,\boldsymbol{\alpha}_n$ 线性无关的充分必要条件是行列式

$$\begin{vmatrix} \boldsymbol{\alpha}_1^{\mathrm{T}}\boldsymbol{\alpha}_1 & \boldsymbol{\alpha}_1^{\mathrm{T}}\boldsymbol{\alpha}_2 & \cdots & \boldsymbol{\alpha}_1^{\mathrm{T}}\boldsymbol{\alpha}_n \\ \boldsymbol{\alpha}_2^{\mathrm{T}}\boldsymbol{\alpha}_1 & \boldsymbol{\alpha}_2^{\mathrm{T}}\boldsymbol{\alpha}_2 & \cdots & \boldsymbol{\alpha}_2^{\mathrm{T}}\boldsymbol{\alpha}_n \\ \vdots & \vdots & & \vdots \\ \boldsymbol{\alpha}_n^{\mathrm{T}}\boldsymbol{\alpha}_1 & \boldsymbol{\alpha}_n^{\mathrm{T}}\boldsymbol{\alpha}_2 & \cdots & \boldsymbol{\alpha}_n^{\mathrm{T}}\boldsymbol{\alpha}_n \end{vmatrix} \neq 0.$$

15. 设 n 维列向量 $\boldsymbol{\alpha}_1,\boldsymbol{\alpha}_2,\cdots,\boldsymbol{\alpha}_n$ 线性无关，证明当 $\boldsymbol{P}$ 为 n 阶方阵时，$\boldsymbol{P\alpha}_1,\boldsymbol{P\alpha}_2,\cdots,\boldsymbol{P\alpha}_n$ 线性无关的充分必要条件是 $\boldsymbol{P}$ 为可逆阵.

16. $\boldsymbol{\beta}$ 可由 $\boldsymbol{\alpha}_1,\boldsymbol{\alpha}_2,\cdots,\boldsymbol{\alpha}_s$ 线性表示，证明表示法唯一的充分必要条件是 $\boldsymbol{\alpha}_1,\boldsymbol{\alpha}_2,\cdots,\boldsymbol{\alpha}_s$ 线性无关.

17. 证明向量组 $\boldsymbol{\alpha}_1,\boldsymbol{\alpha}_2,\cdots,\boldsymbol{\alpha}_s$ 线性相关的充分必要条件是至少有一个 $\boldsymbol{\alpha}_i\,(1<i\leqslant s)$ 可由 $\boldsymbol{\alpha}_1,\boldsymbol{\alpha}_2,\cdots,\boldsymbol{\alpha}_{i-1}$ 线性表示，其中 $\boldsymbol{\alpha}_1\neq\boldsymbol{0}$.

18. 设 $\boldsymbol{\alpha}_1,\boldsymbol{\alpha}_2,\cdots,\boldsymbol{\alpha}_n$ 是一组 n 维向量，证明它们线性无关的充分必要条件是：任一 n 维向量都可由它们线性表示.

19. 设向量组 $\mathscr{A}$ 与向量组 $\mathscr{B}$ 的秩相等，且 $\mathscr{A}$ 组能由 $\mathscr{B}$ 组线性表示，证明 $\mathscr{A}$ 组与 $\mathscr{B}$ 组等价.

20. 设向量组 $\boldsymbol{\alpha}_1,\boldsymbol{\alpha}_2,\cdots,\boldsymbol{\alpha}_s$ 的秩为 r，在其中任取 m 个向量 $\boldsymbol{\alpha}_{i_1},\boldsymbol{\alpha}_{i_2},\cdots,\boldsymbol{\alpha}_{i_m}$，证明这个部分组的秩 $\geqslant r+m-s$.

21. 设向量组 $\mathscr{A}:\boldsymbol{\alpha}_1,\boldsymbol{\alpha}_2,\cdots,\boldsymbol{\alpha}_s$ 的秩为 r_1，向量组 $\mathscr{B}:\boldsymbol{\beta}_1,\boldsymbol{\beta}_2,\cdots,\boldsymbol{\beta}_t$ 的秩为 r_2，向量组 $\mathscr{C}:\boldsymbol{\alpha}_1,\boldsymbol{\alpha}_2,\cdots,\boldsymbol{\alpha}_s,\boldsymbol{\beta}_1,\boldsymbol{\beta}_2,\cdots,\boldsymbol{\beta}_t$ 的秩为 r_3，证明：$\max\{r_1,r_2\}\leqslant r_3\leqslant r_1+r_2$.

22. 设向量组 $\mathscr{B}:\boldsymbol{\beta}_1,\boldsymbol{\beta}_2,\cdots,\boldsymbol{\beta}_r$ 能由向量组 $\mathscr{A}:\boldsymbol{\alpha}_1,\boldsymbol{\alpha}_2,\cdots,\boldsymbol{\alpha}_s$ 线性表示为

$$\begin{pmatrix} \boldsymbol{\beta}_1 \\ \boldsymbol{\beta}_2 \\ \vdots \\ \boldsymbol{\beta}_r \end{pmatrix} = \boldsymbol{K} \begin{pmatrix} \boldsymbol{\alpha}_1 \\ \boldsymbol{\alpha}_2 \\ \vdots \\ \boldsymbol{\alpha}_s \end{pmatrix},$$

其中 $\boldsymbol{K}$ 为 $r\times s$ 型矩阵，且向量组 $\mathscr{A}$ 线性无关，证明 $\mathscr{B}$ 组线性无关的充分必要条件是矩阵 $\boldsymbol{K}$ 的秩 $R(\boldsymbol{K})=r$.

23. 设方阵 $\boldsymbol{A}=(a_{ij})_{n\times n}$，证明：

(1) 如果 $|a_{ii}| > \sum\limits_{\substack{j=1\\ j\neq i}}^{n} |a_{ij}|\ (i=1,2,\cdots n)$，则 $\boldsymbol{A}$ 可逆；

(2) 如果 $a_{ii} > \sum\limits_{\substack{j=1\\ j\neq i}}^{n} |a_{ij}|\ (i=1,2,\cdots n)$，则 $|\boldsymbol{A}|>0$.（提示：考虑行列式 $\boldsymbol{D}(t)=\det(d_{ij})_{n\times n}$，其中 $d_{ii}=a_{ii}$，$d_{ij}=ta_{ij}\ (i\neq j)$，$0\leqslant t\leqslant 1$).

24. 由 $\boldsymbol{\alpha}_1=(1,1,0,0)$，$\boldsymbol{\alpha}_2=(1,0,1,1)$，所生成的向量空间记作 V_1，由 $\boldsymbol{\beta}_1=(2,-1,3,3)$，$\boldsymbol{\beta}_2=(0,1,-1,-1)$ 所生成的向量空间记作 V_2，试证 $V_1=V_2$.

25. 设 V_1,V_2 为向量空间 V 的子空间，问：

(1) $V_1\cap V_2=\{\boldsymbol{x}\,|\,\boldsymbol{x}\in V_1 \text{ 且 } \boldsymbol{x}\in V_2\}$；

(2) $V_1\cup V_2=\{\boldsymbol{x}\,|\,\boldsymbol{x}\in V_1 \text{ 或 } \boldsymbol{x}\in V_2\}$；

(3) $V_1+V_2=\{\boldsymbol{x}+\boldsymbol{y}\,|\,\boldsymbol{x}\in V_1,\boldsymbol{y}\in V_2\}$

是否是 V 的子空间，为什么？

26. 设 V_1 是由 $(-1,2,0,1),(2,1,1,-2),(0,5,1,0),(3,4,2,-3)$ 所生成的向量空间，V_2 是由 $(-2,1,0,1),(3,1,-1,1)$ 生成的向量空间，求 V_1,V_2,V_1+V_2 的维数，其中 V_1+V_2 如上题定义.

27. 设 $\boldsymbol{\alpha}_1,\boldsymbol{\alpha}_2,\boldsymbol{\alpha}_3$ 是向量空间 V 中的线性无关的向量，由 $\boldsymbol{\alpha}_1,\boldsymbol{\alpha}_2,\boldsymbol{\alpha}_3$ 生成的子空间为 W，由 $\boldsymbol{\alpha}_1+\boldsymbol{\alpha}_2,\boldsymbol{\alpha}_2+\boldsymbol{\alpha}_3,\boldsymbol{\alpha}_3+\boldsymbol{\alpha}_1$ 生成的空间为 W_1，由 $\boldsymbol{\alpha}_1-\boldsymbol{\alpha}_2,\boldsymbol{\alpha}_2-\boldsymbol{\alpha}_3,\boldsymbol{\alpha}_3-\boldsymbol{\alpha}_1$ 生成的空间为 W_2，

(1) 试证 W_1,W_2 分别为 W 的子空间；

(2) 求 W_1,W_2 的维数.

28. 对于向量 $\boldsymbol{\alpha}_1,\boldsymbol{\alpha}_2,\boldsymbol{\alpha}_3$，设由 $\boldsymbol{\alpha}_1,\boldsymbol{\alpha}_2$ 生成的向量空间为 V_1，由 $\boldsymbol{\alpha}_2,\boldsymbol{\alpha}_3$ 生成的向量空间为 V_2，证明 $V_1=V_2$ 的充分必要条件是，存在 c_1,c_2,c_3，使得 $c_1\cdot c_3\neq 0$ 且

$$c_1\boldsymbol{\alpha}_1+c_2\boldsymbol{\alpha}_2+c_3\boldsymbol{\alpha}_3=\mathbf{0}.$$

29. 验证 $\boldsymbol{\alpha}_1=(1,-1,0),\boldsymbol{\alpha}_2=(2,1,3),\boldsymbol{\alpha}_3=(3,1,2)$ 为 $\mathbf{R}^3$ 的一个基，并把 $\boldsymbol{\beta}_1=(5,0,7),\boldsymbol{\beta}_2=(-9,-8,-13)$ 用这个基线性表示.

30. 已知 2 阶方阵 $\boldsymbol{A}$ 与 2 维列向量 $\boldsymbol{X}$ 满足 $\boldsymbol{A}^2\boldsymbol{X}=3\boldsymbol{AX}-\boldsymbol{X}$，且向量组 $\boldsymbol{X},\boldsymbol{AX}$ 线性无关.

(1) 记 $\boldsymbol{P}=(\boldsymbol{X},\boldsymbol{AX})$，求 2 阶方阵 $\boldsymbol{B}$，使 $\boldsymbol{AP}=\boldsymbol{PB}$；

(2) 求 $|\boldsymbol{A}|$.

31. 求下列齐次线性方程组的基础解系：

(1) $\begin{cases}x_1-8x_2+10x_3+2x_4=0,\\2x_1+4x_2+5x_3-x_4=0,\\3x_1+8x_2+6x_3-2x_4=0;\end{cases}$　　(2) $\begin{cases}2x_1-3x_2-2x_3+x_4=0,\\3x_1+5x_2+4x_3-2x_4=0,\\8x_1+7x_2+6x_3-3x_4=0.\end{cases}$

32. 求一个齐次线性方程组，使下列向量为它的一个基础解系：

$$\boldsymbol{\alpha}_1=(-2,1,0)^{\mathrm{T}},\qquad \boldsymbol{\alpha}_2=(3,0,1)^{\mathrm{T}}.$$

33. 设 $\boldsymbol{\alpha}_i=(a_{i1},a_{i2},\cdots,a_{in})^{\mathrm{T}}(i=1,2,\cdots,r;r<n)$ 是 n 维实向量，且 $\boldsymbol{\alpha}_1,\boldsymbol{\alpha}_2,\cdots,\boldsymbol{\alpha}_r$ 线性无关，已知实向量 $\boldsymbol{\beta}=(b_1,b_2,\cdots,b_n)^{\mathrm{T}}$ 是线性方程组

$$\begin{cases}a_{11}x_1+a_{12}x_2+\cdots+a_{1n}x_n=0\\a_{21}x_1+a_{22}x_2+\cdots+a_{2n}x_n=0\\\qquad\cdots\cdots\\a_{r1}x_1+a_{r2}x_2+\cdots+a_{rn}x_n=0\end{cases}$$

的非零解向量，试判断向量组 $\boldsymbol{\alpha}_1,\boldsymbol{\alpha}_2,\cdots,\boldsymbol{\alpha}_r,\boldsymbol{\beta}$ 的线性相关性.

34. 求下列非齐次线性方程组的一个特解及对应的齐次线性方程组的基础解系：

(1) $\begin{cases}x_1+x_2=5,\\2x_1+x_2+x_3+2x_4=1,\\5x_1+3x_2+2x_3+2x_4=3;\end{cases}$　　(2) $\begin{cases}x_1-5x_2+2x_3-3x_4=11,\\5x_1+3x_2+6x_3-x_4=-1,\\2x_1+4x_2+2x_3+x_4=-6.\end{cases}$

35. 设有三维向量：$\boldsymbol{\alpha}_1^{\mathrm{T}}=(1+\lambda,1,1),\boldsymbol{\alpha}_2^{\mathrm{T}}=(1,1+\lambda,1),\boldsymbol{\alpha}_3^{\mathrm{T}}=(1,1,1+\lambda),\boldsymbol{\beta}^{\mathrm{T}}=(0,\lambda,\lambda^2)$，问 λ 为何值时

(1) $\boldsymbol{\beta}$ 可由 $\boldsymbol{\alpha}_1,\boldsymbol{\alpha}_2,\boldsymbol{\alpha}_3$ 线性表示，且表示法唯一；

(2) $\boldsymbol{\beta}$ 可由 $\boldsymbol{\alpha}_1,\boldsymbol{\alpha}_2,\boldsymbol{\alpha}_3$ 线性表示，且表示法不唯一；

(3) $\boldsymbol{\beta}$ 不能由 $\boldsymbol{\alpha}_1,\boldsymbol{\alpha}_2,\boldsymbol{\alpha}_3$ 线性表示？

36. 设线性方程组

$$\begin{cases} x_1+2x_2-2x_3=0, \\ 2x_1-x_2+\lambda x_3=0, \\ 3x_1+x_2-x_3=0 \end{cases}$$

的系数矩阵为 $\boldsymbol{A}$,三阶方阵 $\boldsymbol{B}\neq\boldsymbol{O}$ 且 $\boldsymbol{AB}=\boldsymbol{O}$,

(1) 求 λ 的值;

(2) 证明 $\boldsymbol{B}$ 是奇异矩阵.

37. 设四元非齐次线性方程组的系数矩阵的秩为 3,已知 $\boldsymbol{\eta}_1,\boldsymbol{\eta}_2,\boldsymbol{\eta}_3$ 是它的三个解向量,且

$$\boldsymbol{\eta}_1=\begin{pmatrix}2\\3\\4\\5\end{pmatrix}, \qquad \boldsymbol{\eta}_2+\boldsymbol{\eta}_3=\begin{pmatrix}1\\2\\3\\4\end{pmatrix},$$

求该方程组的通解.

38. 已知 $\boldsymbol{\alpha}_1,\boldsymbol{\alpha}_2,\boldsymbol{\alpha}_3$ 是某齐次线性方程组的基础解系,证明:

$$k_1\boldsymbol{\alpha}_1+k_2\boldsymbol{\alpha}_2,k_3\boldsymbol{\alpha}_2+k_4\boldsymbol{\alpha}_3,k_5\boldsymbol{\alpha}_3+k_6\boldsymbol{\alpha}_1 \quad (k_1,k_2,k_3 \text{ 均不为 } 0,\text{且 } k_1k_3k_5+k_2k_4k_6\neq 0)$$

也是该方程组的基础解系.

39. 设 $\boldsymbol{A},\boldsymbol{B}$ 都是 n 阶方阵,且 $\boldsymbol{AB}=\boldsymbol{O}$,证明 $R(\boldsymbol{A})+R(\boldsymbol{B})\leqslant n$.

40. 设矩阵 $\boldsymbol{A}=(a_{ij})_{m\times n}$,已知 $\sum\limits_{j=1}^{n}a_{ij}=0(i=1,2,\cdots,m)$,证明 $R(\boldsymbol{A})<n$.

41. 齐次线性方程组

$$\begin{cases} a_{11}x_1+a_{12}x_2+\cdots+a_{1n}x_n=0, \\ a_{21}x_1+a_{22}x_2+\cdots+a_{2n}x_n=0, \\ \qquad\cdots\cdots \\ a_{n-1,1}x_1+a_{n-1,2}x_2+\cdots+a_{n-1,n}x_n=0 \end{cases}$$

的系数矩阵为

$$\boldsymbol{A}=\begin{pmatrix} a_{11} & a_{12} & \cdots & a_{1n} \\ a_{21} & a_{22} & \cdots & a_{2n} \\ \vdots & \vdots & & \vdots \\ a_{n-1,1} & a_{n-1,2} & \cdots & a_{n-1,n} \end{pmatrix}.$$

设 $M_j(j=1,2,\cdots,n)$ 是 $\boldsymbol{A}$ 中划去第 j 列所得到的 $n-1$ 阶子式,证明:

(1) $(M_1,-M_2,\cdots,(-1)^{n-1}M_n)$ 是方程组的一个解;

(2) 设 $R(\boldsymbol{A})=n-1$,那么方程组的全部解可表示为 $k(M_1,-M_2,\cdots,(-1)^{n-1}M_n)$,其中 k 为任意常数.

42. 设 $\boldsymbol{\eta}^*$ 是非齐次线性方程组 $\boldsymbol{Ax}=\boldsymbol{b}$ 的一个解,$\boldsymbol{\xi}_1,\boldsymbol{\xi}_2,\cdots,\boldsymbol{\xi}_{n-r}$ 是对应的齐次方程组的一个基础解系,证明:

(1) $\boldsymbol{\eta}^*,\boldsymbol{\xi}_1,\boldsymbol{\xi}_2,\cdots,\boldsymbol{\xi}_{n-r}$ 线性无关;

(2) $\boldsymbol{\eta}^*,\boldsymbol{\eta}^*+\boldsymbol{\xi}_1,\boldsymbol{\eta}^*+\boldsymbol{\xi}_2,\cdots,\boldsymbol{\eta}^*+\boldsymbol{\xi}_{n-r}$ 线性无关.

43. 设 $\boldsymbol{\eta}_1,\boldsymbol{\eta}_2,\cdots,\boldsymbol{\eta}_s$ 是非齐次线性方程组 $\boldsymbol{Ax}=\boldsymbol{b}$ 的 s 个解,$k_1,k_2,\cdots,k_s$ 为实数,满足 $k_1+k_2+\cdots+k_s=1$. 证明:$\boldsymbol{x}=k_1\boldsymbol{\eta}_1+k_2\boldsymbol{\eta}_2+\cdots+k_s\boldsymbol{\eta}_s$ 也是它的解.

44. 设非齐次线性方程组的 $\boldsymbol{Ax}=\boldsymbol{b}$ 的系数矩阵的秩为 r,$\boldsymbol{\eta}_1,\boldsymbol{\eta}_2,\cdots,\boldsymbol{\eta}_{n-r+1}$ 是它的 $n-r+1$ 个

线性无关的解(由 42 题知它确有 $n-r+1$ 个线性无关的解),试证它的任一解 $\boldsymbol{x}$ 可表示为

$$\boldsymbol{x}=k_1\boldsymbol{\eta}_1+k_2\boldsymbol{\eta}_2+\cdots+k_{n-r+1}\boldsymbol{\eta}_{n-r+1}\quad(\text{其中 } k_1+k_2+\cdots+k_{n-r+1}=1).$$

45. 设 $\boldsymbol{A}$ 为 n 阶实矩阵,$\boldsymbol{b}$ 为 n 维列向量.证明:方程组 $(\boldsymbol{A}^{\mathrm{T}}\boldsymbol{A})\boldsymbol{x}=\boldsymbol{A}^{\mathrm{T}}\boldsymbol{b}$ 一定有解.

46. 定义:设 $\boldsymbol{A}$ 是 $m\times n$ 矩阵,如果存在一个 $n\times m$ 矩阵 $\boldsymbol{B}$,使得 $\boldsymbol{BA}=\boldsymbol{E}$($\boldsymbol{E}$ 为单位矩阵),则称矩阵 $\boldsymbol{A}$ 是左可逆的,并称 $\boldsymbol{B}$ 为 $\boldsymbol{A}$ 的左逆矩阵.

(1) 设 $\boldsymbol{A}$ 是 $m\times n$ 的实矩阵,且 $\boldsymbol{A}$ 为列满秩矩阵,证明:$R(\boldsymbol{A}^{\mathrm{T}}\boldsymbol{A})=n$;

(2) 证明:一个列满秩矩阵必有左逆矩阵;

(3) 设计一个用矩阵的初等变换求列满秩矩阵的左逆矩阵的方法,并用所设计的方法求矩阵 $\boldsymbol{A}=\begin{pmatrix}1&2\\2&2\\1&3\end{pmatrix}$ 的一个左逆矩阵;又,左逆矩阵唯一吗?

第4章　相似矩阵

本章围绕矩阵在相似关系下的对角化问题，首先介绍 $\mathbf{R}^n$ 中的向量的度量与正交性，其次讨论方阵的特征值与特征向量及可对角化的条件，最后给出实对称阵对角化的方法. 本章介绍的特征值与特征向量，矩阵的相似对角化等概念不仅在线性代数的理论中占有十分重要的地位，而且在微分方程、系统理论、控制理论以及经济规划理论等领域有广泛的应用.

4.1　向量的内积

4.1.1　向量的内积

在第3章中，我们对向量空间的讨论主要是以向量的线性运算为基础展开的. 我们已经看到，一般的向量空间是通常的三维几何空间概念的推广. 然而，几何空间中向量的长度、夹角等与度量有关的性质，在一般向量空间中没有得到反映，而这些度量性质在理论与实际中都是有重要意义的. 所以，我们自然希望将这些度量性质也推广到一般的向量空间中来.

在解析几何中，我们把两个向量 $\boldsymbol{\alpha}$ 与 $\boldsymbol{\beta}$ 的内积规定为一个实数：

$$\boldsymbol{\alpha}\cdot\boldsymbol{\beta}=|\boldsymbol{\alpha}||\boldsymbol{\beta}|\cos\theta,$$

其中的 $|\boldsymbol{\alpha}|$，$|\boldsymbol{\beta}|$ 分别表示 $\boldsymbol{\alpha},\boldsymbol{\beta}$ 的长度，θ 表示 $\boldsymbol{\alpha}$ 与 $\boldsymbol{\beta}$ 的夹角. 在直角坐标系中，当 $\boldsymbol{\alpha}=(a_1,a_2,a_3)$，$\boldsymbol{\beta}=(b_1,b_2,b_3)$ 时，有内积的直角坐标计算公式

$$\boldsymbol{\alpha}\cdot\boldsymbol{\beta}=a_1b_1+a_2b_2+a_3b_3.$$

利用数量积的直角坐标计算公式，便可用向量的内积把向量的长度、夹角等度量概念表示出来. 因为两向量内积的直角坐标计算公式中只涉及向量的分量，所以，我们可以按内积的直角坐标计算公式来推广向量的内积，并反过来利用内积定义 n 维向量的长度和夹角.

定义 4.1.1　设有 n 维实向量 $\boldsymbol{\alpha}=(a_1,a_2,\cdots,a_n)$，$\boldsymbol{\beta}=(b_1,b_2,\cdots,b_n)$，称实数

$$a_1b_1+a_2b_2+\cdots+a_nb_n$$

为向量 $\boldsymbol{\alpha}$ 与 $\boldsymbol{\beta}$ 的**内积**(inner product)，记作 $[\boldsymbol{\alpha},\boldsymbol{\beta}]$.

内积是两个向量之间的一种运算，其结果是一个实数，也可以用矩阵记号表示内积运算，当 $\boldsymbol{\alpha}$ 与 $\boldsymbol{\beta}$ 为行(列)向量时，有

$$[\boldsymbol{\alpha},\boldsymbol{\beta}]=\boldsymbol{\alpha}\boldsymbol{\beta}^{\mathrm{T}}\quad([\boldsymbol{\alpha},\boldsymbol{\beta}]=\boldsymbol{\alpha}^{\mathrm{T}}\boldsymbol{\beta}).$$

由定义不难验证内积具有以下性质(其中 $\boldsymbol{\alpha},\boldsymbol{\beta},\boldsymbol{\gamma}$ 为 n 维实向量，λ 为实数)：

(1) $[\boldsymbol{\alpha},\boldsymbol{\beta}]=[\boldsymbol{\beta},\boldsymbol{\alpha}]$；

(2) $[\boldsymbol{\alpha}+\boldsymbol{\beta},\boldsymbol{\gamma}]=[\boldsymbol{\alpha},\boldsymbol{\gamma}]+[\boldsymbol{\beta},\boldsymbol{\gamma}]$；

(3) $[\lambda\boldsymbol{\alpha},\boldsymbol{\beta}]=\lambda[\boldsymbol{\alpha},\boldsymbol{\beta}]$；

(4) $[\boldsymbol{\alpha},\boldsymbol{\alpha}]\geqslant 0$，且$[\boldsymbol{\alpha},\boldsymbol{\alpha}]=0$ 的充分必要条件是 $\boldsymbol{\alpha}=\mathbf{0}$.

定理 4.1.1 (柯西-施瓦茨(Cauchy-schwarz)不等式) 设 $\boldsymbol{\alpha},\boldsymbol{\beta}\in\mathbf{R}^n$，则

$$[\boldsymbol{\alpha},\boldsymbol{\beta}]^2\leqslant[\boldsymbol{\alpha},\boldsymbol{\alpha}][\boldsymbol{\beta},\boldsymbol{\beta}].$$

证 当 $\boldsymbol{\alpha}=\mathbf{0}$时，不等式显然成立. 当 $\boldsymbol{\alpha}\neq\mathbf{0}$时，对任意实数 t，有不等式

$$0\leqslant[\boldsymbol{\beta}+t\boldsymbol{\alpha},\boldsymbol{\beta}+t\boldsymbol{\alpha}]=[\boldsymbol{\beta},\boldsymbol{\beta}]+2t[\boldsymbol{\alpha},\boldsymbol{\beta}]+t^2[\boldsymbol{\alpha},\boldsymbol{\alpha}]$$

成立. 注意到上式右端关于 t 的二次三项式不取负值，而 t^2 的系数$[\boldsymbol{\alpha},\boldsymbol{\alpha}]>0$，于是它的判别式不大于 0，即

$$4[\boldsymbol{\alpha},\boldsymbol{\beta}]^2-4[\boldsymbol{\alpha},\boldsymbol{\alpha}][\boldsymbol{\beta},\boldsymbol{\beta}]\leqslant 0,$$

故$[\boldsymbol{\alpha},\boldsymbol{\beta}]^2\leqslant[\boldsymbol{\alpha},\boldsymbol{\alpha}][\boldsymbol{\beta},\boldsymbol{\beta}]$.

又柯西-施瓦茨不等式中等号成立等价于二次三项式的判别式等于 0，即它有重根 . 所以，等号成立的充分必要条件是有 t_0(当 $\boldsymbol{\alpha}\neq\mathbf{0}$ 时，$t_0=-[\boldsymbol{\alpha},\boldsymbol{\beta}]/[\boldsymbol{\alpha},\boldsymbol{\alpha}]$)使得$[\boldsymbol{\beta}+t_0\boldsymbol{\alpha},\boldsymbol{\beta}+t_0\boldsymbol{\alpha}]=0$，这时 $\boldsymbol{\beta}+t_0\boldsymbol{\alpha}=0$，即 $\boldsymbol{\alpha}$ 与 $\boldsymbol{\beta}$ 线性相关 . □

此外，将柯西-施瓦茨不等式写成分量形式，有

$$\left(\sum_{i=1}^n a_ib_i\right)^2\leqslant\left(\sum_{i=1}^n a_i^2\right)\left(\sum_{i=1}^n b_i^2\right).$$

定义4.1.2 n 维实向量 $\boldsymbol{\alpha}=(a_1,a_2,\cdots,a_n)$的**长度**(或**范数**(norm))记作$\|\boldsymbol{\alpha}\|$，定义为

$$\|\boldsymbol{\alpha}\|=\sqrt{[\boldsymbol{\alpha},\boldsymbol{\alpha}]}=\sqrt{a_1^2+a_2^2+\cdots+a_n^2}.$$

当$\|\boldsymbol{\alpha}\|=1$ 时，称 $\boldsymbol{\alpha}$ 为单位向量.

向量的长度具有以下性质：

(1) 非负性. $\|\boldsymbol{\alpha}\|\geqslant 0$，且$\|\boldsymbol{\alpha}\|=0$ 的充分必要条件为 $\boldsymbol{\alpha}=\mathbf{0}$.

(2) 齐次性. 对任意实数 λ，$\|\lambda\boldsymbol{\alpha}\|=|\lambda|\,\|\boldsymbol{\alpha}\|$.

(3) 三角不等式. $\|\boldsymbol{\alpha}+\boldsymbol{\beta}\|\leqslant\|\boldsymbol{\alpha}\|+\|\boldsymbol{\beta}\|$.

证 (1)和(2)是显然的，下面证明(3).

因为$\|\boldsymbol{\alpha}+\boldsymbol{\beta}\|^2=[\boldsymbol{\alpha}+\boldsymbol{\beta},\boldsymbol{\alpha}+\boldsymbol{\beta}]=[\boldsymbol{\alpha},\boldsymbol{\alpha}]+2[\boldsymbol{\alpha},\boldsymbol{\beta}]+[\boldsymbol{\beta},\boldsymbol{\beta}]$，由柯西-施瓦茨不等式，有

$$[\boldsymbol{\alpha},\boldsymbol{\beta}]\leqslant\sqrt{[\boldsymbol{\alpha},\boldsymbol{\alpha}][\boldsymbol{\beta},\boldsymbol{\beta}]},$$

从而

$$\begin{aligned}\|\boldsymbol{\alpha}+\boldsymbol{\beta}\|^2&\leqslant[\boldsymbol{\alpha},\boldsymbol{\alpha}]+2\sqrt{[\boldsymbol{\alpha},\boldsymbol{\alpha}][\boldsymbol{\beta},\boldsymbol{\beta}]}+[\boldsymbol{\beta},\boldsymbol{\beta}]\\&=\|\boldsymbol{\alpha}\|^2+2\|\boldsymbol{\alpha}\|\,\|\boldsymbol{\beta}\|+\|\boldsymbol{\beta}\|^2=(\|\boldsymbol{\alpha}\|+\|\boldsymbol{\beta}\|)^2,\end{aligned}$$

即

$$\|\boldsymbol{\alpha}+\boldsymbol{\beta}\|\leqslant\|\boldsymbol{\alpha}\|+\|\boldsymbol{\beta}\|.$$ □

若 $\boldsymbol{\alpha}\neq\mathbf{0}$，则 $\boldsymbol{\alpha}^0=\dfrac{1}{\|\boldsymbol{\alpha}\|}\boldsymbol{\alpha}$ 是单位向量. 由非零向量 $\boldsymbol{\alpha}$ 得到单位向量 $\boldsymbol{\alpha}^0$ 的过程称为

把 $\boldsymbol{\alpha}$ 单位化.

由柯西-施瓦茨不等式知,当 $\|\boldsymbol{\alpha}\|\|\boldsymbol{\beta}\|\neq 0$ 时,有

$$\left|\frac{[\boldsymbol{\alpha},\boldsymbol{\beta}]}{\|\boldsymbol{\alpha}\|\|\boldsymbol{\beta}\|}\right|\leqslant 1,$$

于是我们给出下面的定义.

定义 4.1.3 设 $\boldsymbol{\alpha},\boldsymbol{\beta}$ 是 $\mathbf{R}^n$ 中的非零向量,称

$$\theta=\arccos\frac{[\boldsymbol{\alpha},\boldsymbol{\beta}]}{\|\boldsymbol{\alpha}\|\|\boldsymbol{\beta}\|}\qquad(0\leqslant\theta\leqslant\pi)$$

为向量 $\boldsymbol{\alpha}$ 与 $\boldsymbol{\beta}$ 的**夹角**. 当 $[\boldsymbol{\alpha},\boldsymbol{\beta}]=0$ 时,$\theta=\frac{\pi}{2}$,这时称 $\boldsymbol{\alpha}$ 与 $\boldsymbol{\beta}$ 正交,记为 $\boldsymbol{\alpha}\perp\boldsymbol{\beta}$. 显然,当 $\boldsymbol{\alpha}=\mathbf{0}$ 时,$\boldsymbol{\alpha}$ 与任何向量正交.

4.1.2 正交向量组

称两两正交且均为非零向量的向量组为正交向量组. 关于正交向量组,我们有下面的结论.

定理 4.1.2 正交向量组是线性无关的.

证 设 $\boldsymbol{\alpha}_1,\boldsymbol{\alpha}_2,\cdots,\boldsymbol{\alpha}_r$ 是一个正交向量组,如果有实数 $k_1,k_2,\cdots,k_r$,使得

$$k_1\boldsymbol{\alpha}_1+k_2\boldsymbol{\alpha}_2+\cdots+k_r\boldsymbol{\alpha}_r=\mathbf{0}.$$

用 $\boldsymbol{\alpha}_i(i=1,2,\cdots,r)$ 与上式两端作内积,得

$$[\boldsymbol{\alpha}_i,k_1\boldsymbol{\alpha}_1+k_2\boldsymbol{\alpha}_2+\cdots+k_r\boldsymbol{\alpha}_r]=[\boldsymbol{\alpha}_i,\mathbf{0}],$$

即

$$\sum_{j=1}^{r}k_j[\boldsymbol{\alpha}_i,\boldsymbol{\alpha}_j]=0.\tag{4.1.1}$$

因为向量 $\boldsymbol{\alpha}_1,\boldsymbol{\alpha}_2,\cdots,\boldsymbol{\alpha}_r$ 两两正交且均为非零向量,所以当 $i\neq j$ 时,$[\boldsymbol{\alpha}_i,\boldsymbol{\alpha}_j]=0$,当 $i=j$ 时,$[\boldsymbol{\alpha}_i,\boldsymbol{\alpha}_i]>0$,从而(4.1.1)式为

$$k_i[\boldsymbol{\alpha}_i,\boldsymbol{\alpha}_i]=0,$$

故 $k_i=0(i=1,2,\cdots,r)$,即 $\boldsymbol{\alpha}_1,\boldsymbol{\alpha}_2,\cdots,\boldsymbol{\alpha}_r$ 线性无关. □

应该指出,由正交向量组的定义,只含一个非零向量的向量组也是正交向量组,所以在维数大于零的向量空间中正交向量组总是存在的. 另一方面,由于 n 维向量空间中任何 $n+1$ 个向量一定线性相关,所以,n 维向量空间中两两正交的非零向量的个数不超过 n. 比如平面上找不到三个两两垂直的非零向量.

定理 4.1.2 的逆命题不成立,即线性无关的向量组未必是正交向量组. 如向量组 $\boldsymbol{\alpha}_1=(1,1),\boldsymbol{\alpha}_2=(1,0)$线性无关,但它们不是正交的,这表明正交向量组是比线性无关组更强的概念.

例 4.1.1 已知向量 $\boldsymbol{\alpha}_1=(1,1,1)^{\mathrm{T}}$ 与 $\boldsymbol{\alpha}_2=(1,0,-1)^{\mathrm{T}}$ 正交,求一个非零向量 $\boldsymbol{\alpha}_3$,使 $\boldsymbol{\alpha}_1,\boldsymbol{\alpha}_2,\boldsymbol{\alpha}_3$ 两两正交.

解 记

$$A=\begin{pmatrix}\boldsymbol{\alpha}_1^{\mathrm{T}}\\ \boldsymbol{\alpha}_2^{\mathrm{T}}\end{pmatrix}=\begin{pmatrix}1&1&1\\1&0&-1\end{pmatrix},$$

则 $\boldsymbol{\alpha}_3$ 应满足齐次方程组 $\boldsymbol{Ax}=\mathbf{0}$，即

$$\begin{pmatrix}1&1&1\\1&0&-1\end{pmatrix}\begin{pmatrix}x_1\\x_2\\x_3\end{pmatrix}=\begin{pmatrix}0\\0\end{pmatrix}.$$

解此方程得基础解系 $(1,-2,1)^{\mathrm{T}}$，取 $\boldsymbol{\alpha}_3=(1,-2,1)^{\mathrm{T}}$ 即合所求.

由例 4.1.1 可知，n 维向量 $\boldsymbol{\xi}$ 为齐次线性方程组 $\boldsymbol{A}_{m\times n}\boldsymbol{x}=\mathbf{0}$ 的解向量的充分必要条件是 $\boldsymbol{\xi}$ 与矩阵 $\boldsymbol{A}$ 的每个行向量正交.

我们知道，在 3 维向量空间 $\mathbf{R}^3$ 中，$\boldsymbol{i},\boldsymbol{j},\boldsymbol{k}$ 两两正交且均为单位向量，在 $\mathbf{R}^3$ 中取 $\boldsymbol{i},\boldsymbol{j},\boldsymbol{k}$ 为基就构成直角坐标系，而直角坐标系使用起来特别方便. 在一般的 n 维向量空间中我们有以下定义.

定义 4.1.4 在 n 维向量空间 V 中，由 n 个向量构成的正交向量组称为 V 的正交基，由单位向量构成的正交基，称为 V 的**标准正交基**，或**规范正交基**.

例如，n 维单位坐标向量 $\boldsymbol{\varepsilon}_1,\boldsymbol{\varepsilon}_2,\cdots,\boldsymbol{\varepsilon}_n$ 是 $\mathbf{R}^n$ 的一个标准正交基，又如，$\boldsymbol{\alpha}_1=\left(\frac{1}{\sqrt{2}},\frac{1}{\sqrt{2}},0,0\right)$，$\boldsymbol{\alpha}_2=\left(\frac{1}{\sqrt{2}},\frac{-1}{\sqrt{2}},0,0\right)$，$\boldsymbol{\alpha}_3=\left(0,0,\frac{1}{\sqrt{2}},\frac{1}{\sqrt{2}}\right)$，$\boldsymbol{\alpha}_4=\left(0,0,\frac{1}{\sqrt{2}},\frac{-1}{\sqrt{2}}\right)$ 是 $\mathbf{R}^4$ 的一个标准正交基.

设 $\boldsymbol{e}_1,\boldsymbol{e}_2,\cdots,\boldsymbol{e}_r$ 是向量空间 V 的一个标准正交基，则

(1) $[\boldsymbol{e}_i,\boldsymbol{e}_j]=\begin{cases}1, & i=j,\\ 0, & i\neq j\end{cases}\qquad (i,j=1,2,\cdots,r)$;

(2) 对 V 中任一向量 $\boldsymbol{\alpha}$ 有

$$\boldsymbol{\alpha}=[\boldsymbol{\alpha},\boldsymbol{e}_1]\boldsymbol{e}_1+[\boldsymbol{\alpha},\boldsymbol{e}_2]\boldsymbol{e}_2+\cdots+[\boldsymbol{\alpha},\boldsymbol{e}_r]\boldsymbol{e}_r.$$

事实上，由标准正交基的定义，(1)是显然的. 对(2)，因为 $\boldsymbol{e}_1,\boldsymbol{e}_2,\cdots,\boldsymbol{e}_r$ 是 V 的一个基. 所以 $\boldsymbol{\alpha}$ 可由 $\boldsymbol{e}_1,\boldsymbol{e}_2,\cdots,\boldsymbol{e}_r$ 线性表示，即

$$\boldsymbol{\alpha}=\lambda_1\boldsymbol{e}_1+\lambda_2\boldsymbol{e}_2+\cdots+\lambda_r\boldsymbol{e}_r.$$

用 $\boldsymbol{e}_i$ 与上式的两端作内积. 即得

$$[\boldsymbol{\alpha},\boldsymbol{e}_i]=\lambda_i[\boldsymbol{e}_i,\boldsymbol{e}_i]=\lambda_i\qquad(i=1,2,\cdots,r).\tag{4.1.2}$$

由此可见，在向量空间中取定标准正交基后，向量在这个标准正交基中的坐标可以用(4.1.2)式简单地求得. 因此，在研究向量空间的问题时，取标准正交基会对问题的讨论带来极大方便. 现在的问题是如何把向量空间的一个基改造为它的一个标准正交基？下面介绍的施密特(Schmidt)正交化方法回答了这个问题.

设 $\boldsymbol{\alpha}_1,\boldsymbol{\alpha}_2,\cdots,\boldsymbol{\alpha}_r$ 是向量空间 V 的一个基，令

$$\boldsymbol{\beta}_1=\boldsymbol{\alpha}_1,$$

$$\boldsymbol{\beta}_2 = \boldsymbol{\alpha}_2 + k_{12}\boldsymbol{\beta}_1,$$

由于 $\boldsymbol{\alpha}_1,\boldsymbol{\alpha}_2$ 线性无关,所以对任意的实数 k_{12},$\boldsymbol{\beta}_2 \neq \mathbf{0}$. 要求 $\boldsymbol{\beta}_1 \perp \boldsymbol{\beta}_2$,只要$[\boldsymbol{\beta}_2,\boldsymbol{\beta}_1]=0$,即

$$[\boldsymbol{\alpha}_2 + k_{12}\boldsymbol{\beta}_1,\boldsymbol{\beta}_1] = [\boldsymbol{\alpha}_2,\boldsymbol{\beta}_1] + k_{12}[\boldsymbol{\beta}_1,\boldsymbol{\beta}_1] = 0.$$

所以,取 $k_{12}=-\dfrac{[\boldsymbol{\alpha}_2,\boldsymbol{\beta}_1]}{[\boldsymbol{\beta}_1,\boldsymbol{\beta}_1]}$. 于是

$$\boldsymbol{\beta}_2 = \boldsymbol{\alpha}_2 - \frac{[\boldsymbol{\alpha}_2,\boldsymbol{\beta}_1]}{[\boldsymbol{\beta}_1,\boldsymbol{\beta}_1]}\boldsymbol{\beta}_1.$$

再令

$$\boldsymbol{\beta}_3 = \boldsymbol{\alpha}_3 + k_{13}\boldsymbol{\beta}_1 + k_{23}\boldsymbol{\beta}_2,$$

则

$$\boldsymbol{\beta}_3 \neq \mathbf{0},$$

由$[\boldsymbol{\beta}_3,\boldsymbol{\beta}_1]=0$ 及$[\boldsymbol{\beta}_3,\boldsymbol{\beta}_2]=0$ 得

$$[\boldsymbol{\alpha}_3,\boldsymbol{\beta}_1] + k_{13}[\boldsymbol{\beta}_1,\boldsymbol{\beta}_1] = 0, \qquad [\boldsymbol{\alpha}_3,\boldsymbol{\beta}_2] + k_{23}[\boldsymbol{\beta}_2,\boldsymbol{\beta}_2] = 0.$$

取

$$k_{j3} = -\frac{[\boldsymbol{\alpha}_3,\boldsymbol{\beta}_j]}{[\boldsymbol{\beta}_j,\boldsymbol{\beta}_j]} \qquad (j=1,2),$$

便得

$$\boldsymbol{\beta}_3 = \boldsymbol{\alpha}_3 - \frac{[\boldsymbol{\alpha}_3,\boldsymbol{\beta}_1]}{[\boldsymbol{\beta}_1,\boldsymbol{\beta}_1]}\boldsymbol{\beta}_1 - \frac{[\boldsymbol{\alpha}_3,\boldsymbol{\beta}_2]}{[\boldsymbol{\beta}_2,\boldsymbol{\beta}_2]}\boldsymbol{\beta}_2.$$

把这个步骤继续下去可得

$$\boldsymbol{\beta}_r = \boldsymbol{\alpha}_r - \frac{[\boldsymbol{\alpha}_r,\boldsymbol{\beta}_1]}{[\boldsymbol{\beta}_1,\boldsymbol{\beta}_1]}\boldsymbol{\beta}_1 - \cdots - \frac{[\boldsymbol{\alpha}_r,\boldsymbol{\beta}_{r-1}]}{[\boldsymbol{\beta}_{r-1},\boldsymbol{\beta}_{r-1}]}\boldsymbol{\beta}_{r-1}.$$

由以上过程知,$\boldsymbol{\beta}_1,\boldsymbol{\beta}_2,\cdots,\boldsymbol{\beta}_r$ 是一正交向量组,且不难验证 $\boldsymbol{\beta}_1,\boldsymbol{\beta}_2,\cdots,\boldsymbol{\beta}_r$ 与 $\boldsymbol{\alpha}_1,\boldsymbol{\alpha}_2,\cdots,\boldsymbol{\alpha}_r$ 是等价的向量组(请读者自己验证). 将 $\boldsymbol{\beta}_1,\boldsymbol{\beta}_2,\cdots,\boldsymbol{\beta}_r$ 单位化,即取

$$\boldsymbol{\gamma}_i = \frac{1}{\|\boldsymbol{\beta}_i\|}\boldsymbol{\beta}_i \qquad (i=1,2,\cdots,r),$$

则 $\boldsymbol{\gamma}_1,\boldsymbol{\gamma}_2,\cdots,\boldsymbol{\gamma}_r$ 就是 V 的一个标准正交基.

例 4.1.2　已知 $\boldsymbol{\alpha}_1=(1,0,1)^{\mathrm{T}}$,$\boldsymbol{\alpha}_2=(0,1,-1)^{\mathrm{T}}$,$\boldsymbol{\alpha}_3=(1,0,2)^{\mathrm{T}}$ 是 $\mathbf{R}^3$ 的一个基,试用施密特正交化方法求出 $\mathbf{R}^3$ 的一个标准正交基.

解　取 $\boldsymbol{\beta}_1=\boldsymbol{\alpha}_1$,

$$\boldsymbol{\beta}_2 = \boldsymbol{\alpha}_2 - \frac{[\boldsymbol{\alpha}_2,\boldsymbol{\beta}_1]}{[\boldsymbol{\beta}_1,\boldsymbol{\beta}_1]}\boldsymbol{\beta}_1 = \begin{pmatrix}0\\1\\-1\end{pmatrix} - \left(-\frac{1}{2}\right)\begin{pmatrix}1\\0\\1\end{pmatrix} = \frac{1}{2}\begin{pmatrix}1\\2\\-1\end{pmatrix},$$

$$\boldsymbol{\beta}_3 = \boldsymbol{\alpha}_3 - \frac{[\boldsymbol{\alpha}_3,\boldsymbol{\beta}_1]}{[\boldsymbol{\beta}_1,\boldsymbol{\beta}_1]}\boldsymbol{\beta}_1 - \frac{[\boldsymbol{\alpha}_3,\boldsymbol{\beta}_2]}{[\boldsymbol{\beta}_2,\boldsymbol{\beta}_2]}\boldsymbol{\beta}_2$$

$$=\begin{pmatrix}1\\0\\2\end{pmatrix}-\frac{3}{2}\begin{pmatrix}1\\0\\1\end{pmatrix}-\frac{-\frac{1}{2}}{\frac{3}{2}}\begin{pmatrix}\frac{1}{2}\\1\\-\frac{1}{2}\end{pmatrix}=\frac{1}{3}\begin{pmatrix}-1\\1\\1\end{pmatrix},$$

再把它们单位化,得

$$\boldsymbol{e}_1=\frac{1}{\|\boldsymbol{\beta}_1\|}\boldsymbol{\beta}_1=\frac{1}{\sqrt{2}}\begin{pmatrix}1\\0\\1\end{pmatrix},\quad \boldsymbol{e}_2=\frac{1}{\|\boldsymbol{\beta}_2\|}\boldsymbol{\beta}_2=\frac{1}{\sqrt{6}}\begin{pmatrix}1\\2\\-1\end{pmatrix},\quad \boldsymbol{e}_3=\frac{1}{\|\boldsymbol{\beta}_3\|}\boldsymbol{\beta}_3=\frac{1}{\sqrt{3}}\begin{pmatrix}-1\\1\\1\end{pmatrix}.$$

那么 $\boldsymbol{e}_1,\boldsymbol{e}_2,\boldsymbol{e}_3$ 就是 $\mathbf{R}^3$ 的一个标准正交基.

4.1.3 正交矩阵

设 $\boldsymbol{\alpha}_1,\boldsymbol{\alpha}_2,\cdots,\boldsymbol{\alpha}_n$ 是 $\mathbf{R}^n$ 的一个标准正交基,以 $\boldsymbol{\alpha}_1,\boldsymbol{\alpha}_2,\cdots,\boldsymbol{\alpha}_n$ 为列向量构成的矩阵记作 $\boldsymbol{A}$,即 $\boldsymbol{A}=(\boldsymbol{\alpha}_1,\boldsymbol{\alpha}_2,\cdots,\boldsymbol{\alpha}_n)$,则

$$\boldsymbol{A}^{\mathrm{T}}\boldsymbol{A}=\begin{pmatrix}\boldsymbol{\alpha}_1^{\mathrm{T}}\\\boldsymbol{\alpha}_2^{\mathrm{T}}\\\vdots\\\boldsymbol{\alpha}_n^{\mathrm{T}}\end{pmatrix}(\boldsymbol{\alpha}_1,\boldsymbol{\alpha}_2,\cdots,\boldsymbol{\alpha}_n)=\begin{pmatrix}\boldsymbol{\alpha}_1^{\mathrm{T}}\boldsymbol{\alpha}_1 & \boldsymbol{\alpha}_1^{\mathrm{T}}\boldsymbol{\alpha}_2 & \cdots & \boldsymbol{\alpha}_1^{\mathrm{T}}\boldsymbol{\alpha}_n\\\boldsymbol{\alpha}_2^{\mathrm{T}}\boldsymbol{\alpha}_1 & \boldsymbol{\alpha}_2^{\mathrm{T}}\boldsymbol{\alpha}_2 & \cdots & \boldsymbol{\alpha}_2^{\mathrm{T}}\boldsymbol{\alpha}_n\\\vdots & \vdots & & \vdots\\\boldsymbol{\alpha}_n^{\mathrm{T}}\boldsymbol{\alpha}_1 & \boldsymbol{\alpha}_n^{\mathrm{T}}\boldsymbol{\alpha}_2 & \cdots & \boldsymbol{\alpha}_n^{\mathrm{T}}\boldsymbol{\alpha}_n\end{pmatrix}=\boldsymbol{E};$$

反之,如果一个 n 阶实方阵 $\boldsymbol{A}$ 满足条件

$$\boldsymbol{A}^{\mathrm{T}}\boldsymbol{A}=\boldsymbol{E},$$

则 $\boldsymbol{A}$ 的列向量一定是 $\mathbf{R}^n$ 的一个标准正交基. 因为由 $\boldsymbol{A}^{\mathrm{T}}\boldsymbol{A}=\boldsymbol{E}$ 可得 $\boldsymbol{A}\boldsymbol{A}^{\mathrm{T}}=\boldsymbol{E}$,所以上述结论对 $\boldsymbol{A}$ 的行向量也成立. 由此我们有以下定义.

定义 4.1.5 满足条件 $\boldsymbol{A}^{\mathrm{T}}\boldsymbol{A}=\boldsymbol{E}$(或 $\boldsymbol{A}\boldsymbol{A}^{\mathrm{T}}=\boldsymbol{E}$)的 n 阶方阵称为**正交矩阵**(orthogonal matrix),简称**正交阵**.

由以上讨论可知,n 阶方阵 $\boldsymbol{A}$ 为正交矩阵的充分必要条件是 $\boldsymbol{A}$ 的列(行)向量都是单位向量,且两两正交,或者说,n 阶方阵 $\boldsymbol{A}$ 为正交矩阵的充分必要条件为 $\boldsymbol{A}$ 的 n 个列(行)向量构成 $\mathbf{R}^n$ 的一个标准正交基.

由定义 4.1.5 可以直接验证正交阵的下列性质:

(1) 若 $\boldsymbol{A}$ 为正交阵,则 $\boldsymbol{A}$ 可逆且 $\boldsymbol{A}^{-1}=\boldsymbol{A}^{\mathrm{T}}$;

(2) 若 $\boldsymbol{A}$ 为正交阵,则 $\boldsymbol{A}^{-1}$ 也是正交阵;

(3) 两个正交阵的乘积仍是正交阵;

(4) 正交阵的行列式等于 1 或 −1.

例 4.1.3 验证下列矩阵是正交阵:

$$\boldsymbol{A}=\begin{pmatrix}\cos\theta & \sin\theta\\-\sin\theta & \cos\theta\end{pmatrix},\quad \boldsymbol{B}=\frac{1}{2}\begin{pmatrix}1 & 1 & 1 & 1\\1 & 1 & -1 & -1\\1 & -1 & 1 & -1\\1 & -1 & -1 & 1\end{pmatrix}.$$

请读者自行验证.

定义 4.1.6　设 $\boldsymbol{A}$ 为正交矩阵,则线性变换 $\boldsymbol{y}=\boldsymbol{Ax}$ 称为正交变换.

设 $\boldsymbol{A}$ 是 n 阶正交阵,则对任意的 $\boldsymbol{\alpha},\boldsymbol{\beta}\in\mathbf{R}^n$,有

(1) $[\boldsymbol{A\alpha},\boldsymbol{A\beta}]=(\boldsymbol{A\alpha})^{\mathrm{T}}(\boldsymbol{A\beta})=\boldsymbol{\alpha}^{\mathrm{T}}\boldsymbol{A}^{\mathrm{T}}\boldsymbol{A\beta}=\boldsymbol{\alpha}^{\mathrm{T}}\boldsymbol{\beta}=[\boldsymbol{\alpha},\boldsymbol{\beta}]$;

(2) $\|\boldsymbol{A\alpha}\|=\sqrt{[\boldsymbol{A\alpha},\boldsymbol{A\alpha}]}=\sqrt{[\boldsymbol{\alpha},\boldsymbol{\alpha}]}=\|\boldsymbol{\alpha}\|$.

由此可见,正交变换保持向量的内积和长度不变,这是正交变换的优良特性之一.

练　习　4.1

1. 证明内积的四条性质.
2. 利用柯西-施瓦茨不等式证明:对任意实数 $a_1,a_2,\cdots,a_n$,有
$$\sum_{i=1}^{n}|a_i|\leqslant\sqrt{n(a_1^2+a_2^2+\cdots+a_n^2)}.$$
3. 证明正交阵的四条性质.
4. 已知 $\boldsymbol{\alpha}_1=(1,1,1)^{\mathrm{T}}$,求一组非零向量 $\boldsymbol{\alpha}_2,\boldsymbol{\alpha}_3$,使 $\boldsymbol{\alpha}_1,\boldsymbol{\alpha}_2,\boldsymbol{\alpha}_3$ 两两正交.
5. 设 $\boldsymbol{\alpha}^{\mathrm{T}}=(0,1,0,\cdots,0)$,$\boldsymbol{\beta}^{\mathrm{T}}=(b_1,b_2,\cdots,b_n)$为 n 维向量,$\boldsymbol{A}$ 为 n 阶正交阵,求$[\boldsymbol{A\alpha},\boldsymbol{A\beta}]$.
6. 验证矩阵
$$\boldsymbol{P}=\begin{pmatrix}\frac{1}{2}&-\frac{1}{2}&\frac{1}{2}&-\frac{1}{2}\\\frac{1}{2}&-\frac{1}{2}&-\frac{1}{2}&\frac{1}{2}\\\frac{1}{\sqrt{2}}&\frac{1}{\sqrt{2}}&0&0\\0&0&\frac{1}{\sqrt{2}}&\frac{1}{\sqrt{2}}\end{pmatrix}$$
是正交阵.

4.2　方阵的特征值与特征向量

4.2.1　方阵的特征值与特征向量的基本概念

定义4.2.1　设 $\boldsymbol{A}\in P^{n\times n}$,如果存在 $\lambda\in P$ 及非零向量 $\boldsymbol{x}\in P^n$,使关系式
$$\boldsymbol{Ax}=\lambda\boldsymbol{x}\tag{4.2.1}$$
成立,则称 λ 为 $\boldsymbol{A}$ 的**特征值**(eigenvalue),$\boldsymbol{x}$ 称为 $\boldsymbol{A}$ 的对应于特征值 λ 的**特征向量**(eigenvector)(或 $\boldsymbol{A}$ 的属于 λ 的特征向量).

由定义,方阵 $\boldsymbol{A}$ 的对应于特征值 λ 的特征向量不唯一. 因为若 $\boldsymbol{x}\neq\mathbf{0}$是 $\boldsymbol{A}$ 的对应于 λ 的特征向量,则对任何非零数 k,$k\boldsymbol{x}$ 也是 $\boldsymbol{A}$ 的对应于 λ 的特征向量. 但是,一个特征向量只能对应于一个特征值. 事实上,若 $\boldsymbol{x}\neq\mathbf{0}$对应于两个特征值 λ_1,λ_2,即
$$\boldsymbol{Ax}=\lambda_1\boldsymbol{x},\qquad\boldsymbol{Ax}=\lambda_2\boldsymbol{x},$$

于是$(\lambda_1-\lambda_2)\boldsymbol{x}=\boldsymbol{0}$，由于$\boldsymbol{x}\neq\boldsymbol{0}$，所以$\lambda_1=\lambda_2$.

下面讨论特征值与特征向量的求法.

按定义 4.2.1，λ 是方阵$\boldsymbol{A}=(a_{ij})$的特征值等价于存在非零向量$\boldsymbol{x}$，使

$$(\boldsymbol{A}-\lambda\boldsymbol{E})\boldsymbol{x}=\boldsymbol{0}.$$

这是n个未知数n个方程的齐次线性方程组，它有非零解的充分必要条件是系数行列式

$$|\boldsymbol{A}-\lambda\boldsymbol{E}|=0,$$

即

$$\begin{vmatrix} a_{11}-\lambda & a_{12} & \cdots & a_{1n} \\ a_{21} & a_{22}-\lambda & \cdots & a_{2n} \\ \vdots & \vdots & & \vdots \\ a_{n1} & a_{n2} & \cdots & a_{nn}-\lambda \end{vmatrix}=0. \tag{4.2.2}$$

上式是以λ为未知数的一元n次方程，称为方阵$\boldsymbol{A}$的**特征方程**. 若记

$$f_{\boldsymbol{A}}(\lambda)=|\boldsymbol{A}-\lambda\boldsymbol{E}|,$$

则$f_{\boldsymbol{A}}(\lambda)$是$\lambda$的$n$次多项式：

$$f_{\boldsymbol{A}}(\lambda)=(-\lambda)^n+c_1(-\lambda)^{n-1}+\cdots+c_{n-1}(-\lambda)+c_n,$$

称$f_{\boldsymbol{A}}(\lambda)$为方阵$\boldsymbol{A}$的**特征多项式**. 显然$\boldsymbol{A}$的特征方程的根就是$\boldsymbol{A}$的特征值. 特征方程在复数域$\mathbf{C}$上恒有解，其根的个数等于方程的次数(重根按重数计算). 因此n阶方阵$\boldsymbol{A}$在$\mathbf{C}$上总有n个特征值. 设$\lambda_1,\lambda_2,\cdots,\lambda_n$为方阵$\boldsymbol{A}$的$n$个特征值，则

$$f_{\boldsymbol{A}}(\lambda)=(\lambda_1-\lambda)(\lambda_2-\lambda)\cdots(\lambda_n-\lambda).$$

比较上式与$|\boldsymbol{A}-\lambda\boldsymbol{E}|$中$\lambda^{n-1}$的系数及常系数项可得

(1) $\lambda_1+\lambda_2+\cdots+\lambda_n=a_{11}+a_{22}+\cdots+a_{nn}$；

(2) $\lambda_1\lambda_2\cdots\lambda_n=|\boldsymbol{A}|$.

我们把方阵$\boldsymbol{A}$的主对角线上的元素之和称为$\boldsymbol{A}$的**迹**(trace)，记为$\mathrm{tr}(\boldsymbol{A})$，即

$$\mathrm{tr}(\boldsymbol{A})=a_{11}+a_{22}+\cdots+a_{nn}.$$

设λ_0为n阶方阵$\boldsymbol{A}$的一个特征值，则方程组

$$(\boldsymbol{A}-\lambda_0\boldsymbol{E})\boldsymbol{x}=\boldsymbol{0}$$

的任一非零解$\boldsymbol{p}_0$就是$\boldsymbol{A}$的对应于λ_0的一个特征向量(若λ_0为实数，则$\boldsymbol{p}_0$可取为实向量；若λ_0为复数，则$\boldsymbol{p}_0$一般为复向量). 在方程组$(\boldsymbol{A}-\lambda_0\boldsymbol{E})\boldsymbol{x}=\boldsymbol{0}$的解空间中，除零向量以外的全体解向量就是$\boldsymbol{A}$的对应于$\lambda_0$的全部特征向量，因此$(\boldsymbol{A}-\lambda_0\boldsymbol{E})\boldsymbol{x}=\boldsymbol{0}$的解空间称为方阵$\boldsymbol{A}$的对应于特征值$\lambda_0$的**特征子空间**，记作$V_{\lambda_0}$，它的维数

$$\dim V_{\lambda_0}=n-R(\boldsymbol{A}-\lambda_0\boldsymbol{E})$$

称为λ_0的**几何重数**，而λ_0作为特征方程根的重数称为λ_0的**代数重数**.

例 4.2.1 求方阵$\boldsymbol{A}=\begin{pmatrix}0 & 2\\ 1 & 1\end{pmatrix}$的特征值和特征向量，并指出相应的代数重数和几何重数.

解　$\boldsymbol{A}$ 的特征多项式为

$$|\boldsymbol{A}-\lambda\boldsymbol{E}|=\begin{vmatrix}0-\lambda & 2\\ 1 & 1-\lambda\end{vmatrix}=(\lambda+1)(\lambda-2),$$

所以,$\boldsymbol{A}$ 的特征值为 $\lambda_1=-1,\lambda_2=2$,即 $\boldsymbol{A}$ 的每个特征值的代数重数都为 1.

当 $\lambda_1=-1$ 时,解方程组 $(\boldsymbol{A}-(-1)\boldsymbol{E})\boldsymbol{x}=\boldsymbol{0}$,即

$$\begin{pmatrix}1 & 2\\ 1 & 2\end{pmatrix}\begin{pmatrix}x_1\\ x_2\end{pmatrix}=\begin{pmatrix}0\\ 0\end{pmatrix},$$

得基础解系 $\boldsymbol{p}_1=\begin{pmatrix}2\\ -1\end{pmatrix}$,于是对应于 $\lambda_1=-1$ 的全部特征向量为 $k_1\boldsymbol{p}_1(k_1\neq 0)$.

同理可求得对应于 $\lambda_2=2$ 的全部特征向量为 $k_2\boldsymbol{p}_2$,其中 $\boldsymbol{p}_2=\begin{pmatrix}1\\ 1\end{pmatrix}$,$k_2\neq 0$. 因此 $\boldsymbol{A}$ 的每个特征值的几何重数也都是 1.

例 4.2.1 中的矩阵 $\boldsymbol{A}$ 对应的线性变换 $\boldsymbol{y}=\boldsymbol{A}\boldsymbol{x}$ 可作如下几何解释:$\boldsymbol{A}$ 的每个特征向量经线性变换后与原向量共线.

例 4.2.2　求矩阵

$$\boldsymbol{A}=\begin{pmatrix}-1 & 1 & 0\\ -4 & 3 & 0\\ 1 & 0 & 2\end{pmatrix}$$

的特征值与特征向量,并指出相应的代数重数和几何重数.

解　由

$$|\boldsymbol{A}-\lambda\boldsymbol{E}|=\begin{vmatrix}-1-\lambda & 1 & 0\\ -4 & 3-\lambda & 0\\ 1 & 0 & 2-\lambda\end{vmatrix}=(2-\lambda)(1-\lambda)^2$$

得特征值为 $\lambda_1=2,\lambda_2=\lambda_3=1$,可见 λ_1 的代数重数为 1 ,$\lambda_2=\lambda_3$ 的代数重数为 2.

当 $\lambda_1=2$ 时,解方程组 $(\boldsymbol{A}-2\boldsymbol{E})\boldsymbol{x}=\boldsymbol{0}$,由

$$\boldsymbol{A}-2\boldsymbol{E}=\begin{pmatrix}-3 & 1 & 0\\ -4 & 1 & 0\\ 1 & 0 & 0\end{pmatrix}\xrightarrow{r_1-r_2}\begin{pmatrix}1 & 0 & 0\\ -4 & 1 & 0\\ 1 & 0 & 0\end{pmatrix}\xrightarrow[r_3-r_1]{r_2+4r_1}\begin{pmatrix}1 & 0 & 0\\ 0 & 1 & 0\\ 0 & 0 & 0\end{pmatrix}$$

得基础解系 $\boldsymbol{p}_1=\begin{pmatrix}0\\ 0\\ 1\end{pmatrix}$,所以对应于 $\lambda_1=2$ 的全部特征向量为 $k_1\boldsymbol{p}_1(k_1\neq 0)$,且 $\lambda_1=2$ 的几何重数为 1.

当 $\lambda_2=\lambda_3=1$ 时,解方程组 $(\boldsymbol{A}-\boldsymbol{E})\boldsymbol{x}=\boldsymbol{0}$,由

$$\boldsymbol{A}-\boldsymbol{E}=\begin{pmatrix}-2 & 1 & 0\\ -4 & 2 & 0\\ 1 & 0 & 1\end{pmatrix}\xrightarrow[r_2\leftrightarrow r_3]{r_2-2r_1}\begin{pmatrix}-2 & 1 & 0\\ 1 & 0 & 1\\ 0 & 0 & 0\end{pmatrix}$$

得基础解系$\boldsymbol{p}_2=\begin{pmatrix}1\\2\\-1\end{pmatrix}$，所以对应于$\lambda_2=\lambda_3=1$的全部特征向量为$k_2\boldsymbol{p}_2(k_2\neq0)$，且$\lambda_2=\lambda_3=1$的几何重数也为1.

例 4.2.3 求矩阵$\boldsymbol{A}=\begin{pmatrix}1&2&2\\2&1&2\\2&2&1\end{pmatrix}$的特征值和特征向量.

解 由

$$|\boldsymbol{A}-\lambda\boldsymbol{E}|=\begin{vmatrix}1-\lambda&2&2\\2&1-\lambda&2\\2&2&1-\lambda\end{vmatrix}\xlongequal{r_1+r_2+r_3}(5-\lambda)\begin{vmatrix}1&1&1\\2&1-\lambda&2\\2&2&1-\lambda\end{vmatrix}$$
$$=(5-\lambda)(1+\lambda)^2$$

得$\boldsymbol{A}$的特征值为$\lambda_1=5,\lambda_2=\lambda_3=-1$.

当$\lambda_1=5$时，解方程组$(\boldsymbol{A}-5\boldsymbol{E})\boldsymbol{x}=\boldsymbol{0}$，由

$$\boldsymbol{A}-5\boldsymbol{E}=\begin{pmatrix}-4&2&2\\2&-4&2\\2&2&-4\end{pmatrix}\xrightarrow[\frac{1}{2}r_2,\frac{1}{2}r_1]{r_3+r_2+r_1}\begin{pmatrix}-2&1&1\\1&-2&1\\0&0&0\end{pmatrix}\longrightarrow\begin{pmatrix}1&0&-1\\0&1&-1\\0&0&0\end{pmatrix}$$

得基础解系$\boldsymbol{p}_1=\begin{pmatrix}1\\1\\1\end{pmatrix}$，所以对应于$\lambda_1=5$的全部特征向量为$k_1\boldsymbol{p}_1(k_1\neq0)$.

当$\lambda_2=\lambda_3=-1$时，解方程组$(\boldsymbol{A}+\boldsymbol{E})\boldsymbol{x}=\boldsymbol{0}$，由

$$\boldsymbol{A}+\boldsymbol{E}=\begin{pmatrix}2&2&2\\2&2&2\\2&2&2\end{pmatrix}\longrightarrow\begin{pmatrix}1&1&1\\0&0&0\\0&0&0\end{pmatrix}$$

得基础解系$\boldsymbol{p}_2=\begin{pmatrix}-1\\1\\0\end{pmatrix}$，$\boldsymbol{p}_3=\begin{pmatrix}-1\\0\\1\end{pmatrix}$，所以对应于$\lambda_2=\lambda_3=-1$的全部特征向量为$k_2\boldsymbol{p}_2+k_3\boldsymbol{p}_3$，其中$k_2,k_3$不同时为0.

例 4.2.4 设λ是方阵$\boldsymbol{A}$的特征值，证明：

(1) 对任何自然数k，λ^k是$\boldsymbol{A}^k$的特征值；

(2) 若$\boldsymbol{A}$可逆，则$\dfrac{|\boldsymbol{A}|}{\lambda}$是$\boldsymbol{A}$的伴随矩阵$\boldsymbol{A}^*$的特征值.

证 (1) 因为λ是$\boldsymbol{A}$的特征值，所以有$\boldsymbol{p}\neq\boldsymbol{0}$，使$\boldsymbol{A}\boldsymbol{p}=\lambda\boldsymbol{p}$，于是

$$\boldsymbol{A}^k\boldsymbol{p}=\boldsymbol{A}^{k-1}(\boldsymbol{A}\boldsymbol{p})=\boldsymbol{A}^{k-1}(\lambda\boldsymbol{p})=\lambda\boldsymbol{A}^{k-1}\boldsymbol{p}=\lambda\boldsymbol{A}^{k-2}(\boldsymbol{A}\boldsymbol{p})=\lambda^2\boldsymbol{A}^{k-2}\boldsymbol{p}$$
$$=\cdots=\lambda^{k-1}\boldsymbol{A}\boldsymbol{p}=\lambda^k\boldsymbol{p}.$$

即λ^k是$\boldsymbol{A}^k$的特征值.

(2) 当 $\boldsymbol{A}$ 可逆时, $\boldsymbol{A}$ 的特征值 $\lambda\neq 0$. 由 $\boldsymbol{A}\boldsymbol{p}=\lambda\boldsymbol{p}$ 得 $\boldsymbol{p}=\lambda\boldsymbol{A}^{-1}\boldsymbol{p}$, 从而 $\boldsymbol{A}^{-1}\boldsymbol{p}=\frac{1}{\lambda}\boldsymbol{p}$. 于是

$$\boldsymbol{A}^{*}\boldsymbol{p}=|\boldsymbol{A}|\boldsymbol{A}^{-1}\boldsymbol{p}=\frac{|\boldsymbol{A}|}{\lambda}\boldsymbol{p},$$

即 $\frac{|\boldsymbol{A}|}{\lambda}$ 是 $\boldsymbol{A}^{*}$ 的特征值.

类似地,不难证明:若 λ 是 $\boldsymbol{A}$ 的特征值, $\varphi(x)=a_mx^m+a_{m-1}x^{m-1}+\cdots+a_0$ 是 x 的 m 次多项式,则 $\varphi(\lambda)$ 是 $\varphi(\boldsymbol{A})=a_m\boldsymbol{A}^m+a_{m-1}\boldsymbol{A}^{m-1}+\cdots+a_0\boldsymbol{E}$ 的特征值.

4.2.2 特征值与特征向量的性质

定理 4.2.1 设 $\lambda_1,\lambda_2,\cdots,\lambda_m$ 是方阵 $\boldsymbol{A}$ 的 m 个互不相等的特征值, $\boldsymbol{p}_1,\boldsymbol{p}_2,\cdots,\boldsymbol{p}_m$ 依次是与之对应的特征向量,则 $\boldsymbol{p}_1,\boldsymbol{p}_2,\cdots,\boldsymbol{p}_m$ 线性无关.

证 对特征值的个数用数学归纳法.

当 $m=1$ 时,定理显然成立(因为 $\boldsymbol{p}\neq\boldsymbol{0}$).

假设定理对 $m-1$ 时成立,现证定理对 m 也成立. 设有数 $k_1,k_2,\cdots,k_m$,使

$$k_1\boldsymbol{p}_1+k_2\boldsymbol{p}_2+\cdots+k_m\boldsymbol{p}_m=\boldsymbol{0}, \tag{4.2.3}$$

(4.2.3)式两边左乘 $\boldsymbol{A}$,并利用 $\boldsymbol{A}\boldsymbol{p}_i=\lambda_i\boldsymbol{p}_i(i=1,2,\cdots,m)$,得

$$k_1\lambda_1\boldsymbol{p}_1+k_2\lambda_2\boldsymbol{p}_2+\cdots+k_m\lambda_m\boldsymbol{p}_m=\boldsymbol{0}. \tag{4.2.4}$$

用 λ_m 乘(4.2.3)后与(4.2.4)式相减,得

$$k_1(\lambda_m-\lambda_1)\boldsymbol{p}_1+k_2(\lambda_m-\lambda_2)\boldsymbol{p}_2+\cdots+k_{m-1}(\lambda_m-\lambda_{m-1})\boldsymbol{p}_{m-1}=\boldsymbol{0}.$$

由归纳假设可知, $\boldsymbol{p}_1,\boldsymbol{p}_2,\cdots,\boldsymbol{p}_{m-1}$ 线性无关,因此

$$k_i(\lambda_m-\lambda_i)=0\qquad(i=1,2,\cdots,m-1).$$

而 $\lambda_m-\lambda_i\neq 0$,所以 $k_i=0(i=1,2,\cdots,m-1)$,将它们代入(4.2.3)式,即得 $k_m\boldsymbol{p}_m=\boldsymbol{0}$,但 $\boldsymbol{p}_m\neq\boldsymbol{0}$. 所以 $k_m=0$,从而 $\boldsymbol{p}_1,\boldsymbol{p}_2,\cdots,\boldsymbol{p}_m$ 线性无关. □

推论 4.2.1 设 λ_1,λ_2 是方阵 $\boldsymbol{A}$ 的两个不同的特征值, $\boldsymbol{p}_1,\boldsymbol{p}_2,\cdots,\boldsymbol{p}_r$ 与 $\boldsymbol{q}_1,\boldsymbol{q}_2,\cdots,\boldsymbol{q}_s$ 分别是 λ_1,λ_2 对应的线性无关的特征向量,则 $\boldsymbol{p}_1,\boldsymbol{p}_2,\cdots,\boldsymbol{p}_r,\boldsymbol{q}_1,\boldsymbol{q}_2,\cdots,\boldsymbol{q}_s$ 线性无关. □

定理 4.2.2* 设 $\boldsymbol{A}=(a_{ij})_{n\times n}$ 是 n 阶方阵,若

(1) $\sum\limits_{j=1}^{n}|a_{ij}|<1(i=1,2,\cdots,n)$,

(2) $\sum\limits_{i=1}^{n}|a_{ij}|<1(j=1,2,\cdots,n)$

有一个成立,则 $\boldsymbol{A}$ 的所有特征值 $\lambda_k(k=1,2,\cdots,n)$ 的模 $|\lambda_k|<1$.

证 设 λ 为 $\boldsymbol{A}$ 的任一特征值, $\boldsymbol{x}=(x_1,x_2,\cdots,x_n)^{\mathrm{T}}$ 为 λ 对应的特征向量,由 $\boldsymbol{A}\boldsymbol{x}=\lambda\boldsymbol{x}$,得

$$\sum_{j=1}^{n} a_{ij}x_j = \lambda x_i \qquad (i=1,2,\cdots,n).$$

记

$$\max_{1\leqslant j\leqslant n} |x_j| = |x_k| > 0,$$

则

$$|\lambda| = \left|\frac{\lambda x_k}{x_k}\right| = \frac{\left|\sum_{j=1}^{n} a_{kj}x_j\right|}{|x_k|} \leqslant \sum_{j=1}^{n} |a_{kj}| \left|\frac{x_j}{x_k}\right| \leqslant \sum_{j=1}^{n} |a_{kj}|.$$

由此可见，若(1)成立，则$|\lambda|<1$. 由λ的任意性即得$|\lambda_k|<1(k=1,2,\cdots,n)$. 另外，由$|\boldsymbol{A}-\lambda\boldsymbol{E}|=|\boldsymbol{A}^{\mathrm{T}}-\lambda\boldsymbol{E}|$知，$\boldsymbol{A}$与$\boldsymbol{A}^{\mathrm{T}}$有相同的特征值，所以，若(2)成立，则$\boldsymbol{A}^{\mathrm{T}}$的所有特征值($\boldsymbol{A}$的所有特征值)的模小于1. □

练 习 4.2

1. 设$\boldsymbol{p}_1,\boldsymbol{p}_2,\cdots,\boldsymbol{p}_m$是方阵$\boldsymbol{A}$的对应于$\lambda$的特征向量组，求证：能由它们线性表示的任何非零向量仍是$\boldsymbol{A}$对应于λ的特征向量.

2. 在上题中，若$\boldsymbol{p}_1,\boldsymbol{p}_2,\cdots,\boldsymbol{p}_m$线性无关，则将它们正交单位化后，所得的向量组$\boldsymbol{q}_1,\boldsymbol{q}_2,\cdots,\boldsymbol{q}_m$仍是$\boldsymbol{A}$对应于$\lambda$的特征向量.

3. 举例说明，虽然$\boldsymbol{A}$与$\boldsymbol{A}^{\mathrm{T}}$有相同的特征值，但对应的特征向量未必相同.

4. 证明：方阵$\boldsymbol{A}$有零特征值的充分必要条件是$|\boldsymbol{A}|=0$.

5. 设矩阵$\boldsymbol{A}=\begin{pmatrix}1 & -3 & 3\\ 3 & -5 & 3\\ 6 & -6 & 4\end{pmatrix}$的两个特征值为$\lambda_1=-2,\lambda_2=4$，求$\boldsymbol{A}$的另一个特征值$\lambda_3$.

6. 若1是$\boldsymbol{A}$的特征值，试求行列式$|\boldsymbol{A}-\boldsymbol{E}|$及$|\boldsymbol{A}^2-3\boldsymbol{A}+2\boldsymbol{E}|$的值.

7. 证明：若n维列向量$\boldsymbol{x}$是n阶方阵$\boldsymbol{A}$的特征向量，则$\boldsymbol{x}$也是$\boldsymbol{A}$的伴随矩阵$\boldsymbol{A}^*$的特征向量.

4.3 相似矩阵

我们知道，对角矩阵在作矩阵的各种运算时是十分简单的. 所以，对一个矩阵问题的研究，如果能够将讨论的问题转化为对对角矩阵的讨论，那么必然会使问题的研究与计算得到简化. 本节讨论矩阵在相似关系下的对角化问题，即对给定的n阶方阵$\boldsymbol{A}$，能否找到可逆矩阵$\boldsymbol{P}$，使$\boldsymbol{P}^{-1}\boldsymbol{AP}=\boldsymbol{\Lambda}$为对角阵？如果能的话，$\boldsymbol{P}$和$\boldsymbol{\Lambda}$应如何确定？

4.3.1 相似矩阵的概念与性质

定义 4.3.1 设$\boldsymbol{A}$和$\boldsymbol{B}$都是n阶方阵，若有可逆矩阵$\boldsymbol{P}$使

$$\boldsymbol{P}^{-1}\boldsymbol{AP}=\boldsymbol{B},$$

则称$\boldsymbol{B}$为$\boldsymbol{A}$的**相似矩阵**，或说矩阵$\boldsymbol{A}$与$\boldsymbol{B}$相似. 对$\boldsymbol{A}$施行运算$\boldsymbol{P}^{-1}\boldsymbol{AP}$称为对$\boldsymbol{A}$进行相似变换，可逆矩阵$\boldsymbol{P}$称为把$\boldsymbol{A}$变为$\boldsymbol{B}$的**相似变换矩阵**.

显然,若 $\boldsymbol{P}$ 为把 $\boldsymbol{A}$ 变为 $\boldsymbol{B}$ 的相似变换矩阵,则对任意非零数 k,$k\boldsymbol{P}$ 也是 $\boldsymbol{A}$ 与 $\boldsymbol{B}$ 的相似变换矩阵,所以相似变换矩阵不唯一. 另外,相似的矩阵必等价,即矩阵间的相似是等价的一种特殊情形,因此,相似关系具有反身性、对称性与传递性(请读者给出证明). 同时,相似变换不改变矩阵的秩.

定理 4.3.1　若方阵 $\boldsymbol{A}$ 与 $\boldsymbol{B}$ 相似,则 $\boldsymbol{A}$ 与 $\boldsymbol{B}$ 具有相同的特征多项式.

证　因为 $\boldsymbol{A}$ 与 $\boldsymbol{B}$ 相似,所以有可逆矩阵 $\boldsymbol{P}$,使 $\boldsymbol{P}^{-1}\boldsymbol{AP}=\boldsymbol{B}$,从而

$$\begin{aligned} f_{\boldsymbol{B}}(\lambda) &= |\boldsymbol{B}-\lambda\boldsymbol{E}| = |\boldsymbol{P}^{-1}\boldsymbol{AP}-\boldsymbol{P}^{-1}(\lambda\boldsymbol{E})\boldsymbol{P}| \\ &= |\boldsymbol{P}^{-1}(\boldsymbol{A}-\lambda\boldsymbol{E})\boldsymbol{P}| = |\boldsymbol{P}^{-1}|\,|\boldsymbol{A}-\lambda\boldsymbol{E}|\,|\boldsymbol{P}| \\ &= |\boldsymbol{A}-\lambda\boldsymbol{E}| = f_{\boldsymbol{A}}(\lambda). \end{aligned}$$ □

推论 4.3.1　相似的矩阵有相同的特征值、相同的行列式和迹. □

推论 4.3.2　若方阵与对角矩阵相似,则对角矩阵对角线上的元素就是该方阵的特征值. □

定理 4.3.1 的逆命题不成立,即特征值多项式相同的两个矩阵未必相似,如

$$\boldsymbol{E}=\begin{pmatrix}1&0\\0&1\end{pmatrix},\qquad \boldsymbol{A}=\begin{pmatrix}1&0\\1&1\end{pmatrix}$$

显然有相同的特征多项式,但由 $\boldsymbol{P}^{-1}\boldsymbol{EP}=\boldsymbol{E}$ 知,与单位矩阵相似的矩阵只能是单位矩阵,所以,$\boldsymbol{E}$ 与 $\boldsymbol{A}$ 不相似.

4.3.2　方阵可对角化的条件

若方阵 $\boldsymbol{A}$ 能与对角矩阵相似,则称 $\boldsymbol{A}$ 可对角化.

定理 4.3.2　n 阶方阵 $\boldsymbol{A}$ 可对角化的充分必要条件是 $\boldsymbol{A}$ 有 n 个线性无关的特征向量.

证　必要性.

设 $\boldsymbol{A}$ 可对角化,则有可逆矩阵 $\boldsymbol{P}$,使

$$\boldsymbol{P}^{-1}\boldsymbol{AP}=\boldsymbol{\Lambda}=\operatorname{diag}(\lambda_1,\lambda_2,\cdots,\lambda_n),$$

即

$$\boldsymbol{AP}=\boldsymbol{P\Lambda}. \tag{4.3.1}$$

将矩阵 $\boldsymbol{P}$ 按列分块为

$$\boldsymbol{P}=(\boldsymbol{p}_1,\boldsymbol{p}_2,\cdots,\boldsymbol{p}_n),$$

则(4.3.1)可写为

$$\boldsymbol{A}(\boldsymbol{p}_1,\boldsymbol{p}_2,\cdots,\boldsymbol{p}_n)=(\boldsymbol{p}_1,\boldsymbol{p}_2,\cdots,\boldsymbol{p}_n)\begin{pmatrix}\lambda_1&&&\\&\lambda_2&&\\&&\ddots&\\&&&\lambda_n\end{pmatrix},$$

即

$$(\boldsymbol{Ap}_1,\boldsymbol{Ap}_2,\cdots,\boldsymbol{Ap}_n)=(\lambda_1\boldsymbol{p}_1,\lambda_2\boldsymbol{p}_2,\cdots,\lambda_n\boldsymbol{p}_n),$$

所以有

$$\boldsymbol{A}\boldsymbol{p}_i = \lambda_i \boldsymbol{p}_i \qquad (i = 1,2,\cdots,n). \tag{4.3.2}$$

由于 $\boldsymbol{P}$ 是可逆矩阵，所以 $\boldsymbol{p}_1,\boldsymbol{p}_2,\cdots,\boldsymbol{p}_n$ 是线性无关的，当然均为非零向量，从而由(4.3.2)知，$\lambda_1,\lambda_2,\cdots,\lambda_n$ 是 $\boldsymbol{A}$ 的 n 个特征值，而 $\boldsymbol{p}_1,\boldsymbol{p}_2,\cdots,\boldsymbol{p}_n$ 依次是它们对应的 n 个线性无关的特征向量.

充分性.

设 $\boldsymbol{q}_1,\boldsymbol{q}_2,\cdots,\boldsymbol{q}_n$ 是 $\boldsymbol{A}$ 的 n 个线性无关的特征向量，它们对应的特征值依次为 $\mu_1,\mu_2,\cdots,\mu_n$，即

$$\boldsymbol{A}\boldsymbol{q}_i = \mu_i \boldsymbol{q}_i \qquad (i = 1,2,\cdots,n). \tag{4.3.3}$$

令

$$\boldsymbol{Q} = (\boldsymbol{q}_1,\boldsymbol{q}_2,\cdots,\boldsymbol{q}_n),$$

则由(4.3.3)得

$$\boldsymbol{A}\boldsymbol{Q} = \boldsymbol{Q}\mathrm{diag}(\mu_1,\mu_2,\cdots,\mu_n).$$

又因为 $\boldsymbol{q}_1,\boldsymbol{q}_2,\cdots,\boldsymbol{q}_n$ 线性无关，所以 $\boldsymbol{Q}$ 为 n 阶可逆矩阵，从而 $\boldsymbol{Q}^{-1}\boldsymbol{A}\boldsymbol{Q}=\mathrm{diag}(\mu_1,\mu_2,\cdots,\mu_n)$，即 $\boldsymbol{A}$ 可对角化. □

结合 4.2 节定理 4.2.1，我们有如下推论.

推论 4.3.3 如果 n 阶方阵 $\boldsymbol{A}$ 的 n 个特征值互不相等，则 $\boldsymbol{A}$ 可对角化. □

当 $\boldsymbol{A}$ 的特值方程有重根时，$\boldsymbol{A}$ 能否对角化，就要看 $\boldsymbol{A}$ 是否有 n 个线性无关的特征向量了. 例如，在 4.2 节的例 4.2.2 中 $\boldsymbol{A}$ 的特征方程有重根，确实找不到 3 个线性无关的特征向量，因此 $\boldsymbol{A}$ 不能对角化；而在例 4.2.3 中，虽然 $\boldsymbol{A}$ 的特征方程也有重根，却能求得 3 个线性无关的特征向量(此时 $\boldsymbol{A}$ 的特征值的代数重数与几何重数相等)，因而 $\boldsymbol{A}$ 可对角化.

定理 4.3.3 设 λ_0 是 n 阶方阵 $\boldsymbol{A}$ 的特征值，则 λ_0 的几何重数 k 不超过代数重数 n_0.

证* 因为 λ_0 的几何重数为 k，所以

$$\dim V_{\lambda_0} = n - R(\boldsymbol{A} - \lambda_0\boldsymbol{E}) = k.$$

设 $\boldsymbol{\alpha}_1,\boldsymbol{\alpha}_2,\cdots,\boldsymbol{\alpha}_k$ 是 V_{λ_0} 的一个基，将这个基扩充为 $\mathbf{R}^n$ 的一个基

$$\boldsymbol{\alpha}_1,\boldsymbol{\alpha}_2,\cdots,\boldsymbol{\alpha}_k,\boldsymbol{\alpha}_{k+1},\cdots,\boldsymbol{\alpha}_n,$$

以它们为列向量构成的可逆矩阵记为 $\boldsymbol{P}$，即

$$\boldsymbol{P} = (\boldsymbol{\alpha}_1,\boldsymbol{\alpha}_2,\cdots,\boldsymbol{\alpha}_k,\boldsymbol{\alpha}_{k+1},\cdots,\boldsymbol{\alpha}_n),$$

则

$$\begin{aligned}
\boldsymbol{B} = \boldsymbol{P}^{-1}\boldsymbol{A}\boldsymbol{P} &= \boldsymbol{P}^{-1}\boldsymbol{A}(\boldsymbol{\alpha}_1,\boldsymbol{\alpha}_2,\cdots,\boldsymbol{\alpha}_k,\boldsymbol{\alpha}_{k+1},\cdots,\boldsymbol{\alpha}_n)\\
&= \boldsymbol{P}^{-1}(\boldsymbol{A}\boldsymbol{\alpha}_1,\cdots,\boldsymbol{A}\boldsymbol{\alpha}_k,\boldsymbol{A}\boldsymbol{\alpha}_{k+1},\cdots,\boldsymbol{A}\boldsymbol{\alpha}_n)\\
&= \boldsymbol{P}^{-1}(\lambda_0\boldsymbol{\alpha}_1,\cdots,\lambda_k\boldsymbol{\alpha}_k,\boldsymbol{A}\boldsymbol{\alpha}_{k+1},\cdots,\boldsymbol{A}\boldsymbol{\alpha}_n)\\
&= (\lambda_0\boldsymbol{\varepsilon}_1,\cdots,\lambda_0\boldsymbol{\varepsilon}_k,\boldsymbol{P}^{-1}\boldsymbol{A}\boldsymbol{\alpha}_{k+1},\cdots,\boldsymbol{P}^{-1}\boldsymbol{A}\boldsymbol{\alpha}_n)\\
&\xlongequal{\text{记为}} \begin{pmatrix} \lambda_0\boldsymbol{E}_k & \boldsymbol{B}_1 \\ \boldsymbol{O} & \boldsymbol{B}_2 \end{pmatrix}.
\end{aligned} \tag{4.3.4}$$

这里用到 $\boldsymbol{P}^{-1}\boldsymbol{\alpha}_i=\boldsymbol{\varepsilon}_i(i=1,2,\cdots,k)$是因为

$$\begin{aligned}\boldsymbol{E}&=(\boldsymbol{\varepsilon}_1,\cdots,\boldsymbol{\varepsilon}_n)=\boldsymbol{P}^{-1}\boldsymbol{P}=\boldsymbol{P}^{-1}(\boldsymbol{\alpha}_1,\boldsymbol{\alpha}_2,\cdots,\boldsymbol{\alpha}_k,\boldsymbol{\alpha}_{k+1},\cdots,\boldsymbol{\alpha}_n)\\&=(\boldsymbol{P}^{-1}\boldsymbol{\alpha}_1,\cdots,\boldsymbol{P}^{-1}\boldsymbol{\alpha}_k,\boldsymbol{P}^{-1}\boldsymbol{\alpha}_{k+1},\cdots,\boldsymbol{P}^{-1}\boldsymbol{\alpha}_n).\end{aligned}$$

由于相似矩阵有相同的特征多项式,于是

$$\begin{aligned}|\boldsymbol{A}-\lambda\boldsymbol{E}|&=\begin{vmatrix}(\lambda_0-\lambda)\boldsymbol{E}_k & \boldsymbol{B}_1\\ \boldsymbol{O} & \boldsymbol{B}_2-\lambda\boldsymbol{E}_{n-k}\end{vmatrix}\\&=|(\lambda_0-\lambda)\boldsymbol{E}_k|\,|\boldsymbol{B}_2-\lambda\boldsymbol{E}_{n-k}|\\&=(\lambda_0-\lambda)^k|\boldsymbol{B}_2-\lambda\boldsymbol{E}_{n-k}|.\end{aligned}$$

由已知条件 λ_0 是 A 的 n_0 重特征值,所以 $k\leqslant n_0$. □

由定理 4.2.1 和 4.3.3,我们有如下推论.

推论 4.3.4 n 阶方阵 $\boldsymbol{A}$ 可对角化的充分必要条件是它的每一特征值的代数重数与几何重数相等. □

例 4.3.1 试问矩阵

$$\boldsymbol{A}=\begin{pmatrix}1&0&0\\1&2&0\\-1&0&3\end{pmatrix}$$

能否对角化? 如果能对角化,求 $\boldsymbol{P}$,使 $\boldsymbol{P}^{-1}\boldsymbol{AP}=\boldsymbol{\Lambda}$ 为对角阵.

解 由

$$|\boldsymbol{A}-\lambda\boldsymbol{E}|=\begin{vmatrix}1-\lambda&0&0\\1&2-\lambda&0\\-1&0&3-\lambda\end{vmatrix}=(1-\lambda)(2-\lambda)(3-\lambda)$$

得 $\boldsymbol{A}$ 的特征值为 $\lambda_1=1,\lambda_2=2,\lambda_3=3$,根据定理 4.3.2 的推论知 $\boldsymbol{A}$ 可对角化.

当 $\lambda_1=1$ 时,解方程组 $(\boldsymbol{A}-\boldsymbol{E})\boldsymbol{x}=\boldsymbol{0}$,得基础解系 $\boldsymbol{p}_1=\begin{pmatrix}2\\-2\\1\end{pmatrix}$,$\boldsymbol{p}_1$ 即为对应于 $\lambda_1=1$的一个特征向量.

当 $\lambda_2=2$ 时,解方程组 $(\boldsymbol{A}-2\boldsymbol{E})\boldsymbol{x}=\boldsymbol{0}$,得一个特征向量 $\boldsymbol{p}_2=\begin{pmatrix}0\\1\\0\end{pmatrix}$.

当 $\lambda_3=3$ 时,解方程组 $(\boldsymbol{A}-3\boldsymbol{E})\boldsymbol{x}=\boldsymbol{0}$,得一个特征向量 $\boldsymbol{p}_3=\begin{pmatrix}0\\0\\1\end{pmatrix}$.

令

$$\boldsymbol{P}=(\boldsymbol{p}_1,\boldsymbol{p}_2,\boldsymbol{p}_3)=\begin{pmatrix}2&0&0\\-2&1&0\\1&0&1\end{pmatrix},$$

则

$$\boldsymbol{P}^{-1}\boldsymbol{A}\boldsymbol{P}=\boldsymbol{\Lambda}=\begin{pmatrix}1&0&0\\0&2&0\\0&0&3\end{pmatrix}.$$

例 4.3.2 对例 4.3.1 中的 $\boldsymbol{A}$,计算 $|\boldsymbol{A}^{100}|$, $\boldsymbol{A}^{100}$,及 $|\boldsymbol{A}+2\boldsymbol{E}|^{100}$.

解 显然 $|\boldsymbol{A}^{100}|=|\boldsymbol{A}|^{100}=6^{100}$.

由 $\boldsymbol{P}^{-1}\boldsymbol{A}\boldsymbol{P}=\boldsymbol{\Lambda}$,得 $\boldsymbol{A}=\boldsymbol{P}\boldsymbol{\Lambda}\boldsymbol{P}^{-1}$,且易知 $\boldsymbol{P}^{-1}=\begin{pmatrix}\frac{1}{2}&0&0\\1&1&0\\-\frac{1}{2}&0&1\end{pmatrix}$,于是

$$\boldsymbol{A}^{100}=\underbrace{(\boldsymbol{P}\boldsymbol{\Lambda}\boldsymbol{P}^{-1})(\boldsymbol{P}\boldsymbol{\Lambda}\boldsymbol{P}^{-1})\cdots(\boldsymbol{P}\boldsymbol{\Lambda}\boldsymbol{P}^{-1})}_{100\text{项}}=\boldsymbol{P}\boldsymbol{\Lambda}^{100}\boldsymbol{P}^{-1}$$

$$=\begin{pmatrix}2&0&0\\-2&1&0\\1&0&1\end{pmatrix}\begin{pmatrix}1^{100}&&\\&2^{100}&\\&&3^{100}\end{pmatrix}\begin{pmatrix}\frac{1}{2}&0&0\\1&1&0\\-\frac{1}{2}&0&1\end{pmatrix}$$

$$=\begin{pmatrix}1&0&0\\2^{100}-1&2^{100}&0\\\dfrac{1-3^{100}}{2}&0&3^{100}\end{pmatrix}.$$

因为 $\boldsymbol{A}$ 与 $\boldsymbol{\Lambda}$ 相似,所以它们的特征多项式相同,于是

$$|\boldsymbol{A}+2\boldsymbol{E}|=|\boldsymbol{A}-(-2)\boldsymbol{E}|=f_{\boldsymbol{A}}(-2)=f_{\boldsymbol{\Lambda}}(-2)$$

$$=|\boldsymbol{\Lambda}+2\boldsymbol{E}|=\begin{vmatrix}1+2&&\\&2+2&\\&&3+2\end{vmatrix}=60,$$

所以 $|\boldsymbol{A}+2\boldsymbol{E}|^{100}=60^{100}$.

由例 4.3.2 可以看出,用对角化方法,可使方阵 $\boldsymbol{A}^k$(k 为自然数)的计算大为简化.

类似地,不难证明下面的结论.

若有可逆矩阵 $\boldsymbol{P}$,使 $\boldsymbol{P}^{-1}\boldsymbol{A}\boldsymbol{P}=\boldsymbol{\Lambda}=\mathrm{diag}(\lambda_1,\lambda_2,\cdots,\lambda_n)$,则 $\boldsymbol{A}^k=\boldsymbol{P}\boldsymbol{\Lambda}^k\boldsymbol{P}^{-1}$. 又 $\varphi(x)=a_m x^m+\cdots+a_0$,则 $\varphi(\boldsymbol{A})=\boldsymbol{P}\varphi(\boldsymbol{\Lambda})\boldsymbol{P}^{-1}$,其中 $\varphi(\boldsymbol{\Lambda})=\mathrm{diag}(\varphi(\lambda_1),\varphi(\lambda_2),\cdots,\varphi(\lambda_n))$.

例 4.3.3 设三阶方阵 $\boldsymbol{A}$ 的特征值为 1,2,-3,求 $|\boldsymbol{A}^3-3\boldsymbol{A}+\boldsymbol{E}|$.

解法 1 由已知,$\boldsymbol{A}$ 与对角阵 $\boldsymbol{\Lambda}=\mathrm{diag}(1,2,-3)$ 相似,即有可逆矩阵 $\boldsymbol{P}$,使 $\boldsymbol{P}^{-1}\boldsymbol{A}\boldsymbol{P}=\boldsymbol{\Lambda}$,于是

$$A = P\Lambda P^{-1}, \qquad A^3 = P\Lambda^3 P^{-1},$$

$$|A^3 - 3A + E| = |P\Lambda^3 P^{-1} - 3P\Lambda P^{-1} + PEP^{-1}| = |P(\Lambda^3 - 3\Lambda + E)P^{-1}|$$

$$= |\Lambda^3 - 3\Lambda + E| = \begin{vmatrix} -1 & & \\ & 3 & \\ & & -17 \end{vmatrix} = 51.$$

解法 2 设 $\varphi(x)=x^3-3x+1$，则 $\varphi(1),\varphi(2),\varphi(-3)$ 是 $\varphi(A)=A^3-3A+E$ 的三个特征值，于是

$$|A^3-3A+E| = |\varphi(A)| = \varphi(1)\varphi(2)\varphi(-3)=51.$$

例 4.3.4 设方阵

$$A = \mathrm{diag}(A_1, A_2, \cdots, A_m),$$
$$B = \mathrm{diag}(B_1, B_2, \cdots, B_m)$$

为同阶分块对角阵，且 A_i 与 $B_i(i=1,2,\cdots,m)$ 相似，证明：A 与 B 相似.

证 因为 A_i 与 $B_i(i=1,2,\cdots,m)$ 相似，所以有可逆矩阵 P_i，使

$$P_i^{-1}A_iP_i=B_i \qquad (i=1,2,\cdots,m).$$

令 $P=\mathrm{diag}(P_1,P_2,\cdots,P_m)$，则 P 可逆，且 $P^{-1}=\mathrm{diag}(P_1^{-1},P_2^{-1},\cdots,P_m^{-1})$，从而

$$\begin{aligned} P^{-1}AP &= \mathrm{diag}(P_1^{-1},P_2^{-1},\cdots,P_m^{-1})\mathrm{diag}(A_1,\cdots,A_m)\mathrm{diag}(P_1,P_2,\cdots,P_m) \\ &= \mathrm{diag}(P_1^{-1}A_1P_1,\cdots,P_m^{-1}A_mP_m) \\ &= \mathrm{diag}(B_1,B_2,\cdots,B_m) = B, \end{aligned}$$

即 A 与 B 相似.

练 习 4.3

1. 若 A 可逆，证明：AB 与 BA 相似.

2. 若 A 与 B 相似，证明：A^T 与 B^T 相似；A^k 与 B^k 相似(k 为任意自然数)，且 $\mathrm{tr}(A)=\mathrm{tr}(B)$.

3. 设 A 为三阶方阵，E 为三阶单位矩阵，若方阵 $E-A, E-2A, E+2A$ 均为奇异的，试问 A 能否对角化？说明理由.

4. 若 A 与 B 相似，且 $|B+2E|=4$，求 $|A+2E|$ 的值.

5. 若 A 与 B 相似，B 与 C 相似，则有 P 使 $P^{-1}AP=B, P^{-1}BP=C$，将前式代入后式得 $(P^2)^{-1}A(P^2)=C$，故 A 与 C 相似，问上述推理是否正确？为什么？

4.4 实对称矩阵的相似矩阵

如前所述，并不是所有的方阵都可对角化，但对在理论和应用中都十分重要的实对称矩阵，不但可对角化，而且可以正交相似于对角阵.

在讨论实对称矩阵的对角化问题之前，先介绍共轭矩阵的概念如下.

当 $A=(a_{ij})$ 为复矩阵时，用 $\overline{a_{ij}}$ 表示 a_{ij} 的共轭复数，记

$$\overline{A}=(\overline{a_{ij}}),$$

$\overline{\boldsymbol{A}}$称为$\boldsymbol{A}$的**共轭矩阵**.

共轭矩阵满足下列运算规律(设$\boldsymbol{A},\boldsymbol{B}$为复矩阵,$\lambda$为复数,且运算都是可行的):

(1) $\overline{\boldsymbol{A}+\boldsymbol{B}}=\overline{\boldsymbol{A}}+\overline{\boldsymbol{B}}$;

(2) $\overline{\lambda\boldsymbol{A}}=\overline{\lambda}\,\overline{\boldsymbol{A}}$;

(3) $\overline{\boldsymbol{AB}}=\overline{\boldsymbol{A}}\,\overline{\boldsymbol{B}}$.

下面讨论实对称矩阵的对角化问题.

定理 4.4.1 实对称矩阵的特征值为实数.

证 设$\lambda\in\mathbf{C}$是n阶实对称矩阵$\boldsymbol{A}$的特征值,$\boldsymbol{x}=(x_1,x_2,\cdots,x_n)^{\mathrm{T}}\in\mathbf{C}^n$为对应的特征向量,即$\boldsymbol{Ax}=\lambda\boldsymbol{x},\boldsymbol{x}\neq\boldsymbol{0}$. 因为$\overline{\boldsymbol{A}}=\boldsymbol{A},\boldsymbol{A}^{\mathrm{T}}=\boldsymbol{A}$,所以

$$\overline{\boldsymbol{x}}^{\mathrm{T}}\boldsymbol{Ax}=\overline{\boldsymbol{x}}^{\mathrm{T}}(\lambda\boldsymbol{x})=\lambda\,\overline{\boldsymbol{x}}^{\mathrm{T}}\boldsymbol{x}.$$

另一方面

$$\overline{\boldsymbol{x}}^{\mathrm{T}}\boldsymbol{Ax}=\overline{\boldsymbol{x}}^{\mathrm{T}}\,\overline{\boldsymbol{A}}^{\mathrm{T}}\boldsymbol{x}=\overline{(\boldsymbol{Ax})}^{\mathrm{T}}\boldsymbol{x}=\overline{(\lambda\boldsymbol{x})}^{\mathrm{T}}\boldsymbol{x}=\overline{\lambda}\,\overline{\boldsymbol{x}}^{\mathrm{T}}\boldsymbol{x},$$

二式相减得

$$(\lambda-\overline{\lambda})\,\overline{\boldsymbol{x}}^{\mathrm{T}}\boldsymbol{x}=0.$$

但因$\boldsymbol{x}\neq\boldsymbol{0}$,所以$\overline{\boldsymbol{x}}^{\mathrm{T}}\boldsymbol{x}=\sum\limits_{i=1}^{n}|x_i|^2\neq0$,故$\lambda=\overline{\lambda}$,即$\lambda$为实数. □

由此,实对称矩阵的特征向量可取为实向量.

定理 4.4.2 实对称矩阵的对应于不同特征值的特征向量一定正交.

证 设λ_1,λ_2是实对称矩阵$\boldsymbol{A}$的两个不同特征值,$\boldsymbol{p}_1,\boldsymbol{p}_2$是相应的特征向量,即$\boldsymbol{Ap}_1=\lambda_1\boldsymbol{p}_1,\boldsymbol{Ap}_2=\lambda_2\boldsymbol{p}_2$,于是

$$\lambda_1\boldsymbol{p}_1^{\mathrm{T}}\boldsymbol{p}_2=(\lambda_1\boldsymbol{p}_1)^{\mathrm{T}}\boldsymbol{p}_2=\boldsymbol{p}_1^{\mathrm{T}}(\boldsymbol{A}^{\mathrm{T}}\boldsymbol{p}_2)=\boldsymbol{p}_1^{\mathrm{T}}(\boldsymbol{Ap}_2)=\boldsymbol{p}_1^{\mathrm{T}}(\lambda_2\boldsymbol{p}_2)=\lambda_2\boldsymbol{p}_1^{\mathrm{T}}\boldsymbol{p}_2,$$

即$(\lambda_1-\lambda_2)\boldsymbol{p}_1^{\mathrm{T}}\boldsymbol{p}_2=0$,但$\lambda_1\neq\lambda_2$,所以$\boldsymbol{p}_1^{\mathrm{T}}\boldsymbol{p}_2=0$,即$\boldsymbol{p}_1$与$\boldsymbol{p}_2$正交. □

定理 4.4.3 设$\boldsymbol{A}$为n阶实对称矩阵,则必有正交阵$\boldsymbol{P}$,使

$$\boldsymbol{P}^{-1}\boldsymbol{AP}=\boldsymbol{P}^{\mathrm{T}}\boldsymbol{AP}=\boldsymbol{\Lambda}=\mathrm{diag}(\lambda_1,\lambda_2,\cdots,\lambda_n),$$

其中$\lambda_1,\lambda_2,\cdots,\lambda_n$是$\boldsymbol{A}$的$n$个特征值.

证* 对$\boldsymbol{A}$的阶数n作数学归纳法. 当$n=1$时,$\boldsymbol{A}=(a)$,取正交阵$\boldsymbol{P}=(1)$,则显然有$\boldsymbol{P}^{-1}\boldsymbol{AP}=\boldsymbol{A}$,假设当阶数等于$n-1$时,结论成立. 现在考虑$n$阶实对称矩阵$\boldsymbol{A}$.

设λ_1是$\boldsymbol{A}$的一个特征值,$\boldsymbol{x}_1$是对应的单位特征向量,即$\boldsymbol{Ax}_1=\lambda_1\boldsymbol{x}_1,\boldsymbol{x}_1\neq\boldsymbol{0}$,$\|\boldsymbol{x}_1\|=1,\lambda_1\in\mathbf{R}$,将$\boldsymbol{x}_1$扩充为$\mathbf{R}^n$的一个标准正交基并构成正交阵$P_1$,即

$$\boldsymbol{P}_1=(\boldsymbol{x}_1,\boldsymbol{x}_2,\cdots,\boldsymbol{x}_n),$$

于是

$$\begin{aligned}\boldsymbol{P}_1^{-1}\boldsymbol{AP}_1=\boldsymbol{P}_1^{\mathrm{T}}\boldsymbol{AP}_1&=\boldsymbol{P}_1^{-1}(\boldsymbol{Ax}_1,\boldsymbol{Ax}_2,\cdots,\boldsymbol{Ax}_n)\\&=\boldsymbol{P}_1^{-1}(\lambda_1\boldsymbol{x}_1,\boldsymbol{Ax}_2,\cdots,\boldsymbol{Ax}_n)\\&=(\boldsymbol{P}_1^{-1}(\lambda_1\boldsymbol{x}_1),\boldsymbol{P}_1^{-1}\boldsymbol{Ax}_2,\cdots,\boldsymbol{P}_1^{-1}\boldsymbol{Ax}_n)\\&=(\lambda_1\boldsymbol{\varepsilon}_1,\boldsymbol{P}_1^{-1}\boldsymbol{Ax}_2,\cdots,\boldsymbol{P}_1^{-1}\boldsymbol{Ax}_n),\end{aligned}$$

其中 $\boldsymbol{\varepsilon}_1=(1,0,\cdots,0)^{\mathrm{T}}$. 最后一个等号成立的理由同(4.3.4)式. 于是可设

$$\boldsymbol{P}_1^{-1}\boldsymbol{A}\boldsymbol{P}_1=\boldsymbol{P}_1^{\mathrm{T}}\boldsymbol{A}\boldsymbol{P}_1=\begin{pmatrix}\lambda_1 & \boldsymbol{\alpha}\\ \boldsymbol{0} & \boldsymbol{A}_2\end{pmatrix}.$$

因为

$$(\boldsymbol{P}_1^{-1}\boldsymbol{A}\boldsymbol{P}_1)^{\mathrm{T}}=\boldsymbol{P}_1^{\mathrm{T}}\boldsymbol{A}^{\mathrm{T}}\boldsymbol{P}_1=\boldsymbol{P}_1^{\mathrm{T}}\boldsymbol{A}\boldsymbol{P}_1,$$

所以 $\boldsymbol{P}_1^{-1}\boldsymbol{A}\boldsymbol{P}_1$ 为对称矩阵,从而 $\boldsymbol{\alpha}=\boldsymbol{0}$,且 $\boldsymbol{A}_2$ 是 $n-1$ 阶实对称矩阵,根据归纳假设,有 $n-1$ 阶正交阵 $\boldsymbol{P}_2$,使

$$\boldsymbol{P}_2^{-1}\boldsymbol{A}_2\boldsymbol{P}_2=\boldsymbol{P}_2^{\mathrm{T}}\boldsymbol{A}_2\boldsymbol{P}_2=\mathrm{diag}(\lambda_2,\cdots,\lambda_n).$$

令

$$\boldsymbol{P}=\boldsymbol{P}_1\begin{pmatrix}1 & \boldsymbol{0}\\ \boldsymbol{0} & \boldsymbol{P}_2\end{pmatrix},$$

则 $\boldsymbol{P}$ 为正交阵(两个正交阵的积仍是正交阵),且有

$$\boldsymbol{P}^{-1}\boldsymbol{A}\boldsymbol{P}=\begin{pmatrix}1 & \boldsymbol{0}\\ \boldsymbol{0} & \boldsymbol{P}_2\end{pmatrix}^{-1}\begin{pmatrix}\lambda_1 & \boldsymbol{0}\\ \boldsymbol{0} & \boldsymbol{A}_2\end{pmatrix}\begin{pmatrix}1 & \boldsymbol{0}\\ \boldsymbol{0} & \boldsymbol{P}_2\end{pmatrix}=\mathrm{diag}(\lambda_1,\lambda_2,\cdots,\lambda_n),$$

根据数学归纳法原理,定理成立. □

由定理 4.3.3 的推论知,实对称矩阵的特征值的几何重数必等于它的代数重数. 于是,将 n 阶实对称矩阵 $\boldsymbol{A}$(正交)对角化的步骤为

(1) 求出 $\boldsymbol{A}$ 的全部不同特征值 $\lambda_1,\lambda_2,\cdots,\lambda_m$,设它们的重数依次为 $r_1,r_2,\cdots,r_m$ $(r_1+r_2+\cdots+r_m=n)$;

(2) 对每个特征值 λ_i,求方程组 $(\boldsymbol{A}-\lambda_i\boldsymbol{E})\boldsymbol{x}=\boldsymbol{0}$ 的基础解系,得 r_i 个对应于 λ_i 的线性无关的特征向量,将它们正交化,单位化,得 $r_i(i=1,2,\cdots,m)$ 个两两正交的单位向量;

(3) 把由(2)求出的 n 个两两正交的单位向量合在一起,以它们为列向量构成正交阵 $\boldsymbol{P}$,则 $\boldsymbol{P}^{-1}\boldsymbol{A}\boldsymbol{P}=\boldsymbol{P}^{\mathrm{T}}\boldsymbol{A}\boldsymbol{P}=\boldsymbol{\Lambda}$,其中对角阵 $\boldsymbol{\Lambda}$ 的对角阵线元素中含 r_1 个 λ_1,r_2 个 λ_2,$\cdots$,r_m 个 λ_m,其顺序与 $\boldsymbol{P}$ 的列向量顺序对应一致.

为检验把实对称阵 $\boldsymbol{A}=(a_{ij})$(正交)对角化的结果是否正确,可以用下列各式进行验证:

$$\sum_{i=1}^{n}\lambda_i=\sum_{i=1}^{n}a_{ii},$$

$$\boldsymbol{P}^{\mathrm{T}}\boldsymbol{P}=\boldsymbol{E},$$

$$\boldsymbol{A}\boldsymbol{P}=\boldsymbol{P}\boldsymbol{\Lambda}.$$

例 4.4.1　设

$$\boldsymbol{A}=\begin{pmatrix}3 & 0 & 0\\ 0 & 2 & 1\\ 0 & 1 & 2\end{pmatrix},$$

求正交阵 $\boldsymbol{P}$,使 $\boldsymbol{P}^{-1}\boldsymbol{A}\boldsymbol{P}=\boldsymbol{\Lambda}$ 为对角阵.

解法 1 由

$$|\boldsymbol{A}-\lambda\boldsymbol{E}|=\begin{vmatrix}3-\lambda & 0 & 0\\ 0 & 2-\lambda & 1\\ 0 & 1 & 2-\lambda\end{vmatrix}=(3-\lambda)^2(1-\lambda)$$

得 $\boldsymbol{A}$ 的特征值为 $\lambda_1=1,\lambda_2=\lambda_3=3$.

当 $\lambda_1=1$ 时,解方程组 $(\boldsymbol{A}-\boldsymbol{E})\boldsymbol{x}=\boldsymbol{0}$, 由

$$\boldsymbol{A}-\boldsymbol{E}=\begin{pmatrix}2 & 0 & 0\\ 0 & 1 & 1\\ 0 & 1 & 1\end{pmatrix}\xrightarrow[r_2-r_2]{\frac{1}{2}r_1}\begin{pmatrix}1 & 0 & 0\\ 0 & 1 & 1\\ 0 & 0 & 0\end{pmatrix}$$

得基础解系 $\boldsymbol{\xi}_1=\begin{pmatrix}0\\ 1\\ -1\end{pmatrix}$. 将 $\boldsymbol{\xi}_1$ 单位化,得 $\boldsymbol{p}_1=\begin{pmatrix}0\\ \frac{1}{\sqrt{2}}\\ -\frac{1}{\sqrt{2}}\end{pmatrix}$.

当 $\lambda_2=\lambda_3=3$ 时,解方程组 $(\boldsymbol{A}-3\boldsymbol{E})\boldsymbol{x}=\boldsymbol{0}$. 由

$$\boldsymbol{A}-3\boldsymbol{E}=\begin{pmatrix}0 & 0 & 0\\ 0 & -1 & 1\\ 0 & 1 & -1\end{pmatrix}\longrightarrow\begin{pmatrix}0 & 1 & -1\\ 0 & 0 & 0\\ 0 & 0 & 0\end{pmatrix}$$

得基础解系

$$\boldsymbol{\xi}_2=\begin{pmatrix}1\\ 0\\ 0\end{pmatrix},\qquad \boldsymbol{\xi}_3=\begin{pmatrix}0\\ 1\\ 1\end{pmatrix},$$

两者已正交,故只需单位化,于是取

$$\boldsymbol{p}_2=\begin{pmatrix}1\\ 0\\ 0\end{pmatrix},\qquad \boldsymbol{p}_3=\begin{pmatrix}0\\ \frac{1}{\sqrt{2}}\\ \frac{1}{\sqrt{2}}\end{pmatrix},$$

令

$$\boldsymbol{P}=(\boldsymbol{p}_1,\boldsymbol{p}_2,\boldsymbol{p}_3)=\begin{pmatrix}0 & 1 & 0\\ \frac{1}{\sqrt{2}} & 0 & \frac{1}{\sqrt{2}}\\ -\frac{1}{\sqrt{2}} & 0 & \frac{1}{\sqrt{2}}\end{pmatrix},$$

则

$$P^{-1}AP = \Lambda = \begin{pmatrix} 1 & & \\ & 3 & \\ & & 3 \end{pmatrix}.$$

解法 2 令 $A_1=\begin{pmatrix} 2 & 1 \\ 1 & 2 \end{pmatrix}$,则 $A=\begin{pmatrix} 3 & \\ & A_1 \end{pmatrix}$为分块对角阵.

容易求得 A_1 的两个特征值为 $\lambda_1=1,\lambda_2=3$,对应的单位特征向量分别为

$$p_1 = \begin{pmatrix} \frac{1}{\sqrt{2}} \\ -\frac{1}{\sqrt{2}} \end{pmatrix}, \qquad p_2 = \begin{pmatrix} \frac{1}{\sqrt{2}} \\ \frac{1}{\sqrt{2}} \end{pmatrix}.$$

令 $P_1=(p_1,p_2)$,则

$$P_1^{-1}A_1P_1 = \Lambda_1 = \begin{pmatrix} 1 & 0 \\ 0 & 3 \end{pmatrix}.$$

再令

$$P = \begin{pmatrix} 1 & \\ & P_1 \end{pmatrix} = \begin{pmatrix} 1 & 0 & 0 \\ 0 & \frac{1}{\sqrt{2}} & \frac{1}{\sqrt{2}} \\ 0 & -\frac{1}{\sqrt{2}} & \frac{1}{\sqrt{2}} \end{pmatrix},$$

则

$$\begin{aligned} P^{-1}AP = \Lambda &= \begin{pmatrix} 1 & \\ & P_1 \end{pmatrix}^{-1} \begin{pmatrix} 3 & \\ & A_1 \end{pmatrix} \begin{pmatrix} 1 & \\ & P_1 \end{pmatrix} \\ &= \begin{pmatrix} 3 & & \\ & 1 & \\ & & 3 \end{pmatrix}. \end{aligned}$$

例 4.4.2 若三阶实对称阵 A 的三个特征值为 $1,3,-3$,其中 $\lambda_1=1,\lambda_2=3$ 对应的特征向量分别为

$$p_1 = \begin{pmatrix} 1 \\ -1 \\ 0 \end{pmatrix}, \qquad p_2 = \begin{pmatrix} 1 \\ 1 \\ 1 \end{pmatrix},$$

求矩阵 A.

解 设 $\lambda_3=-3$ 对应的特征向量为 $q_3=(x_1,x_2,x_3)^{\mathrm{T}}$,由定理 4.4.2,$q_3$ 与 p_1,p_2 都正交,因此

$$\begin{cases} p_1^{\mathrm{T}}q_3 = 0, \\ p_2^{\mathrm{T}}q_3 = 0, \end{cases}$$

即 $\boldsymbol{q}_3$ 是方程组

$$\begin{pmatrix}1 & -1 & 0\\ 1 & 1 & 1\end{pmatrix}\begin{pmatrix}x_1\\ x_2\\ x_3\end{pmatrix}=\begin{pmatrix}0\\ 0\end{pmatrix}$$

的非零解向量，而该方程组的基础解系为

$$\boldsymbol{p}_3=\begin{pmatrix}1\\ 1\\ -2\end{pmatrix}.$$

由于解空间是 $3-2=1$ 维的，故 $\boldsymbol{p}_3$ 与 $\boldsymbol{q}_3$ 等价(同为解空间的基)，因而有 $k\neq 0$，使 $\boldsymbol{p}_3=k\boldsymbol{q}_3$，于是 $\boldsymbol{p}_3$ 也是 $\lambda_3=-3$ 对应的一个特征向量. 我们可用两种方法求 $\boldsymbol{A}$.

方法 1 令 $\boldsymbol{P}=(\boldsymbol{p}_1,\boldsymbol{p}_2,\boldsymbol{p}_3)$，则可求得

$$\boldsymbol{P}^{-1}=\frac{1}{6}\begin{pmatrix}3 & -3 & 0\\ 2 & 2 & 2\\ 1 & 1 & -2\end{pmatrix}.$$

由 $\boldsymbol{AP}=\boldsymbol{P\Lambda}$ 得

$$\boldsymbol{A}=\boldsymbol{P\Lambda P}^{-1}=\begin{pmatrix}1 & 1 & 1\\ -1 & 1 & 1\\ 0 & 1 & -2\end{pmatrix}\begin{pmatrix}1 & & \\ & 3 & \\ & & -3\end{pmatrix}\cdot\frac{1}{6}\begin{pmatrix}3 & -3 & 0\\ 2 & 2 & 2\\ 1 & 1 & -2\end{pmatrix}=\begin{pmatrix}1 & 0 & 2\\ 0 & 1 & 2\\ 2 & 2 & -1\end{pmatrix}.$$

方法 2 因为 $\boldsymbol{p}_1,\boldsymbol{p}_2,\boldsymbol{p}_3$ 两两正交，将它们单位化后构成的正交阵记为 P_1，即

$$\boldsymbol{P}_1=\begin{pmatrix}\frac{1}{\sqrt{2}} & \frac{1}{\sqrt{3}} & \frac{1}{\sqrt{6}}\\ -\frac{1}{\sqrt{2}} & \frac{1}{\sqrt{3}} & \frac{1}{\sqrt{6}}\\ 0 & \frac{1}{\sqrt{3}} & \frac{-2}{\sqrt{6}}\end{pmatrix},$$

则

$$\boldsymbol{A}=\boldsymbol{P}_1\boldsymbol{\Lambda P}_1^{\mathrm{T}}=\begin{pmatrix}1 & 0 & 2\\ 0 & 1 & 2\\ 2 & 2 & -1\end{pmatrix}.$$

例 4.4.3 若 $\boldsymbol{A}$，$\boldsymbol{B}$ 均为 n 阶实对称矩阵且有相同的特征多项式，求证：必有正交阵 $\boldsymbol{P}$，使 $\boldsymbol{P}^{-1}\boldsymbol{AP}=\boldsymbol{P}^{\mathrm{T}}\boldsymbol{AP}=\boldsymbol{B}$，从而 $\boldsymbol{A}$ 与 $\boldsymbol{B}$ 相似.

证 由已知可得，$\boldsymbol{A}$ 与 $\boldsymbol{B}$ 有相同的特征值，以它们的特征值为对角元素构成的对角阵记为 $\boldsymbol{\Lambda}$. 再由定理 4.4.3 知，必有正交阵 $\boldsymbol{P}_1$，$\boldsymbol{P}_2$，使

$$\boldsymbol{P}_1^{-1}\boldsymbol{AP}_1=\boldsymbol{P}_1^{\mathrm{T}}\boldsymbol{AP}_1=\boldsymbol{\Lambda},\quad \boldsymbol{P}_2^{-1}\boldsymbol{BP}_2=\boldsymbol{P}_2^{\mathrm{T}}\boldsymbol{BP}_2=\boldsymbol{\Lambda}.$$

令 $\boldsymbol{P}=\boldsymbol{P}_1\boldsymbol{P}_2^{\mathrm{T}}$，则 $\boldsymbol{P}$ 为正交阵，且

$$P^{-1}AP = P^{T}AP = P_2P_1^{T}AP_1P_2^{T} = P_2\Lambda P_2^{T} = B.$$

此例说明，当 A,B 为实对称矩阵时，定理 4.3.1 之逆成立. 一般地，若 A,B 为 n 阶方阵，且都可对角化，则定理 4.3.1 之逆成立. 请读者证之.

例 4.4.4 若实对称矩阵 A 为幂等阵，即满足 $A^2=A$，且 $R(A)=r$，求证：必有正交阵 P，使

$$P^{-1}AP = \begin{pmatrix} E_r & \\ & O \end{pmatrix}.$$

证 设 λ 是 A 的任一特征值，则有 $x\neq 0$，使 $Ax=\lambda x$. 另一方面，

$$\lambda x = Ax = A^2x = A(Ax) = A(\lambda x) = \lambda^2 x,$$

所以 $(\lambda-\lambda^2)x=0$，但 $x\neq 0$，从而 $\lambda-\lambda^2=0$，即 $\lambda=0$ 或 $\lambda=1$. 于是，A 的特征值只能是 0 或 1.

设 $\lambda=1$ 是 A 的 k 重特征值，则必有正交阵 P，使

$$P^{-1}AP = \Lambda = \begin{pmatrix} E_k & \\ & O \end{pmatrix}.$$

而相似矩阵有相同的秩，故

$$k=R(\Lambda)=R(A)=r.$$

（**思考** 对一般的幂等矩阵是否总能对角化？相应的结论是什么？）

在例 4.4.4 中，若令 $U=P\Lambda$，则 A 可表示为

$$A=P\Lambda P^{T}=P\Lambda\Lambda^{T}P^{T}=UU^{T}.$$

一般地，若 n 阶实对称矩阵 A 的特征值 $\lambda_i\geqslant 0(i=1,2,\cdots,n)$，则有正交阵 P，使 $A=P\Lambda P^{T}$，其中 $\Lambda=\mathrm{diag}(\lambda_1,\lambda_2,\cdots,\lambda_n)$. 若令 $\Lambda_0=\mathrm{diag}(\sqrt{\lambda_1},\sqrt{\lambda_2},\cdots,\sqrt{\lambda_n})$，$U=P\Lambda_0$，$V=P\Lambda_0P^{T}$，则 A 可表示为

$$A= P\Lambda_0^2P^{T} = P\Lambda_0\Lambda_0^{T}P^{T} = UU^{T},$$

$$A= P\Lambda_0^2P^{T} = P\Lambda_0(P^{T}P)\Lambda_0P^{T} = V^2,$$

而且 V 显然是对称阵，特征值为 $\sqrt{\lambda_i}\geqslant 0(i=1,2,\cdots,n)$.

练 习 4.4

1. 设 A 为实方阵，若有正交阵 P，使 $P^{-1}AP=\Lambda$ 为对角阵，问 A 是否必为对称矩阵？你的结论与定理 4.4.3 有何关系？

2. 若矩阵 $A=\begin{pmatrix} 1 & -2 & 2 \\ -2 & -2 & 4 \\ 2 & 4 & -2 \end{pmatrix}$ 的特征值 $\lambda_1,\lambda_2(\lambda_1\neq\lambda_2)$ 对应的特征向量分别为

$$p_1=\begin{pmatrix} 2 \\ 4 \\ 5 \end{pmatrix}, \qquad p_2=\begin{pmatrix} 1 \\ x \\ -2 \end{pmatrix},$$

试求 x 及 A 的三个特征值.

3. 设 $\boldsymbol{A}$ 为实方阵,求证:$\boldsymbol{A}+\boldsymbol{A}^{\mathrm{T}}$ 与 $\boldsymbol{A}\boldsymbol{A}^{\mathrm{T}}$ 的特征值全为实数.

4. 若 $\boldsymbol{U}$ 为实可逆矩阵,求证:$\boldsymbol{A}=\boldsymbol{U}\boldsymbol{U}^{\mathrm{T}}$ 的特征值全为正数.

4.5 应用举例

如本章引言所述,方阵的特征值与特征向量及对角化的理论与方法具有十分广泛的应用.本节通过几个简单的例子,介绍应用本章内容解决实际问题的一些基本方法.

例 4.5.1 设某地区以生产粮食和钢铁为经济主体,如果每生产一个单位的钢铁要用 0.4 单位的库存钢铁和 0.5 单位的劳动力,生产一个单位的粮食要用 0.1 单位的粮食和 0.7 单位的劳动力,而培养或维持一个劳动力要用 0.8 单位的粮食,0.1 单位的钢铁和 0.1 单位的劳动力.当钢铁、粮食和劳动力的投入量分别为 x_1,x_2,x_3 个单位时,对应产出量分别为 y_1,y_2,y_3 个单位,问怎样投入时,该地区的经济发展速度 a 最大?即满足 $y_i=ax_i\,(i=1,2,3)$ 的 a 最大?

解 设

$$\boldsymbol{x}=\begin{pmatrix}x_1\\x_2\\x_3\end{pmatrix},\quad \boldsymbol{y}=\begin{pmatrix}y_1\\y_2\\y_3\end{pmatrix},\quad \boldsymbol{A}=\begin{pmatrix}0.4&0&0.1\\0&0.1&0.8\\0.5&0.7&0.1\end{pmatrix},$$

则

$$\boldsymbol{x}=\boldsymbol{A}\boldsymbol{y}.$$

若发展速度为 a,则 $\boldsymbol{y}=a\boldsymbol{x}$,于是 $\boldsymbol{A}\boldsymbol{x}=\dfrac{1}{a}\boldsymbol{x}$,即$\dfrac{1}{a}$是$\boldsymbol{A}$ 的一个正特征值.由

$$|\boldsymbol{A}-\lambda\boldsymbol{E}|=(0.9-\lambda)(\lambda^2+0.3\lambda-0.25)$$

得 $\boldsymbol{A}$ 的三个特征值 $\lambda_1=0.9,\lambda_2\approx0.372,\lambda_3\approx-0.672$.

容易求出,对应于 λ_1 和 λ_2 的全部特征向量分别为

$$k_1\begin{pmatrix}0.2\\1\\1\end{pmatrix},\quad k_2\begin{pmatrix}1\\-0.823\\-0.28\end{pmatrix}\quad (k_1\neq0,k_2\neq0).$$

注意到投入量 $x_i\,(i=1,2,3)$ 不能为负,所以只有$\dfrac{1}{a}=0.9$,从而当钢铁、粮食和劳动力以 0.2∶1∶1 的比例投入时,该地区有最快的经济发展速度$\dfrac{10}{9}$,而且将以$\dfrac{10}{9}$的速度持续发展.

例 4.5.2 已知斐波那契(Fibonacci)数列由以下递推公式给出:

$$F_{k+2}=F_k+F_{k+1}\quad (k=0,1,2,\cdots)\quad 且\quad F_0=0,F_1=1,$$

求此数列的通项表达式.

解　令

$$x_k = \begin{pmatrix} F_{k+1} \\ F_k \end{pmatrix},$$

则

$$\begin{cases} F_{k+2} = F_{k+1} + F_k, \\ F_{k+1} = F_{k+1}, \end{cases}$$

即

$$x_{k+1} = \begin{pmatrix} 1 & 1 \\ 1 & 0 \end{pmatrix} x_k.$$

记 $A=\begin{pmatrix} 1 & 1 \\ 1 & 0 \end{pmatrix}$,则

$$x_k = Ax_{k-1} = A^2 x_{k-2} = \cdots = A^k x_0.$$

于是问题转化为求方阵 A 的 k 次幂. 由

$$|A - \lambda E| = \begin{vmatrix} 1-\lambda & 1 \\ 1 & -\lambda \end{vmatrix} = \lambda^2 - \lambda - 1$$

得 A 的特征值为 $\lambda_1=\dfrac{1+\sqrt{5}}{2}$,$\lambda_2=\dfrac{1-\sqrt{5}}{2}$. 又由

$$(A - \lambda_i E)x = 0 \qquad (i = 1,2),$$

可求得 λ_1,λ_2 对应的特征向量分别为 $\begin{pmatrix} \lambda_1 \\ 1 \end{pmatrix}$, $\begin{pmatrix} \lambda_2 \\ 1 \end{pmatrix}$.

令 $P=\begin{pmatrix} \lambda_1 & \lambda_2 \\ 1 & 1 \end{pmatrix}$,则 $P^{-1}=\dfrac{1}{\lambda_1-\lambda_2}\begin{pmatrix} 1 & -\lambda_2 \\ -1 & \lambda_1 \end{pmatrix}$,从而

$$P^{-1}AP = \Lambda = \operatorname{diag}(\lambda_1, \lambda_2),$$

所以

$$\begin{aligned} x_k &= A^k x_0 = P \begin{pmatrix} \lambda_1 & \\ & \lambda_2 \end{pmatrix}^k P^{-1} x_0 \\ &= \begin{pmatrix} \lambda_1 & \lambda_2 \\ 1 & 1 \end{pmatrix} \begin{pmatrix} \lambda_1^k & \\ & \lambda_2^k \end{pmatrix} \frac{1}{\lambda_1 - \lambda_2} \begin{pmatrix} 1 & -\lambda_2 \\ -1 & \lambda_1 \end{pmatrix} \begin{pmatrix} 1 \\ 0 \end{pmatrix} \\ &= \frac{1}{\lambda_1 - \lambda_2} \begin{bmatrix} \lambda_1^{k+1} - \lambda_2^{k+1} \\ \lambda_1^k - \lambda_2^k \end{bmatrix}, \end{aligned}$$

故

$$\begin{aligned} F_k &= \frac{1}{\lambda_1 - \lambda_2}(\lambda_1^k - \lambda_2^k) \\ &= \frac{1}{\sqrt{5}}\left[\left(\frac{1+\sqrt{5}}{2}\right)^k - \left(\frac{1-\sqrt{5}}{2}\right)^k\right] \qquad (k = 0,1,2,\cdots). \end{aligned}$$

例 4.5.3 某试验性生产线每年一月份进行熟练工与非熟练工的人数统计，然后将$\frac{1}{6}$熟练工支援其他生产部门，其缺额由招收新的非熟练工补齐. 新、老非熟练工经过培训及实践至年终考核有$\frac{2}{5}$成为熟练工. 设第一年时熟练工和非熟练工各占一半，求第 n 年的熟练工和非熟练工所占百分比以及很长时间后的变化趋势.

解 设第 n 年熟练工与非熟练工所占的百分比分别为 x_n 和 y_n，则由题意

$$\begin{cases} x_n = \frac{5}{6}x_{n-1} + \frac{2}{5}\left(\frac{1}{6}x_{n-1} + y_{n-1}\right), \\ y_n = \frac{3}{5}\left(\frac{1}{6}x_{n-1} + y_{n-1}\right), \end{cases}$$

即

$$\begin{cases} x_n = \frac{9}{10}x_{n-1} + \frac{2}{5}y_{n-1}, \\ y_n = \frac{1}{10}x_{n-1} + \frac{3}{5}y_{n-1}. \end{cases}$$

记

$$\boldsymbol{x}_n = \begin{pmatrix} x_n \\ y_n \end{pmatrix}, \qquad \boldsymbol{A} = \begin{pmatrix} \frac{9}{10} & \frac{2}{5} \\ \frac{1}{10} & \frac{3}{5} \end{pmatrix},$$

则

$$\boldsymbol{x}_n = \boldsymbol{A}\boldsymbol{x}_{n-1} = \boldsymbol{A}^2\boldsymbol{x}_{n-2} = \cdots = \boldsymbol{A}^{n-1}\boldsymbol{x}_1.$$

由

$$|\boldsymbol{A} - \lambda\boldsymbol{E}| = \begin{vmatrix} \frac{9}{10} - \lambda & \frac{2}{5} \\ \frac{1}{10} & \frac{3}{5} - \lambda \end{vmatrix} = \frac{1}{2}(\lambda - 1)(2\lambda - 1)$$

得 $\boldsymbol{A}$ 的特征值为 $\lambda_1 = 1$，$\lambda_2 = \frac{1}{2}$. 所以 $\boldsymbol{A}$ 可对角化. 解方程组 $(\boldsymbol{A} - \lambda_i\boldsymbol{E})\boldsymbol{x} = \boldsymbol{0}$，求得 λ_1，λ_2 对应的特征向量分别为

$$\boldsymbol{p}_1 = \begin{pmatrix} 4 \\ 1 \end{pmatrix}, \qquad \boldsymbol{p}_2 = \begin{pmatrix} -1 \\ 1 \end{pmatrix}.$$

令

$$\boldsymbol{P} = (\boldsymbol{p}_1, \boldsymbol{p}_2) = \begin{pmatrix} 4 & -1 \\ 1 & 1 \end{pmatrix},$$

则

$$P^{-1}=\frac{1}{5}\begin{pmatrix}1 & 1\\ -1 & 4\end{pmatrix}.$$

又

$$P^{-1}AP=\Lambda=\begin{pmatrix}1 & 0\\ 0 & \frac{1}{2}\end{pmatrix},\qquad A=P\Lambda P^{-1}.$$

于是

$$x_n=A^{n-1}x_1=P\Lambda^{n-1}P^{-1}x_1=\begin{pmatrix}4 & -1\\ 1 & 1\end{pmatrix}\begin{pmatrix}1 & \\ & \left(\frac{1}{2}\right)^{n-1}\end{pmatrix}\frac{1}{5}\begin{pmatrix}1 & 1\\ -1 & 4\end{pmatrix}\begin{pmatrix}\frac{1}{2}\\ \frac{1}{2}\end{pmatrix}$$

$$=\frac{1}{10}\begin{pmatrix}8-3\left(\frac{1}{2}\right)^{n-1}\\ 2+3\left(\frac{1}{2}\right)^{n-1}\end{pmatrix}.$$

这就是第 n 年熟练工与非熟练工所占的百分比向量.

经很长时间($n\to\infty$)后,x_n 趋于$\frac{1}{10}\begin{pmatrix}8\\ 2\end{pmatrix}=\frac{1}{5}\begin{pmatrix}4\\ 1\end{pmatrix}$,即熟练工与非熟练工所占的百分比 80%和 20%. 值得注意的是,这一结果与 x_1,y_1 无关. 所以,不管最初熟练工与非熟练工比例如何,最终是以 8∶2 分布的.

对于最终分布,还可另外分析如下.

由

$$\Lambda=\begin{pmatrix}1 & 0\\ 0 & \frac{1}{2}\end{pmatrix},\qquad \Lambda^n=\begin{pmatrix}1 & 0\\ 0 & \frac{1}{2^n}\end{pmatrix}$$

可知,当 $n\to\infty$时,$\Lambda^n\to\begin{pmatrix}1 & 0\\ 0 & 0\end{pmatrix}$,故 A^n 将趋于 $P\begin{pmatrix}1 & 0\\ 0 & 0\end{pmatrix}P^{-1}$,因而 x_n 将趋于一确定的向量 x^*,且 x_{n-1} 也趋于 x^*. 又由 $x_n=Ax_{n-1}$ 知,x^* 应满足 $x^*=Ax^*$,从而 x^* 是方阵 A 对应于 $\lambda_1=1$ 的一个特征向量,即

$$x^*=k\begin{pmatrix}4\\ 1\end{pmatrix}=\begin{pmatrix}4k\\ k\end{pmatrix}.$$

由 $4k+k=1$ 得 $k=\frac{1}{5}$, 即 $x^*=\frac{1}{5}\begin{pmatrix}4\\ 1\end{pmatrix}$.

例 4.5.4 求解微分方程组

$$\begin{cases}\dfrac{dx_1}{dt}=5x_1-4x_2-7x_3,\\ \dfrac{dx_2}{dt}=-6x_1+7x_2+11x_3,\\ \dfrac{dx_3}{dt}=6x_1-6x_2-10x_3.\end{cases}$$

解 令

$$\boldsymbol{x}(t)=\begin{pmatrix}x_1(t)\\x_2(t)\\x_3(t)\end{pmatrix},\quad \frac{d\boldsymbol{x}(t)}{dt}=\begin{pmatrix}x'_1(t)\\x'_2(t)\\x'_3(t)\end{pmatrix},\quad \boldsymbol{A}=\begin{pmatrix}5&-4&-7\\-6&7&11\\6&-6&-10\end{pmatrix},$$

则方程组可写为

$$\frac{d\boldsymbol{x}(t)}{dt}=\boldsymbol{A}\boldsymbol{x}(t). \tag{4.5.1}$$

先求矩阵 $\boldsymbol{A}$ 的特征值和特征向量,并考察 $\boldsymbol{A}$ 是否可对角化. 由

$$|\boldsymbol{A}-\lambda\boldsymbol{E}|=\begin{vmatrix}5-\lambda&-4&-7\\-6&7-\lambda&11\\6&-6&-10-\lambda\end{vmatrix}=-(\lambda-1)(\lambda+1)(\lambda-2)$$

得 $\boldsymbol{A}$ 的特征值为 $\lambda_1=1,\lambda_2=-1,\lambda_3=2$. 因为三阶方阵有三个不同的特征值,所以 $\boldsymbol{A}$ 可对角化. 解方程组 $(\boldsymbol{A}-\lambda_i\boldsymbol{E})\boldsymbol{x}=\boldsymbol{0}$ $(i=1,2,3)$ 可得三个相应的特征向量为

$$\boldsymbol{p}_1=\begin{pmatrix}1\\1\\0\end{pmatrix},\quad \boldsymbol{p}_2=\begin{pmatrix}1\\-2\\2\end{pmatrix},\quad \boldsymbol{p}_3=\begin{pmatrix}1\\-1\\1\end{pmatrix}.$$

令 $\boldsymbol{P}=(\boldsymbol{p}_1,\boldsymbol{p}_2,\boldsymbol{p}_3)$, 则 $\boldsymbol{P}^{-1}\boldsymbol{A}\boldsymbol{P}=\boldsymbol{\Lambda}=\mathrm{diag}(1,-1,2)$,从而 $\boldsymbol{A}=\boldsymbol{P}\boldsymbol{\Lambda}\boldsymbol{P}^{-1}$,代入(4.5.1)得

$$\frac{d\boldsymbol{x}(t)}{dt}=\boldsymbol{P}\boldsymbol{\Lambda}\boldsymbol{P}^{-1}\boldsymbol{x}(t). \tag{4.5.2}$$

引进新的待定函数 $\boldsymbol{y}(t)=\boldsymbol{P}^{-1}\boldsymbol{x}(t)$, 则 $\boldsymbol{x}(t)=\boldsymbol{P}\boldsymbol{y}(t)$,且 $\dfrac{d\boldsymbol{x}(t)}{dt}=\boldsymbol{P}\dfrac{d\boldsymbol{y}(t)}{dt}$,于是(4.5.2)变为

$$\boldsymbol{P}\frac{d\boldsymbol{y}(t)}{dt}=\boldsymbol{P}\boldsymbol{\Lambda}\boldsymbol{y}(t).$$

上式两端左乘 $\boldsymbol{P}^{-1}$,得

$$\frac{d\boldsymbol{y}(t)}{dt}=\boldsymbol{\Lambda}\boldsymbol{y}(t)=\begin{pmatrix}1&&\\&-1&\\&&2\end{pmatrix}\begin{pmatrix}y_1(t)\\y_2(t)\\y_3(t)\end{pmatrix}=\begin{pmatrix}y_1(t)\\-y_2(t)\\2y_3(t)\end{pmatrix},$$

即

$$\begin{cases}\dfrac{\mathrm{d}y_1(t)}{\mathrm{d}t}=y_1(t),\\ \dfrac{\mathrm{d}y_2(t)}{\mathrm{d}t}=-y_1(t),\\ \dfrac{\mathrm{d}y_3(t)}{\mathrm{d}t}=2y_3(t),\end{cases}$$

由此解得

$$\begin{cases}y_1(t)=c_1\mathrm{e}^t,\\ y_2(t)=c_2\mathrm{e}^{-t},\\ y_3(t)=c_3\mathrm{e}^{2t}\end{cases}\qquad (c_1,c_2,c_3\text{ 为任意常数}).$$

于是

$$\boldsymbol{x}(t)=\boldsymbol{P}\boldsymbol{y}(t)=\begin{pmatrix}1&1&1\\1&-2&-1\\0&2&1\end{pmatrix}\begin{pmatrix}c_1\mathrm{e}^t\\c_2\mathrm{e}^{-t}\\c_3\mathrm{e}^{2t}\end{pmatrix}=\begin{pmatrix}c_1\mathrm{e}^t+c_2\mathrm{e}^{-t}+c_3\mathrm{e}^{2t}\\c_1\mathrm{e}^t-2c_2\mathrm{e}^{-t}-c_3\mathrm{e}^{-t}\\2c_2\mathrm{e}^{-t}+c_3\mathrm{e}^{2t}\end{pmatrix},$$

即

$$\begin{cases}x_1(t)=c_1\mathrm{e}^t+c_2\mathrm{e}^{-t}+c_3\mathrm{e}^{2t},\\ x_2(t)=c_1\mathrm{e}^t-2c_2\mathrm{e}^{-t}-c_3\mathrm{e}^{-t},\\ x_3(t)=2c_2\mathrm{e}^{-t}+c_3\mathrm{e}^{2t}.\end{cases}$$

类似地，不难证明：当一阶常系数线性齐次微分方程组

$$\frac{\mathrm{d}\boldsymbol{x}(t)}{\mathrm{d}t}=\boldsymbol{A}_{n\times n}\boldsymbol{x}(t)$$

的 $\boldsymbol{A}$ 可对角化时，它的通解为

$$\boldsymbol{x}(t)=c_1\mathrm{e}^{\lambda_1 t}\boldsymbol{p}_1+c_2\mathrm{e}^{\lambda_2 t}\boldsymbol{p}_2+\cdots+c_n\mathrm{e}^{\lambda_n t}\boldsymbol{p}_n,$$

其中 $\lambda_1,\lambda_2,\cdots,\lambda_n$ 是 $\boldsymbol{A}$ 的 n 个特征值，$\boldsymbol{p}_1,\boldsymbol{p}_2,\cdots,\boldsymbol{p}_n$ 分别是对应于 $\lambda_1,\lambda_2,\cdots,\lambda_n$ 的特征向量，$c_1,c_2,\cdots,c_n$ 为任意常数.

小结与点注

1. $\mathbf{R}^n$ 中内积的概念是解析几何中向量内积的推广. 定义了内积的向量空间通常称为欧几里得(Euclid)空间，简称欧氏空间. 因此，欧氏空间是特殊的向量空间，它不仅具有向量空间所有的性质，而且因为它有度量性质使其内容更加丰富，如它有向量的长度、夹角、正交性、柯西-施瓦茨不等式、标准正交基等概念. 这些理论的思想方法，无论在理论研究中，还是在实际应用上都是有重要意义的.

2. 向量空间中引进内积后，为我们判定向量 $\boldsymbol{\alpha}$ 是否为零向量提供了一个独特的方法，即只需验证内积$[\boldsymbol{\alpha},\boldsymbol{\alpha}]$是否为零. 推而广之，为证明等式

$$\boldsymbol{\beta}=k_1\boldsymbol{\alpha}_1+k_2\boldsymbol{\alpha}_2+\cdots+k_m\boldsymbol{\alpha}_m,$$

只需证明

$$\left[\boldsymbol{\beta}-\sum_{i=1}^{m} k_i\boldsymbol{\alpha}_i,\boldsymbol{\beta}-\sum_{i=1}^{m} k_i\boldsymbol{\alpha}_i\right]=0.$$

如关于柯西-施瓦茨不等式中等号成立的条件的证明. 我们再看一个例子 .

例 设 $\boldsymbol{\alpha}_1,\boldsymbol{\alpha}_2,\cdots,\boldsymbol{\alpha}_r\in\mathbf{R}^n$,称

$$G(\boldsymbol{\alpha}_1,\boldsymbol{\alpha}_2,\cdots,\boldsymbol{\alpha}_r)=\begin{vmatrix}[\boldsymbol{\alpha}_1,\boldsymbol{\alpha}_1] & [\boldsymbol{\alpha}_1,\boldsymbol{\alpha}_2] & \cdots & [\boldsymbol{\alpha}_1,\boldsymbol{\alpha}_r]\\ [\boldsymbol{\alpha}_2,\boldsymbol{\alpha}_1] & [\boldsymbol{\alpha}_2,\boldsymbol{\alpha}_2] & \cdots & [\boldsymbol{\alpha}_2,\boldsymbol{\alpha}_r]\\ \vdots & \vdots & & \vdots\\ [\boldsymbol{\alpha}_r,\boldsymbol{\alpha}_1] & [\boldsymbol{\alpha}_r,\boldsymbol{\alpha}_2] & \cdots & [\boldsymbol{\alpha}_r,\boldsymbol{\alpha}_r]\end{vmatrix}$$

为格拉姆(Gram)行列式. 证明 $\boldsymbol{\alpha}_1,\boldsymbol{\alpha}_2,\cdots,\boldsymbol{\alpha}_r$ 线性无关的充分必要条件是 $G(\boldsymbol{\alpha}_1,\boldsymbol{\alpha}_2,\cdots,\boldsymbol{\alpha}_r)\neq 0$.

证法 1 必要性(反证法).

设 $G(\boldsymbol{\alpha}_1,\boldsymbol{\alpha}_2,\cdots,\boldsymbol{\alpha}_r)=0$,记 $G(\boldsymbol{\alpha}_1,\boldsymbol{\alpha}_2,\cdots,\boldsymbol{\alpha}_r)$ 对应的矩阵的行向量为 $\boldsymbol{\beta}_1,\boldsymbol{\beta}_2,\cdots,\boldsymbol{\beta}_r$,则 $\boldsymbol{\beta}_1,\boldsymbol{\beta}_2,\cdots,\boldsymbol{\beta}_r$ 线性相关,不妨设

$$\boldsymbol{\beta}_1=\sum_{i=2}^{r} k_i\boldsymbol{\beta}_i.$$

于是

$$[\boldsymbol{\alpha}_1,\boldsymbol{\alpha}_j]=\sum_{i=2}^{r} k_i[\boldsymbol{\alpha}_i,\boldsymbol{\alpha}_j]\qquad(j=1,2,\cdots,r),$$

即

$$\left[\boldsymbol{\alpha}_1-\sum_{i=2}^{r} k_i\boldsymbol{\alpha}_i,\boldsymbol{\alpha}_j\right]=0\qquad(j=1,2,\cdots,r),$$

所以

$$\begin{aligned}&\left[\boldsymbol{\alpha}_1-\sum_{i=2}^{r} k_i\boldsymbol{\alpha}_i,\boldsymbol{\alpha}_1-\sum_{i=2}^{r} k_i\boldsymbol{\alpha}_i\right]\\ =&\left[\boldsymbol{\alpha}_1-\sum_{i=2}^{r} k_i\boldsymbol{\alpha}_i,\boldsymbol{\alpha}_1\right]-\left[\boldsymbol{\alpha}_1-\sum_{i=2}^{r} k_i\boldsymbol{\alpha}_i,\sum_{i=2}^{r} k_i\boldsymbol{\alpha}_i\right]\\ =&-k_2\left[\boldsymbol{\alpha}_1-\sum_{i=2}^{r} k_i\boldsymbol{\alpha}_i,\boldsymbol{\alpha}_2\right]-\cdots-k_r\left[\boldsymbol{\alpha}_1-\sum_{i=2}^{r} k_i\boldsymbol{\alpha}_i,\boldsymbol{\alpha}_r\right]=0,\end{aligned}$$

从而

$$\boldsymbol{\alpha}_1-\sum_{i=2}^{r} k_i\boldsymbol{\alpha}_i=\mathbf{0},$$

与 $\boldsymbol{\alpha}_1,\boldsymbol{\alpha}_2,\cdots,\boldsymbol{\alpha}_r$ 线性无关矛盾,故 $G(\boldsymbol{\alpha}_1,\boldsymbol{\alpha}_2,\cdots,\boldsymbol{\alpha}_r)\neq 0$.

充分性(反证法).

设 $\boldsymbol{\alpha}_1,\boldsymbol{\alpha}_2,\cdots,\boldsymbol{\alpha}_r$ 线性相关,不妨设

$$\boldsymbol{\alpha}_1=\sum_{i=2}^{r} k_i\boldsymbol{\alpha}_i.$$

用 $\boldsymbol{\alpha}_j$ 对上式两端作内积,得

$$[\boldsymbol{\alpha}_1,\boldsymbol{\alpha}_j]=\sum_{i=2}^{r}k_i[\boldsymbol{\alpha}_i,\boldsymbol{\alpha}_j]\qquad(j=1,2,\cdots,r),$$

即

$$\boldsymbol{\beta}_1=\sum_{i=2}^{r}k_i\boldsymbol{\beta}_i,$$

故 $G(\boldsymbol{\alpha}_1,\boldsymbol{\alpha}_2,\cdots,\boldsymbol{\alpha}_r)=0$,矛盾,从而 $\boldsymbol{\alpha}_1,\boldsymbol{\alpha}_2,\cdots,\boldsymbol{\alpha}_r$ 线性无关.

证法 2　记 $\boldsymbol{G}$ 为格拉姆行列式对应的矩阵.

必要性. 若 $G(\boldsymbol{\alpha}_1,\boldsymbol{\alpha}_2,\cdots,\boldsymbol{\alpha}_r)=0$,则齐次线性方程组 $\boldsymbol{Gx}=\boldsymbol{0}$ 有非零解 $\boldsymbol{c}=(c_1,c_2,\cdots,c_r)^{\mathrm{T}}$,于是有 $\boldsymbol{c}^{\mathrm{T}}\boldsymbol{Gc}=\boldsymbol{0}$,即

$$\sum_{i=1}^{n}\sum_{j=1}^{n}[\boldsymbol{\alpha}_i,\boldsymbol{\alpha}_j]c_ic_j=\Big[\sum_{i=1}^{r}c_i\boldsymbol{\alpha}_i,\sum_{i=1}^{r}c_i\boldsymbol{\alpha}_i\Big]=0,$$

故 $\sum\limits_{i=1}^{r}c_i\boldsymbol{\alpha}_i=\boldsymbol{0}$,这与 $\boldsymbol{\alpha}_1,\boldsymbol{\alpha}_2,\cdots,\boldsymbol{\alpha}_r$ 线性无关矛盾.

充分性. 设 $\boldsymbol{\alpha}_1,\boldsymbol{\alpha}_2,\cdots,\boldsymbol{\alpha}_r$ 线性相关,则存在不全为零的数 $c_1,c_2,\cdots,c_r$,使得

$$\sum_{i=1}^{r}c_i\boldsymbol{\alpha}_i=\boldsymbol{0}.$$

于是

$$\Big[\boldsymbol{\alpha}_j,\sum_{i=1}^{r}c_i\boldsymbol{\alpha}_i\Big]=\sum_{i=1}^{r}c_i[\boldsymbol{\alpha}_j,\boldsymbol{\alpha}_i]=0\quad(j=1,2,\cdots,r).$$

即 $(c_1,c_2,\cdots,c_r)^{\mathrm{T}}\neq\boldsymbol{0}$ 是齐次线性方程组 $\boldsymbol{Gx}=\boldsymbol{0}$ 的非零解向量,故 $G(\boldsymbol{\alpha}_1,\boldsymbol{\alpha}_2,\cdots,\boldsymbol{\alpha}_r)=0$,与 $G(\boldsymbol{\alpha}_1,\boldsymbol{\alpha}_2,\cdots,\boldsymbol{\alpha}_r)\neq0$ 矛盾.

3. 矩阵的特征值与特征向量概念在研究矩阵的对角化问题中起着十分重要的作用. 由于方阵 $\boldsymbol{A}$ 的特征值与特征向量都与数域有关,所以 $\boldsymbol{A}$ 的对角化也与数域有关. 此外,$\boldsymbol{A}$ 的任一特征向量只能对应于 $\boldsymbol{A}$ 的某一特征值,而任一特征值可对应无穷多个特征向量. 对应于 $\boldsymbol{A}$ 的不同特征值的特征向量是线性无关的. 当 $\boldsymbol{A}$ 为实对称矩阵时,对应于不同的特征值的特征向量是正交的;对应于同一特征值的特征向量的非零线性组合仍是该特征值的特征向量,但对应于 $\boldsymbol{A}$ 的不同特征值的特征向量之和不再是 $\boldsymbol{A}$ 的特征向量. 事实上,设 $\boldsymbol{Ap}_1=\lambda_1\boldsymbol{p}_1,\boldsymbol{Ap}_2=\lambda_2\boldsymbol{p}_2$,其中 $\lambda_1\neq\lambda_2,\boldsymbol{p}_1\neq\boldsymbol{0},\boldsymbol{p}_2\neq\boldsymbol{0}$,如果 $\boldsymbol{p}_1+\boldsymbol{p}_2$ 是 $\boldsymbol{A}$ 的特征向量,则应有数 λ,使 $\boldsymbol{A}(\boldsymbol{p}_1+\boldsymbol{p}_2)=\lambda(\boldsymbol{p}_1+\boldsymbol{p}_2)$,于是

$$\boldsymbol{A}(\boldsymbol{p}_1+\boldsymbol{p}_2)=\lambda(\boldsymbol{p}_1+\boldsymbol{p}_2)=\boldsymbol{Ap}_1+\boldsymbol{Ap}_2=\lambda_1\boldsymbol{p}_1+\lambda_2\boldsymbol{p}_2,$$

即

$$(\lambda_1-\lambda)\boldsymbol{p}_1+(\lambda_2-\lambda)\boldsymbol{p}_2=\boldsymbol{0}.$$

因为 $\lambda_1\neq\lambda_2$,所以 $\boldsymbol{p}_1,\boldsymbol{p}_2$ 线性无关,故由上式得 $(\lambda_1-\lambda)=(\lambda_2-\lambda)=0$,即 $\lambda_1=\lambda_2$,与题设矛盾. 因此 $\boldsymbol{p}_1+\boldsymbol{p}_2$ 不是 $\boldsymbol{A}$ 的特征向量.

4. 矩阵的相似关系是矩阵等价关系的一种重要的特殊形式. 相似矩阵有许多共同性质,如相似矩阵的秩、迹、行列式、特征多项式都相同. 反之,如例 4.3.3 指出的那

样,有相同特征多项式的两个可对角化矩阵是相似的.

5. 矩阵的对角化问题.

(1) 可对角化条件.下列命题等价:

① n 阶方阵 $\boldsymbol{A}$ 可对角化;

② $\boldsymbol{A}$ 有 n 个线性无关的特征向量;

③ $\boldsymbol{A}$ 的每个特征值的代数重数等于几何重数.

此外,若 n 阶方阵 $\boldsymbol{A}$ 有 n 个互不相同的特征值,则 $\boldsymbol{A}$ 必可对角化.

(2) 唯一性问题.

设 $\boldsymbol{\Lambda}_1=\mathrm{diag}(\lambda_1,\cdots,\lambda_i,\cdots,\lambda_j,\cdots,\lambda_n)$,$\boldsymbol{\Lambda}_2=\mathrm{diag}(\lambda_1,\cdots,\lambda_j,\cdots,\lambda_i,\cdots,\lambda_n)$,即 $\boldsymbol{\Lambda}_2$ 是由 $\boldsymbol{\Lambda}_1$ 对换 λ_i 与 λ_j 的位置而得,则由 $\boldsymbol{\Lambda}_2=\boldsymbol{E}(i,j)^{-1}\boldsymbol{\Lambda}_1\boldsymbol{E}(i,j)$ 知 $\boldsymbol{\Lambda}_1$ 与 $\boldsymbol{\Lambda}_2$ 相似.一般地,将任一对角阵对角线上的元素做任意排列,则所得的对角阵必与原对角阵相似.因此,由相似关系的传递性知,若 n 阶方阵 $\boldsymbol{A}$ 可对角化,则尽管相似变换矩阵不唯一(因特征向量不唯一),但与 $\boldsymbol{A}$ 相似的对角矩阵 $\boldsymbol{\Lambda}$ 除去对角线上元素的排列次序外是被 $\boldsymbol{A}$ 唯一确定的.另一方面,若 $\boldsymbol{A}$ 与对角阵 $\boldsymbol{\Lambda}$ 相似,当 $\boldsymbol{\Lambda}\neq\boldsymbol{E}$ 时,$\boldsymbol{A}$ 不能由 $\boldsymbol{\Lambda}$ 唯一确定,即可以有许多不同的矩阵相似于同一对角阵,如

$$\boldsymbol{A}=\begin{pmatrix}\lambda_1 & c\\ 0 & \lambda_2\end{pmatrix},\qquad \boldsymbol{B}=\begin{pmatrix}\lambda_1 & 0\\ b & \lambda_2\end{pmatrix}\qquad (\lambda_1\neq\lambda_2,bc\neq 0),$$

则 $\boldsymbol{A}$ 和 $\boldsymbol{B}$ 都相似于 $\boldsymbol{\Lambda}=\begin{pmatrix}\lambda_1 & \\ & \lambda_2\end{pmatrix}$,但 $\boldsymbol{A}\neq\boldsymbol{B}$.

6. 实对称矩阵是一类非常重要的矩阵,具有良好的特性,如实对称矩阵的特征值必为实数,对应于实对称矩阵不同特征值的特征向量必正交,特征值的代数重数等于几何重数,实对称矩阵不但总可对角化,而且可以正交相似于对角阵等.这里需要强调指出,即使方阵 $\boldsymbol{A}$ 可对角化,也未必存在正交阵 $\boldsymbol{P}$,使 $\boldsymbol{P}^{-1}\boldsymbol{A}\boldsymbol{P}=\boldsymbol{\Lambda}$.下面推理是错误的:

因为 $\boldsymbol{P}$ 可逆,所以 $\boldsymbol{P}$ 的列向量线性无关,将 $\boldsymbol{P}$ 的列向量正交单位化,则以正交单位化后的列向量构作新矩阵 $\boldsymbol{P}_1$,则 $\boldsymbol{P}_1{}^{-1}\boldsymbol{A}\boldsymbol{P}_1=\boldsymbol{P}_1^{\mathrm{T}}\boldsymbol{A}\boldsymbol{P}_1=\boldsymbol{\Lambda}$.

现将以上推理错误的原因分析如下:因为若 $\boldsymbol{A}$ 与 $\boldsymbol{\Lambda}$ 相似,则相似变换矩阵的列向量必为 $\boldsymbol{A}$ 的特征向量.但由以上推理得到的 $\boldsymbol{P}_1$ 的列向量作为 $\boldsymbol{A}$ 的特征向量的线性组合,一般说来,不一定仍是 $\boldsymbol{A}$ 的特征向量,因为对应于 $\boldsymbol{A}$ 的两个不同特征值的特征向量之和就不是 $\boldsymbol{A}$ 的特征向量,所以等式 $\boldsymbol{P}_1{}^{-1}\boldsymbol{A}\boldsymbol{P}_1=\boldsymbol{P}_1^{\mathrm{T}}\boldsymbol{A}\boldsymbol{P}_1=\boldsymbol{\Lambda}$ 不一定成立.当 $\boldsymbol{A}$ 是实对称矩阵时,由于对应于不同特征值的特征向量是正交的,所以正交化只在对应于同一特征值的特征向量中进行,正交化后的向量仍是对应于同一特征值的特征向量.故对实对称矩阵 $\boldsymbol{A}$,必有正交阵 $\boldsymbol{P}$,使 $\boldsymbol{P}^{-1}\boldsymbol{A}\boldsymbol{P}=\boldsymbol{\Lambda}$.此外,我们还可以进一步证明,若 n 阶实方阵 $\boldsymbol{A}$ 有 n 个正交的特征向量,则 $\boldsymbol{A}$ 必为对称矩阵.事实上,将 $\boldsymbol{A}$ 的 n 个正交的特征向量单位化构成正交阵 $\boldsymbol{P}$,则 $\boldsymbol{P}^{-1}\boldsymbol{A}\boldsymbol{P}=\boldsymbol{\Lambda}$ 为对角阵,于是 $\boldsymbol{A}=\boldsymbol{P}\boldsymbol{\Lambda}\boldsymbol{P}^{-1}=\boldsymbol{P}\boldsymbol{\Lambda}\boldsymbol{P}^{\mathrm{T}}$,所以,$\boldsymbol{A}^{\mathrm{T}}=(\boldsymbol{P}\boldsymbol{\Lambda}\boldsymbol{P}^{\mathrm{T}})^{\mathrm{T}}=\boldsymbol{P}\boldsymbol{\Lambda}\boldsymbol{P}^{\mathrm{T}}=\boldsymbol{A}$.由此可知,$n$ 阶实方阵 $\boldsymbol{A}$ 是对称矩阵的充分

必要条件是 $\boldsymbol{A}$ 有 n 个正交的特征向量.

7*. **定义**　形如

$$\boldsymbol{J}(\lambda,t)=\begin{pmatrix}\lambda & 0 & \cdots & 0 & 0 & 0\\ 1 & \lambda & \cdots & 0 & 0 & 0\\ \vdots & \vdots & & \vdots & \vdots & \vdots\\ 0 & 0 & \cdots & 1 & \lambda & 0\\ 0 & 0 & \cdots & 0 & 1 & \lambda\end{pmatrix}_{t\times t}$$

的矩阵称为**若尔当**(Jordan)**块**,其中 λ 为复数. 由若干个若尔当块组成的准对角阵称为**若尔当矩阵**.

显然,如果一个若尔当矩阵中的每个若尔当块都是 1 阶矩阵,则它就是对角阵. 因此,对角阵是若尔当矩阵的特殊情形.

我们知道,并不是每一个方阵都可以相似于对角阵,但可以证明以下结论.

任何 n 阶复方阵 $\boldsymbol{A}$ 都与一个若尔当矩阵相似,且这个若尔当矩阵除去其中若尔当块的排列次序外是被 $\boldsymbol{A}$ 唯一决定的,它称为 $\boldsymbol{A}$ 的若尔当标准形. 请参阅文献[3].

习　题　4

1. 判断下列命题是否正确.

(1) 设 $\boldsymbol{\alpha}_1,\boldsymbol{\alpha}_2,\cdots,\boldsymbol{\alpha}_m$ 是两两正交的非零向量组,则存在不全为零的数 $k_1,k_2,\cdots,k_m$,使 $k_1\boldsymbol{\alpha}_1+k_2\boldsymbol{\alpha}_2+\cdots+k_m\boldsymbol{\alpha}_m=\boldsymbol{0}$.　(　　)

(2) 设 $\boldsymbol{\alpha}_1,\boldsymbol{\alpha}_2,\cdots,\boldsymbol{\alpha}_r$ 线性无关,而 $\boldsymbol{\alpha}_1,\boldsymbol{\alpha}_2,\cdots,\boldsymbol{\alpha}_r,\boldsymbol{\beta}$ 线性相关,则存在一组数 $k_1,k_2,\cdots,k_r$,使 $\left\|\boldsymbol{\beta}-\sum_{i=1}^{r}k_i\boldsymbol{\alpha}\right\|=0$.　(　　)

(3) 设 $\boldsymbol{A}$ 为 n 阶正交矩阵,$\boldsymbol{\alpha},\boldsymbol{\beta}$ 是 n 维列向量,则有 $[\boldsymbol{\alpha},\boldsymbol{\beta}]=[\boldsymbol{A\alpha},\boldsymbol{A\beta}]$.　(　　)

(4) 设 $\boldsymbol{\alpha}_1,\boldsymbol{\alpha}_2,\cdots,\boldsymbol{\alpha}_r$ 是方阵 $\boldsymbol{A}$ 对应于特征值 λ_0 的特征向量,$k_1,k_2,\cdots,k_r$ 为不全为零的数,则 $\sum_{i=1}^{r}k_i\boldsymbol{\alpha}_i$ 必为 $\boldsymbol{A}$ 的对应于 λ_0 的特征向量.　(　　)

(5) 若 n 阶方阵 $\boldsymbol{A}$ 的每一行元素之和都等于常数 a,则 a 必是 $\boldsymbol{A}$ 的一个特征值.　(　　)

(6) 若 $\sqrt{3}$ 是三阶方阵 $\boldsymbol{A}$ 的一重特征值,且 $|\boldsymbol{A}|<0$,则 $\boldsymbol{A}$ 一定能对角化.　(　　)

(7) n 阶实方阵 $\boldsymbol{A}$ 为对称矩阵的充分必要条件是 $\boldsymbol{A}$ 有 n 个正交的特征向量.　(　　)

(8) 若方阵 $\boldsymbol{A},\boldsymbol{B}$ 相似于同一对角阵,则 $\boldsymbol{A}$ 与 $\boldsymbol{B}$ 一定相等.　(　　)

(9) 若 $\boldsymbol{A}$ 为 n 阶上三角矩阵,且对角线上的元素互不相等,则 $\boldsymbol{A}$ 可对角化.　(　　)

(10) 设 $\boldsymbol{A},\boldsymbol{B}$ 为 n 阶实对称矩阵,若 $\boldsymbol{A}$ 与 $\boldsymbol{B}$ 的特征值完全相同,则 $\boldsymbol{A}$ 与 $\boldsymbol{B}$ 相似.　(　　)

2. 选择题.

(1) 设 $\boldsymbol{\alpha}_1,\boldsymbol{\alpha}_2,\cdots,\boldsymbol{\alpha}_r$ 是向量空间 V 的一个基,$\boldsymbol{\alpha}\in V$,若 $[\boldsymbol{\alpha},\boldsymbol{\alpha}_i]=0(i=1,2,\cdots,r)$,则　(　　)

(A) $\boldsymbol{\alpha}$ 为单位向量;　　(B) $\boldsymbol{\alpha},\boldsymbol{\alpha}_1,\boldsymbol{\alpha}_2,\cdots,\boldsymbol{\alpha}_r$ 线性无关;

(C) $\boldsymbol{\alpha}=\boldsymbol{0}$;　　(D) 不能确定.

(2) 设

$$A=\begin{pmatrix} a & b & c & d \\ -b & a & -d & c \\ -c & d & a & -b \\ -d & -c & b & a \end{pmatrix},$$

则 A 为正交矩阵的条件是　（　　）

(A) $\sqrt{a^2+b^2+c^2+d^2}=0$；　(B) $\sqrt{a^2+b^2+c^2+d^2}=-1$；

(C) $a^2+b^2+c^2+d^2=2$；　(D) $\sqrt{a^2+b^2+c^2+d^2}=1$.

(3) 设五阶方阵 A 的特征值为 0,1,2,3,4,则 $R(A)=$　（　　）

(A) 1；　(B) 2；　(C) 4；　(D) 5.

(4) 若 x 是矩阵 A 对应于 λ_0 的特征向量,则矩阵 $P^{-1}AP$ 对应于 λ_0 的特征向量为　（　　）

(A) Px；　(B) $P^{-1}x$；　(C) $P^{T}x$；　(D) x.

(5) 设 $\lambda=2$ 是可逆矩阵 A 的一个特征值,则 $\left(\frac{1}{3}A^2\right)^{-1}$ 有一个特征值是　（　　）

(A) $\frac{4}{3}$；　(B) $\frac{3}{4}$；　(C) $\frac{1}{2}$；　(D) $\frac{1}{4}$.

(6) 矩阵 A 可逆是 A 无零为其特征值的　（　　）

(A) 必要但不充分条件；　(B) 充分但不必要条件；

(C) 充分必要条件；　(D) 既不充分也不必要.

(7) 设 A 为可对角化的 n 阶方阵,λ_0 是 A 的一个特征值,则 λ_0 的代数重数 k 与几何重数 r 的关系是　（　　）

(A) $k>r$；　(B) $k<r$；　(C) $k=r$；　(D) 不能确定.

(8) 设矩阵 A 与 B 相似,则必有　（　　）

(A) A,B 同时可逆或不可逆；　(B) A 和 B 有相同的特征向量；

(C) A 和 B 相似于同一个对角矩阵；　(D) 矩阵 $\lambda E-A$ 与 $\lambda E-B$ 相等.

(9) 设 A 为 n 阶实对称矩阵,则下列说法错误的是　（　　）

(A) A 的特征值为实数；

(B) A 有 n 个两两正交的特征向量；

(C) A 的每一特征值的代数重数等于其几何重数；

(D) 不论采用何种相似变换,A 总相似于同一对角矩阵.

(10) 设 A 为 n 阶方阵,且 $A^k=O$(k 为正整数),则　（　　）

(A) $A=O$；　(B) A 有一个不为零的特征值；

(C) A 的特征值全为零；　(D) A 有 n 个线性无关的特征向量.

3. 填空题

(1) 已知 $\alpha_i=(a_i,b_i,c_i)^T(i=1,2,3)$是 $\mathbf{R}^3$ 的一个标准正交基,$\beta=(1,2,3)^T$,则 β 在 $\alpha_1,\alpha_2,\alpha_3$ 中的坐标是________.

(2) 已知三阶方阵 A 的三个特征值为 1,−2,3,则 A^2+3A-E 的特征值为________.

(3) 设 n 阶方阵 A 有 n 个对应于 $\lambda=1$ 的线性无关的特征向量,则 $A=$________.

(4) 设 n 阶方阵 A 的元素全为 1,则 A 的 n 个特征值是________.

(5) 设 A 为 n 阶可逆方阵,A^* 为 A 的伴随矩阵,E 为 n 阶单位矩阵. 若 A 有特征值 λ,则

$(A^*)^2+E$ 必有特征值________.

(6) 如果 n 阶方阵 A 满足 $A^2=2A$,则 A 的全部特征值为________.

(7) 若三阶方阵 A 的特征值为 $-1,0,1$,则与方阵 $B=A^2-A+2E$ 相似的对角矩阵为________.

(8) 设三阶方阵 A 的特征值为 $\lambda_1,\lambda_2,\lambda_3$ 对应的特征向量依次为 x_1,x_2,x_3,则 $P^{-1}AP$ 的特征值为________,对应的特征向量为________.

4. 试用施密特正交化方法把下列向量组正交化:

(1) $\boldsymbol{\alpha}_1=\begin{pmatrix}1\\1\\1\end{pmatrix},\boldsymbol{\alpha}_2=\begin{pmatrix}1\\2\\3\end{pmatrix},\boldsymbol{\alpha}_3=\begin{pmatrix}1\\4\\9\end{pmatrix}$;

(2) $\boldsymbol{\alpha}_1=\begin{pmatrix}1\\0\\-1\\1\end{pmatrix},\boldsymbol{\alpha}_2=\begin{pmatrix}1\\-1\\0\\1\end{pmatrix},\boldsymbol{\alpha}_3=\begin{pmatrix}-1\\1\\1\\0\end{pmatrix}$.

5. 试证:如果 $\boldsymbol{\beta}$ 与 $\boldsymbol{\alpha}_1,\boldsymbol{\alpha}_2,\cdots,\boldsymbol{\alpha}_m$ 都正交,那么 $\boldsymbol{\beta}$ 与 $\boldsymbol{\alpha}_1,\boldsymbol{\alpha}_2,\cdots,\boldsymbol{\alpha}_m$ 的任一线性组合也正交.

6. 证明:对任何 n 维向量 x 和 y 都有 $2(\|x\|^2+\|y\|^2)=\|x+y\|^2+\|x-y\|^2$.

7. 下列矩阵是不是正交矩阵?

(1) $\begin{pmatrix}1 & -\frac{1}{2} & \frac{1}{3}\\ -\frac{1}{2} & 1 & \frac{1}{2}\\ \frac{1}{3} & \frac{1}{2} & -1\end{pmatrix}$;　(2) $\begin{pmatrix}\frac{1}{9} & -\frac{8}{9} & -\frac{4}{9}\\ -\frac{8}{9} & \frac{1}{9} & -\frac{4}{9}\\ -\frac{4}{9} & -\frac{4}{9} & \frac{7}{9}\end{pmatrix}$.

8. 设 x 为 n 维列向量,$x^{\mathrm{T}}x=1$,令 $H=E-2xx^{\mathrm{T}}$,证明 H 是对称的正交阵.

9. 设 A 是实反对称矩阵,x 是实向量,且 $Ax=y$,证明 x 与 y 正交.

10. 设 $\boldsymbol{\alpha}_1,\boldsymbol{\alpha}_2,\cdots,\boldsymbol{\alpha}_n$ 是 $\mathbf{R}^n$ 的一个标准正交基,证明:$\boldsymbol{\beta}_j=a_{1j}\boldsymbol{\alpha}_1+a_{2j}\boldsymbol{\alpha}_2+\cdots+a_{nj}\boldsymbol{\alpha}_n(j=1,2,\cdots,n)$为 $\mathbf{R}^n$ 的标准正交基的充分必要条件是 $A=(a_{ij})_{n\times n}$为正交阵.

11. 在 n 阶方阵 A 中各列是两两正交的向量,证明 A 的行列式的绝对值等于各个列向量长度的乘积.

12. 证明:A 为 n 阶正交阵的充分必要条件是对任一 n 维列向量 $x\in\mathbf{R}^n$,都有 $\|Ax\|=\|x\|$.

13. 若 A 是实对称矩阵,且满足 $A^2x=\mathbf{0}$,证明 $Ax=\mathbf{0}$.

14. 求下列矩阵的特征值和特征向量:

(1) $\begin{pmatrix}2 & 3 & 2\\ 1 & 8 & 2\\ -2 & -14 & -3\end{pmatrix}$;　(2) $\begin{pmatrix}1 & 2 & 3\\ 2 & 1 & 3\\ 3 & 3 & 6\end{pmatrix}$;　(3) $\begin{pmatrix}2 & -1 & 2\\ 5 & -3 & 3\\ -1 & 0 & -2\end{pmatrix}$.

15. 设 A 为反对称矩阵,若 λ 为 A 的特征值,试证 $-\lambda$ 也是 A 的特征值.

16. 证明:正交阵的实特征值为 1 或 -1.

17. 设方阵

$$A=\begin{pmatrix}1 & -2 & -4\\ -2 & x & -2\\ -4 & -2 & 1\end{pmatrix}\quad 与\quad \Lambda=\begin{pmatrix}5 & & \\ & y & \\ & & -4\end{pmatrix}$$

相似,求 x,y.

18. 已知向量 $\boldsymbol{x}=(1,k,1)^{\mathrm{T}}$ 是矩阵

$$\boldsymbol{A}=\begin{pmatrix}2&1&1\\1&2&1\\1&1&2\end{pmatrix}$$

的逆矩阵 $\boldsymbol{A}^{-1}$ 的特征向量,求 k 的值.

19. 设 n 阶方阵 $\boldsymbol{A},\boldsymbol{B}$ 满足 $R(\boldsymbol{A})+R(\boldsymbol{B})<n$,证明 $\boldsymbol{A}$ 与 $\boldsymbol{B}$ 有公共的特征值和公共的特征向量.

20. 设三阶方阵 $\boldsymbol{A}$ 的特征值为 $\lambda_1=1,\lambda_2=0,\lambda_3=-1$,对应的特征向量依次为

$$\boldsymbol{p}_1=\begin{pmatrix}1\\2\\2\end{pmatrix},\quad \boldsymbol{p}_2=\begin{pmatrix}2\\-2\\1,\end{pmatrix},\quad \boldsymbol{p}_3=\begin{pmatrix}-2\\-1\\2\end{pmatrix},$$

求 $\boldsymbol{A}$.

21. 设三阶矩阵 $\boldsymbol{A}$ 的特征值为 $\lambda_1=1,\lambda_2=2,\lambda_3=3$,对应的特征向量依次为

$$\boldsymbol{p}_1=\begin{pmatrix}1\\1\\1\end{pmatrix},\quad \boldsymbol{p}_2=\begin{pmatrix}1\\2\\4\end{pmatrix},\quad \boldsymbol{p}_3=\begin{pmatrix}1\\3\\9\end{pmatrix}.$$

又 $\boldsymbol{\beta}=\begin{pmatrix}1\\1\\3\end{pmatrix}$,

(1) 将 $\boldsymbol{\beta}$ 用 $\boldsymbol{p}_1,\boldsymbol{p}_2,\boldsymbol{p}_3$ 线性表示;

(2) 求 $\boldsymbol{A}^n\boldsymbol{\beta}$(其中 n 为自然数).

22. 设三阶实对称方阵 $\boldsymbol{A}$ 的特征值为 6,3,3,与 6 对应的特征向量为 $\boldsymbol{p}=(1,1,1)^{\mathrm{T}}$,求 $\boldsymbol{A}$.

23. 试求一个正交的相似变换矩阵,将下列对称阵化为对角阵:

(1) $\begin{pmatrix}1&2&4\\2&-2&2\\4&2&1\end{pmatrix}$; (2) $\begin{pmatrix}0&-1&-1\\-1&0&-1\\-1&-1&0\end{pmatrix}$; (3) $\begin{pmatrix}2&-1&-1&1\\-1&2&1&-1\\-1&1&2&-1\\1&-1&-1&2\end{pmatrix}$.

24. 计算

$$\begin{pmatrix}1&2&2\\2&1&2\\2&2&1\end{pmatrix}^n.$$

25. 设 $\boldsymbol{A}$ 实 n 阶实对称矩阵,且 $\boldsymbol{A}^2=\boldsymbol{E}$,证明存在正交阵 $\boldsymbol{P}$,使

$$\boldsymbol{P}^{-1}\boldsymbol{A}\boldsymbol{P}=\begin{pmatrix}\boldsymbol{E}_r&\\&-\boldsymbol{E}_{n-r}\end{pmatrix}.$$

26. 设 $\boldsymbol{A}$ 是实反对称矩阵,证明:

(1) $\boldsymbol{E}+\boldsymbol{A}$ 为可逆矩阵;

(2) $\boldsymbol{B}=(\boldsymbol{E}-\boldsymbol{A})(\boldsymbol{E}+\boldsymbol{A})^{-1}$ 为正交阵.

27. 用矩阵方法求解下列微分方程(组)的通解:

(1) $\begin{cases}\dfrac{\mathrm{d}x}{\mathrm{d}t}+\dfrac{\mathrm{d}y}{\mathrm{d}t}+\dfrac{\mathrm{d}z}{\mathrm{d}t}=-13x+145y-81z,\\ \dfrac{\mathrm{d}x}{\mathrm{d}t}-\dfrac{\mathrm{d}y}{\mathrm{d}t}+2\dfrac{\mathrm{d}z}{\mathrm{d}t}=-11x+122y-68z,\\ \dfrac{\mathrm{d}x}{\mathrm{d}t}+\dfrac{\mathrm{d}y}{\mathrm{d}t}-2\dfrac{\mathrm{d}z}{\mathrm{d}t}=5x-26y+12z;\end{cases}$

(2) $y''(x)+py'(x)+qy=0$(其中 p,q 为常数,且 $p^2-4q>0$).

28. 设某国人口迁移按以下规律流动:每年有比例为 p 的农村居民移居城镇,有比例为 q 的城镇居民移居农村.假定该国总人口不变,且上述迁移规律也不变,求第 n 年人口的分布状态以及很长时间后人口分布的变化趋势.

29. 已知 $\boldsymbol{A},\boldsymbol{B},\boldsymbol{C}$ 为 4 阶方阵,满足 $\boldsymbol{AB}=\boldsymbol{0}$,$\boldsymbol{AC}+2\boldsymbol{C}=\boldsymbol{0}$,$R(\boldsymbol{B})=R(\boldsymbol{C})=2$. 计算:

(1) $|\boldsymbol{A}+\boldsymbol{E}|$;

(2) $|\boldsymbol{A}+\boldsymbol{E}|^{100}$;

(3) $R(\boldsymbol{A}+2\boldsymbol{E})$.

30. 设 $\boldsymbol{A}$ 是 n 阶方阵($n\geqslant 2$),$\boldsymbol{\alpha}_1,\boldsymbol{\alpha}_2,\cdots,\boldsymbol{\alpha}_n$ 是 n 维列向量,其中 $\boldsymbol{\alpha}_n\neq\boldsymbol{0}$. 又已知 $\boldsymbol{A\alpha}_1=\boldsymbol{\alpha}_2$,$\boldsymbol{A\alpha}_2=\boldsymbol{\alpha}_3,\cdots,\boldsymbol{A\alpha}_{n-1}=\boldsymbol{\alpha}_n$,$\boldsymbol{A\alpha}_n=\boldsymbol{0}$,试求解下列问题:

(1) 判断 $\boldsymbol{\alpha}_1,\boldsymbol{\alpha}_2,\cdots,\boldsymbol{\alpha}_n$ 的线性相关性;

(2) $\boldsymbol{A}$ 能否对角化?

(3) 求 $\boldsymbol{A}$ 的特征值;

(4) 计算 $|\boldsymbol{A}+2\boldsymbol{E}|$.

第 5 章　二　次　型

二次型就是若干个变量的二次齐次多项式.二次型理论起源于解析几何中二次曲线和二次曲面的化简与分类问题,二次型的研究与矩阵密切相关.在平面解析几何中,中心在坐标原点的有心二次曲线的方程为

$$ax^2+2bxy+cy^2=d, \tag{5.0.1}$$

其中 a,b,c 不全为零.为了判别这个方程代表那种曲线,以便研究其几何性质,通常的做法是将坐标系旋转适当的角度,即选择适当的坐标变换

$$\begin{cases}x=x'\cos\theta-y'\sin\theta,\\ y=x'\sin\theta+y'\cos\theta,\end{cases}$$

使旋转后的坐标轴与二次曲线的主轴重合,这时(5.0.1)就化为标准方程

$$mx'^2+ny'^2=d.$$

从上述二次曲线的化简可抽象出以下问题:经过可逆线性变换,把一个二次型化为只含平方项的形式.本章以矩阵的对角化理论为基础,着重讨论如何将二次型化为只含平方项的形式.另外,还将讨论正定二次型的性质与判定.二次型的理论与方法不仅在二次曲线和二次曲面的化简与分类问题的研究中起关键性作用,而且在多元函数极值的判定以及工程技术领域都有重要应用.

5.1　二次型及其标准形

5.1.1　二次型的矩阵表示

定义5.1.1　n 个变量 $x_1,x_2,\cdots,x_n$ 的二次齐次多项式

$$\begin{aligned}f(x_1,x_2,\cdots,x_n)=&a_{11}x_1^2+2a_{12}x_1x_2+\cdots+2a_{1n}x_1x_n\\&+a_{22}x_2^2+2a_{23}x_2x_3+\cdots+2a_{2n}x_2x_n+\cdots+a_{nn}x_n^2\end{aligned} \tag{5.1.1}$$

称为 n 元二次型,简称**二次型**(quadratic form).当 a_{ij} 为复数时,称 f 为**复二次型**;当 a_{ij} 为实数时,称 f 为**实二次型**.我们仅讨论实二次型.

取 $a_{ij}=a_{ji}$,则 $2a_{ij}x_ix_j=a_{ij}x_ix_j+a_{ji}x_jx_i$,于是(5.1.1)式可写为

$$\begin{aligned}f(x_1,x_2,\cdots,x_n)&=a_{11}x_1^2+a_{12}x_1x_2+\cdots+a_{1n}x_1x_n\\&\quad+a_{21}x_2x_1+a_{22}x_2^2+\cdots+a_{2n}x_2x_n+\cdots\\&\quad+a_{n1}x_nx_1+a_{n2}x_nx_2+\cdots+a_{nn}x_n^2\\&=\sum_{i=1}^{n}\sum_{j=1}^{n}a_{ij}x_ix_j,\end{aligned} \tag{5.1.2}$$

称(5.1.2)式为二次型 f 的和式表示.利用矩阵 f 还可以表示为

$$
\begin{aligned}
f= & x_1(a_{11}x_1+a_{12}x_2+\cdots+a_{1n}x_n) \\
& +x_2(a_{21}x_1+a_{22}x_2+\cdots+a_{2n}x_n)+\cdots \\
& +x_n(a_{n1}x_1+a_{n2}x_2+\cdots+a_{nn}x_n) \\
= & (x_1,x_2,\cdots,x_n)\begin{pmatrix} a_{11}x_1+a_{12}x_2+\cdots+a_{1n}x_n \\ a_{21}x_1+a_{22}x_2+\cdots+a_{2n}x_n \\ \vdots \\ a_{n1}x_1+a_{n2}x_2+\cdots+a_{nn}x_n \end{pmatrix} \\
= & (x_1,x_2,\cdots,x_n)\begin{pmatrix} a_{11} & a_{12} & \cdots & a_{1n} \\ a_{21} & a_{22} & \cdots & a_{2n} \\ \vdots & \vdots & & \vdots \\ a_{n1} & a_{n2} & \cdots & a_{nn} \end{pmatrix}\begin{pmatrix} x_1 \\ x_2 \\ \vdots \\ x_n \end{pmatrix} \\
= & \boldsymbol{x}^{\mathrm{T}}\boldsymbol{A}\boldsymbol{x},
\end{aligned}
\tag{5.1.3}
$$

其中

$$
\boldsymbol{A}=\begin{pmatrix} a_{11} & a_{12} & \cdots & a_{1n} \\ a_{21} & a_{22} & \cdots & a_{2n} \\ \vdots & \vdots & & \vdots \\ a_{n1} & a_{n2} & \cdots & a_{nn} \end{pmatrix}, \qquad \boldsymbol{x}=\begin{pmatrix} x_1 \\ x_2 \\ \vdots \\ x_n \end{pmatrix}.
$$

称(5.1.3)为二次型 f 的矩阵表示.这里,显然有 $\boldsymbol{A}^{\mathrm{T}}=\boldsymbol{A}$,即 $\boldsymbol{A}$ 为实对称矩阵.

例如(5.0.1)式左边的二次型用矩阵可表示为

$$
f=ax^2+2bxy+cy^2=(x,y)\begin{pmatrix} a & b \\ b & c \end{pmatrix}\begin{pmatrix} x \\ y \end{pmatrix}.
$$

又如二次型

$$
\begin{aligned}
f= & 2x^2-y^2+z^2-xy+3yz \\
= & (x,y,z)\begin{pmatrix} 2 & -\dfrac{1}{2} & 0 \\ -\dfrac{1}{2} & -1 & \dfrac{3}{2} \\ 0 & \dfrac{3}{2} & 1 \end{pmatrix}\begin{pmatrix} x \\ y \\ z \end{pmatrix}.
\end{aligned}
$$

由(5.1.3)式,二次型 f 还可表示成向量内积形式:

$$
f(\boldsymbol{x})=\boldsymbol{x}^{\mathrm{T}}\boldsymbol{A}\boldsymbol{x}=[\boldsymbol{x},\boldsymbol{A}\boldsymbol{x}]=[\boldsymbol{A}\boldsymbol{x},\boldsymbol{x}].
$$

二次型 f 也可以看成变量 $x_1,x_2,\cdots,x_n$ 的 n 元函数,由它的系数完全确定.所以,任给一个二次型 f,就可唯一地确定一个对称矩阵 $\boldsymbol{A}=(a_{ij})$,其中 a_{ii} 是 x_i^2 的系数,而 $a_{ij}(i\neq j)$ 是 x_ix_j 的系数的一半;反之,任给一个对称矩阵 $\boldsymbol{A}=(a_{ij})$,也可以唯一地确定一个二次型 f.这样,二次型与对称矩阵之间存在一一对应关系.由此可见,如果 $\boldsymbol{A},\boldsymbol{B}$ 都是 n 阶对称矩阵,且 $f=\boldsymbol{x}^{\mathrm{T}}\boldsymbol{A}\boldsymbol{x}=\boldsymbol{x}^{\mathrm{T}}\boldsymbol{B}\boldsymbol{x}$,则 $\boldsymbol{A}=\boldsymbol{B}$(见本章小结与点注).因

此,若 $f=\boldsymbol{x}^{\mathrm{T}}\boldsymbol{A}\boldsymbol{x}$,其中 $\boldsymbol{A}^{\mathrm{T}}=\boldsymbol{A}$,则称 $\boldsymbol{A}$ 为二次型 f 的矩阵,称 f 为对称矩阵 $\boldsymbol{A}$ 的二次型,称 $R(\boldsymbol{A})$ 为 f 的**秩**.

例 5.1.1 写出二次型

$$f(x_1,x_2,x_3)=(2x_1+x_2+2x_3)^2-3x_3^2$$

的矩阵 $\boldsymbol{A}$,并求 f 的秩.

解 由已知,$f(x_1,x_2,x_3)=4x_1^2+x_2^2+x_3^2+4x_1x_2+8x_1x_3+4x_2x_3$,所以 f 的矩阵为

$$\boldsymbol{A}=\begin{pmatrix}4&2&4\\2&1&2\\4&2&1\end{pmatrix}.$$

又 $|\boldsymbol{A}|=0$,$\begin{vmatrix}1&2\\2&1\end{vmatrix}\neq 0$,故 $R(\boldsymbol{A})=2$,即二次型 f 的秩为 2.

5.1.2 二次型的标准形

对于二次型 $f=\sum\limits_{i=1}^{n}\sum\limits_{j=1}^{n}a_{ij}x_ix_j$,我们要讨论的主要问题是:寻找可逆的线性变换

$$\begin{cases}x_1=c_{11}y_1+c_{12}y_2+\cdots+c_{1n}y_n,\\x_2=c_{21}y_1+c_{22}y_2+\cdots+c_{2n}y_n,\\\quad\cdots\cdots\\x_n=c_{n1}y_1+c_{n2}y_2+\cdots+c_{nn}y_n,\end{cases}\tag{5.1.4}$$

使二次型只含平方项,即用(5.1.4)式代入二次型 $f=\sum\limits_{i=1}^{n}\sum\limits_{j=1}^{n}a_{ij}x_ix_j$,使得

$$f=\lambda_1y_1^2+\lambda_2y_2^2+\cdots+\lambda_ny_n^2,\tag{5.1.5}$$

称(5.1.5)为二次型 f 的**标准形**.

若记线性变换(5.1.4)为

$$\boldsymbol{x}=\boldsymbol{C}\boldsymbol{y},$$

其中 $\boldsymbol{x}=(x_1,x_2,\cdots,x_n)^{\mathrm{T}}$,$\boldsymbol{y}=(y_1,y_2,\cdots,y_n)^{\mathrm{T}}$,$\boldsymbol{C}=(c_{ij})_{n\times n}$,且 $\boldsymbol{C}$ 为可逆矩阵. 这样,经可逆线性变换 $\boldsymbol{x}=\boldsymbol{C}\boldsymbol{y}$ 使二次型 f 变成标准形,即

$$\begin{aligned}f=\boldsymbol{x}^{\mathrm{T}}\boldsymbol{A}\boldsymbol{x}&=\boldsymbol{y}^{\mathrm{T}}(\boldsymbol{C}^{\mathrm{T}}\boldsymbol{A}\boldsymbol{C})\boldsymbol{y}=\lambda_1y_1^2+\lambda_2y_2^2+\cdots+\lambda_ny_n^2\\&=(y_1,y_2,\cdots,y_n)\begin{pmatrix}\lambda_1&&&\\&\lambda_2&&\\&&\ddots&\\&&&\lambda_n\end{pmatrix}\begin{pmatrix}y_1\\y_2\\\vdots\\y_n\end{pmatrix}=\boldsymbol{y}^{\mathrm{T}}\boldsymbol{\Lambda}\boldsymbol{y},\end{aligned}$$

其中 $\boldsymbol{\Lambda}=\mathrm{diag}(\lambda_1,\lambda_2,\cdots,\lambda_n)$. 因此,我们的问题就转化为:对给定对称矩阵 $\boldsymbol{A}$,求可逆矩阵 $\boldsymbol{C}$,使得 $\boldsymbol{C}^{\mathrm{T}}\boldsymbol{A}\boldsymbol{C}$ 为对角阵. 一般地,有以下定义.

定义 5.1.2　设 $\boldsymbol{A},\boldsymbol{B}$ 为 n 阶方阵，若有可逆矩阵 $\boldsymbol{C}$，使 $\boldsymbol{B}=\boldsymbol{C}^{\mathrm{T}}\boldsymbol{A}\boldsymbol{C}$，则称 $\boldsymbol{A}$ 与 $\boldsymbol{B}$ 合同.

因为若 $\boldsymbol{C}$ 可逆，则 $\boldsymbol{C}^{\mathrm{T}}$ 也可逆. 所以，由定义，若 $\boldsymbol{A}$ 与 $\boldsymbol{B}$ 合同，则 $\boldsymbol{A}$ 与 $\boldsymbol{B}$ 等价，从而，我们有以下结论.

(1) 矩阵的合同关系具有

反身性：$\boldsymbol{A}=\boldsymbol{E}^{\mathrm{T}}\boldsymbol{A}\boldsymbol{E}$；

对称性：由 $\boldsymbol{B}=\boldsymbol{C}^{\mathrm{T}}\boldsymbol{A}\boldsymbol{C}$ 即得 $\boldsymbol{A}=(\boldsymbol{C}^{-1})^{\mathrm{T}}\boldsymbol{B}\boldsymbol{C}^{-1}$；

传递性：由 $\boldsymbol{A}_1=\boldsymbol{C}_1^{\mathrm{T}}\boldsymbol{A}\boldsymbol{C}_1$ 和 $\boldsymbol{A}_2=\boldsymbol{C}_2^{\mathrm{T}}\boldsymbol{A}_1\boldsymbol{C}_2$ 即得 $\boldsymbol{A}_2=(\boldsymbol{C}_1\boldsymbol{C}_2)^{\mathrm{T}}\boldsymbol{A}(\boldsymbol{C}_1\boldsymbol{C}_2)$.

(2) 若 $\boldsymbol{A}$ 与 $\boldsymbol{B}$ 合同，则 $R(\boldsymbol{A})=R(\boldsymbol{B})$.

(3) 若 $\boldsymbol{A}$ 是对称矩阵，且 $\boldsymbol{A}$ 与 $\boldsymbol{B}$ 合同，则 $\boldsymbol{B}$ 也是对称矩阵.

事实上，因为 $\boldsymbol{A}$ 与 $\boldsymbol{B}$ 合同，所以有可逆矩阵 $\boldsymbol{C}$，使 $\boldsymbol{B}=\boldsymbol{C}^{\mathrm{T}}\boldsymbol{A}\boldsymbol{C}$，于是

$$\boldsymbol{B}^{\mathrm{T}}=(\boldsymbol{C}^{\mathrm{T}}\boldsymbol{A}\boldsymbol{C})^{\mathrm{T}}=\boldsymbol{C}^{\mathrm{T}}\boldsymbol{A}^{\mathrm{T}}\boldsymbol{C}=\boldsymbol{C}^{\mathrm{T}}\boldsymbol{A}\boldsymbol{C},$$

即 $\boldsymbol{B}$ 是对称矩阵.

以上讨论表明，经可逆线性变换 $\boldsymbol{x}=\boldsymbol{C}\boldsymbol{y}$ 后，二次型 f 的矩阵由 $\boldsymbol{A}$ 变成其合同矩阵 $\boldsymbol{B}=\boldsymbol{C}^{\mathrm{T}}\boldsymbol{A}\boldsymbol{C}$，且二次型 f 的秩不变. 因此，二次型 f 的标准形中所含的非零系数的个数就是 f 的秩.

例 5.1.2　求例 5.1.1 中 f 的标准形.

解　令

$$\begin{cases}y_1=2x_1+x_2+2x_3,\\ y_2=x_2,\\ y_3=x_3,\end{cases}$$

即

$$\begin{pmatrix}x_1\\x_2\\x_3\end{pmatrix}=\begin{pmatrix}\frac{1}{2}&-\frac{1}{2}&-1\\0&1&0\\0&0&1\end{pmatrix}\begin{pmatrix}y_1\\y_2\\y_3\end{pmatrix}.$$

显然，上述线性变换 $\boldsymbol{x}=\boldsymbol{C}\boldsymbol{y}$ 中的系数矩阵行列式 $|\boldsymbol{C}|=\frac{1}{2}\neq 0$，所以 $\boldsymbol{x}=\boldsymbol{C}\boldsymbol{y}$ 为可逆线性变换，根据二次型标准形的定义知，f 的标准形为

$$f=y_1^2-3y_3^2.$$

若用可逆线性变换

$$\begin{pmatrix}x_1\\x_2\\x_3\end{pmatrix}=\begin{pmatrix}\frac{1}{2}&-\frac{1}{2}&-\frac{\sqrt{3}}{3}\\0&1&0\\0&0&\frac{\sqrt{3}}{3}\end{pmatrix}\begin{pmatrix}z_1\\z_2\\z_3\end{pmatrix},$$

则二次型 f 可变为

$$f = z_1^2 - z_3^2.$$

由定义，此式也是 f 的一个标准形. 由此可见，二次型的标准形是不唯一的，与所用的线性变换有关. 但因为合同矩阵具有相同的秩，所以，不论采用何种可逆线性变换，二次型的标准形中非零项的项数由二次型的秩唯一确定. 需要强调指出的是，对二次型进行化简的目的，是通过适当的线性变换，使二次型的形式较为简单，从而更方便地研究二次型. 而只有当线性变换 $\boldsymbol{x}=\boldsymbol{C}\boldsymbol{y}$ 可逆时，才有 $\boldsymbol{y}=\boldsymbol{C}^{-1}\boldsymbol{x}$，它可以把所得二次型还原. 这样就使我们从所得二次型的性质可以推知原来二次型的一些性质. 因此，在对二次型进行变换时，所采用的线性变换必须是可逆的.

练　习　5.1

1. 写出下列二次型的矩阵：

(1) $f=x^2+4xy+4y^2+2xz+z^2+yz$；

(2) $f=3x_1^2+2x_2^2-x_3^2+2x_1x_2-4x_2x_3+2x_2x_4$.

2. 写出下列对称矩阵的二次型：

(1) $\boldsymbol{A}=\begin{pmatrix} 1 & -1 & 0 \\ -1 & 0 & 2 \\ 0 & 2 & -1 \end{pmatrix}$；　　(2) $\boldsymbol{A}=\begin{pmatrix} 1 & -1 & 0 & 0 \\ -1 & 1 & -1 & 0 \\ 0 & -1 & 1 & -1 \\ 0 & 0 & -1 & 1 \end{pmatrix}$.

3. 对二次型 $f(x_1,x_2,x_3)=4x_1^2+2x_2^2+x_3^2+4x_1x_2-2x_1x_3$，若变形为

$$f = (2x_1+x_3)^2 + x_2^2 + (x_1-x_3)^2 - x_1^2,$$

令

$$\begin{cases} y_1 = 2x_1 + x_3, \\ y_2 = x_2, \\ y_3 = x_1 - x_3, \\ y_4 = x_1. \end{cases}$$

这时，能否说 f 的标准形为 $f=y_1^2+y_2^2+y_3^2-y_4^2$？

5.2 化二次型为标准形

本节介绍如何将二次型 $f=\boldsymbol{x}^{\mathrm{T}}\boldsymbol{A}\boldsymbol{x}$ 化为标准形的两种常用方法.

5.2.1 正交变换法

由定理 4.4.3 知，对任何实对称矩阵 $\boldsymbol{A}$，总有正交阵 $\boldsymbol{P}$，使 $\boldsymbol{P}^{-1}\boldsymbol{A}\boldsymbol{P}=\boldsymbol{P}^{\mathrm{T}}\boldsymbol{A}\boldsymbol{P}=\boldsymbol{\Lambda}$ 为对角矩阵，于是有以下定理.

定理 5.2.1 任给二次型 $f=\sum_{i=1}^{n}\sum_{j=1}^{n}a_{ij}x_ix_j\,(a_{ij}=a_{ji})$，总有正交变换 $\boldsymbol{x}=\boldsymbol{P}\boldsymbol{y}$，

将 f 化为标准形
$$f=\lambda_1 y_1^2+\lambda_2 y_2^2+\cdots+\lambda_n y_n^2,$$
其中 $\lambda_1,\lambda_2,\cdots,\lambda_n$ 是 f 的矩阵 $\boldsymbol{A}=(a_{ij})$ 的 n 个特征值. □

例 5.2.1　求正交变换 $\boldsymbol{x}=\boldsymbol{P}\boldsymbol{y}$，把二次型
$$f(x,y,z)=5x^2+5y^2+8z^2-10xy-4xz+4yz$$
化为标准形.

解　二次型 f 的矩阵为
$$\boldsymbol{A}=\begin{pmatrix}5&-5&-2\\-5&5&2\\-2&2&8\end{pmatrix}.$$
由
$$|\boldsymbol{A}-\lambda\boldsymbol{E}|=\begin{vmatrix}5-\lambda&-5&-2\\-5&5-\lambda&2\\-2&2&8-\lambda\end{vmatrix}=-\lambda(\lambda-6)(\lambda-12)$$
得 $\boldsymbol{A}$ 的特征值 $\lambda_1=0,\lambda_2=6,\lambda_3=12$.

当 $\lambda_1=0$ 时，由
$$\boldsymbol{A}-0\boldsymbol{E}=\begin{pmatrix}5&-5&-2\\-5&5&2\\-2&2&8\end{pmatrix}\xrightarrow[r_1+\frac{5}{2}r_3]{r_2+r_1}\begin{pmatrix}0&0&18\\0&0&0\\-2&2&8\end{pmatrix}\longrightarrow\begin{pmatrix}1&-1&0\\0&0&1\\0&0&0\end{pmatrix},$$
得方程组 $(\boldsymbol{A}-0\boldsymbol{E})\boldsymbol{x}=\boldsymbol{0}$ 的基础解系
$$\boldsymbol{\xi}_1=\begin{pmatrix}1\\1\\0\end{pmatrix},$$
单位化得
$$\boldsymbol{p}_1=\begin{pmatrix}\frac{1}{\sqrt{2}}\\\frac{1}{\sqrt{2}}\\0\end{pmatrix}.$$

当 $\lambda_2=6$ 时，由
$$\boldsymbol{A}-6\boldsymbol{E}=\begin{pmatrix}-1&-5&-2\\-5&-1&2\\-2&2&2\end{pmatrix}\xrightarrow[r_3-2r_1]{r_2-5r_1}\begin{pmatrix}-1&-5&-2\\0&24&12\\0&12&6\end{pmatrix}$$
$$\xrightarrow[\frac{1}{12}r_2]{r_3-\frac{1}{2}r_2}\begin{pmatrix}-1&-5&-2\\0&2&1\\0&0&0\end{pmatrix}\longrightarrow\begin{pmatrix}1&1&0\\0&2&1\\0&0&0\end{pmatrix},$$

得方程组$(\boldsymbol{A}-6\boldsymbol{E})\boldsymbol{x}=\boldsymbol{0}$的基础解系

$$\boldsymbol{\xi}_2=\begin{pmatrix}-1\\1\\-2\end{pmatrix},$$

单位化得

$$\boldsymbol{p}_2=\begin{pmatrix}-\frac{1}{\sqrt{6}}\\\frac{1}{\sqrt{6}}\\-\frac{2}{\sqrt{6}}\end{pmatrix}.$$

当$\lambda_3=12$时,由

$$\boldsymbol{A}-12\boldsymbol{E}=\begin{pmatrix}-7&-5&-2\\-5&-7&2\\-2&2&-4\end{pmatrix}\xrightarrow[r_2-\frac{5}{2}r_3]{r_1-r_2-r_3}\begin{pmatrix}0&0&0\\0&-12&12\\-2&2&-4\end{pmatrix}\longrightarrow\begin{pmatrix}1&0&1\\0&1&-1\\0&0&0\end{pmatrix},$$

得方程组$(\boldsymbol{A}-12\boldsymbol{E})\boldsymbol{x}=\boldsymbol{0}$的基础解系

$$\boldsymbol{\xi}_3=\begin{pmatrix}-1\\1\\1\end{pmatrix},$$

单位化得

$$\boldsymbol{p}_3=\begin{pmatrix}-\frac{1}{\sqrt{3}}\\\frac{1}{\sqrt{3}}\\\frac{1}{\sqrt{3}}\end{pmatrix}.$$

令$\boldsymbol{P}=(\boldsymbol{p}_1,\boldsymbol{p}_2,\boldsymbol{p}_3)$,则$\boldsymbol{P}^{-1}\boldsymbol{A}\boldsymbol{P}=\boldsymbol{P}^{\mathrm{T}}\boldsymbol{A}\boldsymbol{P}=\begin{pmatrix}0&&\\&6&\\&&12\end{pmatrix}$,于是作正交变换$\boldsymbol{x}=\boldsymbol{P}\boldsymbol{y}$,即

$$\begin{pmatrix}x\\y\\z\end{pmatrix}=\begin{pmatrix}\frac{1}{\sqrt{2}}&-\frac{1}{\sqrt{6}}&-\frac{1}{\sqrt{3}}\\\frac{1}{\sqrt{2}}&\frac{1}{\sqrt{6}}&\frac{1}{\sqrt{3}}\\0&-\frac{2}{\sqrt{6}}&\frac{1}{\sqrt{3}}\end{pmatrix}\begin{pmatrix}x'\\y'\\z'\end{pmatrix},$$

就可将 f 化为标准形

$$f=6y'^2+12z'^2.$$

例 5.2.2　求正交变换 $\boldsymbol{x}=\boldsymbol{P}\boldsymbol{y}$,把二次型

$$f=2x_1x_2+2x_1x_3-2x_1x_4-2x_2x_3+2x_2x_4+2x_3x_4$$

化为标准形.

解　二次型 f 的矩阵为

$$\boldsymbol{A}=\begin{pmatrix}0&1&1&-1\\1&0&-1&1\\1&-1&0&1\\-1&1&1&0\end{pmatrix}.$$

由

$$|\boldsymbol{A}-\lambda\boldsymbol{E}|=\begin{vmatrix}-\lambda&1&1&-1\\1&-\lambda&-1&1\\1&-1&-\lambda&1\\-1&1&1&-\lambda\end{vmatrix}\xlongequal{c_1+c_2+c_3+c_4}(1-\lambda)\begin{vmatrix}1&1&1&-1\\1&-\lambda&-1&1\\1&-1&-\lambda&1\\1&1&1&-\lambda\end{vmatrix}$$

$$\xlongequal[i=2,3,4]{r_i-r_1}(1-\lambda)\begin{vmatrix}1&1&1&-1\\0&-\lambda-1&-2&2\\0&-2&-\lambda-1&2\\0&0&0&-\lambda+1\end{vmatrix}$$

$$=(1-\lambda)^2\begin{vmatrix}-\lambda-1&-2\\-2&-\lambda-1\end{vmatrix}$$

$$=(1-\lambda)^2(\lambda^2+2\lambda-3)=(\lambda-1)^3(\lambda+3),$$

得 $\boldsymbol{A}$ 的特征值 $\lambda_1=-3,\lambda_2=\lambda_3=\lambda_4=1$.

当 $\lambda_1=-3$ 时,由

$$\boldsymbol{A}+3\boldsymbol{E}=\begin{pmatrix}3&1&1&-1\\1&3&-1&1\\1&-1&3&1\\-1&1&1&3\end{pmatrix}\xrightarrow[\frac{1}{4}r_1]{r_1+r_2+r_3+r_4}\begin{pmatrix}1&1&1&1\\1&3&-1&1\\1&-1&3&1\\-1&1&1&3\end{pmatrix}$$

$$\xrightarrow[r_4+r_1]{\substack{r_2-r_1\\r_3-r_1}}\begin{pmatrix}1&1&1&1\\0&2&-2&0\\0&-2&2&0\\0&2&2&4\end{pmatrix}\xrightarrow[r_4-r_2]{r_3+r_2}\begin{pmatrix}1&1&1&1\\0&-2&2&0\\0&0&0&0\\0&0&4&4\end{pmatrix}\longrightarrow\begin{pmatrix}1&0&0&-1\\0&1&0&1\\0&0&1&1\\0&0&0&0\end{pmatrix}$$

得方程组 $(\boldsymbol{A}+3\boldsymbol{E})\boldsymbol{x}=\boldsymbol{0}$ 的基础解系

$$\boldsymbol{\xi}_1=\begin{pmatrix}1\\-1\\-1\\1\end{pmatrix},$$

单位化得

$$\boldsymbol{p}_1=\frac{1}{2}\begin{pmatrix}1\\-1\\-1\\1\end{pmatrix}.$$

当 $\lambda_2=\lambda_3=\lambda_4=1$ 时,由

$$\boldsymbol{A}-\boldsymbol{E}=\begin{pmatrix}-1&1&1&-1\\1&-1&-1&1\\1&-1&-1&1\\-1&1&1&-1\end{pmatrix}\xrightarrow[r_4-r_1]{\substack{r_2+r_1\\r_3+r_1}}\begin{pmatrix}-1&1&1&-1\\0&0&0&0\\0&0&0&0\\0&0&0&0\end{pmatrix}$$

得方程组$(\boldsymbol{A}-\boldsymbol{E})\boldsymbol{x}=\boldsymbol{0}$的基础解系

$$\boldsymbol{\xi}_2=\begin{pmatrix}1\\1\\0\\0\end{pmatrix},\quad \boldsymbol{\xi}_3=\begin{pmatrix}1\\0\\1\\0\end{pmatrix},\quad \boldsymbol{\xi}_4=\begin{pmatrix}-1\\0\\0\\1\end{pmatrix}.$$

然后用施密特正交化方法将它们正交化、单位化,详细计算过程留作练习.针对本题的特点,我们给出另外一种直接求正交基础解系的方法.

因为方程组的同解方程组为

$$-x_1+x_2+x_3-x_4=0,$$

令 $x_1=x_2=1,x_3=x_4=0$ 得一个非零解

$$\boldsymbol{\xi}_2=\begin{pmatrix}1\\1\\0\\0\end{pmatrix},$$

与 $\boldsymbol{\xi}_2$ 正交的非零解 $\boldsymbol{\xi}_3$ 应满足

$$\begin{cases}-x_1+x_2+x_3-x_4=0,\\x_1+x_2=0 \qquad (\boldsymbol{\xi}_2\perp\boldsymbol{\xi}_3),\end{cases}$$

由此得

$$\boldsymbol{\xi}_3=\begin{pmatrix}0\\0\\1\\1\end{pmatrix}.$$

与 $\boldsymbol{\xi}_2,\boldsymbol{\xi}_3$ 同时正交的非零解 $\boldsymbol{\xi}_4$ 应满足

$$\begin{cases} -x_1+x_2+x_3-x_4=0, \\ x_1+x_2=0 \qquad (\boldsymbol{\xi}_2 \perp \boldsymbol{\xi}_4), \\ x_3+x_4=0 \qquad (\boldsymbol{\xi}_3 \perp \boldsymbol{\xi}_4), \end{cases}$$

由此得

$$\boldsymbol{\xi}_4=\begin{pmatrix} 1 \\ -1 \\ 1 \\ -1 \end{pmatrix},$$

单位化得

$$\boldsymbol{p}_2=\frac{1}{\sqrt{2}}\begin{pmatrix} 1 \\ 1 \\ 0 \\ 0 \end{pmatrix}, \quad \boldsymbol{p}_3=\frac{1}{\sqrt{2}}\begin{pmatrix} 0 \\ 0 \\ 1 \\ 1 \end{pmatrix}, \quad \boldsymbol{p}_4=\frac{1}{2}\begin{pmatrix} 1 \\ -1 \\ 1 \\ -1 \end{pmatrix}.$$

令 $\boldsymbol{P}=(\boldsymbol{p}_1,\boldsymbol{p}_2,\boldsymbol{p}_3,\boldsymbol{p}_4)$，则经正交阵变换 $\boldsymbol{x}=\boldsymbol{P}\boldsymbol{y}$，即

$$\begin{pmatrix} x_1 \\ x_2 \\ x_3 \\ x_4 \end{pmatrix}=\begin{pmatrix} \frac{1}{2} & \frac{1}{\sqrt{2}} & 0 & \frac{1}{2} \\ -\frac{1}{2} & \frac{1}{\sqrt{2}} & 0 & -\frac{1}{2} \\ -\frac{1}{2} & 0 & \frac{1}{\sqrt{2}} & \frac{1}{2} \\ \frac{1}{2} & 0 & \frac{1}{\sqrt{2}} & -\frac{1}{2} \end{pmatrix}\begin{pmatrix} y_1 \\ y_2 \\ y_3 \\ y_4 \end{pmatrix},$$

就可将 f 化为标准形

$$f=-3y_1^2+y_2^2+y_3^2+y_4^2.$$

由于正交变换保持向量的长度不变，所以经正交变换后曲面的形状也不会改变. 利用正交变换的这种特性，可以研究平面曲线和空间曲面的形状与分类.

例 5.2.3　将二次曲面方程

$$5x^2+5y^2+8z^2-10xy-4xz+4yz-3\sqrt{2}x-3\sqrt{2}y=0$$

化为标准方程并指出它表示什么曲面.

解　由例 5.2.1 知，该方程左边的二次型经正交变换

$$\begin{pmatrix} x \\ y \\ z \end{pmatrix} = \begin{pmatrix} \frac{1}{\sqrt{2}} & -\frac{1}{\sqrt{6}} & -\frac{1}{\sqrt{3}} \\ \frac{1}{\sqrt{2}} & \frac{1}{\sqrt{6}} & \frac{1}{\sqrt{3}} \\ 0 & -\frac{2}{\sqrt{6}} & \frac{1}{\sqrt{3}} \end{pmatrix} \begin{pmatrix} x' \\ y' \\ z' \end{pmatrix},$$

可化为标准形

$$f = 6y'^2 + 12z'^2,$$

而方程左边的一次式则变为

$$\begin{aligned} -3\sqrt{2}x - 3\sqrt{2}y &= -3\sqrt{2}\left[\left(\frac{1}{\sqrt{2}}x' - \frac{1}{\sqrt{6}}y' - \frac{1}{\sqrt{3}}z'\right) + \left(\frac{1}{\sqrt{2}}x' + \frac{1}{\sqrt{6}}y' + \frac{1}{\sqrt{3}}z'\right)\right] \\ &= -6x'. \end{aligned}$$

所以,经正交变换后,方程化为

$$6y'^2 + 12z'^2 - 6x' = 0,$$

即

$$x' = y'^2 + 2z'^2.$$

故原方程所表示的曲面是椭圆抛物面.

5.2.2 配方法

用正交变换化二次型为标准形,具有保持几何形状不变的优点. 如果不限于正交变换,那么也可以通过一般的可逆线性变换 $\boldsymbol{x}=\boldsymbol{C}\boldsymbol{y}$ 化二次型 $f=\boldsymbol{x}^{\mathrm{T}}\boldsymbol{A}\boldsymbol{x}$ 为标准形,即

$$f = \boldsymbol{x}^{\mathrm{T}}\boldsymbol{A}\boldsymbol{x} = \boldsymbol{y}^{\mathrm{T}}(\boldsymbol{C}^{\mathrm{T}}\boldsymbol{A}\boldsymbol{C})\boldsymbol{y} = \lambda_1 y_1^2 + \lambda_2 y_2^2 + \cdots + \lambda_n y_n^2.$$

用矩阵的语言可以叙述为:求可逆矩阵 $\boldsymbol{C}$,使 $\boldsymbol{C}^{\mathrm{T}}\boldsymbol{A}\boldsymbol{C}=\mathrm{diag}(\lambda_1,\lambda_2,\cdots,\lambda_n)$,即 $\boldsymbol{A}$ 与对角阵合同. 值得注意的是,若 $\boldsymbol{C}$ 不是正交矩阵,则 $\lambda_1,\lambda_2,\cdots,\lambda_n$ 一般不是 $\boldsymbol{A}$ 的特征值,矩阵 $\boldsymbol{C}$ 的列向量一般也不是 $\boldsymbol{A}$ 的特征向量.

配方法也称为拉格朗日(Lagrange)方法,就是应用中学代数中配平方的方法来逐次消去二次型中的交叉项,使得最后只剩下平方项,从而将二次型化为标准形. 下面通过例子说明这种方法.

例 5.2.4 求可逆线性变换 $\boldsymbol{x}=\boldsymbol{C}\boldsymbol{y}$,把二次型

$$f = x_1^2 + 5x_2^2 + 10x_3^2 - 4x_1x_2 + 2x_1x_3 + 2x_2x_3$$

化为标准形.

解 由于 f 中含有 x_1 的平方项,故先将含 x_1 的项集中起来配方.

$$\begin{aligned} f &= x_1^2 + 5x_2^2 + 10x_3^2 - 4x_1x_2 + 2x_1x_3 + 2x_2x_3 \\ &= [(x_1 - 2x_2 + x_3)^2 - 4x_2^2 - x_3^2 + 4x_2x_3] + 5x_2^2 + 10x_3^2 + 2x_2x_3 \end{aligned}$$

$$= (x_1 - 2x_2 + x_3)^2 + x_2^2 + 9x_3^2 + 6x_2x_3.$$

上式除第一项外,其余项不再含 x_1,然后再集中有 x_2 的项配方,得

$$f = (x_1 - 2x_2 + x_3)^2 + (x_2 + 3x_3)^2.$$

令

$$\begin{cases} y_1 = x_1 - 2x_2 + x_3, \\ y_2 = x_2 + 3x_3, \\ y_3 = x_3, \end{cases}$$

即

$$\begin{cases} x_1 = y_1 + 2y_2 - 7y_3, \\ x_2 = y_2 - 3y_3, \\ x_3 = y_3. \end{cases}$$

所用线性变换的矩阵为

$$\boldsymbol{C} = \begin{pmatrix} 1 & 2 & -7 \\ 0 & 1 & -3 \\ 0 & 0 & 1 \end{pmatrix},$$

显然 $|\boldsymbol{C}| = 1 \neq 0$,所以用该可逆线性变换,就把 f 化为标准形

$$f = y_1^2 + y_2^2.$$

例 5.2.5　化二次型

$$f = 2x_1x_2 - 6x_1x_3 + 2x_2x_3$$

为标准形,并求所用的变换矩阵.

解　由于 f 中不含平方项,不能直接配方,但含有乘积项 x_1x_2,故令

$$\begin{cases} x_1 = y_1 + y_2, \\ x_2 = y_1 - y_2, \\ x_3 = y_3, \end{cases}$$

即

$$\begin{pmatrix} x_1 \\ x_2 \\ x_3 \end{pmatrix} = \begin{pmatrix} 1 & 1 & 0 \\ 1 & -1 & 0 \\ 0 & 0 & 1 \end{pmatrix} \begin{pmatrix} y_1 \\ y_2 \\ y_3 \end{pmatrix},$$

代入可得

$$f = 2y_1^2 - 2y_2^2 - 4y_1y_3 - 8y_2y_3.$$

再依次关于 y_1, y_2 配方,得

$$f = 2(y_1 - y_3)^2 - 2(y_2 + 2y_3)^2 + 6y_3^2.$$

再令

$$\begin{cases} z_1 = y_1 - y_3, \\ z_2 = y_2 + 2y_3, \\ z_3 = y_3, \end{cases}$$

即

$$\begin{pmatrix} y_1 \\ y_2 \\ y_3 \end{pmatrix} = \begin{pmatrix} 1 & 0 & 1 \\ 0 & 1 & -2 \\ 0 & 0 & 1 \end{pmatrix} \begin{pmatrix} z_1 \\ z_2 \\ z_3 \end{pmatrix}.$$

代入后即得 f 的标准形

$$f = 2z_1^2 - 2z_2^2 + 6z_3^2.$$

所用的变换矩阵为

$$\boldsymbol{C} = \begin{pmatrix} 1 & 1 & 0 \\ 1 & -1 & 0 \\ 0 & 0 & 1 \end{pmatrix} \begin{pmatrix} 1 & 0 & 1 \\ 0 & 1 & -2 \\ 0 & 0 & 1 \end{pmatrix} = \begin{pmatrix} 1 & 1 & -1 \\ 1 & -1 & 3 \\ 0 & 0 & 1 \end{pmatrix} \qquad (|\boldsymbol{C}| = -2 \neq 0).$$

上述两例是有代表性的，现将用配方法化二次型为标准型的方法总结如下：设有 n 元二次型

$$f(x_1, x_2, \cdots, x_n) = \sum_{i=1}^{n} \sum_{j=1}^{n} a_{ij} x_i x_j,$$

(1) 若二次型中平方项系数 $a_{ii}(i=1,2,\cdots,n)$ 不全为零，不妨设 $a_{11} \neq 0$，则先将含 x_1 的项集中起来进行配方：

$$f(x_1, x_2, \cdots, x_n) = a_{11}^{-1}(a_{11}x_1 + a_{12}x_2 + \cdots + a_{1n}x_n)^2 + \sum_{i=2}^{n} \sum_{j=2}^{n} b_{ij} x_i x_j,$$

其中 $b_{ij} = a_{ij} - a_{11}^{-1} a_{1i} a_{1j}$. 因为 $a_{ij} = a_{ji}$，所以 $b_{ij} = b_{ji}$，从而

$$\sum_{i=2}^{n} \sum_{j=2}^{n} b_{ij} x_i x_j$$

是一个 $n-1$ 元二次型. 于是，重复上述做法若干次，则可将二次型化为标准型，且所用的线性变换是可逆的.

(2) 若二次型中平方项系数 $a_{ii}(i=1,2,\cdots,n)$ 全为零，则考虑交叉项系数，如 $a_{12} \neq 0$，这时先作可逆线性变换

$$\begin{cases} x_1 = y_1 + y_2, \\ x_2 = y_1 - y_2, \\ x_3 = y_3, \\ \quad \cdots\cdots \\ x_n = y_n, \end{cases}$$

得

$$f(x_1,x_2,\cdots,x_n)=2a_{12}(y_1^2-y_2^2)+\cdots,$$

即转化为(1)的情形.

用数学归纳法可以证明,任何二次型都可用上述方法,找到可逆线性变换,把二次型化为标准形.

另外,把二次型化为标准形还可用初等变换法,此处不作介绍.读者可参见文献[2].

练　习　5.2

1. 若 $\boldsymbol{C}$ 为可逆矩阵且 $\boldsymbol{C}^{\mathrm{T}}\boldsymbol{A}\boldsymbol{C}=\boldsymbol{\Lambda}$ 为对角矩阵,问 $\boldsymbol{\Lambda}$ 的对角元素是否必为 $\boldsymbol{A}$ 的特征值?说明理由.

2. 求一个正交变换把下列二次型化为标准形:

(1) $f=x_1^2+x_2^2+x_3^2+4x_1x_2+4x_1x_3+4x_2x_3$;

(2) $f=2x_1x_2-6x_1x_3-6x_2x_4+2x_2x_4$.

3. 用配方法化下列二次型为标准形,并写出所用的可逆线性变换:

(1) $f=x_1^2+2x_2^2+5x_3^2+2x_1x_2+4x_2x_3$;

(2) $f=x_1x_2+x_1x_3+x_2x_3$.

5.3　正定二次型

5.3.1　惯性定理与二次型的唯一性

在5.1节中我们已指出,二次型的标准形不是唯一的,但标准形中所含项数(即二次型的秩)却是唯一的.不仅如此,我们还有以下定理.

定理 5.3.1(惯性定理)　对任何实二次型,其标准形中系数为正的平方项个数和系数为负的平方项个数都是唯一确定的,不随可逆线性变换的不同而改变.

证*　设二次型 $f=\boldsymbol{x}^{\mathrm{T}}\boldsymbol{A}\boldsymbol{x}$ 的秩为 r,有两个可逆线性变换

$$\boldsymbol{x}=\boldsymbol{C}\boldsymbol{y},\qquad \boldsymbol{x}=\boldsymbol{P}\boldsymbol{z},$$

使

$$f=\lambda_1y_1^2+\cdots+\lambda_py_p^2-\lambda_{p+1}y_{p+1}^2-\cdots-\lambda_ry_r^2\qquad(\lambda_i>0,i=1,2,\cdots,r),$$

及

$$f=k_1z_1^2+\cdots+k_qz_q^2-k_{q+1}z_{q+1}^2-\cdots-k_rz_r^2\qquad(k_i>0,i=1,2,\cdots,r),$$

只需证明 $p=q$.用反证法.设 $p>q$.由假设,我们有

$$\begin{aligned}&\lambda_1y_1^2+\cdots+\lambda_py_p^2-\lambda_{p+1}y_{p+1}^2-\cdots-\lambda_ry_r^2\\=&k_1z_1^2+\cdots+k_qz_q^2-k_{q+1}z_{q+1}^2-\cdots-k_rz_r^2,\end{aligned}\tag{5.3.1}$$

其中 $\boldsymbol{z}=(\boldsymbol{P}^{-1}\boldsymbol{C})\boldsymbol{y}$.令

$$\boldsymbol{P}^{-1}\boldsymbol{C}=\boldsymbol{B}=\begin{pmatrix}b_{11}&b_{12}&\cdots&b_{1n}\\b_{21}&b_{22}&\cdots&b_{2n}\\\vdots&\vdots&&\vdots\\b_{n1}&b_{n2}&\cdots&b_{nn}\end{pmatrix},$$

则关系式 $\boldsymbol{z}=(\boldsymbol{P}^{-1}\boldsymbol{C})\boldsymbol{y}$ 可写为

$$\begin{cases} z_1 = b_{11}y_1 + b_{12}y_2 + \cdots + b_{1n}y_n, \\ z_2 = b_{21}y_1 + b_{22}y_2 + \cdots + b_{2n}y_n, \\ \qquad\cdots\cdots \\ z_n = b_{n1}y_1 + b_{n2}y_2 + \cdots + b_{nn}y_n. \end{cases} \tag{5.3.2}$$

考虑齐次线性方程组

$$\begin{cases} b_{11}y_1 + b_{12}y_2 + \cdots + b_{1n}y_n = 0, \\ \qquad\cdots\cdots \\ b_{q1}y_1 + b_{q2}y_2 + \cdots + b_{qn}y_n = 0, \\ y_{p+1} = 0, \\ \quad\cdots\cdots \\ y_n = 0. \end{cases} \tag{5.3.3}$$

方程组(5.3.3)有 n 个未知数，而有 $q+(n-p)=n-(p-q)<n$ 个方程，所以有非零解. 设$(y_1,\cdots,y_p,y_{p+1},\cdots,y_n)=(a_1,\cdots,a_p,a_{p+1},\cdots,a_n)$为方程组(5.3.3)的一个非零解，则显然 $a_{p+1}=\cdots=a_n=0$. 将这个非零解代入(5.3.1)式，左端为

$$\lambda_1 a_1^2 + \cdots + \lambda_p a_p^2 > 0,$$

而将这个非零解通过(5.3.2)式代入(5.3.1)右端，因为它是方程组(5.3.3)的解，所以$z_1=\cdots=z_q=0$. 于是，(5.3.1)式的右端为

$$-k_{q+1}z_{q+1}^2 - \cdots - k_r z_r^2 \leqslant 0,$$

这是一个矛盾，因此，$p\leqslant q$. 同理可证 $p\geqslant q$，从而 $p=q$. □

由定理 5.3.1，我们给出以下定义.

定义 5.3.1 在秩为 r 的二次型的标准形中，正平方项的个数 p 称为二次型的**正惯性指数**，负平方项的个数 $r-p$ 称为二次型的**负惯性指数**，它们的差 $p-(r-p)=2p-r$称为二次型的**符号差**.

按此定义，二次型经可逆线性变换化为标准形时，它的正、负惯性指数和秩都是唯一确定的，是二次型在可逆线性变换下的不变量. 如果用矩阵的语言，则可叙述为：n 阶实对称矩阵与对角矩阵 $\operatorname{diag}(\lambda_1,\lambda_2,\cdots,\lambda_n)$合同时，$\lambda_i(i=1,2,\cdots,n)$中的正数个数、负数个数和非零数个数都是唯一的.

推论 5.3.1 任给秩为 r 的 n 元实二次型 $f=\boldsymbol{x}^{\mathrm{T}}\boldsymbol{A}\boldsymbol{x}$，总有可逆线性变换 $\boldsymbol{x}=\boldsymbol{C}\boldsymbol{y}$，使二次型的标准形中非零项系数为 1 或 -1，即

$$f = y_1^2 + \cdots + y_p^2 - y_{p+1}^2 - \cdots - y_r^2,$$

其中 p 为 f 的正惯性指数. 称上式为实二次型的**规范形**.

证 因为 f 的秩为 r，所以不妨设 f 经可逆线性变换 $\boldsymbol{x}=\boldsymbol{P}\boldsymbol{z}$ 得到的标准形为

$$f(\boldsymbol{P}\boldsymbol{z}) = \boldsymbol{z}^{\mathrm{T}}\boldsymbol{\Lambda}\boldsymbol{z} = \lambda_1 z_1^2 + \cdots + \lambda_p z_p^2 - \lambda_{p+1}z_{p+1}^2 - \cdots - \lambda_r z_r^2$$
$$(\lambda_i > 0, i = 1,2,\cdots,r),$$

其中 p 为 f 的正惯性指数. 再作可逆线性变换

$$\begin{cases} z_1=\dfrac{y_1}{\sqrt{\lambda_1}}, \\ \quad\cdots\cdots \\ z_r=\dfrac{y_r}{\sqrt{\lambda_r}}, \\ z_{r+1}=y_{r+1}, \\ \quad\cdots\cdots \\ z_n=y_n, \end{cases}$$

写成矩阵形式 $\boldsymbol{z}=\boldsymbol{B}\boldsymbol{y}$,其中 $\boldsymbol{B}=\mathrm{diag}\left(\dfrac{1}{\sqrt{\lambda_1}},\cdots\dfrac{1}{\sqrt{\lambda_r}},1,\cdots,1\right)$.

记 $\boldsymbol{C}=\boldsymbol{P}\boldsymbol{B}$,则可逆线性变换 $\boldsymbol{x}=\boldsymbol{C}\boldsymbol{y}$ 化二次型为

$$f=y_1^2+\cdots+y_p^2-y_{p+1}^2-\cdots-y_r^2. \qquad \square$$

由惯性定理及推论 5.3.1,我们有如下推论.

推论 5.3.2　实二次型的规范形是唯一的. $\square$

5.3.2　正定二次型

对二次型标准形的讨论实际上是对二次型按其标准形或规范形进行分类,体现了这样一种思想方法:对二次型作适当变换,把二次型化为尽量简单的形式,借助于讨论简化后的二次型的性质,来研究与它们有关的一类二次型的性质. 然而,在讨论二次型按标准形分类时,我们对二次型作为 n 元函数,对它的取值情况并没有予以足够的重视. 下面讨论二次型按取值分类的概念与判断,在这些分类中,正定二次型占有特殊重要的地位,应用也最广.

定义 5.3.2　设实二次型 $f=\boldsymbol{x}^{\mathrm{T}}\boldsymbol{A}\boldsymbol{x}$,若对任何 $\boldsymbol{x}=(x_1,x_2,\cdots,x_n)^{\mathrm{T}}\neq\boldsymbol{0}$,都有

(1) $f(\boldsymbol{x})>0$,则称 f 为**正定二次型**,称 f 的矩阵 $\boldsymbol{A}$ 为**正定矩阵**,记作 $\boldsymbol{A}>0$;

(2) $f(\boldsymbol{x})<0$,则称 f 为**负定二次型**,称 f 的矩阵 $\boldsymbol{A}$ 为**负定矩阵**,记作 $\boldsymbol{A}<0$;

(3) $f(\boldsymbol{x})\geqslant0$,则称 f 为**半正定二次型**,称 f 的矩阵 $\boldsymbol{A}$ 为**半正定矩阵**,记作 $\boldsymbol{A}\geqslant0$;

(4) $f(\boldsymbol{x})\leqslant0$,则称 f 为**半负定二次型**,称 f 的矩阵 $\boldsymbol{A}$ 为**半负定矩阵**,记作 $\boldsymbol{A}\leqslant0$.

(5) 如果 f 既不是半正定又不是半负定,则称 f 为**不定的**.

由定义 5.3.2 可得以下结论:

(1) 二次型 f 负定(半负定)的充分必要条件是 $-f$ 正定(半正定).

(2) 可逆线性变换不改变二次型的正定性. 事实上,设 $f=\boldsymbol{x}^{\mathrm{T}}\boldsymbol{A}\boldsymbol{x}$ 经可逆线性变换 $\boldsymbol{x}=\boldsymbol{C}\boldsymbol{y}$ 化为

$$f=\boldsymbol{x}^{\mathrm{T}}\boldsymbol{A}\boldsymbol{x}\xlongequal{\boldsymbol{x}=\boldsymbol{C}\boldsymbol{y}}\boldsymbol{y}^{\mathrm{T}}(\boldsymbol{C}^{\mathrm{T}}\boldsymbol{A}\boldsymbol{C})\boldsymbol{y}.$$

任给 $\boldsymbol{y}\neq\boldsymbol{0}$,则 $\boldsymbol{x}=\boldsymbol{C}\boldsymbol{y}\neq\boldsymbol{0}$. 于是若 $f=\boldsymbol{x}^{\mathrm{T}}\boldsymbol{A}\boldsymbol{x}>0$,则 $\boldsymbol{y}^{\mathrm{T}}(\boldsymbol{C}^{\mathrm{T}}\boldsymbol{A}\boldsymbol{C})\boldsymbol{y}=\boldsymbol{x}^{\mathrm{T}}\boldsymbol{A}\boldsymbol{x}>0$.

下面介绍正定二次型的判定.

定理 5.3.2　设 $f=\boldsymbol{x}^{\mathrm{T}}\boldsymbol{A}\boldsymbol{x}$ 为 n 元实二次型,则下列命题等价:

(1) f 为正定二次型；

(2) f 的正惯性指数为 n；

(3) $\boldsymbol{A}$ 的特征值全大于零；

(4) 存在可逆矩阵 $\boldsymbol{U}$，使 $\boldsymbol{A}=\boldsymbol{U}^{\mathrm{T}}\boldsymbol{U}$.

证 (1)⇒(2)(反证法). 设 $f=\boldsymbol{x}^{\mathrm{T}}\boldsymbol{A}\boldsymbol{x}$ 经可逆线性变换 $\boldsymbol{x}=\boldsymbol{C}\boldsymbol{y}$ 化为标准形

$$f=k_1y_1^2+k_2y_2^2+\cdots+k_ny_n^2.$$

若有某个 $k_i\leqslant 0$，则当 $\boldsymbol{y}=\boldsymbol{\varepsilon}_i$(单位坐标向量)时，显然 $\boldsymbol{C}\boldsymbol{\varepsilon}_i\neq\boldsymbol{0}$，但 $f(\boldsymbol{C}\boldsymbol{\varepsilon}_i)=k_i\leqslant 0$，这与 f 为正定二次型矛盾. 所以 $k_i>0(i=1,2,\cdots,n)$.

(2) ⇒(3). 由定理 5.2.1 知，有正交阵变换 $\boldsymbol{x}=\boldsymbol{P}\boldsymbol{y}$，可将 f 化为标准形

$$f=\lambda_1y_1^2+\lambda_2y_2^2+\cdots+\lambda_ny_n^2,$$

其中 $\lambda_1,\lambda_2,\cdots,\lambda_n$ 是 f 的矩阵 $\boldsymbol{A}=(a_{ij})$ 的 n 个特征值，所以 $\lambda_i>0(i=1,2,\cdots,n)$.

(3) ⇒(4). 因为 $\boldsymbol{A}$ 的特征值全大于零，所以 $f=\boldsymbol{x}^{\mathrm{T}}\boldsymbol{A}\boldsymbol{x}$ 的规范形为

$$f=y_1^2+y_2^2+\cdots+y_n^2,$$

即 $\boldsymbol{A}$ 与单位矩阵 $\boldsymbol{E}$ 合同. 故有可逆矩阵 $\boldsymbol{U}$，使 $\boldsymbol{A}=\boldsymbol{U}^{\mathrm{T}}\boldsymbol{E}\boldsymbol{U}=\boldsymbol{U}^{\mathrm{T}}\boldsymbol{U}$. 也可以由 4.4 节中例 4.4.4 之后的说明直接得出，而且可以进一步推出 $\boldsymbol{A}$ 正定的充分必要条件是存在正定矩阵 $\boldsymbol{B}$，使 $\boldsymbol{A}=\boldsymbol{B}^2$.

(4) ⇒(1). 对任意 $\boldsymbol{x}\neq\boldsymbol{0}$，因为 $\boldsymbol{U}$ 可逆，所以 $\boldsymbol{U}\boldsymbol{x}\neq\boldsymbol{0}$，从而

$$f=\boldsymbol{x}^{\mathrm{T}}\boldsymbol{A}\boldsymbol{x}=\boldsymbol{x}^{\mathrm{T}}(\boldsymbol{U}^{\mathrm{T}}\boldsymbol{U})\boldsymbol{x}=(\boldsymbol{U}\boldsymbol{x})^{\mathrm{T}}(\boldsymbol{U}\boldsymbol{x})=\|\boldsymbol{U}\boldsymbol{x}\|^2>0,$$

即 f 为正定二次型. □

由定理 5.3.2 可知，若 n 阶实对称矩阵 $\boldsymbol{A}$ 为正定矩阵，则 $|\boldsymbol{A}|>0$. 进一步，我们还有如下定理.

定理 5.3.3(西尔维斯特(Sylvester)定理) n 阶实对称矩阵 $\boldsymbol{A}=(a_{ij})$ 为正定矩阵的充分必要条件是 $\boldsymbol{A}$ 的各阶顺序主子式全为正，即

$$a_{11}>0,\begin{vmatrix} a_{11} & a_{12} \\ a_{21} & a_{22} \end{vmatrix}>0,\cdots,\begin{vmatrix} a_{11} & \cdots & a_{1n} \\ \vdots & & \vdots \\ a_{n1} & \cdots & a_{nn} \end{vmatrix}=|\boldsymbol{A}|>0.$$

证* 必要性.

因为 $\boldsymbol{A}>0$，所以 $f=\boldsymbol{x}^{\mathrm{T}}\boldsymbol{A}\boldsymbol{x}=\sum\limits_{i=1}^{n}\sum\limits_{j=1}^{n}a_{ij}x_ix_j$ 为正定二次型. 取

$$\boldsymbol{x}=(x_1,\cdots,x_k,0,\cdots,0)^{\mathrm{T}}\neq\boldsymbol{0},$$

代入二次型得

$$f(x_1,\cdots,x_k,0,\cdots,0)=\sum_{i=1}^{k}\sum_{j=1}^{k}a_{ij}x_ix_j=\boldsymbol{x}_k^{\mathrm{T}}\boldsymbol{A}_k\boldsymbol{x}_k>0,$$

其中 $\boldsymbol{x}_k=(x_1,\cdots,x_k)^{\mathrm{T}},\boldsymbol{A}_k=(a_{ij})_{k\times k}$. 记 $f_k=\boldsymbol{x}_k^{\mathrm{T}}\boldsymbol{A}_k\boldsymbol{x}_k$，则它是 k 元正定二次型，所以

$$|\boldsymbol{A}_k|>0\qquad(k=1,2,\cdots,n),$$

这就证明了 $\boldsymbol{A}$ 的各阶顺序主子式全为正.

充分性.

对 n 作数学归纳法. 当 $n=1$ 时, $f=a_{11}x_1^2$, 因为 $a_{11}>0$, 所以 f 显然正定. 假设充分性对 $n-1$ 元二次型成立, 以下证明对 n 元二次型也成立. 将 $\boldsymbol{A}$ 分块为

$$\boldsymbol{A}=\begin{pmatrix}\boldsymbol{A}_{n-1} & \boldsymbol{\alpha}\\ \boldsymbol{\alpha}^{\mathrm{T}} & a_{nn}\end{pmatrix},$$

其中 $\boldsymbol{\alpha}=(a_{1n},a_{2n},\cdots,a_{n-1n})^{\mathrm{T}}$, 由归纳假定 $\boldsymbol{A}_{n-1}$ 正定, 所以 $\boldsymbol{A}_{n-1}$ 的特征值全大于零, 且 $|\boldsymbol{A}_{n-1}|>0$. 令

$$\boldsymbol{P}=\begin{pmatrix}\boldsymbol{E}_{n-1} & -\boldsymbol{A}_{n-1}^{-1}\boldsymbol{\alpha}\\ \boldsymbol{0} & 1\end{pmatrix},$$

则

$$\boldsymbol{P}^{\mathrm{T}}\boldsymbol{A}\boldsymbol{P}=\begin{pmatrix}\boldsymbol{A}_{n-1} & \boldsymbol{0}\\ \boldsymbol{0} & -\boldsymbol{\alpha}^{\mathrm{T}}\boldsymbol{A}_{n-1}^{-1}\boldsymbol{\alpha}+a_{nn}\end{pmatrix}\xlongequal{\text{记为}}\boldsymbol{B}.$$

记 $-\boldsymbol{\alpha}^{\mathrm{T}}\boldsymbol{A}_{n-1}^{-1}\boldsymbol{\alpha}+a_{nn}=b$, 则由于 $|\boldsymbol{A}_{n-1}|>0$, $|\boldsymbol{A}|>0$, 所以 $b>0$. 因为矩阵 $\boldsymbol{B}$ 的特征值由 $\boldsymbol{A}_{n-1}$ 的特征值及正数 b 所组成, 所以 $\boldsymbol{B}$ 的特征值全大于零, 这就证明了 $\boldsymbol{A}$ 合同于一个正定矩阵, 因此 $\boldsymbol{A}$ 为正定矩阵. □

推论 5.3.3 n 阶实对称矩阵 $\boldsymbol{A}=(a_{ij})$ 为负定矩阵的充分必要条件是 $\boldsymbol{A}$ 的奇数阶顺序主子式全为负, 偶数阶顺序主子式全为正, 即

$$(-1)^r\begin{vmatrix}a_{11} & \cdots & a_{1r}\\ \vdots & & \vdots\\ a_{r1} & \cdots & a_{rr}\end{vmatrix}>0 \qquad (r=1,2,\cdots,n).$$

证 因为二次型 f 负定的充分必要条件是 $-f$ 正定, 即 $f=\boldsymbol{x}^{\mathrm{T}}(-\boldsymbol{A})\boldsymbol{x}$ 正定, 于是矩阵 $-\boldsymbol{A}=(-a_{ij})$ 的各阶顺序主子式全为正, 即

$$\begin{vmatrix}-a_{11} & \cdots & -a_{1r}\\ \vdots & & \vdots\\ -a_{r1} & \cdots & -a_{rr}\end{vmatrix}=(-1)^r\begin{vmatrix}a_{11} & \cdots & a_{1r}\\ \vdots & & \vdots\\ a_{r1} & \cdots & a_{rr}\end{vmatrix}>0 \qquad (r=1,2,\cdots,n). \qquad □$$

关于半正定二次型, 我们不加证明地给出以下定理.

定理 5.3.4* 设 $f=\boldsymbol{x}^{\mathrm{T}}\boldsymbol{A}\boldsymbol{x}$ 为 n 元实二次型, 则下列命题等价:

(1) f 为半正定二次型;

(2) f 的正惯性指数为 $R(\boldsymbol{A})=r$;

(3) $\boldsymbol{A}$ 的特征值大于等于零;

(4) 存在 n 阶实方阵 $\boldsymbol{U}$, 使 $\boldsymbol{A}=\boldsymbol{U}^{\mathrm{T}}\boldsymbol{U}$;

(5) $\boldsymbol{A}$ 的各阶主子式大于等于零. $\boldsymbol{A}$ 的 k 阶主子式就是 $\boldsymbol{A}$ 中由第 i_1 行, $\cdots$, 第 i_k 行和第 i_1 列, $\cdots$, 第 i_k 列交叉处元素组成的 k 阶子式, 其中 $1\leqslant i_1<i_2<\cdots<i_k\leqslant n$. □

现在, 我们以本章引言中二次曲线为例, 说明正定二次型的几何意义.

如果二次型 $f(x_1,x_2)=ax_1^2+2bx_1x_2+cx_2^2=(x_1,x_2)\begin{pmatrix}a & b\\ b & c\end{pmatrix}\begin{pmatrix}x_1\\ x_2\end{pmatrix}$ 是正定的, 即

$a>0, \begin{vmatrix} a & b \\ b & c \end{vmatrix}=ac-b^2>0$,那么经正交变换 $\boldsymbol{x}=\boldsymbol{P}\boldsymbol{y}=(\boldsymbol{p}_1,\boldsymbol{p}_2)\boldsymbol{y}$ 后,f 可化为

$$f=\lambda_1 y_1^2+\lambda_2 y_2^2 \qquad (\lambda_1>0,\lambda_2>0),$$

其中 λ_1,λ_2 是 $\boldsymbol{A}=\begin{pmatrix} a & b \\ b & c \end{pmatrix}$ 的特征值,$\boldsymbol{p}_1,\boldsymbol{p}_2$ 是对应的单位正交特征向量.

于是方程 $ax_1^2+2bx_1x_2+cx_2^2=d$,就可化为

$$\lambda_1 y_1^2+\lambda_2 y_2^2=d \qquad (假设 d>0).$$

故,当 $a>0,ac-b^2>0$ 时,方程

$$ax_1^2+2bx_1x_2+cx_2^2=d$$

表示的图形是以原点为中心的椭圆($\lambda_1\neq\lambda_2$)或圆($\lambda_1=\lambda_2$),其长半轴为 $\dfrac{\sqrt{d}}{\sqrt{\lambda_1}}$(不妨设 $\lambda_1<\lambda_2$),短半轴为 $\dfrac{\sqrt{d}}{\sqrt{\lambda_2}}$,长轴所在直线的方程为 $\boldsymbol{p}_2^{\mathrm{T}}\boldsymbol{x}=\boldsymbol{p}_2^{\mathrm{T}}\begin{pmatrix} x_1 \\ x_2 \end{pmatrix}=0$(因 $y_2=\boldsymbol{p}_2^{\mathrm{T}}\boldsymbol{x}$),短轴所在的直线方程为 $\boldsymbol{p}_1^{\mathrm{T}}\boldsymbol{x}=\boldsymbol{p}_1^{\mathrm{T}}\begin{pmatrix} x_1 \\ x_2 \end{pmatrix}=0$(因 $y_1=\boldsymbol{p}_1^{\mathrm{T}}\boldsymbol{x}$).

一般地,对 n 元正定二次型 f,方程 $f=\boldsymbol{C}>0$ 表示的图形是一族中心在原点的 n 维椭球,这就是二次型正定的几何意义,它与该二次型的矩阵的特征值和特征向量密切相关.

例 5.3.1 判别二次型 $f=5x^2+6y^2+4z^2-4xy-4xz$ 的正定性.

解 f 的矩阵为

$$\boldsymbol{A}=\begin{pmatrix} 5 & -2 & -2 \\ -2 & 6 & 0 \\ -2 & 0 & 4 \end{pmatrix},$$

因

$$a_{11}=5>0, \quad \begin{vmatrix} a_{11} & a_{12} \\ a_{21} & a_{22} \end{vmatrix}=\begin{vmatrix} 5 & -2 \\ -2 & 6 \end{vmatrix}=26>0, \quad |\boldsymbol{A}|=80>0,$$

所以 f 正定.

例 5.3.2 判别下列二次型的正定性:

$$f=-x^2-y^2-3z^2-2xz-2yz,$$
$$g=2x^2+y^2-4xy-4yz.$$

解 f 的矩阵为

$$\boldsymbol{A}=\begin{pmatrix} -1 & 0 & -1 \\ 0 & -1 & -1 \\ -1 & -1 & -3 \end{pmatrix},$$

因 $a_{11}=-1<0, \begin{vmatrix} a_{11} & a_{12} \\ a_{21} & a_{22} \end{vmatrix}=1>0, |\boldsymbol{A}|=-1<0$,故 f 负定.

g 的矩阵为

$$\boldsymbol{B}=\begin{pmatrix}2 & -2 & 0\\ -2 & 1 & -2\\ 0 & -2 & 0\end{pmatrix},$$

因 $b_{11}=2>0$，$\begin{vmatrix}b_{11} & b_{12}\\ b_{21} & b_{22}\end{vmatrix}=-2<0$，故 g 既不是正定的，也不是负定的.

例 5.3.3　若 $\boldsymbol{A}$ 是正定矩阵，求证：$\boldsymbol{A}^{-1}$ 也是正定矩阵.

证法 1　利用定义. 因为 $\boldsymbol{A}$ 是正定矩阵，所以，$\boldsymbol{A}$ 可逆（$|\boldsymbol{A}|=\lambda_1\lambda_2\cdots\lambda_n>0$），且由 $(\boldsymbol{A}^{-1})^{\mathrm{T}}=(\boldsymbol{A}^{\mathrm{T}})^{-1}=\boldsymbol{A}^{-1}$ 知，$\boldsymbol{A}^{-1}$ 是对称矩阵. 对任何 $\boldsymbol{x}\neq\boldsymbol{0}$，作可逆线性变换 $\boldsymbol{x}=\boldsymbol{A}\boldsymbol{y}$，有 $\boldsymbol{y}\neq\boldsymbol{0}$，从而

$$f=\boldsymbol{x}^{\mathrm{T}}\boldsymbol{A}^{-1}\boldsymbol{x}=(\boldsymbol{y}^{\mathrm{T}}\boldsymbol{A}^{\mathrm{T}})\boldsymbol{A}^{-1}(\boldsymbol{A}\boldsymbol{y})=\boldsymbol{y}^{\mathrm{T}}\boldsymbol{A}^{\mathrm{T}}\boldsymbol{y}=\boldsymbol{y}^{\mathrm{T}}\boldsymbol{A}\boldsymbol{y}>0.$$

由定义，$\boldsymbol{A}^{-1}$ 是正定矩阵.

证法 2　因为 $\boldsymbol{A}$ 正定，所以 $\boldsymbol{A}$ 的特征值 $\lambda_i>0(i=1,2,\cdots,n)$. 由 $\boldsymbol{A}\boldsymbol{p}_i=\lambda_i\boldsymbol{p}_i$，得 $\boldsymbol{A}^{-1}\boldsymbol{p}_i=\dfrac{1}{\lambda_i}\boldsymbol{p}_i$，于是 $\dfrac{1}{\lambda_i}>0(i=1,2,\cdots,n)$ 是 $\boldsymbol{A}^{-1}$ 的特征值，根据定理 5.3.2 即知 $\boldsymbol{A}^{-1}$ 是正定矩阵.

证法 3　因为 $\boldsymbol{A}$ 正定，所以 $\boldsymbol{A}$ 合同于单位矩阵，即存在可逆矩阵 $\boldsymbol{C}$，使 $\boldsymbol{C}^{\mathrm{T}}\boldsymbol{A}\boldsymbol{C}=\boldsymbol{E}$，两端取逆得，$\boldsymbol{C}^{-1}\boldsymbol{A}^{-1}(\boldsymbol{C}^{\mathrm{T}})^{-1}=\boldsymbol{C}^{-1}\boldsymbol{A}^{-1}(\boldsymbol{C}^{-1})^{\mathrm{T}}=\boldsymbol{E}$. 令 $\boldsymbol{P}=(\boldsymbol{C}^{-1})^{\mathrm{T}}$，则 $\boldsymbol{P}^{\mathrm{T}}\boldsymbol{A}^{-1}\boldsymbol{P}=\boldsymbol{E}$，故 $\boldsymbol{A}^{-1}$ 正定.

证法 4　因为 $\boldsymbol{A}$ 正定，所以存在可逆矩阵 $\boldsymbol{U}$，使 $\boldsymbol{A}=\boldsymbol{U}^{\mathrm{T}}\boldsymbol{U}$，所以 $\boldsymbol{A}^{-1}=\boldsymbol{U}^{-1}(\boldsymbol{U}^{-1})^{\mathrm{T}}$. 令 $\boldsymbol{B}=(\boldsymbol{U}^{-1})^{\mathrm{T}}$，则 $\boldsymbol{B}$ 可逆，且 $\boldsymbol{A}^{-1}=\boldsymbol{B}^{\mathrm{T}}\boldsymbol{B}$，所以 $\boldsymbol{A}^{-1}$ 正定.

例 5.3.4　若 n 阶实方阵 $\boldsymbol{A}=(a_{ij})$ 是正定的，求证：

(1) $a_{ii}>0(i=1,2,\cdots,n)$；

(2) $|\boldsymbol{A}+\boldsymbol{E}|>1$.

证　(1)由已知，二次型 $f=\boldsymbol{x}^{\mathrm{T}}\boldsymbol{A}\boldsymbol{x}=\sum\limits_{i=1}^{n}\sum\limits_{j=1}^{n}a_{ij}x_ix_j$ 是正定的，因此，对 $\boldsymbol{x}=\boldsymbol{\varepsilon}_i\neq\boldsymbol{0}$（单位坐标向量），应有 $f(\boldsymbol{\varepsilon}_i)>0$，但 $f(\boldsymbol{\varepsilon}_i)=a_{ii}$，故 $a_{ii}>0(i=1,2,\cdots,n)$.

(2) 因为 $\boldsymbol{A}>0$，所以 $\boldsymbol{A}$ 的 n 个特征值 $\lambda_i>0(i=1,2,\cdots,n)$. 令 $\varphi(x)=x+1$，则 $\varphi(\lambda_i)=\lambda_i+1(i=1,2,\cdots,n)$ 是 $\varphi(\boldsymbol{A})=\boldsymbol{A}+\boldsymbol{E}$ 的特征值，从而 $|\boldsymbol{A}+\boldsymbol{E}|=\prod\limits_{i=1}^{n}(\lambda_i+1)>1$.

例 5.3.5　设 $\boldsymbol{A}$ 为 n 阶实对称矩阵，其特征值 $\lambda_1<\lambda_2<\cdots<\lambda_n$，则瑞利(Rayleigh)商

$$R(\boldsymbol{x})=\frac{\boldsymbol{x}^{\mathrm{T}}\boldsymbol{A}\boldsymbol{x}}{\boldsymbol{x}^{\mathrm{T}}\boldsymbol{x}}\qquad(\boldsymbol{x}\neq\boldsymbol{0})$$

必有最大值和最小值，且 $R_{\min}=R(\boldsymbol{x}_1)=\lambda_1$，$R_{\max}=R(\boldsymbol{x}_n)=\lambda_n$，其中 $\boldsymbol{x}_1$，$\boldsymbol{x}_n$ 分别是 λ_1，

λ_n 对应的特征向量.

证 因为 $\boldsymbol{A}$ 为实对称矩阵,所以必有正交阵 $\boldsymbol{P}$,使

$$\boldsymbol{P}^{\mathrm{T}}\boldsymbol{A}\boldsymbol{P}=\boldsymbol{\Lambda}=\operatorname{diag}(\lambda_1,\lambda_2,\cdots,\lambda_n).$$

作正交变换 $\boldsymbol{x}=\boldsymbol{P}\boldsymbol{y}$,由 $\boldsymbol{x}\neq\boldsymbol{0}$ 得 $\boldsymbol{y}\neq\boldsymbol{0}$,于是

$$R(\boldsymbol{x})=R(\boldsymbol{P}\boldsymbol{y})=\frac{\boldsymbol{y}^{\mathrm{T}}\boldsymbol{P}^{\mathrm{T}}\boldsymbol{A}\boldsymbol{P}\boldsymbol{y}}{\boldsymbol{y}^{\mathrm{T}}\boldsymbol{P}^{\mathrm{T}}\boldsymbol{P}\boldsymbol{y}}=\frac{\boldsymbol{y}^{\mathrm{T}}\boldsymbol{\Lambda}\boldsymbol{y}}{\boldsymbol{y}^{\mathrm{T}}\boldsymbol{y}}$$
$$=\frac{\lambda_1y_1^2+\lambda_2y_2^2+\cdots+\lambda_ny_n^2}{y_1^2+y_2^2+\cdots+y_n^2}.$$

又由

$$\lambda_1(y_1^2+y_2^2+\cdots+y_n^2)\leqslant\lambda_1y_1^2+\lambda_2y_2^2+\cdots+\lambda_ny_n^2\leqslant\lambda_n(y_1^2+y_2^2+\cdots+y_n^2)$$

得 $\lambda_1\leqslant R(\boldsymbol{x})\leqslant\lambda_n$,而

$$R(\boldsymbol{x}_1)=\frac{\boldsymbol{x}_1^{\mathrm{T}}\boldsymbol{A}\boldsymbol{x}_1}{\boldsymbol{x}_1^{\mathrm{T}}\boldsymbol{x}_1}=\frac{\boldsymbol{x}_1^{\mathrm{T}}(\lambda_1\boldsymbol{x}_1)}{\boldsymbol{x}_1^{\mathrm{T}}\boldsymbol{x}_1}=\lambda_1,\qquad R(\boldsymbol{x}_n)=\lambda_n,$$

所以 $R_{\min}=R(\boldsymbol{x}_1)=\lambda_1$,$R_{\max}=R(\boldsymbol{x}_n)=\lambda_n$.

作为本章的结束,下面简单介绍矩阵的正定性在判别多元函数极值中的应用.

可以证明:若 n 元函数 $f(x_1,x_2,\cdots,x_n)$ 在点 $\boldsymbol{x}_0=(x_1^0,x_2^0,\cdots,x_n^0)$ 的某邻域内有二阶连续偏导数,且 $\boldsymbol{x}_0$ 为驻点,即

$$f_i=\left.\frac{\partial f}{\partial x_i}\right|_{\boldsymbol{x}_0}=0\qquad(i=1,2,\cdots,n).$$

令

$$\boldsymbol{A}=(f_{ij}),$$

其中 $f_{ij}=\left.\dfrac{\partial^2 f}{\partial x_i\partial x_j}\right|_{\boldsymbol{x}_0}(i,j=1,2,\cdots,n)$,则

(1) 若 $\boldsymbol{A}$ 为正定矩阵,则函数 f 在 $\boldsymbol{x}_0$ 取得极小值;

(2) 若 $\boldsymbol{A}$ 为负定矩阵,则函数 f 在 $\boldsymbol{x}_0$ 取得极大值;

(3) 若 $\boldsymbol{A}$ 为半正(负)定矩阵,则函数 f 在 $\boldsymbol{x}_0$ 是否取得极值不确定;

(4) 若 $\boldsymbol{A}$ 为不定矩阵,则函数 f 在 $\boldsymbol{x}_0$ 不取得极值.

例如,当 $n=2$ 时,$\boldsymbol{A}$ 正定等价于 $\boldsymbol{A}$ 的顺序主子式大于零,即

$$f_{11}>0,\qquad|\boldsymbol{A}|=f_{11}f_{22}-f_{12}^2>0,$$

这正是我们熟悉的二元函数极小值判定的充分条件.

练 习 5.3

1. 若 $\boldsymbol{A},\boldsymbol{B}$ 都是 n 阶正定矩阵,试问 $\boldsymbol{A}+\boldsymbol{B}$ 是否也是正定矩阵?

2. 若 $\boldsymbol{A}$ 是正定矩阵,求证:$\boldsymbol{A}^*$ 也是正定矩阵.

3. 判断下列二次型是否正定:

(1) $f(x_1,x_2,x_3)=5x_1^2+5x_2^2+5x_3^2+4x_1x_2-4x_1x_3-2x_2x_3$;

(2) $f(x_1,x_2,x_3)=x_1^2+x_2^2+2x_3^2+2x_1x_2+2x_2x_3$.

小结与点注

1. 为了利用矩阵研究二次型 $f(x_1,x_2,\cdots,x_n)=\sum_{i=1}^{n}\sum_{j=1}^{n}a_{ij}x_ix_j$，必须建立二次型与矩阵之间的联系，将二次型表示为矩阵形式

$$f=\boldsymbol{x}^{\mathrm{T}}\boldsymbol{A}\boldsymbol{x}$$

时，其中 $\boldsymbol{A}$ 为对称矩阵. 只有在 $\boldsymbol{A}$ 是对称矩阵的条件下，二次型的矩阵表示才是唯一的，即若 $\boldsymbol{x}^{\mathrm{T}}\boldsymbol{A}\boldsymbol{x}=\boldsymbol{x}^{\mathrm{T}}\boldsymbol{B}\boldsymbol{x}$ 对任何 $\boldsymbol{x}$ 都成立，且 $\boldsymbol{A},\boldsymbol{B}$ 均为对称矩阵，则 $\boldsymbol{A}=\boldsymbol{B}$. 事实上，由等式 $\boldsymbol{x}^{\mathrm{T}}\boldsymbol{A}\boldsymbol{x}=\boldsymbol{x}^{\mathrm{T}}\boldsymbol{B}\boldsymbol{x}$，得 $\boldsymbol{x}^{\mathrm{T}}(\boldsymbol{A}-\boldsymbol{B})\boldsymbol{x}=0$，且 $\boldsymbol{A}-\boldsymbol{B}$ 仍为对称矩阵，由下面的例 1 知 $\boldsymbol{A}=\boldsymbol{B}$. 但对一般矩阵而言，若 $\boldsymbol{x}^{\mathrm{T}}\boldsymbol{A}_1\boldsymbol{x}=\boldsymbol{x}^{\mathrm{T}}\boldsymbol{B}_2\boldsymbol{x}$ 对任何 $\boldsymbol{x}$ 都成立，并不能推出$\boldsymbol{A}_1=\boldsymbol{B}_1$. 请看例子：

$$(x_1,x_2)\begin{pmatrix}1&0\\0&1\end{pmatrix}\begin{pmatrix}x_1\\x_2\end{pmatrix}=x_1^2+x_2^2=(x_1,x_2)\begin{pmatrix}1&-1\\1&1\end{pmatrix}\begin{pmatrix}x_1\\x_2\end{pmatrix},$$

对任何 $\boldsymbol{x}$ 都成立，但

$$\begin{pmatrix}1&0\\0&1\end{pmatrix}\neq\begin{pmatrix}1&-1\\1&1\end{pmatrix}.$$

例 1　设 $\boldsymbol{A}$ 为 n 阶实对称矩阵，证明：若对任一 n 维向量 $\boldsymbol{x}$ 都有 $\boldsymbol{x}^{\mathrm{T}}\boldsymbol{A}\boldsymbol{x}=0$，则$\boldsymbol{A}=\boldsymbol{O}$.

证法 1　设 $\boldsymbol{A}=(a_{ij})$，$\boldsymbol{x}=(x_1,x_2,\cdots,x_n)^{\mathrm{T}}$，则 $\boldsymbol{x}^{\mathrm{T}}\boldsymbol{A}\boldsymbol{x}=\sum_{i=1}^{n}\sum_{j=1}^{n}a_{ij}x_ix_j$. 由已知，对任何 $\boldsymbol{x}$ 都有 $\boldsymbol{x}^{\mathrm{T}}\boldsymbol{A}\boldsymbol{x}=0$，现依次取 $\boldsymbol{x}=\boldsymbol{\varepsilon}_i(i=1,2,\cdots,n)$ 为 n 维单位坐标向量，则由 $\boldsymbol{\varepsilon}_i^{\mathrm{T}}\boldsymbol{A}\boldsymbol{\varepsilon}_i=0$ 及 $a_{ii}=\boldsymbol{\varepsilon}_i^{\mathrm{T}}\boldsymbol{A}\boldsymbol{\varepsilon}_i$ 得 $a_{ii}=0(i=1,2,\cdots,n)$. 又取 $\boldsymbol{x}=\boldsymbol{\varepsilon}_i+\boldsymbol{\varepsilon}_j(i\neq j;i,j=1,2,\cdots,n)$，则由

$$\begin{aligned}(\boldsymbol{\varepsilon}_i+\boldsymbol{\varepsilon}_j)^{\mathrm{T}}\boldsymbol{A}(\boldsymbol{\varepsilon}_i+\boldsymbol{\varepsilon}_j)&=\boldsymbol{\varepsilon}_i^{\mathrm{T}}\boldsymbol{A}\boldsymbol{\varepsilon}_i+\boldsymbol{\varepsilon}_j^{\mathrm{T}}\boldsymbol{A}\boldsymbol{\varepsilon}_j+\boldsymbol{\varepsilon}_i^{\mathrm{T}}\boldsymbol{A}\boldsymbol{\varepsilon}_j+\boldsymbol{\varepsilon}_j^{\mathrm{T}}\boldsymbol{A}\boldsymbol{\varepsilon}_i\\&=a_{ii}+a_{jj}+2a_{ij}=0\end{aligned}$$

得 $a_{ij}=0(i\neq j;i,j=1,2,\cdots,n)$. 故 $\boldsymbol{A}=(a_{ij})=\boldsymbol{O}$.

证法 2　设 $\boldsymbol{x}^{\mathrm{T}}\boldsymbol{A}\boldsymbol{x}$ 经可逆线性变换 $\boldsymbol{x}=\boldsymbol{C}\boldsymbol{y}$ 化为标准形

$$\boldsymbol{x}^{\mathrm{T}}\boldsymbol{A}\boldsymbol{x}=\boldsymbol{y}^{\mathrm{T}}(\boldsymbol{C}^{\mathrm{T}}\boldsymbol{A}\boldsymbol{C})\boldsymbol{y}=b_1y_1^2+b_2y_2^2+\cdots+b_ny_n^2.$$

由已知，对 $\boldsymbol{x}=\boldsymbol{C}\boldsymbol{\varepsilon}_i\neq\boldsymbol{0}$应有 $\boldsymbol{x}^{\mathrm{T}}\boldsymbol{A}\boldsymbol{x}=\boldsymbol{0}$，即 $\boldsymbol{x}^{\mathrm{T}}\boldsymbol{A}\boldsymbol{x}=b_i=0(i=1,2,\cdots,n)$，从而$\boldsymbol{C}^{\mathrm{T}}\boldsymbol{A}\boldsymbol{C}=\mathrm{diag}(b_1,b_2,\cdots,b_n)=\boldsymbol{O}$. 又因为 $\boldsymbol{C}$ 可逆，所以 $\boldsymbol{A}=\boldsymbol{O}$.

2. 本章的中心问题是用可逆线性变换化实二次型为标准形或规范形，而这一问题可转化为对实对称矩阵化为其合同标准形问题. 用可逆线性变换化二次型为标准形有多种方法，我们主要介绍了常用的两种方法，即正交变换法和配方法. 正交变换法的优点是保持向量的范数不变，因而保持二次型的几何形状不变，可用于有关二次曲线、二次曲面的化简与分类问题的讨论；配方法是用完全平方和公式及平方差公式逐步消去非平方项并构造新平方项，最后得到二次型的标准形. 如果不限于用正交变

换法，用配方法化二次型为标准形比较简便易行. 关于二次型的标准形，应注意以下几点：

(1) 设二次型 $f=\boldsymbol{x}^{\mathrm{T}}\boldsymbol{A}\boldsymbol{x}$ 通过线性变换 $\boldsymbol{x}=\boldsymbol{C}\boldsymbol{y}$ 化为 $f=\sum\limits_{i=1}^{n} b_i y_i^2$，则只有当所用线性变换可逆时才称 $f=\sum\limits_{i=1}^{n} b_i y_i^2$ 为 f 的标准形.

(2) 设二次型 $f=\boldsymbol{x}^{\mathrm{T}}\boldsymbol{A}\boldsymbol{x}$ 通过可逆线性变换 $\boldsymbol{x}=\boldsymbol{C}\boldsymbol{y}$ 化为标准形 $f=\sum\limits_{i=1}^{n} b_i y_i^2$. 一般说来，标准形中平方项系数 $b_i(i=1,2,\cdots,n)$ 未必是矩阵 $\boldsymbol{A}$ 的特征值，但当线性变换 $\boldsymbol{x}=\boldsymbol{C}\boldsymbol{y}$ 为正交变换时，$b_1,b_2,\cdots,b_n$ 必为 $\boldsymbol{A}$ 的 n 个特征值.

(3) 二次型的标准形不是唯一的，但二次型的规范形是唯一的. 由二次型的正、负惯性指数所确定. 规范形是二次型标准形中的最简形式. 下面的例子说明在考虑有关二次型的证明问题时，充分利用二次型的规范形(或标准形)的重要性.

例 2 设 $\boldsymbol{A},\boldsymbol{B}$ 为 n 阶实对称矩阵，$\boldsymbol{A}>0$，证明：存在一个可逆矩阵 $\boldsymbol{U}$，使 $\boldsymbol{U}^{\mathrm{T}}\boldsymbol{A}\boldsymbol{U}$ 与 $\boldsymbol{U}^{\mathrm{T}}\boldsymbol{B}\boldsymbol{U}$ 均为对角阵.

证 因为 $\boldsymbol{A}>0$，所以，存在可逆矩阵 $\boldsymbol{P}_1$，使 $\boldsymbol{P}_1^{\mathrm{T}}\boldsymbol{A}\boldsymbol{P}_1=\boldsymbol{E}$. 又因为 $\boldsymbol{B}$ 是对称矩阵，所以 $\boldsymbol{P}_1^{\mathrm{T}}\boldsymbol{B}\boldsymbol{P}_1$ 也是对称矩阵. 于是存在正交矩阵 $\boldsymbol{P}_2$，使 $\boldsymbol{P}_2^{\mathrm{T}}(\boldsymbol{P}_1^{\mathrm{T}}\boldsymbol{B}\boldsymbol{P}_1)\boldsymbol{P}_2=\boldsymbol{\Lambda}$ 为对角阵. 令 $\boldsymbol{U}=\boldsymbol{P}_1\boldsymbol{P}_2$，则 $\boldsymbol{U}^{\mathrm{T}}\boldsymbol{A}\boldsymbol{U}=\boldsymbol{P}_2^{\mathrm{T}}\boldsymbol{P}_1^{\mathrm{T}}\boldsymbol{A}\boldsymbol{P}_1\boldsymbol{P}_2=\boldsymbol{E}$ 与 $\boldsymbol{U}^{\mathrm{T}}\boldsymbol{B}\boldsymbol{U}=\boldsymbol{P}_2^{\mathrm{T}}(\boldsymbol{P}_1^{\mathrm{T}}\boldsymbol{B}\boldsymbol{P}_1)\boldsymbol{P}_2=\boldsymbol{\Lambda}$ 均为对角阵.

3. 正定、负定、半正定、半负定二次型统称为**有定二次型**，在二次型中引入有定性概念的目的是希望对二次型按值分类. 在有定二次型中，以正定二次型最为重要，应用也最广. 正定二次型的判定由定理 5.3.2 和定理 5.3.3 给出. 现简述如下.

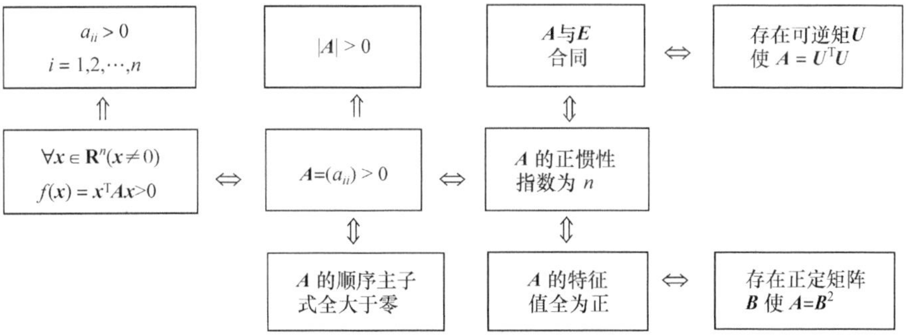

另外，正定二次型的定义要求对任意非零向量 $\boldsymbol{x}$ 都有 $f(\boldsymbol{x})=\boldsymbol{x}^{\mathrm{T}}\boldsymbol{A}\boldsymbol{x}>0$，这等价于要求 $\boldsymbol{x}$ 的 n 个分量 $x_1,x_2,\cdots,x_n$ 不全为零，它与 $x_1,x_2,\cdots,x_n$ 全不为零是有区别的. 请看下列错误命题.

对任意 $x_1\neq 0,x_2\neq 0,\cdots,x_n\neq 0$，代入二次型 f，都有 $f(x_1,x_2,\cdots,x_n)>0$，则 f 正定.

反例 设 $f(x_1,x_2,x_3)=x_1^2-4x_1x_2-4x_2^2+x_3^2=(x_1-2x_2)^2+x_3^2$，则对任意$x_1\neq0$，$x_2\neq0$，$x_3\neq0$ 都有 $f>0$，但 f 不是正定的. 事实上，取 $x_1=2x_2\neq0$，而$x_3=0$，则 $f=0$.

4. 在矩阵的研究中，我们定义了矩阵之间的等价、相似和合同三种关系，他们都具有反身性、对称性和传递性. 由此，我们可以对矩阵按等价分类，也可以对方阵按相似、合同分类，进而提出了矩阵的等价意义下的标准形、相似意义下的对角形(或一般的若尔当标准形)和合同意义下的标准形(或规范形)概念. 在这些问题的研究中，体现了这样一种数学思想方法：通过对矩阵作适当变换(等价变换、相似变换、合同变换)，把矩阵化为尽量简单的形式，借助讨论这些简化后的矩阵的性质，来研究与它们有关的一类(即它们所在的等价类)矩阵的性质. 矩阵之间的等价、相似和合同的关系为：

$$\boldsymbol{A}\text{ 与 }\boldsymbol{B}\text{ 相似}\Rightarrow\boldsymbol{A}\text{ 与 }\boldsymbol{B}\text{ 等价},\quad\boldsymbol{A}\text{ 与 }\boldsymbol{B}\text{ 合同}\Rightarrow\boldsymbol{A}\text{ 与 }\boldsymbol{B}\text{ 等价}.$$

一般来说，等价未必相似，也未必合同；同时，相似的矩阵可以不合同，合同的矩阵也可以不相似. 但当 $\boldsymbol{A}$ 为实对称矩阵时，它可以既相似又合同(当然也等价)于对角矩阵. 此外，当 $\boldsymbol{A}$ 与 $\boldsymbol{B}$ 均为 n 阶实对称矩阵时，$\boldsymbol{A}$ 与 $\boldsymbol{B}$ 合同的充分必要条件是它们有相同的正惯性指数和相同的秩.

习 题 5

1. 判断下列命题是否正确.

(1) 设二次型 $f(x_1,x_2,x_3,x_4)=x_1^2+2x_2x_3$，则 f 的矩阵为 $\begin{pmatrix}1&0&0\\0&0&1\\0&1&0\end{pmatrix}$. ( )

(2) 设二次型 $f(x_1,x_2,x_3)=\boldsymbol{x}^{\mathrm{T}}\begin{pmatrix}1&3&5\\2&4&6\\7&8&5\end{pmatrix}\boldsymbol{x}$，则 f 的矩阵为$\boldsymbol{A}=\begin{pmatrix}1&3&5\\2&4&6\\7&8&5\end{pmatrix}$. ( )

(3) 设 n 元二次型 $f=\boldsymbol{x}^{\mathrm{T}}\boldsymbol{A}\boldsymbol{x}$ 经可逆线性变换 $\boldsymbol{x}=\boldsymbol{C}\boldsymbol{y}$ 变成标准形

$$f=\lambda_1y_1^2+\lambda_2y_2^2+\cdots+\lambda_ny_n^2,$$

则 $\lambda_1,\lambda_2,\cdots,\lambda_n$ 必为矩阵$\boldsymbol{A}$ 的 n 个特征值. ( )

(4) 设 $\boldsymbol{A}$ 为实对称矩阵，则它可以既相似又合同于对角矩阵. ( )

(5) 若二次型 f 的正惯性指数与其秩相等，则 f 正定. ( )

(6) 设 f 是 n 元实二次型，若对任一组全不为零的数 $a_1,a_2,\cdots,a_n$，恒有 $f(a_1,a_2,\cdots,a_n)>0$，则 f 正定. ( )

2. 选择题.

(1) 设矩阵 $\boldsymbol{A}=(a_{ij})_{n\times n}$，则二次型 $f(x_1,x_2,\cdots,x_n)=\sum\limits_{i=1}^{n}(a_{i1}x_1+a_{i2}x_2+\cdots+a_{in}x_n)^2$ 的矩阵是 ( )

(A) $\boldsymbol{A}$； (B) $\boldsymbol{A}^2$； (C) $\boldsymbol{A}^{\mathrm{T}}\boldsymbol{A}$； (D) $\boldsymbol{A}\boldsymbol{A}^{\mathrm{T}}$.

(2) 二次型 $f(x_1,x_2,x_3)=2x_1^2+x_2^2-4x_1x_2-4x_2x_3$ 的秩为 ( )

(A) 0； (B) 1； (C) 2； (D) 3.

(3) $f(x_1,x_2,x_3)=x_1^2+2x_2^2+3x_3^2-2x_1x_2+2x_1x_3$ 的标准形是 (　　)

(A) $y_1^2+y_2^2+2y_3^2$；　　(B) $-y_1^2-y_2^2+2y_3^2$；

(C) $y_1^2+y_2^2$；　　(D) $y_1^2-y_2^2$.

(4) 设 $\boldsymbol{A}$ 为 n 阶实对称矩阵，且 $\boldsymbol{A}>0$. 如果矩阵 $\boldsymbol{B}$ 与 $\boldsymbol{A}$ 相似，则 $\boldsymbol{B}$ 必为 (　　)

(A) 实对称矩阵；　　(B) 正定矩阵；

(C) 可逆矩阵；　　(D) 正交矩阵.

(5) 设 $\boldsymbol{A}=(a_{ij})_{4\times4}$，$a_{ij}=1(i,j=1,2,3,4)$，$\boldsymbol{B}=\mathrm{diag}(4,0,0,0)$，则 $\boldsymbol{A}$ 与 $\boldsymbol{B}$ (　　)

(A) 合同且相似；　　(B) 合同但不相似；

(C) 不合同但相似；　　(D) 不合同也不相似.

(6) 若 $\boldsymbol{A},\boldsymbol{B}$ 是 n 阶正定矩阵，则 (　　)

(A) $\boldsymbol{AB},\boldsymbol{A}+\boldsymbol{B}$ 都正定；　　(B) $\boldsymbol{AB}$ 正定，但 $\boldsymbol{A}+\boldsymbol{B}$ 不正定；

(C) $\boldsymbol{AB}$ 不一定正定，但 $\boldsymbol{A}+\boldsymbol{B}$ 正定；　　(D) $\boldsymbol{AB},\boldsymbol{A}+\boldsymbol{B}$ 不正定.

(7) n 阶实对称矩阵 $\boldsymbol{A}$ 合同于 $\boldsymbol{B}$ 的充分必要条件是 (　　)

(A) $R(\boldsymbol{A})=R(\boldsymbol{B})$；　　(B) $\boldsymbol{A}$ 与 $\boldsymbol{B}$ 的正惯性指数相等；

(C) $\boldsymbol{A},\boldsymbol{B}$ 为正定矩阵；　　(D) (A)，(B)同时成立.

(8) 如果一个三阶实对称矩阵 $\boldsymbol{A}$ 的顺序主子式的符号依次为：－，＋，－，则 $\boldsymbol{A}$ 必为 (　　)

(A) 正定矩阵；　(B) 负定矩阵；　(C) 不定矩阵；　(D) 半正定矩阵.

(9) 设二次型 $f(x_1,x_2,x_3)=x_1^2+x_2^2+6x_3^2+4x_1x_2+6x_1x_3+6x_2x_3$，则 (　　)

(A) f 为正定的；　　(B) f 为负定的；

(C) f 的秩为 1；　　(D) f 既不正定，也不负定.

(10) 以下哪些矩阵是合同的? (　　)

(A) $\begin{pmatrix}1&3\\3&4\end{pmatrix},\begin{pmatrix}4&-1\\-1&4\end{pmatrix}$；　　(B) $\begin{pmatrix}1&3\\3&4\end{pmatrix},\begin{pmatrix}2&6\\3&4\end{pmatrix}$；

(C) $\begin{pmatrix}1&3\\3&4\end{pmatrix},\begin{pmatrix}-2&-3\\3&7\end{pmatrix}$；　　(D) $\begin{pmatrix}1&3\\3&4\end{pmatrix},\begin{pmatrix}11&4\\4&1\end{pmatrix}$.

3. 填空题.

(1) 二次型 $f(x_1,x_2,x_3)=16x_1x_2+2x_1x_3-2x_2x_3$ 的矩阵表示式为________.

(2) 二次型 $f(x_1,x_2,\cdots,x_n)=x_1^2+x_2^2+\cdots+x_r^2$，则当 $r=$________时 f 正定.

(3) 设二次型 $f=x^2+2xy-2yz+z^2$，则 f 的正惯性指数为________.

(4) 设 n 阶实对称矩阵 $\boldsymbol{A}$ 的特征值为 $1,2,\cdots,n$，则当 $t=$________时矩阵 $t\boldsymbol{E}-\boldsymbol{A}$ 为正定矩阵.

(5) 二次曲面 $x^2+(a+2)y^2+az^2+2xy-2xz-yz=5$ 表示椭圆球面，则 a 的取值范围是________.

(6) 已知二次型 $f(x_1,x_2,x_3)=5x_1^2+5x_2^2+cx_3^2-2x_1x_2+6x_1x_3-6x_2x_3$ 的秩为 2，则 $c=$________.

(7) 设二次型 $f(x_1,x_2,x_3)=2x_1^2+x_2^2+x_3^2+2x_1x_2+tx_2x_3$ 是正定的，则 t 的取值范围是________.

4. 写出下列二次型的矩阵表示式：

(1) $f(x_1,x_2,x_3,x_4)=x_1^2+x_2^2+x_3^2+x_4^2-2x_1x_2+4x_1x_3-2x_1x_4+6x_2x_3-4x_2x_4$；

(2) $f(x_1,x_2,\cdots,x_n)=\sum\limits_{i=1}^{n}x_i^2+\sum\limits_{1\leqslant i<j\leqslant n}2x_ix_j$.

5. 求一正交变换，化下列二次型为标准形：

(1) $f(x_1,x_2,x_3,x_4)=2x_1x_2+2x_3x_4$；

(2) $f(x_1,x_2,x_3)=2x_1^2+3x_2^2+3x_3^2+x_4^2+4x_2x_3$；

(3) $f(x_1,x_2,x_3,x_4)=x_1^2+x_2^2+x_3^2+x_4^2+2x_1x_2-2x_1x_4-2x_2x_3+2x_3x_4$.

6. 用配方法将下列二次型化为标准形，并写出所用的可逆线性变换：

(1) $f(x_1,x_2,x_3)=x_1^2+2x_2^2-x_3^2+4x_1x_2-4x_1x_3-4x_2x_3$；

(2) $f(x_1,x_2,x_3)=2x_1x_2+2x_1x_3-6x_2x_3$.

7. 用可逆线性变换化下列二次型为规范形：

(1) $f(x_1,x_2,x_3)=-4x_1x_2+2x_1x_3+2x_2x_3$；

(2) $f(x_1,x_2,x_3,x_4)=x_1^2+x_2^2+x_3^2+x_4^2+2x_1x_2+2x_2x_3+2x_3x_4$.

8. 判别下列二次型的正定性：

(1) $f(x_1,x_2,x_3)=-2x_1^2-6x_2^2-4x_3^2+2x_1x_2+2x_1x_3$；

(2) $f(x_1,x_2,x_3)=10x_1^2+2x_2^2+x_3^2+8x_1x_2+24x_1x_3-28x_2x_3$；

(3) $f(x_1,x_2,\cdots,x_n)=\sum\limits_{i=1}^{n}x_i^2+\sum\limits_{1\leqslant i<j\leqslant n}x_ix_j$.

9. 设二次型 $f(x_1,x_2,x_3)=x_1^2+2x_2^2+(1-k)x_3^2+2kx_1x_2+2x_1x_3$，问 k 取何值时，f 为正定二次型？

10. $f=a(x^2+y^2+z^2)+2xy+2xz-2yz$，

(1) a 满足什么条件时 f 是正定的？

(2) a 满足什么条件时 f 是负定的？

11. 设 $\boldsymbol{A},\boldsymbol{B}$ 分别为 m 阶和 n 阶正定矩阵，试判断分块矩阵 $\boldsymbol{C}=\begin{pmatrix}\boldsymbol{A}&\boldsymbol{O}\\\boldsymbol{O}&\boldsymbol{B}\end{pmatrix}$是否为正定矩阵？

12. 已知二次型 $f(x_1,x_2,x_3)=2x_1^2+3x_2^2+3x_3^2+ax_2x_3\ (a>0)$ 通过正交变换可化为标准形 $f=y_1^2+2y_2^2+5y_3^2$，求参数 a 的值.

13. 设 $\boldsymbol{A}$ 是 n 阶实对称矩阵，它的 n 个特征值均为非负，若 λ_1 是非零特征值中的最小者，向量 $\boldsymbol{x}$ 是与齐次方程组 $\boldsymbol{Ay}=\boldsymbol{0}$ 的所有解都正交的向量，证明 $\boldsymbol{x}^{\mathrm{T}}\boldsymbol{Ax}\geqslant\lambda_1\boldsymbol{x}^{\mathrm{T}}\boldsymbol{x}$.

14. 设 $f=\boldsymbol{x}^{\mathrm{T}}\boldsymbol{Ax}$ 为 n 元实二次型，且有 n 维向量 $\boldsymbol{x}_1$ 与 $\boldsymbol{x}_2$ 使 $\boldsymbol{x}_1^{\mathrm{T}}\boldsymbol{Ax}_1>0$ 及 $\boldsymbol{x}_2^{\mathrm{T}}\boldsymbol{Ax}_2<0$，证明：存在一个实向量 $\boldsymbol{x}_0\neq\boldsymbol{0}$，使得 $\boldsymbol{x}_0^{\mathrm{T}}\boldsymbol{Ax}_0=0$.

15. 设 $\boldsymbol{A}$ 为实对称矩阵，且 $|\boldsymbol{A}|<0$，证明：必有 n 维实向量 $\boldsymbol{x}$，使 $\boldsymbol{x}^{\mathrm{T}}\boldsymbol{Ax}<0$.

16. 证明：二次型 $f=\boldsymbol{x}^{\mathrm{T}}\boldsymbol{Ax}$ 在 $\|\boldsymbol{x}\|=1$ 的最大值为方阵 $\boldsymbol{A}$ 的最大特征值.

17. 设 $a_1,a_2,\cdots,a_n$ 是 n 个实数，求二次型

$$f(x_1,x_2,\cdots,x_n)=(x_1+a_1x_2)^2+(x_2+a_2x_3)^2+\cdots+(x_{n-1}+a_{n-1}x_n)^2+(x_n+a_nx_1)^2$$

正定的条件.

18. 设 $\boldsymbol{A}$ 为 n 阶实对称矩阵，证明：$R(\boldsymbol{A})=n$ 的充分必要条件是存在实矩阵 $\boldsymbol{B}$，使 $\boldsymbol{AB}+\boldsymbol{B}^{\mathrm{T}}\boldsymbol{A}$ 正定.

19. 若 $\boldsymbol{A},\boldsymbol{B}$ 均为 n 阶正定矩阵，且 $\boldsymbol{AB}=\boldsymbol{BA}$，证明 $\boldsymbol{AB}$ 为正定矩阵.

20. $\boldsymbol{A}$ 为三阶实对称正定矩阵，证明：$|\boldsymbol{A}|\leqslant\prod\limits_{i=1}^{3}a_{ii}$，等号当且仅当 $\boldsymbol{A}$ 为对角阵时成立.

第 6 章　线性空间与线性变换

本章在前几章的基础上，推广向量空间 $\mathbf{R}^n$，建立一般的线性空间的概念，进而定义线性变换，介绍其中的基本理论和矩阵方法.

6.1　线性空间的定义与基本性质

第 3 章，我们引入了数域 P 上向量空间的定义. 从数学角度看，它涉及一个集合和一个数域，定义有集合中元素的加法运算和数域中数与集合中元素的数乘运算. 我们由此出发来建立线性空间的概念.

定义 6.1.1　设 V 是一个以 $\boldsymbol{\alpha},\boldsymbol{\beta},\boldsymbol{\gamma},\cdots$ 为元素的非空集合，P 是一个数域，在 V 的元素之间规定了称之为“加法”的运算，在 P 和 V 的元素之间规定了称之为“数乘”的运算. 如果 V 对于这两种运算封闭，即对任意 $\boldsymbol{\alpha},\boldsymbol{\beta}\in V$，都有 $\boldsymbol{\alpha}+\boldsymbol{\beta}\in V$，而对任意的 $k\in P$ 和 $\boldsymbol{\alpha}\in V$，都有 $k\boldsymbol{\alpha}\in V$，且这两种运算满足以下八条运算律（设 $\boldsymbol{\alpha},\boldsymbol{\beta},\boldsymbol{\gamma}\in V,k,l\in P$）：

(1) 加法交换律：$\boldsymbol{\alpha}+\boldsymbol{\beta}=\boldsymbol{\beta}+\boldsymbol{\alpha}$；

(2) 加法结合律：$(\boldsymbol{\alpha}+\boldsymbol{\beta})+\boldsymbol{\gamma}=\boldsymbol{\alpha}+(\boldsymbol{\beta}+\boldsymbol{\gamma})$；

(3) V 中存在零元素 $\boldsymbol{\theta}$，使得 $\boldsymbol{\alpha}+\boldsymbol{\theta}=\boldsymbol{\alpha}$；

(4) V 中存在负元素，即对任意 $\boldsymbol{\alpha}\in V$，存在 $\boldsymbol{\beta}\in V$，使得 $\boldsymbol{\alpha}+\boldsymbol{\beta}=\boldsymbol{\theta}$，称 $\boldsymbol{\beta}$ 为 $\boldsymbol{\alpha}$ 的负元素，记为 $-\boldsymbol{\alpha}$；

(5) $1\boldsymbol{\alpha}=\boldsymbol{\alpha}$；

(6) 数乘结合律：$k(l\boldsymbol{\alpha})=(kl)\boldsymbol{\alpha}$；

(7) 分配律：$(k+l)\boldsymbol{\alpha}=k\boldsymbol{\alpha}+l\boldsymbol{\alpha}$；

(8) 数因子分配律：$k(\boldsymbol{\alpha}+\boldsymbol{\beta})=k\boldsymbol{\alpha}+k\boldsymbol{\beta}$，

则称 V 为数域 P 上的**线性空间**.

线性空间的元素也称为**向量**. 注意，这里的所谓向量比几何中向量的涵义要广泛得多. 当 P 为实(复)数域时，称 V 为**实(复)线性空间**.

下面列举一些线性空间的例子.

例 6.1.1　对于给定的数域 P，集合 $P^n=\{(x_1,x_2,\cdots,x_n)^{\mathrm{T}}\mid x_i\in P\}$，对通常的向量加法和数乘运算，$P^n$ 为数域 P 上的线性空间，称之为**向量空间**. 当 P 为实数域 $\mathbf{R}$ 和复数域 $\mathbf{C}$，$\mathbf{R}^n$ 和 $\mathbf{C}^n$ 是它的两种具体形式.

例 6.1.2　数域 P 上的全体 $m\times n$ 矩阵组成的矩阵集合 $P^{m\times n}$，按通常矩阵的加法与数乘运算构成数域 P 上的线性空间，称之为**矩阵空间**. $\mathbf{R}^{m\times n}$ 是由一切 $m\times n$ 实矩阵构成的实矩阵空间.

例 6.1.3　实数域 $\mathbf{R}$ 上次数不超过 $n-1$ 的关于文字 x 的一切多项式和零多项式构成的集合

$$P_n[x]=\left\{\sum_{i=0}^{n-1} a_i x^i \mid a_i \in \mathbf{R}\right\}$$

在通常多项式加法与数乘多项式运算下构成线性空间,称之为**多项式空间**.

需要指出的是,次数等于 $n-1$ 的多项式集合 $V=\left\{\sum_{i=0}^{n-1} a_i x^i \mid a_i \in \mathbf{R}, a_{n-1} \neq 0\right\}$ 不是线性空间,因为两个 $n-1$ 次多项式相加后所得的多项式次数不一定等于 $n-1$,从而有可能不在 V 中,即 V 对加法不封闭.

例 6.1.4　区间 $[a,b]$ 上全体连续实函数组成的集合 $\mathbf{C}[a,b]$,按通常函数的加法与数乘运算构成实数域 $\mathbf{R}$ 上的线性空间.

例 6.1.5　数域 $\mathbf{R}$ 本身对于数的加法与乘法构成数域 $\mathbf{R}$ 上的线性空间.

例 6.1.6　设 $\mathbf{R}^+$ 是所有正实数的集合,P 为实数域 $\mathbf{R}$,定义加法 $\oplus$ 和数乘 $\circ$ 运算为

$$a \oplus b = ab, \quad k \circ a = a^k \quad (a,b \in \mathbf{R}^+, k \in \mathbf{R}),$$

则 $\mathbf{R}^+$ 为 $\mathbf{R}$ 上的一个线性空间. 这是因为,对任意 $a,b \in \mathbf{R}^+$,有 $a \oplus b \in \mathbf{R}^+$. 又对于任意 $k \in \mathbf{R}$ 和 $a \in \mathbf{R}^+$,有 $k \circ a = a^k \in \mathbf{R}^+$,即 $\mathbf{R}^+$ 对所定义的加法和数乘运算封闭. 对任意 $a,b,c \in \mathbf{R}^+$,$k,l \in \mathbf{R}$,有

(1) $a \oplus b = ab = ba = b \oplus a$;

(2) $(a \oplus b) \oplus c = (ab) \oplus c = (ab)c = a(bc) = a \oplus (b \oplus c)$;

(3) $a \oplus 1 = a \cdot 1 = a$,所以 1 是零元素;

(4) $a \oplus a^{-1} = aa^{-1} = 1$,所以 a^{-1} 是 a 的负元素;

(5) $1 \circ a = a^1 = a$;

(6) $k \circ (l \circ a) = k \circ a^l = (a^l)^k = a^{kl} = (kl) \circ a$;

(7) $(k+l) \circ a = a^{k+l} = a^k a^l = a^k \oplus a^l = (k \circ a) \oplus (l \circ a)$;

(8) $k \circ (a \oplus b) = k \circ (ab) = (ab)^k = a^k b^k = (k \circ a) \oplus (k \circ b)$.

从上述线性空间例子中可以看出,许多常见的研究对象都可以在线性空间中作为向量来研究. 加法运算和数乘运算分别是 V 中的一个二元运算和数域 P 与 V 中元素间的运算,要求满足定义 6.1.1 中的八条运算律,它们已不再局限于数的加法和乘法的概念了.

根据线性空间的定义,可以推出线性空间的一些基本性质如下.

性质 6.1.1　零元素 $\boldsymbol{\theta}$ 是唯一的.

证　设 $\boldsymbol{\theta}_1$ 和 $\boldsymbol{\theta}_2$ 是线性空间 V 的两个零元素,则有(所用到的运算律在等号上面标出)

$$\boldsymbol{\theta}_1 \overset{(3)}{=} \boldsymbol{\theta}_1 + \boldsymbol{\theta}_2 \overset{(1)}{=} \boldsymbol{\theta}_2 + \boldsymbol{\theta}_1 \overset{(3)}{=} \boldsymbol{\theta}_2. \qquad \square$$

性质 6.1.2 任一元素 $\boldsymbol{\alpha}$ 的负元素是唯一的.

证 设 $\boldsymbol{\beta}$ 和 $\boldsymbol{\gamma}$ 都是 $\boldsymbol{\alpha}$ 的负元素,即 $\boldsymbol{\alpha}+\boldsymbol{\beta}=\boldsymbol{\theta}$,$\boldsymbol{\alpha}+\boldsymbol{\gamma}=\boldsymbol{\theta}$,于是

$$\boldsymbol{\beta}\overset{(3)}{=}\boldsymbol{\beta}+\boldsymbol{\theta}=\boldsymbol{\beta}+(\boldsymbol{\alpha}+\boldsymbol{\gamma})\overset{(2)}{=}(\boldsymbol{\beta}+\boldsymbol{\alpha})+\boldsymbol{\gamma}=\boldsymbol{\theta}+\boldsymbol{\gamma}\overset{(3)}{=}\boldsymbol{\gamma}.$$ □

性质 6.1.3 $0\boldsymbol{\alpha}=\boldsymbol{\theta}$,$(-1)\boldsymbol{\alpha}=-\boldsymbol{\alpha}$,$k\boldsymbol{\theta}=\boldsymbol{\theta}$.

证 因为

$$\boldsymbol{\alpha}+0\boldsymbol{\alpha}\overset{(5)}{=}1\boldsymbol{\alpha}+0\boldsymbol{\alpha}\overset{(7)}{=}(1+0)\boldsymbol{\alpha}=1\boldsymbol{\alpha}\overset{(5)}{=}\boldsymbol{\alpha},$$

两边同加上 $-\boldsymbol{\alpha}$,即得 $0\boldsymbol{\alpha}=\boldsymbol{\theta}$. 又因为

$$\boldsymbol{\alpha}+(-1)\boldsymbol{\alpha}\overset{(5)}{=}1\boldsymbol{\alpha}+(-1)\boldsymbol{\alpha}\overset{(7)}{=}(1-1)\boldsymbol{\alpha}=0\boldsymbol{\alpha}=\boldsymbol{\theta},$$

两边同加上 $-\boldsymbol{\alpha}$,即得 $(-1)\boldsymbol{\alpha}=-\boldsymbol{\alpha}$. 又有

$$k\boldsymbol{\theta}\overset{(4)}{=}k[\boldsymbol{\alpha}+(-\boldsymbol{\alpha})]\overset{(5)}{=}k[1\boldsymbol{\alpha}+(-1)\boldsymbol{\alpha}]\overset{(7)}{=}k[(1-1)\boldsymbol{\alpha}]\overset{(6)}{=}(k0)\boldsymbol{\alpha}=0\boldsymbol{\alpha}=\boldsymbol{\theta}.$$ □

性质 6.1.4 若 $k\boldsymbol{\alpha}=\boldsymbol{\theta}$,则 $k=0$ 或 $\boldsymbol{\alpha}=\boldsymbol{\theta}$.

证 若 $k=0$,由性质 6.1.3 知,$k\boldsymbol{\alpha}=0\boldsymbol{\alpha}=\boldsymbol{\theta}$;若 $k\neq 0$,则由性质 6.1.3,得

$$\boldsymbol{\alpha}\overset{(5)}{=}1\boldsymbol{\alpha}=(kk^{-1})\boldsymbol{\alpha}\overset{(6)}{=}k^{-1}(k\boldsymbol{\alpha})=k^{-1}\boldsymbol{\theta}=\boldsymbol{\theta}.$$ □

有关向量组之间的线性关系,也可以推广到线性空间.

定义 6.1.2 设 V 是数域 P 上的线性空间,$\boldsymbol{\alpha}_1,\boldsymbol{\alpha}_2,\cdots,\boldsymbol{\alpha}_m$ 是 V 中一组元素. 如果存在 P 中一组数 $k_1,k_2,\cdots,k_m$,使得

$$\boldsymbol{\alpha}=k_1\boldsymbol{\alpha}_1+k_2\boldsymbol{\alpha}_2+\cdots+k_m\boldsymbol{\alpha}_m,$$

则称 $\boldsymbol{\alpha}$ 可由 $\boldsymbol{\alpha}_1,\boldsymbol{\alpha}_2,\cdots,\boldsymbol{\alpha}_m$ **线性表示**,或 $\boldsymbol{\alpha}$ 是 $\boldsymbol{\alpha}_1,\boldsymbol{\alpha}_2,\cdots,\boldsymbol{\alpha}_m$ 的**线性组合**. 如果存在 P 中一组不全为零的数 $k_1,k_2,\cdots,k_m$,使得

$$k_1\boldsymbol{\alpha}_1+k_2\boldsymbol{\alpha}_2+\cdots+k_m\boldsymbol{\alpha}_m=\boldsymbol{\theta},$$

则称 $\boldsymbol{\alpha}_1,\boldsymbol{\alpha}_2,\cdots,\boldsymbol{\alpha}_m$ **线性相关**;如果仅当 $k_1=k_2=\cdots=k_m=0$ 时上式才成立,则称 $\boldsymbol{\alpha}_1,\boldsymbol{\alpha}_2,\cdots,\boldsymbol{\alpha}_m$ **线性无关**.

定义 6.1.3 设 V 是数域 P 上的线性空间,$\mathscr{A}$:$\boldsymbol{\alpha}_1,\boldsymbol{\alpha}_2,\cdots,\boldsymbol{\alpha}_r$ 和 $\mathscr{B}$:$\boldsymbol{\beta}_1,\boldsymbol{\beta}_2,\cdots,\boldsymbol{\beta}_s$ 是 V 中两个元素组. 如果 $\mathscr{A}$ 中每个元素都可由 $\mathscr{B}$ 中的元素线性表示,则称元素组 $\mathscr{A}$ 可由元素组 $\mathscr{B}$ 线性表示;如果元素组 $\mathscr{A}$ 和 $\mathscr{B}$ 可以互相线性表示,则称元素组 $\mathscr{A}$ 与 $\mathscr{B}$ **等价**. 如果 V 中元素组 $\boldsymbol{\alpha}_1,\boldsymbol{\alpha}_2,\cdots,\boldsymbol{\alpha}_m$ 中有 r 个元素 $\boldsymbol{\alpha}_{i_1},\boldsymbol{\alpha}_{i_2},\cdots,\boldsymbol{\alpha}_{i_r}$ 线性无关,而任意 $r+1$ 个元素(如果有的话)线性相关,则称该元素组的秩为 r,又称 $\boldsymbol{\alpha}_{i_1},\boldsymbol{\alpha}_{i_2},\cdots,\boldsymbol{\alpha}_{i_r}$ 是该元素组的一个**最大无关组**.

以上定义可以说是逐字逐句重复了 n 维向量组的有关概念,只要注意其中的加法与数乘运算应是线性空间 V 中规定的加法与数乘运算,而 $\boldsymbol{\theta}$ 是 V 中的零元素. 不仅如此,对于向量组成立的一些结论也可以照搬到一般的线性空间中来,叙述如下,略去证明.

结论 6.1.1 一个元素线性相关的充要条件是它为零元素;一个以上元素线性相关的充要条件是其中至少有一个元素可由其余元素线性表示.

结论 6.1.2　如果元素组 $\boldsymbol{\alpha}_1,\boldsymbol{\alpha}_2,\cdots,\boldsymbol{\alpha}_m$ 线性无关，而元素组 $\boldsymbol{\alpha}_1,\boldsymbol{\alpha}_2,\cdots,\boldsymbol{\alpha}_m,\boldsymbol{\beta}$ 线性相关，则 $\boldsymbol{\beta}$ 可由 $\boldsymbol{\alpha}_1,\boldsymbol{\alpha}_2,\cdots,\boldsymbol{\alpha}_m$ 线性表示，且表示法是唯一的.

结论 6.1.3　一个元素组的任意两个最大无关组等价.

结论 6.1.4　等价的元素组有相同的秩.

例 6.1.7　在线性空间 $P^{m\times n}$ 中，设 $\boldsymbol{E}_{ij}(i=1,2,\cdots,m;j=1,2,\cdots,n)$ 是第 i 行第 j 列元素为 1，其余元素都为 0 的 $m\times n$ 矩阵，则 $\boldsymbol{E}_{ij}(i=1,2,\cdots,m;j=1,2,\cdots,n)$ 线性无关，且任意 $m\times n$ 矩阵可由它们线性表示. 这是因为，若有 P 中一组数 k_{ij}，使得 $\sum\limits_{i=1}^{m}\sum\limits_{j=1}^{n}k_{ij}\boldsymbol{E}_{ij}=\boldsymbol{O}$，则有 $(k_{ij})_{m\times n}=\boldsymbol{O}$，这只有 $k_{ij}=0(i=1,2,\cdots,m;j=1,2,\cdots,n)$，故 $\boldsymbol{E}_{ij}(i=1,2,\cdots,m;\ j=1,2,\cdots,n)$ 线性无关. 又对 $P^{m\times n}$ 中任一矩阵 $\boldsymbol{A}=(a_{ij})_{m\times n}$，有 $\boldsymbol{A}=\sum\limits_{i=1}^{m}\sum\limits_{j=1}^{n}a_{ij}\boldsymbol{E}_{ij}$.

例 6.1.8　在线性空间 $P_n[x]$ 中，多项式组 $1,x,x^2,\cdots,x^{n-1}$ 是线性无关的. 这是因为，若有 $\mathbf{R}$ 中一组数 $k_0,k_1,\cdots,k_{n-1}$，使

$$k_0+k_1x+k_2x^2+\cdots+k_{n-1}x^{n-1}=0,$$

对上式依次求关于 x 的 1 阶，2 阶，…，$n-1$ 阶导数，得

$$\begin{cases}k_1+2k_2x+\cdots+(n-1)k_{n-1}x^{n-2}=0,\\ 2k_2+\cdots+(n-1)(n-2)k_{n-1}x^{n-3}=0,\\ \qquad\cdots\cdots\\ (n-1)!k_{n-1}=0,\end{cases}$$

与前一式联立求解得唯一解 $k_0=k_1=\cdots=k_{n-1}=0$，故 $1,x,x^2,\cdots,x^{n-1}$ 线性无关.

例 6.1.9　试证：在例 6.1.6 中定义的线性空间 $\mathbf{R}^+$ 中，任意两个正实数都线性相关.

证　对任意 $a,b\in\mathbf{R}^+$，若有实数 $k_1,k_2\in\mathbf{R}$，使

$$(k_1\circ a)\oplus(k_2\circ b)=1,$$

则 $a^{k_1}b^{k_2}=1$，于是 $k_1=-k_2\log_a b$，取 $k_1=-\log_a b,k_2=1$，可使上式成立，故 a 与 b 线性相关.

练　习　6.1

1. 判断下列集合对指定的运算是否构成 $\mathbf{R}$ 上的线性空间：

(1) $V_1=\left\{\boldsymbol{A}=(a_{ij})_{n\times n}\,\middle|\,\sum\limits_{i=1}^{n}a_{ii}=0\right\}$，对矩阵加法与数乘运算.

(2) $V_2=\{\boldsymbol{A}\mid\boldsymbol{A}\in R^{n\times n},\boldsymbol{A}^{\mathrm{T}}=-\boldsymbol{A}\}$，对矩阵的加法与数乘运算.

(3) $V_3=\{f(x)\mid f(x)\geqslant 0\}$，对通常的函数加法与数乘函数运算.

(4) $V_4=\mathbf{R}^3$；对 $\mathbf{R}^3$ 中向量加法和如下定义的数乘向量运算：$\forall\boldsymbol{\alpha}\in\mathbf{R}^3,k\in\mathbf{R},k\boldsymbol{\alpha}=\boldsymbol{\theta}$.

2. 设 V 是实数域 $\mathbf{R}$ 上所有实函数构成的线性空间，试讨论 V 中元素组：

(1) e^{2x}, x^2, x;　　(2) $1, \cos^2 x, \cos 2x$
的线性相关性.

3. 试讨论 $R^{n\times n}$ 的元素

$$G_1=\begin{pmatrix}0&1\\1&1\end{pmatrix},\quad G_2=\begin{pmatrix}1&0\\1&1\end{pmatrix},\quad G_3=\begin{pmatrix}1&1\\0&1\end{pmatrix},\quad G_4=\begin{pmatrix}1&1\\1&0\end{pmatrix}$$

的线性相关性.

4. 试讨论 $P_4[x]$ 中多项式组 $f_1(x)=x^3-2x^2+4x+1$, $f_2(x)=2x^3-3x^2+9x-1$, $f_3(x)=x^3+6x-5$, $f_4(x)=2x^3-5x^2+7x+5$ 的线性相关性,并求其一个最大无关组.

6.2 基、维数与坐标

6.2.1 基与维数

线性空间中一般都有无穷多个元素.为了把这无穷多个元素表示出来,引入如下定义.

定义 6.2.1 在线性空间 V 中,如果存在 n 个元素 $\boldsymbol{\alpha}_1,\boldsymbol{\alpha}_2,\cdots,\boldsymbol{\alpha}_n$ 满足:

(1) $\boldsymbol{\alpha}_1,\boldsymbol{\alpha}_2,\cdots,\boldsymbol{\alpha}_n$ 线性无关;

(2) V 中任一元素 $\boldsymbol{\alpha}$ 都可由 $\boldsymbol{\alpha}_1,\boldsymbol{\alpha}_2,\cdots,\boldsymbol{\alpha}_n$ 线性表示,则称 $\boldsymbol{\alpha}_1,\boldsymbol{\alpha}_2,\cdots,\boldsymbol{\alpha}_n$ 是 V 的**一个基**,称 n 为 V 的**维数**,记为 $\dim V$.维数为 n 的线性空间 V 称为 n **维线性空间**,记为 V^n,此时也称 V 为**有限维线性空间**.对事先指定的任何正整数 N,在 V 中总能找到 N 个线性无关的元素,则称 V 是**无限维线性空间**.如果 V 中没有线性无关的元素,则规定其维数为 0.

若 $\boldsymbol{\alpha}_1,\boldsymbol{\alpha}_2,\cdots,\boldsymbol{\alpha}_n$ 是 V^n 的一个基,则 V^n 可表示为

$$V^n=\{\boldsymbol{\alpha}=k_1\boldsymbol{\alpha}_1+k_2\boldsymbol{\alpha}_2+\cdots+k_n\boldsymbol{\alpha}_n \mid k_1,k_2,\cdots,k_n\in P\},$$

这就清楚地显示出了线性空间 V^n 的结构.

例 6.2.1 向量组 $\boldsymbol{e}_1=(1,0,\cdots,0)^{\mathrm{T}}, \boldsymbol{e}_2=(0,1,0,\cdots,0)^{\mathrm{T}},\cdots,\boldsymbol{e}_n=(0,\cdots,0,1)^{\mathrm{T}}$ 是线性空间 $\mathbf{R}^n$ 的一个基,所以 $\dim\mathbf{R}^n=n$.

例 6.2.2 由例 6.1.7 知,线性空间 $P^{m\times n}$ 是 mn 维的,$\boldsymbol{E}_{ij}(i=1,2,\cdots,m;j=1,2,\cdots,n)$ 是它的一个基.

例 6.2.3 在线性空间 $P_n[x]$ 中,任意多项式 $f(x)=a_0+a_1x+\cdots+a_{n-1}x^{n-1}$ 可由线性无关的多项式组 $1,x,x^2,\cdots,x^{n-1}$ 线性表示,故它是 $P_n[x]$ 的一个基,且 $\dim P_n[x]=n$.

例 6.2.4 由例 6.1.9 知,线性空间 $\mathbf{R}^+$ 是 1 维的,正实数 $a\neq 1$ 是 $\mathbf{R}^+$ 的基.

根据线性空间基的定义可以证明,线性空间 V^n 中任意 n 个线性无关的元素都可以作为它的基.因此,线性空间的基不是唯一的.

6.2.2 坐标

在解析几何中,坐标是研究向量的重要工具;在有限维线性空间中,坐标也起着

同样的作用.

定义 6.2.2 设 V 是数域 P 上的 n 维线性空间,$\boldsymbol{\alpha}_1,\boldsymbol{\alpha}_2,\cdots,\boldsymbol{\alpha}_n$ 是 V 的一个基,则 V 中任意元素 $\boldsymbol{\alpha}$ 可由基 $\boldsymbol{\alpha}_1,\boldsymbol{\alpha}_2,\cdots,\boldsymbol{\alpha}_n$ 唯一线性表示为

$$\boldsymbol{\alpha}=x_1\boldsymbol{\alpha}_1+x_2\boldsymbol{\alpha}_2+\cdots+x_n\boldsymbol{\alpha}_n \qquad (x_1,x_2,\cdots,x_n\in P), \tag{6.2.1}$$

称 $x_1,x_2,\cdots,x_n$ 为 $\boldsymbol{\alpha}$ 在基 $\boldsymbol{\alpha}_1,\boldsymbol{\alpha}_2,\cdots,\boldsymbol{\alpha}_n$ 下的**坐标**,记为 $(x_1,x_2,\cdots,x_n)^{\mathrm{T}}$.

例 6.2.5 在 n 维线性空间 $\mathbf{R}^n$ 中,取基为单位坐标向量

$$\boldsymbol{e}_1=(1,0,\cdots,0)^{\mathrm{T}},\boldsymbol{e}_2=(0,1,0,\cdots,0)^{\mathrm{T}},\cdots,\boldsymbol{e}_n=(0,\cdots,0,1)^{\mathrm{T}},$$

则向量 $\boldsymbol{b}=(b_1,b_2,\cdots,b_n)^{\mathrm{T}}$ 在该基下的坐标为 $(b_1,b_2,\cdots,b_n)^{\mathrm{T}}$. 如果取基为

$$\boldsymbol{a}_1=(1,0,\cdots,0),\boldsymbol{a}_2=(1,1,0,\cdots,0),\cdots,\boldsymbol{a}_n=(1,1,\cdots,1),$$

则有

$$\boldsymbol{b}=(b_1-b_2)\boldsymbol{a}_1+(b_2-b_3)\boldsymbol{a}_2+\cdots+(b_{n-1}-b_n)\boldsymbol{a}_{n-1}+b_n\boldsymbol{a}_n,$$

从而 $\boldsymbol{b}$ 在基 $\boldsymbol{a}_1,\boldsymbol{a}_2,\cdots,\boldsymbol{a}_n$ 下的坐标为

$$(b_1-b_2,b_2-b_3,\cdots,b_{n-1}-b_n,b_n)^{\mathrm{T}}.$$

例 6.2.6 在 $n+1$ 维线性空间 $P_{n+1}[x]$ 中,取基 $1,x,x^2,\cdots,x^n$,则 $P_{n+1}[x]$ 中多项式

$$f(x)=a_0+a_1x+a_2x^2+\cdots+a_nx^n$$

在该基下的坐标为 $(a_0,a_1,\cdots,a_n)^{\mathrm{T}}$. 如果取基为 $1,x-1,(x-1)^2,\cdots,(x-1)^n$,则 $f(x)$ 在该基下的坐标为 $\left(f(1),f'(1),\frac{1}{2!}f''(1),\cdots,\frac{1}{n!}f^{(n)}(1)\right)^{\mathrm{T}}$. 读者可将 $f(x)$ 在 $x_0=1$ 处用泰勒公式展开证明之.

例 6.2.7 设 $\mathbf{R}^{2\times2}$ 中元素 $\boldsymbol{A}=\begin{pmatrix}3&1\\4&5\end{pmatrix}$,基 $\mathscr{A}$: $\boldsymbol{E}_{11}=\begin{pmatrix}1&0\\0&0\end{pmatrix}$,$\boldsymbol{E}_{12}=\begin{pmatrix}0&1\\0&0\end{pmatrix}$,$\boldsymbol{E}_{21}=\begin{pmatrix}0&0\\1&0\end{pmatrix}$,$\boldsymbol{E}_{22}=\begin{pmatrix}0&0\\0&1\end{pmatrix}$;基 $\mathscr{B}$: $\boldsymbol{G}_{11}=\begin{pmatrix}0&1\\1&1\end{pmatrix}$,$\boldsymbol{G}_{12}=\begin{pmatrix}1&0\\1&1\end{pmatrix}$,$\boldsymbol{G}_{21}=\begin{pmatrix}1&1\\0&1\end{pmatrix}$,$\boldsymbol{G}_{22}=\begin{pmatrix}1&1\\1&0\end{pmatrix}$,求 $\boldsymbol{A}$ 在基 $\mathscr{A}$ 和基 $\mathscr{B}$ 下的坐标.

解 因为 $\boldsymbol{A}=3\boldsymbol{E}_{11}+\boldsymbol{E}_{12}+4\boldsymbol{E}_{21}+5\boldsymbol{E}_{22}$,所以 $\boldsymbol{A}$ 在基 $\mathscr{A}$ 下的坐标为 $(3,1,4,5)^{\mathrm{T}}$. 设 $\boldsymbol{A}=x_1\boldsymbol{G}_{11}+x_2\boldsymbol{G}_{12}+x_3\boldsymbol{G}_{21}+x_4\boldsymbol{G}_{22}$,由矩阵相等的定义得

$$\begin{cases}x_2+x_3+x_4=3,\\x_1+x_3+x_4=1,\\x_1+x_2+x_4=4,\\x_1+x_2+x_3=5,\end{cases}$$

解此方程组得 $x_1=\frac{4}{3}$,$x_2=\frac{10}{3}$,$x_3=\frac{1}{3}$,$x_4=-\frac{2}{3}$,故 $\boldsymbol{A}$ 在基 $\mathscr{B}$ 下的坐标为 $\left(\frac{4}{3},\frac{10}{3},\frac{1}{3},-\frac{2}{3}\right)^{\mathrm{T}}$.

由例 6.2.5～例 6.2.7 知，线性空间 V^n 中的元素在不同基下的坐标一般是不同的.

建立了坐标概念以后，不但将线性空间 V^n 中抽象的元素 $\boldsymbol{\alpha}$ 与 P^n 中的具体向量 $(x_1,x_2,\cdots,x_n)^{\mathrm{T}}$ 联系起来了，而且还可将 V^n 中抽象的线性运算与 P^n 中的向量线性运算联系起来.

设线性空间 V^n 的基为 $\boldsymbol{\alpha}_1,\boldsymbol{\alpha}_2,\cdots,\boldsymbol{\alpha}_n$，对任意 $\boldsymbol{\alpha},\boldsymbol{\beta}\in V^n$，有

$$\boldsymbol{\alpha}=x_1\boldsymbol{\alpha}_1+x_2\boldsymbol{\alpha}_2+\cdots+x_n\boldsymbol{\alpha}_n,\qquad \boldsymbol{\beta}=y_1\boldsymbol{\alpha}_1+y_2\boldsymbol{\alpha}_2+\cdots+y_n\boldsymbol{\alpha}_n.$$

于是

$$\begin{aligned}\boldsymbol{\alpha}+\boldsymbol{\beta}&=(x_1+y_1)\boldsymbol{\alpha}_1+(x_2+y_2)\boldsymbol{\alpha}_2+\cdots+(x_n+y_n)\boldsymbol{\alpha}_n,\\ k\boldsymbol{\alpha}&=(kx_1)\boldsymbol{\alpha}_1+(kx_2)\boldsymbol{\alpha}_2+\cdots+(kx_n)\boldsymbol{\alpha}_n.\end{aligned}$$

这表明 $\boldsymbol{\alpha}+\boldsymbol{\beta}$ 的坐标是 $(x_1+y_1,x_2+y_2,\cdots,x_n+y_n)^{\mathrm{T}}=(x_1,x_2,\cdots,x_n)^{\mathrm{T}}+(y_1,y_2,\cdots,y_n)^{\mathrm{T}}$，$k\boldsymbol{\alpha}$ 的坐标是 $(kx_1,kx_2,\cdots,kx_n)^{\mathrm{T}}$. 可见线性空间 V^n 中的元素与 P^n 中的向量的对应具有如下性质：

$$\begin{cases}\boldsymbol{\alpha}\leftrightarrow(x_1,x_2,\cdots,x_n)^{\mathrm{T}}, \qquad \boldsymbol{\beta}\leftrightarrow(y_1,y_2,\cdots,y_n)^{\mathrm{T}},\\ \boldsymbol{\alpha}+\boldsymbol{\beta}\leftrightarrow(x_1,x_2,\cdots,x_n)^{\mathrm{T}}+(y_1,y_2,\cdots,y_n)^{\mathrm{T}},\\ k\boldsymbol{\alpha}\leftrightarrow(kx_1,kx_2,\cdots,kx_n)^{\mathrm{T}}.\end{cases}$$

也就是说，这种对应关系保持了线性组合的对应，因此可以说 V^n 与 P^n 具有相同的结构，简称 V^n 与 P^n **同构**.

这样一来，线性空间 V^n 中涉及线性关系的有关结果，如线性相关与线性无关、秩与最大无关组等，均对应 P^n 中的相应结果.

例 6.2.8 讨论 $P_4[x]$中多项式组：$f_1(x)=1+2x+4x^3$，$f_2(x)=x+x^2+4x^3$，$f_3(x)=1+x-3x^2$，$f_4(x)=-2x^2+x^3$ 的线性相关性.

解 在 $P_4[x]$中取基$\{1,x,x^2,x^3\}$，则多项式组对应的坐标分别为：$\boldsymbol{X}_1=(1,2,0,4)^{\mathrm{T}}$，$\boldsymbol{X}_2=(0,1,1,4)^{\mathrm{T}}$，$\boldsymbol{X}_3=(1,1,-3,0)^{\mathrm{T}}$，$\boldsymbol{X}_4=(0,0,-2,1)^{\mathrm{T}}$. 易知这 4 个向量线性无关，从而多项式组 $f_1(x),f_2(x),f_3(x),f_4(x)$也线性无关.

例 6.2.9 求 $P^{2\times2}$ 中矩阵组 $\boldsymbol{A}_1=\begin{pmatrix}1&0\\2&1\end{pmatrix}$，$\boldsymbol{A}_2=\begin{pmatrix}1&2\\0&1\end{pmatrix}$，$\boldsymbol{A}_3=\begin{pmatrix}2&1\\3&2\end{pmatrix}$，$\boldsymbol{A}_4=\begin{pmatrix}2&5\\-1&4\end{pmatrix}$的秩和最大无关组.

解 取例 6.2.7 中的基 $\boldsymbol{E}_{11},\boldsymbol{E}_{12},\boldsymbol{E}_{21},\boldsymbol{E}_{22}$，矩阵组 $\boldsymbol{A}_1,\boldsymbol{A}_2,\boldsymbol{A}_3,\boldsymbol{A}_4$ 在该组基下的坐标分别为 $\boldsymbol{\alpha}_1=(1,0,2,1)^{\mathrm{T}}$，$\boldsymbol{\alpha}_2=(1,2,0,1)^{\mathrm{T}}$，$\boldsymbol{\alpha}_3=(2,1,3,2)^{\mathrm{T}}$，$\boldsymbol{\alpha}_4=(2,5,-1,4)^{\mathrm{T}}$. 由例 3.3.1 知该向量组的秩为 3，且 $\boldsymbol{\alpha}_1,\boldsymbol{\alpha}_2,\boldsymbol{\alpha}_4$，是一个最大无关组. 故矩阵组 $\boldsymbol{A}_1,\boldsymbol{A}_2,\boldsymbol{A}_3,\boldsymbol{A}_4$ 的秩为 3，且 $\boldsymbol{A}_1,\boldsymbol{A}_2,\boldsymbol{A}_4$ 是一个最大无关组.

6.2.3 基变换与坐标变换公式

一个线性空间的基不是唯一的，线性空间中的元素在不同基下的坐标也不相同，

这就需要研究坐标之间的关系如何随着基的改变而改变.

定义 6.2.3 设 V 是数域 P 上的 n 维线性空间，$\boldsymbol{\alpha}_1,\boldsymbol{\alpha}_2,\cdots,\boldsymbol{\alpha}_n$ 和 $\boldsymbol{\beta}_1,\boldsymbol{\beta}_2,\cdots,\boldsymbol{\beta}_n$ 是 V 的两个基，$\boldsymbol{\beta}_1,\boldsymbol{\beta}_2,\cdots,\boldsymbol{\beta}_n$ 由 $\boldsymbol{\alpha}_1,\boldsymbol{\alpha}_2,\cdots,\boldsymbol{\alpha}_n$ 线性表示为

$$\begin{cases}\boldsymbol{\beta}_1 = c_{11}\boldsymbol{\alpha}_1 + c_{21}\boldsymbol{\alpha}_2 + \cdots + c_{n1}\boldsymbol{\alpha}_n, \\ \boldsymbol{\beta}_2 = c_{12}\boldsymbol{\alpha}_1 + c_{22}\boldsymbol{\alpha}_2 + \cdots + c_{n2}\boldsymbol{\alpha}_n, \\ \qquad\cdots\cdots \\ \boldsymbol{\beta}_n = c_{1n}\boldsymbol{\alpha}_1 + c_{2n}\boldsymbol{\alpha}_2 + \cdots + c_{nn}\boldsymbol{\alpha}_n,\end{cases} \tag{6.2.2}$$

或按矩阵乘法的规则形式地写为

$$(\boldsymbol{\beta}_1,\boldsymbol{\beta}_2,\cdots,\boldsymbol{\beta}_n) = (\boldsymbol{\alpha}_1,\boldsymbol{\alpha}_2,\cdots,\boldsymbol{\alpha}_n)\begin{pmatrix} c_{11} & c_{12} & \cdots & c_{1n} \\ c_{21} & c_{22} & \cdots & c_{2n} \\ \vdots & \vdots & & \vdots \\ c_{n1} & c_{n2} & \cdots & c_{nn}\end{pmatrix}, \tag{6.2.3}$$

则称矩阵 $\boldsymbol{C}=(c_{ij})_{n\times n}$ 为由基 $\boldsymbol{\alpha}_1,\boldsymbol{\alpha}_2,\cdots,\boldsymbol{\alpha}_n$ 到基 $\boldsymbol{\beta}_1,\boldsymbol{\beta}_2,\cdots,\boldsymbol{\beta}_n$ 的**过渡矩阵**，又称式(6.2.2)或式(6.2.3)为**基变换公式**.

以下定理给出了过渡矩阵的性质及不同基下的坐标之间的关系.

定理 6.2.1 设由线性空间 V^n 的基 $\boldsymbol{\alpha}_1,\boldsymbol{\alpha}_2,\cdots,\boldsymbol{\alpha}_n$ 到基 $\boldsymbol{\beta}_1,\boldsymbol{\beta}_2,\cdots,\boldsymbol{\beta}_n$ 的过渡矩阵为 $\boldsymbol{C}$，又设 $\boldsymbol{\alpha}\in V^n$ 在基 $\boldsymbol{\alpha}_1,\boldsymbol{\alpha}_2,\cdots,\boldsymbol{\alpha}_n$ 下的坐标为 $\boldsymbol{x}=(x_1,x_2,\cdots,x_n)^{\mathrm{T}}$，在基 $\boldsymbol{\beta}_1,\boldsymbol{\beta}_2,\cdots,\boldsymbol{\beta}_n$ 下的坐标为 $\boldsymbol{y}=(y_1,y_2,\cdots,y_n)^{\mathrm{T}}$，则

(1) $\boldsymbol{C}$ 是可逆的；

(2) $\boldsymbol{x}=\boldsymbol{C}\boldsymbol{y}$ 或 $\boldsymbol{y}=\boldsymbol{C}^{-1}\boldsymbol{x}$， (6.2.4)

称式(6.2.4)为**坐标变换公式**.

证 (1) 采用反证法. 如果 $\boldsymbol{C}$ 不可逆，则齐次线性方程组 $\boldsymbol{C}\boldsymbol{x}=\boldsymbol{0}$ 有非零解，即存在 $\boldsymbol{x}_0=(x_{10},x_{20},\cdots,x_{n0})^{\mathrm{T}}\neq\boldsymbol{0}$，使得 $\boldsymbol{C}\boldsymbol{x}_0=\boldsymbol{0}$，于是

$$x_{10}\boldsymbol{\beta}_1 + x_{20}\boldsymbol{\beta}_2 + \cdots + x_{n0}\boldsymbol{\beta}_n = (\boldsymbol{\beta}_1,\boldsymbol{\beta}_2,\cdots,\boldsymbol{\beta}_n)\boldsymbol{x}_0 = (\boldsymbol{\alpha}_1,\boldsymbol{\alpha}_2,\cdots,\boldsymbol{\alpha}_n)\boldsymbol{C}\boldsymbol{x}_0 = \boldsymbol{0},$$

这与 $\boldsymbol{\beta}_1,\boldsymbol{\beta}_2,\cdots,\boldsymbol{\beta}_n$ 是 V^n 的基矛盾，故 $\boldsymbol{C}$ 可逆.

(2) 因为

$$\boldsymbol{\alpha} = y_1\boldsymbol{\beta}_1 + y_2\boldsymbol{\beta}_2 + \cdots + y_n\boldsymbol{\beta}_n = (\boldsymbol{\beta}_1,\boldsymbol{\beta}_2,\cdots,\boldsymbol{\beta}_n)\boldsymbol{y} = (\boldsymbol{\alpha}_1,\boldsymbol{\alpha}_2,\cdots,\boldsymbol{\alpha}_n)\boldsymbol{C}\boldsymbol{y},$$

又因为

$$\boldsymbol{\alpha} = x_1\boldsymbol{\alpha}_1 + x_2\boldsymbol{\alpha}_2 + \cdots + x_n\boldsymbol{\alpha}_n = (\boldsymbol{\alpha}_1,\boldsymbol{\alpha}_2,\cdots,\boldsymbol{\alpha}_n)\boldsymbol{x},$$

由 $\boldsymbol{\alpha}_1,\boldsymbol{\alpha}_2,\cdots,\boldsymbol{\alpha}_n$ 是基即得 $\boldsymbol{x}=\boldsymbol{C}\boldsymbol{y}$. □

例 6.2.10 设 $\mathbf{R}^3$ 的两组基 $\boldsymbol{\alpha}_1=(1,0,-1)^{\mathrm{T}}$，$\boldsymbol{\alpha}_2=(2,1,1)^{\mathrm{T}}$，$\boldsymbol{\alpha}_3=(1,1,1)^{\mathrm{T}}$ 和 $\boldsymbol{\beta}_1=(0,1,1)^{\mathrm{T}}$，$\boldsymbol{\beta}_2=(-1,1,0)^{\mathrm{T}}$，$\boldsymbol{\beta}_3=(1,2,1)^{\mathrm{T}}$.

(1) 求从基 $\{\boldsymbol{\alpha}_1,\boldsymbol{\alpha}_2,\boldsymbol{\alpha}_3\}$ 到基 $\{\boldsymbol{\beta}_1,\boldsymbol{\beta}_2,\boldsymbol{\beta}_3\}$ 的过渡矩阵 $\boldsymbol{C}$；

(2) 求向量 $\boldsymbol{\alpha}=\boldsymbol{\alpha}_1+2\boldsymbol{\alpha}_2-3\boldsymbol{\alpha}_3$ 在基 $\{\boldsymbol{\beta}_1,\boldsymbol{\beta}_2,\boldsymbol{\beta}_3\}$ 下的坐标.

解 (1)由定义 6.2.3，过渡矩阵 $\boldsymbol{C}$ 是使等式 $(\boldsymbol{\beta}_1,\boldsymbol{\beta}_2,\boldsymbol{\beta}_3)=(\boldsymbol{\alpha}_1,\boldsymbol{\alpha}_2,\boldsymbol{\alpha}_3)\boldsymbol{C}$ 成立的

矩阵,对线性空间 $\mathbf{R}^3$ 而言,这是矩阵方程:

$$\begin{pmatrix}0&-1&1\\1&1&2\\1&0&1\end{pmatrix}=\begin{pmatrix}1&2&1\\0&1&1\\-1&1&1\end{pmatrix}\boldsymbol{C},$$

从而求得

$$\boldsymbol{C}=\begin{pmatrix}1&2&1\\0&1&1\\-1&1&1\end{pmatrix}^{-1}\begin{pmatrix}0&-1&1\\1&1&2\\1&0&1\end{pmatrix}=\begin{pmatrix}0&1&1\\-1&-3&-2\\2&4&4\end{pmatrix}.$$

(2) 由 $\boldsymbol{\alpha}=\boldsymbol{\alpha}_1+2\boldsymbol{\alpha}_2-3\boldsymbol{\alpha}_3$,得 $\boldsymbol{\alpha}$ 在基 $\{\boldsymbol{\alpha}_1,\boldsymbol{\alpha}_2,\boldsymbol{\alpha}_3\}$ 下的坐标为 $\boldsymbol{x}=(1,2,-3)^{\mathrm{T}}$,由 $\boldsymbol{x}=\boldsymbol{C}\boldsymbol{y}$,得

$$\boldsymbol{y}=\boldsymbol{C}^{-1}\boldsymbol{x}=\begin{pmatrix}0&1&1\\-1&-3&-2\\2&4&4\end{pmatrix}^{-1}\begin{pmatrix}1\\2\\-3\end{pmatrix}=\frac{1}{2}\begin{pmatrix}-7\\-1\\3\end{pmatrix}.$$

例 6.2.11 在 $P_4[x]$中取两组基:

$$\begin{cases}f_1(x)=-x+2x^2+x^3,\\f_2(x)=1+x-x^2+x^3,\\f_3(x)=1+x+2x^2-x^3,\\f_4(x)=1-x^2-x^3;\end{cases}\qquad\begin{cases}g_1(x)=1+x^2+2x^3,\\g_2(x)=2+2x+x^2,\\g_3(x)=2+x+x^2-2x^3,\\g_4(x)=2+x+3x^2+x^3,\end{cases}$$

求坐标变换公式.

解 首先要求出过渡矩阵.直接按公式(6.2.3)确定过渡矩阵比较麻烦,这里采用"中介基"法求之.取 $P_4[x]$的基$\{x^3,x^2,x,1\}$,则有

$$(f_1(x),f_2(x),f_3(x),f_4(x))=(x^3,x^2,x,1)\boldsymbol{A},$$
$$(g_1(x),g_2(x),g_3(x),g_4(x))=(x^3,x^2,x,1)\boldsymbol{B},$$

其中

$$\boldsymbol{A}=\begin{pmatrix}1&1&-1&-1\\2&-1&2&-1\\-1&1&1&0\\0&1&1&1\end{pmatrix},\qquad\boldsymbol{B}=\begin{pmatrix}2&0&-2&1\\1&1&1&3\\0&2&1&1\\1&2&2&2\end{pmatrix},$$

从而

$$(g_1(x),g_2(x),g_3(x),g_4(x))=(f_1(x),f_2(x),f_3(x),f_4(x))\boldsymbol{A}^{-1}\boldsymbol{B},$$

即由基$\{f_1(x),f_2(x),f_3(x),f_4(x)\}$到基$\{g_1(x),g_2(x),g_3(x),g_4(x)\}$的过渡矩阵为

$$\boldsymbol{C}=\boldsymbol{A}^{-1}\boldsymbol{B}=\begin{pmatrix}1&0&0&1\\1&1&0&1\\0&1&1&1\\0&0&1&0\end{pmatrix}.$$

若设 $P_4[x]$ 中任一多项式 $f(x)$ 在基 $\{f_1(x),f_2(x),f_3(x),f_4(x)\}$ 下的坐标为 $(x_1,x_2,x_3,x_4)^{\mathrm{T}}$，在基 $\{g_1(x),g_2(x),g_3(x),g_4(x)\}$ 下的坐标为 $(y_1,y_2,y_3,y_4)^{\mathrm{T}}$，则坐标变换公式为

$$\begin{pmatrix}x_1\\x_2\\x_3\\x_4\end{pmatrix}=\begin{pmatrix}1&0&0&1\\1&1&0&1\\0&1&1&1\\0&0&1&0\end{pmatrix}\begin{pmatrix}y_1\\y_2\\y_3\\y_4\end{pmatrix}\quad\text{或}\quad\begin{pmatrix}y_1\\y_2\\y_3\\y_4\end{pmatrix}=\begin{pmatrix}0&1&-1&1\\-1&1&0&0\\0&0&0&1\\1&-1&1&-1\end{pmatrix}\begin{pmatrix}x_1\\x_2\\x_3\\x_4\end{pmatrix}.$$

练　习　6.2

1. 求 $P_3[x]$ 中多项式 $1+x+x^2$ 在基 $\{1,(x-1),(x-2)(x-1)\}$ 下的坐标.

2. 设 4 维线性空间 V 的两组基：(Ⅰ)$\boldsymbol{\alpha}_1,\boldsymbol{\alpha}_2,\boldsymbol{\alpha}_3,\boldsymbol{\alpha}_4$ 和(Ⅱ)$\boldsymbol{\beta}_1,\boldsymbol{\beta}_2,\boldsymbol{\beta}_3,\boldsymbol{\beta}_4$ 满足

$$\boldsymbol{\alpha}_1+2\boldsymbol{\alpha}_2=\boldsymbol{\beta}_3,\quad \boldsymbol{\alpha}_2+2\boldsymbol{\alpha}_3=\boldsymbol{\beta}_4,\quad \boldsymbol{\beta}_1+2\boldsymbol{\beta}_2=\boldsymbol{\alpha}_3,\quad \boldsymbol{\beta}_2+2\boldsymbol{\beta}_3=\boldsymbol{\alpha}_4.$$

(1) 求由基(Ⅰ)到基(Ⅱ)的过渡矩阵 $\boldsymbol{C}$；

(2) 求元素 $\boldsymbol{\alpha}=2\boldsymbol{\beta}_1-\boldsymbol{\beta}_2+\boldsymbol{\beta}_3+\boldsymbol{\beta}_4$ 在基(Ⅰ)下的坐标.

3. 已知 $\mathbf{R}^4$ 的两组基：

(Ⅰ) $\boldsymbol{a}_1=\boldsymbol{e}_1,\boldsymbol{a}_2=\boldsymbol{e}_2,\boldsymbol{a}_3=\boldsymbol{e}_3,\boldsymbol{a}_4=\boldsymbol{e}_4$；

(Ⅱ) $\boldsymbol{b}_1=(2,1,-1,1)^{\mathrm{T}},\boldsymbol{b}_2=(0,3,1,0)^{\mathrm{T}},\boldsymbol{b}_3=(5,3,2,1)^{\mathrm{T}},\boldsymbol{b}_4=(6,6,1,3)^{\mathrm{T}}$.

(1) 求由基(Ⅰ)到基(Ⅱ)的过渡矩阵；

(2) 求向量 $\boldsymbol{x}=(x_1,x_2,x_3,x_4)^{\mathrm{T}}$ 在基(Ⅱ)下的坐标；

(3) 求在两组基下有相同坐标的所有向量.

4. 在 $\mathbf{R}^{2\times 2}$ 中，求由基

$$\boldsymbol{A}_1=\begin{pmatrix}1&1\\1&1\end{pmatrix},\quad \boldsymbol{A}_2=\begin{pmatrix}0&-1\\1&0\end{pmatrix},\quad \boldsymbol{A}_3=\begin{pmatrix}1&-1\\0&0\end{pmatrix},\quad \boldsymbol{A}_4=\begin{pmatrix}1&0\\0&0\end{pmatrix}$$

到基

$$\boldsymbol{G}_1=\begin{pmatrix}0&1\\1&1\end{pmatrix},\quad \boldsymbol{G}_2=\begin{pmatrix}1&0\\1&1\end{pmatrix},\quad \boldsymbol{G}_3=\begin{pmatrix}1&1\\0&1\end{pmatrix},\quad \boldsymbol{G}_4=\begin{pmatrix}1&1\\1&0\end{pmatrix}$$

的过渡矩阵.

6.3　线性子空间

6.3.1　子空间的概念

定义6.3.1　设 V 是数域 P 上的线性空间，W 是 V 的一个非空子集，如果 W 对于 V 中定义的加法与数乘运算也构成数域 P 上的线性空间，则称 W 为 V 的**线性子空间**，简称**子空间**.

对于任何线性空间 V，总有两个平凡子空间：一个是它自身 $V\subseteq V$，另一个是仅由零元素组成的集合 $W=\{\boldsymbol{\theta}\}$，称为**零元素空间**.

由于线性子空间也是线性空间，因此，前面引入的有关基、维数与坐标等概念，也

可应用到线性子空间中.

判断一个非空子集是否为子空间时,可以按照线性空间的定义来进行,但利用如下的结果来判断更为方便.

定理 6.3.1 线性空间 V 的非空子集 W 是 V 的子空间的充要条件是,W 对于 V 中规定的加法和数乘运算封闭.

证 必要性是显然的. 下证充分性.

已知 W 对于 V 中的加法与数乘运算封闭,由于 W 中的元素均是 V 中的元素,所以线性空间定义中的运算律(1)、(2)、(5)~(8)均成立. 又设 $\boldsymbol{\alpha}\in W\subset V$,由于$\boldsymbol{\theta}=0\boldsymbol{\alpha}\in W$,$-\boldsymbol{\alpha}=(-1)\boldsymbol{\alpha}\in W$,故运算律(3)和(4)也成立,从而 W 是一个线性空间. □

例 6.3.1 在几何空间 $\mathbf{R}^3$ 中,设 π 是一个过原点 O 的平面,则以 O 为起点,而终点在 π 上的所有向量构成 $\mathbf{R}^3$ 的一个 2 维子空间. 又设 L 是过原点 O 的一条直线,则以 O 为起点,终点在 L 上的所有向量构成 $\mathbf{R}^3$ 的一个 1 维子空间.

例 6.3.2 在线性空间 $\mathbf{R}^{n\times n}$中取集合 $W_1=\{\boldsymbol{A}\,|\,\boldsymbol{A}\in\mathbf{R}^{n\times n},\boldsymbol{A}^{\mathrm{T}}=\boldsymbol{A}\}$,$W_2=\{\boldsymbol{B}\,|\,\boldsymbol{B}\in\mathbf{R}^{n\times n},|\boldsymbol{B}|\neq 0\}$,试讨论 W_1 与 W_2 是否为 $\mathbf{R}^{n\times n}$的子空间.

解 对于任意的 $\boldsymbol{A}_1,\boldsymbol{A}_2\in W_1$,有

$$(\boldsymbol{A}_1+\boldsymbol{A}_2)^{\mathrm{T}}=\boldsymbol{A}_1^{\mathrm{T}}+\boldsymbol{A}_2^{\mathrm{T}}=\boldsymbol{A}_1+\boldsymbol{A}_2,\qquad (k\boldsymbol{A}_1)^{\mathrm{T}}=k\boldsymbol{A}_1^{\mathrm{T}}=k\boldsymbol{A}_1.$$

因此,$\boldsymbol{A}_1+\boldsymbol{A}_2,k\boldsymbol{A}_1\in \boldsymbol{W}_1$,由定理 6.3.1,$W_1$ 是 $\mathbf{R}^{n\times n}$ 的子空间. 读者试证明,$\dim W_1=\dfrac{n(n+1)}{2}$.

由于 $\boldsymbol{\theta}\notin W_2$,所以 W_2 不是 $\mathbf{R}^{n\times n}$的子空间.

子空间常用以下方法得到.

定理 6.3.2 设 V 是线性空间,$\boldsymbol{\alpha}_1,\boldsymbol{\alpha}_2,\cdots,\boldsymbol{\alpha}_m$ 是 V 中一组向量,则由它们的一切线性组合构成的集合

$$\operatorname{span}\{\boldsymbol{\alpha}_1,\boldsymbol{\alpha}_2,\cdots,\boldsymbol{\alpha}_m\}=\left\{\boldsymbol{\alpha}\mid\boldsymbol{\alpha}=\sum_{i=1}^{m}k_i\boldsymbol{\alpha}_i,k_i\in P\right\}\tag{6.3.1}$$

是 V 的一个子空间,称为由 $\boldsymbol{\alpha}_1,\boldsymbol{\alpha}_2,\cdots,\boldsymbol{\alpha}_m$ **生成的子空间**. □

定理的证明与 3.1 节例 3.1.5 类似,请读者给出证明的详细过程.

值得指出的是,任何一个 n 维线性空间 V^n,若 $\boldsymbol{\alpha}_1,\boldsymbol{\alpha}_2,\cdots,\boldsymbol{\alpha}_n$ 是它的一个基,则 V^n 可表示为

$$V^n=\operatorname{span}\{\boldsymbol{\alpha}_1,\boldsymbol{\alpha}_2,\cdots,\boldsymbol{\alpha}_n\}.$$

例 6.3.3 对一个矩阵 $\boldsymbol{A}\in P^{m\times n}$,可得到两个与 $\boldsymbol{A}$ 相关的子空间:

$$N(\boldsymbol{A})=\{\boldsymbol{X}\mid\boldsymbol{AX}=\boldsymbol{0}\}\subseteq P^n,$$

$$R(\boldsymbol{A})=\operatorname{span}\{\boldsymbol{a}_1,\boldsymbol{a}_2,\cdots,\boldsymbol{a}_n\}\subseteq P^m,$$

其中 $\boldsymbol{a}_i\,(i=1,2,\cdots,n)$是 $\boldsymbol{A}$ 的 n 个列向量. 子空间 $N(\boldsymbol{A})$称为矩阵 $\boldsymbol{A}$ 的**零空间**,$R(\boldsymbol{A})$称为矩阵 $\boldsymbol{A}$ 的**列空间**. 读者可自己证明,$\boldsymbol{AX}=\boldsymbol{0}$的基础解系就是 $N(\boldsymbol{A})$的基.

由于线性空间 V 的子空间 W 是 V 的一个子集,因此 W 中线性无关的元素数目

不会多于 V 中线性无关的元素数目，从而 $\dim W\leqslant\dim V$. 同时，将第三章向量空间中的线性无关组可扩充成一个基的结论移植到线性空间，我们有如下定理.

定理 6.3.3 线性空间 V^n 的 m 维子空间 W 的任何一个基都可以扩充成 V^n 的一个基. □

6.3.2 子空间的交与和、直和

子空间作为子集，有子集的交：$W_1\cap W_2$，并：$W_1\cup W_2$ 等运算，对它们有如下定理.

定理 6.3.4 设 W_1,W_2 是线性空间 V 的子空间，则有

(1) W_1 与 W_2 的交集 $W_1\cap W_2=\{\boldsymbol{\alpha}\mid\boldsymbol{\alpha}\in W_1 \text{ 且 } \boldsymbol{\alpha}\in W_2\}$是 V 的子空间，称为 W_1 与 W_2 的**交空间**.

(2) W_1 与 W_2 的和 $W_1+W_2=\{\boldsymbol{\alpha}\mid\boldsymbol{\alpha}=\boldsymbol{\alpha}_1+\boldsymbol{\alpha}_2,\boldsymbol{\alpha}_1\in W_1,\boldsymbol{\alpha}_2\in W_2\}$是 V 的子空间，称为 W_1 与 W_2 的**和空间**.

证明留给读者. □

读者也可举例说明，两个子空间的并一般不再是子空间.

例 6.3.4 在几何空间 $\mathbf{R}^3$ 中，令 W_1 是以原点 O 为起点，终点在 x 轴上的全体向量组成的子空间，W_2 是以原点 O 为起点，终点在 y 轴上的所有向量组成的子空间，则 W_1+W_2 是以原点 O 为起点，终点在 xOy 面上的全体向量组成的子空间.

例 6.3.5 设 $W_1=\operatorname{span}\{\boldsymbol{A}_1,\boldsymbol{A}_2\}$，$W_2=\operatorname{span}\{\boldsymbol{A}_3,\boldsymbol{A}_4\}$，其中

$$\boldsymbol{A}_1=\begin{pmatrix}1&0\\2&1\end{pmatrix},\quad \boldsymbol{A}_2=\begin{pmatrix}1&2\\0&1\end{pmatrix},\quad \boldsymbol{A}_3=\begin{pmatrix}2&1\\3&2\end{pmatrix},\quad \boldsymbol{A}_4=\begin{pmatrix}2&5\\-1&4\end{pmatrix},$$

求 W_1+W_2 与 $W_1\cap W_2$ 的基与维数.

解 容易证明，$W_1+W_2=\operatorname{span}\{\boldsymbol{A}_1,\boldsymbol{A}_2,\boldsymbol{A}_3,\boldsymbol{A}_4\}$，例 6.2.9 已求得矩阵组 $\boldsymbol{A}_1,\boldsymbol{A}_2,\boldsymbol{A}_3,\boldsymbol{A}_4$ 的秩为 3，且 $\boldsymbol{A}_1,\boldsymbol{A}_2,\boldsymbol{A}_4$ 为一个最大无关组，从而 $\dim(W_1+W_2)=3$，且 $\boldsymbol{A}_1,\boldsymbol{A}_2,\boldsymbol{A}_4$ 是 W_1+W_2 的一个基.

下面求 $W_1\cap W_2$ 的基与维数. 设 $\boldsymbol{A}\in W_1\cap W_2$，则 $\boldsymbol{A}\in W_1$ 且 $\boldsymbol{A}\in W_2$，即存在 $x_1,x_2,x_3,x_4\in P$，使得

$$\boldsymbol{A}=x_1\boldsymbol{A}_1+x_2\boldsymbol{A}_2=x_3\boldsymbol{A}_3+x_4\boldsymbol{A}_4,$$

即 $x_1\boldsymbol{A}_1+x_2\boldsymbol{A}_2-x_3\boldsymbol{A}_3-x_4\boldsymbol{A}_4=\boldsymbol{0}$，比较矩阵的元素得

$$\begin{cases}x_1+x_2-2x_3-2x_4=0,\\2x_2-x_3-5x_4=0,\\2x_1-3x_3+x_4=0,\\x_1+x_2-2x_3-4x_4=0,\end{cases}$$

解得

$$\begin{cases} x_1=\dfrac{3}{2}k, \\ x_2=\dfrac{1}{2}k, \\ x_3=k, \\ x_4=0 \end{cases} \quad (k\in P).$$

于是，$\boldsymbol{A}=k\boldsymbol{A}_3\ (k\in P)$，$\dim(W_1\cap W_2)=1$，且 $\boldsymbol{A}_3$ 是 $W_1\cap W_2$ 的一个基.

对 V 的子空间 W_1,W_2，$W_1\cap W_2$，W_1+W_2，有如下的包含关系：

$$W_1\cap W_2\subseteq \begin{matrix} W_1 \\ W_2 \end{matrix} \subseteq W_1+W_2\subseteq V,$$

它们的维数成立以下的维数公式.

定理 6.3.5（维数公式） 设 W_1 和 W_2 是线性空间 V 的子空间，则有如下维数公式：

$$\dim W_1+\dim W_2=\dim(W_1+W_2)+\dim(W_1\cap W_2). \tag{6.3.2}$$

证 设 $\dim W_1=n_1$，$\dim W_2=n_2$，$\dim(W_1\cap W_2)=m$. 因为$W_1\cap W_2\subseteq W_1$，$W_1\cap W_2\subseteq W_2$，所以 $m\leqslant n_1$，$m\leqslant n_2$.

如果 $m\neq 0$，取 $W_1\cap W_2$ 的基 $\boldsymbol{\alpha}_1,\boldsymbol{\alpha}_2,\cdots,\boldsymbol{\alpha}_m$，把它分别扩充成 W_1 与 W_2 的基

$$\boldsymbol{\alpha}_1,\boldsymbol{\alpha}_2,\cdots,\boldsymbol{\alpha}_m,\boldsymbol{\beta}_1,\cdots,\boldsymbol{\beta}_{n_1-m} \quad 与 \quad \boldsymbol{\alpha}_1,\boldsymbol{\alpha}_2,\cdots,\boldsymbol{\alpha}_m,\boldsymbol{\gamma}_1,\cdots,\boldsymbol{\gamma}_{n_2-m},$$

则

$$W_1+W_2=\operatorname{span}\{\boldsymbol{\alpha}_1,\cdots,\boldsymbol{\alpha}_m,\boldsymbol{\beta}_1,\cdots,\boldsymbol{\beta}_{n_1-m},\boldsymbol{\gamma}_1,\cdots,\boldsymbol{\gamma}_{n_2-m}\}.$$

下证向量组 $\boldsymbol{\alpha}_1,\cdots,\boldsymbol{\alpha}_m,\boldsymbol{\beta}_1,\cdots,\boldsymbol{\beta}_{n_1-m},\boldsymbol{\gamma}_1,\cdots,\boldsymbol{\gamma}_{n_2-m}$线性无关. 设

$$k_1\boldsymbol{\alpha}_1+\cdots+k_m\boldsymbol{\alpha}_m+l_1\boldsymbol{\beta}_1+\cdots+l_{n_1-m}\boldsymbol{\beta}_{n_1-m}+p_1\boldsymbol{\gamma}_1+\cdots+p_{n_2-m}\boldsymbol{\gamma}_{n_2-m}=\boldsymbol{\theta}. \tag{6.3.3}$$

令 $\boldsymbol{\alpha}=k_1\boldsymbol{\alpha}_1+\cdots+k_m\boldsymbol{\alpha}_m+l_1\boldsymbol{\beta}_1+\cdots+l_{n_1-m}\boldsymbol{\beta}_{n_1-m}=-p_1\boldsymbol{\gamma}_1-\cdots-p_{n_2-m}\boldsymbol{\gamma}_{n_2-m}$，于是由第一个等式知 $\boldsymbol{\alpha}\in W_1$，由第二个等式知 $\boldsymbol{\alpha}\in W_2$. 因此 $\boldsymbol{\alpha}\in W_1\cap W_2$，即 $\boldsymbol{\alpha}$ 可由 $\boldsymbol{\alpha}_1,\boldsymbol{\alpha}_2,\cdots,\boldsymbol{\alpha}_m$ 线性表示，设为

$$\boldsymbol{\alpha}=q_1\boldsymbol{\alpha}_1+\cdots+q_m\boldsymbol{\alpha}_m,$$

从而 $q_1\boldsymbol{\alpha}_1+\cdots+q_m\boldsymbol{\alpha}_m=-p_1\boldsymbol{\gamma}_1-\cdots-p_{n_2-m}\boldsymbol{\gamma}_{n_2-m}$，即

$$q_1\boldsymbol{\alpha}_1+\cdots+q_m\boldsymbol{\alpha}_m+p_1\boldsymbol{\gamma}_1+\cdots+p_{n_2-m}\boldsymbol{\gamma}_{n_2-m}=\boldsymbol{\theta}.$$

由 $\boldsymbol{\alpha}_1,\boldsymbol{\alpha}_2,\cdots,\boldsymbol{\alpha}_m,\boldsymbol{\gamma}_1,\cdots,\boldsymbol{\gamma}_{n_2-m}$是 W_2 的基知

$$q_1=q_2=\cdots=q_m=p_1=\cdots=p_{n_2-m}=0.$$

再由式(6.3.3)得

$$k_1\boldsymbol{\alpha}_1+\cdots+k_m\boldsymbol{\alpha}_m+l_1\boldsymbol{\beta}_1+\cdots+l_{n_1-m}\boldsymbol{\beta}_{n_1-m}=\boldsymbol{\theta}.$$

又因为 $\boldsymbol{\alpha}_1,\boldsymbol{\alpha}_2,\cdots,\boldsymbol{\alpha}_m,\boldsymbol{\beta}_1,\cdots,\boldsymbol{\beta}_{n_1-m}$是 W_1 的基，所以只有

$$k_1=k_2=\cdots=k_m=l_1=\cdots=l_{n_1-m}=0,$$

这就证明了 $\boldsymbol{\alpha}_1,\cdots,\boldsymbol{\alpha}_m,\boldsymbol{\beta}_1,\cdots,\boldsymbol{\beta}_{n_1-m},\boldsymbol{\gamma}_1,\cdots,\boldsymbol{\gamma}_{n_2-m}$线性无关，故

$$\dim(W_1+W_2)=m+n_1-m+n_2-m=n_1+n_2-m$$
$$=\dim W_1+\dim W_2-\dim(W_1\cap W_2),$$

即维数公式成立.

如果 $m=0$,即 $W_1\cap W_2=\{\boldsymbol{\theta}\}$. 取 W_1 的基 $\boldsymbol{\beta}_1,\cdots,\boldsymbol{\beta}_{n_1}$ 和 W_2 的基 $\boldsymbol{\gamma}_1,\cdots,\boldsymbol{\gamma}_{n_2}$,同样可证 $\boldsymbol{\beta}_1,\cdots,\boldsymbol{\beta}_{n_1},\boldsymbol{\gamma}_1,\cdots,\boldsymbol{\gamma}_{n_2}$ 是 W_1+W_2 的基,仍得维数公式. □

维数公式表明,和空间的维数一般比空间维数的和要小.

另外,在和空间 W_1+W_2 中,其元素 $\boldsymbol{\alpha}=\boldsymbol{\alpha}_1+\boldsymbol{\alpha}_2\,(\boldsymbol{\alpha}_1\in W_1,\boldsymbol{\alpha}_2\in W_2)$ 的表示方法一般不唯一. 例如,在 $\mathbf{R}^3$ 中,取 $W_1=\mathrm{span}\{\boldsymbol{\alpha}_1,\boldsymbol{\alpha}_2\}$, $W_2=\mathrm{span}\{\boldsymbol{\beta}_1,\boldsymbol{\beta}_2\}$,其中 $\boldsymbol{\alpha}_1=(1,0,0)^{\mathrm{T}}$, $\boldsymbol{\alpha}_2=(1,1,0)^{\mathrm{T}}$, $\boldsymbol{\beta}_1=(0,0,1)^{\mathrm{T}}$, $\boldsymbol{\beta}_2=(2,1,0)^{\mathrm{T}}$, 易知向量 $\boldsymbol{\gamma}=(2,1,0)^{\mathrm{T}}\in W_1\cap W_2$,即 $W_1\cap W_2\neq\{\boldsymbol{\theta}\}$. 这时 $\boldsymbol{\theta}\in W_1+W_2$ 可有两种表达式 $\boldsymbol{\theta}=\boldsymbol{\theta}+\boldsymbol{\theta}$ 和 $\boldsymbol{\theta}=\boldsymbol{\gamma}-\boldsymbol{\gamma}$.

针对这种现象,引入一种特殊的子空间的和.

定义 6.3.2　设 W_1 和 W_2 是线性空间 V 的子空间,$W=W_1+W_2$. 如果 W 中的每个元素 $\boldsymbol{\alpha}$ 表示为

$$\boldsymbol{\alpha}=\boldsymbol{\alpha}_1+\boldsymbol{\alpha}_2\qquad(\boldsymbol{\alpha}_1\in W_1,\boldsymbol{\alpha}_2\in W_2)$$

的方法是唯一的,则称 W 是 W_1 与 W_2 的**直和子空间**,记为 $W=W_1\oplus W_2$.

下面的定理给出了判断子空间的和空间是否为直和子空间的充要条件.

定理 6.3.6　设 W_1 和 W_2 是线性空间 V 的子空间,$W=W_1+W_2$,则下列条件等价:

(1) $W=W_1\oplus W_2$;

(2) 零元素的分解式是唯一的,即由 $\boldsymbol{\theta}=\boldsymbol{\alpha}_1+\boldsymbol{\alpha}_2\,(\boldsymbol{\alpha}_1\in W_1,\boldsymbol{\alpha}_2\in W_2)$ 可推出 $\boldsymbol{\alpha}_1=\boldsymbol{\alpha}_2=\boldsymbol{\theta}$;

(3) $W_1\cap W_2=\{\boldsymbol{\theta}\}$;

(4) $\dim(W_1+W_2)=\dim W_1+\dim W_2$.

证　(1)⇒(2). 显然.

(2)⇒(1). 任取 $\boldsymbol{\alpha}\in W$,假如有

$$\boldsymbol{\alpha}=\boldsymbol{\alpha}_1+\boldsymbol{\alpha}_2,\quad \boldsymbol{\alpha}=\boldsymbol{\beta}_1+\boldsymbol{\beta}_2\qquad(\boldsymbol{\alpha}_1,\boldsymbol{\beta}_1\in W_1,\boldsymbol{\alpha}_2,\boldsymbol{\beta}_2\in W_2),$$

则有

$$\boldsymbol{\theta}=(\boldsymbol{\alpha}_1-\boldsymbol{\beta}_1)+(\boldsymbol{\alpha}_2-\boldsymbol{\beta}_2)\qquad(\boldsymbol{\alpha}_1-\boldsymbol{\beta}_1\in W_1,\boldsymbol{\alpha}_2-\boldsymbol{\beta}_2\in W_2).$$

由(2)推出 $\boldsymbol{\alpha}_1-\boldsymbol{\beta}_1=\boldsymbol{\theta}$, $\boldsymbol{\alpha}_2-\boldsymbol{\beta}_2=\boldsymbol{\theta}$,即 $\boldsymbol{\alpha}_1=\boldsymbol{\beta}_1$, $\boldsymbol{\alpha}_2=\boldsymbol{\beta}_2$. 故 $\boldsymbol{\alpha}$ 的分解唯一,从而 W 是直和子空间.

(2) ⇒(3). 任取 $\boldsymbol{\alpha}\in W_1\cap W_2$,则

$$\boldsymbol{\theta}=\boldsymbol{\alpha}+(-\boldsymbol{\alpha})\qquad(\boldsymbol{\alpha}\in W_1,-\boldsymbol{\alpha}\in W_2),$$

由(2)知 $\boldsymbol{\alpha}=-\boldsymbol{\alpha}=\boldsymbol{\theta}$,这表明 $W_1\cap W_2=\{\boldsymbol{\theta}\}$.

(3) ⇒(2). 因为由 $\boldsymbol{\theta}=\boldsymbol{\alpha}_1+\boldsymbol{\alpha}_2\,(\boldsymbol{\alpha}_1\in W_1,\boldsymbol{\alpha}_2\in W_2)$ 可推得 $\boldsymbol{\alpha}_1=-\boldsymbol{\alpha}_2\in W_2$,于是 $\boldsymbol{\alpha}_1\in W_1\cap W_2=\{\boldsymbol{\theta}\}$,从而 $\boldsymbol{\alpha}_1=\boldsymbol{\theta}$. 同理可推出 $\boldsymbol{\alpha}_2=\boldsymbol{\theta}$. 故零向量的分解式唯一.

(3) ⇔(4). 由维数公式即得. □

推论 6.3.1 设 W_1 和 W_2 是线性空间 V 的子空间. 如果 $\boldsymbol{\alpha}_1,\cdots,\boldsymbol{\alpha}_s$ 是 W_1 的基，$\boldsymbol{\beta}_1,\cdots,\boldsymbol{\beta}_t$ 是 W_2 的基，且 W_1+W_2 是直和，则 $\boldsymbol{\alpha}_1,\cdots,\boldsymbol{\alpha}_s,\boldsymbol{\beta}_1,\cdots,\boldsymbol{\beta}_t$ 是 W_1+W_2 的基.

证 因为 $\dim W_1=s,\dim W_2=t$，由定理 6.3.5 知，$\dim(W_1+W_2)=s+t$. 所以只要证明元素组 $\boldsymbol{\alpha}_1,\cdots,\boldsymbol{\alpha}_s,\boldsymbol{\beta}_1,\cdots,\boldsymbol{\beta}_t$ 线性无关，则它们就是 W_1+W_2 的基. 设有数域 P 中的一组数 $k_1,k_2,\cdots,k_s,l_1,l_2,\cdots,l_t$，使得

$$k_1\boldsymbol{\alpha}_1+\cdots+k_s\boldsymbol{\alpha}_s+l_1\boldsymbol{\beta}_1+\cdots+l_t\boldsymbol{\beta}_t=\boldsymbol{\theta}.$$

令 $\boldsymbol{\alpha}=k_1\boldsymbol{\alpha}_1+\cdots+k_s\boldsymbol{\alpha}_s=-l_1\boldsymbol{\beta}_1-\cdots-l_t\boldsymbol{\beta}_t$，可见 $\boldsymbol{\alpha}\in W_1$ 且 $\boldsymbol{\alpha}\in W_2$，即 $\boldsymbol{\alpha}\in W_1\cap W_2=\{\boldsymbol{\theta}\}$，从而

$$k_1\boldsymbol{\alpha}_1+\cdots+k_s\boldsymbol{\alpha}_s=\boldsymbol{\theta},\qquad l_1\boldsymbol{\beta}_1+\cdots+l_t\boldsymbol{\beta}_t=\boldsymbol{\theta},$$

这只有 $k_1=\cdots=k_s=0,l_1=\cdots=l_t=0$，即 $\boldsymbol{\alpha}_1,\cdots,\boldsymbol{\alpha}_s,\boldsymbol{\beta}_1,\cdots,\boldsymbol{\beta}_t$ 线性无关. □

定理 6.3.7 设 W_1 是线性空间 V^n 的一个子空间，则必存在 V^n 的子空间 W_2，使 $V^n=W_1\oplus W_2$.

证 如果 $W_1=V^n$，则取 $W_2=\{\boldsymbol{\theta}\}$；如果 $W_1=\{\boldsymbol{\theta}\}$，则取 $W_2=V^n$. 如果$W_1\neq\{\boldsymbol{\theta}\}$且 $W_1\neq V^n$，取 W_1 的基 $\boldsymbol{\alpha}_1,\cdots,\boldsymbol{\alpha}_m\ (m<n)$，把它扩充成 V^n 的基 $\boldsymbol{\alpha}_1,\cdots,\boldsymbol{\alpha}_m,\boldsymbol{\alpha}_{m+1},\cdots,\boldsymbol{\alpha}_n$. 令 $W_2=\mathrm{span}\{\boldsymbol{\alpha}_{m+1},\cdots,\boldsymbol{\alpha}_n\}$，则 $W_1\cap W_2=\{\boldsymbol{\theta}\}$，且 $V^n=W_1\oplus W_2$. □

在几何空间 $\mathbf{R}^3$ 中，设 π 是一个过原点 O 的平面，L 表示过原点 O 且不在 π 上的直线. 以原点 O 为起点，且终点在 π 上的所有向量构成 $\mathbf{R}^3$ 的一个 2 维子空间 W_1，L 上的所有向量构成 $\mathbf{R}^3$ 的一个 1 维子空间 W_2. 显然 $\mathbf{R}^3=W_1+W_2$. 由于 $W_1\cap W_2=\{\boldsymbol{\theta}\}$，所以 $\mathbf{R}^3=W_1\oplus W_2$.

线性子空间的交与和、直和等概念可以推广到多个子空间的情形，在此不再赘述.

如果能将一个线性空间分解成若干个子空间的直和，那么对整个线性空间的研究就可以归结为对若干个较简单的子空间的研究.

练 习 6.3

1. 判断 $\mathbf{R}^{2\times3}$ 的下列子集是否构成子空间：

(1) $W_1=\left\{\begin{pmatrix}1 & b & 0\\ 0 & c & d\end{pmatrix}\middle| b,c,d\in\mathbf{R}\right\}$；　(2) $W_2=\left\{\begin{pmatrix}a & b & 0\\ 0 & 0 & c\end{pmatrix}\middle| a,b,c\in\mathbf{R}\right\}$；

(3) $W_3=\left\{\begin{pmatrix}a & b & 0\\ 0 & 0 & c\end{pmatrix}\middle| a+b+c=0,\ a,b,c\in\mathbf{R}\right\}$.

2. 求 $\mathbf{R}^4$ 的子空间 $W_1=\{(x_1,x_2,x_3,x_4)^{\mathrm{T}}\mid x_1-x_2+x_3-x_4=0\}$，$W_2=\{(x_1,x_2,x_3,x_4)^{\mathrm{T}}\mid x_1+x_2+x_3+x_4=0\}$的和 W_1+W_2 与交 $W_1\cap W_2$ 的基与维数.

3. 设 $\boldsymbol{\alpha}_1=(1,2,1,0)^{\mathrm{T}},\boldsymbol{\alpha}_2=(-1,1,1,1)^{\mathrm{T}},\boldsymbol{\beta}_1=(2,-1,0,1)^{\mathrm{T}},\boldsymbol{\beta}_2=(1,-1,3,7)^{\mathrm{T}}$，$W_1=\mathrm{span}\{\boldsymbol{\alpha}_1,\boldsymbol{\alpha}_2\}$，$W_2=\mathrm{span}\{\boldsymbol{\beta}_1,\boldsymbol{\beta}_2\}$，求 W_1+W_2 和 $W_1\cap W_2$.

4. 设 $\boldsymbol{\alpha}_1,\boldsymbol{\alpha}_2,\boldsymbol{\alpha}_3$ 是 3 维线性空间 V 的一个基，试求由

$$\boldsymbol{\beta}_1=\boldsymbol{\alpha}_1-2\boldsymbol{\alpha}_2+3\boldsymbol{\alpha}_3,\quad \boldsymbol{\beta}_2=2\boldsymbol{\alpha}_1+3\boldsymbol{\alpha}_2+2\boldsymbol{\alpha}_3,\quad \boldsymbol{\beta}_3=4\boldsymbol{\alpha}_1+13\boldsymbol{\alpha}_2$$

生成的子空间 $\mathrm{span}\{\boldsymbol{\beta}_1,\boldsymbol{\beta}_2,\boldsymbol{\beta}_3\}$ 的基与维数.

5. 证明线性空间 $\mathbf{R}^{2\times 2}$ 可以分解为 2 阶实对称矩阵的集合构成的子空间 W_1 与 2 阶实反对称矩阵的集合构成的子空间 W_2 的直和.

6. 设 $\boldsymbol{A},\boldsymbol{B}$ 为可交换的 n 阶方阵,证明:$R(\boldsymbol{A}+\boldsymbol{B})\leqslant R(\boldsymbol{A})+R(\boldsymbol{B})-R(\boldsymbol{AB})$.

6.4 线性变换

6.4.1 线性变换及其基本性质

定义6.4.1 设 V 是数域 P 上的线性空间,若有 V 上的对应关系 T,使对任意 $\boldsymbol{\alpha}\in V$,都有确定的向量 $\boldsymbol{\alpha}_1=T(\boldsymbol{\alpha})\in V$ 与之对应,则称 T 为 V 上的一个**变换**. 又若 T 对任意的 $\boldsymbol{\alpha},\boldsymbol{\beta}\in V$ 和任意 $k\in P$ 都有

$$T(\boldsymbol{\alpha}+\boldsymbol{\beta})=T(\boldsymbol{\alpha})+T(\boldsymbol{\beta}),\qquad T(k\boldsymbol{\alpha})=kT(\boldsymbol{\alpha}),\tag{6.4.1}$$

则称 T 是线性空间 V 上的一个**线性变换**.

为了表示方便,式(6.4.1)可合并为

$$T(k_1\boldsymbol{\alpha}_1+k_2\boldsymbol{\alpha}_2)=k_1T(\boldsymbol{\alpha}_1)+k_2(\boldsymbol{\alpha}_2).$$

若 $\boldsymbol{\alpha}_1=T(\boldsymbol{\alpha})$,则称 $\boldsymbol{\alpha}_1$ 为 $\boldsymbol{\alpha}$ 在 T 下的象,$\boldsymbol{\alpha}$ 为 $\boldsymbol{\alpha}_1$ 的原象.

例 6.4.1 设 $\boldsymbol{A}\in P^{n\times n}$,定义 P^n 的变换为

$$T(\boldsymbol{x})=\boldsymbol{Ax}\qquad(\boldsymbol{x}\in P^n),$$

则 T 是 P^n 的一个线性变换. 作为特例,把几何空间 $\mathbf{R}^2$ 的所有向量均绕原点依反时针方向旋转 θ 角的变换,就是一个线性变换. 这时象 $(y_1,y_2)^{\mathrm{T}}$ 与原象 $(x_1,x_2)^{\mathrm{T}}$ 之间的关系为

$$\begin{pmatrix}y_1\\y_2\end{pmatrix}=\begin{pmatrix}\cos\theta & -\sin\theta\\ \sin\theta & \cos\theta\end{pmatrix}\begin{pmatrix}x_1\\x_2\end{pmatrix}.$$

例 6.4.2 求导运算 $\dfrac{\mathrm{d}}{\mathrm{d}x}$ 是线性空间 $P_n[x]$ 上的线性变换.

例 6.4.3 积分运算 J_x:$J_x(p(x))=\int_a^x p(t)\mathrm{d}t$ 不是 $P_n[x]$ 上的线性变换. 因为,尽管积分运算具有线性,但对 x^{n-1},$J_x(x^{n-1})=\dfrac{1}{n}(x^n-a^n)\notin P_n[x]$. 但 J_x 是线性空间 $C[a,b]$ 上的线性变换.

例 6.4.4 线性空间 V 上的相似变换 T:$\forall\boldsymbol{\alpha}\in V$,$T(\boldsymbol{\alpha})=\lambda\boldsymbol{\alpha}$ 是线性变换,其中 λ 为给定的数,$\lambda\in P$. 特别地,当 $\lambda=0$ 时,$\forall\boldsymbol{\alpha}\in V$,$T(\boldsymbol{\alpha})=\boldsymbol{\theta}$,称 T 为**零变换**;当 $\lambda=1$ 时,$\forall\boldsymbol{\alpha}\in \mathrm{V}$,$T(\boldsymbol{\alpha})=\boldsymbol{\alpha}$,称 T 为**恒等变换**.

由定义,读者可自己验证 V 上线性变换 T 具有如下简单性质:

(1) $T(\boldsymbol{\theta})=\boldsymbol{\theta}$;

(2) $T(-\boldsymbol{\alpha})=-\boldsymbol{\alpha}$;

(3) $T\left(\sum\limits_{i=1}^{r}k_i\boldsymbol{\alpha}_i\right)=\sum\limits_{i=1}^{r}k_iT(\boldsymbol{\alpha}_i)$;

(4) 若$\{\boldsymbol{\alpha}_1,\boldsymbol{\alpha}_2,\cdots,\boldsymbol{\alpha}_s\}$是线性相关的向量组,则$\{T(\boldsymbol{\alpha}_1),T(\boldsymbol{\alpha}_2),\cdots,T(\boldsymbol{\alpha}_s)\}$也是线性相关的向量组.

性质(4)表明线性变换把线性相关组仍变为线性相关组,但一般线性变换不能保持线性无关性不变,如零变换就把线性无关组变成线性相关组.

6.4.2 线性变换的运算

定义 6.4.2 设V是数域P上的线性空间,T_1和T_2是线性空间V的两个线性变换,定义它们的运算如下:

(1) 变换的乘积T_1T_2:对任意$\boldsymbol{\alpha}\in V$,$(T_1T_2)(\boldsymbol{\alpha})=T_1(T_2(\boldsymbol{\alpha}))$;

(2) 变换的加法T_1+T_2:对任意$\boldsymbol{\alpha}\in V$,$(T_1+T_2)(\boldsymbol{\alpha})=T_1(\boldsymbol{\alpha})+T_2(\boldsymbol{\alpha})$;

(3) 数乘变换kT_1:对任意$\boldsymbol{\alpha}\in V,k\in P$,$(kT_1)(\boldsymbol{\alpha})=kT_1(\boldsymbol{\alpha})$;

(4) 可逆变换:对变换T_1,如果存在变换T_2,使$T_1T_2=T_2T_1=I$(恒等变换),则称T_1为可逆变换,T_2是T_1的逆变换,记为$T_2=T_1^{-1}$.

需要指出的是,线性变换的乘积一般不满足交换律.如在$\mathbf{R}^2$中定义线性变换

$$T_1[(x,y)^{\mathrm{T}}]=(y,x)^{\mathrm{T}},T_2[(x,y)^{\mathrm{T}}]=(x,0)^{\mathrm{T}},$$

则$T_1T_2[(x,y)^{\mathrm{T}}]=T_1[(x,0)^{\mathrm{T}}]=(0,x)^{\mathrm{T}}$, $T_2T_1[(x,y)^{\mathrm{T}}]=T_2[(y,x)^{\mathrm{T}}]=(y,0)^{\mathrm{T}}$,所以$T_1T_2\neq T_2T_1$.

可以证明,线性变换运算的结果仍然是线性空间V上的线性变换;线性空间V上的线性变换的全体,对于所定义的加法和数乘运算也构成了数域P上的线性空间.

对线性变换T,当n个T相乘时,我们用T的n次幂来表示,即$T^n=\underbrace{T\cdot T\cdot T\cdots T}_{n个}$.

6.4.3 线性变换的值域与核

定义 6.4.3 设V是数域P上的线性空间,T是V上的线性变换,V中元素在T下的象的集合称为T的**值域**,记为$R(T)$,即

$$R(T)=\{T(\boldsymbol{\alpha})\mid\boldsymbol{\alpha}\in V\};$$

V中所有被T变为零元素的原象组成的集合称为T的**核**,记为$N(T)$,即

$$N(T)=\{\boldsymbol{\alpha}\mid T(\boldsymbol{\alpha})=\boldsymbol{\theta},\boldsymbol{\alpha}\in V\}.$$

关于线性变换的值域与核,有以下一些结论.

定理 6.4.1 设T是线性空间V上的线性变换,则T的值域与核都是V的子空间.

证 因为$\boldsymbol{\theta}=T(\boldsymbol{\theta})\in R(T)$,$\boldsymbol{\theta}\in N(T)$,所以$R(T)$与$N(T)$非空.对任意$T(\boldsymbol{\alpha})$,$T(\boldsymbol{\beta})\in R(T)$和$k\in P$,有

$$T(\boldsymbol{\alpha})+T(\boldsymbol{\beta})=T(\boldsymbol{\alpha}+\boldsymbol{\beta})\in R(T),\quad kT(\boldsymbol{\alpha})=T(k\boldsymbol{\alpha})\in R(T),$$

从而 $R(T)$是 V 的子空间. 又对任意 $\boldsymbol{\alpha},\boldsymbol{\beta}\in N(T)$，有 $T(\boldsymbol{\alpha})=T(\boldsymbol{\beta})=\boldsymbol{\theta}$，此时

$$T(\boldsymbol{\alpha}+\boldsymbol{\beta})=T(\boldsymbol{\alpha})+T(\boldsymbol{\beta})=\boldsymbol{\theta},\qquad T(k\boldsymbol{\alpha})=kT(\boldsymbol{\alpha})=\boldsymbol{\theta},$$

即 $\boldsymbol{\alpha}+\boldsymbol{\beta}\in N(T)$，$k\boldsymbol{\alpha}\in N(T)$，故 $N(T)$是 V 的子空间. □

基于以上原因，也称 $R(T)$为 T 的**象空间**，而称 $N(T)$为 T 的**核空间**或**零空间**.

定义 6.4.4　设 T 是线性空间 V 上的线性变换，称 $R(T)$的维数为 T 的**秩**，记为 $\mathrm{rank}(T)$；而称 $N(T)$的维数为 T 的**零度**（或**亏**），记为 $\mathrm{null}(T)$.

定理 6.4.2　设 V 是数域 P 上的 n 维线性空间，$\boldsymbol{\alpha}_1,\boldsymbol{\alpha}_2,\cdots,\boldsymbol{\alpha}_n$ 是 V 的一个基，T 是 V 上的线性变换，则

(1) $R(T)=\mathrm{span}\{T(\boldsymbol{\alpha}_1),T(\boldsymbol{\alpha}_2),\cdots,T(\boldsymbol{\alpha}_n)\}$；

(2) $\mathrm{rank}(T)+\mathrm{null}(T)=n$.

证　(1) 任取 $\boldsymbol{\alpha}\in V$，我们有 $\boldsymbol{\alpha}=k_1\boldsymbol{\alpha}_1+k_2\boldsymbol{\alpha}_2+\cdots+k_n\boldsymbol{\alpha}_n$. 由

$$T(\boldsymbol{\alpha})=k_1T(\boldsymbol{\alpha}_1)+k_2T(\boldsymbol{\alpha}_2)+\cdots+k_nT(\boldsymbol{\alpha}_n)$$

知 $T(\boldsymbol{\alpha})\in\mathrm{span}\{T(\boldsymbol{\alpha}_1),T(\boldsymbol{\alpha}_2),\cdots,T(\boldsymbol{\alpha}_n)\}$，从而

$$R(T)\subset\mathrm{span}\{T(\boldsymbol{\alpha}_1),T(\boldsymbol{\alpha}_2),\cdots,T(\boldsymbol{\alpha}_n)\}.$$

又对于任意 $\boldsymbol{\beta}\in\mathrm{span}\{T(\boldsymbol{\alpha}_1),T(\boldsymbol{\alpha}_2),\cdots,T(\boldsymbol{\alpha}_n)\}$，有

$$\begin{aligned}\boldsymbol{\beta}&=k_1T(\boldsymbol{\alpha}_1)+k_2T(\boldsymbol{\alpha}_2)+\cdots+k_nT(\boldsymbol{\alpha}_n)\\&=T(k_1\boldsymbol{\alpha}_1+k_2\boldsymbol{\alpha}_2+\cdots+k_n\boldsymbol{\alpha}_n)\in R(T),\end{aligned}$$

从而

$$\mathrm{span}\{T(\boldsymbol{\alpha}_1),T(\boldsymbol{\alpha}_2),\cdots,T(\boldsymbol{\alpha}_n)\}\subset R(T),$$

故 $R(T)=\mathrm{span}\{T(\boldsymbol{\alpha}_1),T(\boldsymbol{\alpha}_2),\cdots,T(\boldsymbol{\alpha}_n)\}$.

(2) 设 $\mathrm{null}(T)=s$，且 $\boldsymbol{\alpha}_1,\boldsymbol{\alpha}_2,\cdots,\boldsymbol{\alpha}_s$ 是 $N(T)$的一个基，将其扩充成 V 的基 $\boldsymbol{\alpha}_1,\cdots,\boldsymbol{\alpha}_s,\boldsymbol{\alpha}_{s+1},\cdots,\boldsymbol{\alpha}_n$. 注意到 $T(\boldsymbol{\alpha}_i)=\boldsymbol{\theta}(i=1,2,\cdots,s)$，于是

$$\begin{aligned}R(T)&=\mathrm{span}\{T(\boldsymbol{\alpha}_1),\cdots,T(\boldsymbol{\alpha}_s),T(\boldsymbol{\alpha}_{s+1}),\cdots,T(\boldsymbol{\alpha}_n)\}\\&=\mathrm{span}\{T(\boldsymbol{\alpha}_{s+1}),\cdots,T(\boldsymbol{\alpha}_n)\}.\end{aligned}$$

下证 $T(\boldsymbol{\alpha}_{s+1}),\cdots,T(\boldsymbol{\alpha}_n)$线性无关. 设有数域 P 中的一组数 $k_{s+1},\cdots,k_n$，使得

$$k_{s+1}T(\boldsymbol{\alpha}_{s+1})+\cdots+k_nT(\boldsymbol{\alpha}_n)=\boldsymbol{\theta},$$

即 $T(k_{s+1}\boldsymbol{\alpha}_{s+1}+\cdots+k_n\boldsymbol{\alpha}_n)=\boldsymbol{\theta}$，可见 $k_{s+1}\boldsymbol{\alpha}_{s+1}+\cdots+k_n\boldsymbol{\alpha}_n\in N(T)$，从而存在 $k_1,\cdots,k_s\in P$，使得

$$k_{s+1}\boldsymbol{\alpha}_{s+1}+\cdots+k_n\boldsymbol{\alpha}_n=k_1\boldsymbol{\alpha}_1+k_2\boldsymbol{\alpha}_2+\cdots+k_s\boldsymbol{\alpha}_s,$$

即 $-k_1\boldsymbol{\alpha}_1-k_2\boldsymbol{\alpha}_2-\cdots-k_s\boldsymbol{\alpha}_s+k_{s+1}\boldsymbol{\alpha}_{s+1}+\cdots+k_n\boldsymbol{\alpha}_n=\boldsymbol{\theta}$. 由 $\boldsymbol{\alpha}_1,\cdots,\boldsymbol{\alpha}_s,\boldsymbol{\alpha}_{s+1},\cdots,\boldsymbol{\alpha}_n$ 是 V 的基得 $k_1=\cdots=k_s=k_{s+1}=\cdots=k_n=0$，因此 $T(\boldsymbol{\alpha}_{s+1}),\cdots,T(\boldsymbol{\alpha}_n)$线性无关. 于是

$$\mathrm{rank}(T)=\dim\mathrm{span}\{T(\boldsymbol{\alpha}_{s+1}),\cdots,T(\boldsymbol{\alpha}_n)\}=n-s=n-\mathrm{null}(T).$$ □

必须指出，虽然子空间 $R(T)$的 $N(T)$的维数之和等于线性空间 V 的维数 n，但 $R(T)+N(T)$并不一定就是 V. 如在线性空间 $P_n[x]$上的线性变换—求导运算$\dfrac{\mathrm{d}}{\mathrm{d}x}$，

$R\left(\frac{\mathrm{d}}{\mathrm{d}x}\right)$就是 $P_{n-1}[x]$，而 $N\left(\frac{\mathrm{d}}{\mathrm{d}x}\right)$就是实数域 $\mathbf{R}$. 显然，$R\left(\frac{\mathrm{d}}{\mathrm{d}x}\right)+N\left(\frac{\mathrm{d}}{\mathrm{d}x}\right)\neq P_n[x]$.

练 习 6.4

1. 判断下列变换哪些是线性变换，为什么？

(1) 在线性空间 V 中，$T(\boldsymbol{\alpha})=\boldsymbol{\alpha}+\boldsymbol{\alpha}_0$，其中 $\forall\boldsymbol{\alpha}\in V$，$\boldsymbol{\alpha}_0\in V$ 是取定的元素.

(2) 在 $\mathbf{R}^3$ 中，$T((x_1,x_2,x_3)^{\mathrm{T}})=(x_1^2,x_1+x_2,x_3)^{\mathrm{T}}$.

(3) 在 $\mathbf{R}^{n\times n}$ 中，$T(\boldsymbol{X})=\boldsymbol{AXB}$，其中 $\boldsymbol{A},\boldsymbol{B}$ 为给定的 n 阶方阵，$\forall\boldsymbol{X}\in\mathbf{R}^{n\times n}$.

2. 试证明 $T\begin{pmatrix}x_1\\x_2\end{pmatrix}=\begin{pmatrix}x_2\\-x_1\end{pmatrix}$，$S\begin{pmatrix}x_1\\x_2\end{pmatrix}=\begin{pmatrix}x_1\\-x_2\end{pmatrix}$是 $\mathbf{R}^2$ 的两个线性变换，并求$T+S$，TS 及 ST.

3. 已知 $\mathbf{R}^3$ 的线性变换 $T(x_1,x_2,x_3)^{\mathrm{T}}=(0,x_1,x_2)^{\mathrm{T}}$，求 T^2 的值域与核的基与维数.

4. 证明线性空间 V 上线性变换的全体，对于线性变换的加法与数乘运算也构成数域 P 上的线性空间.

6.5 线性变换的矩阵表示

在有限维线性空间中取定一个基后，就可以把线性变换与一个矩阵对应，这为人们用矩阵方法来研究线性变换提供了依据.

定义 6.5.1 设 V 是数域 P 上的 n 维线性空间，$\boldsymbol{\alpha}_1,\boldsymbol{\alpha}_2,\cdots,\boldsymbol{\alpha}_n$ 是 V 的一个基，T 是 V 上的线性变换. 基的象 $T(\boldsymbol{\alpha}_1),T(\boldsymbol{\alpha}_2),\cdots,T(\boldsymbol{\alpha}_n)$可唯一地由基$\boldsymbol{\alpha}_1,\boldsymbol{\alpha}_2,\cdots,\boldsymbol{\alpha}_n$ 线性表示：

$$\begin{cases}T(\boldsymbol{\alpha}_1)=a_{11}\boldsymbol{\alpha}_1+a_{21}\boldsymbol{\alpha}_2+\cdots+a_{n1}\boldsymbol{\alpha}_n,\\T(\boldsymbol{\alpha}_2)=a_{12}\boldsymbol{\alpha}_1+a_{22}\boldsymbol{\alpha}_2+\cdots+a_{n2}\boldsymbol{\alpha}_n,\\\qquad\cdots\cdots\\T(\boldsymbol{\alpha}_n)=a_{1n}\boldsymbol{\alpha}_1+a_{2n}\boldsymbol{\alpha}_2+\cdots+a_{nn}\boldsymbol{\alpha}_n,\end{cases}\tag{6.5.1}$$

称矩阵 $\boldsymbol{A}=(a_{ij})_{n\times n}$为 T **在基** $\boldsymbol{\alpha}_1,\boldsymbol{\alpha}_2,\cdots,\boldsymbol{\alpha}_n$ **下的矩阵**.

形式上采用矩阵乘法规则，式(6.5.1)可以表示为

$$T(\boldsymbol{\alpha}_1,\boldsymbol{\alpha}_2,\cdots,\boldsymbol{\alpha}_n)\xlongequal{\text{记为}}(T(\boldsymbol{\alpha}_1),T(\boldsymbol{\alpha}_2),\cdots,T(\boldsymbol{\alpha}_n))=(\boldsymbol{\alpha}_1,\boldsymbol{\alpha}_2,\cdots,\boldsymbol{\alpha}_n)\boldsymbol{A}.\tag{6.5.2}$$

可见矩阵 $\boldsymbol{A}$ 的第 i 列是 $T(\boldsymbol{\alpha}_i)$在基$\boldsymbol{\alpha}_1,\boldsymbol{\alpha}_2,\cdots,\boldsymbol{\alpha}_n$ 下的坐标. 在取定基后，线性变换 T 通过式(6.5.1)或式(6.5.2)确定一个矩阵 $\boldsymbol{A}$. 反之，假定给出一个 n 阶方阵$\boldsymbol{A}$，由式(6.5.1)或式(6.5.2)就确定了某一个线性变换 T 在基$\boldsymbol{\alpha}_1,\boldsymbol{\alpha}_2,\cdots,\boldsymbol{\alpha}_n$ 下的象，这时也就唯一确定了线性变换 T. 这样一来，线性变换就可以用矩阵来表示了.

例 6.5.1 线性空间 V^n 的恒等变换 I 和零变换 O 在 V^n 的任一个基下的矩阵分别是 n 阶单位矩阵 $\boldsymbol{E}$ 和 n 阶零矩阵 $\boldsymbol{O}$.

例 6.5.2　设 $\mathbf{R}^3$ 的线性变换为

$$T((x_1,x_2,x_3)^{\mathrm{T}})=(x_1,x_2,x_1-x_2)^{\mathrm{T}}.$$

取 $\mathbf{R}^3$ 的基 $\boldsymbol{e}_1=(1,0,0)^{\mathrm{T}},\boldsymbol{e}_2=(0,1,0)^{\mathrm{T}},\boldsymbol{e}_3=(0,0,1)^{\mathrm{T}}$，则

$$\begin{cases}T(\boldsymbol{e}_1)=(1,0,1)^{\mathrm{T}}=\boldsymbol{e}_1+0\boldsymbol{e}_2+\boldsymbol{e}_3,\\T(\boldsymbol{e}_2)=(0,1,-1)^{\mathrm{T}}=0\boldsymbol{e}_1+\boldsymbol{e}_2-\boldsymbol{e}_3,\\T(\boldsymbol{e}_3)=(0,0,0)^{\mathrm{T}}=0\boldsymbol{e}_1+0\boldsymbol{e}_2+0\boldsymbol{e}_3,\end{cases}$$

所以 T 在基 $\boldsymbol{e}_1,\boldsymbol{e}_2,\boldsymbol{e}_3$ 下的矩阵为 $\boldsymbol{A}=\begin{pmatrix}1&0&0\\0&1&0\\1&-1&0\end{pmatrix}$. 如果取 $\mathbf{R}^3$ 的基 $\boldsymbol{a}_1=(1,1,1)^{\mathrm{T}}$，$\boldsymbol{a}_2=(1,1,0)^{\mathrm{T}},\boldsymbol{a}_3=(1,0,0)^{\mathrm{T}}$，则有

$$\begin{cases}T(\boldsymbol{a}_1)=(1,1,0)^{\mathrm{T}}=0\boldsymbol{a}_1+\boldsymbol{a}_2+0\boldsymbol{a}_3,\\T(\boldsymbol{a}_2)=(1,1,0)^{\mathrm{T}}=0\boldsymbol{a}_1+\boldsymbol{a}_2+0\boldsymbol{a}_3,\\T(\boldsymbol{a}_3)=(1,0,1)^{\mathrm{T}}=\boldsymbol{a}_1-\boldsymbol{a}_2+\boldsymbol{a}_3,\end{cases}$$

从而 T 在基 $\boldsymbol{a}_1,\boldsymbol{a}_2,\boldsymbol{a}_3$ 下的矩阵为 $\boldsymbol{B}=\begin{pmatrix}0&0&1\\1&1&-1\\0&0&1\end{pmatrix}$.

由例 6.5.2 知，线性变换所对应的矩阵与所取的基有关. 同一线性变换在不同基下的矩阵有如下关系.

定理 6.5.1　设线性空间 V^n 的线性变换 T 在 V^n 的基 $\boldsymbol{\alpha}_1,\boldsymbol{\alpha}_2,\cdots,\boldsymbol{\alpha}_n$ 和基 $\boldsymbol{\beta}_1,\boldsymbol{\beta}_2,\cdots,\boldsymbol{\beta}_n$ 下的矩阵分别为 $\boldsymbol{A}$ 和 $\boldsymbol{B}$，且由基 $\boldsymbol{\alpha}_1,\boldsymbol{\alpha}_2,\cdots,\boldsymbol{\alpha}_n$ 到基 $\boldsymbol{\beta}_1,\boldsymbol{\beta}_2,\cdots,\boldsymbol{\beta}_n$ 的过渡矩阵为 $\boldsymbol{P}$，则 $\boldsymbol{B}=\boldsymbol{P}^{-1}\boldsymbol{A}\boldsymbol{P}$，即同一线性变换在不同基下的矩阵是相似的，且相似变换矩阵就是两组基之间的过渡矩阵.

证　根据假设条件，有

$$T(\boldsymbol{\alpha}_1,\boldsymbol{\alpha}_2,\cdots,\boldsymbol{\alpha}_n)=(\boldsymbol{\alpha}_1,\boldsymbol{\alpha}_2,\cdots,\boldsymbol{\alpha}_n)\boldsymbol{A},$$
$$T(\boldsymbol{\beta}_1,\boldsymbol{\beta}_2,\cdots,\boldsymbol{\beta}_n)=(\boldsymbol{\beta}_1,\boldsymbol{\beta}_2,\cdots,\boldsymbol{\beta}_n)\boldsymbol{B}.$$

又有 $(\boldsymbol{\beta}_1,\boldsymbol{\beta}_2,\cdots,\boldsymbol{\beta}_n)=(\boldsymbol{\alpha}_1,\boldsymbol{\alpha}_2,\cdots,\boldsymbol{\alpha}_n)\boldsymbol{P}$，于是

$$\begin{aligned}T(\boldsymbol{\beta}_1,\boldsymbol{\beta}_2,\cdots,\boldsymbol{\beta}_n)&=T[(\boldsymbol{\alpha}_1,\boldsymbol{\alpha}_2,\cdots,\boldsymbol{\alpha}_n)\boldsymbol{P}]=T(\boldsymbol{\alpha}_1,\boldsymbol{\alpha}_2,\cdots,\boldsymbol{\alpha}_n)\boldsymbol{P}\\&=(\boldsymbol{\alpha}_1,\boldsymbol{\alpha}_2,\cdots,\boldsymbol{\alpha}_n)\boldsymbol{A}\boldsymbol{P}=(\boldsymbol{\beta}_1,\boldsymbol{\beta}_2,\cdots,\boldsymbol{\beta}_n)\boldsymbol{P}^{-1}\boldsymbol{A}\boldsymbol{P}.\end{aligned}$$

由于基取定后线性变换所对应的矩阵是唯一的，故 $\boldsymbol{B}=\boldsymbol{P}^{-1}\boldsymbol{A}\boldsymbol{P}$. □

例 6.5.3　设 $\mathbf{R}^3$ 的线性变换 T 为

$$T((x_1,x_2,x_3)^{\mathrm{T}})=(x_1+2x_2+x_3,x_2-x_3,x_1+x_3)^{\mathrm{T}},$$

求 T 在基 $\boldsymbol{\alpha}_1=(1,0,1)^{\mathrm{T}},\boldsymbol{\alpha}_2=(0,1,1)^{\mathrm{T}},\boldsymbol{\alpha}_3=(1,-1,1)^{\mathrm{T}}$ 下的矩阵.

解　利用式(6.5.2)得到 T 在自然基 $\boldsymbol{e}_1=(1,0,0)^{\mathrm{T}},\boldsymbol{e}_2=(0,1,0)^{\mathrm{T}}$，$\boldsymbol{e}_3=(0,0,1)^{\mathrm{T}}$ 下的坐标关系为

$$T(\boldsymbol{e}_1,\boldsymbol{e}_2,\boldsymbol{e}_3)=(\boldsymbol{e}_1,\boldsymbol{e}_2,\boldsymbol{e}_3)\begin{pmatrix}1&2&1\\0&1&-1\\1&0&1\end{pmatrix}\xlongequal{\text{记为}}(\boldsymbol{e}_1,\boldsymbol{e}_2,\boldsymbol{e}_3)\boldsymbol{A}.$$

又由$(\boldsymbol{\alpha}_1,\boldsymbol{\alpha}_2,\boldsymbol{\alpha}_3)=(\boldsymbol{e}_1,\boldsymbol{e}_2,\boldsymbol{e}_3)\begin{pmatrix}1&0&1\\0&1&-1\\1&1&1\end{pmatrix}\xlongequal{\text{记为}}(\boldsymbol{e}_1,\boldsymbol{e}_2,\boldsymbol{e}_3)\boldsymbol{P}$以及定理 6.5.1 知,

$$\boldsymbol{B}=\boldsymbol{P}^{-1}\boldsymbol{A}\boldsymbol{P}=\begin{pmatrix}1&5&-4\\0&-2&2\\1&-2&4\end{pmatrix}.$$

线性变换 T 与矩阵 $\boldsymbol{A}$ 的一一对应还表现在它们的运算和秩等的一致方面.

定理 6.5.2 设 $\boldsymbol{\alpha}_1,\boldsymbol{\alpha}_2,\cdots,\boldsymbol{\alpha}_n$ 是线性空间 V 的一个基,T 和 S 是 V 上的两个线性变换,且它们在基 $\boldsymbol{\alpha}_1,\boldsymbol{\alpha}_2,\cdots,\boldsymbol{\alpha}_n$ 下的矩阵分别为 $\boldsymbol{A}$ 和 $\boldsymbol{B}$,则

(1) $T+S$ 在基 $\boldsymbol{\alpha}_1,\boldsymbol{\alpha}_2,\cdots,\boldsymbol{\alpha}_n$ 下的矩阵为 $\boldsymbol{A}+\boldsymbol{B}$;

(2) kT 在基 $\boldsymbol{\alpha}_1,\boldsymbol{\alpha}_2,\cdots,\boldsymbol{\alpha}_n$ 下的矩阵为 $k\boldsymbol{A}$;

(3) TS 在基 $\boldsymbol{\alpha}_1,\boldsymbol{\alpha}_2,\cdots,\boldsymbol{\alpha}_n$ 下的矩阵为 $\boldsymbol{AB}$;

(4) $\operatorname{rank}(T)=R(\boldsymbol{A})$;

(5) T 可逆的充要条件是 $\boldsymbol{A}$ 可逆,且 T^{-1} 在基 $\boldsymbol{\alpha}_1,\boldsymbol{\alpha}_2,\cdots,\boldsymbol{\alpha}_n$ 下的矩阵为 $\boldsymbol{A}^{-1}$;

(6) 若 $\boldsymbol{\alpha}\in V$ 在基 $\boldsymbol{\alpha}_1,\boldsymbol{\alpha}_2,\cdots,\boldsymbol{\alpha}_n$ 下的坐标为 $(x_1,x_2,\cdots x_n)^{\mathrm{T}}$,则 $T(\boldsymbol{\alpha})$ 在基 $\boldsymbol{\alpha}_1,\boldsymbol{\alpha}_2,\cdots,\boldsymbol{\alpha}_n$ 下的坐标 $(y_1,y_2,\cdots,y_n)^{\mathrm{T}}$ 可以按公式 $\boldsymbol{y}=\boldsymbol{A}\boldsymbol{x}$ 来计算.

证 由假设

$$T(\boldsymbol{\alpha}_1,\boldsymbol{\alpha}_2,\cdots,\boldsymbol{\alpha}_n)=(\boldsymbol{\alpha}_1,\boldsymbol{\alpha}_2,\cdots,\boldsymbol{\alpha}_n)\boldsymbol{A},$$
$$S(\boldsymbol{\alpha}_1,\boldsymbol{\alpha}_2,\cdots,\boldsymbol{\alpha}_n)=(\boldsymbol{\alpha}_1,\boldsymbol{\alpha}_2,\cdots,\boldsymbol{\alpha}_n)\boldsymbol{B},$$

所以

$$\begin{aligned}(T+S)(\boldsymbol{\alpha}_1,\boldsymbol{\alpha}_2,\cdots,\boldsymbol{\alpha}_n)&=((T+S)(\boldsymbol{\alpha}_1),(T+S)(\boldsymbol{\alpha}_2),\cdots,(T+S)(\boldsymbol{\alpha}_n))\\&=(T(\boldsymbol{\alpha}_1),\cdots,T(\boldsymbol{\alpha}_n))+(S(\boldsymbol{\alpha}_1),\cdots,S(\boldsymbol{\alpha}_n))\\&=(\boldsymbol{\alpha}_1,\boldsymbol{\alpha}_2,\cdots,\boldsymbol{\alpha}_n)(\boldsymbol{A}+\boldsymbol{B}),\end{aligned}$$

即 $T+S$ 在基 $\boldsymbol{\alpha}_1,\boldsymbol{\alpha}_2,\cdots,\boldsymbol{\alpha}_n$ 下的矩阵为 $\boldsymbol{A}+\boldsymbol{B}$. 同理可证(2),(3).

若 $\operatorname{rank}(T)=r$,则 $\boldsymbol{A}$ 的列向量组的秩为 r,而 $T(\boldsymbol{\alpha}_1),\cdots,T(\boldsymbol{\alpha}_n)$ 在基 $\boldsymbol{\alpha}_1,\boldsymbol{\alpha}_2,\cdots,\boldsymbol{\alpha}_n$ 下的坐标构成了 $\boldsymbol{A}$ 的列向量组,因此 $T(\boldsymbol{\alpha}_1),\cdots,T(\boldsymbol{\alpha}_n)$ 的秩为 r,于是

$$\operatorname{rank}(T)=\dim R(T)=\dim\operatorname{span}\{T(\boldsymbol{\alpha}_1),\cdots,T(\boldsymbol{\alpha}_n)\}=r=R(\boldsymbol{A}).$$

根据(3)知,等式 $TS=ST=I$ 与 $\boldsymbol{AB}=\boldsymbol{BA}=\boldsymbol{E}$ 对应,从而 T 可逆的充要条件是 $\boldsymbol{A}$ 可逆,且 T^{-1} 在基 $\boldsymbol{\alpha}_1,\boldsymbol{\alpha}_2,\cdots,\boldsymbol{\alpha}_n$ 下的矩阵为 $\boldsymbol{A}^{-1}$.

最后,由假设

$$\boldsymbol{\alpha}=(\boldsymbol{\alpha}_1,\boldsymbol{\alpha}_2,\cdots,\boldsymbol{\alpha}_n)\boldsymbol{x},\qquad T(\boldsymbol{\alpha})=(\boldsymbol{\alpha}_1,\boldsymbol{\alpha}_2,\cdots,\boldsymbol{\alpha}_n)\boldsymbol{y},$$

又

$$T(\boldsymbol{\alpha})=T[(\boldsymbol{\alpha}_1,\boldsymbol{\alpha}_2,\cdots,\boldsymbol{\alpha}_n)\boldsymbol{x}]=T(\boldsymbol{\alpha}_1,\boldsymbol{\alpha}_2,\cdots,\boldsymbol{\alpha}_n)\boldsymbol{x}=(\boldsymbol{\alpha}_1,\boldsymbol{\alpha}_2,\cdots,\boldsymbol{\alpha}_n)\boldsymbol{A}\boldsymbol{x},$$

故 $\boldsymbol{y}=\boldsymbol{A}\boldsymbol{x}$. □

建立了线性变换与其矩阵的一一对应关系以后,可以用线性变换的矩阵来研究线性变换的特征值与特征向量、线性变换的不变子空间、线性变换矩阵的化简等问题. 由于篇幅所限,在此从略,读者可参阅文献[3].

练　习　6.5

1. 函数集合 $V=\{(a_2x^2+a_1x+a_0)e^x \mid a_0,a_1,a_2\in\mathbf{R}\}$ 对于函数的线性运算构成 3 维实线性空间. 取 V 的基 $f_1(x)=x^2e^x, f_2(x)=xe^x, f_3(x)=e^x$,试求导运算 $\frac{d}{dx}$ 在该基下的矩阵.

2. 设 $\mathbf{R}^3$ 的线性变换 T 和 S 定义如下:

$$T((x_1,x_2,x_3)^T)=(2x_1-x_2,x_2-x_3,x_2+x_3)^T,$$
$$S((-1,0,2)^T)=(-5,0,3)^T,$$
$$S((0,1,1)^T)=(0,-1,6)^T,$$
$$S((-1,-1,0)^T)=(-5,-1,0)^T.$$

(1) 证明 T 和 S 都是可逆的; (2)求 $T^{-1},TS,T+S$ 在基 $\boldsymbol{e}_1, \boldsymbol{e}_2, \boldsymbol{e}_3$ 下的矩阵.

3. 已知 $\mathbf{R}^3$ 的线性变换 T 在基 $\boldsymbol{a}_1=(-1,1,1)^T,\boldsymbol{a}_2=(1,0,-1)^T,\boldsymbol{a}_3=(0,1,1)^T$ 下的矩阵为 $\begin{pmatrix}1&0&1\\1&1&0\\-1&2&1\end{pmatrix}$,求 T 在 $\boldsymbol{e}_1=(1,0,0)^T,\boldsymbol{e}_2=(0,1,0)^T,\boldsymbol{e}_3=(0,0,1)^T$ 下的矩阵.

6.6　内 积 空 间

线性空间的许多例子表明,它的应用范围非常广泛. 但在线性空间中,元素之间的运算只有加法和数乘两种,与几何空间比较,就会发现向量的度量性质,如向量的长度、向量间的夹角和正交等,在线性空间的理论中都没有得到反映. 而度量性质在许多问题中是很重要的,因此有必要在线性空间中引入度量的概念.

6.6.1　内积空间的概念

在几何空间中,向量的长度、夹角等度量性质都可以通过向量的内积表示出来,而且向量的内积有比较明显的代数性质,容易计算. 因此在抽象的线性空间讨论中,就取内积作为度量性质的基本概念.

定义 6.6.1　设 V 是实数域 $\mathbf{R}$ 上的线性空间,如果对于 V 中任意两个元素 $\boldsymbol{\alpha},\boldsymbol{\beta}$ 都有一实数与之对应,记为 $(\boldsymbol{\alpha},\boldsymbol{\beta})$,且它满足下列条件 $(\boldsymbol{\alpha},\boldsymbol{\beta},\boldsymbol{\gamma}\in V, k\in\mathbf{R})$:

(1) 对称性: $(\boldsymbol{\alpha},\boldsymbol{\beta})=(\boldsymbol{\beta},\boldsymbol{\alpha})$;

(2) 线性性: $(\boldsymbol{\alpha}+\boldsymbol{\beta},\boldsymbol{\gamma})=(\boldsymbol{\alpha},\boldsymbol{\gamma})+(\boldsymbol{\beta},\boldsymbol{\gamma}),(k\boldsymbol{\alpha},\boldsymbol{\beta})=k(\boldsymbol{\alpha},\boldsymbol{\beta})$;

(3) 正定性: $(\boldsymbol{\alpha},\boldsymbol{\alpha})\geqslant 0$;当且仅当 $\boldsymbol{\alpha}=\boldsymbol{\theta}$ 时,$(\boldsymbol{\alpha},\boldsymbol{\alpha})=0$,

则称实数 $(\boldsymbol{\alpha},\boldsymbol{\beta})$ 为 $\boldsymbol{\alpha}$ 与 $\boldsymbol{\beta}$ 的**内积**,定义了内积的实线性空间 V 称为**实内积空间**,也称为**欧几里得空间**(Euclidean Space)(简称**欧氏空间**).

例 6.6.1 对 $\mathbf{R}^n$ 中的向量 $\boldsymbol{a}=(a_1,a_2,\cdots,a_n)^{\mathrm{T}},\boldsymbol{b}=(b_1,b_2,\cdots,b_n)^{\mathrm{T}}$,定义

$$(\boldsymbol{a},\boldsymbol{b})=a_1b_1+a_2b_2+\cdots+a_nb_n=\boldsymbol{a}^{\mathrm{T}}\boldsymbol{b},$$

则它满足内积的几条性质,这里的内积就是我们在第 4 章中的内积$[\boldsymbol{a},\boldsymbol{b}]$.在引入上述内积定义以后,$\mathbf{R}^n$ 就是内积空间.

例 6.6.2 对于实矩阵空间 $\mathbf{R}^{m\times n}$中的矩阵$\boldsymbol{A}=(a_{ij})_{m\times n},\boldsymbol{B}=(b_{ij})_{m\times n}$,定义

$$(\boldsymbol{A},\boldsymbol{B})=\sum_{i=1}^{m}\sum_{j=1}^{n}a_{ij}b_{ij}=\mathrm{tr}(\boldsymbol{A}\boldsymbol{B}^{\mathrm{T}}),$$

易知它是内积,$\mathbf{R}^{m\times n}$按此内积构成内积空间.

例 6.6.3 对于线性空间 $C[a,b]$中的函数 $f(x),g(x)$,定义

$$(f,g)=\int_a^b f(x)g(x)\mathrm{d}x,$$

根据定积分的性质易知它是内积,$C[a,b]$按此内积构成内积空间.

需要指出的是,在同一个线性空间上,可以定义不同的内积,当然也就构成不同的内积空间.例如,取定一个正定矩阵 $\boldsymbol{A}=(a_{ij})_{n\times n}$,对于 $\mathbf{R}^n$ 中的向量 $\boldsymbol{a},\boldsymbol{b}$,可以定义内积$(\boldsymbol{a},\boldsymbol{b})=\boldsymbol{a}^{\mathrm{T}}\boldsymbol{A}\boldsymbol{b}$,按此内积,$\mathbf{R}^n$ 也构成内积空间.例 6.6.1 中的内积是$\boldsymbol{A}=\boldsymbol{E}$的特例.

由内积定义不难证明内积的如下基本性质.

定理 6.6.1 设 V 是内积空间,$\boldsymbol{\alpha},\boldsymbol{\beta},\boldsymbol{\gamma},\boldsymbol{\alpha}_i,\boldsymbol{\beta}_j\in V,k,k_i,l_j\in\mathbf{R}$,则有

(1) $(\boldsymbol{\alpha},k\boldsymbol{\beta})=k(\boldsymbol{\alpha},\boldsymbol{\beta})$;

(2) $(\boldsymbol{\alpha},\boldsymbol{\beta}+\boldsymbol{\gamma})=(\boldsymbol{\alpha},\boldsymbol{\beta})+(\boldsymbol{\alpha},\boldsymbol{\gamma})$;

(3) $(\boldsymbol{\alpha},\boldsymbol{\theta})=(\boldsymbol{\theta},\boldsymbol{\beta})=0$;

(4) $\left(\sum_{i=1}^{m}k_i\boldsymbol{\alpha}_i,\sum_{j=1}^{n}l_j\boldsymbol{\beta}_j\right)=\sum_{i=1}^{m}\sum_{j=1}^{n}k_il_j(\boldsymbol{\alpha}_i,\boldsymbol{\beta}_j)$;

(5) $(\boldsymbol{\alpha},\boldsymbol{\beta})^2\leqslant(\boldsymbol{\alpha},\boldsymbol{\alpha})(\boldsymbol{\beta},\boldsymbol{\beta})$,且等式成立的充要条件是 $\boldsymbol{\alpha}$ 与 $\boldsymbol{\beta}$ 线性相关.该不等式称之为 **Cauchy-Schwarz 不等式**. □

在不同的内积空间中,元素及其内积的含义不同,Cauchy-Schwarz 不等式的表达式也不同.例如,在 $\mathbf{R}^n$ 中,$\left(\sum_{i=1}^{n}a_ib_i\right)^2\leqslant\left(\sum_{i=1}^{n}a_i^2\right)\left(\sum_{i=1}^{n}b_i^2\right)$,而在 $C[a,b]$中,$\left(\int_a^b f(t)g(t)\mathrm{d}t\right)^2\leqslant\left(\int_a^b f^2(t)\mathrm{d}t\right)\left(\int_a^b g^2(t)\mathrm{d}t\right)$.

定义 6.6.2 设 V 是内积空间,对 $\boldsymbol{\alpha}\in V$,称非负实数 $\sqrt{(\boldsymbol{\alpha},\boldsymbol{\alpha})}$ 为 $\boldsymbol{\alpha}$ 的**长度**(或**范数、模**),记为$\|\boldsymbol{\alpha}\|$,即$\|\boldsymbol{\alpha}\|=\sqrt{(\boldsymbol{\alpha},\boldsymbol{\alpha})}$. V 中两非零元素 $\boldsymbol{\alpha}$ 与 $\boldsymbol{\beta}$ 的夹角 φ 规定为

$$\varphi=\arccos\frac{(\boldsymbol{\alpha},\boldsymbol{\beta})}{\|\boldsymbol{\alpha}\|\cdot\|\boldsymbol{\beta}\|}\qquad(0\leqslant\varphi\leqslant\pi),$$

对任意 $\boldsymbol{\alpha},\boldsymbol{\beta}\in V$,如果$(\boldsymbol{\alpha},\boldsymbol{\beta})=0$,则称 $\boldsymbol{\alpha}$ 与 $\boldsymbol{\beta}$ **正交**(或**垂直**),记为 $\boldsymbol{\alpha}\perp\boldsymbol{\beta}$.

一般内积空间中元素的长度与几何空间中向量的长度有类似的性质.

定理 6.6.2 设 V 是内积空间,对任意 $\boldsymbol{\alpha},\boldsymbol{\beta}\in V$ 和 $k\in\mathbf{R}$,有

(1) 正定性：$\|\boldsymbol{\alpha}\|\geqslant 0$；当且仅当 $\boldsymbol{\alpha}=\boldsymbol{\theta}$ 时，$\|\boldsymbol{\alpha}\|=0$；

(2) 齐次性：$\|k\boldsymbol{\alpha}\|=|k|\,\|\boldsymbol{\alpha}\|$；

(3) 三角不等式：$\|\boldsymbol{\alpha}+\boldsymbol{\beta}\|\leqslant\|\boldsymbol{\alpha}\|+\|\boldsymbol{\beta}\|$；

(4) 勾股定理：当 $\boldsymbol{\alpha}\perp\boldsymbol{\beta}$ 时，$\|\boldsymbol{\alpha}+\boldsymbol{\beta}\|^2=\|\boldsymbol{\alpha}\|^2+\|\boldsymbol{\beta}\|^2$. □

例 6.6.4　对于 $\mathbf{R}^n$ 中的向量 $\boldsymbol{a}=(a_1,a_2,\cdots,a_n)^{\mathrm{T}}$，其长度为 $\|\boldsymbol{a}\|=\sqrt{\sum\limits_{i=1}^{n}a_i^2}$；对于 $\mathbf{R}^{m\times n}$ 中的矩阵 $\mathbf{A}=(a_{ij})_{n\times n}$，其长度为 $\|\mathbf{A}\|=\sqrt{\sum\limits_{i=1}^{m}\sum\limits_{j=1}^{n}a_{ij}^2}$；对于 $C[a,b]$ 中的函数 $f(x)$，其长度为 $\|f(x)\|=\sqrt{\int_a^b f^2(x)\mathrm{d}x}$.

例 6.6.5　在 $C[-\pi,\pi]$ 中，三角函数组

$$\{1,\cos x,\sin x,\cos 2x,\sin 2x,\cdots,\cos nx,\sin nx,\cdots\}$$

是两两正交的.

6.6.2　标准正交基

定义 6.6.3　对内积空间中均为非零向量的向量组 $\{\boldsymbol{\alpha}_1,\boldsymbol{\alpha}_2,\cdots,\boldsymbol{\alpha}_m\}$，若 $(\boldsymbol{\alpha}_i,\boldsymbol{\alpha}_j)=0\ (i\neq j)$，则称 $\{\boldsymbol{\alpha}_1,\boldsymbol{\alpha}_2,\cdots,\boldsymbol{\alpha}_m\}$ 为**正交向量组**. 进一步，若满足 $(\boldsymbol{\alpha}_i,\boldsymbol{\alpha}_j)=\begin{cases}1, & i=j,\\ 0, & i\neq j,\end{cases}$ 则称 $\{\boldsymbol{\alpha}_1,\boldsymbol{\alpha}_2,\cdots,\boldsymbol{\alpha}_m\}$ 为**标准正交向量组**.

类似于 $\mathbf{R}^n$ 中正交向量组，内积空间 V 中的正交向量组也有如下基本性质.

定理 6.6.3　设 V 是内积空间，则其中正交向量组是线性无关的. □

定理 6.6.4　有限维内积空间必有标准正交基. □

设 $\boldsymbol{\alpha}_1,\boldsymbol{\alpha}_2,\cdots,\boldsymbol{\alpha}_n$ 是内积空间 V 的一个基，则用 **Gram-Schmidt 正交化方法**可将 $\boldsymbol{\alpha}_1,\boldsymbol{\alpha}_2,\cdots,\boldsymbol{\alpha}_n$ 改造为 V 的一个标准正交基：

$$\begin{cases}\boldsymbol{\beta}_1=\boldsymbol{\alpha}_1, & \boldsymbol{\varepsilon}_1=\dfrac{\boldsymbol{\beta}_1}{\|\boldsymbol{\beta}_1\|},\\[2ex] \boldsymbol{\beta}_2=\boldsymbol{\alpha}_2-(\boldsymbol{\alpha}_2,\boldsymbol{\varepsilon}_1)\boldsymbol{\varepsilon}_1, & \boldsymbol{\varepsilon}_2=\dfrac{\boldsymbol{\beta}_2}{\|\boldsymbol{\beta}_2\|},\\ \qquad\cdots\cdots \\ \boldsymbol{\beta}_n=\boldsymbol{\alpha}_n-\sum\limits_{i=1}^{n-1}(\boldsymbol{\alpha}_n,\boldsymbol{\varepsilon}_i)\boldsymbol{\varepsilon}_i, & \boldsymbol{\varepsilon}_n=\dfrac{\boldsymbol{\beta}_n}{\|\boldsymbol{\beta}_n\|}.\end{cases} \tag{6.6.1}$$

用矩阵运算可写为

$$(\boldsymbol{\alpha}_1,\boldsymbol{\alpha}_2,\cdots,\boldsymbol{\alpha}_n)=(\boldsymbol{\varepsilon}_1,\boldsymbol{\varepsilon}_2,\cdots,\boldsymbol{\varepsilon}_n)\begin{pmatrix}\|\boldsymbol{\beta}_1\| & (\boldsymbol{\alpha}_2,\boldsymbol{\varepsilon}_1) & \cdots & (\boldsymbol{\alpha}_n,\boldsymbol{\varepsilon}_1)\\ & \|\boldsymbol{\beta}_2\| & \cdots & (\boldsymbol{\alpha}_n,\boldsymbol{\varepsilon}_2)\\ & & \ddots & \vdots\\ & & & \|\boldsymbol{\beta}_n\|\end{pmatrix}. \tag{6.6.2}$$

在内积空间中,若取标准正交基,常常可以使一些计算问题得到简化.设 $\boldsymbol{\varepsilon}_1,\boldsymbol{\varepsilon}_2,\cdots,\boldsymbol{\varepsilon}_n$ 是内积空间 V^n 的一组标准正交基,则 V^n 中的元素 $\boldsymbol{\alpha}$ 的坐标可以通过内积简单地表示出来,即

$$\boldsymbol{\alpha}=(\boldsymbol{\varepsilon}_1,\boldsymbol{\alpha})\boldsymbol{\varepsilon}_1+(\boldsymbol{\varepsilon}_2,\boldsymbol{\alpha})\boldsymbol{\varepsilon}_2+\cdots+(\boldsymbol{\varepsilon}_n,\boldsymbol{\alpha})\boldsymbol{\varepsilon}_n.$$

读者可作为练习证明上述结论.在标准正交基下,内积有特别简单的表达式.设

$$\boldsymbol{\alpha}=x_1\boldsymbol{\varepsilon}_1+x_2\boldsymbol{\varepsilon}_2+\cdots+x_n\boldsymbol{\varepsilon}_n,\qquad \boldsymbol{\beta}=y_1\boldsymbol{\varepsilon}_1+y_2\boldsymbol{\varepsilon}_2+\cdots+y_n\boldsymbol{\varepsilon}_n,$$

则 $(\boldsymbol{\alpha},\boldsymbol{\beta})=x_1y_1+x_2y_2+\cdots+x_ny_n$.这个表达式正是几何中向量的内积在直角坐标系中坐标表达式的推广.

两组标准正交基之间有如下关系.

定理 6.6.5 在内积空间 V^n 中,

(1) 由标准正交基到标准正交基的过渡矩阵是正交矩阵;

(2) 如果两组基之间的过渡矩阵是正交矩阵,且其中一个基是标准矩阵,则另一个基也是标准正交基.

证明从略. □

6.6.3 正交子空间

内积空间的子空间对于整个空间的内积也构成一个内积空间.除了通常子空间的性质外,内积空间还可以定义正交关系.

定义 6.6.4 设 W_1 与 W_2 是内积空间 V 的两个子空间,$\boldsymbol{\alpha}\in V$.如果对任意 $\boldsymbol{\beta}\in W_1$,都有 $(\boldsymbol{\alpha},\boldsymbol{\beta})=0$,则称 **$\boldsymbol{\alpha}$ 与子空间 W_1 正交**,记为 $\boldsymbol{\alpha}\perp W_1$.如果对任意 $\boldsymbol{\beta}\in W_1$ 和任意 $\boldsymbol{\gamma}\in W_2$ 都有 $(\boldsymbol{\beta},\boldsymbol{\gamma})=0$,则称 **$W_1$ 与 W_2 正交**,记为 $W_1\perp W_2$.

例 6.6.6 设 W 是 n 维内积空间 V 的子空间,定义 V 的另一子空间

$$W^{\perp}=\{\boldsymbol{\alpha}\mid\boldsymbol{\alpha}\in V,\ \forall\boldsymbol{\beta}\in W,\ (\boldsymbol{\alpha},\boldsymbol{\beta})=0\}.\tag{6.6.3}$$

证明:(1)$W^{\perp}$ 是 V 的子空间;(2)$V=W\oplus W^{\perp}$.

证 (1) 显然,$\boldsymbol{\theta}\in W^{\perp}$,所以 $W^{\perp}$ 非空.又对于 $\boldsymbol{\alpha}_1,\boldsymbol{\alpha}_2\in W^{\perp}$,任意 $\boldsymbol{\beta}\in W$,有

$$(k_1\boldsymbol{\alpha}_1+k_2\boldsymbol{\alpha}_2,\boldsymbol{\beta})=k_1(\boldsymbol{\alpha}_1,\boldsymbol{\beta})+k_2(\boldsymbol{\alpha}_2,\boldsymbol{\beta})=0,$$

因此 $k_1\boldsymbol{\alpha}_1+k_2\boldsymbol{\alpha}_2\in W^{\perp}$,故 $W^{\perp}$ 是 V 的子空间.

(2) 设 $\boldsymbol{\varepsilon}_1,\boldsymbol{\varepsilon}_2,\cdots,\boldsymbol{\varepsilon}_r$ 是 W 的标准正交基,把它扩充成 V 的标准正交基 $\boldsymbol{\varepsilon}_1,\boldsymbol{\varepsilon}_2,\cdots,\boldsymbol{\varepsilon}_r,\boldsymbol{\eta}_{r+1},\cdots,\boldsymbol{\eta}_n$,则

$$\begin{cases}V=\mathrm{span}\{\boldsymbol{\varepsilon}_1,\boldsymbol{\varepsilon}_2,\cdots,\boldsymbol{\varepsilon}_r,\boldsymbol{\eta}_{r+1},\cdots,\boldsymbol{\eta}_n\},\\ W=\mathrm{span}\{\boldsymbol{\varepsilon}_1,\boldsymbol{\varepsilon}_2,\cdots,\boldsymbol{\varepsilon}_r\},\\ W^{\perp}=\mathrm{span}\{\boldsymbol{\eta}_{r+1},\cdots,\boldsymbol{\eta}_n\}.\end{cases}$$

所以,$V=W+W^{\perp}$.又对于任意 $\boldsymbol{\xi}\in W\cap W^{\perp}$,有 $\boldsymbol{\xi}\in W$ 且 $\boldsymbol{\xi}\in W^{\perp}$,从而 $(\boldsymbol{\xi},\boldsymbol{\xi})=0$,即 $\boldsymbol{\xi}=\boldsymbol{\theta}$,故 $V=W\oplus W^{\perp}$.

我们称由式(6.6.3)定义的子空间 $W^{\perp}$ 为 W 的**正交补子空间**.

例 6.6.7 在几何空间 $\mathbf{R}^3$ 中,设 L_1 和 L_2 是过原点 O 的两条互相垂直的直线,

则起点在原点，终点在 L_1 和 L_2 上的所有向量分别构成两个 1 维子空间 W_1 和 W_2. 此时 $W_1 \perp W_2$，但 W_1 与 W_2 并不互为正交补，其原因是 $W_1+W_2 \neq \mathbf{R}^3$. 如果设 L 是过原点 O 的直线，π 是一个过原点 O 且与 L 垂直的平面，则起点为 O，终点在 π 和 L 上的所有向量构成 $\mathbf{R}^3$ 的一个 2 维子空间 W_1 和一个 1 维子空间 W_2. 此时 $W_1 \perp W_2$，且它们互为正交补.

6.6.4 正交变换

线性变换是线性空间中保持线性运算的变换. 对于内积空间，除了线性运算外，还有度量性质. 由于度量关系是由内积来定义的，所以与内积有关的线性运算无疑是重要的.

定义 6.6.5 如果内积空间 V 的线性变换 T 保持内积不变，即对任意 $\boldsymbol{\alpha},\boldsymbol{\beta} \in V$，都有

$$(T(\boldsymbol{\alpha}),T(\boldsymbol{\beta}))=(\boldsymbol{\alpha},\boldsymbol{\beta}). \tag{6.6.4}$$

则称 T 为**正交变换**.

例 6.6.8 平面旋转变换 $T((x_1,x_2)^{\mathrm{T}})=(x_1\cos\theta-x_2\sin\theta, x_1\sin\theta+x_2\cos\theta)^{\mathrm{T}}$ 就是内积空间 R^2 的一个正交变换. 这是因为，对 R^2 中任意向量 $\boldsymbol{x}=(x_1,x_2)^{\mathrm{T}}$，$\boldsymbol{y}=(y_1,y_2)^{\mathrm{T}}$，有

$$\begin{aligned}(T(\boldsymbol{x}),T(\boldsymbol{y}))&=(x_1\cos\theta-x_2\sin\theta)(y_1\cos\theta-y_2\sin\theta)\\&\quad+(x_1\sin\theta+x_2\cos\theta)(y_1\sin\theta+y_2\cos\theta)\\&=x_1y_1+x_2y_2=(\boldsymbol{x},\boldsymbol{y}).\end{aligned}$$

正交变换有以下几种等价的叙述.

定理 6.6.6 设 T 是 n 维内积空间 V 的线性变换，则下列命题等价：

(1) T 是正交变换；

(2) T 保持元素的长度不变，即对于任意 $\boldsymbol{\alpha} \in V$，有 $\|T(\boldsymbol{\alpha})\|=\|\boldsymbol{\alpha}\|$；

(3) T 把 V 的标准正交基仍变为标准正交基；

(4) T 在 V 的任一标准正交基下的矩阵为正交矩阵.

证明略. □

因为正交矩阵是可逆的，并且其逆矩阵也是正交矩阵，而两个正交矩阵的乘积仍是正交矩阵，所以正交变换是可逆变换，其逆变换仍是正交变换；两个正交变换的乘积仍是正交变换.

线性空间理论中还有许多重要内容，请参阅文献[3]等.

练　习　6.6

1. 设 $\boldsymbol{x}=(x_1,x_2,\cdots,x_n)^{\mathrm{T}}$，$\boldsymbol{y}=(y_1,y_2,\cdots,y_n)^{\mathrm{T}} \in \mathbf{R}^n$，$\boldsymbol{A}$ 是 n 阶正定矩阵，令

$$(\boldsymbol{x},\boldsymbol{y})=\boldsymbol{x}^{\mathrm{T}}\boldsymbol{A}\boldsymbol{y} \quad (\boldsymbol{x},\boldsymbol{y} \in \mathbf{R}^n).$$

(1) 证明 (x,y) 是 $\mathbf{R}^n$ 的内积；

(2) 写出相应的 **Cauchy-Schwarz** 不等式；

(3) 写出$\boldsymbol{A}=\mathrm{diag}(1,2,\cdots,n)$时$(\boldsymbol{x},\boldsymbol{y})$的表达式.

2. 设 $\boldsymbol{\alpha}_1,\boldsymbol{\alpha}_2,\boldsymbol{\alpha}_3,\boldsymbol{\alpha}_4,\boldsymbol{\alpha}_5$ 是 5 维内积空间 V 的一个标准正交基，令 $W=\mathrm{span}\{\boldsymbol{\beta}_1,\boldsymbol{\beta}_2,\boldsymbol{\beta}_3\}$，其中 $\boldsymbol{\beta}_1=\boldsymbol{\alpha}_1+\boldsymbol{\alpha}_5,\boldsymbol{\beta}_2=\boldsymbol{\alpha}_1-\boldsymbol{\alpha}_2+\boldsymbol{\alpha}_4,\boldsymbol{\beta}_3=2\boldsymbol{\alpha}_1+\boldsymbol{\alpha}_2+\boldsymbol{\alpha}_3$，求 W 的一组标准正交基.

3. 在内积空间 V^n 中，证明向量组 $\boldsymbol{\alpha}_1,\boldsymbol{\alpha}_2,\cdots,\boldsymbol{\alpha}_n$ 线性无关的充要条件是

$$\begin{vmatrix} (\boldsymbol{\alpha}_1,\boldsymbol{\alpha}_1) & (\boldsymbol{\alpha}_1,\boldsymbol{\alpha}_2) & \cdots & (\boldsymbol{\alpha}_1,\boldsymbol{\alpha}_n) \\ (\boldsymbol{\alpha}_2,\boldsymbol{\alpha}_1) & (\boldsymbol{\alpha}_2,\boldsymbol{\alpha}_2) & \cdots & (\boldsymbol{\alpha}_2,\boldsymbol{\alpha}_n) \\ \vdots & \vdots & & \vdots \\ (\boldsymbol{\alpha}_n,\boldsymbol{\alpha}_1) & (\boldsymbol{\alpha}_n,\boldsymbol{\alpha}_2) & \cdots & (\boldsymbol{\alpha}_n,\boldsymbol{\alpha}_n) \end{vmatrix} \neq 0.$$

4. 设 $W_1=\mathrm{span}\{\boldsymbol{\alpha}_1,\boldsymbol{\alpha}_2,\cdots,\boldsymbol{\alpha}_s\}$，$W_2=\mathrm{span}\{\boldsymbol{\beta}_1,\boldsymbol{\beta}_2,\cdots,\boldsymbol{\beta}_t\}$是内积空间 V 的两个子空间，$\boldsymbol{\alpha}\in V$，证明：

(1) $\boldsymbol{\alpha}\perp W_1$ 的充要条件是$(\boldsymbol{\alpha},\boldsymbol{\alpha}_i)=0\quad(i=1,2,\cdots,s)$；

(2) $W_1\perp W_2$ 的充要条件是$(\boldsymbol{\alpha}_i,\boldsymbol{\beta}_j)=0\quad(i=1,2,\cdots,s;j=1,2,\cdots,t)$.

小结与点注

理论上讲，线性空间是几何向量空间 $\mathbf{R}^3$ 的更一般形式的推广. 线性空间定义中的加法运算与数乘运算以及它们满足的八条运算律是元素集合构成线性空间的公理. 由文中有关例子可以看出，构成线性空间的元素集合很多，内容更丰富，远远超出几何向量空间的范围. 线性空间是几何向量空间的推广主要体现在以下几点：

1. 把几何向量空间中有关向量间的加法和数与向量间的乘法概括为线性空间的 8 条运算律后，一般线性空间中的元素就可以作为向量来理解. 这就引出了一般线性空间中元素组的相关性、基、坐标等概念以及相关内容. 在 n 维线性空间中，可以有不同的基. 同一向量在不同基下的坐标一般不同. 基与基之间是互相等价的，因此可以互相表示. 联系两组不同的基之间关系的表达式就是基变换公式(6.2.2)或(6.2.3)，同一向量在不同基下坐标的关系就是坐标变换公式(6.2.4). 把线性空间中的元素与它在某组基下的坐标对应起来，就可以用向量来研究线性空间的元素了，由此就有重要的结论：数域 P 上任意两个 n 维线性空间都同构.

2. 和几何向量空间 $\mathbf{R}^3$ 一样，一般的线性空间也有其子空间. 我们可以定义子空间的交与并等集合运算. 由于子空间的交仍然是子空间，子空间的和也是子空间，而且这两类子空间有其更广泛的应用，因此一般讨论交空间与和空间. 直和是要求更严的子空间的和. 需要指出的是，我们一般不讨论子空间的并，因为子空间的并一般不是子空间.

3. 线性空间的定义中并没有反映几何空间的度量性质，而度量性质又是用途很广、很重要的性质. 内积空间就是几何空间中的度量性质在一般线性空间中的推广. 度量性质主要包括元素的长度、元素间的夹角、元素间的正交性等. 这些度量性质是借助于向量间的内积来进行讨论的. 正交性是向量间的一种重要关系. 利用 **Gram-**

Schmidt正交化方法，可以把有限维线性空间的基改造成为标准正交基. 利用有限维线性空间的标准正交基可以极大地简化问题的研究.

4. 从上述第 1 条知道，数域 P 上任意 n 维线性空间都与 P^n 同构，因之有限维线性空间的结构可以认为是完全清楚了. 线性空间是某一类事物从量的方面的一个抽象. 除了研究清楚它们单个的或总体的性质外，更重要的是研究它们之间的各种各样的联系. 在线性空间中，事物之间的联系反映为线性空间的映射. 线性空间 V 到自身的映射通常称为 V 的一个变换. 线性变换是最简单，同时也可以认为是最基本的一种变换，正如线性函数是最简单、最基本的函数一样. 几何空间中的坐标旋转变换就是我们最熟悉的线性变换. 由于线性变换是线性空间 V 到自身的线性映射，因此线性空间的基向量的象仍然可以用线性空间的基表示出来. 这样就将线性变换与其在基下的矩阵联系起来. 进而可以将线性变换、线性变换的运算等转化为我们熟悉的矩阵、矩阵的运算的研究.

参 考 文 献

[1] 长安大学工程数学教研室. 线性代数教程. 西安：西北工业大学出版社，1994

[2] 居余马等. 线性代数. 2 版. 北京：清华大学出版社，2002

[3] 北京大学数学系几何与代数教研室前代数小组. 高等代数. 3 版. 北京：高等教育出版社，2003

[4] 任功全. 线性代数学习指导. 西安：西北工业大学出版社，1997

[5] 同济大学应用数学系. 线性代数. 4 版. 北京：高等教育出版社，2003

[6] 许以超. 代数学引论. 上海：上海科学技术出版社，1966

[7] David C L. Linear Algebra and Its Applications. 3rd ed. Hong Kong：Pearson Education Asia Limited, 2003

[8] 程云鹏等. 矩阵论. 2 版. 西安：西北工业大学出版社，2000

[9] 张贤科，许甫华. 高等代数学. 2 版. 北京：清华大学出版社，2004

[10] 张肇炽. 线性代数及其应用. 西安：西北工业大学出版社，1992

[11] 陈维新. 线性代数. 北京：科学出版社，2003

[12] 杨奇，孟道骥. 线性代数. 天津：南开大学出版社，2003

[13] 谢国瑞. 线性代数及其应用. 北京：高等教育出版社，1999

[14] (美)伯克霍夫(Birkhoff G)，麦克莱恩(Mac Lane S). 近世代数概论. 5 版. 王连祥，徐广善译. 北京：人民邮电出版社，2008

附录　Matlab 软件中与线性代数计算有关的命令简介

Matlab 是 Maths 公司开发的综合性数学软件包，在科学计算与工程领域获得了广泛的应用. 该软件为线性代数的计算提供了强有力的支持. 这里仅简单介绍 Matlab 在线性代数中的应用，详细的内容请参阅有关书籍.

1. Matlab 中矩阵的输入

矩阵是 Matlab 的基本数据结构. 与一般高级程序设计语言不同，在 Matlab 中使用变量名存储矩阵不需要事先定义或分配存储单元. 在 Matlab 的命令窗口直接输入矩阵即可，同行元素用空格或逗号分隔，行与行之间用换行或分号间隔，用方括号括起来即可. 例如，

```
A=[ 1 2 3 ; 4 5 6 ; 7 8 9];
B=[1 0 0 0
   0 1 0 0
   0 0 1 0
   0 0 0 1];
```

如果矩阵的阶数较高，在命令窗口直接输入不大方便，也可以在编辑窗口输入，或从外部文件输入.

Matlab 中有一些函数用以生成特殊矩阵，如：

ones(m,n)可生成 m 行 n 列的 1 矩阵，zeros(m,n) 可生成 m 行 n 列的 0 矩阵，eyes(n)可生成 n 阶单位矩阵，rand(m,n)生成 m 行 n 列的随机矩阵，所有元素在[0,1]区间上随机取值，randn(m,n) 生成 m 行 n 列的随机矩阵，所有元素均服从标准正态分布.

大型矩阵可以用分块方法合成. 例如，若矩阵 A,B 有相同的行数，则可令 C=[A,B]；若矩阵 A,B 有相同的列数，则可令 C=[A;B].

矩阵 A 的第 i 行第 j 列元素用 A(i,j)表示，第 i 行元素用 A(i,:)表示，第 j 列元素用 A(:,j)表示.

2. 矩阵的计算

Matlab 中的计算是基于矩阵的，因此矩阵计算与一般数的计算同样方便. 矩阵的加、减、数乘、乘法运算方法与数的运算形式上完全相同，如

A+B,A-B,k*A,A*B,所需注意的是要确保相应的计算是可行的.

矩阵的转置运算也是简单的，令 B=A′，则 B 即为 A 的转置矩阵.

对同型矩阵，Matlab 还提供了一类特殊的乘法运算，点乘，即两个矩阵对应元素

相乘,得到乘积矩阵的相应元素.点乘运算的方式为 A. * B.

求方阵逆矩阵的函数为 inv,inv(A)给出方阵 A 的逆矩阵.

求矩阵秩的函数为 rank.

对矩阵进行初等变换,可以用如下方式进行(以行变换为例):

(1) A(i,:) = k * A(i,:);用数 k 乘矩阵 A 的第 i 行;

(2) Temp = A(i,:) ; A(i,:) = A(j,:) ; A(j,:) = Temp ; 交换矩阵 A 的第 i 行和第 j 行;

(3) A(j,:) = A(j,:) + k * A(i,:) ; 将矩阵 A 的第 i 行乘以数 k,加至第 j 行.

求方阵的特征值和特征向量,可使用函数 eigs.

令[v,d]=eigs(A),则 v 为以 A 的全体特征值为对角元素的方阵,d 为以 A 的特征向量为列向量的矩阵.其第 j 个列向量为对应于特征值 d(j,j)的特征向量.

3. 线性方程组的求解

对于线性方程组 AX=B,在 A 为可逆方阵的条件下,用命令 X=inv(A) * B 即可得到方程组的唯一解.对于矩阵方程,这个命令也可以使用.

一般来说,可以用 Matlab 编写函数,用初等变换方法求解线性方程组.

4. 行列式的计算

Matlab 当中的 det 函数用于计算方阵的行列式.若 A 为方阵,则 d=det(A)即得以 A 的元素为对应元素的行列式的值.

5. 向量的运算

向量可以视为矩阵参与运算,这里仅介绍向量的内积运算,求模运算.

若 $X=(x_1,x_2,\cdots,x_n)$,$Y=(y_1,y_2,\cdots,y_n)$,则令 c=sum(X. * Y),即得到两个向量的内积.向量的 X 模为 sqrt(sum(X. * X)).

部分习题答案

第1章　行　列　式

练习 1.1

1. (1) 是；(2) 不是.

2. (1) 6；(2) 11；(3) 21；(4) 18.

3. (1) $i=8$, $k=3$；(2) $i=3$, $k=6$.

4. 当 $n=4k$ 或 $n=4k+1$ 时,为偶排列;当 $n=4k+2$ 或 $n=4k+3$ 时,为奇排列.

练习 1.2

1. (1) $ac-ab$；(2) -2.

2. $x=0$, 2.

3. 负号;正号.

4. (1) $(-1)^{\frac{(n-2)(n-1)}{2}}n!$；(2) -1.

练习 1.3

1. (1) 5；(2) -50；(3) a^4；(4) -2.94×10^7.

2. $(-1)^n a$.

练习 1.4

1. (1) -1080；(2) 8；(3) -2.

3. 0.

*练习 1.5

1. $D_n=\begin{cases}b^n, & n\text{ 为偶数},\\ ab^{n-1}, & n\text{ 为奇数};\end{cases}$

2. $(-2)^n$.

练习 1.6

1. $x_1=3$, $x_2=-4$, $x_3=-1$, $x_4=1$.

2. $\lambda=2$ 或 5 或 8.

习　题　1

1. (1) 18；(2)负；(3)$i=3$,　$j=1$；

(4) 提示:原行列式$=x_1{}^3+x_2{}^3+x_3{}^3-3x_1x_2x_3=-p(x_1+x_2+x_3)-3q-3x_1x_2x_3$,由题意知 $x^3+px+q=(x-x_1)(x-x_2)(x-x_3)$,比较两边未知数项的系数得,$x_1+x_2+x_3=0$, $x_1x_2x_3=-q$,所以,原行列式$=0$；

(5) 提示:

$$\text{原式}\xlongequal[r_1\leftrightarrow r_3]{c_1\leftrightarrow c_3}\begin{vmatrix} a_3 & b_3 & 0 & 0 \\ b_2 & a_2 & 0 & 0 \\ 0 & 0 & a_1 & b_1 \\ 0 & 0 & b_4 & a_4 \end{vmatrix}=\begin{vmatrix} a_3 & b_3 \\ b_2 & a_2 \end{vmatrix}\cdot\begin{vmatrix} a_1 & b_1 \\ b_4 & a_4 \end{vmatrix}=(a_1a_4-b_1b_4)(a_2a_3-b_2b_3);$$

(6) 提示:按第五列展开,答案为 120 ; (7) $D_1=(-1)^{\frac{n(n-1)}{2}}D_2$; (8) -1.

2. 计算下列行列式:

(1) $\text{原式}=abcdef\begin{vmatrix} -1 & 1 & 1 \\ 1 & -1 & 1 \\ 1 & 1 & -1 \end{vmatrix}=4abcdef.$

(2) $\text{原式}=\begin{vmatrix} -2 & 500 & 5 \\ 1 & 200 & 2 \\ 1 & 300 & 3 \end{vmatrix}+\begin{vmatrix} -2 & 3 & 5 \\ 1 & 1 & 2 \\ 1 & -2 & 3 \end{vmatrix}=\begin{vmatrix} -2 & 3 & 5 \\ 1 & 1 & 2 \\ 1 & -2 & 3 \end{vmatrix}=-32.$

(3) 原式$=-7$. (4) 原式$=a(b-a)^3$.

(5) 提示:将第 2 行与第 3 行互换后,行列式化成了一个范德蒙德行列式.该行列式的值为-10368.

(6) 提示:先从每行提出公因子,化为元素全为整数的行列式,再利用行列式的性质将其化为上三角行列式.答案为$\frac{23}{36}$.

(7) 提示:参考例 1.3.5(2),答案为 $\prod_{i=1}^{4}(x_i-a_i)\left(1+\sum_{i=1}^{4}\frac{a_i}{x_i-a_i}\right)$.

(8) 答案为$(a+2b)(a-b)^2$. (9) 答案为 x^2y^2.

(10) 记原行列式为 D_5,则

$$D_5\xlongequal{(r_1)}aD_3+(1-a)D_4$$
$$\Rightarrow D_5-D_4=-a(D_4-D_3)=(-a)^3(D_2-D_1)=(-a)^5$$
$$\Rightarrow D_5=D_4+(-a)^5=D_3+(-a)^4+(-a)^5=1-a+a^2-a^3+a^4-a^5.$$

3. (1) 提示:将行列式按第一列分成两个行列式后,其中一个行列式各行分别提出 a、b、c、d.

(2) 提示:显然 $f(x)$在$[0,1]$连续,在$(0,1)$可导,且 $f(0)=f(1)=0$,由罗尔定理知,必存在$\xi\in(0,1)$,使 $f'(\xi)=0$;

(3) 提示:考虑范德蒙德行列式

$$\begin{vmatrix} 1 & 1 & 1 & 1 \\ \alpha & \beta & \gamma & x \\ \alpha^2 & \beta^2 & \gamma^2 & x^2 \\ \alpha^3 & \beta^3 & \gamma^3 & x^3 \end{vmatrix}=(x-\gamma)(x-\beta)(x-\alpha)(\gamma-\beta)(\gamma-\alpha)(\beta-\alpha),$$

比较等式两端 x^2 的系数,得原行列式的值为$(\gamma-\beta)(\gamma-\alpha)(\beta-\alpha)(\alpha+\beta+\gamma)$.

(4) 设 $x=a_i(i=1,2,\cdots,n+1)$ 时,$f(x)=0$,则有

$$\begin{cases} C_0+C_1a_1+\cdots+C_n{a_1}^n=0, \\ C_0+C_1a_2+\cdots+C_n{a_2}^n=0, \\ \cdots\cdots \\ C_0+C_1a_{n+1}+\cdots+C_n{a_{n+1}}^n=0, \end{cases}$$

上述方程可看成以 $C_0,C_1,\cdots,C_n$ 为未知量的齐次线性方程组，其系数行列式 D 恰为范德蒙德行列式，因 $a_i(i=1,2,\cdots,n+1)$ 各不相同，故 $D\neq 0$，方程组仅有零解：$C_0=C_1=\cdots=C_n=0$，即 $f(x)\equiv 0$.

(5) 提示：与(3)题类似.

4. (1) 提示：按第一列展开. 答案：$x^n+(-1)^{n+1}y^n$.

(2) 提示：从第二行开始，各行都减去第一行，变为箭形行列式.

答案：$(x_1-x)(x_2-x)\cdots(x_n-x)\left(1+\sum\limits_{i=1}^{n}\dfrac{x}{x_i-x}\right)$.

(3) 提示：按第一行展开得递推公式：$D_{2n}=(a_nd_n-b_nc_n)D_{2(n-1)}$.

答案：$(a_nd_n-b_nc_n)(a_{n-1}d_{n-1}-b_{n-1}c_{n-1})\cdots(a_2d_2-b_2c_2)(a_1d_1-b_1c_1)$.

(4) 提示：按第一列展开得递推公式：$D_n=(a+b)D_{n-1}-abD_{n-2}$. 由此得，

$$D_n-aD_{n-1}=b(D_{n-1}-aD_{n-2})=b^n\Rightarrow D_n=b^n+aD_{n-1}=\sum_{k=0}^{n}a^kb^{n-k}.$$

或者由 $\begin{cases}D_n-aD_{n-1}=b^n\\ D_n-bD_{n-1}=a^n\end{cases}\Rightarrow D_n=\begin{cases}\dfrac{a^{n+1}-b^{n+1}}{a-b}, a\neq b,\\ (n+1)a^n,\ a=b.\end{cases}$

(5) 提示：利用范德蒙德行列式的结果 $(-1)^{\frac{n(n+1)}{2}}\prod\limits_{1\leqslant j<i\leqslant n+1}(j-i)=\prod\limits_{1\leqslant j<i\leqslant n+1}(i-j)$.

(6) 提示：从第一列开始，前列减去后列. 答案：$(-1)^{n+1}n$.

(7) 提示：考虑行列式

$$D_{n+1}=\begin{vmatrix}1 & 1 & \cdots & 1 & 1\\ (x_1-1) & (x_2-1) & \cdots & (x_n-1) & -1\\ x_1(x_1-1) & x_2(x_2-1) & \cdots & x_n(x_n-1) & 0\\ \vdots & \vdots & & \vdots & \vdots\\ x_1^{n-1}(x_1-1) & x_2^{n-1}(x_2-1) & \cdots & x_n^{n-1}(x_n-1) & 0\end{vmatrix}.$$

用两种方法计算 D_{n+1}：① 按第一列展开；② 从第一行起，各行依次加到下一行.

答案：$[(x_1x_2\cdots x_n)-(x_1-1)(x_2-1)\cdots(x_n-1)]\prod\limits_{1\leqslant i<j\leqslant n}(x_j-x_i)$.

5. 提示：方法 1　记原行列式为 D，则 $D\xlongequal{r_1+\sum_{i=2}^{4}r_i}\cdots\xlongequal[i=2,3,4]{c_i-c_1}\cdots\xlongequal{r_1+r_2}\cdots\xlongequal{c_2-c_1}$.

方法 2　参见例 1.5.5. 答案：$x=-a\pm(b+c)$，$x=a\pm(b-c)$.

6. (1) $\lambda=\dfrac{1}{4}$；(2) $\mu=0,\lambda=1$；(3) $f(x)=2x^2-3x+1$.

7. (1) $x_1=-\dfrac{17}{7},x_2=1,x_3=\dfrac{16}{7},x_4=-\dfrac{5}{7}$；(2) $x_1=1,\ x_2=2,\ x_3=3,\ x_4=-1$.

第 2 章　矩阵及其运算

练习 2.1

1. $\begin{pmatrix}0 & 1 & 1\\ 0 & 0 & 1\\ 0 & 0 & 0\end{pmatrix}$.

2. 表示平面直角坐标系按顺时针方向旋转 θ 角或平面上某向量按顺时针方向旋转 θ 角的线性变换.

3. $\begin{pmatrix} 1 & a_1 & 0 & \cdots & 0 \\ 0 & 1 & a_2 & \cdots & 0 \\ \vdots & \vdots & \vdots & & \vdots \\ a_n & 0 & 0 & \cdots & 1 \end{pmatrix}$.

练习 2.2

1. $\begin{pmatrix} -10 & -1 & -1 \\ -1 & -13 & 3 \end{pmatrix}$; $\begin{pmatrix} 1 & 5 \\ 12 & 8 \end{pmatrix}$; $\begin{pmatrix} -4 & -2 & -2 \\ -3 & 11 & -4 \\ 0 & -5 & 1 \end{pmatrix}$.

2. (1) $\begin{pmatrix} 35 \\ 6 \\ 49 \end{pmatrix}$; (2) 10; (3) $\begin{pmatrix} -2 & 4 \\ -1 & 2 \\ -3 & 6 \end{pmatrix}$;

(4) $a_{11}x_1^2 + a_{22}x_2^2 + a_{33}x_3^2 + 2a_{12}x_1x_2 + 2a_{13}x_1x_3 + 2a_{23}x_2x_3$.

3. 三个等式均不成立.

4. $\begin{pmatrix} 1 & 5 & -3 & 1 \\ -4 & -2 & 5 & -2 \\ 1 & -2 & 1 & 1 \end{pmatrix}$.

6. $\begin{pmatrix} 1 & 0 \\ k\lambda & 1 \end{pmatrix}$.

7. 16.

练习 2.3

1. (1) $\begin{pmatrix} -2 & 1 \\ \frac{3}{2} & -\frac{1}{2} \end{pmatrix}$; (2) $\begin{pmatrix} -\frac{2}{3} & \frac{4}{3} & \frac{5}{3} \\ \frac{1}{3} & \frac{1}{3} & -\frac{1}{3} \\ \frac{1}{3} & -\frac{2}{3} & -\frac{1}{3} \end{pmatrix}$; (3) $\begin{pmatrix} 1 & 0 & 0 & 0 \\ -\frac{1}{2} & \frac{1}{2} & 0 & 0 \\ -\frac{4}{3} & \frac{2}{3} & \frac{1}{3} & 0 \\ 2 & -\frac{5}{4} & -\frac{1}{2} & \frac{1}{4} \end{pmatrix}$.

2. $\begin{pmatrix} 2 & \frac{5}{2} \\ -1 & -\frac{3}{2} \end{pmatrix}$.

3. (1) $\begin{pmatrix} 2 & 5 & -4 \\ -\frac{1}{2} & -3 & \frac{7}{2} \end{pmatrix}$; (2) $\begin{pmatrix} -3 & 2 & 0 \\ -4 & 5 & -2 \\ -6 & 3 & -1 \end{pmatrix}$; (3) $\begin{pmatrix} 4 & 2 \\ \frac{1}{2} & 0 \end{pmatrix}$.

4. $\begin{cases} x_1 = 1, \\ x_2 = 0, \\ x_3 = 0. \end{cases}$

8. $|\boldsymbol{A}|^{n-2}a_{nn}$.

练习 2.4

1. (1) $\begin{pmatrix} 7 & -5 & 0 & 0 \\ 7 & 8 & 0 & 0 \\ 0 & 0 & 8 & 9 \\ 0 & 0 & -1 & 2 \end{pmatrix}$； (2) $\begin{pmatrix} 2 & 3 & 2 \\ 2 & 2 & 3 \\ 2 & 4 & 1 \\ 0 & 1 & 4 \\ 0 & 0 & 1 \end{pmatrix}$.

2. $\begin{pmatrix} -\frac{1}{2} & 0 & 0 & 0 \\ 0 & 1 & \frac{1}{2} & 0 \\ 0 & -5 & -3 & 0 \\ 0 & 0 & 0 & \frac{1}{3} \end{pmatrix}$.

3. $\boldsymbol{M}^{-1}=\begin{pmatrix} \boldsymbol{A}^{-1} & \boldsymbol{O} \\ -\boldsymbol{B}^{-1}\boldsymbol{C}\boldsymbol{A}^{-1} & \boldsymbol{B}^{-1} \end{pmatrix}$.

练习 2.5

1. (1) $\begin{pmatrix} 1 & 0 & 0 & 5 \\ 0 & 0 & 1 & -3 \\ 0 & 0 & 0 & 0 \end{pmatrix}$； (2) $\begin{pmatrix} 1 & -1 & 0 & 2 & -3 \\ 0 & 0 & 1 & -2 & 2 \\ 0 & 0 & 0 & 0 & 0 \\ 0 & 0 & 0 & 0 & 0 \end{pmatrix}$.

4. (1) $\begin{pmatrix} -\frac{1}{2} & -\frac{1}{2} & \frac{1}{2} \\ \frac{1}{4} & -\frac{1}{4} & -\frac{1}{4} \\ \frac{1}{6} & \frac{1}{2} & \frac{1}{6} \end{pmatrix}$； (2) $\begin{pmatrix} 1 & 1 & -2 & -4 \\ 0 & 1 & 0 & -1 \\ -1 & -1 & 3 & 6 \\ 2 & 1 & -6 & -10 \end{pmatrix}$.

5. $\begin{pmatrix} 4 & 5 & 2 \\ 1 & 2 & 2 \\ 7 & 8 & 2 \end{pmatrix}$.

练习 2.6

3. (1) 2； (2) 3.

4. $R(\boldsymbol{A})=\begin{cases} n, & a\neq 1 \text{ 且 } a\neq 1-n, \\ 1, & a=1, \\ n-1, & a=1-n. \end{cases}$

练习 2.7

1. (1) $\begin{pmatrix} x_1 \\ x_2 \\ x_3 \\ x_4 \end{pmatrix}=c_1\begin{pmatrix} 1 \\ 1 \\ 0 \\ 0 \end{pmatrix}+c_2\begin{pmatrix} 1 \\ 0 \\ 2 \\ 1 \end{pmatrix}$ $(c_1, c_2\in \mathbf{R})$； (2) $\begin{pmatrix} x_1 \\ x_2 \\ x_3 \\ x_4 \end{pmatrix}=c\begin{pmatrix} 0 \\ 1 \\ 2 \\ 1 \end{pmatrix}$ $(c\in \mathbf{R})$.

2. (1) $\begin{cases} x_1=1, \\ x_2=2, \\ x_3=-1; \end{cases}$ (2) 无解； (3) $\begin{pmatrix} x_1 \\ x_2 \\ x_3 \\ x_4 \\ x_5 \end{pmatrix}=c_1\begin{pmatrix} -1 \\ 1 \\ 1 \\ 0 \\ 0 \end{pmatrix}+c_2\begin{pmatrix} 6 \\ -\frac{5}{2} \\ 0 \\ 3 \\ 1 \end{pmatrix}+\begin{pmatrix} -4 \\ \frac{5}{2} \\ 0 \\ -2 \\ 0 \end{pmatrix}$ $(c_1, c_2 \in \mathbf{R})$.

4. $\lambda \neq 0$ 且 $\lambda \neq -3$ 时有唯一解；$\lambda=0$ 时无解；$\lambda=-3$ 时有无穷多解，通解为

$$\begin{pmatrix} x_1 \\ x_2 \\ x_3 \end{pmatrix}=c\begin{pmatrix} 1 \\ 1 \\ 1 \end{pmatrix}+\begin{pmatrix} -1 \\ -2 \\ 0 \end{pmatrix} \quad (c \in \mathbf{R}).$$

习 题 2

1. (1)(×)； (2)(√)； (3)(√)； (4)(×)； (5)(×)； (6)(×)； (7)(√)； (8)(×)； (9)(×)； (10)(√).

2. (1)(D)； (2)(D)； (3)(D)； (4)(C)； (5)(A)； (6)(B)； (7)(B)； (8)(B)； (9)(B)； (10)(D).

3. (1) $\begin{pmatrix} 0 & 0 & 0 \\ 2 & 2 & 2 \\ 1 & 1 & 3 \end{pmatrix}$； (2) $\boldsymbol{AB}=\boldsymbol{BA}$； (3) $2^{2004}\boldsymbol{E}$； (4) 相等； (5) 2； (6) -3； (7) $\boldsymbol{O}$；

(8) 2916； (9) $\frac{1}{9}$； (10) -1.

4. $\begin{pmatrix} 3 & 1 & 1 & 1 & 1 & -1 \\ 1 & 3 & 1 & -1 & 1 & 1 \\ 1 & -1 & 3 & 1 & 1 & 1 \\ 1 & 1 & -1 & 3 & 1 & 1 \\ -1 & 1 & 1 & 1 & 3 & 1 \\ 1 & 1 & 1 & 1 & -1 & 3 \end{pmatrix}$.

5. (1) $2\boldsymbol{A}+\boldsymbol{B}=\begin{pmatrix} 7 & 1 & 9 \\ 6 & 12 & 10 \end{pmatrix}$, $\boldsymbol{AB}^{\mathrm{T}}=\begin{pmatrix} -14 & 18 \\ 29 & 12 \end{pmatrix}$； (2) $\begin{pmatrix} \frac{1}{2} & \frac{\sqrt{3}}{2} \\ -\frac{\sqrt{3}}{2} & \frac{1}{2} \end{pmatrix}$；

(3) $\begin{pmatrix} x & y \\ 0 & x \end{pmatrix}$, x, y 为任意数； (4) $\begin{pmatrix} \frac{3}{20} & 0 & \frac{1}{10} \\ \frac{1}{20} & \frac{1}{10} & 0 \\ 0 & \frac{1}{5} & \frac{1}{10} \end{pmatrix}$； (5) $\begin{pmatrix} 1 & 2 & 5 & 2 \\ 0 & 1 & 2 & -4 \\ 0 & 0 & -4 & 3 \\ 0 & 0 & 0 & 9 \end{pmatrix}$.

6. (1) $\begin{pmatrix} -5 & 2 \\ 8 & -3 \end{pmatrix}$; (2) $\begin{pmatrix} \cos\theta & \sin\theta \\ -\sin\theta & \cos\theta \end{pmatrix}$; (3) $\frac{1}{2}\begin{pmatrix} 2 & -1 & 1 \\ 2 & -1 & -1 \\ -4 & 3 & -1 \end{pmatrix}$;

(4) $\begin{pmatrix} 1 & -2 & 1 & 0 \\ 0 & 1 & -2 & 1 \\ 0 & 0 & 1 & -2 \\ 0 & 0 & 0 & 1 \end{pmatrix}$; (5) $\begin{pmatrix} 1 & -2 & 0 & 0 \\ -2 & 5 & 0 & 0 \\ 0 & 0 & 2 & -3 \\ 0 & 0 & -5 & 8 \end{pmatrix}$;

(6) $\begin{pmatrix} 0 & 0 & 0 & \cdots & 0 & a_n^{-1} \\ a_1^{-1} & 0 & 0 & \cdots & 0 & 0 \\ 0 & a_2^{-1} & 0 & \cdots & 0 & 0 \\ \vdots & \vdots & \vdots & & \vdots & \vdots \\ 0 & 0 & 0 & \cdots & a_{n-1}^{-1} & 0 \end{pmatrix}$.

7. (1) $\boldsymbol{X}=\begin{pmatrix} 2 & -23 \\ 0 & 8 \end{pmatrix}$; (2) $\boldsymbol{X}=\begin{pmatrix} 3 & 0 & 1 \\ 1 & 1 & 0 \\ 0 & 1 & 4 \end{pmatrix}$; (3) $\boldsymbol{X}=\begin{pmatrix} -9 & 16 \\ -15 & 27 \\ 14 & -25 \end{pmatrix}$.

8. $\begin{pmatrix} 0 & 0 & -2 \\ 0 & 3 & -5 \\ 6 & -3 & 3 \end{pmatrix}$.

9. $\begin{pmatrix} 2 & 0 & 0 \\ 0 & -4 & 0 \\ 0 & 0 & 2 \end{pmatrix}$.

10. (2) $\boldsymbol{B}=\begin{pmatrix} 2 & -4 & 0 & 0 \\ -2 & -2 & 0 & 0 \\ 0 & 0 & 2 & 2 \\ 0 & 0 & -1 & 2 \end{pmatrix}$.

11. (1) $\boldsymbol{A}=\begin{pmatrix} 1 & -1 & 0 & 0 \\ 0 & 1 & -1 & 0 \\ 0 & 0 & 1 & -1 \\ 0 & 0 & 0 & 1 \end{pmatrix}$; (2) $\boldsymbol{X}=\begin{pmatrix} 1 & 0 & 0 & 0 \\ -2 & 1 & 0 & 0 \\ 1 & -2 & 1 & 0 \\ 0 & 1 & -2 & 1 \end{pmatrix}$.

15. $\boldsymbol{A}^{11}=\begin{pmatrix} \frac{1+2^{13}}{3} & \frac{4+2^{13}}{3} \\ -\frac{1+2^{11}}{3} & -\frac{4+2^{11}}{3} \end{pmatrix}$, $\boldsymbol{A}^{-12}=\begin{pmatrix} \frac{1-2^{10}}{3\cdot 2^{10}} & \frac{1-2^{11}}{3\cdot 2^{10}} \\ \frac{-1+2^{12}}{3\cdot 2^{12}} & \frac{-1+2^{14}}{3\cdot 2^{12}} \end{pmatrix}$.

17. (1) $r=2$; (2) $r=3$; (3) $r=4$;

(4) $r=\begin{cases} 0, & a=b=0, \\ 1, & a=b\neq 0, \\ n-1, & a\neq b \text{ 且 } a+(n-1)b=0, \\ n, & a\neq b \text{ 且 } a+(n-1)b\neq 0; \end{cases}$ (5) $r=1$.

18. (1) 当 $R(\boldsymbol{A})=n$ 时，由 $|\boldsymbol{A}^*|=|\boldsymbol{A}|^{n-1}$ 得，$R(\boldsymbol{A}^*)=n$；当 $R(\boldsymbol{A})<n-1$ 时，$\boldsymbol{A}^*=\boldsymbol{O}$，$R(\boldsymbol{A}^*)=0$；当 $R(\boldsymbol{A})=n-1$ 时，$\boldsymbol{A}^*$ 中有一个 $n-1$ 阶子式不为 0，$\boldsymbol{A}^*\neq\boldsymbol{O}$，所以 $1\leqslant R(\boldsymbol{A}^*)$. 又由 $\boldsymbol{A}\boldsymbol{A}^*=\boldsymbol{O}$ 得 $R(\boldsymbol{A}^*)\leqslant n-R(\boldsymbol{A})=1$.

19. 提示：必要性：因为 $R(\boldsymbol{A})=1$，所以存在可逆矩阵 $\boldsymbol{P},\boldsymbol{Q}$，使得 $\boldsymbol{A}=\boldsymbol{P}\begin{pmatrix}1&\boldsymbol{0}\\\boldsymbol{0}&\boldsymbol{O}\end{pmatrix}\boldsymbol{Q}=\boldsymbol{P}((1,0,\cdots,0)_{1\times m})^{\mathrm{T}}$

$(1,0,\cdots,0)_{1\times n}\boldsymbol{Q}=\boldsymbol{\alpha}\boldsymbol{\beta}$，这里 $\boldsymbol{\alpha},\boldsymbol{\beta}$ 分别为矩阵 $\boldsymbol{P}$ 的第一列和 $\boldsymbol{Q}$ 的第一行.

20. (1) $\begin{pmatrix}x_1\\x_2\\x_3\\x_4\end{pmatrix}=c\begin{pmatrix}0\\1\\0\\1\end{pmatrix}(c\in\mathbf{R})$； (2) $\begin{pmatrix}x_1\\x_2\\x_3\\x_4\end{pmatrix}=c_1\begin{pmatrix}3\\19\\17\\0\end{pmatrix}+c_2\begin{pmatrix}-13\\-20\\0\\17\end{pmatrix}(c_1,c_2\in\mathbf{R})$；

(3) 当 $a=4$ 时，$\begin{pmatrix}x_1\\x_2\\x_3\\x_4\end{pmatrix}=c_1\begin{pmatrix}1\\0\\1\\0\end{pmatrix}+c_2\begin{pmatrix}-4\\0\\0\\1\end{pmatrix}(c_1,c_2\in\mathbf{R})$；当 $a\neq4$ 时，$\begin{pmatrix}x_1\\x_2\\x_3\\x_4\end{pmatrix}=c\begin{pmatrix}1\\0\\1\\0\end{pmatrix}(c\in\mathbf{R})$；

(4) $\begin{pmatrix}x_1\\x_2\\x_3\end{pmatrix}=c\begin{pmatrix}-2\\1\\1\end{pmatrix}+\begin{pmatrix}-1\\2\\0\end{pmatrix}(c\in\mathbf{R})$；

(5) $\begin{pmatrix}x_1\\x_2\\x_3\\x_4\end{pmatrix}=c_1\begin{pmatrix}\frac{1}{7}\\\frac{5}{7}\\1\\0\end{pmatrix}+c_2\begin{pmatrix}\frac{1}{7}\\-\frac{9}{7}\\0\\1\end{pmatrix}+\begin{pmatrix}\frac{6}{7}\\-\frac{5}{7}\\0\\0\end{pmatrix}(c_1,c_2\in\mathbf{R})$；

21. (1) 当 $\lambda\neq1$ 且 $\lambda\neq-2$ 时有唯一解；当 $\lambda=-2$ 时无解；当 $\lambda=1$ 时有无穷多解，通解为

$$\begin{pmatrix}x_1\\x_2\\x_3\end{pmatrix}=c_1\begin{pmatrix}-1\\1\\0\end{pmatrix}+c_2\begin{pmatrix}-1\\0\\1\end{pmatrix}+\begin{pmatrix}1\\0\\0\end{pmatrix}\quad(c_1,c_2\in\mathbf{R});$$

(2) 当 $\lambda\neq2$ 时有唯一解；当 $\lambda=2$ 且 $\mu\neq2$ 时无解；当 $\lambda=\mu=2$ 时有无穷多解，通解为

$$\begin{pmatrix}x_1\\x_2\\x_3\\x_4\end{pmatrix}=c\begin{pmatrix}0\\-2\\1\\0\end{pmatrix}+\begin{pmatrix}0\\\frac{3}{7}\\0\\\frac{1}{7}\end{pmatrix}\quad(c\in\mathbf{R});$$

(3) 不论 λ,μ 取何值，解都不唯一；当 $\lambda=0$ 且 $\mu\neq1$ 时无解；当 $\lambda=0$ 且 $\mu=1$ 时有无穷多解，通解为

$$\begin{pmatrix}x_1\\x_2\\x_3\\x_4\end{pmatrix}=c_1\begin{pmatrix}-1\\1\\1\\0\end{pmatrix}+c_2\begin{pmatrix}-2\\-1\\0\\1\end{pmatrix}+\begin{pmatrix}3\\1\\0\\0\end{pmatrix}\quad(c_1,c_2\in\mathbf{R});$$

当 $\lambda\neq0$，μ 为任意数时也有无穷多解，通解为

$$\begin{pmatrix}x_1\\x_2\\x_3\\x_4\end{pmatrix}=c\begin{pmatrix}-1\\1\\1\\0\end{pmatrix}+\begin{pmatrix}\dfrac{3\lambda-2\mu+2}{\lambda}\\ \dfrac{\lambda-\mu+1}{\lambda}\\0\\ \dfrac{\mu-1}{\lambda}\end{pmatrix}\quad(c\in\mathbf{R}).$$

22. 证法 1　反设$|\boldsymbol{E}-\boldsymbol{BA}|=0\Rightarrow\exists\,\boldsymbol{x}\neq\boldsymbol{0},(\boldsymbol{E}-\boldsymbol{BA})\boldsymbol{x}=\boldsymbol{0}\Rightarrow\boldsymbol{A}(\boldsymbol{E}-\boldsymbol{BA})\boldsymbol{x}=\boldsymbol{0}\Rightarrow(\boldsymbol{E}-\boldsymbol{AB})\boldsymbol{Ax}=\boldsymbol{0}\Rightarrow\boldsymbol{Ax}=\boldsymbol{0}$，由前式得 $\boldsymbol{Ex}-\boldsymbol{BAx}=\boldsymbol{0}\Rightarrow\boldsymbol{Ex}=\boldsymbol{x}=\boldsymbol{0}$，矛盾！

证法 2　记$(\boldsymbol{E}-\boldsymbol{AB})^{-1}=\boldsymbol{C}$，则

$$\begin{aligned}\boldsymbol{E}&=\boldsymbol{E}-\boldsymbol{B}[\boldsymbol{E}-(\boldsymbol{E}-\boldsymbol{AB})\boldsymbol{C}]\boldsymbol{A}=\boldsymbol{E}-\boldsymbol{BA}+\boldsymbol{B}(\boldsymbol{E}-\boldsymbol{AB})\boldsymbol{CA}\\&=\boldsymbol{E}-\boldsymbol{BA}+(\boldsymbol{E}-\boldsymbol{BA})\boldsymbol{BCA}=(\boldsymbol{E}-\boldsymbol{BA})(\boldsymbol{E}-\boldsymbol{BCA}).\end{aligned}$$

25. 证法 1　由 $\boldsymbol{A}(\boldsymbol{A}-\boldsymbol{E})=\boldsymbol{O}$，得 $R(\boldsymbol{A})+R(\boldsymbol{A}-\boldsymbol{E})\leqslant n$，又

$$n=R(\boldsymbol{E})\leqslant R(\boldsymbol{A})+R(\boldsymbol{E}-\boldsymbol{A})=R(\boldsymbol{A})+R(\boldsymbol{A}-\boldsymbol{E}).$$

证法 2*　$\boldsymbol{A}^2=\boldsymbol{A}\Leftrightarrow R(\boldsymbol{A}-\boldsymbol{A}^2)=0$. 因为

$$\begin{pmatrix}\boldsymbol{A}&\boldsymbol{O}\\\boldsymbol{O}&\boldsymbol{E}-\boldsymbol{A}\end{pmatrix}\xrightarrow{r_2+r_1}\begin{pmatrix}\boldsymbol{A}&\boldsymbol{O}\\\boldsymbol{A}&\boldsymbol{E}-\boldsymbol{A}\end{pmatrix}\xrightarrow{c_2+c_1}\begin{pmatrix}\boldsymbol{A}&\boldsymbol{A}\\\boldsymbol{A}&\boldsymbol{E}\end{pmatrix}$$

$$\xrightarrow{r_1+(-\boldsymbol{A})r_2}\begin{pmatrix}\boldsymbol{A}-\boldsymbol{A}^2&\boldsymbol{O}\\\boldsymbol{A}&\boldsymbol{E}\end{pmatrix}\xrightarrow{c_1+(-\boldsymbol{A})c_2}\begin{pmatrix}\boldsymbol{A}-\boldsymbol{A}^2&\boldsymbol{O}\\\boldsymbol{O}&\boldsymbol{E}\end{pmatrix},$$

所以 $R\left(\begin{pmatrix}\boldsymbol{A}&\boldsymbol{O}\\\boldsymbol{O}&\boldsymbol{E}-\boldsymbol{A}\end{pmatrix}\right)=R\left(\begin{pmatrix}\boldsymbol{A}-\boldsymbol{A}^2&\boldsymbol{O}\\\boldsymbol{O}&\boldsymbol{E}\end{pmatrix}\right)\Rightarrow R(\boldsymbol{A})+R(\boldsymbol{E}-\boldsymbol{A})=R(\boldsymbol{A}-\boldsymbol{A}^2)+n$，故

$$R(\boldsymbol{A}-\boldsymbol{A}^2)=0\Leftrightarrow R(\boldsymbol{A})+R(\boldsymbol{E}-\boldsymbol{A})=n.$$

26. 提示：利用 18(1)的结论.

第 3 章　向量组的线性相关性

练习 3.1

1. (0,23,−13,19)；

2. $\boldsymbol{\alpha}=(1,2,3,4)$.

3. $\boldsymbol{\beta}=(-3c+2)\boldsymbol{\alpha}_1+(2c-1)\boldsymbol{\alpha}_2+c\boldsymbol{\alpha}_3$，其中 c 可任意取值.

5. V_1 不是；V_2,V_3 是.

练习 3.2

1. (1)(×)；　(2)(×)；　(3)(×)；　(4)(×).

2. $a=9$ 时线性相关，$a\neq9$ 时线性无关.

3. (1)线性无关；　(2) 线性相关.

练习 3.3

1. (1)秩为 2，最大无关组可取 $\boldsymbol{\alpha}_1,\boldsymbol{\alpha}_2$；　(2) 秩为 3，最大无关组可取 $\boldsymbol{\alpha}_1,\boldsymbol{\alpha}_2,\boldsymbol{\alpha}_4$.

2. $\boldsymbol{\alpha}=6\boldsymbol{\alpha}_1-\boldsymbol{\alpha}_2-\boldsymbol{\alpha}_3+4\boldsymbol{\alpha}_4$.

练习 3.4

1. 基础解系 $\boldsymbol{\xi}_1=(2,5,7,0)^{\mathrm{T}},\boldsymbol{\xi}_2=(3,4,0,7)^{\mathrm{T}}$，通解 $\boldsymbol{x}=c_1\boldsymbol{\xi}_1+c_2\boldsymbol{\xi}_2\,(c_1,c_2\in\mathbf{R})$.

2. 当 $R(\boldsymbol{A})=R(\boldsymbol{B})$ 时，$\boldsymbol{Ax}=\boldsymbol{0}$ 与 $\boldsymbol{Bx}=\boldsymbol{0}$ 未必同解. 如 $\boldsymbol{A}=(0,1,0,\cdots,0)$，$\boldsymbol{B}=(1,0,\cdots,0)$，但 $\boldsymbol{Ax}=\boldsymbol{0}$ 的解空间为

$$S_1=\{\boldsymbol{x}=(c_1,0,c_3,\cdots,c_n)^{\mathrm{T}}\mid c_1,c_3,\cdots,c_n\in\mathbf{R}\},$$

而 $\boldsymbol{Bx}=\boldsymbol{0}$ 的解空间为

$$S_2=\{\boldsymbol{x}=(0,c_2,\cdots,c_n)^{\mathrm{T}}\mid c_2,\cdots,c_n\in\mathbf{R}\},$$

显然 $S_1\neq S_2$.

习　题　3

1. (1)(×)；(2)(×)；(3)(×)；(4)(×)；(5)(√)；(6)(×)；(7)(×)；(8)(×)；(9)(×)；(10)(×)；(11)(×).

2. (1)(C)；(2)(C)；(3)(B)；(4)(D)；(5)(A)；(6)(D)；(7)(D)；(8)(D)；(9)(A)；(10)(B).

3. (1) 5；(2) $x=k_1\boldsymbol{\xi}_1+k_2\boldsymbol{\xi}_2+\cdots+k_r\boldsymbol{\xi}_r+\begin{pmatrix}1\\1\\\vdots\\1\end{pmatrix}$；(3) $(1+m)(1+n)\left(a+\dfrac{b}{mn}\right)$；

(4) $(-1,0,2)^{\mathrm{T}}$；(5) 3；(6) $R(\boldsymbol{\alpha}_1,\boldsymbol{\alpha}_2,\cdots,\boldsymbol{\alpha}_6)$；(7) $a+b=0$；

(8) 提示：用所给矩阵的第一行减去第二行，第二行减去第三行，可知两直线不平行；又 $x=a_1-a_2+a_3$，$y=b_1-b_2+b_3$，$z=c_1-c_2+c_3$，同时在两直线上. 答案：交于一点；

(9) $n\geqslant5$；(10) $\boldsymbol{\alpha}_1,\boldsymbol{\alpha}_2$ 线性无关，且 $\boldsymbol{\alpha}_1,\boldsymbol{\alpha}_2,\boldsymbol{\alpha}_3$ 线性相关.

4. $\boldsymbol{\beta}=(-3c+2)\boldsymbol{\alpha}_1+(2c-1)\boldsymbol{\alpha}_2+c\boldsymbol{\alpha}_3$，$c\in\mathbf{R}$.

6. (1) 反例：$\boldsymbol{\alpha}_1=\boldsymbol{\varepsilon}_1$，$\boldsymbol{\alpha}_i=\boldsymbol{0}(i=2,3,\cdots,m)$. (2) 反例：$\boldsymbol{\alpha}_i=\boldsymbol{\varepsilon}_i$，$\boldsymbol{\beta}_i=-\boldsymbol{\varepsilon}_i$.

(3) 反例：见本章小结与点注.

(4) 反例：$\boldsymbol{\alpha}_1=\boldsymbol{0}$，$\boldsymbol{\alpha}_i=\boldsymbol{\varepsilon}_i(i=2,3,\cdots,m)$，$\boldsymbol{\beta}_m=\boldsymbol{0}$，$\boldsymbol{\beta}_i=\varepsilon_i(i=1,2,\cdots,m-1)$.

7. (1) 不正确，如 $\boldsymbol{\alpha}_1=(1,0,0)$，$\boldsymbol{\alpha}_2=(0,1,0)$，$\boldsymbol{\beta}_1=(0,0,1)$，$\boldsymbol{\beta}_2=(0,2,1)$；

(2) 不正确，如 $\boldsymbol{\alpha}_1=(1,0,0)$，$\boldsymbol{\alpha}_2=(0,1,0)$，$\boldsymbol{\beta}_1=(0,0,1)$，$\boldsymbol{\beta}_2=(1,1,1)$；(3) 正确.

8. 提示：$(\boldsymbol{\beta}_1,\boldsymbol{\beta}_2,\cdots,\boldsymbol{\beta}_r)=(\boldsymbol{\alpha}_1,\boldsymbol{\alpha}_2,\cdots,\boldsymbol{\alpha}_r)\begin{pmatrix}1&1&\cdots&1\\0&1&\cdots&1\\0&0&\ddots&\vdots\\0&0&\cdots&1\end{pmatrix}$.

9. (1) $\boldsymbol{\alpha}_1$ 可由 $\boldsymbol{\alpha}_2,\boldsymbol{\alpha}_3$ 线性表示；(2) $\boldsymbol{\alpha}_4$ 不能由 $\boldsymbol{\alpha}_1,\boldsymbol{\alpha}_2,\boldsymbol{\alpha}_3$ 线性表示.

10. (1) 秩为 2，最大无关组可取 $\boldsymbol{\alpha}_1,\boldsymbol{\alpha}_2$；(2) 秩为 2，最大无关组可取 $\boldsymbol{\alpha}_1,\boldsymbol{\alpha}_2$.

11. 最大无关组可取 $\boldsymbol{\alpha}_2,\boldsymbol{\alpha}_4$；$\boldsymbol{\alpha}_1=\boldsymbol{\alpha}_2-\boldsymbol{\alpha}_4$，$\boldsymbol{\alpha}_3=\boldsymbol{\alpha}_2+\boldsymbol{\alpha}_4$.

12. $a=2$，$b=5$.

13. 提示：计算得 $R(\boldsymbol{\alpha}_2,\boldsymbol{\alpha}_3,\boldsymbol{\alpha}_4)=2$，所以 $R(\boldsymbol{\beta}_1,\boldsymbol{\beta}_2,\boldsymbol{\beta}_3,\boldsymbol{\beta}_4)\leqslant R(\boldsymbol{\alpha}_1,\boldsymbol{\alpha}_2,\boldsymbol{\alpha}_3,\boldsymbol{\alpha}_4)\leqslant3$.

14. 提示：设 $\boldsymbol{\alpha}_1,\boldsymbol{\alpha}_2,\cdots,\boldsymbol{\alpha}_n$ 均为列向量，则

$$\boldsymbol{\alpha}_1,\boldsymbol{\alpha}_2,\cdots,\boldsymbol{\alpha}_n\text{ 线性无关}\Leftrightarrow|\boldsymbol{\alpha}_1,\boldsymbol{\alpha}_2,\cdots,\boldsymbol{\alpha}_n|\neq0\Leftrightarrow|\boldsymbol{\alpha}_1,\boldsymbol{\alpha}_2,\cdots,\boldsymbol{\alpha}_n|\,|\boldsymbol{\alpha}_1,\boldsymbol{\alpha}_2,\cdots,\boldsymbol{\alpha}_n|^{\mathrm{T}}\neq0.$$

15. $\boldsymbol{P\alpha}_1,\boldsymbol{P\alpha}_2,\cdots,\boldsymbol{P\alpha}_n$ 线性无关 $\Leftrightarrow|\boldsymbol{P\alpha}_1,\boldsymbol{P\alpha}_2,\cdots,\boldsymbol{P\alpha}_n|=|\boldsymbol{P}|\,|\boldsymbol{\alpha}_1,\boldsymbol{\alpha}_2,\cdots,\boldsymbol{\alpha}_n|\neq0$.

16. 参见例 3.2.4.

17. 提示：必要性：考虑关系式中 $\sum\limits_{j=1}^{s}k_j\boldsymbol{\alpha}_j=\boldsymbol{0}$ 下标最大不为零的数 k_i，去证 $i\neq1$.

18. 提示:充分性:考察 $\boldsymbol{\alpha}_1,\boldsymbol{\alpha}_2,\cdots,\boldsymbol{\alpha}_n$ 与 $\boldsymbol{\varepsilon}_1,\boldsymbol{\varepsilon}_2,\cdots,\boldsymbol{\varepsilon}_n$ 的关系.

19. 提示:证明两向量组的最大线性无关组等价.

20. 设部分组的秩为 k,把部分组的最大线性无关组扩大为原向量组的最大线性无关组时,需增加的 $r-k$ 个向量只能在 $s-m$ 个向量中选取,于是 $r-k\leqslant s-m$.

21. 应用推论 3.1.1.

22. $$\mathbf{0}=\sum_{i=1}^{r}\lambda_i\boldsymbol{\beta}_i=(\lambda_1,\lambda_2,\cdots,\lambda_r)\begin{pmatrix}\boldsymbol{\beta}_1\\ \boldsymbol{\beta}_2\\ \vdots\\ \boldsymbol{\beta}_r\end{pmatrix}=(\lambda_1,\lambda_2,\cdots,\lambda_r)\boldsymbol{K}\begin{pmatrix}\boldsymbol{\alpha}_1\\ \boldsymbol{\alpha}_2\\ \vdots\\ \boldsymbol{\alpha}_r\end{pmatrix}\overset{\mathscr{A}\text{无关}}{\Longleftrightarrow}(\lambda_1,\lambda_2,\cdots,\lambda_r)\boldsymbol{K}=\mathbf{0}$$

$$\Leftrightarrow\mathscr{B}\text{组线性无关}\Leftrightarrow\lambda_i=0(i=1,2,\cdots,r)\Leftrightarrow R(\boldsymbol{K})=r.$$

23. $\forall\,\boldsymbol{b}=(b_1,b_2,\cdots,b_n)^{\mathrm{T}}\neq\mathbf{0}\Rightarrow|b_i|=\max\{|b_1|,|b_2|,\cdots,|b_n|\}>0$

$$\Rightarrow|a_{ii}b_i|>\sum_{\substack{j=1\\ j\neq i}}^{n}|a_{ij}||b_i|\geqslant\sum_{\substack{j=1\\ j\neq i}}^{n}|a_{ij}||b_j|\geqslant\left|\sum_{\substack{j=1\\ j\neq i}}^{n}a_{ij}b_j\right|\Rightarrow\sum_{j=1}^{n}a_{ij}b_j\neq0\Rightarrow\boldsymbol{Ax}=\mathbf{0}\text{ 只有零解.}$$

25. $V_1\cap V_2$ 和 V_1+V_2 是 V 的子空间,$V_1\cup V_2$ 不一定是 V 的子空间. 反例:$V_1=\{(x,0)\mid x\in\mathbf{R}\}$,$V_2=\{(0,y)\mid y\in\mathbf{R}\}$.

26. $\dim V_1=2$, $\dim V_2=2$, $\dim(V_1+V_2)=3$.

27. $\dim W_1=3$, $\dim W_2=2$.

29. $\boldsymbol{\beta}_1=2\boldsymbol{\alpha}_1+3\boldsymbol{\alpha}_2-\boldsymbol{\alpha}_3$,$\boldsymbol{\beta}_2=3\boldsymbol{\alpha}_1-3\boldsymbol{\alpha}_2-2\boldsymbol{\alpha}_3$.

30. $\boldsymbol{B}=\begin{pmatrix}0&-1\\1&3\end{pmatrix}$,$|\boldsymbol{A}|=1$.

31. (1)$\boldsymbol{\xi}_1=(0,1,0,4)^{\mathrm{T}}$,$\boldsymbol{\xi}_2=(-4,0,1,-3)^{\mathrm{T}}$. (2) $\boldsymbol{\xi}_1=(1,7,0,19)^{\mathrm{T}}$,$\boldsymbol{\xi}_2=(0,0,1,2)^{\mathrm{T}}$.

32. $x_1-2x_2-3x_3=0$.

33. 提示:$\boldsymbol{\beta}^{\mathrm{T}}\boldsymbol{\alpha}_i=\mathbf{0}(i=1,2,\cdots,r)$. 答案:线性无关.

34. (1) $\boldsymbol{\eta}^*=(-8,13,0,2)^{\mathrm{T}}$,$\boldsymbol{\xi}=(-1,1,1,0)^{\mathrm{T}}$;

(2) $\boldsymbol{\eta}^*=(-17,0,14,0)^{\mathrm{T}}$,$\boldsymbol{\xi}_1=(-9,1,7,0)^{\mathrm{T}}$, $\boldsymbol{\xi}_2=\left(-4,0,\dfrac{7}{2},1\right)^{\mathrm{T}}$.

35. 当 $\lambda\neq0$,且 $\lambda\neq-3$ 时表示唯一; 当 $\lambda=0$ 时,表示不唯一; 当 $\lambda=-3$ 时,不能表示.

36. $\lambda=1$.

37. $\boldsymbol{x}=c(3,4,5,6)^{\mathrm{T}}+\boldsymbol{\eta}_1$, $c\in\mathbf{R}$.

39. 提示:矩阵 $\boldsymbol{B}$ 的列向量是 $\boldsymbol{Ax}=\mathbf{0}$ 的解向量.

40. 提示: 由已知可得 $\boldsymbol{Ab}=\mathbf{0}$,其中 $\boldsymbol{b}=(1,1,\cdots,1)^{\mathrm{T}}$.

41. 提示:$$\sum_{j=1}^{n}a_{ij}(-1)^{j-1}M_j=\begin{vmatrix}a_{i1}&a_{i2}&\cdots&a_{in}\\a_{11}&a_{12}&\cdots&a_{1n}\\ \vdots&\vdots&&\vdots\\a_{(n-1)1}&a_{(n-1)2}&\cdots&a_{(n-1)n}\end{vmatrix}=0(i=1,2,\cdots,n-1).$$

42. (2) 提示:向量组 $\boldsymbol{\eta}^*,\boldsymbol{\xi}_1,\boldsymbol{\xi}_2,\cdots,\boldsymbol{\xi}_n$ 与向量组 $\boldsymbol{\eta}^*,\boldsymbol{\eta}^*+\boldsymbol{\xi}_1,\boldsymbol{\eta}^*+\boldsymbol{\xi}_2,\cdots,\boldsymbol{\eta}^*+\boldsymbol{\xi}_n$ 等价.

45. 提示:$R(\boldsymbol{A}^{\mathrm{T}})=R(\boldsymbol{A}^{\mathrm{T}}\boldsymbol{A})\leqslant R((\boldsymbol{A}^{\mathrm{T}}\boldsymbol{A},\boldsymbol{A}^{\mathrm{T}}\boldsymbol{b}))\leqslant R(\boldsymbol{A}^{\mathrm{T}}(\boldsymbol{A},\boldsymbol{b}))\leqslant R(\boldsymbol{A}^{\mathrm{T}})$.

46. (1)提示:见本章“小结与点注”例 2; (2)$(\boldsymbol{A}^{\mathrm{T}}\boldsymbol{A})^{-1}\boldsymbol{A}^{\mathrm{T}}$ 为 $\boldsymbol{A}$ 的一个左逆矩阵;

(3)作如下设计:构造矩阵$(\boldsymbol{A},\boldsymbol{E}_m)$,对其作初等行变换:$(\boldsymbol{A},\boldsymbol{E}_m)\longrightarrow\begin{pmatrix}\boldsymbol{E}_n & \boldsymbol{P}_1\\ \boldsymbol{O} & \boldsymbol{P}_2\end{pmatrix}$,则 $\boldsymbol{P}_1$ 即为 $\boldsymbol{A}$ 的左逆矩阵. $\begin{pmatrix}-1 & 1 & 0\\ -1 & 0 & 1\end{pmatrix}$;不唯一,如$\begin{pmatrix}-1 & 1 & 0\\ 1 & \frac{1}{2} & 0\end{pmatrix}$也是 $\boldsymbol{A}$ 的左逆矩阵.

第 4 章 相 似 矩 阵

练习 4.1

4. $\boldsymbol{\alpha}_2=(1,0,-1)^{\mathrm{T}},\boldsymbol{\alpha}_3=(-1,2,-1)^{\mathrm{T}}$.

5. b_2.

练习 4.2

5. $\lambda_3=-2$.

6. $|\boldsymbol{A}-\boldsymbol{E}|=0,|\boldsymbol{A}^2-3\boldsymbol{A}+2\boldsymbol{E}|=0$.

7. 提示:$\boldsymbol{A}\boldsymbol{x}=\lambda\boldsymbol{x}\Rightarrow|\boldsymbol{A}|\boldsymbol{x}=\boldsymbol{A}^*\boldsymbol{A}\boldsymbol{x}=\lambda\boldsymbol{A}^*\boldsymbol{x}$. 若$\lambda\neq0\Rightarrow\boldsymbol{A}^*\boldsymbol{x}=\lambda^{-1}|\boldsymbol{A}|\boldsymbol{x}$;若$\lambda=0$,则$|\boldsymbol{A}|=0$. 当$R(\boldsymbol{A})<n-1$时,$\boldsymbol{A}^*=\boldsymbol{0}$;当$R(\boldsymbol{A})=n-1$时,$\lambda$ 的几何重数为 1, $\boldsymbol{A}(\boldsymbol{A}^*\boldsymbol{x})=|\boldsymbol{A}|\boldsymbol{E}\boldsymbol{x}=\boldsymbol{0}\Rightarrow\boldsymbol{A}^*\boldsymbol{x}\in\boldsymbol{S}=\{\boldsymbol{x}\,|\,\boldsymbol{A}\boldsymbol{x}=\boldsymbol{0}\}\Rightarrow\boldsymbol{A}^*\boldsymbol{x}=k\boldsymbol{x}$.

练习 4.3

3. 可以对角化.

4. $|\boldsymbol{A}+2\boldsymbol{E}|=4$.

练习 4.4

2. $x=2,\lambda_1=2,\lambda_2=-7,\lambda_3=2$.

习 题 4

1. (1)(×); (2)(√); (3)(√); (4)(×); (5)(√); (6)(√); (7)(√); (8)(×); (9)(√); (10)(√).

2. (1)(C); (2)(D); (3)(C); (4)(B); (5)(B); (6)(C); (7)(C); (8)(A); (9)(D); (10)(C).

3. (1)$a_i+2b_i+3c_i$ $(i=1,2,3)$; (2)3,−3,17; (3)$\boldsymbol{A}=\boldsymbol{E}$; (4)$\lambda_1=n,\lambda_2=\lambda_2=\cdots=\lambda_n=0$; (5)$\left(\frac{|\boldsymbol{A}|}{\lambda}\right)^2+1$; (6)0,2; (7)$\begin{pmatrix}4 & & \\ & 2 & \\ & & 2\end{pmatrix}$; (8)$\lambda_1,\lambda_2,\lambda_3$; $\boldsymbol{P}^{-1}\boldsymbol{x}_1,\boldsymbol{P}^{-1}\boldsymbol{x}_2,\boldsymbol{P}^{-1}\boldsymbol{x}_3$.

4. (1) $\boldsymbol{b}_1=\begin{pmatrix}1\\1\\1\end{pmatrix},\boldsymbol{b}_2=\begin{pmatrix}-1\\0\\1\end{pmatrix},\boldsymbol{b}_3=\frac{1}{3}\begin{pmatrix}1\\-2\\1\end{pmatrix}$; (2) $\boldsymbol{b}_1=\begin{pmatrix}1\\0\\-1\\1\end{pmatrix},\boldsymbol{b}_2=\frac{1}{3}\begin{pmatrix}1\\-3\\2\\1\end{pmatrix},\boldsymbol{b}_3=\frac{1}{5}\begin{pmatrix}-1\\3\\3\\4\end{pmatrix}$.

7. (1) 不是; (2) 是.

12. 提示:充分性:记$\boldsymbol{A}=(\boldsymbol{\alpha}_1,\boldsymbol{\alpha}_2,\cdots,\boldsymbol{\alpha}_n)$,验证$\boldsymbol{A}\boldsymbol{\varepsilon}_i=\boldsymbol{\alpha}_i(i=1,2,\cdots,n)$,由$\|\boldsymbol{A}(\boldsymbol{\varepsilon}_i+\boldsymbol{\varepsilon}_j)\|=\|\boldsymbol{\varepsilon}_i+\boldsymbol{\varepsilon}_j\|$得,$[\boldsymbol{A}\boldsymbol{\varepsilon}_i,\boldsymbol{A}\boldsymbol{\varepsilon}_j]=[\boldsymbol{\varepsilon}_i,\boldsymbol{\varepsilon}_j]$.

13. 提示:考虑内积$[\boldsymbol{A}\boldsymbol{x},\boldsymbol{A}\boldsymbol{x}]$.

14. (1) $\lambda_1=1,\lambda_2=\lambda_3=3$ 对应于 $\lambda_1=1$ 的特征向量为 $k_1(2,0,-1)^{\mathrm{T}}(k_1\neq 0)$；

对应于 $\lambda_2=\lambda_3=3$ 的特征向量为 $k_2(1,-1,2)^{\mathrm{T}}(k_2\neq 0)$.

(2) $\lambda_1=-1,\lambda_2=9,\lambda_3=0$ 对应于 $\lambda_1=-1$ 的特征向量为 $k_1(1,-1,0)^{\mathrm{T}}(k_1\neq 0)$；

对应于 $\lambda_2=9$ 的特征向量为 $k_2(1,1,2)^{\mathrm{T}}(k_2\neq 0)$；

对应于 $\lambda_3=0$ 的特征向量为$k_3(1,1,-1)^{\mathrm{T}}(k_3\neq 0)$.

(3) $\lambda_1=\lambda_1=\lambda_1=-1$,对应的特征向量为 $k(1,1,-1)^{\mathrm{T}}(k\neq 0)$.

15. 提示:应用 $|\boldsymbol{A}|=|\boldsymbol{A}^{\mathrm{T}}|$.

16. 提示:设 $\boldsymbol{Ax}=\lambda\boldsymbol{x}(\boldsymbol{x}\neq\boldsymbol{0},\boldsymbol{x}\in\mathbf{R}^n)\Rightarrow\boldsymbol{x}^{\mathrm{T}}\boldsymbol{A}^{\mathrm{T}}=\lambda\boldsymbol{x}^{\mathrm{T}}$,二式相乘.

17. $x=4,y=5$.

18. $k=1$ 或 -2.

19. 提示:方法 1　由 $R(\boldsymbol{A})<n$, $R(\boldsymbol{B})<n$,知 $\boldsymbol{A},\boldsymbol{B}$ 均有特征值 0, $\begin{cases}\boldsymbol{Ax}=\boldsymbol{0}\\ \boldsymbol{Bx}=\boldsymbol{0}\end{cases}\Leftrightarrow\begin{pmatrix}\boldsymbol{A}\\ \boldsymbol{B}\end{pmatrix}\boldsymbol{x}=\boldsymbol{0}$ 有非零解的充要条件是 $R\left(\begin{pmatrix}\boldsymbol{A}\\ \boldsymbol{B}\end{pmatrix}\right)<n$,而 $R\left(\begin{pmatrix}\boldsymbol{A}\\ \boldsymbol{B}\end{pmatrix}\right)\leqslant R(\boldsymbol{A})+R(\boldsymbol{B})<n$.

方法 2　提示:设 $\boldsymbol{\xi}_1,\boldsymbol{\xi}_2,\cdots,\boldsymbol{\xi}_{n-r_1}$ 与 $\boldsymbol{\eta}_1,\boldsymbol{\eta}_2,\cdots,\boldsymbol{\eta}_{n-r_2}$ 分别是 $\boldsymbol{Ax}=\boldsymbol{0}$ 和 $\boldsymbol{Bx}=\boldsymbol{0}$ 的基础解系,去证向量组 $\boldsymbol{\xi}_1,\boldsymbol{\xi}_2,\cdots,\boldsymbol{\xi}_{n-r_1},\boldsymbol{\eta}_1,\boldsymbol{\eta}_2,\cdots,\boldsymbol{\eta}_{n-r_2}$ 线性相关.不妨设 $\boldsymbol{\xi}_1=\sum_{i=2}^{n-r_1}\mu_i\boldsymbol{\xi}_i+\sum_{i=1}^{n-r_2}\lambda_i\boldsymbol{\eta}_i$,左乘 $\boldsymbol{A}$.

20. $\boldsymbol{A}=\dfrac{1}{3}\begin{pmatrix}-1&0&2\\0&1&2\\2&2&0\end{pmatrix}$.

21. (1) $\boldsymbol{\beta}=2\boldsymbol{p}_1-2\boldsymbol{p}_2+\boldsymbol{p}_3$；　(2) $\begin{pmatrix}2-2^{n+1}+3^n\\2-2^{n+2}+3^{n+1}\\2-2^{n+3}+3^{n+2}\end{pmatrix}$.

22. $\boldsymbol{A}=\begin{pmatrix}4&1&1\\1&4&1\\1&1&4\end{pmatrix}$.

23. (1) $\boldsymbol{P}=\begin{pmatrix}\frac{1}{5}\sqrt{5}&\frac{4}{15}\sqrt{5}&\frac{2}{3}\\-\frac{2}{5}\sqrt{5}&\frac{2}{15}\sqrt{5}&\frac{1}{3}\\0&-\frac{1}{3}\sqrt{5}&\frac{2}{3}\end{pmatrix}$, $\boldsymbol{P}^{-1}\boldsymbol{AP}=\begin{pmatrix}-3&&\\&-3&\\&&6\end{pmatrix}$；

(2) $\boldsymbol{P}=\dfrac{1}{6}\begin{pmatrix}3\sqrt{2}&\sqrt{6}&2\sqrt{3}\\-3\sqrt{2}&\sqrt{6}&2\sqrt{3}\\0&-2\sqrt{6}&2\sqrt{3}\end{pmatrix}$, $\boldsymbol{P}^{-1}\boldsymbol{AP}=\begin{pmatrix}1&&\\&1&\\&&-2\end{pmatrix}$；

(3) $\boldsymbol{P}=\begin{pmatrix} \frac{1}{\sqrt{2}} & \frac{1}{\sqrt{6}} & \frac{\sqrt{3}}{6} & \frac{1}{2} \\ \frac{1}{\sqrt{2}} & \frac{-1}{\sqrt{6}} & \frac{-\sqrt{3}}{6} & -\frac{1}{2} \\ 0 & \frac{2}{\sqrt{6}} & \frac{-\sqrt{3}}{6} & \frac{-1}{2} \\ 0 & 0 & \frac{-\sqrt{3}}{2} & \frac{1}{2} \end{pmatrix}$, $\boldsymbol{P}^{-1}\boldsymbol{AP}=\begin{pmatrix} 1 & & & \\ & 1 & & \\ & & 1 & \\ & & & 5 \end{pmatrix}$.

24. 提示:方法 1　将所给矩阵对角化.

方法 2　设所给矩阵为 $\boldsymbol{A}$,令 $\boldsymbol{B}=(a_{ij})$,$a_{ij}=1$,则 $\boldsymbol{A}=2\boldsymbol{B}-\boldsymbol{E}\Rightarrow\boldsymbol{B}^k=3^{k-1}\boldsymbol{B}$,$\boldsymbol{A}^n=(2\boldsymbol{B}-\boldsymbol{E})^n$.

答案:$\frac{1}{3}\begin{pmatrix} 5^n+2(-1)^n & 5^n-(-1)^n & 5^n-(-1)^n \\ 5^n-(-1)^n & 5^n+2(-1)^n & 5^n-(-1)^n \\ 5^n-(-1)^n & 5^n-(-1)^n & 5^n+2(-1)^n \end{pmatrix}$.

26. (1) 提示:-1 不是 $\boldsymbol{A}$ 的特征值. 若否,则 $\overline{\boldsymbol{x}}^{\mathrm{T}}\boldsymbol{Ax}=-\overline{\boldsymbol{x}}^{\mathrm{T}}\boldsymbol{x}=(-\overline{\boldsymbol{Ax}})^{\mathrm{T}}\boldsymbol{x}=\overline{\boldsymbol{x}}^{\mathrm{T}}\boldsymbol{x}\Rightarrow\boldsymbol{x}=\boldsymbol{0}$,矛盾!

27. (1) 提示:将原方程写为 $\boldsymbol{B}\begin{pmatrix} x' \\ y' \\ z' \end{pmatrix}=\boldsymbol{C}\begin{pmatrix} x \\ y \\ z \end{pmatrix}$;

(2) 提示:令 $y=z_1$,$\frac{\mathrm{d}y}{\mathrm{d}x}=z_2$,则 $y''=\frac{\mathrm{d}z_2}{\mathrm{d}x}$,于是原方程变为 $\begin{cases} \frac{\mathrm{d}z_2}{\mathrm{d}x}=-qz_1-pz_1, \\ \frac{\mathrm{d}z_1}{\mathrm{d}x}=z_2. \end{cases}$

28. $\begin{pmatrix} x_n \\ y_n \end{pmatrix}=\frac{1}{2(p+q)}\begin{pmatrix} 2p+(p-q)r^n \\ 2p+(q-p)r^n \end{pmatrix}$,其中 $r=1-p-q$. 最终分布为 $\frac{1}{p+q}\begin{pmatrix} q \\ p \end{pmatrix}$.

29. 提示:证明 $\boldsymbol{A}$ 的特征值是 0 和 -2,且它们的几何重数和代数重数均为 2.

答案:(1)1; (2)1; (3)2.

30. 提示:(1) $\boldsymbol{A}^{n-j}\boldsymbol{\alpha}_j=\boldsymbol{\alpha}_n(j=1,2,\cdots,n-1)$,$\boldsymbol{A}^m\boldsymbol{\alpha}_j=\boldsymbol{0}(m>n-j)$. 考虑 $\sum_{i=1}^{n}k_i\boldsymbol{\alpha}_i=\boldsymbol{0}$,左乘 $\boldsymbol{A}^{n-j}(j=1,2,\cdots,n-1)\Rightarrow k_j\boldsymbol{\alpha}_n=\boldsymbol{0}\Rightarrow k_j=0(j=1,2,\cdots,n-1)\Rightarrow k_n=0$.

(2) 设 $\boldsymbol{Ax}=\lambda\boldsymbol{x}(\boldsymbol{x}\neq\boldsymbol{0})\Rightarrow\boldsymbol{x}=\sum_{i=1}^{n}\mu_i\boldsymbol{\alpha}_i$,左乘 $\boldsymbol{A}$,去证明的特征值只能是 0,且 $\boldsymbol{A}$ 只有一个线性无关的特征向量.

答案:(1) 线性无关; (2) 不能对角化; (3)0; (4)2^n.

第 5 章　二　次　型

练习 5.1

1. (1) $\begin{pmatrix} 1 & 2 & 1 \\ 2 & 4 & \frac{1}{2} \\ 1 & \frac{1}{2} & 1 \end{pmatrix}$; (2) $\begin{pmatrix} 3 & 1 & 0 & 0 \\ 1 & 2 & -2 & 1 \\ 0 & -2 & -1 & 0 \\ 0 & 1 & 0 & 0 \end{pmatrix}$.

2. (1) $f=x_1^2-x_3^2-2x_1x_2+4x_2x_3$；　(2) $f=x_1^2+x_2^2+x_3^2+x_4^2-2x_1x_2-2x_2x_3-2x_3x_4$.

3. 否.

练习 5.2

2. (1) $\begin{pmatrix} x_1 \\ x_2 \\ x_3 \end{pmatrix}=\begin{pmatrix} \frac{1}{\sqrt{2}} & -\frac{1}{\sqrt{6}} & \frac{1}{\sqrt{3}} \\ -\frac{1}{\sqrt{2}} & -\frac{1}{\sqrt{6}} & \frac{1}{\sqrt{3}} \\ 0 & \frac{2}{\sqrt{6}} & \frac{1}{\sqrt{3}} \end{pmatrix}\begin{pmatrix} y_1 \\ y_2 \\ y_3 \end{pmatrix}, f=-y_1^2-y_2^2+5y_3^2$；

(2) $\begin{pmatrix} x_1 \\ x_2 \\ x_3 \\ x_4 \end{pmatrix}=\begin{pmatrix} \frac{1}{2} & \frac{1}{2} & \frac{1}{2} & \frac{1}{2} \\ -\frac{1}{2} & \frac{1}{2} & \frac{1}{2} & -\frac{1}{2} \\ -\frac{1}{2} & -\frac{1}{2} & \frac{1}{2} & \frac{1}{2} \\ \frac{1}{2} & -\frac{1}{2} & \frac{1}{2} & -\frac{1}{2} \end{pmatrix}\begin{pmatrix} y_1 \\ y_2 \\ y_3 \\ y_4 \end{pmatrix}, f=2y_1^2+4y_2^2-2y_3^2-4y_4^2$.

3. (1) $f=y_1^2+y_2^2+y_3^2$, $\begin{cases} x_1=y_1-y_2+2y_3, \\ x_2=y_2-2y_3, \\ x_3=y_3; \end{cases}$　(2) $f=y_1^2-y_2^2-y_3^2$, $\begin{cases} x_1=y_1+y_2-y_3, \\ x_2=y_1-y_2-y_3, \\ x_3=y_3. \end{cases}$

练习 5.3

1. 正定.

3. (1) 是；(2) 否.

习　题　5

1. (1)(×)；(2)(×)；(3)(×)；(4)(√)；(5)(×)；(6)(×).

2. (1)(C)；(2)(D)；(3)(A)；(4)(C)；(5)(A)；(6)(C)；(7)(D)；(8)(B)；(9)(D)；(10)(D).

3. (1) $(x_1,x_2,x_3)\begin{pmatrix} 0 & 8 & 1 \\ 8 & 0 & -1 \\ 1 & -1 & 0 \end{pmatrix}\begin{pmatrix} x_1 \\ x_2 \\ x_3 \end{pmatrix}$；(2) $r=n$；(3) 2；(4) $t>n$；(5) $a>\frac{\sqrt{5}}{2}$；(6) 3；(7) $|t|<\sqrt{2}$.

4. (1) $f=(x_1,x_2,x_3,x_4)\begin{pmatrix} 1 & -1 & 2 & -1 \\ -1 & 1 & 3 & -2 \\ 2 & 3 & 1 & 0 \\ -1 & -2 & 0 & 1 \end{pmatrix}\begin{pmatrix} x_1 \\ x_2 \\ x_3 \\ x_4 \end{pmatrix}$；

(2) $f=(x_1,x_2,\cdots,x_n)\begin{pmatrix} 1 & 1 & \cdots & 1 \\ 1 & 1 & \cdots & 1 \\ \vdots & \vdots & & \vdots \\ 1 & 1 & \cdots & 1 \end{pmatrix}\begin{pmatrix} x_1 \\ x_2 \\ \vdots \\ x_n \end{pmatrix}$.

5. (1) $\begin{pmatrix}x_1\\x_2\\x_3\\x_4\end{pmatrix}=\begin{pmatrix}0&\frac{1}{\sqrt{2}}&0&\frac{1}{\sqrt{2}}\\0&\frac{1}{\sqrt{2}}&0&-\frac{1}{\sqrt{2}}\\\frac{1}{\sqrt{2}}&0&\frac{1}{\sqrt{2}}&0\\\frac{1}{\sqrt{2}}&0&-\frac{1}{\sqrt{2}}&0\end{pmatrix}\begin{pmatrix}y_1\\y_2\\y_3\\y_4\end{pmatrix}$, $f=y_1^2+y_2^2-y_3^2-y_4^2$;

(2) $\begin{pmatrix}x_1\\x_2\\x_3\end{pmatrix}=\begin{pmatrix}1&0&0\\0&\frac{1}{\sqrt{2}}&\frac{1}{\sqrt{2}}\\0&\frac{1}{\sqrt{2}}&-\frac{1}{\sqrt{2}}\end{pmatrix}\begin{pmatrix}y_1\\y_2\\y_3\end{pmatrix}$, $f=2y_1^2+5y_2^2+y_3^2$;

(3) $\begin{pmatrix}x_1\\x_2\\x_3\\x_4\end{pmatrix}=\begin{pmatrix}0&\frac{1}{2}&\frac{1}{2}&0\\-\frac{1}{2}&\frac{1}{2}&0&\frac{1}{\sqrt{2}}\\-\frac{1}{2}&-\frac{1}{2}&\frac{1}{\sqrt{2}}&0\\\frac{1}{2}&-\frac{1}{2}&0&\frac{1}{\sqrt{2}}\end{pmatrix}\begin{pmatrix}y_1\\y_2\\y_3\\y_4\end{pmatrix}$, $f=-y_1^2+3y_2^2+y_3^2+y_4^2$.

6. (1) $\begin{pmatrix}x_1\\x_2\\x_3\end{pmatrix}=\begin{pmatrix}1&-2&0\\0&1&1\\0&0&1\end{pmatrix}\begin{pmatrix}y_1\\y_2\\y_3\end{pmatrix}$, $f=y_1^2-2y_2^2-3y_3^2$;

(2) $\begin{pmatrix}x_1\\x_2\\x_3\end{pmatrix}=\begin{pmatrix}1&1&3\\1&-1&-1\\0&0&1\end{pmatrix}\begin{pmatrix}z_1\\z_2\\z_3\end{pmatrix}$, $f=2z_1^2-2z_2^2+6z_3^2$.

7. (1) $f=-y_1^2+y_2^2+y_3^2$; (2) $f=y_1^2+y_2^2+y_3^2-y_4^2$.

8. (1)负定; (2)不定; (3)正定.

9. $-1<k<0$.

10. (1) $a>0$; (2) $a<-1$.

11. 是.

12. $a=2$.

13. 提示:设 $0<\lambda_1\leqslant\cdots\leqslant\lambda_r$ 是 $\boldsymbol{A}$ 的非零特征值,则存在正交阵 $\boldsymbol{P}=(\boldsymbol{p}_1,\boldsymbol{p}_2,\cdots,\boldsymbol{p}_n)$,使 $\boldsymbol{P}^{\mathrm{T}}\boldsymbol{A}\boldsymbol{P}=\mathrm{diag}(\lambda_1,\lambda_2,\cdots,\lambda_r,0,\cdots,0)$. $\boldsymbol{x}\perp\boldsymbol{p}_j\,(j=r+1,\cdots,n)$, $\boldsymbol{x}=\sum\limits_{i=1}^{r}k_i\boldsymbol{P}_i$,其中 $k_i=[\boldsymbol{x},\boldsymbol{P}_i]$.

14. 方法 1 关于实数 t 的二次三项式 $(\boldsymbol{x}_1+t\boldsymbol{x}_2)^{\mathrm{T}}\boldsymbol{A}(\boldsymbol{x}_1+t\boldsymbol{x}_2)=\boldsymbol{x}_1^{\mathrm{T}}\boldsymbol{A}\boldsymbol{x}_1+2t(\boldsymbol{x}_1^{\mathrm{T}}\boldsymbol{A}\boldsymbol{x}_2)+t^2\boldsymbol{x}_2^{\mathrm{T}}\boldsymbol{A}\boldsymbol{x}_2$ 有两个不同实根.

方法 2　二次型的规范形为 $x^{\mathrm{T}}Ax \xlongequal{x=Cy} y_1^2+\cdots+y_p^2-y_{p+1}^2-\cdots-y_r^2$，由已知去证 $r>p>0$，取 $x_0=Cy_0$ 即合要求，其中 $y_0=(\underbrace{1,0,\cdots,0}_{p个},1,0,\cdots,0)^{\mathrm{T}}$.

15. 提示：二次型的规范形为 $x^{\mathrm{T}}Ax \xlongequal{x=Cy} y_1^2+\cdots+y_p^2-y_{p+1}^2-\cdots-y_n^2$，如上题，取 $x=Cy_0$ 即合要求，其中 $y_0=(\underbrace{0,0,\cdots,0}_{p个},1,0,\cdots,0)^{\mathrm{T}}$.

16. 提示：二次型经正交变换 $x=Py$ 可化为标准形 $f=x^{\mathrm{T}}Ax=\sum_{i=1}^{n}\lambda_i y_i^2\leqslant\lambda_{i_0}\sum_{i=1}^{n}y_i^2$，其中 λ_{i_0} 为 A 的最大特征值，又 $1=\|x\|=\|Px\|=\|y\|$. 设 λ_{i_0} 对应的单位特征向量为 x_0，则 $f(x_0)=x_0^{\mathrm{T}}Ax_0=\lambda_{i_0}x_0^{\mathrm{T}}x_0=\lambda_{i_0}$.

17. 提示：$f(x_1,\cdots,x_n)\xlongequal[k=1,2,\cdots,n-1,]{y_k=x_k+a_kx_{k+1},\,y_n=x_n+a_nx_1}\sum_{j=1}^{n}y_j^2$，记 $y=Cx$，其中 $y=(y_1,\cdots,y_n)^{\mathrm{T}}$，$x=(x_1,\cdots,x_n)^{\mathrm{T}}$. 去证 $f>0\Leftrightarrow|C|\neq0$. 答案：$\prod_{i=1}^{n}a_i\neq(-1)^n$.

18. 必要性：取 $B=A^{-1}$. 充分性. $\forall x\neq 0,0<x^{\mathrm{T}}(AB+B^{\mathrm{T}}A)x=2[Ax,Bx]\Rightarrow Ax\neq0\Rightarrow R(A)=n$.

19. 显然，$(AB)^{\mathrm{T}}=AB$.

方法 1　设 $(AB)x=\lambda x(x\neq0)$，则 $Bx=\lambda A^{-1}x\Rightarrow x^{\mathrm{T}}Bx=\lambda x^{\mathrm{T}}A^{-1}x>0\Rightarrow\lambda>0$.

方法 2　由 $A>0$ 知，存在 $C>0$ 使 $A=C^2$. 又由 $C^{-1}ABC=C^{-1}C^2BC=CBC=C^{\mathrm{T}}BC>0,\Rightarrow AB>0$.

方法 3　因为 $A>0,B>0$，所以存在可逆矩阵 U,V 使 $A=UU^{\mathrm{T}},B=VV^{\mathrm{T}}\Rightarrow AB=(UU^{\mathrm{T}})(VV^{\mathrm{T}})=U[(V^{\mathrm{T}}U)^{\mathrm{T}}(V^{\mathrm{T}}U)]U^{-1}$，而 $(V^{\mathrm{T}}U)^{\mathrm{T}}(V^{\mathrm{T}}U)>0$.

方法 4　由第 2 章小结与点注* 例知，对任意 n 阶方阵 M,N，有 $|MN-\lambda E|=|NM-\lambda E|$，即 MN 与 NM 有相同的特征值. 从而 $AB=U(U^{\mathrm{T}}VV^{\mathrm{T}})$ 与 $(U^{\mathrm{T}}VV^{\mathrm{T}})U=(V^{\mathrm{T}}U)^{\mathrm{T}}(V^{\mathrm{T}}U)$ 有相同的特征值，后者是正定的(这里 $|U||V|\neq0$).

方法 5*　首先，证明存在正交阵 P，使 $P^{\mathrm{T}}AP$ 与 $P^{\mathrm{T}}BP$ 均为对角阵：取正交阵 P_1，使 $P_1^{-1}AP_1=\mathrm{diag}(\lambda_1E_{r_1},\lambda_2E_{r_2},\cdots,\lambda_sE_{r_s})=\Lambda$，其中 $\lambda_1,\lambda_2,\cdots,\lambda_s$ 是 A 的互异特征值. 由 $AB=BA$ 得，$\Lambda(P_1^{\mathrm{T}}BP_1)=(P_1^{\mathrm{T}}BP_1)\Lambda\Rightarrow P_1^{\mathrm{T}}BP_1=\mathrm{diag}(B_1,B_2,\cdots,B_s)$(见练习 2.4 第 4 题)$\Rightarrow$对每个 B_i，存在正交阵 p_i，使 $p_i^{\mathrm{T}}B_ip_i$ 为对角阵. 令 $P=P_1P_2$ 即可，其中 $P_2=\mathrm{diag}(p_1,p_2,\cdots,p_s)$.

其次，设正交阵 P，使 $P^{\mathrm{T}}AP=\mathrm{diag}(\lambda_1,\lambda_2,\cdots,\lambda_n)$，$P^{\mathrm{T}}BP=\mathrm{diag}(\mu_1,\mu_2,\cdots,\mu_n)\Rightarrow P^{\mathrm{T}}(AB)P=(P^{\mathrm{T}}AP)(P^{\mathrm{T}}BP)=\mathrm{diag}(\lambda_1\mu_1,\lambda_2\mu_2,\cdots,\lambda_n\mu_n)$. 因为 $A>0,B>0$，所以 $\lambda_i>0,\mu_i>0\Rightarrow AB>0$.

20. 提示：$|A|=\begin{vmatrix}a_{11}&a_{12}&a_{13}\\a_{12}&a_{22}&a_{23}\\a_{13}&a_{23}&a_{33}\end{vmatrix}=\begin{vmatrix}a_{11}&a_{12}&a_{13}\\a_{12}&a_{22}&a_{23}\\0&0&a_{33}\end{vmatrix}+\begin{vmatrix}a_{11}&a_{12}&a_{13}\\a_{12}&a_{22}&a_{23}\\a_{13}&a_{23}&0\end{vmatrix}\xlongequal{记为}D_1+D_2$，

$$D_2=-(a_{13},a_{23})\begin{pmatrix}a_{11}&a_{12}\\a_{12}&a_{22}\end{pmatrix}^*\begin{pmatrix}a_{13}\\a_{23}\end{pmatrix},\ \forall a_{13},a_{23},D_2\leqslant0.$$

第 6 章　线性空间与线性变换

练习 6.1

1. (1)是；(2)是；(3)不是；(4)不是.

2. (1)线性无关；(2)线性相关.

3. 线性无关.

4. 线性无关，$f_1(x),f_2(x),f_3(x),f_4(x)$就是一个最大无关组.

练习 6.2

1. $(3,4,1)^{\mathrm{T}}$.

2. (1) $\boldsymbol{C}=\begin{pmatrix}4&-2&1&0\\8&-4&2&1\\1&0&0&2\\-2&1&0&0\end{pmatrix}$； (2) $\boldsymbol{x}=\begin{pmatrix}11\\23\\4\\-5\end{pmatrix}$.

3. (1) $\boldsymbol{C}=\begin{pmatrix}2&0&5&6\\1&3&3&6\\-1&1&2&1\\1&0&1&3\end{pmatrix}$； (2) $\boldsymbol{C}^{-1}\begin{pmatrix}x_1\\x_2\\x_3\\x_4\end{pmatrix}$； (3) $k\begin{pmatrix}-1\\-1\\-1\\1\end{pmatrix}$($k$ 任意).

4. $\boldsymbol{C}=\begin{pmatrix}1&1&1&0\\0&0&-1&1\\0&1&1&-2\\-1&-1&-1&3\end{pmatrix}$.

练习 6.3

1. (1)不构成； (2)构成； (3)构成.

2. $W_1\cap W_2$ 的一个基为$(-1,0,1,0)^{\mathrm{T}},(0,-1,0,1)^{\mathrm{T}}$，$\dim(W_1\cap W_2)=2$；方程组 $x_1-x_2+x_3-x_4=0$ 的基础解系为 $\boldsymbol{a}_1=(1,1,0,0)^{\mathrm{T}},\boldsymbol{a}_2=(1,0,1,0)^{\mathrm{T}},\boldsymbol{a}_3=(1,0,0,1)^{\mathrm{T}}$，从而 $W_1=\mathrm{span}\{\boldsymbol{a}_1,\boldsymbol{a}_2,\boldsymbol{a}_3\}$；而 $x_1+x_2+x_3+x_4=0$ 的基础解系为 $\boldsymbol{b}_1=(-1,1,0,0)^{\mathrm{T}},\boldsymbol{b}_2=(-1,0,1,0)^{\mathrm{T}},\boldsymbol{b}_3=(-1,0,0,1)^{\mathrm{T}}$，从而 $W_2=\mathrm{span}\{\boldsymbol{b}_1,\boldsymbol{b}_2,\boldsymbol{b}_3\}$，于是 $W_1+W_2=\mathrm{span}\{\boldsymbol{a}_1,\boldsymbol{a}_2,\boldsymbol{a}_3,\boldsymbol{b}_1,\boldsymbol{b}_2,\boldsymbol{b}_3\}$. 可求得 $\boldsymbol{a}_1,\boldsymbol{a}_2,\boldsymbol{a}_3,\boldsymbol{b}_1,\boldsymbol{b}_2,\boldsymbol{b}_3$ 的一个最大无关组为 $\boldsymbol{a}_1,\boldsymbol{a}_2,\boldsymbol{a}_3,\boldsymbol{b}_1$，故它们可作为 W_1+W_2 的基，而且 $\dim(W_1+W_2)=4$(由于 $W_1+W_2=\mathbf{R}^4$，也可取 W_1+W_2 的基为 $\boldsymbol{e}_1,\boldsymbol{e}_2,\boldsymbol{e}_3,\boldsymbol{e}_4$).

3. $W_1\cap W_2=\mathrm{span}\{\boldsymbol{\alpha}_3-4\boldsymbol{\alpha}_2\}=\mathrm{span}\{3\boldsymbol{\beta}_1-\boldsymbol{\beta}_2\}$，$W_1+W_2=\mathrm{span}\{\boldsymbol{\alpha}_1,\boldsymbol{\alpha}_2,\boldsymbol{\beta}_1\}$.

4. 在基 $\boldsymbol{\alpha}_1,\boldsymbol{\alpha}_2,\boldsymbol{\alpha}_3$ 下，$\boldsymbol{\beta}_1,\boldsymbol{\beta}_2,\boldsymbol{\beta}_3$ 的坐标依次为$(1,-2,3)^{\mathrm{T}},(2,3,2)^{\mathrm{T}},(4,13,0)^{\mathrm{T}}$，该向量组的一个最大无关组为$(1,-2,3)^{\mathrm{T}},(2,3,2)^{\mathrm{T}}$，故 $\boldsymbol{\beta}_1,\boldsymbol{\beta}_2,\boldsymbol{\beta}_3$ 的一个最大无关组为 $\boldsymbol{\beta}_1,\boldsymbol{\beta}_2$，即 $\boldsymbol{\beta}_1,\boldsymbol{\beta}_2$ 是 $\mathrm{span}\{\boldsymbol{\beta}_1,\boldsymbol{\beta}_2,\boldsymbol{\beta}_3\}$的一个基，且 $\dim\mathrm{span}\{\boldsymbol{\beta}_1,\boldsymbol{\beta}_2,\boldsymbol{\beta}_3\}=2$.

6. 方法 1 设

$$V_A=\{\boldsymbol{x}\mid \boldsymbol{A}\boldsymbol{x}=\boldsymbol{0}\},V_B=\{\boldsymbol{x}\mid \boldsymbol{B}\boldsymbol{x}=\boldsymbol{0}\},V_{A+B}=\{\boldsymbol{x}\mid (\boldsymbol{A}+\boldsymbol{B})\boldsymbol{x}=\boldsymbol{0}\},V_{AB}=\{\boldsymbol{x}\mid (\boldsymbol{AB})\boldsymbol{x}=\boldsymbol{0}\},$$

则 $V_A\cap V_B\subset V_{A+B}$，$V_A+V_B\subset V_{AB}$，由维数公式即得.

方法 2 由

$$\begin{pmatrix}\boldsymbol{E}&\boldsymbol{E}\\\boldsymbol{O}&\boldsymbol{E}\end{pmatrix}\begin{pmatrix}\boldsymbol{A}&\boldsymbol{O}\\\boldsymbol{O}&\boldsymbol{B}\end{pmatrix}\begin{pmatrix}\boldsymbol{E}&\boldsymbol{B}\\\boldsymbol{E}&-\boldsymbol{A}\end{pmatrix}=\begin{pmatrix}\boldsymbol{A}+\boldsymbol{B}&\boldsymbol{O}\\\boldsymbol{B}&-\boldsymbol{BA}\end{pmatrix},\begin{pmatrix}\boldsymbol{A}+\boldsymbol{B}&\boldsymbol{O}\\\boldsymbol{B}&-\boldsymbol{BA}\end{pmatrix}\begin{pmatrix}\boldsymbol{E}&\boldsymbol{O}\\\boldsymbol{O}&-\boldsymbol{E}\end{pmatrix}=\begin{pmatrix}\boldsymbol{A}+\boldsymbol{B}&\boldsymbol{0}\\\boldsymbol{B}&\boldsymbol{BA}\end{pmatrix}$$

得 $R(\boldsymbol{A})+R(\boldsymbol{B})=R\left(\begin{pmatrix}\boldsymbol{A}&\boldsymbol{O}\\\boldsymbol{O}&\boldsymbol{B}\end{pmatrix}\right)\geqslant R\left(\begin{pmatrix}\boldsymbol{A}+\boldsymbol{B}&\boldsymbol{O}\\\boldsymbol{B}&-\boldsymbol{BA}\end{pmatrix}\right)=R\left(\begin{pmatrix}\boldsymbol{A}+\boldsymbol{B}&\boldsymbol{O}\\\boldsymbol{B}&\boldsymbol{BA}\end{pmatrix}\right)\geqslant R(\boldsymbol{A}+\boldsymbol{B})+R(\boldsymbol{AB})$.

练习 6.4

1. (1) 当 $\boldsymbol{\alpha}_0\neq\boldsymbol{\theta}$ 时，T 不是线性变换；当 $\boldsymbol{\alpha}_0=\boldsymbol{\theta}$ 时，T 不是线性变换. (2) 不是； (3)是.

2. 证明略. $(T+S)\begin{pmatrix}x_1\\x_2\end{pmatrix}=\begin{pmatrix}x_1+x_2\\-x_1-x_2\end{pmatrix}$, $(TS)\begin{pmatrix}x_1\\x_2\end{pmatrix}=\begin{pmatrix}-x_2\\-x_1\end{pmatrix}$, $(ST)\begin{pmatrix}x_1\\x_2\end{pmatrix}=\begin{pmatrix}x_2\\x_1\end{pmatrix}$.

3. $R(T^2)=\{(0,0,x)^{\mathrm T}\mid x\in\mathbf{R}\}$, $\dim R(T^2)=1$, $R(T^2)$的一个基为$(0,0,1)^{\mathrm T}$; $N(T^2)=\{(0,x_1,x_2)^{\mathrm T}\mid x_1,x_2\in\mathbf{R}\}$, $\dim N(T^2)=2$, $N(T^2)$的一个基为$(0,1,0)^{\mathrm T}$, $(0,0,1)^{\mathrm T}$.

练习 6.5

1. $\boldsymbol{A}=\begin{pmatrix}1&0&0\\2&1&0\\0&1&1\end{pmatrix}$.

2. (1)T在基$\boldsymbol{e}_1,\boldsymbol{e}_2,\boldsymbol{e}_3$下的矩阵为$\boldsymbol{A}=\begin{pmatrix}2&-1&0\\0&1&-1\\0&1&1\end{pmatrix}$,该矩阵可逆,故$T$可逆.可求得$S$在基$\boldsymbol{e}_1$, $\boldsymbol{e}_2,\boldsymbol{e}_3$下的矩阵为$\boldsymbol{A}=\begin{pmatrix}5&0&0\\4&-3&2\\-9&9&-3\end{pmatrix}$,该矩阵可逆,故$S$可逆.

(2) T^{-1}, TS, $T+S$在基$\boldsymbol{e}_1,\boldsymbol{e}_2,\boldsymbol{e}_3$下的矩阵分别为

$$\boldsymbol{A}^{-1}=\begin{pmatrix}1/2&1/4&1/4\\0&1/2&1/2\\0&-1/2&1/2\end{pmatrix},\boldsymbol{AB}=\begin{pmatrix}6&3&-2\\13&-12&5\\-5&6&-1\end{pmatrix},\boldsymbol{A}+\boldsymbol{B}=\begin{pmatrix}7&-1&0\\4&-2&1\\-9&10&-2\end{pmatrix}.$$

3. 设基(Ⅰ)为$\boldsymbol{a}_1,\boldsymbol{a}_2,\boldsymbol{a}_3$,基(Ⅱ)为$\boldsymbol{e}_1,\boldsymbol{e}_2,\boldsymbol{e}_3$.直接写出由基(Ⅱ)到基(Ⅰ)的过渡矩阵$\boldsymbol{C}^{-1}=\begin{pmatrix}-1&1&0\\1&0&1\\1&-1&1\end{pmatrix}$,则由基(Ⅰ)到基(Ⅱ)的过渡矩阵为$\boldsymbol{C}$,于是$T$在基(Ⅱ)下的矩阵为$\boldsymbol{C}^{-1}\begin{pmatrix}1&0&1\\1&1&0\\-1&2&1\end{pmatrix}\boldsymbol{C}=\begin{pmatrix}-1&1&-2\\2&2&0\\3&0&2\end{pmatrix}$.

练习 6.6

1. (2) $(\boldsymbol{x},\boldsymbol{y})=\sum_{i,j=1}^{n}a_{ij}x_iy_j$, $\|\boldsymbol{x}\|^2=(\boldsymbol{x},\boldsymbol{x})=\sum_{i,j=1}^{n}a_{ij}x_ix_j$, $\|\boldsymbol{y}\|^2=(\boldsymbol{y},\boldsymbol{y})=\sum_{i,j=1}^{n}a_{ij}y_iy_j$,由$|(\boldsymbol{x},\boldsymbol{y})|^2\leqslant(\boldsymbol{x},\boldsymbol{x})(\boldsymbol{y},\boldsymbol{y})$得,

$$\left|\sum_{i,j=1}^{n}a_{ij}x_iy_j\right|\leqslant\sqrt{\sum_{i,j=1}^{n}a_{ij}x_ix_j}\sqrt{\sum_{i,j=1}^{n}a_{ij}y_iy_j}.$$

(3) $(\boldsymbol{x},\boldsymbol{y})=\sum_{k=1}^{n}kx_ky_k$.

3. $\boldsymbol{\beta}_1,\boldsymbol{\beta}_2,\boldsymbol{\beta}_3$在给定基下的坐标依次为$\boldsymbol{b}_1=(1,0,0,0,1)^{\mathrm T}$, $\boldsymbol{b}_2=(1,-1,0,1,0)^{\mathrm T}$, $\boldsymbol{b}_3=(2,1,1,0,0)^{\mathrm T}$.由于$\boldsymbol{b}_1,\boldsymbol{b}_2,\boldsymbol{b}_3$线性无关,所以$\boldsymbol{\beta}_1,\boldsymbol{\beta}_2,\boldsymbol{\beta}_3$线性无关,从而构成$W$的一个基.

正交化可得,$\boldsymbol{\gamma}_1=\boldsymbol{\beta}_1=\boldsymbol{\alpha}_1+\boldsymbol{\alpha}_5$, $\boldsymbol{\gamma}_2=\boldsymbol{\beta}_2-\frac{1}{2}\boldsymbol{\gamma}_1=\frac{1}{2}\boldsymbol{\alpha}_1-\boldsymbol{\alpha}_2+\boldsymbol{\alpha}_4-\frac{1}{2}\boldsymbol{\alpha}_5$, $\boldsymbol{\gamma}_3=\boldsymbol{\beta}_3-0\boldsymbol{\gamma}_2-1\boldsymbol{\gamma}_1=\boldsymbol{\alpha}_1+$

$\boldsymbol{\alpha}_2+\boldsymbol{\alpha}_3-\boldsymbol{\alpha}_5$,再单位化,可得 W 的一个标准正交基:

$$\begin{cases}\boldsymbol{\varepsilon}_1=\dfrac{1}{\sqrt{2}}\boldsymbol{\gamma}_1=\dfrac{1}{\sqrt{2}}(\boldsymbol{\alpha}_1+\boldsymbol{\alpha}_5),\\ \boldsymbol{\varepsilon}_2=\dfrac{1}{\sqrt{10}/2}\boldsymbol{\gamma}_2=\dfrac{1}{\sqrt{10}}(\boldsymbol{\alpha}_1-2\boldsymbol{\alpha}_2+2\boldsymbol{\alpha}_4-\boldsymbol{\alpha}_5),\\ \boldsymbol{\varepsilon}_3=\dfrac{1}{2}\boldsymbol{\gamma}_3=\dfrac{1}{2}(\boldsymbol{\alpha}_1+\boldsymbol{\alpha}_2+\boldsymbol{\alpha}_3-\boldsymbol{\alpha}_5).\end{cases}$$